E-Business –
Handbuch für Entscheider

Springer
Berlin
Heidelberg
New York
Barcelona
Hongkong
London
Mailand
Paris
Tokio

Anita Berres
Hans-Jörg Bullinger
(Herausgeber)

E-Business – Handbuch für Entscheider

Praxiserfahrungen, Strategien, Handlungsempfehlungen

Zweite, vollständig neu bearbeitete Auflage

Mit 176 Abbildungen und 29 Tabellen

Dipl.-Hdl. Anita Berres
Berres_Strategieberatung
Nobelstraße 16 a
76275 Ettlingen
Deutschland
berres@berres-strategieberatung.de
www.berres-strategieberatung.de

Prof. Dr.-Ing. habil. Prof. e.h. Dr. h.c. Hans-Jörg Bullinger
Fraunhofer-Institut IAO
Nobelstraße 12
70569 Stuttgart
Deutschland

ISBN 3-540-43263-9 2. Aufl.
Springer-Verlag Berlin Heidelberg New York
ISBN 3-540-66843-8 1. Aufl. Springer-Verlag Berlin Heidelberg New York

Die Deutsche Bibliothek – CIP-Einheitsaufnahme
E-Business – Handbuch für Entscheider: Praxiserfahrungen, Strategien, Handlungsempfehlungen / Hrsg.: Anita Berres; Hans-Jörg Bullinger. 2., vollst. neu bearb. Aufl. – Berlin; Heidelberg; New York; Barcelona; Hongkong; London; Mailand; Paris; Tokio: Springer, 2002
ISBN 3-540-43263-9

Dieses Werk ist urheberrechtlich geschützt. Die dadurch begründeten Rechte, insbesondere die der Übersetzung, des Nachdrucks, des Vortrags, der Entnahme von Abbildungen und Tabellen, der Funksendung, der Mikroverfilmung oder der Vervielfältigung auf anderen Wegen und der Speicherung in Datenverarbeitungsanlagen, bleiben, auch bei nur auszugsweiser Verwertung, vorbehalten. Eine Vervielfältigung dieses Werkes oder von Teilen dieses Werkes ist auch im Einzelfall nur in den Grenzen der gesetzlichen Bestimmungen des Urheberrechtsgesetzes der Bundesrepublik Deutschland vom 9. September 1965 in der jeweils geltenden Fassung zulässig. Sie ist grundsätzlich vergütungspflichtig. Zuwiderhandlungen unterliegen den Strafbestimmungen des Urheberrechtsgesetzes.

Springer-Verlag Berlin Heidelberg New York
ein Unternehmen der BertelsmannSpringer Science+Business Media GmbH

http://www.springer.de

© Springer-Verlag Berlin Heidelberg 2000, 2002

Die Wiedergabe von Gebrauchsnamen, Handelsnamen, Warenbezeichnungen usw. in diesem Werk berechtigt auch ohne besondere Kennzeichnung nicht zu der Annahme, dass solche Namen im Sinne der Warenzeichen- und Markenschutz-Gesetzgebung als frei zu betrachten wären und daher von jedermann benutzt werden dürften.

Redaktion: Teresa Schlax, Online Redaktion Recherche, Mannheim
Kai Rickhoff, Berres_Strategieberatung, Ettlingen

Umschlaggestaltung: Erich Kirchner, Heidelberg

Gedruckt auf säurefreiem Papier SPIN 10868484 43/2202-5 4 3 2 1 0

Vorwort

Sehr geehrte Leserin,
sehr geehrter Leser,

seit der ersten Ausgabe dieses Handbuches im Frühjahr 2000 hat der Begriff „E-Business" viele positive wie auch negative Konnotationen erfahren.

Einige Unternehmen, die in der Ausgabe 2000 noch Beiträge für dieses Buch geliefert haben, existieren bereits nicht mehr. Andere sind stark gefährdet und ringen um erfolgversprechende Turn-around-Konzepte. Selbst die Quellen, die Anfang 2000 noch prophezeiten, dass man ohne E-Business tot sei, denken heute leise darüber nach, ob nicht das ganze Thema E-Business schon gestorben ist.

Unabhängig davon steht jedenfalls fest, dass das Internet nicht mehr aus unserem Leben wegzudenken ist. E-Mails werden weltweit versendet (geschäftlich, aus dem Urlaub, als Geburtstagsgruß, an Freunde in aller Welt, usw.), Jung und Alt nutzen das Medium, wir kaufen ein und wir verkaufen (sowohl beruflich wie auch privat) und bei Fragen, Aufgabenstellungen und auch dramatischen Welt-Geschehnissen denken wir an das Internet als Informationspool, was u.a. der 11. September 2001 eindrucksvoll bewiesen hat. Sicher waren Sie zur Zeit der Anschläge in den USA gerade im Internet oder Sie haben zumindest in den Tagen danach versucht, sich via Web über die Ereignisse in New York zu informieren.

Doch - wie steht es nun mit dem E-Business nach dem Auf und Ab der vergangenen Monate? Viele Experten sind bereits auf der Suche nach dem nächsten Mega-Trend, der so genannten Killer-Applikation. Könnte dies vielleicht Mobile Commerce sein? Ist es E-Procurement? Oder liegt die Existenzberechtigung vieler E-Business-Modelle in der Einsparung von Prozesskosten?

Sie sehen - Fragen, die geklärt werden wollen. Für uns bei der Berres_Strategieberatung Grund genug, diese Fragestellungen in einer komplett neuen Ausgabe des „Handbuch E-Business" zu behandeln.

Den Schwerpunkt dieser Ausgabe bilden die Themen E-Business-Strategie, E-Commerce und E-Procurement. Weitere ergänzende Kapitel sind Themen wie Online-Marketing, Personalmanagement, Recht und die beliebten Praxisberichte.

Dieses „Handbuch E-Business" erhebt den Anspruch, kompakt und umfassend zugleich zu sein. Experten aus der Praxis schreiben für Sie und Ihre strategische und operative Praxis. Wir sind stolz darauf, auch in dieser Ausgabe wieder Autoren aus Unternehmen gewonnen zu haben, zu deren täglichem Aufgabengebiet die hier beschriebenen Themen zählen. So bringen wir ohne Verlust von Know-how und Zeit die Beiträge aktuell auf Ihren Schreibtisch. Sollte es trotzdem vorkommen, dass Sie zu Ihren Fragen in unserem Buch keine Antwort finden, nutzen Sie die Gelegenheit, und kontaktieren Sie unsere Autoren. Hierfür haben wir in dieser Ausgabe ein umfassendes Autorenverzeichnis geschaffen.

Ein bekanntes Sprichwort sagt: „Verstehen ist Handeln." Ich wünsche Ihnen, dass Sie durch dieses Buch vielfach zum Handeln angeregt werden und neue Ideen und Lösungsvorschläge für Ihre täglichen Herausforderungen im E-Business finden. Viel Erfolg!

Anita Berres
Ettlingen, im Frühjahr 2002

Inhaltsverzeichnis

1.	**Praxisberichte**	**1**
1.1	„Wir müssen ins Internet"	3
1.2	Relaunch als Projekt	17
1.3	Content Management bei der KUMA*group*	27
1.4	Kommunikationsplattform PROFIBUS	35
1.5	Internet Community new-in-town	41
2.	**E-Business-Strategie**	**51**
2.1	Strategiegrundlagen	53
2.2	E-Commerce und E-Business	77
2.3	E-Business als strategische Herausforderung	101
2.4	Old und New Economy	111
2.5	Virtuelle Bestandsoptimierung	123
2.6	Content – Information organisieren	129
2.7	Balanced Scorecard als Führungssystem	143
3.	**Online-Marketing**	**165**
3.1	Online-Werbung	167
3.2	Customer Relationship Management	177
3.3	One-to-one-Marketing	195
3.4	Success Monitoring	205
3.5	Permission Marketing	219
4.	**E-Commerce**	**235**
4.1	E-Commerce-Trends	237
4.2	Anforderungen an einen Shop	249
4.3	Erstellung elektronischer Kataloge	267
4.4	Integration von Online-Anwendungen	277
4.5	Geeignete Zahlungssysteme	297
5.	**E-Procurement**	**307**
5.1	Grundlagen des E-Procurement	309
5.2	E-Procurement Strategie	325
5.3	Beschaffung über E-Marketplaces	339
5.4	Softwarelösungen	349

6.	**Content- und Knowledgemanagement**	**357**
6.1	Content- und Knowledgemanagement	359
6.2	Einführung von CMS und KMS	373
6.3	Content Management Systeme	387
6.4	Anforderungen an ein CMS	399
7.	**Personalmanagement**	**411**
7.1	E-Learning	413
7.2	„Distant Learning" und „E-Moderating"	433
7.3	Online-Stellenbörsen	457
7.4	Internationale Entwicklerteams	467
8.	**Online-Kommunikation**	**481**
8.1	Newsletter	483
8.2	Moderation von Chats und Newsgroups	489
8.3	Einsatzmöglichkeiten von Mailinglisten	503
8.4	Netiquette und Internet-Sprache	517
9.	**Technologische Grundlagen**	**525**
9.1	Technologische Grundlagen	527
9.2	Java	541
9.3	Flash	551
9.4	Logfile-Analyse	559
9.5	IT-Sicherheitsmanagement	575
10.	**Rechtsrahmen**	**585**
10.1	Rechtliche Dimension des E-Business	587
10.2	Domainrecht	603
10.3	Datenschutzrecht	629
11.	**Trends und Visionen**	**659**
11.1	Office Support per Mausklick	661
11.2	Location Based Services	671
11.3	Online-Communities	687
11.4	Internetfernsehen	703
11.5	Collaborative Commerce	715
11.6	Quo Vadis Internet?	725
12.	**Service**	**737**
12.1	Internet-Adressen	739
12.2	Autorenverzeichnis	753
12.3	Glossar	797
12.4	Sachverzeichnis	837

Kapitel 1

Praxisberichte

1.1 „Wir müssen ins Internet"
   „Ein altes Unternehmen auf dem Weg in ein neues Zeitalter"

Harald Mathie

„Wir müssen ins Internet!" - so hieß es im Frühjahr 1997 bei der Kabelwerk Eupen AG. Wie so viele Unternehmen in dieser Zeit hatte sich auch das altehrwürdige Kabelwerk, immerhin seit 1747 in Familienbesitz und mit 1.100 Mitarbeitern der größte Arbeitgeber Ostbelgiens, dazu entschlossen, den Gang ins Internet zu wagen.

Dass dies leichter gesagt war als getan, sollte sich in den nächsten Monaten herausstellen.

„Wir müssen ins Internet!"

Aufgrund der Absatzschwierigkeiten in einem Marktsegment, es handelt sich dabei um Kabel mit einem speziellen Schutz gegen elektromagnetische Strahlungen, entschließt sich die Geschäftsführung des Vollsortimenters mit weltweiter Präsenz im Frühjahr 1997, dem entgegenzuwirken und diese Produktgruppe ins Internet zu stellen.

Im festen Glauben, dass das für viele Unternehmen noch neue Medium Wunder bewirken kann und bereits die bloße Präsenz zu steigenden Umsätzen führt, wird eine Arbeitsgruppe zusammengestellt, die dieses Wunder vollbringen soll.

„Im Internet werden wir mehr Umsatz machen."

In dieser Arbeitsgruppe sitzen außer dem kaufmännischen Direktor einige Informatiker, Kaufleute und Techniker und außerdem wird ein Designer hinzugezogen, um dem Auftritt das richtige Gesicht zu geben.

Keiner dieser Beteiligten, die in ihrem jeweiligen Fachgebiet zu den Spezialisten gehören, hat jemals engeren Kontakt mit dem Internet gehabt und auch für den Designer, der nicht zum Unternehmen gehört, ist so ein Projekt noch keine Routine.

„Und wie sollen wir das jetzt machen?"

In der Mitte des Jahres 1997 geht das Team mit viel gutem Willen, wenig Budget und sozusagen keiner Erfahrung ans Werk.

Der gute Wille allein reicht nicht

Das Resultat ist dementsprechend: Innerhalb einiger Monate entsteht eine Website, deren Design sich anlehnt an klassische Werbeunterlagen wie Kataloge, Faltblätter und technische Beschreibungen, und die in sich einen recht schwerfälligen und biederen Eindruck macht.

Die stark auf Grafik basierte Präsentation, ausschließlich aufgebaut aus der Sicht des Unternehmens, ist äußerst langsam und die Aussage *„under construction"* schmückt mehr als ein Kapitel.

Zum Ende der Arbeiten unauffällig online gestellt und ohne jegliche Begleitung irgendwelcher Marketingmaßnahmen fristet die Website der Kabelwerk Eupen AG fortan ein eher trostloses Dasein.

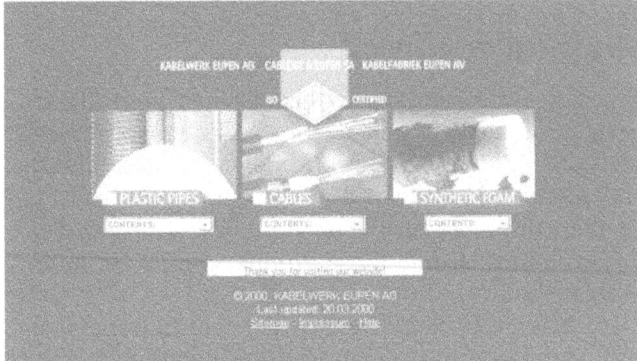

Abb. 1: Die alte Website der Kabelwerk Eupen AG

Einige wenige Besucher verirren sich auf die Seiten des Eupener Kabelproduzenten und meistens kommen sie eher zufällig und dann auch noch am Wochenende, wie spätere Analysen zeigen. Es scheint sich also um Neugierige zu handeln. In dem Umfeld Geschäfte zu machen ist somit ausgeschlossen.

Der anfänglichen Begeisterung über den geglückten Schritt ins Internet folgt rasch die Ernüchterung, da nicht nur die erwarteten Erfolge ausbleiben, sondern die Website im befreundeten oder weniger befreundeten Umfeld auch häufig als Beispiel herangezogen wird, wie man es besser nicht machen sollte.

Eine der Folgen des sich nicht einstellen wollenden Erfolgs ist die völlige Vernachlässigung des Internetauftritts. Jetzt auf einmal will niemand mehr etwas damit zu tun haben und die Website verwahrlost.

„Wer ist denn eigentlich verantwortlich?"

Die Verantwortung für die Internetpräsenz ist zu dieser Zeit eigentlich gar nicht genau definiert und liegt irgendwo zwischen dem IT-Bereich und dem Vertrieb.

Second Steps

Zwei Jahre nach dem ersten erfolglosen Versuch, dem Kabelwerk Eupen im Internet zum Erfolg zu verhelfen, verschiebt sich eher zufällig die Zuständigkeit für diesen Bereich ins Marketing.

Tatsächlich hat in der Zwischenzeit ein kleiner, zur Kabelwerk Eupen-Gruppe gehörender Kunststoffrohrproduzent eine Website auf die Beine gestellt, die innerhalb kürzester Zeit die Zahlen des großen Bruders um Längen hinter sich lässt.

„Wie machen die das bloß?"

Darauf aufmerksam geworden, überträgt die Geschäftsleitung dem in diesem Außenwerk für die Website zuständigen Projektleiter für Kommunikation und Information, heute Autor dieses Erfahrungsberichts, die Verantwortung für die Internetpräsenz der gesamten Eupen-Gruppe und beruft ihn zum Internet Marketing Manager.

„Den holen wir uns"

In dieser Funktion, direkt der Geschäftsleitung berichtend und ausgestattet mit den nötigen Vollmachten und Budgets, gelingt es ihm innerhalb kürzester Zeit, dem Projekt wieder Leben einzuhauchen. Rasch bildet er ein Team von Spezialisten, bestehend aus firmenexternen Designern, Promotern und Technikern, die mit der Unterstützung der werkseigenen Werbeabteilung sich zum Ziel setzen, dem Kabelwerk den Platz im Internet zu verschaffen, der einem Betrieb mit dieser Tradition und Fachkompetenz zusteht.

Als erstes wird die bestehende Website vervollständigt und die Einträge *„under construction"* durch konkreten Inhalt ersetzt. So wächst die Site rasch von 200 auf über 2.000 Seiten kompakter Information über die gesamte Produktpalette der drei Geschäftsbereiche Kabel, Kunststoffrohr und Schaumstoff.

Immer noch in der alten Struktur und dem ursprünglichen Design belassen, aber mit dem Ziel, möglichst schnell den gesamten Inhalt aller Kataloge und Produktbeschreibungen online zu präsentieren, bekommt www.eupencable.com, so die derzeitige Adresse, erste Marketingansätze zu spüren.

In einer großen werksinternen Umfrage werden in den technischen und kaufmännischen Abteilungen die bis dahin dürftigen *Keywords*, also die Schlüsselbegriffe, die zum Auffinden der Website im Internet dienen, ergänzt und von einigen Dutzend auf einige Tausend hochgeschraubt, die dann auf die verschiedenen Seiten verteilt werden.

„Na also, es geht doch!"

Die anschließenden Einträge bei einer großen Anzahl von Suchmaschinen und Katalogen lassen die Besucherzahlen rasch deutlich steigen. Im Herbst 1999 beträgt die Zahl der abgerufenen Seiten bereits 40.000 pro Monat im Vergleich zu 1.000 ein Jahr zuvor.

Außerdem beginnt jetzt der Ankauf etlicher zusätzlicher Internetadressen, die in der Folge den Zugriff deutlich verbessern. Die kurz darauf einsetzende kontinuierliche Analyse der *Logfiles* ergibt, dass etwa ein Drittel der Besucher nicht über die Stammdomain www.eupencable.com auf die Website kommen, sondern über andere Adressen wie www.eucabel.com, www.eucatherm.com oder sonstige mehr, alles Produktnamen, die nach und nach als Adresse zugekauft worden waren. Anscheinend setzen viele Besucher voraus, dass die Internetadresse so lautet wie ein Produktname. All diese zusätzlichen Adressen leiten allerdings immer zu der selben Website.

Diese *Logfiles*, das sind Daten, die beim Besuchen einer Website auf dem Server dieser Website gespeichert werden und Auskunft geben über Herkunft und Verhalten des Surfers, werden im weiteren Verlauf noch eine große Rolle spielen.

Jetzt wird deutlich, dass bei einem Firmennamen wie *Kabelwerk Eupen*, der in die beiden anderen belgischen Landessprachen übersetzt *Câblerie d'Eupen* bzw. *Kabelfabriek Eupen* heißt, die Eindeutigkeit der Internetadresse nur schwer gewährleistet werden kann. Die Folge davon sind weitere Ankäufe von Adressen, diesmal mit den verschiedenen Variationen des Firmennamens.

Aufbauend auf diese ersten Erfolge beginnt nun zum Ende des Jahres 1999 die zweite Phase der Optimierung, die Planung eines kompletten *Relaunch*, also einer Neuauflage der Website, verbunden mit einer ebenfalls neuen Identität des Unternehmens im Internet.

„Wer sind wir im Internet und was wollen wir?"

Dazu muss allerdings zunächst der Rückhalt im Unternehmen selbst geschaffen werden, nicht allein auf der Ebene der Geschäftsleitung, die inzwischen sowieso das Projekt voll und ganz unterstützt, sondern auch und vor allem bei der Belegschaft, die den Bemühungen im Internet noch immer skeptisch gegenübersteht.

In einer groß angelegten Informationskampagne werden alle Mitarbeiterinnen und Mitarbeiter eingeladen, an einer der zahlreichen werksinternen Präsentationen der inzwischen schon sehr vollständigen, aber immer noch alten Version der Website teilzunehmen und so nicht nur das Medium Internet aus der Nähe zu erleben, sondern sich sogar beteiligen zu können an der anstehenden Optimierung durch eigenen oder aus den einzelnen Abteilungen kommenden *Input*.

Abb. 2: Die CD zur Website

„Jedem Mitarbeiter eine CD ROM mit der Website."

Um die Identifizierung des Einzelnen mit dem Projekt noch zu erhöhen, wird die vollständige Site auf eine CD-ROM gepresst und zum Jahresende an die Belegschaft verteilt. So bekommt jeder die Möglichkeit, auch ohne Internetanschluss, auf der Website des Kabelwerks zu surfen.

Die so entstandene Bereitschaft zur Kollaboration bildet eine solide Grundlage für den nächsten Schritt.

Die „Eupen"-Vision

Zu Beginn des Jahres 2000 steht fest: Am 1.1.2001 soll eine rundum in Design und Struktur erneuerte und auf einer dynamischen Marketingstrategie beruhende Website online gehen.

Diese neue Site soll sich vom Wettbewerb abheben und das Image des Kabelwerks im Internet von Grund auf dynamisieren. Dazu werden zunächst einmal mehrere hundert Websites von Konkurrenzanbietern auf Struktur und Inhalt hin geprüft mit dem Ziel, die Lücke herauszufinden, die die Branche im Internet noch nicht abdeckt.

„Das ist unsere Chance."

Nach etlichen Wochen Recherche ist es deutlich, dass es in der Branche an Websites mit effizienter technischer Information mangelt. Der Wettbewerb begnügt sich häufig damit, seine Produktfamilien nur ansatzweise darzustellen und die Website als bessere Visitenkarte zu nutzen.

Das inzwischen schon aufeinander eingespielte Team wird nun zur genauen Zielfindung um einige Personen ergänzt, die im Unternehmen Schlüsselpositionen in Technik und Verkauf innehaben. Unter Einbeziehung der Geschäftsleitung gelingt es dieser pluridisziplinären Arbeitsgruppe innerhalb kürzester Zeit, die Ziele des Unternehmens im Internet neu zu definieren und den Begriff „Cables online - The Global Network" zu prägen.

„Cables online - The Global Network : Das sind wir!"

Die Website des Kabelwerks soll zum Inbegriff für technische Information in der Branche werden und ein globales Netzwerk aller zur Eupen-Gruppe gehörenden Unternehmen und Partner darstellen. Ein hohes Ziel und eine große Herausforderung!

Dazu muss aber zunächst eine andere, „handlichere" Internetadresse her, die auf Dauer zum Begriff werden kann. Die bis dahin gültige, aber zu lange Stammadresse www.eupencable.com beschränkt in ihrer Aussage die Produktbereiche auf die Kabelproduktion, ohne den beiden anderen, der Herstellung von Kunststoffrohren und Schaumstoff Rechnung zu tragen.

Bei einer Umfrage stellt sich heraus, dass etliche der Kunden und Geschäftspartner mit dem Namen der Stadt, in der das Unternehmen seinen Stammsitz hat, nämlich Eupen, auch das Unternehmen selbst verbinden und ihre Kabel, ihre Rohre oder ihren Schaumstoff ganz einfach „in Eupen" bestellen. Somit liegt der Gedanke nahe, unter der Adresse www.eupen.com online zu gehen. Da in Belgien Städte und Gemeinden ihren Namen nur in Verbindung mit der *Top level domain* .be für sich beanspruchen dürfen, ist dies auch ohne weiteres möglich. Der neue, griffige Name ist gefunden.

„Wir bestellen unsere Kabel in Eupen"

Weil der Inhalt der neuen Website sich zum großen Teil ableitet aus der bereits bestehenden, die inzwischen immer wieder vervollständigt worden ist, gehen die Überlegungen hauptsächlich in Richtung der neuen Struktur, der Navigation und des Designs. Auch hier ist die Analyse der vorher bereits erwähnten *Logfiles* wieder äußerst hilfreich.

So stellt sich beispielsweise jetzt heraus, dass viele der Besucher aus dem traditionsbewussten, asiatischen Raum zuerst die geschichtliche Entwicklung des Unternehmens betrachteten, wogegen die amerikanischen Interessenten eher den schnellen Kontakt suchen. Die Europäer hingegen sind deutlich produktorientiert.

„Asiaten interessieren sich für Geschichte"

Die aus diesen Überlegungen heraus entstehende Homepage bietet jetzt den direkten Zugriff auf diese drei wichtigen Bereiche und passt sich so den Gepflogenheiten dreier unterschiedlich ausgerichteter Kulturen an. Und auch bei der Wahl der Farbelemente werden die Vorlieben der verschiedenen Kulturen berücksichtigt.

Die gesamte Struktur wird aus der Sicht des Surfers, also des Besuchers, erstellt. Dabei wird den verschiedenen Annäherungsmöglichkeiten an die Produkte aufgrund eines unterschiedlichen Kenntnisstands Rechnung getragen. Eine alphabetische Kabelliste, nach Familien gegliederte Produkte, eine *Sitemap*, also eine Art Landkarte der Site, und die websiteeigene Suchmaschine erleichtern das Auffinden der gesuchten Information in der inzwischen auf über 3.000 Seiten angewachsenen Website.

"Und wie kriegen wir die Besucher dazu, immer wieder zu kommen?"

Auch wird im Team der Gedanke laut, im Rahmen eines Download-Centers alle Kataloge des Unternehmens zum Herunterladen anzubieten. Trotz anfänglicher Bedenken in Bezug auf die doch relativ großen Dateien, die ein Herunterladen vor allem bei Modemanschlüssen umständlich machen könnten, wird die Idee umgesetzt. Und der Erfolg wird dem Team später Recht geben. Innerhalb der ersten sechs Monate nach dem *Relaunch* werden fast 60.000 Kataloge heruntergeladen, das entspricht einem eingesparten Kostenaufwand für Druck und Versand von über 150.000 Euro.

Ein weiteres Ziel des Web-Teams ist es, den Besucher nicht nur als Geschäftspartner, sondern auch als Mensch zu empfangen und so eine Beziehung im Unterbewusstsein aufzubauen.

Virtuelle Werksbesichtigung

Dazu werden speziell zwei Kapitel eingerichtet. Das erste, das als *Gallery* ein Museum, eine Rundführung durch die Website und eine virtuelle Werksbesichtigung anbietet und das zweite, das den Besucher mit dem vielversprechenden Namen *Café* einlädt, zu verschnaufen und sich in Ostbelgien mit seiner wunderschönen Landschaft und seiner vielfältigen Kultur umzusehen.

Abb. 3: Virtuelle Werksbesichtigung

Und auch hier wird die Analyse der *Logfiles* im Nachhinein ergeben, dass viele der professionellen Surfer sich gern mal für einige Augenblicke aus dem beruflichen Umfeld in ein eher privates zurückziehen.

Ein letztes großes Diskussionsthema ist die Sprache, in der die neue Website online gehen wird. Die alte Website ist vollständig in Englisch gehalten und das Team beschließt, das im Business übliche Englisch beizubehalten.

Allerdings haben etliche Mitarbeiter bei der Aushändigung der CD-ROM zum Ende des letzten Jahres angeführt, des Englischen nicht mächtig zu sein und so den Inhalt der Site nicht zu verstehen.

„Englisch? – Kann ich nicht!"

Da der Rückhalt in der Belegschaft ein wesentliches Element für einen gelungenen Internetauftritt darstellt, und aus Respekt vor den Kolleginnen und Kollegen, beschließt das Team, das Kapitel der Firmengeschichte zusätzlich in die drei belgischen Landessprachen Deutsch, Französisch und Niederländisch zu übersetzen. In Verbindung mit der Fotoserie im Museum des Kapitels *Gallery* ergibt sich so auch eine schöne Möglichkeit, die Mitarbeiter durch die lange und bewegte Firmengeschichte zu führen und auf diese Weise noch enger an das Unternehmen zu binden.

Ein interessanter Nebeneffekt dieser Aktion ist, dass durch die jetzt zum Teil mehrsprachig gewordene Site auch das Anmelden in sprachengebundenen Suchmaschinen möglich wird. Diese speziellen Suchmaschinen schließen im Allgemeinen Websites, die ausschließlich in englischer Sprache verfasst sind, aus.

Immer wieder werden in dieser Zeit die Geschäftsführung und das mittlere Management über den Stand der laufenden Entwicklung informiert, um so eventuelle Einwände oder Bemerkungen miteinbeziehen zu können.

Unter Berücksichtigung all dieser Überlegungen wächst die neue Website langsam zu einem immer kompletteren und immer durchdachteren Gebilde, das in sich sehr stimmig wirkt.

„Sieht ja schon ganz gut aus..."

Die so entstandene Beta-Version wird jetzt von einer vorher definierten Gruppe von Besuchern geprüft. Diese Gruppe ist sehr sorgfältig zusammengestellt und besteht aus Spezialisten der Kabelbranche, aus Kunden, Lieferanten, internen und externen Technikern, aus Kaufleuten und Designern, aber auch aus völlig branchenfremden, jedoch vom Internet begeisterten jungen Leuten.

„... aber wird die Website auch jedem gefallen?"

Die neue Website wird so auf Herz und Nieren geprüft und nach eventuell noch bestehenden Ungereimtheiten in Inhalt, Struktur, Design und Navigation durchforstet. Die aus diesen Tests hervorgegangenen Bemerkungen werden berücksichtigt, einige Zugriffsmöglichkeiten angepasst und somit ist die Site fast fertig.

Parallel zu diesen Bemühungen sind in den drei letzten Monaten des Jahres 2000 bereits zahlreiche Offline-Marketingmaßnahmen angelaufen. So werden die Belegschaft sowie auch Kunden und Lieferanten im Rahmen mehrerer Mailingaktionen über die anstehende neue Website informiert und alle ausgehenden Dokumente mit einem Logo versehen, welches eigens dafür kreiert wurde und auf den Start am 1.1.2001 hinweist. Standardisierte Dokumente wie Auftragsbestätigungen, Lieferscheine und Rechnungen bekommen zusätzlich einen Textvermerk.

„www.eupen.com - kurz, bündig und griffig!"

Zusätzlich tragen alle Geschenke zum Jahresende die neue Internet-Adresse www.eupen.com.

Am Samstag, den 30.12.2000 um 16 Uhr wird die neue Website der Kabelwerk Eupen AG in einer Feierstunde, begleitet von Rundfunk, Fernsehen und geschriebener Presse, von Frédéric-Charles Bourseaux, Direktor und Gesellschafter und Mitglied der Gründerfamilie des Unternehmens, mit einem Mausklick offiziell online gestellt.

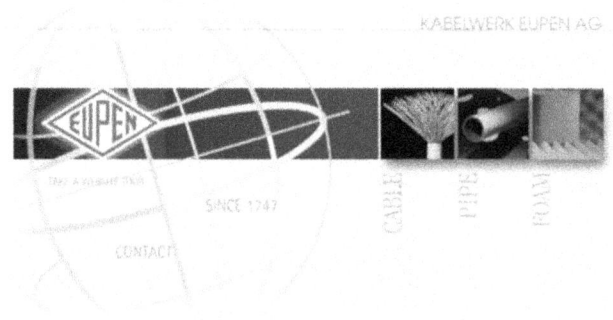

Abb. 4: Die neue Website unter www.eupen.com

Zeitgleich gehen an über 3.000 Online- und Offline-Presseagenturen ausführliche Statements in fünf Sprachen über die neue Website des Kabelwerks.

Der jetzt einsetzende Erfolg ist umwerfend und bestätigt das Web-Team in seiner Strategie. Innerhalb eines einzigen Monats verdoppelt sich die Zahl der abgerufenen Seiten auf über 100.000. Die anfängliche Befürchtung, es könne sich um Relaunch - Neugierige handeln, bestätigt sich nicht, die Besucherzahlen bleiben weiterhin konstant.

„100.000 Seitenabrufe pro Monat - jetzt geht die Post ab!"

Cables online - The Global Network

Im Gegensatz zum Sport gilt im Internet der Leitspruch „Dabei sein ist nichts, Erfolg ist alles!". Diesen Erfolg messbar zu machen und daraus die für das Management wichtigen Entscheidungshilfen in Bezug auf Produkt- und Marktentwicklung abzuleiten, das wird die Herausforderung für das Jahr 2001.

Es gilt, nach dem überaus erfolgreichen Start von www.eupen.com nun, der Internetpräsenz einen immer größeren Mehrwert zu geben, um auf diese Weise aus den zahlreichen neuen Erstkontakten regelmäßige Besucher zu machen. Ständig aktualisierte Informationen und ein Inhalt auf hohem technischen Niveau führen dazu, dass der Anteil der *Repeat visitors*, also der Besucher, die öfter als einmal pro Monat die Site besuchen, inzwischen auf 83 % angestiegen ist.

„Wir müssen da noch mehr reinpacken."

Zusätzlich wird eine zweite Site unter der Adresse my.eupen.com online gestellt, die bestimmt ist für Kunden, welche die Abwicklung ihrer Aufträge online verfolgen möchten. Diese Initiative, ein erster Ansatz zur Bildung einer Eupen-Community, ermöglicht außerdem, speziell auf diesen Kunden zugeschnittene Informationen an ihn weiterzugeben und ihn so noch stärker an das Unternehmen zu binden. Die Begrüßung mit seinem Namen ist dabei nur eine der vielfältigen Möglichkeiten.

Die Vision von „Cables online - The Global Network" wird immer konkreter, immer deutlicher zeichnet sich ab, dass eine Website mit umfangreicher technischer Information zu einem Arbeitsinstrument für professionelle Nutzer werden kann und auf diesem Weg zu verkaufsvorbereitenden Strategien beiträgt. Das sollte schließlich auch, zumindest indirekt, das Ziel einer jeden Internetpräsenz sein; irgendwann müssen die Bemühungen zu Kontakten und somit auch zu Umsatz führen.

"Und wie können wir den Erfolg messen?"

Wichtig ist in diesem Kontext allerdings, den Erfolg einer Website nicht mit den Maßstäben einer Verkaufsabteilung zu messen; der Vergleich gehört ganz eindeutig in den Bereich des Marketing, es sei denn, es handelt sich um eine Website, die als Shop ihren Weg sucht.

Auf der Basis dieser Gedankengänge kann die Bewertung des Erfolgs der Website beim Kabelwerk Eupen von mehreren Seiten betrachtet werden. Die erste davon ist die Messung des Besucherstroms und des Benutzerverhaltens. Dazu ist eine kontinuierliche Analyse der schon erwähnten *Logfiles* vonnöten und dies nicht nur in Bezug auf die Anzahl Besucher oder die Zahl der abgerufenen Seiten. Vielmehr wird auch der Weg analysiert, den die Besucher durch die Website nehmen, die am häufigsten aufgerufenen Seiten werden erfasst, die Verweildauer, die Anzahl abgerufener Seiten, die Ursprungsländer der Besucher und noch vieles mehr.

"Wofür interessieren sich unsere Besucher denn?"

Die Aufrufe der Produktgruppen spiegeln Tag für Tag, Monat für Monat, das genaue Interesse der Besucher an den einzelnen Produktgruppen, sogar am einzelnen Produkt, wider und ergeben so die Top Ten der Produktfamilien und der Produkte. Die Rückschlüsse, die aus diesen Analysen gezogen werden können, sind vielfältig.

Bald stellt sich heraus, das zwischen dem Interesse der Besuchergemeinde, die inzwischen auf über 5.000 pro Monat angewachsen ist, und den Umsatzzahlen nach Produktgruppen Diskrepanzen bestehen. Da die Zahl der *Repeat visitors* inzwischen bei 85 % liegt, scheint deren Meinung repräsentativ zu sein. Jetzt ist der Vertrieb gefragt. Es gilt herauszufinden, warum beispielsweise Produkte, die auf der Website auf ein großes Interesse stoßen, nicht oder nur wenig verkauft werden.

"Was bringt uns die Website eigentlich ein?"

Besonders interessant ist in diesem Kontext auch die Analyse der benutzten *Keywords*, mit denen die Surfer auf die Website gelangt sind. Sie geben Aufschluss über die Stimmigkeit zwischen firmeninterner Einschätzung zur Wichtigkeit der einzelnen Suchbegriffe und der Ansicht der Internetgemeinde.

Die zweite Möglichkeit der Bewertung des Erfolgs der Website ist eher ein Ansatz zur Rentabilitätsrechnung. Den Maßstab hier bilden die heruntergeladenen Kataloge aus dem Download-Center. Da die Anzahl beträchtlich ist, immerhin 60.000 in 6 Monaten, lohnt sich auch hier die Suche nach der Bewertung. Die durch das Herunterladen der Kataloge vermiedenen Kosten können nicht direkt als Einsparung betrachtet werden, da sie ja ohne die Website erst gar nicht entstanden wären. Allerdings hat sich dadurch die Menge der zirkulierenden Verkaufsdokumente in der Welt vervielfacht und das wiederum lässt schon die Möglichkeit eines Ansatzes zur Rentabilitätsrechnung zu. Vereinfacht gesagt stellen diese *Downloads* eine Werbekampagne im Wert von 150.000 Euro praktisch zum Nulltarif dar. Unter Berücksichtigung dieser Zahlen ist die Website innerhalb einiger Monate voll abgeschrieben. Erstaunlicherweise hält der Trend der *Downloads* weiter an, ein Zeichen dafür, dass hochwertige technische Information reißenden Absatz findet.

Die dritte Möglichkeit der Bewertung ist der Faktor der Kosten pro Kontakt. Obgleich von Unternehmen zu Unternehmen und je nach Branche verschieden, stellen diese Kosten ein nicht zu vernachlässigendes Paket dar. Ob Ausstellung, Direktmarketing oder Vertreterbesuch, heruntergerechnet auf den einzelnen Kontakt sind sie horrend. Beim Bewertungsansatz auf Basis der Website liegen diese Kosten im vorliegenden Fall unter 50 Eurocent pro Kontakt, ein Wert, der im klassischen Marketing unerreichbar ist.

Die Zukunft sichern

Inzwischen kann man ohne Übertreibung behaupten, dass die Website der Kabelwerk Eupen AG zur Spitzengruppe der Branche im Internet gehört, obwohl es sich in der Realität eher um ein kleineres Kabelwerk handelt.

Das zeigt deutlich die enormen Möglichkeiten, die in einem aktiven und vor allem kreativen E-Marketing stecken. Allerdings müssen sich in dieser Schlüsselfunktion kaufmännisches und technisches Wissen mit einem guten Schuss künstlerischer Kreativität und vor allem Aktivität vereinen. Und auch der Hang zu Visionen sollte ausgeprägt sein.

In diesem Zusammenhang ist der Begriff des *Enthusiastic charmers* sicherlich eine gute Charakterisierung der Person, die in einem Unternehmen dafür die Verantwortung zu tragen hat. Außerdem muss diese Funktion in der Hierarchie des Unternehmens hoch genug angesiedelt sein, um ihr den nötigen Rückhalt zu geben.

„Nun sagen Sie mal, wie machen Sie das bloß?"

Wenn all dies gewährleistet ist, kann der Erfolg im Internet nicht mehr vermieden werden.

Aber diese ersten Ansätze, die letztendlich zu einem beträchtlichen Erfolg geführt haben, sind noch nicht genug. Auf Dauer kann ein erfolgreiches E-Business, in welcher Form auch immer, nur gedeihen, wenn es in einem Umfeld aufwächst, das dahingehend erzogen wurde. Das bedeutet, dass es zu einer Herausforderung der Zukunft wird, in den Unternehmen eine neue, eine andere Art der Unternehmenskultur zu schaffen, eine E-Kultur, die es zu hegen und zu pflegen gilt. Vor allem für die Unternehmen der *Old Economy* sicherlich ein schwieriges Unterfangen!

„Jeder soll seinen Internetzugang haben?"

Jedem Mitarbeiter den Zugang zum Internet zu geben, ist da bei weitem nicht genug. E-Business in seiner weitesten Form, auch innerhalb des Unternehmens, muss zum Tagesgeschäft werden, erst dann kann man von einer E-Kultur reden. Die Möglichkeiten dazu sind vielfältig. Die Palette reicht von einem internen *Newsletter* über neueste Trends und Tendenzen im Internet, über Verkäufe an das Personal auf einer dafür geschaffenen Intranet-Site bis zur Verwaltung von Urlaubs- und Dienstplanungen über das Intranet.

Auch Unternehmensinformationen könnten ohne weiteres in einem für Mitarbeiter reservierten Bereich der Website präsentiert werden. Und sogar die Glückwünsche zur Geburt des Stammhalters mit Foto wären in dem Rahmen möglich. Der Fantasie und Kreativität sind da keine Grenzen gesetzt.

„E-Kultur? Klingt gut!"

Im Grunde ist das Einführen einer E-Kultur vergleichbar mit dem Schritt ins Internet. Neue Technologien und ein ungewohntes Umfeld führen zu Beginn ab und zu zur Verunsicherung. Sicherlich gilt es auch, etliche Hürden zu überwinden, aber mit der nötigen Kreativität, dem richtigen Elan und vor allem mit dem unbedingten Willen zum Erfolg wird die E-Kultur auch in den Unternehmen der *Old Economy* schon morgen zum Tagesgeschäft gehören.

Nur eines noch: Es genügt nicht, es zu wollen, man muss es auch tun...

1.2 Relaunch als Projekt

Torsten Koch

Tim Riedel

Launch oder Relaunch – das ist hier die Frage

Ein erster Webauftritt bedeutet für ein Unternehmen zumeist absolutes Neuland. Im Gegensatz dazu sind bei einem Relaunch bereits Erfahrungen mit der eigenen Website gemacht worden. Man kennt mittlerweile Vorlieben der Kunden, da man positive und vielleicht auch negative Resonanz erhalten hat. So hat sich im Lauf des bisherigen Online-Auftritts die eine oder andere Inhaltsseite als überflüssig oder als besonders wichtig und ausbaufähig erwiesen. Außerdem sind die Mitarbeiter nun daran gewöhnt, die Website in die eigene Arbeit mit einzubeziehen.

Der Relaunch stellt nicht nur die Möglichkeit dar, aus Fehlern zu lernen und diese zu korrigieren. Um auf dem neuesten Stand zu sein, wird bei dem Relaunch in der Regel das Design aufgefrischt oder sogar komplett erneuert.

Ebenso wichtig ist die Überarbeitung der Technik. Diese unterliegt ständiger Weiterentwicklung. Natürlich ist das technisch Machbare nicht immer das Optimum. Es ist die Herausforderung, zusammen mit dem Kunden herauszufinden, was auch wirklich Sinn macht.

Das Zusammenspiel von Design und Technik basiert auf einer bestimmten Inhaltsstruktur, die nach den Bedürfnissen der Kunden bzw. User festgelegt und als Grundlage für den Relaunch aktualisiert wird.

Warum ein Relaunch?

Für einen Relaunch kann es viele Gründe geben. Möglicherweise haben sich die Ziele des Unternehmens verändert oder die Seite ist einfach nicht mehr up to date was Design, Technik oder Struktur betrifft. Eine Website sollte immer so angelegt sein, dass deren Struktur – also sowohl Navigation als auch Inhalte – erweiterbar ist. Jedoch wird man früher oder später an Grenzen stoßen, die zu einem Relaunch führen. Vor allem, wenn man neue Techniken integrieren möchte.

Aktualitätsanalyse

Für eine Aktualitätsanalyse sollten neben branchen- oder firmenspezifischen Fragen folgende Punkte eine Rolle spielen:

- Was ist an der bisherigen Seite gut?
- Was fehlt oder wurde bemängelt?
- Wie ist die Navigation? (Usability)
- Passt das Design noch zur CI des Unternehmens?
- Ist die Seite noch zielgruppengerecht?
- Entspricht die Seite dem aktuellen Zeitgeist?
- Sind allgemeine Nutzerwünsche berücksichtigt?
- Entspricht die Struktur noch der gewünschten Aussage über das Unternehmen?

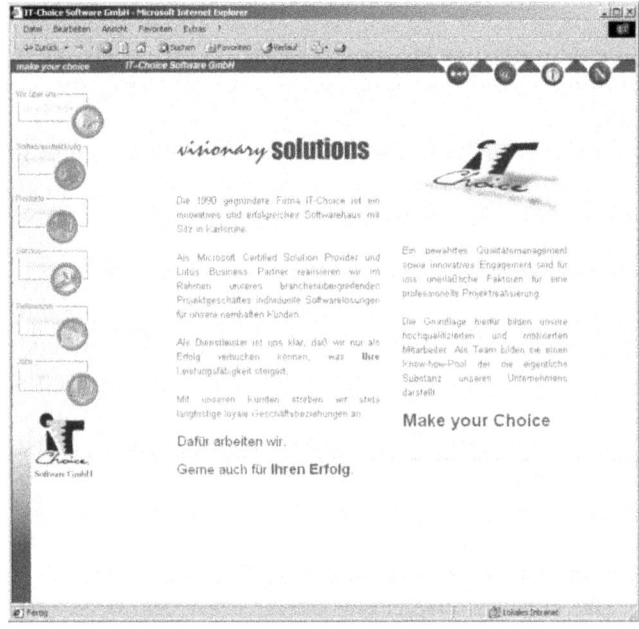

Abb. 1: Alte Website de IT Choice GmbH

Hinzu kommt die große Frage, welche technischen Neuheiten oder Features mittlerweile notwendig sind oder vom Kunden gefordert werden? Diese und andere Fragen dienen einer Analyse und Identifizierung von Problemen und bilden die Grundlage für eine Neuentwicklung.

Wichtig sind auch die Ziele, die man für sein Unternehmen erreichen möchte. Dazu gehört die Attraktivität der Seite und damit des Unternehmens. Denn eine

Website ist eine sehr wichtige Kontaktmöglichkeit zum potentiellen Kunden. Neukunden müssen gut informiert und bestehende Kunden zum wiederholten Besuch animiert werden.

Das Corporate Design eines Unternehmens wird durch unterschiedliche Stilelemente bestimmt. Dazu gehören die Firmenfarben, die verwendeten Schriften, aber auch gewisse Stilelemente oder Gestaltungsmittel. Das Corporate Design ist von vielen Aspekten, wie z.B. der Branche, der Zielgruppe, den Kunden oder der Firmenphilosophie abhängig.

Das Design

Das jeweilige Corporate Design (CD) eines Unternehmens muss medienübergreifend angewendet werden. Das bedeutet eine Umsetzung sowohl durch Print- als auch durch digitale Medien. Wird das CD verändert, so ist ein Relaunch zwangsläufig vorgeschrieben.

Im Moment geht man weg von allzu modernen Designs und hin zu klar gegliederten, übersichtlichen Seiten, die den User schnell zum Ziel bringen.

Daraus hat sich die Entwicklung sogenannter Portalseiten ergeben. Diese bieten einen Einstieg in die Site, der unterschiedliche Zielgruppen mit wenigen Maus-Klicks zu relevanten Daten und gewünschten Informationen führt. Eine solche Portalseite bietet eine einfach erkennbare Struktur für einen aufgabenorientierten Kundenservice.

Sollen beispielsweise auf jeder Seite die aktuellsten News dargestellt werden, so muss dies selbstverständlich schon beim Design berücksichtigt werden.

Für die klare Gliederung einer Website spricht neben der Möglichkeit einer schnelleren Erfassung der Seiten auch noch ein anderer Grund: Durch die Reizüberflutung, der wir täglich ausgeliefert sind, empfinden wir eine klare, eher schlichte grafische Gliederung als sehr angenehm.

Neue technische Anforderungen haben zumeist einen Relaunch zur Folge, da eine Anpassung einzelner Teile der bisherigen Site oft zeit- und kostenintensiver ist. Beim Einsatz von technischen Erweiterungen muss natürlich gründlich abgewägt werden, wie sinnvoll diese sind und ob sie eine Erleichterung oder eher eine Verkomplizierung bedeuten. Die Ladezeiten spielen auch heute noch eine entscheidende Rolle beim technischen Aufbau einer Seite.

Technische Erweiterungen und Features

Technische Neuerungen können einerseits ein sehr hilfreiches Mittel sein, das Erscheinungsbild z.B. durch ein interessantes Flash-Intro oder andere Elemente anzupassen. Andererseits können sie Hilfsmittel zur Attraktivitätssteigerung und damit zur Kundenbindung sein. Das Angebot kann wesentlich erweitert werden, z.B. durch die Einbindung eines Online-Shops. Dem Kunden soll der Einkauf so bequem wie möglich gemacht werden und die Zeit für die Bearbeitung einer Anfrage oder Bestellung soll so gering wie möglich gehalten werden.

Heutzutage gibt es einige Features, die bereits auf sehr vielen Seiten zur Kundenbindung eingesetzt werden. Dazu gehören Newslettersysteme, Volltextsuchmaschinen, Registrier-Funktionen oder Callback-Systeme durch Callcenter.

Usability

Die Technik einer Webseite sollte selbstverständlich unter Berücksichtigung von Ergonomie und Userfreundlichkeit gewählt werden. Dazu gehört sowohl das richtige Platzieren der Features und der Navigationsmenüs der Seite als auch deren ansprechende Gestaltung. Nur so ermöglicht man schnelle Zugriffe auf gesuchte Informationen. Denn darauf kommt es dem User an. Er sieht die Seite nicht als Schmuck, sondern als Informationsträger. Technische Features oder gestalterische Elemente sollten nicht durch zu lange Ladezeiten negativ wahrgenommen werden.

Technische Erweiterungen sind abhängig vom aktuellen Stand der Technik. Durch verbesserte Zugangshard- und -software und schnellere Datenleitungen können die Webseiten heutzutage ohne wesentliche Einbußen in Bezug auf Ladezeiten erweitert werden. Dazu gehören vor allem Audio- und Videodateien. Diese konnte man früher kaum auf Websites einsetzen, ohne Probleme mit der Ladezeit zu bekommen. Durch heutige Komprimierungsverfahren können die Dateien kleiner gehalten und durch schnellere Datenleitungen auch flüssiger gezeigt werden.

Die Struktur

Unter Struktur versteht man den inhaltlichen Aufbau einer Seite. Soll dieser erheblich geändert werden, bedeutet dies ebenfalls ein Muss für einen Relaunch. Eine solche Umstrukturierung kann z.B. die Umstellung der Produktpalette oder die Auslegung auf Mehrsprachigkeit zum Grund haben. Daraus ergeben sich unterschiedliche Anforderungen verschiedener lokaler Märkte in unterschiedlichen Ländern.

Eine anderer Grund für eine Umstrukturierung der Website kann der Einsatz eines Content Management-Systems sein. Ein solches System ermöglicht eine wesentlich einfachere und schnellere Pflege der Inhalte. Außerdem bietet es einen positiven Nebeneffekt durch verringerte laufende Wartungskosten. Auch Mitarbeiter ohne große Webkenntnisse können auf sehr leichtem Wege selbständig Inhalte einpflegen.

In naher Zukunft werden Seiten sehr aktuell sein, bei denen der Aufbau der Startseite oder des Portals vom User selbst beeinflusst werden kann. Nachdem der User sich registriert hat, stehen ihm mehrere Einzelkomponenten (Inhalte) zur Verfügung, aus denen er sich seine persönliche Contentseite gestalten kann. So erhält man eine Startseite dieser Website, die individuell zusammengestellte Inhalte selbstgewählter Interessensgebiete enthält. Als User möchte man nur die Informationen sehen, die einen interessieren. Alles andere wird als unnötiger Ballast und störend empfunden. Diese Technik bietet die Möglichkeit, für unterschiedlichste Zielgruppen und Interessen eine individuelle Website anzubieten. Die Kundennähe ist gesichert; der Kunde empfindet dies als speziellen Service.

Ziel eines Relaunchs soll zum einen eine optimierte Präsentation von Informationen sein.
Heutzutage soll eine Website jedoch nicht nur Informationen liefern, sondern Kundenkontakt, Verkauf und Marketing bieten und zu Kundenbindung führen. Dies kann unterschiedliche Absichten und Methoden erfordern:

Ziele eines Relaunchs

- Präsentation sämtlicher Infos über das Unternehmen
- Anfragen steigern, sowohl in der Qualität als auch in der Quantität.
- gesteuertes Besucherverhalten.
- bessere Analysemöglichkeiten
- gesteigerte Seitenabrufe (Page Impressions)
- mehr Service (eventuell durch Bestellsysteme o.ä.)
- Wettbewerb
- Kosten einsparen
- Flexibilität
- Service

Schließlich sollen diese Wege zur verbesserten wirtschaftlichen Lage des Unternehmens führen.

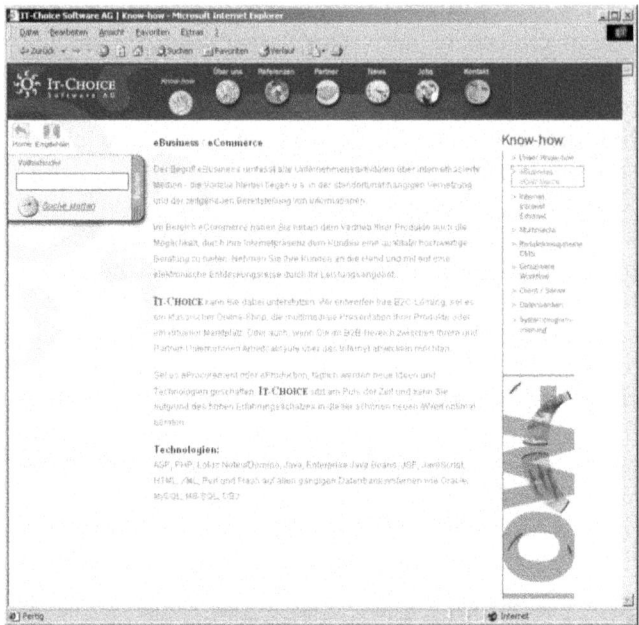

Abb. 2: Die neue Website der IT Choice GmbH

Website als Teil des Marketing-Mix

Der Internet-Auftritt muss in Zusammenhang mit dem gesamten Marketingkonzept gesehen und präsentiert werden. Die Website stellt einen Teil des Kontaktes mit dem Kunden dar. Durch die Website soll das gleiche Bild vom Unternehmen vermittelt werden, wie durch den Berater am Telefon. Steht das Unternehmen z.B. für Seriosität, Flexibilität oder andere Werte?

Das sind Grundsatzfragen, denen sich ein Unternehmen immer wieder stellen muss. Darauf basiert eine Marketingstrategie, die auch den Leitfaden für die Website bildet.

Zielgruppenproblematik

Eine Website ist nicht nur für eine Zielgruppe da, sondern sollte möglichst viele Menschen ansprechen können. Zielgruppen können in sehr viele Bereiche unterteilt werden. Eine grobe Unterteilung bietet das Alter der User, deren Interessengebiete, unterschiedlichste Branchen und Geschäftsmodelle u.v.m. All diese Zielgruppen erfordern unterschiedliche Präsentationen. Dies kann nur durch den ständigen Dialog zwischen

Internetagentur und Unternehmen als auch zwischen Unternehmen und User bzw. Kunden erreicht werden.

Die Zielgruppe eines Unternehmens kann sich im Laufe der Zeit ändern. Zum einen durch betriebliche Umstrukturierungen, zum andern aber auch durch die allgemeine Entwicklung im Internet.

Gerade im Bereich Verkauf bzw. Online-Shopping hat sich die Zielgruppe in den letzten Jahren sehr geändert, z.B. wuchs die Präsenz der Frauen im Internet und so müssen die Seiten in Bezug auf Design und Technik, aber auch auf die Auswahl der Inhalte, immer wieder angepasst werden.

Um beste Ergebnisse zu erzielen, sollte sich der Dialog zwischen Internetagentur und Unternehmen durch alle Projektphasen durchziehen:

Die Projektphasen

- Analyse
- Design
- Entwicklung
- Umsetzung
- Realisierung
- PR-Phase
- Controlling

Diese Projektphasen gelten allgemein bei jedem Launch. Bei einem ersten Launch sind allgemeine Fragen bei der „Analyse" von großer Bedeutung. Die CI des Unternehmens, Ziele des Unternehmens und der Website, die Zielgruppe u.a. müssen genau analysiert bzw. festgelegt werden. Außerdem ist zu prüfen, welche technischen Features wie ein Shop, ein Newslettersystem etc. zur Kundenbindung oder als besonderer Kundenservice in die Website zu integrieren sind.

Eventuell besteht noch keine CI des Unternehmens und diese wird erst im Zusammenhang mit der Erstellung der Website entwickelt und festgelegt.

Eine gute „Analyse" ermöglicht die Erstellung eines individuell gestalteten „Designs" und eine „Entwicklung" und „Umsetzung" einer Website, die speziell auf die Bedürfnisse des Unternehmens abgestimmt ist.

Aber auch nach der „Realisierung" und Online-Stellung der Seiten folgen für das Unternehmen sehr wichtige Phasen des Projektes, die oftmals vernachlässigt werden.

Unter „PR-Phase" versteht man die Öffentlichkeitsarbeit, die aus unterschiedlichen Maßnahmen wie der

Pressearbeit, Promotion oder Banner-Werbung etc. besteht. Ein schönes Mittel für ein Unternehmen, sich beim Kunden in Erinnerung zu rufen, ist ein Mailing bzgl. des Relaunchs.

In der Projektphase „Controlling" werden die Ergebnisse des Projekts, aber auch die Pflege der Inhalte kontrolliert. Die Aktualität der Inhalte, die Zugriffsstatistik etc. werden in bestimmten Intervallen beobachtet.

Die Erfolgskontrolle muss auch immer die Umsetzung im Betrieb z.B. in den Bereichen Einkauf, Produktion, Vertrieb und Logistik beinhalten.

Durch Einhalten dieser einzelnen Projektphasen ist ein Folgeprojekt wie z.B. ein Relaunch effektiver umzusetzen.

Launch vs. Relaunch

Im Vergleich zum Launch ist beim Relaunch die Gewichtung der einzelnen Phasen anders verteilt.

Beim Relaunch steht das CD oftmals schon fest; eventuell benötigt die Website aber dennoch ein neues Design, um vielleicht für eine neue Zielgruppe attraktiver zu sein oder zu zeigen, dass man innovativ ist und neue Techniken einsetzt.

Seit dem Launch wurden durch das Controlling die Schwächen und Stärken bei der Umsetzung und Betreuung der Website erkannt, aus denen man lernen sollte. Die Erkenntnisse aus dem Controlling der bisherigen Website sind also Grundlage für die Analyse eines Relaunchs. Hierzu zählt auch das bisherige Feedback auf die Website, das sich z.B. durch die Anzahl der Besuche, Bestellungen durch ein Shop-System oder durch direkten E-Mail-Kontakt erwiesen hat.

Die Phasen „Design", „Entwicklung", „Umsetzung" und „Realisierung" können bei kleineren technischen Erneuerungen mit geringerem Aufwand ablaufen als bei einem Launch. Je bedeutsamer die Erneuerungen des Relaunchs sind, desto intensiver sollten auch die Werbemaßnahmen sein. Beim Relaunch wird nicht nur die Website an sich beworben, sondern vor allem neue Teilbereiche von ihr. Die Werbung für die Website dient dazu, sich beim Kunden wieder in Erinnerung zu rufen oder ihm neue Features der Website vorzustellen.

Die Phase „Controlling" darf in den ersten Wochen nach dem Relaunch keinesfalls vernachlässigt werden. Anhand des direkten und indirekten Feedbacks auf die Website kann, falls notwendig, rechtzeitig reagiert werden. Allgemein sollte diese Phase gleichbleibend intensiv sein, um Marktänderungen o.ä. rechtzeitig zu erkennen.

Ein Relaunch bedeutet nicht einfach, die bestehenden Seiten um einige Features zu erweitern. Dies kann unter Umständen einen wesentlich größeren Aufwand bedeuten, als die Internetseite neu zu konzipieren und zu realisieren.

Dabei sollte man beachten, nicht zwanghaft an Allem festzuhalten, was im bisherigen Webauftritt integriert war. Neue Wege zu beschreiten und alte Strukturen zu überdenken lohnt sich gerade im Medium Internet.

Fazit

1.3 Content Management bei der KUMAgroup

Joachim Bruck

Einleitung

Die Zeiten der blinden Euphorie „Wir müssen ins Internet" ist vorbei. Die meisten Firmen besitzen heute eine Präsenz im weltweiten Netz, angefangen bei der reinen Marketing-Präsentation bis hin zum Firmenportal als Kommunikationsbasis mit Kunden und Lieferanten.

Die meisten Unternehmens-Websites wurden in den ersten Boom-Jahren als statische Auftritte von Agenturen oder IT-Abteilungen aufgebaut. Eine direkte Einbindung in die Informationsflüsse des Unternehmens fand nicht statt oder war nur mit hohem Aufwand realisierbar. Unter diesen Problemen leidet zwangsläufig die Aktualität und damit die Attraktivität und Akzeptanz der Website. Unzufriedenheit macht sich beim Betreiber breit, welche sich in der völligen Aufgabe der Pflege der Site manifestiert. Es wird die Sinnfrage gestellt – der Auftritt wird als peinlich empfunden und versteckt, anstatt ihn als Chance zu begreifen.

Die Verantwortung für die Website eines Unternehmens gehört daher nicht in die Hände der IT-Abteilung, sondern muss von der Unternehmensleitung selbst oder zumindest vom Marketing- oder Vertriebsbereich übernommen werden. Der Web-Auftritt muss als eine Komponente im Marketing-Mix des Unternehmens begriffen und nach betriebswirtschaftlichen Gesichtspunkten auf Effizienz bewertet werden. Somit spielen Themen wie Prozessoptimierung und Kostenreduktion eine zentrale Rolle bei der Effizienzsteigerung dieses jungen Vertriebs- und Marketingkanals. Content Management ist dabei ein zentrales Thema.

Web-Auftritt als Komponente im Marketing-Mix

Begriffsdefinition

„Content Management" ist heute eines jener überstrapazierten Modewörter, deren Abgrenzung durch ständige Begriffserweiterungen schwer fällt. „Portal", „Marktplatz" oder „CRM" sind andere Beispiele.

„Web Content Management" reicht nicht aus

Im engeren Sinne wird mit dem Begriff das „Web Content Management" gemeint, d.h. die Verwaltung und Pflege der Inhalte auf einer Website. Doch ist diese Definition nicht ausreichend, spielen doch andere Themen, wie Dokumentenverwaltung (Ablage und Verschlagwortung von Dokumenten), Wissensmanagement (Ablage und Verschlagwortung von Wissen), Groupware (Gruppen-Termin- und Aufgabenverwaltung), Workflow (elektronische Abbildung von Arbeitsabläufen), Community (Diskussionsforen, Chat und andere Kommunikationsformen), Cross-Media (Mehrfachverwendung von Inhalten für verschiedene Ausgabe-Medien) und Customer Relationship Management (Dokumentation der Beziehungshistorie zu einem Kunden, um diesen gezielter ansprechen zu können) mit hinein und weichen die Definition auf.

Die meisten heutigen Web Content Management-Systeme tragen diesem Umstand Rechnung und bieten neben dem reinen Management für Webinhalte auch darüber hinausgehende Funktionen, ohne natürlich die Tiefe von betreffenden Speziallösungen erreichen zu können. Vielfach ist es auch möglich, über Schnittstellen andere Lösungen mit dem Web Content Management System zu verbinden.

Der Einsatz von „up2date" der HuCon Multimedia

Im vorliegenden Praxisfall wurde mit dem Produkt „up2date" der Firma HuCon Multimedia ein Web Content Management System eingeführt, welches neben den Funktionen der Web-Inhaltspflege auch über Community-Elemente sowie Möglichkeiten des Dokumenten- und Wissensmanagements und der Workflow- und Cross-Media-Automation enthält. Der Einsatz dieser Funktionen beschränkte sich jedoch auf die für die Site relevanten Daten. Als Customer Relationship Management-System ist beim Kunden „DocHouse", eine auf Lotus Notes basierende Lösung im Einsatz. Die beiden Systeme tauschen über Schnittstellen relevante Daten aus, wie zum Beispiel über die Website generierte Leads oder Informations-Abonnenten.

Ausgangspunkt

Die KUMA*group*, eine mittelständische Unternehmensgruppe mit Sitz im badischen Markdorf in der Nähe des Bodensees, bietet mit ihren 8 eigenständigen Geschäftsbereichen eine im Markt einzigartige Bandbreite von Produkten, maßgeschneiderten Lösungen und hochwertigen Dienstleistungen rund um das Thema Informationstechnologie. Mit über 270 Mitarbeitern, 14 Standorten in Deutschland, Österreich und den Vereinigten Staaten und über 50 Millionen Euro Umsatz im Jahr 2001 gehört die KUMA*group* zu den 20 größten, unabhängigen deutschen Systemhäusern. Die Bandbreite der Dienstleistungen und Produkte reicht vom klassischen Systemhaus-Geschäft über Speziallösungen im Bereich CAD und Fertigungsautomation, Branchenlösungen im ERP-Bereich, Groupware-Lösungen im Bereich Lotus Notes bis hin zu innovativen Internetgestützten Produkten.

Über die KUMAgroup

Gerade in diesem Umfeld ist eine professionelle Repräsentation im Internet extrem wichtig. Daher leistete man sich eine eigene Online-Abteilung aus 5 Spezialisten, die mit nichts anderem beschäftigt waren, als die Webseiten der Gruppe zu pflegen.

Fünf Spezialisten pflegten die Website

Trotz der enormen Kosten wurde es nicht geschafft, die Site aktuell zu halten; zu lange waren die Informationswege, zu umständlich die Kontrolle darüber, dass veraltete Inhalte wieder von der Site verschwinden. Jede Inhaltsänderung bedurfte einer Beauftragung des Multimedia-Bereichs, welche für den Auftraggeber externe Kosten darstellte. Änderungen wurden daher auf das unbedingt Notwendige reduziert. Ein Effekt, der durch eine saubere Cost- oder Profit-Center-Struktur automatisch eintritt, den Erfolg einer Website aber entscheidend torpediert.

Relaunch

Aus diesem Grund beschloss die Gruppe Ende 2000 zur CeBit 2001 einen komplett neuen Auftritt auf Basis eines Web Content Management-Systems zu realisieren. Dieses musste einfach zu bedienen, mit wenig Wartungsaufwand verbunden und kostengünstig sein.

Web Content Management System

Jeder Unternehmensbereich sollte in Zukunft für seinen Bereich eigenverantwortlich zuständig sein und die Inhaltspflege selbstständig übernehmen. Das gemeinsame Firmenportal sollte die gesamte Bandbreite der Gruppe darstellen, jede der Einzelfirmen aber trotzdem die Möglichkeit erhalten, eine eigene Site zur Profilstärkung aufzubauen, ohne dass dadurch Mehrarbeiten bei der Aktualisierung entstehen sollten.

Die Website sollte außerdem zu einer zentralen Kommunikationsplattform mit Kunden und Partnern werden, also auch als Extra- bzw. Intranet dienen.

Entscheidung für HuCon Multimedia und „up2date"

Die Gruppe entschied sich, das von HuCon Multimedia in Ettlingen entwickelte System up2date für den Aufbau des neuen Portals einzusetzen. HuCon Multimedia ist seit Anfang 2000 selbst Mitglied der KUMA*group* und spezialisiert auf die Themen virtuelle Marktplätze, Händlervernetzung, virtuelle Logistik und Content Management.

Mit up2date waren die von der Gruppe gewünschten Anforderungen in Punkto Flexibilität und einfache und kostengünstige Pflege erfüllt. Darüber hinaus bot das System durch seine Mandanten-Fähigkeit jedem Unternehmen der Gruppe die Möglichkeit, eine eigene Website aufzusetzen, deren Inhalte automatisch mit der Gruppen-Site ausgetauscht werden. Durch die zentrale Verwaltung der Layout-Vorgaben ist sichergestellt, dass sowohl die Corporate Identity der Gruppe als auch die der Einzelfirmen gewahrt bleibt.

Auch Community-Funktionalitäten sollten eingesetzt werden, um einen aktiven Austausch mit Partnern und Kunden zu ermöglichen.

Workshop zur Klärung der Anforderungen

Nach Abschluss einer Workshop-Phase, in der in Gesprächen mit den Verantwortlichen in den beteiligten Firmen die genauen Anforderungen an den Aufbau des neuen Gruppenportals definiert und dokumentiert wurden, begann HuCon im Dezember 2000 auf Basis von up2date die Website der Gruppe (8 Unternehmensbereiche, 250 Rubriken) aufzubauen. Das Layout wurde in Zusammenarbeit mit der Agentur Kranebitter, Emmerlich & Partner in Reutlingen entwickelt, welche einen Style Guide erarbeitete und das Aussehen des Gruppenauftritts entwarf.

Im Januar 2001 wurden die Mitarbeiter der Gruppe, die in Zukunft ihre Inhalte selbst einpflegen sollten, an 2 getrennten Tagen geschult. Zweck der Schulung war nicht nur, die einfach verständliche Benutzeroberfläche näher zu bringen, sondern auch die nötige Begeisterung und Motivation aufzubauen, um die zukünftige Site mit Leben zu füllen.

Für jeden Bereich und jede Rubrik wurden Zuständigkeiten definiert, d.h. Manager bzw. Lektoren, die die Inhalte, die von den Mitarbeitern produziert wurden, prüfen und freigeben müssen. Das gemeinsame Gruppen-Portal schließlich liegt in der Obhut des Gruppen-Marketing-Verantwortlichen, der auch für die firmenübergreifenden Inhalte zuständig ist.

Umsetzung der Anforderungen im Unternehmen

Es wurde außerdem beschlossen, keine textlichen Inhalte automatisiert aus der alten Website zu übernehmen, da das Meiste durch Alterung überarbeitungswürdig geworden war. Parallel dazu wurden auch einige Sites der Tochterunternehmen in Angriff genommen, welche ihre Inhalte in Zukunft automatisiert mit der Gruppen-Site teilen sollten.

Unmittelbar an die Schulungen anschließend begannen die Mitarbeiter im Januar, die Inhalte ihres jeweiligen Bereichs zu überarbeiten und über das CMS in den noch im Aufbau befindlichen Prototypen der neuen Website einzubringen. Nach nicht einmal 8 Wochen konnte die neue Site vor Plan online gestellt werden!

Fertigstellung nach knapp acht Wochen

Aufbau des Gruppenportals

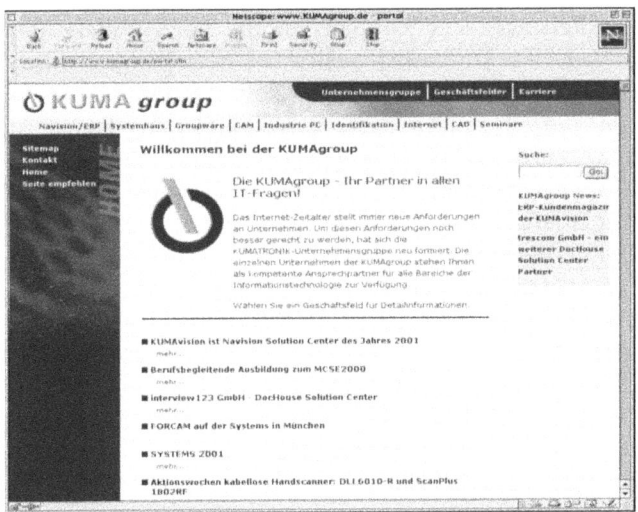

Abb. 1: Aufbau des Gruppenportals: http://www.kumagroup.de

Die Einstiegsseite des neuen Auftritts unterstreicht den Portalgedanken, in dem aus jedem der acht Unternehmensbereiche automatisch jeweils die neueste Nachricht übernommen wird. Daneben werden die allerneuesten Nachrichten ohne Berücksichtigung eines Proporz in einem Ticker rechts dargestellt.

Jeder der Unternehmensbereiche ist durch einen eigenen Menüeintrag repräsentiert, hinter dem sich ggf. der gleiche Rubrikenbaum verbirgt, wie auf der jeweiligen Einzelwebsite dieses Bereichs.

Die gesamte Site ist indiziert. Inhalte können über Volltext-Suche oder Suchbegriffe gefunden werden.

Besucher haben unter anderem die Möglichkeit, online Interesse für bestimmte Produkte zu bekunden oder sich direkt auf Stellenangebote zu bewerben.

Veränderungen werden vereinfacht

Durch die strikte Trennung des Inhalts vom Layout der Website ist es nicht nur möglich, diesen beliebig oft wieder zu verwenden, sondern es ist auch kein Problem, das Aussehen der Website nachträglich zu verändern. Dieses wurde nötig, als bei der Vorführung der fertigen, neuen Website vor der Unternehmensleitung noch Kritik an Einzelheiten des Layouts aufkam. Die von der Agentur erarbeiteten Änderungen konnten problemlos in den fertigen Auftritt eingearbeitet werden.

Die Erfahrungen

Die 5 Spezialisten jetzt in Kundenprojekten tätig

Die Resonanz der Kunden auf die neue Website der Gruppe war durchweg positiv. In Befragungen wurde vor allem die hohe Professionalität, die durch die neue Site ausgestrahlt wird, hervorgehoben. Das Portal ist inzwischen zu einer wichtigen Lead-Quelle für die Gruppe geworden und auch im Bereich Personal-Rekrutierung zeigen sich erstaunliche Erfolge. Mehrere Online-Bewerbungen pro Woche sind der Normalfall. Die 5 Spezialisten, welche die „alte" Site pflegten, sind nun in bezahlten Kundenprojekten im Einsatz. In Gesprächen mit den Pflegenden wurden besonders die Unkompliziertheit des Content Management-Systems sowie die Möglichkeit, Inhalte in kürzester Zeit online zu bringen, als Vorteile genannt.

Dadurch, dass Änderungen keine langen Wege mehr zurück legen müssen und externe Kosten verursachen, sondern Informationen am Entstehungsort selbst eingepflegt werden können, sind die Haupthinderungsgründe für die Aktualität der Site ausgeräumt. Bei geringeren Kosten verfügt die Gruppe damit über eine erfolgreichere Website.

Die Websites der Töchter

Wie bereits erwähnt, wurden parallel Websites für Teilbereiche der Gruppe aufgebaut, welche ihre Inhalte zum Teil oder vollständig mit dem Portal der Gruppe austauschen. Diese Websites sollen zum einen dazu dienen, das Profil der Einzelunternehmungen zu stärken, zum Zweiten den direkteren Dialog mit den Kunden ermöglichen, die nur mit einem Teilbereich zu tun haben und für die die Gruppe eine relativ abstrakte Angelegenheit darstellt.

zentraler Auftritt integriert auch Töchter

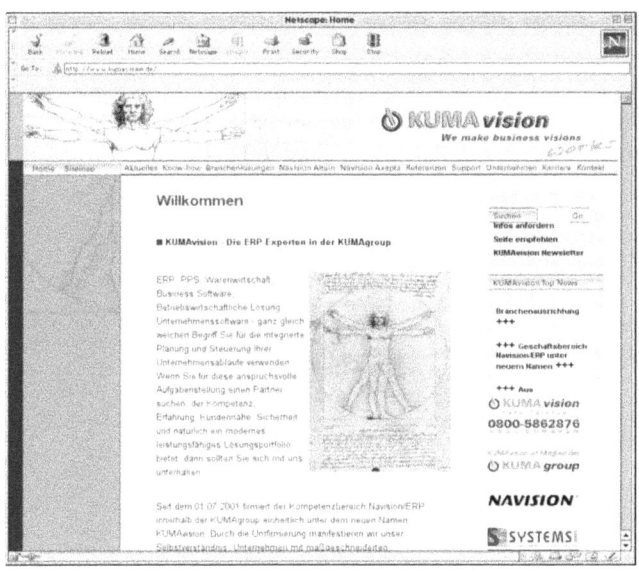

Abb. 2: Die Website des Unternehmensbereichs Navision/ERP
http://www.kumavision.de

Auf den Tochterwebsites erhalten die Partner und Kunden des jeweiligen Bereichs unter Umständen auch die Möglichkeit, über Passwort auf individuelle Inhalte, wie z.B. Projektdokumente, Preislisten oder Partnerinformationen zurückzugreifen.

Nach der Registrierung stehen den Nutzern auch nicht individuelle Zusatzinhalte, wie zum Beispiel FAQs, Bug Fixes, Formulare für Bug Reports und Service-

Anfragen, Nutzerforen und temporär frei geschaltete Chatrooms zur Verfügung.

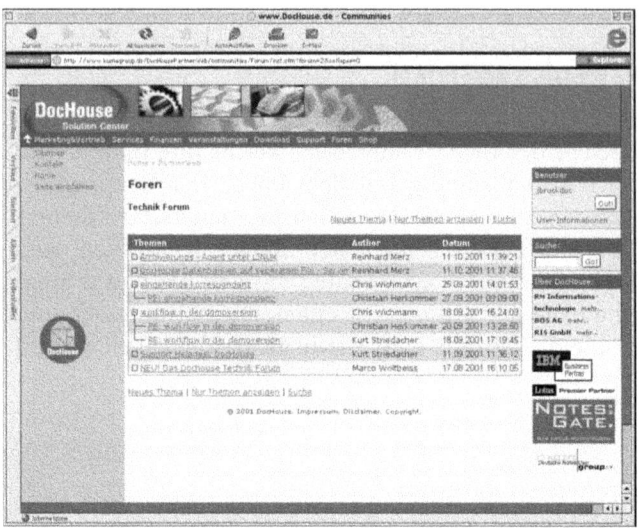

Abb. 3: Technik-Diskussionsforum auf der DocHouse-Produkt-Website des Unternehmensbereichs Groupware.

1.4 Kommunikationsplattform PROFIBUS

Dr. Andreas Schweinbenz

PROFIBUS

Wenn es in einem Zehn-Milliarden-Markt einen weltweit führenden Standard gibt, der von den wichtigsten Playern des Marktes weiterentwickelt wird, liegt es auf der Hand, eine gemeinsame Kommunikationsplattform zu schaffen. Im Markt für Automatisierungstechnik ist PROFIBUS der führende Standard für industrielle Kommunikation. Die PROFIBUS Nutzerorganisation ist die Industrievereinigung, der die führenden Unternehmen der Branche weltweit angehören. Und www.profibus.com ist ihr Internet-Portal.

Führender Standard für industrielle Kommunikation

Die Website ist die zentrale Informations-Plattform, die zum virtuellen Treffpunkt für PROFIBUS-Mitglieder, Anwender und Interessenten geworden ist. Hier findet sich ein reicher Fundus an aktuellen Informationen und ausführlichen Dokumentationen, die von der Nutzerorganisation und den Mitgliedsfirmen laufend gepflegt und aktualisiert werden.

Auswahl der Software

Damit der Dialog und Austausch auf dem Portal funktioniert, setzte die Nutzerorganisation bei der Erstellung auf etablierte Software-Systeme, die vom erfahrenen Karlsruher Softwarehaus Netpioneer implementiert wurden. Wichtige Komponenten sind die E-Business-Plattform netpioneer-server und das Content Management System Imperia.

E-Business-Plattform und Content Management

Auf dieser Basis wurde jedem der weltweit über 1.100 Mitgliedsunternehmen die Möglichkeit geschaffen, Teile des Portals zu editieren. Die Unternehmen können sich ausführlich auf der Site präsentieren, neue Produkte vorstellen oder Software zum Download anbieten. Aktuelle Themen können im Forum diskutiert werden. Individuelle Logins und Passwörter gewähren zum einen den Zugang zu geschützten Bereichen. Zum anderen öffnen sie den Weg zum Imperia-Redaktionssystem.

Konzeption

Gemeinsames Projektteam zur Erarbeitung der Ziele der Nutzer

Die Konzeption des Internet-Auftritts wurde im gemeinsamen Projektteam von PROFIBUS- und Netpioneer-Mitarbeitern erarbeitet. Als Ziele wurden ein maximaler Nutzen für Site-Besucher, einfacher Zugang zu Informationen, effizienter Know-how-Austausch zwischen den Mitgliedern sowie die konsequente Abbildung aller bisher „administrativen" Abläufe im Internet definiert. All dies sollte - verpackt in ein völlig neues Design - nicht zuletzt einer besseren Selbstdarstellung des PROFIBUS-Standards und seiner Mitgliedsfirmen dienen.

Frontend

Bedeutung der Navigation

Großes Augenmerk lag auf der Gestaltung der Navigation, um Mitgliedern und Kunden schnellen Zugang zu den umfangreichen Inhalten zu gewähren. Die Site glänzt durch einen unübertroffenen Schatz an Fachinhalten, Produktinformationen, Branchennachrichten und Mitgliedernews. Das klare Navigationskonzept trennt Schwerpunktthemen vom Allerlei und bringt Ordnung in ein technisch kompliziertes, inhaltsreiches Thema.

Stärke des Portals

Die eigentliche Stärke des Portals besteht darin, dass Nutzer und Anbieter der PROFIBUS-Technologie völlig eigenständig Inhalte über die Site austauschen können. Das geht angenehmer, schneller und entlastet die Verwaltung in der PROFIBUS-Geschäftsstelle.

Die wichtigsten Bereiche des Portals sind der Online Product Guide, Case Studies, der Download-Bereich und eine File-Library.

Eine komfortable Suchfunktion erlaubt im Online Product Guide die Ermittlung von PROFIBUS-Produkten nach Hersteller, Typ oder anderen Suchbegriffen. Die Inhalte werden von den Mitgliedsunternehmen selbst eingepflegt. Sie bieten Interessenten neben der Produktbeschreibung eine Abbildung sowie Kontaktdaten und eine Liste mit Bezugsquellen an. So finden sich

1.4 Kommunikationsplattform PROFIBUS

alle notwendigen Informationen mit wenigen Mausklicks.

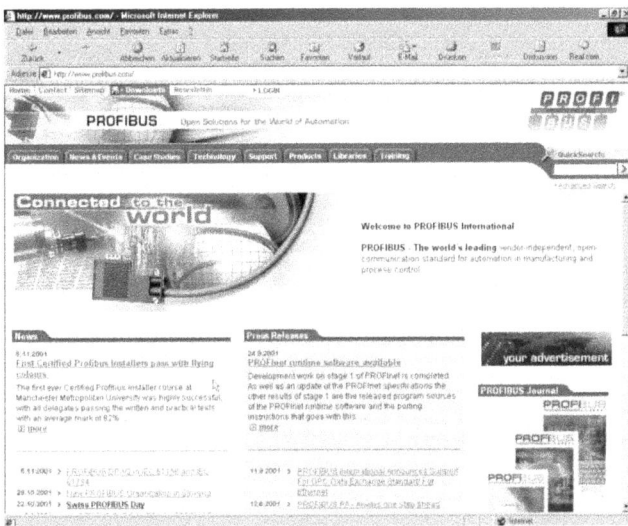

Abb. 1: Homepage der PROFIBUS Organisation

Bei den Fallstudien präsentieren Mitglieder nach Freigabe durch die Nutzerorganisation Vorzeigeprojekte unter Verwendung der PROFIBUS-Technologie. Dass die Anwender diesen schnellen Zugriff auf Beschreibungen von Großprojekten sehr schätzen, belegen die Besucherstatistiken der Website.

Im Download-Bereich können Mitglieder und Besucher technische Beschreibungen und Dokumentationen als pdf-File herunterladen. PROFIBUS-interne Dokumentation ist nur nach der Authentifizierung per Password zugänglich.

Der Download sogenannter GSD-Files zur Ansteuerung von PROFIBUS-Geräten ist in der GSD-Library möglich. Der übersichtlich gestaltete Bereich erlaubt Anwendern, die jeweils aktuellste Softwareversion zu finden und herunterzuladen. Der Online-GSD Editor gestattet allen PROFIBUS-Geräteherstellern, ihre GSD-Files ins richtige Format zu bringen und online zum Download anzubieten.

Profibus.com beeindruckt bereits auf den ersten Blick durch angenehmes Screendesign, die übersichtliche Userführung und die enthaltene Informationsfülle.

Mitglieder präsentieren Fallstudien

Download-Bereich für Dokumentationen

Abb. 2: Die Mitgliederseite von PROFIBUS

Backend

Kombination verfügbarer Standard-Komponenten

Für den Benutzer nicht sichtbar, aber letztlich entscheidend über die Qualität des Portals ist das Backend. Die Entscheider bei PROFIBUS haben sich für eine bewährte Kombination verfügbarer Standard-Software-Produkte entschieden, die für viele Jahre als technische Basis dienen wird. Insbesondere war bei der Entscheidung wichtig, dass zukünftige Erweiterungen und Änderungen des Online-Angebots möglich sind.

E-Business-Plattform netpioneer-Server

Basis des Systems ist die E-Business-Plattform netpioneer-server. Das System zeichnet sich durch seine Offenheit und Flexibilität aus. Beliebige Datenbanken oder andere Softwarelösungen können über vorbereitete Schnittstellen angebunden werden. Dies ist unerlässlich, wenn beim Aufruf einer Internetseite Inhalte dynamisch aus verschiedenen Quellen zusammengestellt werden sollen. Die E-Business-Plattform regelt alle hierbei relevanten Aspekte von der User-Authentifizierung über den Abruf des Contents bis hin zur gewünschten Darstellungsform.

Content Management System Imperia

Zweiter zentraler Baustein der PROFIBUS-Site ist das Content Management System Imperia. Dank dieses CMS ist es möglich, dass mehr als 2.000 Mitarbeiter in den Mitgliedsfirmen die Website mit redaktionellen Inhalten füttern, ohne dass sie hierzu über HTML-

Kenntnisse verfügen müssten. Ortsunabhängig werden die Inhalte über den Browser eingepflegt. Der typische Workflow von der Erstellung eines Artikels bis zur Freigabe wurde hierbei abgebildet. Die mächtige Nutzerverwaltung, die jedem einzelnen Mitglied individuelle Nutzungsrechte einräumt, wurde von Netpioneer eigens angepasst.

Fazit

Die Realisierung des Projektes bis zum Site-Launch im Frühjahr 2001 dauerte etwa fünf Monate. Seither werden kontinuierlich Erweiterungen an der Website implementiert. Ein Blick auf das Portal lohnt sich auch für Branchenfremde.

1.5 Internet Community new-in-town

Jochen Nehr

Einleitung

Das rasante Wachstum der Internet-Gemeinde ist laut zahlreicher Umfragen unverändert und nähert sich immer mehr einer repräsentativen Verteilung analog zur Gesamtbevölkerung.

Eng verbunden mit der rasanten Entwicklung im gesamten Online-Kommunikationsbereich ist die Vision der Weiterentwicklung der Massenkommunikation hin zu einer One-to-one Kommunikation. Diese Vision ist originär kein mit dem Internet verbundenes Themenfeld, sondern ein bereits vom Direkt- bzw. Dialogmarketing angestrebtes Ideal. Jedoch erhält das One-to-one Marketing durch die Internettechnologie neue Dimensionen.

Vision: One-to-one Kommunikation

Online-Formen des Marketings

Internet Communities wie new-in-town erweitern das traditionelle Marketing um Online-Funktionen. Im Internet lassen sich Daten sammeln und zur Generierung von Kundenkontakten und zur Kundenbindung nutzen. Schon seit längerer Zeit sind Kundenbindung und Beziehungsmanagement Aufgaben des modernen Marketing. Dies ist nicht zuletzt darin begründet, dass die Gewinnung eines Neukunden, wie allgemein bekannt ist, um ein vielfaches teurer ist als bestehende Kunden langfristig an das Unternehmen zu binden.

Kundenbindung und Beziehungsmanagement

In diesem Zusammenhang wird auch immer wieder der Begriff des Customer Relationship Management (CRM) verwandt. Erst durch das Internet und E-Mail im Besonderen sind Direktmarketing und individuelle Kundenbetreuung kostengünstiger und damit leichter umsetzbar geworden. Nach einer Studie des Marktforschungsinstituts GfK und der Wirtschaftswoche im Rahmen der Herbstuntersuchung des Werbeklimas 2001 wurde deutlich, dass Werbeleiter vor allem die Möglichkeit der genauen Zielgruppenansprache für die wachsende Bedeutung von Online Werbung anführen. Dies spiegelt sich auch durch den wachsenden Einsatz von Onlineunterstützung bei der klassischen Markenführung von 58 Prozent der befragten Werbeleiter noch im Jahr 2001 und geplanten 66 Prozent 2002 wieder.

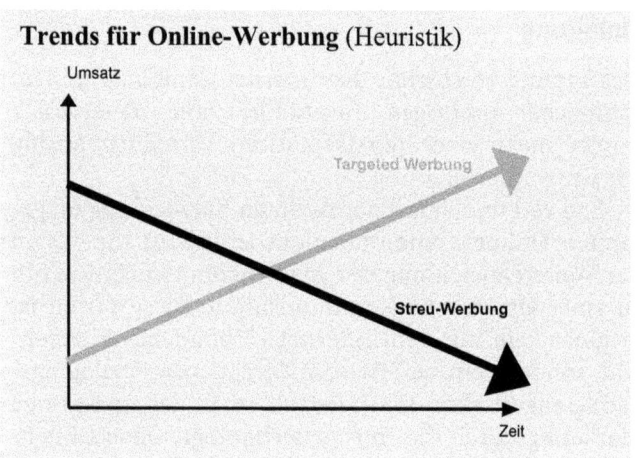

Abb. 1: Trends für Online-Werbung

Die Richtigkeit der Daten ist dabei eine zentrale Marketing-Herausforderung im Internet. Sie können an den Bits und Bytes nicht erkennen, ob ein Surfer männlich oder weiblich ist. Über IP-Adressen, Provider oder E-Mail-Adressen ist es nicht möglich, Wohnorte und andere demo- oder soziographische Informationen herauszudestillieren.

Beispiel new-in-town

<small>Benutzerkonto als Grundlage zur Datenerhebung</small>

Was macht new-in-town anders? Um die Online-Applikation new-in-town zu nutzen, legt der User ein Benutzerkonto an. Das bietet die Grundlage für eine benutzerspezifische Datenerhebung. Als Matching-Community bietet new-in-town für Internetanwender eine einfache und kostenlose Möglichkeit, bundesweit, als auch direkt in ihrer/seiner Umgebung, passende

Freizeitpartner für die unterschiedlichsten Aktivitäten zu finden. Ob Sport, Urlaub oder Kultur, hier verabreden sich aktive Menschen. Bei new-in-town werden Mitglieder über einen für sie nachvollziehbaren Nutzen gewonnen. Die Community bietet einen sozialen Mehrwert für die Mitglieder. Es werden Kontakte zu anderen Mitgliedern mit homogenen Interessen für Treffen in der realen Welt geknüpft.

Die Mitglieder danken es mit positiven Rückmeldungen und zahlreichen Weiterempfehlungen. Diesen innovativen Mehrwert valider Profile gilt es für das Unternehmen zu sichern.

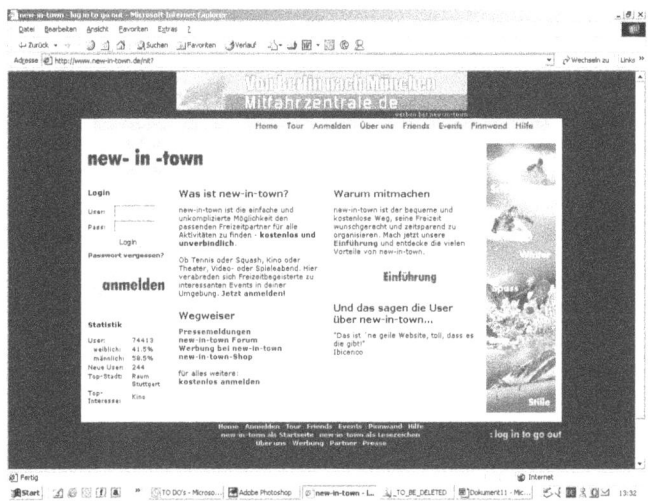

Abb. 2: Startseite www.new-in-town.de

Andere Internetseiten erheben ebenfalls benutzerspezifische Daten. Aber wie valide sind diese tatsächlich? Warum sollte ein Internet-Surfer sein Alter und sein Geschlecht angeben, um ein kostenloses E-Mail-Konto zu eröffnen? Die Surfer wollen E-Mails versenden und das eigene Geschlecht ist für die Funktion von E-Mails nicht relevant. Welche Gründe hat der Kunde einer Internet-Bank, seine Interessen und Vorlieben im Freizeitbereich mitzuteilen? Warum sollte eine Suchmaschine etwas über Ihr Alter oder Ihre Lesegewohnheiten erfahren? Das hat mit der eigentlichen Funktion der Suchmaschine nichts zu tun.

Fazit: Bei new-in-town geht es um ein Treffen in der realen Welt. Mitglieder wollen mit ihren Interessen

Validität erhobener Daten von Online-Diensten?

gefunden werden oder andere finden, dies setzt ehrliche und exakte Angaben voraus. Deshalb werden die Profile von den Teilnehmern ständig aktualisiert, das Ergebnis sind valide Datensätze.

Verbindung von virtueller und realer Welt

Ziel der new-in-town Community ist die direkte Verbindung von virtueller und realer Welt. Eine Online-Community für Offline Aktivitäten, unter dem Motto „log in to go out". Der Hintergrund dieser Strategie ist, dass der tatsächliche Verkauf im B-to-C Bereich immer noch zu einem hohen Prozentsatz an dem physisch existierenden Point of Sale stattfindet. Gemeint sind die Warenhäuser und Filialen der Unternehmen sowie Bistros und Restaurants. Das Internet jedoch wird verstärkt zum zentralen Informationsmedium der Presales-Phase. Die Kunden sollen deshalb durch die Community über Produkte, die ihrem Interessenportfolio entsprechen, informiert werden und so dazu animiert werden, den Point of Sale des Unternehmens, verstärkt und auf längerfristiger Basis wiederkehrend zu besuchen.

Eine weitere Voraussetzung für das Funktionieren der new-in-town Idee ist das Einverständnis der Teilnehmer, dass ihre Daten gespeichert werden.

Mitglieder bleiben anonym

Deshalb sollte nur nach Daten und Fakten gefragt werden, die für das Marketing tatsächlich benötigt werden. Dazu gehört z.B. nicht der tatsächliche Name, somit bleiben die Mitglieder bei new-in-town ‚anonym'. Dies nimmt die Hemmungen in Bezug auf die Angabe von persönlichen Informationen. Mit Hilfe der erhobenen Daten kann also keine eindeutige Zuordnung zu tatsächlichen Personen getroffen werden. Für eine interessante und erfolgreiche Marketing-Unterstützung reichen die vorhandenen Daten jedoch vollkommen aus. So ermöglichen die gewonnen Daten, den Mitgliedern Informationen/Werbung entsprechend ihren Interessen zukommen zu lassen.

Der Nutzen: Den passenden Freizeitpartner finden

Eine Herausforderung, die dabei bezwungen werden muss, ist, über welchen Nutzen der Internetsurfer auf die jeweilige Seite geführt werden soll, um dort Informationen über sich preiszugeben. Im Herbst 1998 hatte ein IT-Berater eine einfache, aber geniale Idee. Seine Tätigkeit war meist mit einem längeren Aufenthalt in einer fremden Stadt verbunden. Tagsüber die Arbeit und abends Langeweile an der Hotelbar. Warum kann man im Internet nicht den passenden Sport- und Freizeitpartner finden?

Mit der Umsetzung dieser Idee wurde Homepage-Design Seibert GmbH beauftragt. Im Mai 1999 ging www.new-in-town.de online. Schon bald waren die ersten 1.000 registrierten Freunde bei new-in-town und verabredeten sich eifrig. Neue Funktionen wurden schnell integriert und der erste Relaunch erfolgte bereits im Spätsommer 2000. Seitdem stieg die Mitgliederzahl auf über 80.000 und die Seitenzugriffe auf über 2,5 Mio. (Stand November 2001).

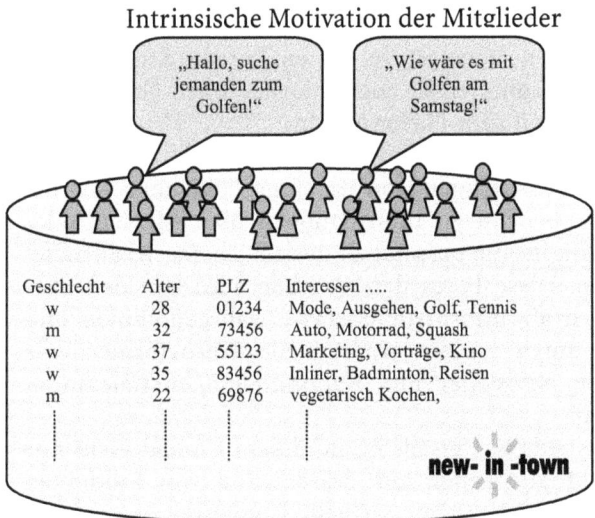

Abb. 3: Nutzen für den Betreiber der Community
new-in-town Mitgliederprofile = Marktrelevante Datenprofile zur Selektion personalisierter Produktinformationen

Das Konzept der Matching-Community bietet einen erkennbaren Mehrwert durch Integration personalisierter Angebote. Wie wichtig es ist, das richtige Produkt zur richtigen Zeit am richtigen Ort zu präsentieren, ist aus vielen Fachbüchern und -artikeln bekannt.

new-in-town zeigt, wie dies einfach und direkt umgesetzt werden kann. Zu jedem bei new-in-town existierenden Interesse lassen sich eine Reihe von Produkten finden, für die geworben werden kann.

Präsentation von Produktinformationen

So werden den Mitgliedern schon beim Login in die Community spezielle Links und Partnerseiten präsentiert, die mit ihren Interessen korrelieren. Produktinformationen in Form von redaktionell bearbeiteten Inhalten werden den Mitgliedern in einer Kurzfassung präsentiert und das Mitglied entscheidet selbst, ob weitere Informationen zu diesem Thema gewünscht werden. Diese werden dann direkt im gewohnten Umfeld der Community präsentiert.

Eine der am erfolgreichsten vertriebenen Produktgruppen im Internet sind Bücher. Stellen sie sich nun folgende Situation vor. Als Mitglied in der Community interessieren Sie sich besonders für das Thema Segeln. Neben der eigentlichen Funktion, andere Mitglieder mit dem selben Interesse für einen kurzen Segeltörn zu finden, bekommen sie auch Informationen über Neuerscheinungen zum Thema Segeln.

Denkbar sind alle Produkte die sich mit diesem Thema beschäftigen, von Kleidung über neue Ausrüstungen, bis hin zu Informationen über Messen, oder Wettkämpfe, die passend zu diesem Thema veranstaltet werden. Diese Form der Werbung wird von den Mitgliedern als Informationsservice wahrgenommen und kann durch andere traditionelle Werbeformen wie Banner, Newsletter und Kurzmitteilungen unterstützt werden.

Virtuelle Communities als Instrument zur Kundenbindung

Virtuelle Welten bieten in diesem Umfeld nicht nur neue Möglichkeiten zur Präsentation von Produkten und Dienstleistungen, virtuelle Communities sind vor allem ein wertvolles Instrument zur Kundenbindung. Der Weg zur One-to-one Betreuung des Kunden führt hier einerseits über den Dialog zwischen Anbieter und Nutzer und andererseits über die richtige Mischung aus Nutzen und Unterhaltung. Die Community erzeugt eine positive Grundstimmung bei den Mitgliedern gegenüber dem betreibenden Unternehmen. So können die Entscheidungen des Kunden subtil beeinflusst werden. Denn modernes Marketing heißt, der Kunde ist kundig und entscheidet selbst auf Grund der ihm zur Verfügung gestellten Informationen. Je zielgerichteter Werbung also ist, umso eher wird sie vom Kunden als Information wahrgenommen.

Damit dieses System reibungslos funktioniert, bedarf es natürlich der Erlaubnis des Kunden, ihn über spezielle Themen mit Produkt oder Rahmeninformationen zu versorgen. Um eine subtilere Form der Werbung zu erreichen, sollte diese, wie bereits erwähnt, an den jeweiligen Interessen des Kunden ausgerichtet sein. Denn auch genehmigte Werbung, die nicht dem Interessenportfolio des Kunden entspricht, verliert sich im Sand der Massenwerbungswüste. Sie kommt dann eher einer Verschwendung von Ressourcen auf beiden Seiten gleich. Die Zeit und Aufmerksamkeit des Kunden sowie die Kontaktaktivitäten des werbenden Unternehmens werden weder effektiv noch effizient genutzt.

Diese knappen Güter sollten deshalb nicht für Aktionen außerhalb homogener Interessenportfolios, ohne vorheriges Abgleichen von Produktinformation und Interessenportfolio verschwendet werden. Damit ist der erste Schritt hin zu einer One-to-one Marketingstrategie getan. Ausnahmen bilden die Stärkung oder Verbreitung eines Markennamens im World Wide Web, hier kann unter Umständen die Berücksichtigung von Interessen vernachlässigt werden.

Erlaubte Werbung als Grundvoraussetzung

In den ersten Phasen der Internet Euphorie wurde Online Marketing oft separat vom traditionellen Marketing eines Unternehmens gesehen. Tatsächlich sind Online-Aktivitäten exekutiver Bestandteil einer ganzheitlichen, marktorientierten Strategie eines Unternehmens; jedoch ein Bestandteil der Unternehmen, welcher ihr bewährtes Marketing Know-how neu überdenken lässt.

Zum exekutiven Bestandteil der Online Strategie gehören vor allem auch die Internet Communities, die viele unterschiedliche Kommunikationsarten unter einer Anwendung zusammenfassen. Um eine aktive Community aufzubauen, bedarf es Geduld und eines langen Atems. Im Durchschnitt vergehen ein bis zwei Jahre, bis eine kritische Mitgliederzahl erreicht ist. Der Betrieb einer Community erfordert umfassendes technisches Know-how sowie Erfahrung im Bereich Community Management.

Online-Strategie

Bestehenden Erfolg und Wissensvorsprung effizient nutzen, darum geht es beim Community-Leasing. Dies erfolgt nicht durch Bereitstellung einer softwaretechnischen Lösung, sondern durch eine full-service Dienstleistung, die alle wesentlichen Anforderungen an den Betrieb einer Internet-Community und die Unterstützung bei Online Marketingaktivitäten abdeckt. Die gemeinsame Basis aller Community-Leistungen ist eine

Community-Leasing als full-service Dienstleistung

Datenbank, die bereits über 60.000 detaillierte Profile enthält und stetig weiter wächst. Die Programmierweise von new-in-town ermöglicht den direkten Start einzelner Communities, im Corporate Design des jeweiligen Unternehmens.

So kann die erste Durststrecke beim Aufbau einer Community übersprungen werden und Mitglieder, die sich über die neuen Corporate Communities anmelden, haben ein sofortiges Erfolgserlebnis: die Möglichkeit, mit zahlreichen Mitgliedern der bestehenden Basis Community zu kommunizieren. Für den Betreiber der Corporate Community bedeutet dies, eigene valide Profile zu sammeln und so die Basis für seine One-to-one Marketingstrategie zu schaffen.

Zu diesem Zweck hat new-in-town seit seinem Bestehen bewusst eine Zielgruppe, deren Interessen nicht erotisch motiviert sind oder sich auf die Partnersuche beziehen, angesprochen. Dieses angenehme Klima spiegelt sich deutlich in der hohen Beteiligungsquote von über 40 % Frauen wieder. Dieser Nischenmarkt wurde ausgewählt, um die nötige Seriosität und Qualität gewährleisten zu können, die für die Zusammenarbeit mit Unternehmen unterschiedlicher Branchen entscheidend ist.

Hürde: Erreichen der kritischen Mitgliederzahl

Die Erfahrung zeigt, dass die größte Hürde beim Aufbau einer Community nicht das Erwerben eines stabilen Softwarepakets ist, sondern vor allem das Erreichen einer kritischen Mitgliederzahl. Der finanzielle Aufwand für die Programmierung, den laufenden Betrieb und die Akquisition der Mitglieder ist enorm und vergleichbar mit dem Aufwand für den Aufbau eines Kundenclubsystems. Allerdings ist der Nachteil dieser Kundenclubkarten, dass individuelle Kaufgewohnheiten nur dann erkennbar werden, wenn die Konsumenten die Karte tatsächlich einsetzen. Hier wird der Vorteil, den eine Community bietet, noch deutlicher, denn im Gegensatz zu einmalig erhobenen statischen Datensätzen, aktualisieren hier die Mitglieder ihre Daten selbstständig und kontinuierlich. So entsteht eine dynamische ‚Selbstverwaltung' der Daten, was einen geringeren Pflegeaufwand bedeutet. Bedenkt man die Kosten für die Erhebung von jeweils aktuellen Datenprofilen, die bei ca. DM 8 – 12 pro Adresse liegen, zeigt sich schnell das Kostensenkungspotential, welches ein solches System beinhaltet.

Fazit

Das Internet ist der schnellste Markt-, Informations- und Kommunikationsplatz, den es derzeit gibt. Es geht längst nicht mehr darum, nur präsent zu sein, vielmehr wollen Unternehmen sich als Anbieter von Produkten und Dienstleistungen etablieren und ihre Zielgruppe direkt und schnell ansprechen.

Der Erfolg versprechendste Ansatz für die Umsetzung einer One-to-one Strategie liegt also in dem Angebot von individualisierten Inhalten und einer damit verbundenen dynamischen und interaktiven Möglichkeit der Kommunikation. Die Personalisierung und Individualisierung von Informationen/Werbung als Voraussetzung zur One-to-one Bearbeitung der Kunden steht noch ziemlich am Anfang. Die Gründe hierfür liegen in dem deutlichen Mehraufwand hinsichtlich der Notwendigkeit einer viel feineren Zielgruppendefinition, der Entwicklung entsprechender Marketing-Instrumente und dem Aufbau der notwendigen Infrastruktur.

Dennoch zeigen die Erfolge personalisierter Angebote, dass am One-to-one Marketing kein Weg vorbeiführt. Die bessere Kundenbindung und damit langfristige Sicherung des Geschäftes verlangen danach.

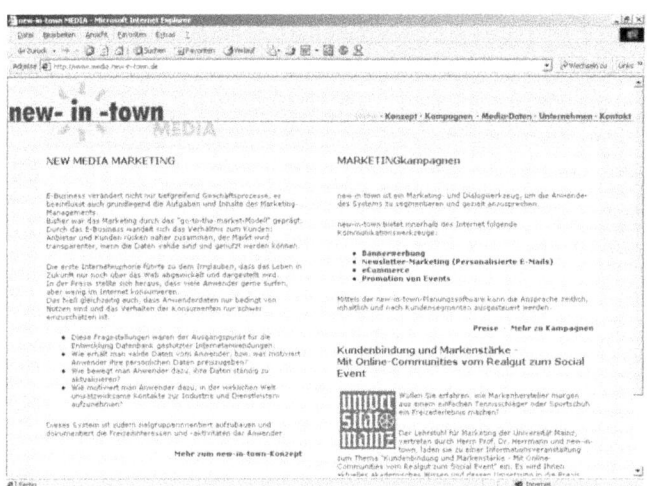

Abb. 4: Modernes Online Marketing: www.media.new-in-town.de

Kapitel 2

E-Business-Strategie

2.1 Strategiegrundlagen

Dr. Wolfgang Karrlein

Strategie muss auf Wettbewerbsvorteile gerichtet sein

Die „New Economy" hat das Wirtschaftsleben in den letzten Jahren gehörig durcheinander gewirbelt. Große Industrieunternehmen wie Siemens, DaimlerChrysler und andere standen plötzlich als „Schlafmützen" und „träge Elefanten" da. Eine ganze Zeit sah es auch so aus, als ob fundamentale Faktoren eines Unternehmens – allen voran die Profitabilität – nicht mehr zählen. Neue Kriterien wie etwa die „Cash Burn Rate" wurden plötzlich als Kennzeichen von zukünftigem Erfolg gewertet.

Die Ernüchterung kam dann im Jahr 2000. Ziemlich abrupt standen auf einmal die alten Fragen nach einer Geschäftsstrategie und Profitabilität wieder im Vordergrund. Vielen Start-ups – zuvor als schnell und flexibel gefeiert – ging rasch die Luft aus, andere sahen sich einem schmerzhaften Schrumpfungsprozess ausgesetzt. Nicht selten mussten Börsengänge verschoben oder Verbindungen mit einem der zuvor so hart kritisierten Unternehmen der „Old Economy" eingegangen werden.

Ernüchterung in 2000

Denn inzwischen haben auch die „trägen Elefanten" gelernt und deutlich aufgeholt. Sie befinden sich zum Teil zwar heute noch in einer Experimentierphase im Umgang mit dem Medium Internet, bis sich ein wirklicher geschäftlicher Nutzen herausstellt und die Profitabilität sichtbar wird. Aber in der Regel verfügen sie jedoch über mehr Substanz und größere Erfahrung in der Planung und Abwicklung komplexer Projekte sowie über Know-how in strategischen Fragen, das auch die betriebliche Organisation umfasst.

Die Ursachen für den Misserfolg vieler Dot.coms

Bei den gescheiterten Internet-Unternehmungen gab es zahlreiche Ursachen für den Misserfolg. Zunächst einmal haben viele Firmen übersehen, dass es sich bei der Internet-Technologie lediglich um ein Werkzeug handelt, das sich sinnvoll oder eben auch ohne wirklichen Sinn einsetzen lässt. Denn das Internet gewährleistet nicht durch seinen bloßen Einsatz einen Vorteil gegenüber den Wettbewerbern oder erhält diesen weiter aufrecht. Zweifelsohne bietet das Internet jedoch enorme Möglichkeiten – die Kernfrage lautet daher nicht, ob es genutzt werden soll, sondern in erster Linie wie?

Profitabilität

Mit der wichtigste Faktor für den Erfolg eines Unternehmens ist seine Profitabilität. Profitabel ist ein Betrieb dann, wenn er wirtschaftlichen, funktionalen oder rein auf Image basierenden Nutzen für seine Kunden anbietet. Einen echten strategischen Vorteil hat ein solches Unternehmen dann, wenn der Unterschied zwischen den Preisen, die es erzielen kann, und den eigenen Kosten größer ist als bei seinen Wettbewerbern. Die bisherige Entwicklung, besonders die des E-Commerce, hat jedoch gezeigt, dass die Nutzung des Internet als Vertriebs-, Kommunikations- und Transaktionskanal die Profitabilität in den meisten Fällen negativ beeinflusst hat beziehungsweise diese Zone gar nicht erst erreicht wurde. Denn zunächst stellte das Internet nur einen zusätzlichen Vertriebsweg dar, der noch keinen zusätzlichen Nutzen für den Kunden bot.

Preise im Web

Um möglichst schnell viele Kunden anzulocken und auch gleich zum Kauf zu animieren, wurden vielfach Produkte und Dienstleistungen zu weit niedrigeren Preisen im Web angeboten, als es ihren wahren Kosten entsprach. Dahinter steckte die Annahme, dass Kunden durch diesen Vorteil frühzeitig gebunden werden könnten. Darüber hinaus ging man bisher davon aus, dass ein Wechsel zu einem anderen Anbieter hohe Kosten verursachen würde und Kunden auch aus diesem Grund dem günstigen Internetanbieter die Treue hielten. Das erwies sich jedoch als Trugschluss: Denn der eigentliche Nutzen für die Kunden liegt weniger in der loyalen Beziehung zu einem Anbieter, als vielmehr in der Möglichkeit, vergleichen zu können. Dabei sind die Webseiten mit ähnlichen Angeboten nur den sprichwörtlichen Mausklick entfernt.

2.1 Strategiegrundlagen

Außerdem sorgten einheitliche Standards bei Design und Applikationen für eine immer einfachere Bedienbarkeit. Die Kunden wurden dadurch geübter und banden sich nicht mehr nur an einen Anbieter. Die Hoffnungen, die anfänglichen Umsätze würden weiter in dem Maße steigen, erwiesen sich meist als Illusion. Das hatte verschiedene Ursachen: So verteilte sich der Umsatz zunehmend auf mehrere Anbieter. Außerdem verschwand die erste Neugier, über dieses neue Medium einzukaufen – es wurde irgendwann zur Normalität. Dadurch sanken die Umsätze, und die erhofften Preissteigerungen konnten letztlich nicht mehr durchgesetzt werden.

Umsatzerwartungen

Wettbewerbsvorteile durch Differenzierung

Wer profitabel arbeiten will, um sich einen dauerhaften Wettbewerbsvorteil zu sichern, muss eine Strategie entwickeln, die es ermöglicht, sich von den Konkurrenten zu unterscheiden, ohne dabei schnell kopiert werden zu können[1]. Das erfordert ein Zusammenspiel von Prozessen und muss dem Kunden letztlich einen Mehrwert bringen. Der Fokus liegt also nicht auf einem einzigen Geschäftsprozess, sondern auf der gesamten Wertschöpfung im Unternehmen. Eine der größten Herausforderungen besteht deshalb darin, die Unternehmensstrategie nicht auf einer einzigen Kernkompetenz aufzubauen, sondern ein konsistentes Gesamtpaket an Geschäftsprozessen einzusetzen, das von den Mitbewerbern nicht so schnell übernommen werden kann.

Wertschöpfung

Der Einsatz neuer Technologien alleine – wie beispielsweise das Internet – trägt deshalb nicht dauerhaft dazu bei, sich von anderen abzuheben, wenn er sich lediglich auf „traditionelle" Prozesse beschränkt. Die gesamte Neugestaltung des Geschäftsmodells muss auch andere Mehrwertdienste berücksichtigen, die zusammen mit neuen Prozessen und IT-Ressourcen grundlegend zum langfristigen Erfolg des Unternehmens führen. Denn im Internet tritt das eigentliche Produkt oftmals in den Hintergrund. Es gilt deshalb,

---

[1] Eine besondere Strategie verfolgen Unternehmen wie Swatch, McDonalds oder IKEA, die ihre eigentlich homogenen Produkte (Uhren, Hamburger, Möbel) in z.T. immer schnelleren Zyklen variieren und damit einen – wenn auch kurzfristigen – Wettbewerbsvorteil erreichen können.

den sprichwörtlichen „zusätzlichen Service" zu bieten. Für den Erfolg von E-Commerce kommt es also vor allem auf das „scheinbare" Add-on an.

Beispiel Direktbanken

Die Direktbanken haben sich daher auch von ihrem ursprünglichen Prinzip, keine Beratung anzubieten, nach und nach verabschiedet. Umstritten ist allerdings – angesichts der „Nicht-Bezahl-Mentalität" im Internet – die Möglichkeit, für bestimmte Zusatzinformationen oder Dienstleistungen auch spezifische Gebühren zu verlangen. Verschiedene Versuche in diese Richtung waren bisher nur selten erfolgreich.

Das Internet ist damit also als ein integraler Teil der Wettbewerbsstrategie zu betrachten. Diese erfordert dabei vor allem eine möglichst weitgehende Integration der wertschöpfenden Prozesse, die technisch nun dank der Internet-Technologie erstmalig realisiert werden kann. Das „Frontend" World Wide Web mit seinen Funktionalitäten für Information, Transaktion usw. lässt sich über geeignete Methoden an entsprechende Kundenmanagement-Applikationen, an Produktionsanwendungen und an das Warenwirtschaftssystem anschließen. Dadurch ist es möglich, umfassende Informationen über die Kunden zu sammeln und einer Analyse zugänglich zu machen.

E-Business

Auf dieser Basis lassen sich wiederum bestimmte Programme zur Kundenbindung entwickeln, um die im Internet so wichtige Personalisierung zu realisieren. Damit dem Kunden Auskünfte über seine Bestellungen gegeben werden können, ist die Integration in das Warenwirtschaftssystem oder auch in bestimmte Teile der Produktions- und Logistiksteuerung notwendig. Die eigentliche Arbeit beginnt deshalb erst hinter der Web-Oberfläche. Ohne entsprechend automatisierte Geschäftsprozesse – das E-Business – funktioniert der E-Commerce nicht.

Das Internet ersetzt keine Strategie

Operational Excellence

Das Internet ist eine Technologie und kann als solches Teil einer Strategie sein, stellt selbst aber keine Strategie dar. Es bietet keinen Wettbewerbsvorteil durch sich selbst – es ist vielmehr ein Tool und eine Technologie, die prinzipiell mit vielen Strategien kompatibel eingesetzt werden kann. Als Werkzeug dient es dazu, bestimmte Vorgänge zu vereinfachen und effizienter zu organisieren. In diesem Sinne fördert die Internet-Technologie die „Operational Excellence", also das effizientere und effektivere Ausführen von bestehenden Prozessen.

Tabelle 1: Internet-Effekte nach Michael E. Porter

Wettbewerb mit existierenden Unternehmen	Unterschiede werden ausgeglichen, da sie im Internet offen liegen.
	Preiskampf.
	Zahl der Wettbewerber steigt durch die Ausweitung des geographischen Marktes.
	Migration von variablen zu festen Kosten – damit Druck für Preisnachlässe.
Substitution durch gleichwertige Ersatzprodukte oder Ersatzservices	POSITIV: Marktvergrößerung durch die Effizienzsteigerung mit Hilfe des Internet und damit der Möglichkeit, einer (lokalen) Substitution auszuweichen.
	NEGATIV: Ausweitung des Marktes schafft den Zugang der Kunden zu zusätzlichen Ersatzprodukten und -services.
Eintrittsbarrieren	Reduziert die Eintrittsbarrieren, da weniger/kaum Vertriebsaktivitäten erforderlich sind und bessere/leichtere Zugangsmöglichkeiten da sind.
	Internet Applikationen stehen allen zur Verfügung.
	Viele Neueinsteiger.
Verhandlungsmacht der Zulieferer	NEUTRAL: E-Procurement steigert die Verhandlungsmacht über die Supplier. Auch der umgekehrte Effekt wird allerdings möglich.
	NEGATIV: Internet ermöglicht den Zugang für die Supplier zu Endkunden und reduziert die Rolle der dazwischen liegenden Unternehmen. (a)
	Marktplätze im Internet geben allen Unternehmen denselben Zugang zu den Lieferanten.
	Trend zum Einkauf standardisierter Produkte – damit sinken Differenzierungsmöglichkeiten.
	Reduziert Eintrittsbarriere und fördert die Zahl der Wettbewerber – damit verlagert sich die Macht in der Wertschöpfungskette nach „hinten".
Verhandlungsmacht der Enduser	Wachsende Verhandlungsmacht der Endkunden.
	Reduziert Wechselkosten.

(a) Dieser Effekt ist nur dann relevant, wenn die Zulieferer, die dann in direktem Kontakt zu den Endkunden (Bestellern) stehen, auch die nötige Erfahrung und Qualität bei der Logistik haben. Andernfalls kann der "Schuss" nach hinten losgehen, wie viele Internet Unternehmen (und Kunden) im Weihnachtsgeschäft 1999 gemacht haben, als deutlich wurde, dass zwar online bestellt werden konnte, aber Service und Logistik nicht darauf abgestimmt wurden.

Auf „Operational Excellence" kann aber keine stabile Differenzierung aufgebaut werden. Denn damit organisieren Unternehmen dieselben Abläufe wie ihre Wettbewerber – nur besser. Gleichzeitig haben diese jedoch die Möglichkeit, rasch aufzuholen, da es sich bei den heute vorhandenen Internet-Anwendungen weitgehend um ähnliche und standardisierte Applikationen handelt. Sie stehen im Prinzip jedem offen, weshalb darüber keine Differenzierung erfolgen kann. Das Internet allein ermöglicht also keinen Wettbewerbsvorteil – dieser erwächst nur aus der Strategie.

Das Internet führt zu einem transparenten Markt

Preiskampf

Generell lässt sich als Quintessenz Folgendes konstatieren: Das Internet führt zu einem transparenten Markt. Es reduziert zwar die Kosten der Informationsgewinnung und auch die Kosten für die Transaktionen, wandelt jedoch variable Ausgaben in fixe Kosten – etwa für die Technologie – um. Darüber hinaus führt die Transparenz gleichzeitig zu einem gnadenlosen Preiskampf. Die Produkt- und Dienstleistungsangebote im Internet müssen einen gewissen Grad an Standardisierung haben, es handelt sich meist sogar um sehr homogene Güter. Durch die Offenheit des Internet ist aber der Preis – wie die Ware selbst – transparent und vergleichbar, und zwar mehr und in einem breiteren Maßstab als bisher. Dadurch lässt sich kein Anbieter auf lange Sicht durch die Ware oder dem Preis vom Wettbewerber unterscheiden – mit der Ausnahme einer weiteren Reduktion des Preises.

Eine Spirale ohne Ende. Die Einfachheit der elektronischen Geschäftsabwicklung und auch der wachsende Druck auf viele Anbieter, daran teilzunehmen, fachte in der Anfangsphase des E-Commerce den Preiskampf noch weiter an. Da die Zahl der Anbieter für vergleichbare Güter stieg und gleichzeitig die Nachfrage stagnierte, blieb den Unternehmen kaum etwas anderes übrig, als die Preisschraube weiter nach unten zu drehen – um so wenigstens einen Teil ihrer durch die Einführung der Technologie gestiegenen Fixkosten zu decken.

Das Beispiel Finanzdienstleistungsgewerbe

Wie das Beispiel der Direktbanken und -broker deutlich zeigt, stieg die Loyalität der Kunden durch diesen Preiskampf keineswegs. Bei den Gütern dieser Anbieter handelt es sich im Wesentlichen um immaterielle Produkte in Form von Verträgen, die zum Abschluss einer Transaktion lediglich einen Austausch von Informationen benötigen. Ideale Voraussetzungen, um diese Geschäfte im Internet abzuwickeln. Da diese Geldinstitute dabei keinerlei Beratungsleistungen anboten und nur über eine sehr geringe physische Präsenz (Filialen, Belegschaft etc.) verfügten, konnte dieser Preisvorteil direkt an die Kunden weitergegeben werden. Schnell stieß dieses Modell auf große Resonanz und schien den traditionellen Banken das Wasser massiv abzugraben.

Es kam zu der in der klassischen betriebswirtschaftlichen Theorie bereits vorhergesagten Entwicklung: Bedingt durch die Erfolge der „First-Mover" traten immer mehr Wettbewerber auf. Dabei erwiesen sich die Eintrittsbarrieren in diesem Bereich als niedrig. Insbesondere die Direktbanken mit einer traditionellen Muttergesellschaft konnten auf einen Teil deren Know-hows und der technischen Infrastruktur zurückgreifen. Dann trat das ein, was oben bereits geschildert wurde: Die einzelnen Institute konkurrierten im Wesentlichen nur über den Preis – zwar bei zunächst steigenden Umsätzen und Kundenzahlen, jedoch ohne in die Profitabilitätszone zu gelangen.

Durch das Internet konnte der Kunde die Direktbanken schnell und komfortabel untereinander vergleichen. Das war bei den traditionellen Instituten zuvor nicht in diesem Maße möglich gewesen. Nun konnte jeder sehen, wer was zu welchem Preis anbot, welche neuen Angebote definiert wurden usw. Als Konsequenz daraus rücken derzeit die meisten Direktbanken entweder wieder näher an ihr Mutterhaus heran oder werden in neuen Konstellationen mit dem Retail- und Privatkundenbereich wieder eingegliedert.

Immaterielle Güter

Das Beispiel elektronische Marktplätze

Elektronische Marktplätze

Eine ähnliche Entwicklung zeichnet sich auch bei den elektronischen Marktplätzen ab. Deren Zahl wuchs im Jahr 2000 noch rasant. Nach der im Frühsommer 2001 vorgelegten Studie „Vom Vermittler zum Dienstleister: B2B-Marktplätze in Deutschland 2001" des Berliner Marktforschungsunternehmens Berlecon Research verdreifachte sich die Anzahl der virtuellen Handelsplattformen fast von 59 im Jahr 1999 auf 163 im vergangenen Jahr. Doch inzwischen ist auch in diesem Bereich die Flaute eingekehrt: Gingen – so die Berlecon-Studie – im ersten Halbjahr 2000 noch durchschnittlich zwei Marktplätze pro Woche an den Start, so sind nun die ersten Marktaustritte und Umorientierungen zu beobachten.

So ist die Anzahl der Online-Handelsplattformen im Business-to-Business-Bereich in Deutschland im ersten Drittel 2001 auch nur um 20 – das sind knapp neun Prozent – gestiegen. „Build and they will come" – das Motto des Marktplatzbooms im vergangenen Jahr, hat sich offensichtlich nicht bewährt. Die 183 aktiven deutschen Marktplätze stehen jetzt vor der großen Herausforderung, ein profitables Geschäftsmodell zu finden, Teilnehmer zu gewinnen und diese langfristig zu binden.

Denn bislang – so die Berlecon-Analysten – arbeiten nur neun Prozent der B2B-Marktplätze profitabel. Trotz dieser Situation und einiger Pleiten sehen die Betreiber jedoch ihre Zukunft insgesamt optimistisch. So strebt knapp die Hälfte innerhalb von 24 Monaten nach der Online-Schaltung an, den Break-even zu erreichen. Dabei – so die Prognose der Berlecon-Marktforscher – werde die Zahl der Internet-Handelsplattformen bis zum Jahr 2004 in Deutschland auf insgesamt etwa 300 bis 400 zunehmen, pro Branche könnten sich ein bis zwei elektronische Marktplätze etablieren.

Ob diese Plattformen tatsächlich in der Lage sind, als gewinnorientierte Unternehmen zu arbeiten – insbesondere wenn sie von einem neutralen Betreiber geführt werden –, wird gegenwärtig ebenfalls diskutiert. Für die Zukunft sind hier genossenschaftliche Modelle denkbar. Dabei müssen die erhofften Effizienzsteigerungen bei den Marktplatzteilnehmern durchaus nicht verloren gehen.

Eine weitere Erkenntnis aus den E-Business-Lehrjahren besteht darin, dass das Internet möglichst nur an der Stelle eingesetzt werden sollte, an der es dem Benutzer einen echten Nutzwert verschafft. Der Zugang zum Internet ist in vielen Fällen dem etablierten Telefon oder Fax einfach unterlegen. Für eine Überweisung extra den PC einzuschalten und sich in das Netz einzuwählen, kann viel aufwändiger sein, als eine Transaktion einfach am Telefonhörer vorzunehmen. Bei der Informationssuche, für einen Einkauf außerhalb von Öffnungszeiten oder der Waren- oder Informationsbeschaffung über große Distanzen hinweg, ist das Internet jedoch allen anderen Medien überlegen. Auch moderne Workflow-Anwendungen oder Net-Meetings stellen durchaus sinnvolle Einsatzmöglichkeiten dar.

Sinnvolle Anwendungen sind gefragt

An den vielen Beispielen – ob von neuen oder etablierten Firmen – wird eines klar: Im E-Business gelten grundsätzlich keine anderen Kriterien, wenn es um die Bewertung des Geschäfts- und Markterfolges geht. „Let's be clear about one thing: If you take a business that is a bad business and put it online, it's still a bad business. It's just become a bad online business" (Michael Dell). Es gelten jedoch andere Regeln, die bei der Konzeption eines Geschäftsmodells, der Strategie und bei deren Umsetzung beachtet werden müssen. Diese sind fundamental anders als in der „Old Economy" und die darauf aufbauenden Geschäftsprozesse müssen entsprechend gestaltet sein.

Regeln im E-Business

Elemente der Strategie

Im Internet-Zeitalter sind viele Geschäftsmodelle leicht zu kopieren – und damit geht ein wesentlicher Wettbewerbsvorteil verloren. Die Gründe dafür liegen in:

- einem relativ geringen Kapitalbedarf
- der relativ billigen Technologie (jedenfalls für den ersten Schritt)
- der Lieferung von Information als Ware (und damit keine aufwändigen Produktionsschritte).

Wesentliche Randbedingungen dafür sind:

- etablierte Informations- und Kommunikationstechnologien als Basis

- Beherrschung der Kernprozesse
- schnelles Umsetzen von Ideen.

Geschäftsmodelle

Eine scheinbar triviale, aber wesentliche Feststellung: Die Technologien liefern lediglich eine Plattform, auf der neue Ideen umgesetzt werden können. Daher sind die Geschäftsmodelle für den Erfolg entscheidend, nicht die technischen Plattformen. Die Forderung, dass die Informations- und Telekommunikationstechnologie die Prozesse zu unterstützen hat, ist nach wie vor gültig. Sie stellt aber ein weniger großes Problem dar, als es noch vor ein paar Jahren der Fall war. Die Schwierigkeit liegt vielmehr darin, diese neuen Nutzungsmöglichkeiten schnell zu erkennen und dann entsprechend umzusetzen.

Eine Kernfrage ist dabei, wie das Internet – ebenso wie auch das im Moment mit viel Hype diskutierte Mobile Business – sinnvoll im täglichen Geschäftsablauf eines Unternehmens genutzt werden kann. Um diese Frage zu beantworten sollte der mögliche Einsatz des Internet wie auch der mobilen Kommunikationskanäle bereits bei der Ausarbeitung der Unternehmensstrategie voll mit in die Überlegungen einbezogen werden. Es geht dabei in diesem Schritt nicht um die Auswahl der notwendigen Technologie, sondern darum, den Einsatz in den Prozessen und einzelnen Prozessschritten – wo immer er auf Grund der Eigenschaften des Internet sinnvoll und empfehlenswert ist – vorausschauend zu konzipieren. Zwischen den Geschäftsprozessen und der notwendigen IT-Unterstützung muss dabei ein strategischer Abgleich stattfinden.

Konzentration auf Kernprozesse

Differenzierung

Die Differenzierung im Wettbewerb basiert vielfach auf Kernprozessen, die in ihrer Gesamtheit nicht einfach durch andere Konkurrenten kopiert werden können. Das Internet ermöglicht in diesem Kontext deren effiziente Umsetzung. Dabei kommt es folglich nicht nur auf die Internet-Präsenz alleine an, diese ist lediglich die Schnittstelle zum Kunden. Das entscheidende Element ist die Gestaltung der Prozesse im Hintergrund der Webpage: Kunden-, Informations-, Lieferantenmanagement usw.

Dies sind alles Bereiche, die miteinander und auch mit den Web-Auftritten wie z.B. einem E-Procurement-

System verknüpft werden müssen. Diese Art der Integration wird durch die neuen Internet-Technologien und ihre Anwendungen heute wesentlich leichter möglich, ist aber trotzdem nach wie vor keine einfache Aufgabe. Parallel dazu konkretisieren sich allmählich Konzepte, wie der bisherige Prozessbruch an der Grenze der Unternehmen ebenfalls noch überwunden werden kann. Im Rahmen von Supply Chain Management (SCM) ist – zumindest theoretisch – beispielsweise eine Integration von Bestellprozessen über die Firmengrenze hinaus möglich geworden.

Neue Betreibermodelle wie z.B. das Application Service Providing (ASP) stellen eine weitere Entwicklung dar, die sich massiv auf die Unternehmensstrategie auswirken kann. Denn diese Technologie und das dazugehörige Businessmodell ermöglichen einen nutzungsabhängigen Einsatz von Applikationen. Darüber hinaus bedeuten die zunehmende Technisierung und die komplexeren Anwendungen sowie die hohen Anforderungen an Sicherheit, Verfügbarkeit, Skalierbarkeit etc. auch, dass über andere Auslagerungsmodelle intensiv nachgedacht werden muss. Denn durch gezielten Einsatz von Outsourcing und anderer Formen des Outtaskings kann die Total Cost of Ownership (TCO) spürbar gesenkt werden, ohne auf die gewohnte Qualität verzichten zu müssen.

Multi-Channel-Management

Ein wesentliches Einsatzfeld des Internet selbst – wie auch der mobilen Kommunikationskanäle – besteht in der Ergänzung bisheriger Verbindungen zwischen den Unternehmen und seinen Kunden. Besonders augenfällig wird das bei den Banken: Ihr traditioneller Kommunikationskanal – der Schalter in der Filiale – wurde in den letzten Jahrzehnten aufgeweicht und durch einen bunten Strauß von Zugangswegen erweitert (Geldautomat, Kontoauszugsdrucker, SB-Terminals, Bankshops in Supermärkten, Direktbank-Angebote, Telefonbanking, Homebanking, Internet-Banking, Mobile Banking).

Zielgruppenorientierung

Trotzdem tritt die noch vor einigen Jahren prophezeite vollständige Ablösung der Filiale wohl nicht ein. Es geht vielmehr um eine andere Positionierung und ein Management der verschiedenen Kanäle miteinander. Dabei spielt die Strategie (Welche Kundensegmente sollen wie erreicht werden? Welche Produkte werden über welchen Kanal angeboten?) eine wichtige Rolle, um die verschiedenen Zugangswege so auszustatten, dass der gewünschte Effekt optimal erreicht wird.

Mehrwert durch Informationssyndizierung

Es geht also beim Einsatz des Internet vor allem darum, auf diesem Wege Mehrwertdienstleistungen für den Nutzer anzubieten. Das Beispiel der Direktbanken macht dies recht deutlich: Die reine Präsentation von standardisierten Produkten führt lediglich zu einem Preiskampf, aber nicht zu einer Differenzierung im Wettbewerb. Für diese Mehrwertdienstleistungen kann zum Beispiel eine besondere Eigenschaft des Internet genutzt werden: Es eignet sich hervorragend zur Informationssyndizierung, also der Wiederverwertung von Informationen aus verschiedenen Quellen in unterschiedlichen Kontexten. Diese Eigenschaft unterstützt die Erarbeitung entsprechender Strategien und ist die Grundlage für neue Geschäftsmodelle.

Syndizierung

Der Vorgang der Informationssyndizierung wird seit langem in der Medienindustrie durchgeführt. Er bedeutet im Wesentlichen den Verkauf einer Information (z.B. Meldung, Foto) an viele Redaktionen, die sie wiederum in die eigene Zeitung oder Informationssendung integrieren. Die wesentlichen Voraussetzungen für eine derartige vielfache Nutzung sind:

- Information als Basiselement – nur eine Information kann unbegrenzt wieder verwendet werden, in neue Kontexte gestellt werden, ohne sich abzunutzen.
- Modularität – jede Information hat ihren eigenen Wert oder kann neuen Wert im Kontext mit anderen Informationen entfalten.
- Verteilungskanäle – die Zusammensetzung und Kombination von Informationen zu neuen Informationen – funktionieren nur, wenn es eine Vielzahl verschiedener Nutzer und damit Verteiler gibt. Denn nur dann entsteht neue Information, weil sie die unterschiedlichen Teile verschieden kombinieren.

Das Internet macht nun die Nutzung und Neukombination verschiedenster Informationen wesentlich leichter und schneller möglich. Aus strategischer Sicht sind bei der Informationssyndizierung die verschiedenen Rollen wichtig, die ein Unternehmen einnehmen

2.1 Strategiegrundlagen

kann, da sie eine mögliche Positionierung und Fokussierung ermöglichen. Die bisherigen, meist linearen Ketten und Verbindungen von Firmen, werden dabei durch ein Netzwerk ersetzt: Die Bezugsquelle von Informationen kann sehr schnell gewechselt werden, es lassen sich verschiedene Quellen benutzen und bei der Verteilung der Information sind auch zahlreiche Kanäle möglich.

Am Beginn der Informationssyndizierung steht die „Erzeugung" eines Informationspakets. Das Internet ermöglicht neue Kategorien, die syndiziert werden können, und erleichtert vor allem die letztlich globale Verbreitung. Alles, was als Information verbreitet werden kann, kann syndiziert werden.

Informationsintermediäre, kurz Infomediäre, sammeln die Informationen aus verschiedenen Quellen und stellen sie in einheitlichen Formaten zur weiteren Nutzung zur Verfügung. Damit entlasten sie die Verteiler von der aufwändigen Suche nach den Quellen und den jeweiligen Verhandlungen über die Rechte. Die eigentlichen Distributoren nutzen den Service der Infomediäre, um ihre Kosten bei der Suche nach Inhalten und Informationen zu minimieren und durch Neukombination der Informationen ihren Kunden einen Mehrwert zu bieten. Bei der Informationssyndizierung handelt es sich nicht um Outsourcing oder Outtasking im eigentlichen Sinn. Der wesentliche Unterschied liegt in der Volatilität und Flexibilität der Geschäftsbeziehungen. Bei der Syndizierung sind die Beziehungen kürzer und wesentlich flexibler als bei lange laufenden Outsourcing- oder auch Outtasking-Kontrakten.

Infomediäre

Die strategische Herausforderung durch die Informationssyndizierung liegt in der charakteristischen Eigenschaft der Information als Wirtschaftsgut. Der Wettbewerbsvorteil in traditionellen Geschäftsmodellen liegt vor allem im Aufbau von Nachfrage und Mangel: Wenn eine Firma einen Nachfrageüberhang bedient, tut sie das durch Wissen und entsprechende Prozesse, die andere nicht leicht kopieren können; dadurch hat sie einen klaren Wettbewerbsvorteil. Anders stellt sich die Situation im Internet dar: Durch die Information als eigentliches Gut, das im Internet letztlich gehandelt wird, wird ein Überfluss erzeugt, da sich die Information beliebig oft vervielfältigen lässt und sie von überall her nachgefragt werden kann. Strategien

Information als Wirtschaftsgut

müssen also mit dieser Charakteristik umgehen. Das bedeutet aber in solchen Syndikationsnetzwerken, dass die Position nie länger gehalten werden kann.

Kernkompetenzen lassen sich nicht mehr dauerhaft als Betriebsgeheimnisse schützen, sondern sind aktiv zur Umsatzgenerierung und zur Stärkung der eigenen Wettbewerbspositionierung vor allem dadurch zu nutzen, indem sie anderen zur Verfügung gestellt werden. Mit dem aktiven „Verkaufen" eines anfänglichen Alleinstellungsmerkmals kann ein noch viel größerer Nutzen erzielt werden.

Beispiel: Finanzdienstleistungen

Neutralität

Online-Broker wie Consors, Direkt Anlage Bank oder andere bieten eine Reihe von Fonds und ähnliche Investmentangebote an, ohne dass sie selbst von diesen Unternehmen aufgelegt, geführt und gemanagt werden. Sie kombinieren diese Anlagemöglichkeiten dabei auf den Internetseiten auch mit einer Reihe von weiteren Informationen, die aus den verschiedensten Quellen (z.B. Reuters, Börsen, Wirtschaftspresse) stammen. Die eigene „Erzeugung" und Entwicklung dieser Angebote und Informationen würde jedoch extrem teuer werden und den Preisvorteil recht schnell zunichte machen.

Dieses Prinzip gilt für alle Online-Banken und Brokerage-Firmen. Darin unterscheiden sie sich nicht. Die Differenzierung entsteht durch die maßgeschneiderte Zusammensetzung der Angebote und Informationen entsprechend ihren jeweiligen Zielgruppen und ihrer Strategie. Sie selbst konzentrieren sich daher auf ihre wesentliche Kompetenz: Kunden anzuziehen, diese Beziehung zu managen und durch individuelle Betreuung (auch über das Internet) einen Mehrwert zu bieten. Der Preis der Leistung bemisst sich dann entsprechend diesem Aufwand und dem Mehrwert. Ihre Aufgabe ist es nicht, die eigentlichen Produkte zu erzeugen. Aus diesem Grunde ist das Customer Relationship Management für diese Finanzdienstleister so wichtig.

Die Strategie kann aber noch über das Anbieten von reinen Finanzdienstleistungen hinausgehen. Immer öfter werden eigentlich bankfremde Angebote mit aufgenommen: Consors bietet beispielsweise mit seinem Partner Offerto auch Gebrauchsgegenstände aus dem Lebensumfeld der Kunden an, wie zum Beispiel Handys, Computer oder Finanzbücher. Die HypoVereinsbank

2.1 Strategiegrundlagen

offeriert in ihrem Immobilienportal (Net@Home) zahlreiche Dienstleistungen rund um den Kauf und Verkauf von Häusern oder Wohnungen; dabei sind neben Finanzierungen, Ansparmodellen und Versicherungen – als eigentliche Finanzdienstleistungen – auch die Darstellung von Grundrissen, 3-D-Animationen bis hin zu Beurteilungen der Umgebung und Lage (so genannte Environmental Services wie Aussehen, Einkaufsmöglichkeiten, Schulen, Verkehrsanbindung) im Angebot.

Dieses Beispiel zeigt auch, dass sich insbesondere Banken, Einzelhandelsfirmen und Telekommunikationsunternehmen immer ähnlicher werden. Die gemeinsamen Charakteristika sind:

Annäherung unterschiedlichster Branchen

- Kontakt zu vielen Kunden (Kundenbindung)
- Internet
- wachsende Konkurrenz
- geringere Differenzierungsmöglichkeiten

Die Konsequenz: Banken eröffnen E-Shops und Telekommunikationsunternehmen gründen Banken oder verhandeln über entsprechende gemeinsame Aktivitäten. Der wichtigste Grund dafür sind die enormen Kosten, die zum „Aufbau" neuer Kunden investiert werden müssen[2]. Es zeichnet sich hier ein Modell – basierend auf dem Grundprinzip der Informationssyndizierung – ab: Retailbanken stellen sich als Intermediäre auf und bieten statt selbst erzeugten Produkten die jeweils günstigsten Produkte von verschiedenen Anbietern („Herstellern") an. Die Produktion bleibt den global agierenden Instituten überlassen, die dabei Größenvorteile nutzen und in der Massenproduktion trotz des Preisdrucks ordentliche Gewinne erzielen können.

Diese neuen Möglichkeiten ändern die Art und Weise, wie Unternehmensstrategien aufgebaut und Geschäftsmodelle gestaltet werden müssen. Durch diese grundlegenden Änderungen werden die „virtuellen Firmen" real und konkret.

---

[2] Der „Aufbau" neuer Kunden ist immer nur aus Sicht eines Instituts zu verstehen, da der Bankenmarkt in aller Regel ein verteilter Markt ist. Es besteht also die große Herausforderung, durch entsprechende (Dienst)Leistungen und Kompetenzen, Kunden anderen Wettbewerbern abzuwerben. Diese Tatsache muss die Strategie berücksichtigen.

Neue Geschäftsmodelle

Navigationshilfe

Das Internet bietet im Vergleich zum Präsenzgeschäft eine um Größenordnungen breitere Informationsbasis, um nach einem Gut oder einer Dienstleistung zu suchen und deren Preise zu vergleichen. Die Kosten für diese Informationsgewinnung sind vergleichsweise gering. Hier setzt das Modell der Navigationshilfe an. Die Suche nach Informationen geschieht im Internet unabhängig von gleichzeitigem Vorhalten der Güter in Läden oder Warenhäusern.

Die Folge dieser Entkoppelung von physischer Präsenz und Navigations- und Entscheidungshilfen ist die „Entmachtung" der bisherigen Zwischenhändler (wie z.B. Kaufhäuser). Die Endkunden können direkt beim Produzenten bestellen. Genau hier setzt das Geschäftsmodell an. Denn die Navigationshilfen oder auch die Infomediäre suchen die Informationen zusammen und unterstützen die Kunden bei der Suche. Das eigentliche Ausführen der Lieferung wird an Logistikunternehmen übertragen. Das Internet ermöglicht somit den Infomediären eine Dienstleistung, die auf der Informationssyndizierung basiert. Navigationshilfen werden zum eigenständigen Geschäft.

Dimensionen

Dieses Geschäftsmodell hat drei Dimensionen, die wesentlich den Erfolg bestimmen: Reichweite, Unabhängigkeit und Reichtum der Information.

Die Reichweite der Information bestimmt nicht nur, wie viele potenzielle Kunden diese Dienstleistung nachfragen können – das sind im Zweifel alle Menschen mit einem Zugang zum Internet –, sondern auch den Umfang der Information. Darin ist das Internet jedem Präsenzhandel überlegen. In einer der größten Buchhandlungen in den USA können vielleicht 200.000 Titel vorrätig gehalten werden. Dagegen bietet amazon.com annähernd fünf Millionen Titel. In diesem Sinne ist amazon.com auch kein Buchladen mehr, sondern eine gigantische Navigationshilfe im Meer der veröffentlichten Druckwerke.

Produzenten sind mehr oder weniger dazu gezwungen, ihre Informationen in solche Navigator-Sites einzustellen, denn sie ermöglichen zusätzliche Geschäfte zu kleinen Zusatzkosten. Es liegt also in ihrem eigenen Interesse, sich beispielsweise elektronischen Preis- und Leistungsvergleichen zu stellen und dabei möglichst gut abzuschneiden. Insbesondere kleinen Firmen bietet der

Link in solchen Sites eine ungeahnte potenzielle Käuferschaft.

Die Unabhängigkeit der Information in solchen Navigationsseiten ist unabdingbar, denn eine zu enge Partnerschaft mit einem der angebotenen Hersteller würde die Kunden abschrecken und sie würden diese Hilfe nicht kontaktieren. Es ist daher der Position als Infomediär zuträglich, ja fast ein absolutes Muss, dass der Anbieter nicht im selben Geschäft tätig ist. Ein Finanzinfomediär, der eigene Fonds auflegt, könnte nur schwer die Neutralität bewahren, wenn er seinen Kunden verschiedene Anlagemöglichkeiten offerieren will.

Der Reichtum bzw. die Menge an Daten, die durch das Angebot einer Hilfestellung bei der Suche nach Information fast notgedrungen anfallen, ist im Internet enorm. Diese Daten wurden von den meisten Firmen bisher noch gar nicht ausgenutzt und in wertvolle Informationen über den Kunden verwandelt. Sie bieten im Prinzip die Basis für eine Personalisierung der Website und individuell zugeschnittene Angebote. Begrenzende Faktoren sind dabei im Wesentlichen der Wunsch nach einer ungestörten Privatsphäre und der Wille, eigene Suchen durchzuführen. Die erste Stelle, an der solche Informationen der potenziellen Kunden „anfallen", sind wiederum die Infomediäre.

Insbesondere etablierte Unternehmen stehen durch diese Aufspaltung der Wertschöpfung in separate Geschäftsmodelle vor einem Problem. Um sich auch als Infomediär zu etablieren, sind sie gezwungen, eine völlig neue Strategie zu verfolgen. Dies kann aber in überzeugender Weise nur dann geschehen, wenn sie ihr „altes" Geschäft von diesem neuen Business trennen.

Change Management als wesentliche Voraussetzung

Kernstück der elektronischen Geschäftsprozesse ist die Kombination neuer Methoden und Technologien mit den im Unternehmen bereits vorhandenen Geschäftsprozessen und der vorhandenen IT-Infrastruktur mit folgender Zielsetzung:

- effiziente Kommunikation
- Rationalisierung der Arbeitsabläufe
- Stärkung der Beziehung zu Kunden, Partnern und Zulieferern
- kürzere Time-to-Market

Kulturwandel

Die Umsetzung dieser Lösungen verlangt von der Leitung des Unternehmens Visionen, Führungsqualitäten und Stehvermögen – darüber hinaus muss das gesamte Unternehmen einen Wandel bei Kultur und Verhaltensweisen vollziehen. Der Motor des Wandels ist dabei die Kundennachfrage. Der moderne Kunde kennt keine zeitlichen und örtlichen Beschränkungen mehr: Er möchte 24 Stunden am Tag, 7 Tage in der Woche, Zugang zu Produkten und Dienstleitungen haben – weltweit. Dies gilt für alle Marktsektoren und Branchen, angefangen bei Banken und Versicherungen über den Einzelhandel bis hin zum verarbeitenden Gewerbe.

Das Erkennen der neuen Anforderungen und ihre Berücksichtigung in der Unternehmensstrategie hängt oftmals weniger von der verfügbaren Technologie als von der Kreativität und Wandlungsbereitschaft der Verantwortlichen ab. Die Unternehmenskultur wird damit zu einem erfolgskritischen Faktor. Da die zukünftigen Geschäftsmodelle auf den elektronischen B2B-Marktplätzen einen hohen Dienstleistungsanteil haben werden, der wiederum grundlegend für die Differenzierung und damit den geschäftlichen Erfolg der neu definierten Partnerschaften zwischen Anbieter und Kunde ist, zählt die Ermöglichung und das Vorantreiben der geforderten hohen Veränderungsbereitschaft aller Mitarbeiter eines Unternehmens zu den elementaren strategischen Aufgaben.

Dieses Veränderungsmanagement liegt – um dies deutlich zu betonen – nicht alleine beim Lieferanten. Durch die partnerschaftliche Verbindung, die durch die Dienstleistungskomponente ins Spiel kommt, muss auch auf Seiten des Kunden ein Umdenken stattfinden. Der Zulieferer wird nämlich durch die zusätzlichen Informationen oder Services zu einem Produktionsmittel, für dessen Qualität und Einsatzbereitschaft auch der Kunde Sorge tragen muss. Eine rein auf den Preis fixierte Betrachtung führt deshalb – salopp gesagt – zu Frust und letztlich zu einem Vertrauensverlust auf Seiten des Lieferanten. Als Reaktion wird er damit beginnen, seine Kunden zu segmentieren. Und zwar in solche, die ihm einen Mehrwert bringen und andere, die lediglich auf ihren unmittelbaren einseitigen Vorteil bedacht sind. Denn die zusätzlichen Services bieten dem Zulieferer durchaus Möglichkeiten zu einer spürbaren Segmentierung und zur Anwendung differenzierter Preismodelle.

2.1 Strategiegrundlagen

Für den Erfolg eines Change- und Wertemanagements sind unter anderem folgende Punkte und Methoden wesentlich:

- Bewusstsein schaffen und Leitbild formulieren
- Werterahmen festlegen
- Transformationsprozess organisieren
- Roll-out durchführen

Die unabdingbare Voraussetzung für ein erfolgreiches Veränderungsmanagement ist die eindeutige Führerschaft und das persönliche Commitment des Top-Managements im Unternehmen. Diese Selbstverpflichtung alleine reicht allerdings bei weitem nicht aus. Denn in diesem Kreis muss zunächst das Bewusstsein geschaffen werden, dass ein Veränderungsprozess zu den anspruchsvollsten und umfassendsten Führungsaufgaben gehört. Denn würde das Top-Management einen solchen Prozess starten, ohne sich in der Zielsetzung einig zu sein, wäre eine sich immer wieder leicht widersprechende Vielstimmigkeit in der Kommunikation die Folge. Diese kann schnell zur Verwirrung bei den Mitarbeitern führen.

Deshalb müssen im ersten Schritt eine Reihe von Fragen gemeinsam geklärt werden: Warum ist die Veränderung notwendig, wo doch alles im Moment gut läuft? Was wollen wir mit dem Change-Prozess erreichen? Für was soll das Unternehmen künftig stehen? Aber auch fehlende Entscheidungskonsequenz hindert einen Veränderungsprozess, indem Ängste bei den Mitarbeitern erzeugt werden und es zu inneren Spannungen im Unternehmen kommt.

Erfahrungsgemäß wird es immer „Helden des Wandels" geben und Gegner jeglicher Veränderung. Die breite Masse der Mitarbeiter jedoch wartet – je nach bisher gelebter Firmenkultur – in der Regel einfach ab, bis sich der „Sturm" wieder gelegt hat, ein anderes Management kommt oder bis klar wird, welche Fraktion in der Führung sich durchsetzen wird. An dieser Stelle muss die Konsequenz ansetzen, mit der einmal getroffene Entscheidungen dann auch realisiert werden. Denn werden die „Helden" verheizt und laufen mit ihrem Engagement gegen eine Wand, ist für die meisten „Zuschauer" klar, dass sie den Wandel nicht aktiv unterstützen.

Wertemanagement

Szenario-Workshops unterstützen die Einbindung des Managements

Zukunftsszenarien

Eine gute Möglichkeit, das Top-Management – aber ebenso auch die nächste Führungsebene – bereits zu Beginn des Veränderungsprozesses wirksam in diesen einzubinden, besteht in der Methode eines Szenario-Workshops. Hier werden denkbare Zukunftsmodelle – bestehend aus einem Umfeld- und einem Unternehmensszenario – erarbeitet. Es geht dabei nicht um eine wahrscheinliche Entwicklung, sondern um eine plausible Prognose. Die verschiedenen Szenarien werden schließlich miteinander kombiniert, um daraus die am besten geeignete Strategie abzuleiten und für künftige Entwicklungen entsprechende Frühwarnsensoren zu entwickeln. Aus psychologischer Sicht ist dabei wichtig, dass durch die Einbeziehung von möglichen konservativen Entwicklungen – die ja nicht unplausibel sein müssen – auch eine Berücksichtigung der Positionen der „Gegner" eines Wandels stattfindet.

Als Ergebnis dieses Szenario-Workshops wird ein Leitbild entwickelt. Es hat die Aufgabe, als „Fels in der Brandung" zu dienen. In dem Leitbild werden geschäftliche Zielvorstellungen formuliert, die unabhängig von handelnden Personen und Organisationen sowie den im Lauf der Zeit sich verändernden Gegebenheiten sein müssen und somit eine Orientierung für die weitere Ausrichtung des Unternehmens in den nächsten Jahren geben.

Leitbild

Das Leitbild umfasst mehrere unterschiedliche Dimensionen und ist

- vorstellbar – es vermittelt eine eindeutige und klare Vorstellung davon, wie die Zukunft einmal aussehen könnte.
- wünschenswert – es beschreibt eine zukünftige Situation, die den relevanten Interessengruppen des Unternehmens langfristigen Nutzen verspricht.
- anspruchsvoll und erreichbar – ein Leitbild sollte außerhalb des Bequemen liegen, aber trotzdem für die Mitarbeiter ein erreichbares Ziel beschreiben. Dieses muss mit erheblichen Anstrengungen und vielleicht auch mit einem Quäntchen Glück verbunden sein.
- personenunabhängig – häufig werden Leitbilder an Personen festgemacht, was nicht selten dazu führt,

dass durch die sie tragenden Menschen auch die Orientierung verschwindet. Ein wirklich visionäres Leitbild überdauert seinen Schöpfer und ist von selbst in der Lage, Organisationen die Richtung vorzugeben.
- fokussiert – es ist deutlich genug, um bei der Entscheidungsfindung Hilfestellung zu geben, vermittelt ein erstes Bild des Denkbaren und leitet den Prozess des Machbaren ein.
- flexibel – es ist allgemein genug, um unter dem Aspekt sich verändernder Rahmenbedingungen individuelle Initiativen und alternative Reaktionen zuzulassen.
- kommunizierbar – es ist einfach zu vermitteln und kann innerhalb von fünf Minuten erklärt werden.
- selbstgesteuert – heute sind viele Leitbilder extrinsisch, d.h. sie beschreiben ein Ziel, dessen Erreichen von externen Größen abhängt. Wesentlich wirkungsvoller sind intrinsische Leitbilder, auf deren Erreichen das Unternehmen und seine Mitarbeiter direkten Einfluss nehmen können.

Leitbild muss mit Leben erfüllt werden

Das Leitbild gibt die grundsätzliche Ausrichtung an, durch entsprechende Unternehmenswerte muss es allerdings noch mit Leben erfüllt werden. Darunter wird ein Normenkranz verstanden, der die wichtigsten Grundsätze des Zusammenarbeitens im Betrieb zusammenfasst. Diese sollten von jedem Mitarbeiter bei seinen Tätigkeiten und insbesondere bei seinen Interaktionen mit anderen Kollegen und auch der Außenwelt akzeptiert werden. Dabei stellt es letztlich eine freiwillige Willensentscheidung dar, ob diese Normen von jedem Einzelnen angenommen werden oder nicht. Jedoch muss allen klar sein, dass die offene oder verdeckte Ablehnung nicht im Interesse des Unternehmens, bzw. konkreter, derjenigen Mitarbeiter sein kann, die sich für diese Werte und die damit verbundene Unternehmenskultur entschieden haben.

Oft haftet solchen Werten – wie z.B. vertrauensvolle Zusammenarbeit und offene Kommunikation mit anderen Bereichen – ein etwas esoterisches Flair an. Das ist jedoch viel zu kurz gedacht, denn diese Verhaltensnormen sind für die Prozesse im Unternehmen enorm wichtig – insbesondere im Dienstleistungsbereich, wo es wesentlich auf die menschliche Komponente ankommt. Hier bestimmen sie sogar häufig den Unternehmenswert und damit den Aktienkurs mit. Schlechte Abstimmung bei internen Prozessen – durch Bereichsegoismen, ein Gegeneinander der beteiligten Bereiche oder durch mangelhafte Kommunikation oder „Information-Hiding" – führt unweigerlich nach einiger Zeit zu Qualitätsverlusten, was in der Regel eine sinkende Kundenzufriedenheit – auch bei internen Kunden – zur Folge hat. Damit aber leidet nach und nach auch das Image des Unternehmens.

Interne Steuerungsgrößen, mit denen in verschiedenen Shareholder-Value-Konzepten der Geschäftswertbeitrag von Projekten und Aktivitäten erfasst wird, können durch solche Vorgänge ebenfalls betroffen werden. Durch schlechte Abstimmung oder durch ungenügende Kommunikation über Erfahrungen in Projekten kommt es nicht selten zu teuren Nach- oder sogar Doppelarbeiten. Ein sich verschlechternder Geschäftswert kann – jedenfalls bei börsennotierten Unternehmen – zu einer Herabstufung bei den Analysten führen, die weniger Vertrauen in die Leistungsfähigkeit der Firma haben und deshalb vom Kauf der entsprechenden Aktien abraten.

Simulation

Diese Zusammenhänge lassen sich beispielsweise mit Hilfe einer Simulation innerhalb eines Tages für die Mitarbeiter transparent darstellen und – da dieser Prozess in Form eines Spieles abläuft – auch direkt erlebbar machen. In der bei Siemens Business Services benutzten Simulation „Apples and Oranges™" sind etwa die verschiedenen Einflussgrößen auf den Geschäftswertbeitrag in verschiedenen Spielrunden plastisch sichtbar. Wie sich im praktischen Einsatz gezeigt hat, können dabei mit geeigneten Adaptionen recht gut die wesentlichen Stellgrößen im Dienstleistungsgeschäft abgebildet werden.

Mit der etwas komplexeren Simulation „Tango™" lässt sich vor allem die Bedeutung von Werten und ähnlicher „weicher" Faktoren vermitteln. In diesem Planspiel treten verschiedene „Unternehmen" über mehrere Perioden gegeneinander an und konkurrieren dabei um Projekte und Mitarbeiter. Ein besonderer Effekt entsteht dadurch, dass in dem Wettstreit um die Projekte und Mitarbeiter das Image des jeweiligen „Unternehmens" eine recht hohe Bedeutung hat. Dieses kann – wie im echten Leben – durch geeignete und erfolgreich abgeschlossene Projekte nach und nach aufgebaut werden. Ferner lassen sich die vorhandenen Regeln kreativ ergänzen, um sich von den Mitbewerbern zu differenzieren und sich einen Wettbewerbsvorteil zu verschaffen. Der wesentliche Vorteil von „Tango™" besteht darin, dass hier nicht nur – wie sonst häufig bei derartigen Simulationen üblich – die wirtschaftlichen Kenngrößen betrachtet werden, sondern auch immaterielle Assets wie etwa das Image oder der Führungsstil.

Die Simulation bietet damit einen guten Rahmen für die Diskussionsrunden, die nach jedem „Geschäftsjahr" durchgeführt werden. Diese lassen sich ebenso wie die Abschlussdiskussion sehr variabel auf die Ziele und Zwecke des Veränderungsprozesses und -fortschritts im jeweiligen Unternehmen adaptieren. Bei Siemens Business Services in Deutschland wurden die Simulationsspiele dazu eingesetzt, um einerseits den Integrationsprozess mit der – vormals eigenständigen – Tochter Siemens IT Service auf Managementebene zu fördern, und andererseits, um in diesem erweiterten Managementkreis den Transformationsplan und die daraus abgeleiteten Aktivitäten zu diskutieren.

Denn Leitbild und Unternehmenswerte müssen während des weiteren Change-Prozesses konkretisiert und auf operative Projekte und Vorhaben heruntergebrochen werden. Daraus entsteht schließlich ein Zeitplan für die Veränderungen – ein Transformationsplan. Dieser muss sich nicht unbedingt auf ein Geschäftsjahr ausrichten. Wesentlich sind vielmehr zwei Punkte: Zum einen dürfen nicht zu viele Aktionen gleichzeitig angegangen werden, da sonst die Abhängigkeiten zu komplex werden und die Aufnahmefähigkeit der Mitarbeiter überfordert wird. Zum anderen unterstreicht die Fokussierung auf wichtige Vorhaben das gemeinsame Commitment, auch tatsächlich in einem überschaubaren Zeitrahmen eine spürbare Veränderung zu erreichen.

Resümee

Kernstück der elektronischen Geschäftsprozesse ist die Kombination neuer Methoden und Technologien mit den im Unternehmen bereits vorhandenen Geschäftsprozessen und der vorhandenen IT-Infrastruktur. Aufgrund der aktuellen technologischen Entwicklungen und des explosionsartigen Wachstums des Internet sehen sich viele Unternehmen gezwungen, ihre bisherigen Geschäftsstrategien zu überdenken. Eine der größten Herausforderungen liegt dabei für die Verantwortlichen darin, ihre Strategien nicht auf einer einzigen Kernkompetenz aufzubauen, sondern ein konsistentes Gesamtpaket an Geschäftsprozessen einzusetzen, das von den Mitbewerbern nicht kopiert werden kann.

Dienstleistungskultur

Neue Mehrwertdienste auf elektronischen Marktplätzen sind häufig reine Serviceleistungen und erfordern daher eine ausgeprägte Dienstleistungskultur. Die Einführung und Ausrichtung auf solche Angebote verändert deshalb die Prozesse, Aufgaben und Rollen in den Unternehmen. Damit wird ein Wertemanagement erforderlich, das den Mitarbeitern einen Rahmen bietet, der den Kern des Unternehmens und seine Ausrichtung – unabhängig von kurzfristigen organisatorischen oder personellen Veränderungen – beschreibt.

Die drei Komponenten des Wertemanagements – neue Ausrichtung, Leitbild und Werte – müssen vom Top-Management vorangetrieben und vorgelebt werden, damit sie sich erfolgreich in die Organisation tragen lassen.

2.2 E-Commerce und E-Business

CHRISTINA HOFFMANN

JÜRGEN ERNST

Ausgangssituation und Trends

Der Übergang vom konventionellen Handel zum E-Commerce findet nicht nur auf den Web-Seiten statt, mit denen sich die Unternehmen im Internet positionieren. Dieser Wandel durchzieht zumeist das gesamte Unternehmen, wenn es beginnt, Handel auch im Internet zu betreiben. Um ein Unternehmen erfolgreich im Internet zu platzieren und sich nachhaltig gegen Wettbewerber behaupten zu können, ist es erforderlich, die gesamte Organisation in ihrer Wertschöpfungskette darauf auszurichten. Dies gilt gleichermaßen für bestehende Unternehmen wie für Start-ups mit einem neuen Geschäftsmodell.

E-Commerce verändert Wertschöpfungskette

Ziele und Aufbau

Ziel dieses Beitrags ist es, die Geschäftsprozesse mittelständischer Unternehmen im Hinblick auf E-Commerce zu betrachten. Für ein bereits bestehendes Handelsunternehmen stellt sich die Frage, welche Auswirkungen es auf die Geschäftsprozesse hat, wenn der Unternehmer sich entscheidet, neben dem bisher betriebenen konventionellen Handel, E-Commerce zu betreiben. Wenn ein neues Unternehmen mit einem neuen Geschäftsmodell im Internet startet, liegt hingegen eine andere Fragestellung vor.

Wo sorgt das elektronische Geschäft für neue oder veränderte Geschäftsprozesse? Welche Erfolgsfaktoren gibt es? Diese Fragestellungen werden an konkreten Unternehmen betrachtet, die in den letzten Jahren den Weg ins Internet erfolgreich gegangen sind. Die Prozesse dieser E-Commerce Unternehmen dienen dazu, typi-

Auswirkung auf die Geschäftsprozesse?

sche Aspekte der derzeitigen Situation sowie des Wandels aufzuzeigen.

Die konventionelle Darstellung eines Wertschöpfungskettenmodells zeigt auf, welche Geschäftsprozesse vom E-Business besonders stark beeinflusst werden. Am Beispiel zweier Internet-Unternehmen wird dargestellt, welcher Art die Veränderungen in diesen Unternehmen durch die Einführung von E-Commerce waren und welche Prozesse durch Einführung von E-Commerce besondere Wichtigkeit erlangt haben.

Geschäftsprozesse und Strategie im Internet - eine Einführung

Typische E-Commerce-Geschäftsprozesse

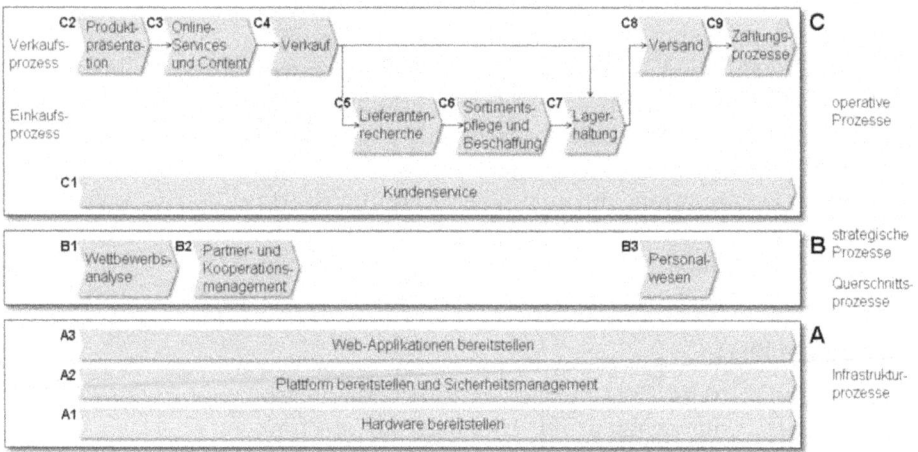

Abb. 1: Ausgangspunkt Wertschöpfungskette

Die Wertschöpfungskettendarstellung in Abbildung 1 bietet einen Überblick über die wichtigsten Geschäftsprozesse des E-Commerce, die in diesem Artikel aufgegriffen werden.

Hier werden zunächst wichtige unternehmensinterne Prozesse betrachtet. Verflechtungen zu anderen Unternehmen werden weiter unten mit in die Prozessbetrachtung einbezogen.

Abbildung 1 zeigt verschiedene Prozesstypen eines Unternehmens, in 3 Ebenen angeordnet. Den „technischen Sockel" eines elektronischen Handelsgeschäfts bildet die Bereitstellung der Infrastruktur für die Web-

Bereitstellung der technischen Infrastruktur

2.2 E-Commerce und E-Business

Präsenz (A in Abb. 1). Diese Prozesse zur Bereitstellung der Hardware, der Plattform und der Webapplikationen werden in vielen Fällen vollständig ausgelagert, also von externen Dienstleistern erbracht.

Diese Tatsache sollte jedoch im Hinblick auf die technischen Infrastrukturprozesse nicht zu der Annahme verleiten, dass auch die strategischen Entscheidungen hinsichtlich der Art und Zusammensetzung der bereitgestellten Applikationen ausgelagert werden können. Adäquate strategische Entscheidungen bestimmen wesentlich den Erfolg eines Internet-Handels. Die erfolgsbestimmenden Faktoren wie „*Traffic*"[3] und Kundenbindung sind in hohem Maße von der Auswahl und Ausführung der im Netz bereitgestellten Serviceleistungen abhängig.

Strategische Entscheidung

Strategische Prozesse und Querschnittsprozesse mit besonderer Bedeutung für den elektronischen Handel sind im mittleren Bereich (B) von Abb. 1 dargestellt.

Strategische Prozesse und Querschnittsprozesse

Beim Schritt ins Internet ist für ein traditionelles Handelsgeschäft in vielen Fällen die Online-Recherche einer der ersten Schritte beim Gang ins Netz. Sie ist eine wichtige Basis für Wettbewerbsanalyse und Marktforschung bei der Aufstellung des Geschäftsplans.

Online-Recherche

Im Rahmen der Wettbewerbsanalyse wird insbesondere ermittelt, wie sich potenzielle Konkurrenten im Internet positionieren und welche Produktpalette sie anbieten. Auf Basis der Wettbewerbssituation fallen Entscheidungen hinsichtlich Geschäftsmodell und Kundenfokus sowie der geeigneten IT-Strategie.[4]

Wettbewerbsanalyse

Die Untersuchung und Beobachtung des Bedarfs – also der Marktnachfrage – bildet im traditionellen Verständnis ein Tätigkeitsfeld der Marktforschung. Das Wissen über Kunden ist im Internet nicht mehr nur für die erfolgreiche „Offline"[5]-Marktbearbeitung wichtig, sondern insbesondere auch für Aufbau und Gestaltung der Website. Systeme, die anhand von Clickstream-Analysen den Weg des Kunden auf der Webseite auswerten, geben Aufschluss für die Optimierung der Webseite. Analysen der Kundenprofile, die durch die „Kun-

Marktforschung Clickstream-Analyse

---

[3] Verkehr auf einer Internet-Seite, gemessen an Parametern wie Zugriffshäufigkeit und Verweildauer.
[4] Die IT-Strategie bestimmt den zukünftigen Einsatz der Informationstechnologie.
[5] Mit Offline-Marktbearbeitung ist die traditionelle Marktbearbeitung ohne Internet gemeint.

denentscheidungen per Mausklick" ermittelt werden können, ermöglichen darüber hinaus die Personalisierung der Webauftritte für die jeweilige Zielgruppe (Petersohn 2001). Hier wird deutlich, dass eine enge Verknüpfung zwischen den technischen Prozessen und den traditionellen Prozessen insbesondere auch für die Verkaufs und Kundenserviceprozesse eine hohe Bedeutung haben.

Personalwesen — Auch das Personalwesen spielt eine wichtige Rolle, wenn ein Unternehmen den Schritt ins Web vollzieht: Die tiefgreifenden Umgestaltungen der internen Prozesse, der Einsatz der neuen Technologien und nicht zuletzt das im Internet geförderte unternehmensübergreifende Denken erfordern eine veränderungsfreundliche Unternehmenskultur. Dies schließt eine regelmäßige, aktive und systematische Weiterbildung der Mitarbeiter mit ein. Mitarbeiter übernehmen im Rahmen des Unternehmensumbaus u.U. völlig neue Aufgaben – sofern sie dazu bereit und in der Lage sind. Nicht zuletzt durch die Know-how-Revolution, die das Internet begünstigt, ist es nun möglich, dass mehr eigenverantwortlich denkende Menschen als je zuvor in einem sich verstärkt durch die Netzbeteiligten regulierenden Netz arbeiten können.

Branchenunterschiede — Für unterschiedliche Branchen sind jeweils andere Online-Prozesse wichtig, die Auswahl der Webapplikationen ist demnach ebenfalls branchenabhängig, und die intern zugrundeliegenden Geschäftsprozesse erfordern damit andere Schwerpunkte.

Involvement — Ein Klassifizierungsmerkmal ist das sog. „Involvement": Bei hochwertigen, technischen Produkten setzt sich der Kunde tendenziell stärker mit dem Produkt auseinander (High Involvement), während bei geringwertigen Konsumartikeln das Gegenteil gilt (Low Involvement). Stellt man ein Zoohandelsgeschäft einem Elektronikhandel gegenüber, so ist es offensichtlich, dass sich die Zielgruppen und damit die Ansprüche der Kunden wesentlich unterscheiden.

Online-Services — Die unterschiedlichen Erwartungen werden auf einer Zoohandelsplattform beispielsweise durch das Angebot von Online-Services wie einer Fotogalerie für Haustiere oder durch Möglichkeiten zum Informationsaustausch über Kleintierhaltung erfüllt (Foren).

Beim Elektronikhandel kann der aufbereitete Content (Datenblätter, Anwendungshinweise, etc.) einen wesentlichen Erfolgsfaktor darstellen. Dies gilt insbesondere dann, wenn die angebotenen Produkte einer besonderen Beschreibung bedürfen. Bei allgemein bekannten Standardprodukten ist die zusätzliche Detailbeschreibung weniger relevant. Da Content-Prozesse für den Erfolg im Internet-Handel eine große Rolle spielen, wird dieses Thema separat behandelt (siehe Content-Management-Prozesse)

Der Bestellvorgang des Kunden aus Kundensicht stößt beim Online-Händler den eigentlichen Verkaufsprozess an. Bei Lagerware erfolgt der Versand ganz konventionell ab Lager. In vielen Fällen erfolgt der Versand erst dann, wenn die Zahlung bereits erfolgt ist. Verschiedene Varianten, die derzeit in der Praxis anzutreffen sind, werden unter ‚Beispiele erfolgreicher Internetpräsenzen' genannt. Die E-Zahlungsprozesse sind ein noch nicht abgeschlossenes und dennoch wichtiges Thema:

„Momentan ist die Frage der sicheren Bezahlung im www eines der größten Hemmnisse bei der Etablierung des Vertriebskanals Internet. Hier ist jedoch zu erwarten, dass sich in absehbarer Zukunft internationale Standards durchsetzen werden (wie z.B. SET...). Zukünftige E-Shops werden zur Realisierung der Zahlungsfunktionalität dann auf standardisierte Komponenten zurückgreifen können, die sich auf entsprechende Dienstleistungen der Banken stützen. Dies erlaubt eine erhebliche Reduktion der Anwendungskomplexität eines E-Shops" (IAO 1998).
Zahlungsprozesse

Für den Internet-Kunden ist es in der Regel weder von Belang, wo sich das Lager physisch befindet, noch welchem Unternehmen die Lager- und Versandlogistik rechtlich zuzurechnen ist. Unterschiedliche Möglichkeiten des Informationsflusses im Bestellvorgang sowie Varianten der physischen Lieferlogistik werden aus Abbildung 2 ersichtlich.
Ortsunabhängigkeit

Aufbau einer Lieferkette - Supply Chain-Management

Abbildung 2 zeigt die für Internet-Unternehmen typische Verteilung virtueller und physischer Prozesse durch Hinzunahme des Internet-Shopsystems als Handelsmittler.
Handelsstufen

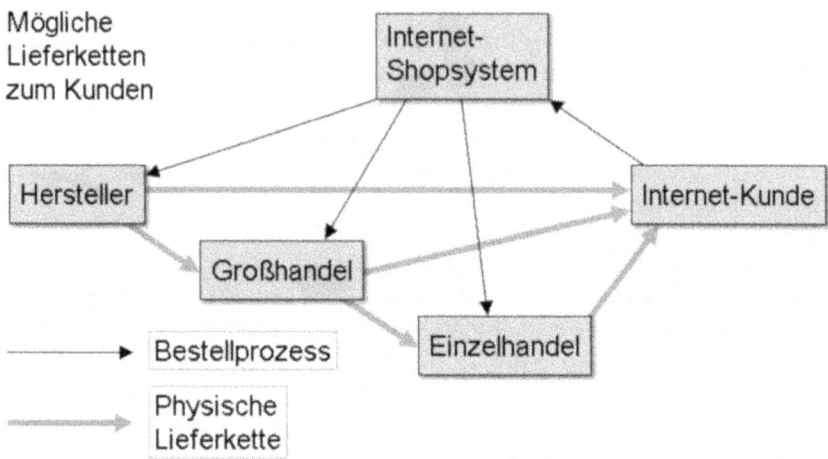

Abb. 2: Bestellprozess und physische Lieferkette (Supply Chain)

Eine Bestellung des Kunden im Internet-Shop kann je nach Geschäftsmodell des Unternehmens über eine beliebige Anzahl von Handelsstufen weitergereicht werden. Ein Internet-Shop kann von jeder der Handelsstufen Hersteller[6], Groß- und Einzelhandel bereitgestellt werden, aber auch von beliebigen anderen sog. Handelsmittlern. Die elektronische Weiterleitung an beliebige Lieferanten oder Kooperationspartner erfolgt bei geeigneter Systemunterstützung in kürzester Zeit automatisiert.

Pull-Prinzip

Der Kunde wählt im Internet, bei wem er bestellt. Die Internet-Technologie in Verbindung mit der zunehmenden Automatisierung der Geschäftsprozesse sowohl innerhalb als auch zwischen Unternehmen ermöglichen jedem Netzteilnehmer mit fast jedem anderen innerhalb kürzester Zeit in Verbindung zu treten.

Organisatorische Brüche
Handelsmittler

Technisch gesehen entsteht durch die Internet-Technologie eine weitgehend durchgängige Automation der operativen Prozesse. Es entstehen schnellstmöglich abwickelbare Geschäftsprozesse von der Bestellung bis zu Versand und Zahlungsprozessen. Nur noch organisato-

---

[6] Beim Hersteller erfolgt zunehmend eine „On Demand Produktion", also die Produktion auf Bestellung.

2.2 E-Commerce und E-Business

rische Brüche[7] halten die Bearbeitung des Prozesses auf, sofern die technischen Systeme nicht adäquat unter Vermeidung von Medienbrüchen geplant wurden. Dies gilt sogar unternehmensübergreifend: Endkunden können in einigen Fällen bereits direkt beim Hersteller ihren Auftrag erteilen. Die physische Belieferung kann wahlweise vom Einzelhandel, Großhandel oder direkt vom Hersteller erfolgen (siehe Abb. 2), weswegen im Handel tendenziell eine Abnahme des Zwischenhandels zu verzeichnen ist. Elektronische Marktplätze, wie z.B. ZooNetz (Beispiele erfolgreicher Internetpräsenzen) sind als neue Handelsmittler zu sehen.

Durch die Wahlmöglichkeit seitens des Kunden verstärkt sich das Pull-Prinzip des Käufermarktes. Sofern der Händler die vorgehalten Lagerprodukte gemäß der Bestellhäufigkeiten definiert, verändert sich die Sortimentsgestaltung nach der Einführung von E-Commerce u.U. erheblich (vgl. das Beispiel Hinkel Elektronik). Weitere Folge ist es, dass Internet-Kunden hinsichtlich der Schnelligkeit der Bearbeitung mittlerweile sehr hohe Ansprüche stellen. Aus der Perspektive des traditionellen Geschäftsprozessmanagements betrachtet müssen Unternehmen die hierfür wichtigste Messgröße, die Durchlaufzeit des Geschäftsprozesses, im Auge behalten. Dies ist die Zeit vom Anstoß eines Prozesses bis zu dessen vollständiger Abwicklung.

Durchlaufzeit

Neben der Durchlaufzeit ist wichtiger Erfolgsfaktor die Kundenbindung. Diese soll durch Kundenservice erreicht werden, je nach Geschäftsmodell durch eine Kombination zwischen Online- und Offline-Kundenservice. Denn Einzelhandelsgeschäfte können dem Kunden durch den Kundenservice vor Ort nach wie vor einen Mehrwert bieten.

Kundenbindung durch Kundenservice

Großhandelsgeschäfte verfügen bisher über eine etablierte Verteilfunktion. Diese ist jedoch gefährdet, da sich die Steuerung der Verteilung ins Internet verlagert. Dies wird begünstigt durch die Kombination der flexiblen Bestellwege mit den oben beschriebenen neuen logistischen Konzepten. Empfehlung für den Großhandel kann es daher u.U. sein, proaktiv die Verteilfunktion

Verteilfunktion des Großhandels gefährdet

---

[7] Organisatorische Brüche kennzeichnen diejenigen „Prozessverlangsamer", die durch einen Wechsel des Bearbeiters verursacht sind. Dies kann Prozessschritte zwischen Abteilungen innerhalb von Unternehmen oder zwischen Unternehmen betreffen.

auch im Internet zu übernehmen und durch neue Kooperationsformen den unvermeidbaren Wandel mitzugestalten.

Partner- und Kooperationsmanagement

Für Internet-Kunden ist es zumeist unerheblich, ob der Internet-Shop rechtlich einem Einzelhändler, einem Großhändler, dem Hersteller oder einer Kooperationsform mehrerer Teilnehmer der Lieferkette zuzurechnen ist. Für Beteiligte der „Supply Chain" entsteht durch Kooperation und gemeinsame Bereitstellung eines Internet-Auftrittes in vielen Fällen eine „Win-win"-Situation. Im Internetgeschäft wird das Partner- und Kooperationsmanagement zur tragenden Säule manch eines Geschäftsmodells. Ein Beispiel einer erfolgreichen Kooperation wird am Beispiel ZooNetz gezeigt

Produktpräsentation

Voraussetzung für einen Verkauf der Produkte im Internet-Shop ist die Internet-Produktpräsentation im Sinne einer Darstellung der Produktpalette. Wer dauerhaft die Gunst des Kunden im Internet erlangen und halten möchte, muss Serviceleistungen erbringen, die den Kunden an das Unternehmen, bzw. im Internet-Handel an dessen Web-Präsenz binden. Eine mögliche Serviceleistung ist die Bereitstellung von Wissen, also „Content", wie die präsentierten Inhalte im Internet bezeichnet werden. Die Entscheidung, ob zusätzlich zur einfachen Produktpräsentation je Produkt weiterer Content angeboten wird, ist Teil der Internet-Strategie.

Content-Bereitstellung als Teil der Internet-Strategie

E-Commerce mit besonders erklärungsbedürftigen Spezialprodukten unterscheidet sich in diesem Punkt vom Handel mit einer Produktpalette aus standardisierten, kaum erklärungsbedürftigen Produkten. Werden besonders erklärungsbedürftige Produkte verkauft, kann die Bedeutung der „Content-Prozesse" kaum unterschätzt werden. Denn die Bereitstellung von Zusatzinformation ist ein wichtiges Argument für den fachlich interessierten Internet-Kunden, die Seiten eines bestimmten Anbieters regelmäßig zu bevorzugen. Im bereitgestellten Fachwissen erhält der Kunde einen Mehrwert, den er in den meisten Fällen nicht bezahlen muss. Für den Anbieter jedoch stellt gerade das Angebot geeigneten Contents einen erheblichen Aufwand dar.

Content-Management-Prozesse

Die Entscheidung, sich als Anbieter u.a. durch Bereitstellung von Content im Internet zu positionieren, hat im Hinblick auf die Geschäftsprozesse mehrfache Auswirkungen. Kaum ein Anbieter ist aus dem Stand in der Lage, dies ohne erheblichen Aufwand zu bewerkstelligen. Die Bereitstellung von Spezialwissen im Internet, das Pendant zur Fachberatung im Einzelhandel, erfordert eine Wissensinfrastruktur. Ist das erforderliche Wissen im Unternehmen bereits vorhanden – sei es in den Köpfen der Mitarbeiter, auf Papier oder in elektronischer Form, so gilt es, diese Wissensquellen ab der Einführung von E-Commerce systematisch zu nutzen, um regelmäßig aktuellen Content bereitstellen zu können. Dabei wird die bereits vorhandene Wissensinfrastruktur genutzt und weiterentwickelt.

Wissensinfrastruktur

Um regelmäßig Spezialwissen in geeigneter Qualität und adäquatem Umfang, zielgruppengerecht aufbereitet und vor allem aktuell bereitstellen zu können, sind ökonomisch sinnvolle Wissensprozesse im Unternehmen zu etablieren. Diese Wissensprozesse umfassen das Sammeln, Auswählen, Aufbereiten von Wissen bis dieses als Content im Internet erscheint.

Wissensprozesse

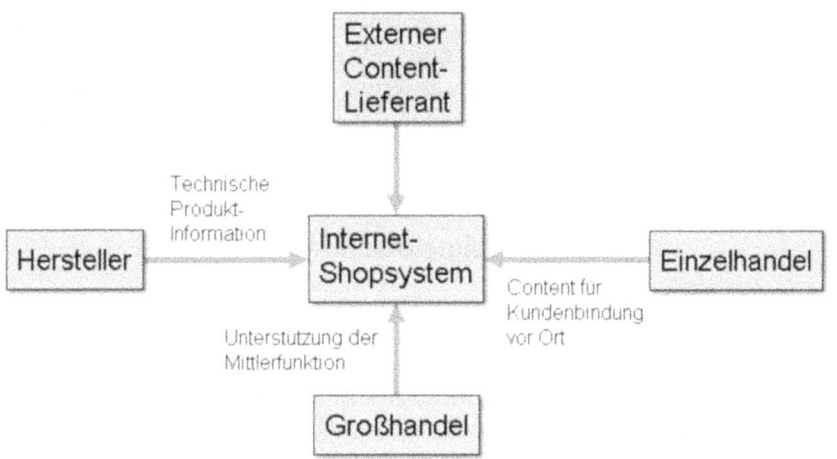

Abb. 3: Wer stellt den Content bereit?

Ist das Wissen im eigenen Unternehmen nur in unzureichendem Umfang vorhanden, so werden zunehmend

Externe Content-Lieferanten

Quellen außerhalb des Unternehmens herangezogen, um adäquaten Content bereitzustellen, vgl. dazu Abb. 3.

Hersteller technischer Produkte stellen u.a. spezielle Produktbeschreibungen im Internet zur Verfügung, Einzelhandelsgeschäfte präferieren Content, der die Kundenbindung vor Ort fördert. Ergänzend kann spezieller Content von externen Content-Providern zugekauft werden, der sich auf die Thematik des Portals, Auftritts oder Shops bezieht.

Content-Management-Systeme

Stellt der Internet-Shop für die angebotenen Produkte oder zum Thema des Internet-Auftrittes über eine kurze Produktbeschreibung hinausgehenden Content bereit, erfordert dies eine entsprechende Wahl und Bereitstellung der Software. Eine Vorgehensweise ist der Zukauf eines Content-Management-Systems (CMS) zum bestehenden Warenwirtschaftssystem (WWS). Das WWS enthält häufig nur eine einfache Produktbeschreibung. Im Content-Management-System ist häufig zu jedem Produkt eine über die einfache Produktbeschreibung hinausgehende Produktinformation enthalten. Zu einem Produkt sind damit Informationen in mehreren Systemen abgelegt. Der zusätzliche Medienbruch zwischen Content-Management-System und Warenwirtschaftssystem erfordert entweder eine spezielle Schnittstellenprogrammierung oder zeitaufwändige manuelle Übernahmen. Die erforderliche Synthese zwischen CMS und WWS ist dadurch nicht zu erreichen. Die Nutzung eines Systems, das sowohl Warenwirtschaftsfunktionalität als auch die Content-Management-Funktionalität vereinigt, ist eine geeignete Lösung.

Beispiele erfolgreicher Internetpräsenzen

Vergleich Elektronik- und Zoo-Handel

Die Geschäftsleitungen zweier mittelständischer Unternehmen – seit 2 und 6 Jahren im Internet - geben Auskunft darüber, welche Geschäftsprozesse für den Erfolg ihrer Unternehmen besonders wichtig sind.

Für Unternehmen unterschiedlicher Branchen ist es erforderlich, sich im Internet auf unterschiedliche Weise zu positionieren. Dies hat immense Auswirkungen auf die Relevanz verschiedener Online-Prozesse und damit auf die Veränderungen der intern zugrundeliegenden Geschäftsprozesse.

Bestandteile des Produktportfolios und die unterschiedlichen Zielgruppen beider Unternehmen werden herangezogen, um unterschiedliche Strategien aufzuzeigen und deren Auswirkungen auf die Geschäftsprozesse darzulegen.

Internet-Strategien sind branchenabhängig

Abschließend werden mit Hilfe eines mathematisch-statistischen Verfahrens Abhängigkeiten der Geschäftsprozesse und Einschätzungen graphisch veranschaulicht. Die Grafik zeigt den Blickwinkel der Geschäftsleitung zweier Internet-Unternehmen und lässt Rückschlüsse auf die derzeitige Unternehmensführung zu. Es entsteht eine neue Sicht auf die Bewertung von Geschäftsprozessen und die Zusammenhänge zwischen Unternehmensstrategie und Geschäftsprozessen.

Hinkel Elektronik: www.hinkel-elektronik.de

Kurzbeschreibung

Seit 1978 befasst sich Hinkel Elektronik mit der Beschaffung von Ersatzteilen, Bauteilen und Geräten der Elektronik und Elektrotechnik. Bereits seit 1994 ist Hinkel Elektronik im Internet vertreten, seit 1996 mit einem eigenen Online-Shopsystem. Das Internet-Unternehmen Hinkel Elektronik wird vom Wettbewerber Conrad Elektronik als Nischenanbieter wahrgenommen (Grellert, Stefan, CoMedia, 2000).

Schon 24 Jahre im Elektronik-Geschäft

Heute arbeitet das Unternehmen Hinkel-Elektronik mit rund 500 internationalen Lieferanten und Herstellern zusammen. Die Artikeldatenbank umfasst über 100.000 Artikel von denen 30 % innerhalb von 24 Stunden lieferbar sind. Ein besonderer Service ist der bedarfsorientierte Import von Elektronik-Artikeln aus Asien sowie die Herstellung kundenspezifischer Teile und Geräte. Hinkel ist damit neben seiner Funktion als Elektronik-Händler auch Problemlöser. Engpässe seiner Kunden bei der Beschaffung spezieller elektronischer Bauteile werden kurzfristig über vielfältige Kontakte auf der Beschaffungsseite gelöst. Umfangreiches Spezialwissen und langjährige Erfahrung sind erforderlich, weshalb dieser Unternehmensbereich als besonders know-how-intensiv einzustufen ist.

Veränderungen der Geschäftsprozesse

Als in den 90er Jahren der Internet-Boom in Deutschland einsetzte, war Hinkel Elektronik mit bei den ers-

Marktdruck zwingt zur Veränderung

ten, die ihr Unternehmen im Internet präsentierten. Anfangs angetan von den neuen Möglichkeiten bekam das Unternehmen bald auch unangenehme Auswirkungen des Internet-Booms und die Veränderungen in der Elektronikbranche zu spüren: Umsatzrückgänge, Wegfall von Lieferanten, Marktkonzentration, verändertes Kaufverhalten der Kunden und internationaler Preisverfall zwangen zur Neuausrichtung der Unternehmensstrategie. Das ursprünglich traditionelle Handelsunternehmen wurde virtuell im Internet nachgebildet, und der heutige Unternehmensschwerpunkt liegt im Internet. Nachfolgend werden diejenigen Prozesse näher beschrieben, die maßgeblich von der Neupositionierung im E-Commerce betroffen sind:

1. *Verkauf und Vertrieb.* Bevor Hinkel-Elektronik über das Internet verkaufte, erfolgte der Vertrieb durch einen Außendienst und im Ladengeschäft. Als das Unternehmen 1996 einen Online-Shop aufbaute, verlagerten sich erste Prozesse ins Netz. Der Vertrieb über den Außendienst wurde bereits 1996 vollständig eingestellt. Heute erfolgt die Kommunikation mit den Kunden im Rahmen der Anfrage- und Auftragsbearbeitung über elektronische Kommunikationsmedien (Web-Präsenz, E-Mail, Telefon, Fax). Persönlicher Kontakt zum Kunden ist kaum noch vorhanden. 80 % des Umsatzes kommen über das Internet zustande (national und international).
2. *Sortimentspflege und Einkauf.* Nach Einführung von E-Commerce unterlag das Sortiment starken Änderungen. Mittlerweile wird über 50 % des Umsatzes mit Produkten erzielt, die vor dem Internetgang nicht angeboten wurden. Durch das Internet wird eine andere Zielgruppe erreicht, auf deren abweichende Bedürfnisse sich das Unternehmen mit Sortimentsveränderungen einstellt. Die Beschaffungsprozesse wurden internationaler. Der Import von Waren aus Fernost wird über ein Ingenieurbüro vor Ort koordiniert.
3. *Online-Prozesse.* Eine gute Anbindung des Warenwirtschaftssystems an den Internet-Shop ist eine unabdingbare Voraussetzung beim E-Commerce. Hinkel Elektronik entschloss sich damals zur Entwicklung eines eigenen Shop-Systems, um die bestehende Infrastruktur weiter nutzen zu können.

Derzeit steht die Neuorganisation des Web-Contents bevor, welcher noch manuell gepflegt wird. Anstatt ein Content-Management-System (CMS) einzuführen, denkt man bei Hinkel wieder daran, die eigene Software um die notwendigen Teile des Content-Managements zu ergänzen. Der Bereich Content ist für Hinkel sehr wichtig, da elektronische Bauteile aussagekräftig beschrieben werden müssen, um die meist technisch versierten Kunden bzw. Fachleute anzusprechen (High Involvement).

4. *Lager und Versand.* Der Sortimentsveränderung folgen bei Hinkel Anpassungen der logistischen Prozesse in Lager und Versand. Die Lagerprozesse mussten einfacher und dynamischer werden. Hinkel reduzierte dazu seinen Präsenzbestand an Produkten um 50 %. Infolgedessen vereinfachte sich auch der Versand, da nun anstatt vieler unterschiedlicher Artikel größere Mengen aus dem Präsenzbestand umgesetzt werden. Freiwerdende Ressourcen (Kapital, Zeit, Mitarbeiter) werden für die Abwicklung der neuen Online-Prozesse eingesetzt.

Internet verändert das Sortiment

5. *Zahlungsprozesse.* Als praktikabel für die Bezahlung erwiesen sich nur die traditionellen Zahlungsweisen wie Vorauskasse, Nachnahme, Bankeinzug und Kreditkarte. Die Möglichkeit, per Nachnahme zu bezahlen, wurde bei Endkunden wieder abgeschafft, als hohe Rückläufe zu verzeichnen waren. Elektronische Zahlungsverfahren sind derzeit noch zu kompliziert oder unpassend für die Klientel von Hinkel.

Die Zahlungsart ist erfolgsbestimmend

Erfolgsfaktoren

- Alle Mitarbeiter arbeiten weitgehend autonom und eigenverantwortlich für ihren Bereich. Durch schrittweise kleine Umstellungen bleiben sie hinsichtlich ihrer Qualifikation auf dem Laufenden. Sie können auf Bekanntem aufbauen. Die Notwendigkeit, im E-Commerce ständig dazuzulernen, ist für sie ebenso zumutbar wie selbstverständlich.
- Papier sparen so gut es geht: Zentral zugängliche, elektronische Ablage möglichst aller Informationen, schnelle Suchoperationen erleichtern das Auffinden.
- Informationsverarbeitungsprozesse: Es sind geeignete Werkzeuge vorhanden, um das vorhandene Da-

tenvolumen mit geeignetem Antwortzeitverhalten zu bearbeiten.
- Die Informationsaufbereitung für den Katalog im Web und als CD ersetzt Prospekte und Faxwerbung.
- Dank neuer Lieferanten, die aufgrund der neuen Positionierung im Internet von sich aus auf Hinkel Elektronik zukommen, ist eine verbesserte Verhandlungsposition entstanden.

Nischenkonzept im Internet
- Marktnischen werden an den Nachfragen der Kunden festgemacht. Schnelle Reaktion auf Trends ist unerlässlich. Meist bietet die Nische nur Platz für einen Anbieter. Hier ist es wichtig, sich entsprechend seiner Kompetenz zu positionieren.

ZooNetz GmbH: www.zoonetz.de

Kurzbeschreibung

Internetunternehmen als Handelsmittler
Die ZooNetz GmbH wurde im Mai 2000 gegründet. Mit der E-Commerce-Plattform für den Zoohandel sieht sich ZooNetz als Mittler zwischen den Handelsstufen. An der Plattform beteiligen sich 2001 bereits 41 Zoofachhändler mit 57 Filialen, 1 Großhändler und 24 Hersteller.

Multichannel-Marketing
Eine Vertriebskanal-übergreifende Multichannel-Strategie trägt bei den Herstellern und Großhändlern zur Umsatzsteigerung und Sicherung bei, weil das Markenmanagement nun auch online direkt in einen Verkauf an Endverbraucher mündet. Gleichzeitig unterstützt ZooNetz aktiv das Marketing der angeschlossenen Zoofachhändler. Diese erhalten durch die Integration des neuen Vertriebskanals die Möglichkeit, neue Kundenkreise zu erschließen und vorhandene Kunden zu binden. Jeder Fachhändler erhält dazu bei ZooNetz einen Internetauftritt mit einem Online-Shop. Verfügt der Händler bereits über einen Auftritt, so werden die Webauftritte gegenseitig verlinkt. Da einige Kunden bereits online kaufen, kann weiteren Umsatzverlusten durch das Internet entgegengewirkt werden, indem man den „eigenen" Shop bei ZooNetz bewirbt.

Win-win-Situation
Gewinne durch Online-Käufe werden von ZooNetz durch ein Provisionsmodell weitergegeben. Die Zuordnung ist sichergestellt, da das Shopsystem jederzeit registriert, bei welchem Händler gekauft wurde. So entsteht eine „Win-win"-Situation für Hersteller, Großhandel und Einzelhandel.

2.2 E-Commerce und E-Business

Der deutsche Einzelhandel steht beim Multichannel-Verkauf erst am Anfang. Voraussichtlich werden führende Wettbewerbspositionen bereits innerhalb der nächsten 12-18 Monate verteilt sein. ZooNetz hat als First Mover innerhalb der Heimtierbranche einen Vorsprung von eineinhalb Jahren, da das ZooNetz-Konzept bislang einzigartig ist.

Veränderungen und Engpässe der Geschäftsprozesse

Im Gegensatz zu traditionellen Handelsunternehmen ist es für eine Neugründung wie ZooNetz einfacher, die Prozesse optimal auf die Anforderungen des E-Commerce auszulegen. Es sind kaum alte Strukturen oder alte Softwaresysteme zu berücksichtigen. Nachfolgend werden fünf Prozesse näher beschrieben, die in diesem Beispiel maßgeblich vom E-Commerce betroffen sind:

1. *Verkauf und Vertrieb.* ZooNetz betreibt nicht nur eine Internetplattform, sondern steht auch als Mittler zwischen den Handelsstufen. Zentraler Punkt des Multichannel-Marketing Konzeptes von ZooNetz ist die Anwerbung neuer Partner und die Pflege bestehender Kooperationen. Online schließt ZooNetz eine Lücke, die von keinem der Partner im Alleingang ausgefüllt werden kann. Im Gegensatz zu anderen reinen Internetfirmen umgeht ZooNetz dabei nicht den Zoofachhandel, sondern bindet ihn stark in die Strategie mit ein. Im Internet betreibt ZooNetz intensiv das Branding der „Marke" ZooNetz. Daran partizipieren die beteiligten Partner direkt, da auch sie über das Portal besser gefunden werden. Offline sorgt die Einbindung von ZooNetz über die Werbung der Partner und des Großhändlers dafür, dass die „Marke" ZooNetz auch in der „realen Welt" vertreten ist.

    Einbindung aller Handelsstufen

2. *Sortimentspflege und Einkauf.* Die Sortimentspolitik für den Online-Shop muss zwischen ZooNetz als Dienstleister und dem Großhändler abgestimmt werden, weil sich nicht jedes Produkt für den Internethandel eignet, man denke z.B. an hohe Frachtraten bei Sondermaßen. Produktpalette und Margen sind bei ZooNetz stärker auf die Kunden ausgerichtet als beim Großhandel. Manche Kunden erwarten eine Übereinstimmung des Sortiments zwischen Online- und Offline. Die unterschiedliche Sortiments-

    Sortimentspolitik durch den Handelsmittler

gestaltung von ZooNetz zu Groß- und Einzelhandel erweist sich jedoch bis dato nicht als Handicap. Wird das Marketing künftig auch offline betrieben, ist eine Sortimentsanpassung in den Ladengeschäften erforderlich, um eine einheitliche Kommunikation zu sichern.

Warenwirtschaft und Content

3. *Online-Prozesse.* Eine gute Anbindung des Warenwirtschaftssystems an den Internet-Shop ist eine unabdingbare Voraussetzung beim E-Commerce. ZooNetz entschloss sich zur Nutzung des beim Großhändler eingesetzten Standard-Warenwirtschaftssystems. An entscheidenden Stellen lässt das Standard-System die Anpassung wichtiger Funktionen nicht zu, so dass Probleme bei der Programmierung auftraten. Daher wurden einige Funktionen auf den Web-Server verlagert, wo die Anpassbarkeit höher ist.

Beispiel: XML-Anbindung an die Shopping-Portale bei lycos.de, altavista.de, etc. Auch bei ZooNetz ist Content wichtig. Zwar benötigen die Produkte nur in Ausnahmen eine Detailbeschreibung (Low Involvement), es wird jedoch anderer Content bereitgestellt, wie z. B. Informationen zur Pflege und Haltung ihrer Haustiere. Ergänzt wird das Angebot durch Online-Services wie Foren, thematische Suchmaschinen, E-Mail, Foto-Galerie usw., um Kundenbindung zu erreichen. Für den Anbieter sind diese „Unterhaltungsmaßnahmen" der Kunden relativ aufwändig.

4. *Lager und Versand.* Bei der Gründung von ZooNetz sollte der Aufbau eines eigenen, teuren Lagers vermieden werden. Die Kooperation mit einem Großhändler ermöglich die Kommissionierung der Ware dort, wo die Lagerlogistik angesiedelt ist. Der Versand an Endkunden wird von ZooNetz organisiert.

Zahlungsausfallrisiko

5. *Zahlungsprozesse.* Das allgemein hohe Zahlungsausfallrisiko von 20-30 % veranlasste ZooNetz dazu, eine Online-Abfrage bei der Schufa in die elektronischen Zahlungsprozesse zu integrieren. Die Zahlungsausfallrate kann jedoch auch mit Schufa-Abfrage noch unverhältnismäßig hoch sein. Im Fall von ZooNetz führte sie zu einer akzeptablen Rate. Allein aufgrund dieser Problematik hat ein Online-Shop eines einzelnen Fachhändlers kaum eine Chance, jemals profitabel zu arbeiten.

Erfolgsfaktoren

- Strategische Ausrichtung: Vertikales Portal für die Heimtierbranche als integratives Konzept zwischen Hersteller, Großhandel, Zoofachhandel und Endverbraucher, wobei der Großhandel als logistische Schnittstelle fungiert.
- Kombination aus Online und Offline-Marketing. Integration des Online-Konzeptes in die Werbestrategie des Handels und der beteiligten Hersteller.
- Vertriebskanal-übergreifende Integration der Hersteller und Lieferanten. Durch ein spezielles Integrationskonzept der Auftritte von Hersteller, ZooNetz und Einzelhandel können auch Hersteller „de facto" online handeln.
- Der Einzelhandel wird nicht umgangen, sondern aktiv mit eingebunden.
- Jeder Händler unterhält einen „eigenen" Shop zur Kundenbindung und Neukundengewinnung mit Gewinnerzielungsmöglichkeit über den Online-Verkauf.
- Virtuelle Erweiterung der Verkaufsfläche durch Bereitstellung von Terminals in den Ladengeschäften.
- Das System ist für weitere Partner offen.
- Nach Einschätzung der Boston Consulting Group, ist das von ZooNetz umgesetzte Multichannel-Marketing das einzige Konzept mit nachhaltiger Zukunft.

Unternehmensstrategie und Geschäftsprozesse

In diesem Abschnitt wird eine neue Sicht auf die Bewertung von Geschäftsprozessen und die Zusammenhänge zwischen Unternehmensstrategie und Geschäftsprozessen vorgestellt. Ziel davon ist es, die zentralen Prozesse des E-Commerce und deren Beziehungen untereinander einschätzbar und darstellbar zu machen.

Einschätzung von Geschäftsprozessen

Die Geschäftsleitungen der Internet-Unternehmen Hinkel Elektronik und ZooNetz GmbH wurden befragt. Für jedes Unternehmen wurden über 2000 Einzelparameter erhoben. Aus jeweils etwa 400 Werten gingen die Abbildungen 4 und 5 hervor. Sie stellen die Sichtweisen der Geschäftsleitungen auf ihre Unternehmensprozesse dar. Das erhobene Datenmaterial wurde zunächst mit Hilfe eines mathematisch-statistischen Verfahrens, der multidimensionalen Skalierung, bearbeitet. Es lassen sich anhand der Darstellungen interessante Zusammenhänge zwischen Geschäftsprozessen zeigen.

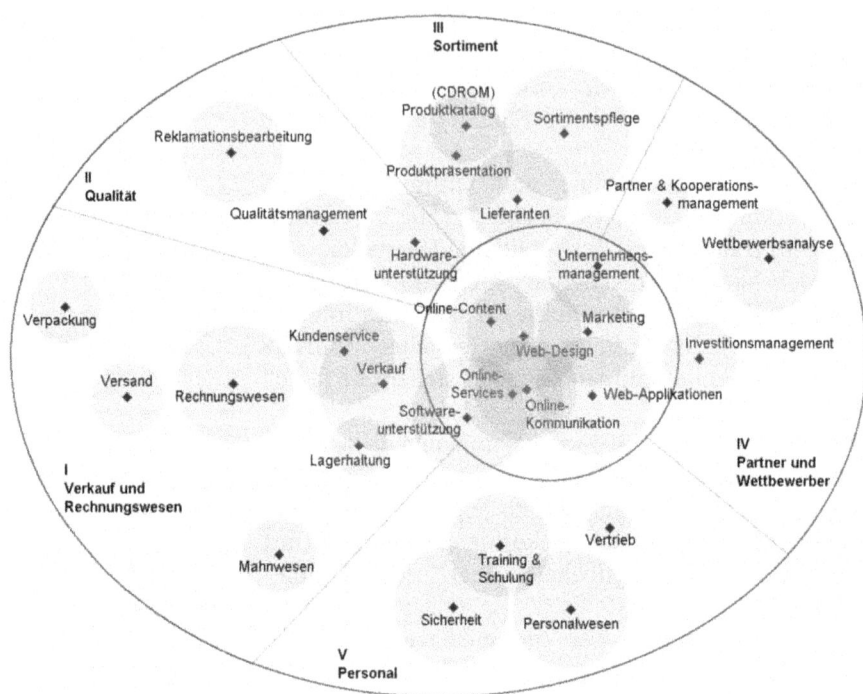

Abb. 4: Relevanz und Zusammenhänge von Geschäftsprozessen in Bezug auf E-Commerce - Momentaufnahme aus Sicht des Inhabers des Internet-Handelsunternehmens Hinkel Elektronik.

Die Größe der Kreisscheiben in Abb. 4 und 5 repräsentiert die Wichtigkeit des jeweiligen Prozesses in Bezug auf E-Commerce. Ein größerer Radius deutet auf eine höhere Relevanz hin. Die Affinität, also der Bezug zweier Prozesse untereinander, wird durch die Distanz der Punkte voneinander abgebildet. Je näher ein Prozess einem anderen liegt, desto höher wird die gegenseitige Kopplung eingeschätzt. Weiterhin ist die Darstellung invariant gegenüber Rotation, d.h. eine Drehung um einen beliebigen Winkel ändert die Aussage der Grafik nicht.

Interpretation der Grafiken

Hinsichtlich der Anordnung der Prozesse lässt sich starke Clusterbildung im Brennpunkt (innerer Kreis) der Grafiken erkennen. Interessant ist die starke Übereinstimmung der zentralen „E-Prozesse" beider Unternehmen. Die Prozesse dieser Kerncluster lassen sich als

2.2 E-Commerce und E-Business

„Kernprozesse für E-Commerce" interpretieren, da beide Unternehmen eine starke Ausrichtung am Internet besitzen.

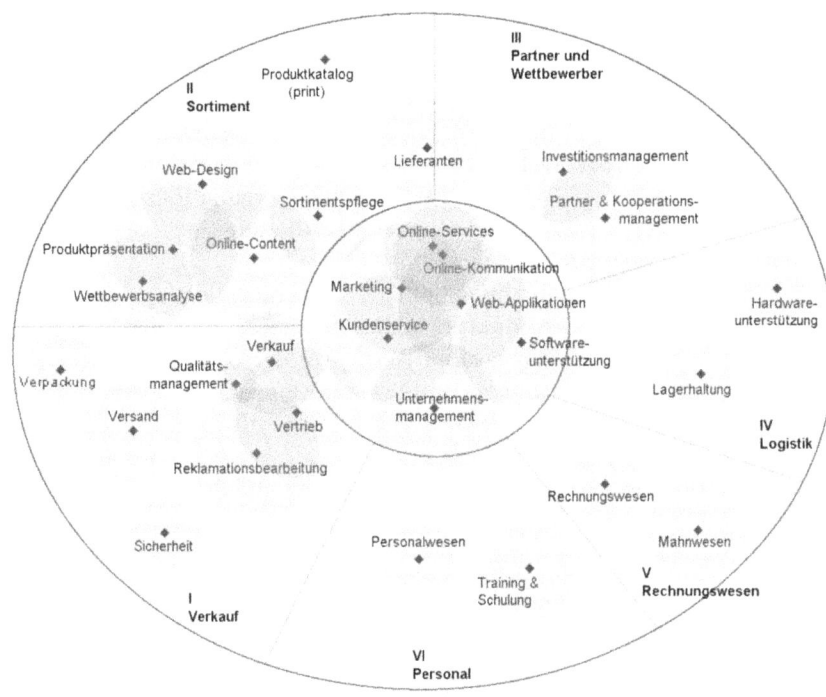

Abb. 5: Relevanz und Zusammenhänge von Geschäftsprozessen in Bezug auf E-Commerce - Momentaufnahme aus Sicht des Betreibers der Internet-Plattform ZooNetz GmbH.

Prozesse im Brennpunkt der Betrachtung des E-Business-Unternehmens sind: Unternehmensmanagement, Marketing, Online-Services (Forum, Fotogalerie, u.ä.), Online-Kommunikation (E-Mail, Dialogmodul, u.ä.), Web-Applikationen (Plattform, Server, Shop-System, u.ä.) sowie die Softwareunterstützung.

Das Auftreten des Unternehmensmanagements im Kerncluster legt die Interpretation nahe, dass das Engagement im Internet bei den betrachteten Unternehmen zur Chefsache erklärt wurde und von der Geschäftsleitung gesteuert wird. Dies sieht man gemeinhin als Schlüsselfaktor im E-Commerce an. Die gekennzeichneten Kreissegmente enthalten thematisch zusammengehörende Prozesse. Es entsteht diese Kategorisierung:

Tabelle zu Abb. 4 (Hinkel Elektronik):

I *Verkauf und Rechnungswesen:*
Verkauf, Kundenservice, Lagerhaltung, Verpackung, Versand, Rechnungswesen, Mahnwesen

II *Qualität:*
Qualitätsmanagement, Reklamationsbearbeitung, Hardwareunterstützung

III *Sortiment:*
Sortimentspflege, Produktkatalog, Produktpräsentation, Lieferanten

IV *Partner und Wettbewerber:*
Partner- und Kooperationsmanagement, Wettbewerbsanalyse, Investitionsmanagement

V *Personal:*
Personalwesen, Training und Schulung, Sicherheit

In Abb. 5 (ZooNetz) treten diese Bereiche in ähnlicher Konfiguration auf:

Tabelle zu Abb. 5: ZooNetz

I *Verkauf und Qualität:*
Verkauf, Vertrieb, Verpackung, Versand, Reklamationsbearbeitung, Sicherheit, Qualitätsmanagement

II *Sortiment:*
Sortimentspflege, Online-Content, Web-Design, Produktpräsentation, Wettbewerbsanalyse, Lieferanten, Produktkatalog

III *Partner und Wettbewerber:*
Partner- und Kooperationsmanagement, Lieferanten, Investitionsmanagement

IV *Logistik:*
Lagerhaltung, Hardwareunterstützung

V *Rechnungswesen:*
Rechnungswesen, Mahnwesen

VI *Personal:*
Personalwesen, Training und Schulung

Das Segment „Sortiment" wird von beiden Geschäftsleitungen als deutlich separat vom „Online-Kerncluster" empfunden. Dies lässt sich damit erklären, dass beide Unternehmen die notwendigen Tätigkeiten offline bzw. im eigenen Intranet ausführen und erst nach Fertigstellung die Ergebnisse in das Internet übertragen.

Hinkel-Elektronik

Bei Hinkel wurde der Vertrieb über einen Außendienst eingestellt. In Abb. 4 erkennt man, dass der Prozess Vertrieb sehr klein dargestellt ist, was eine geringe Relevanz dieses Prozesses für E-Commerce nach Ansicht der Geschäftsleitung zeigt.

Kundenservice und Verkauf liegen in Abb. 4 dicht beieinander, wodurch eine enge Kopplung dieser Prozesse deutlich wird. Bei Hinkel erfolgt bereits im Vorfeld einer Bestellung per E-Mail oder Telefon eine technische Beratung zu den Produkten und der Anwendung. Für Hinkel ist diese Beratung eine Service-Dienstleistung, die von den Kunden gern in Anspruch genommen wird.

Zoonetz-GmbH

Der Prozess Lagerhaltung hat in Abb. 5 einen großen Abstand vom Verkauf. Dies ist verständlich, da der Lagerhaltungsprozess nicht von ZooNetz selbst durchgeführt wird, sondern beim kooperierenden Großhändler abläuft - ein wesentlicher Aspekt des ZooNetz-Konzeptes. Die Lieferanten liegen in Abb. 5 genau auf der Trennlinie der Segmente „Sortiment" und „Partner", da die Lieferanten (Hersteller) für ZooNetz eine wichtige Rolle in beiden Bereichen besitzen.

Zusammenfassung

Das Internet bietet für mittelständische Unternehmen Chancen wie Risiken. Das neue Medium kann ein bestehendes Handelsgeschäft ergänzen oder reinen Internet-Unternehmen mit vollständig neuen Geschäftsmodellen einen Weg an den Markt bieten. Das Internet ist ein Experimentierfeld, in dem sich die Wandelungsfähigkeit des Mittelstandes als Chance für manches Unternehmen erweist.

Die Kombination zwischen neuen logistischen Konzepten und der Internet-Technologie ermöglicht die

Virtualisierung der Handelsbeziehungen. Neue Logistikkonzepte sind für Mittelständler dann interessant, wenn es gelingt, geeignete Kooperationen einzugehen, um handelsstufenübergreifend zu agieren.

Im Zentrum eines Unternehmens, das sich ins Internet begibt, stehen die Prozesse Unternehmensmanagement, Marketing, Online-Services, Online-Kommunikation, Web-Applikationen sowie die Softwareunterstützung der Prozesse. Die Software-Technologie ist hier besonders eng mit den Unternehmensprozessen verknüpft. Die Technologieprozesse sind nicht nur unterstützend wirksam, sondern treibender Faktor der Veränderung im Unternehmen.

Neue Technologien, wie in Zukunft verstärkt auch die Mobiltelefonie, verändern die Geschäftsprozesse (Krauss 2001). Das ökonomische Prinzip gilt auch im Internet. Investitionen in Technologie müssen hinsichtlich ihrer Amortisation abgeschätzt und u.U. schrittweise umgesetzt werden. Die Applikationsstrategie ist branchenabhängig und Kern des mittelständischen Internet-Unternehmens. Sie ist generell als Chefsache zu betrachten.

Unumgänglich ist es, das Unternehmen an den Kundenbedürfnissen regelmäßig neu auszurichten, um dem Pull-Prinzip des extremen Käufermarktes und schnellen Trendwenden im Internet Rechnung zu tragen.

Literatur

Boston Consulting Group (2001) The Multichannel Consumer: The Need to Integrate Online and Offline Channels in Europe;
www.bcg.com/publications/files/MultichannelConsumer_summary.pdf

Fraunhofer-Institut für Arbeitswirtschaft und Organisation IAO (1998) Internetbasierte Vertriebsinformationssysteme – Perspektiven Moderner Informationssysteme für den Einsatz in Marketing, Vertrieb und Service", Studie, ISBN 3-8167-5234-9

Grellert, Stefan, CoMedia (2000): Leiter Neue Medien Conrad Electronic, Vortrag auf dem E-Commerce-Tag des Bundesverband des deutschen Versandhandels e.V. am 22. März 2000 zum Thema "E-Commerce verändert die Wirtschaft-Customer Relationship Management" - Präsentationsfolien der CoMedia Conrad Neue Medien GmbH.

Krauss, Martin, e-Plus Mobilfunk GmbH & Co.KG (2001): Vortrag KIZ Darmstadt 22.10.2001.

Petersohn, Dr. Helge, NHConsult (2001) : Vortrag auf der Process World, Konferenz der IDS Scheer AG, Bonn Mai 2001.

Picot, Arnold, K.Heger, Dominik (2001) Handel in der Internet-Ökonomie- Entbündelung von Wertschöpfungsstufen des Handels, zfo 70., Heft 3, Seite 128-134.

SKOPOS Institut für Markt- und Kommunikationsforschung GmbH (2001) Faktoren der Kundenzufriedenheit beim E-Shopping, Untersuchung; www.skopos.de

2.3 E-Business als strategische Herausforderung

ANITA BERRES

Vorbemerkungen

Was ist eigentlich E-Business? Zum einen ist es eine Marke, die IBM sich in den 90er Jahren hat schützen lassen. Zum anderen aber ist es ein Begriff, der – nachdem er synonym mit dem Begriff E-Commerce benutzt wurde – sich in 2000 weltweit verselbstständigt hat. Stand heute reden wir von E-Business, wenn alle Geschäftsprozesse internet-gestützt durchgeführt und über alle Stufen der Wertschöpfungskette digital erfasst sind. Also der Weg von den Produzenten über die verschiedenen Handelsstufen bis hin zum Endverbraucher. Für das Unternehmen stellt sich das in aller Regel so dar: Die Geschäftsbeziehungen mit Geschäftspartnern werden via Extranet durchgeführt, mit den eigenen Mitarbeitern via Intranet und mit den Kunden via Internet. Was unterscheidet E-Business und E-Commerce? E-Commerce ist ein Teil des E-Business. E-Commerce betrifft nur die Geschäftsprozesse zwischen Unternehmen und Kunden. Also das, was üblicherweise im offenen Internet zu sehen ist.

Was ist E-Business?

Warum ist die Herausforderung E-Business nur strategisch zu lösen? Weil E-Business mehr ist, als nur Web-Sites aufzustellen. Es reicht auch nicht, die bestehenden Geschäftsideen dem neuen Markt anzupassen. Das Geschäftsmodell muss nicht verbessert werden, sondern komplett neu überdacht werden. Dies gehört zu den zentralen Aufgaben der mittelständischen Unternehmensleitung, da das Business-Modell der entscheidende Faktor für das langfristige Wachstum eines Unternehmens ist – gleich, ob das Unternehmen der sogenannten Old Economy oder der New Economy angehört.

Wo liegen die Herausforderungen?

Strategische Annäherung an das Thema

Informationsgesellschaft

Das Wirtschaftsleben befindet sich in der Umbruchsituation hin zu der Informationsgesellschaft. Grundlage ist hier vor allem die Informationstechnologie, die durch die Entwicklung in der Mikroelektronik enorme Sprünge macht. Die neuen Technologien bewirken auch eine Veränderung in den Transaktionen zwischen Unternehmen und Kunden bzw. weiteren Partnern. Das Internet als zunehmend bedeutendere elektronische Transaktionsplattform ermöglicht aber nicht nur veränderte Transaktionswege, sondern verändert Kommunikation und damit auch die Beziehungen zwischen den Marktteilnehmern.

Technolog. Möglichkeiten falscher Ausgangspunkt

Web-Technologie ist verführerisch. Es ist so einfach, einen Web-Server zu installieren, die Web-Site mit Inhalten und bunten Graphiken zu füllen und dann zu warten, dass die Postfächer sich füllen mit Anfragen zu Produkten und Dienstleistungen. Der Ausgangspunkt „Technische Möglichkeiten" führt zu falschen Ergebnissen, denn damit ist nicht gewährleistet, dass Ihre Kunden und Interessenten zielgruppen- und mediengerecht angesprochen werden. Der richtige Ausgangspunkt wäre vielmehr, für das Unternehmen eine E-Business-Strategie zu entwickeln, so, wie man eine Unternehmensstrategie für den alten Markt entwickelt hat. Die wachsende Bedeutung von Business- und Revenue-Modellen trägt dieser Entwicklung Rechnung.

Geschäftsmodelle im Mittelpunkt

Der aufgezeigte Wandel in der Wirtschaftswelt eröffnet für junge Unternehmen große Chancen. In den letzten Jahren wurden zahlreiche Internet-Start-ups gegründet, die zwischenzeitlich an der Börse zu teilweise überhöhten Kursen gehandelt wurden und über eine entsprechend hohe Marktkapitalisierung verfügen. Es ging in der Zeit des Internet-Hypes der Satz durch die Presse: „Die Schnellen fressen die Langsamen" und nicht mehr die Großen die Kleinen. Das immense Wachstum der New Economy und der anschließende „Niedergang" haben dazu geführt, dass auch hier die Geschäftsmodelle in den Mittelpunkt des Interesses rückten, und damit die strategischen Aspekte am E-Business. Aber auch die etablierten Unternehmen der Old Economy müssen sich den strategischen Aspekten am E-Business annähern. Sonst nutzen Sie nicht die Vorteile des Internets. Und sie machen zudem Platz für junge

Unternehmen, die das Thema E-Business sehr ernst nehmen. Handelsriesen wie Wal-Mart haben dies erkannt und eigene Online-Shops eröffnet, die das breite Produktangebot wie die Superstores bieten und zusätzliche Online-Services (z.B. Organizer und persönliche Einkaufszettel), aber auch Umtauschmöglichkeiten und Services in den Präsenz-Standorten.

Internet-Strategie

Warum ist Ihre Online-Präsenz eine strategische Entscheidung?

1. Ganz einfach, weil es eine langfristige Angelegenheit ist! Sie können nicht eine Web-Site aufstellen und dann sagen, sie ist fertig! Diese Web-Site muss aktualisiert werden, die Inhalte müssen dynamisch erweitert werden, es gilt, neue Trends wie z.B. Flash-Animationen, Chat-Diskussionen etc. einzubauen. Kurzum: War Online-Marketing früher ein Stiefkind neben den klassischen Marketing-Instrumenten, ist es heute Bestandteil des Marketing-Mixes, ersetzt zum Teil sogar einzelnen Bereiche. Und: Kein erfolgreiches E-Business ohne erfolgreiches Online-Marketing!

    Dynamik und Langfristigkeit

2. E-Business muss sich an Ihren Unternehmenszielen orientieren! Und die sind mit Sicherheit auch strategisch! Ein kleines Beispiel: Wenn Sie als Unternehmensziel Kundenbegeisterung haben, dann können Sie auf E-Business nicht verzichten. Heute ist jede Zielgruppe im Internet vertreten und erwartet, dass sie online Produkte findet, Preise recherchieren kann und vor allem, dass online schnell Hilfe bei Problemstellungen kommt. Das Thema Online-Services ist allerdings in Deutschland noch nicht sehr ausgeprägt installiert. Hier gibt es große Chancen für die Unternehmen, sich von der Konkurrenz abzuheben. Oder ist es keine Imagewerbung im puren Sinne, wenn ich als Endkunde für meine alte Spiegelreflex-Kamera keine Beschreibung mehr habe und sie bei dem Hersteller online finde und sie ausdrucken kann. Oder ein Einkäufer in Ihrem Unternehmen sucht ganz bestimmte Module, die derzeit weltweit kaum zu finden sind. An eine Online-Datenbank, die ihm Ersatz-Module nennt, die die vorgegebene Spezifikation komplett erfüllen und lieferbar sind, so dass er für

    Unternehmensziele und E-Business-Ziele

die Produktion bestellen kann, wird er sich mit Begeisterung erinnern.

E-Business und Organisation

3. E-Business betrifft alle Geschäftsprozesse in Ihrem Unternehmen. Es verändert Ihre Organisation, und zwar die Ablauf- wie auch die Aufbauorganisation. Denken Sie an die Telefon-Hotline, die heute ganz oder zu einem großen Teil durch FAQs (Frequently Asked Questions) und Diskussionsforen bzw. Newsgroups abgelöst wird. Oder an die Auftragserfassung, die früher vielleicht 10 Datentypistinnen umfasste. Heute werden die Aufträge von den Kunden selbst erfasst und kontrolliert („Bestelle ich auch wirklich, was ich kaufen will?"), so dass hier Personal eingespart und die Reklamationsquote auf Grund von fehlerhaften Bestellungen gesenkt wird. E-Business bewirkt meiner Meinung nach auch einen Wechsel in der Unternehmenskultur, es sei denn, Sie sind heute bereits ein sehr flach strukturiertes und mit einer hohen Informationsdurchlässigkeit aufgebautes Unternehmen, das eine transparente Unternehmenskommunikation pflegt. Hier kommen wir an den Punkt, dass E-Business die Öffentlichkeit wesentlich stärker mit einbezieht, als es vor der Internet-Ära üblich war. Ich denke hier auch daran, dass vor ca. 18 Monaten die ersten Stellenanzeigen auftauchten, die explizit Personal für Online-IR suchten. Investor Relationship hat mit dem Internet ganz neue Dimensionen erfahren: Hauptversammlungen werden im Internet gezeigt, Informationen werden generell wesentlich schneller verteilt. Die Anteilseigner wollen schnellstens und umfassend informiert werden.

Kostenaspekte Unternehmenskultur

4. Warum ist E-Business außerdem eine strategische Entscheidung? Es kostet! Es kostet viel Geld! Auf jeden Fall mehr als nur die Kosten für die Web-Site, den Relaunch, das Content-Management etc. Es kostet Schulung und Weiterbildung, da sonst das Personal nicht effizient damit arbeiten kann. Es entstehen außerdem Kosten für neue Technologien, Kosten für neue Sicherheitsstufen, die eingebaut werden müssen, Kosten für Projekt-Teams, Kosten für ... Und nicht zuletzt: Es „kostet" Kreativität! Internet ist Köpfchensache! Sie müssen neue Wege gehen, um kreative Lösungen für die Probleme Ihrer Kunden – auch online – zu finden. Und nur eine konsequente

Kundenorientierung bringt Ihnen langfristig Erfolg im E-Business!

Entwicklung der E-Business-Strategie

Das neue Jahrtausend wird am Anfang vor allem auch im Zeichen des E-Business stehen. Aber die neuen Trends stehen schon bereit: M-Commerce für die Verbindung von Internet und Mobilfunk. UMTS-Netze werden ab 2003 diese Entwicklung drastisch beschleunigen. Generell wird die Konvergenz von TK (Telekommunikation) und IT (Informationstechnologie) neue Produkte und vor allem neue Dienstleistungen produzieren. Der geliebte Fernseher und der PC werden zusammenwachsen.

Die Zukunft

Aber trotz aller Änderungen für das Wirtschaftsleben werden wir nach wie vor auf klassische Komponenten zurückgreifen: Zu einer E-Business-Strategie gehören klare Zielgruppenorientierung (auf Basis von Zielgruppen-Definitionen), um eine unternehmensindividuelle Problemlösungsstrategie für die Kunden und Interessenten wie auch die Geschäftspartner zu entwickeln, transparente Ziele (quantitative und qualitative und vor allem operationalisiert) und nicht zuletzt ein E-Business-Modell, d.h. ein Geschäftsmodell. In diesem Modell kommen die Neuartigkeit der Geschäftsidee, mögliche Einsparpotenziale und die Chance, in Zukunft Gewinne zu erzielen, zum Ausdruck. Für alle, die für die Führung von Unternehmen und Organisationen zuständig sind, sicherlich altbekannte Themen.

E-Business-Strategie

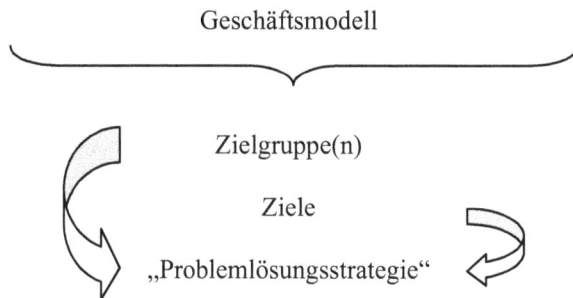

Abb. 1: Elemente einer E-Business-Strategie:

Tabelle 1: Checkliste für die Kurzbeschreibung einer E-Business-Strategie

Determinanten	Elemente	Bemerkungen
GESCHÄFTS-MODELL (erweitert um Revenue-Modell)	Geschäftsidee: Unternehmenszweck Mission	Das Geschäftsmodell ist die Konfiguration eines Austauschprozesses, mit dem Ziel, (neue) Geschäftsmöglichkeiten zu erschließen: Themenbereiche Zielgruppenbezogenheit Erwarteter Nutzen für den User Erwartete konkrete Reaktion des Users
	Revenue-Modell: Umsatzsteigerung Kostensenkung	Das Revenue-Modell setzt darauf auf und definiert den Weg, wie durch ein Business-Modell Umsätze und Erträge generiert werden (Gewinnstrategie): E-Business-spezifische Potenziale bezogen auf Umsatz und Kosten
ZIELGRUPPE A	A 1. Definition	Aussage in einem Satz Detaillierte Formulierung mit Mengenangaben (Merkmale der Zielgruppe)
	A 2. Informationen über die Zielgruppe	Charakteristika (Fähigkeiten, technische Möglichkeiten) Interessen und Nutzenanforderungen (Nutzerbedürfnisse) Schlüsselinteressen, basierend auf unten beschriebener Zweckdefinition
ZIELGRUPPE B	B 1. Definition	Aussage in einem Satz Detaillierte Formulierung mit Mengenangaben (Merkmale der Zielgruppe)
	B 2. Informationen über die Zielgruppe	Charakteristika (Fähigkeiten, technische Möglichkeiten) Interessen und Nutzenanforderungen (Nutzerbedürfnisse) Schlüsselinteressen, basierend auf unten beschriebener Zweckdefinition
ZIEL-AUSSAGEN	Zielspezifizierungen Zielgrößen formulieren begrenzende Rahmenbedingungen definieren	Zielgrößen quantitativ und qualitativ Zeitliche Fixierung der Zielgrößen Begrenzung durch Zielgruppe, Budget, Ressourcen und Technologie

Strategie-Aspekte

Eine Strategie ist eine Strategie, wenn sie durchdacht, langfristig orientiert, schriftlich fixiert und vor allem für jeden im Unternehmen verständlich kommuniziert ist. Auch die E-Business-Strategie beinhaltet klassische Elemente und Vorgehensweisen, die „Hausaufgaben" müssen auch hier erledigt werden. Es gilt, die „klassischen Themen" wie Marktstellung (mit Stärken und Schwächen) zu identifizieren, die Produktpalette auszurichten, die Verteilungskanäle zu definieren und die Wettbewerbsherausforderungen anzunehmen. Gleichzeitig müssen die Internet-Möglichkeiten und -Herausforderungen (z.B. Online-Marketing und Online-Kommunikation) erkannt und zielgerichtet eingesetzt werden.

Wesentliche erfolgskritische Punkte

Der User ist der Macher

Durch die Internet-Technologie hat sich der Markt gewandelt. Manche Beziehungen wurden komplett umgedreht. Beispielsweise ist heute der Kunde, der Geschäftspartner oder der Mitarbeiter als User der „Macher", er bestimmt direkt und ohne Zwischenfilter den Erfolg. Zielgruppenorientierter Aufbau und usergerechte Aktionen sind wesentliche erfolgskritische Punkte im E-Business. Personalisierung ist heute mittels Internet-Technologie auf einem Niveau möglich, wie es vorher überhaupt nicht denkbar war. Damit rückt die Online-Kommunikation in den Mittelpunkt.

Beim Thema Internet stehen heute nach wie vor – zumindest in Deutschland – sehr häufig kommunikations- und vertriebspolitische Überlegungen im Vordergrund. Ein typisches Ziel ist: Ich verdiene Geld, indem ich mehr Umsatz mache! Dies ist ein Bereich, den man sehr kritisch betrachten sollte. So manch ein Umsatz, der online erreicht wurde, hat sich als einfache Umsatzverschiebung entpuppt. Damit ist kein zusätzlicher Umsatz entstanden. Es hat sich ein Teil des Umsatzes, der früher auf dem klassischen Weg entstanden ist, auf den Online-Weg verlagert.

Nicht selten trifft man bei deutschen Web-Sites auf eine sehr technologie-orientierte Ausnutzung der Kommunikationsmöglichkeiten (eine Übersicht finden Sie in Tabelle 2).

Tabelle 2: Kommunikationsdienste im Internet und ihre Ausprägungen

	Chat	Newsgroup	Mailing-Liste	Newsletter
Beitragsquelle	dezentral	dezentral	dezentral	zentral
Kommunikation	synchron	asynchron	asynchron	asynchron
Push/Pull	abholen	abholen	verteilen	verteilen
Archiv	nein	ja	selten	ja (eigenes)

Online-Kommunikation ist allerdings nur dann wirklich erfolgreich, wenn hier kontinuierlich und kompetent agiert wird. Neben den technologischen Kenntnissen müssen die Inhalte stimmen! In diesem Zusammenhang: Das Personal, das durch die Ablösung der Geschäftsprozesse mittels digitaler E-Business-Prozesse eingespart wird, muss nicht zwangsläufig aus dem Unternehmen ausscheiden. Im Gegenteil! Es gilt, diese Mitarbeiter mit ihrem Know-how über das Unternehmen und die Produkte bzw. Dienstleistungen so weiterzubilden und zu integrieren, dass diese Kompetenzen in die Online-Präsenz eingebaut werden.

Der Hotliner von gestern, der dem Kunden am Telefon half, ist heute der Online-Redakteur bzw. Content-Manager, der die Inhalte zum Nutzen des Kunden in seiner Sprache und nach seinen Bedürfnissen in die Web-Site einstellt. Dann wird es hoffentlich in Deutschland auch bald mehr Web-Sites geben, die Problemlösungen für die Kunden und Interessenten liefern und nicht nur nach dem Motto agieren: „Wir sind und wir haben". Übrigens: Ein Drittel mehr Umsatz im Netz wäre 2000 möglich gewesen, wenn der Service der E-Business-Unternehmen besser gewesen wäre. Das ergab eine Umfrage der Mummert + Partner Unternehmensberatung.

Zeitaspekt der Internetstrategie

Ein weiterer wesentlicher erfolgskritischer Punkt ist die Zeit. Gleich, wie gut Ihre E-Business-Strategie ist, sie wird in sechs Monaten nicht mehr aktuell sein. Technologien haben sich weiterentwickelt, neue Trends sind im Online-Bereich entstanden, die Märkte haben sich generell verändert etc. Das ist der Grund, warum eine flexible und skalierbare E-Business-Architektur so wichtig ist. Sie können dadurch auf zukünftige Veränderungen schnell und mediengerecht reagieren. Und die Internet-

Zeitrechnung wird sich vermutlich in Zukunft nicht verkürzen. Rechnet man heute bereits mit der Formel 1 Kalendertag sind 5 bis 7 Internet-Tage (so genau legt sich da niemand fest), bedeutet das, dass die oben genannten sechs Monate im Internet zwischen 30 und 42 Monate im klassischen Kalender sind – ein durchaus üblicher Zeitraum für strategische Anpassungen.

E-Business oder kein Business

Ich behaupte, dass ohne die Realisierung einer konsequenten Internet-Strategie ein Unternehmen keine Überlebenschance hat. Aber auch mit konkreten Plänen werden ganze Channels verschwinden oder zumindest so verändert, wie es heute zum Teil noch gar nicht absehbar ist.

Welche Bereiche werden vom Schwund betroffen sein? Handelskanäle als Zwischenstufen, aber auch Dienstleister wie z.B. Reisebüros und Finanzdienstleister. Einen Großteil der Beratungsleistung bekomme ich bei diesen Branchen bereits heute kostenlos im Internet. Hier kann ich anonym und in Ruhe suchen und finden. Und komme direkt zu den Hotels und Ferienangeboten, schaue mir die Zimmer an und sehe zum Beispiel über die Web-Cam, wie das Wetter vor Ort ist. Vor allem aber kann ich sparen, wie beispielsweise bei den Flugtickets. Hier setzt die Lufthansa ganz entschieden auf Online-Services. Und spart bereits Millionenbeträge durch Online-Tickets, da die Reisebüros bei der Reservierung außen vor sind und damit deren Pauschale entfällt.

Die Schwächeren

Wer profitiert? Natürlich die Unternehmen, die mit der Online-Präsenz direkt zu tun haben. Die Kreativbranche (Denken Sie zum Beispiel an ein Unternehmen wie Pixelpark, das innerhalb von wenigen Jahren zur weltweit operierenden und führenden Web-Agentur wurde), die Provider und die E-Shop-Anbieter, die die E-Commerce-Lösung heute zum Kauf, aber auch zur Miete oder vielleicht sogar kostenlos anbieten. Letzteres in der Hoffnung, über Online-Services den entsprechenden Profit zu ziehen. Es profitieren aber auch Online-Marktforschungsinstitute, die die Online-Zielgruppen beleuchten, die online Produkttests durchführen und dabei wesentlich preisgünstiger anbieten können als die klassischen Institute. Warum? Die Online-

Die Stärkeren

Befragungen werden von den Surfern ausgefüllt, können automatisch ausgewertet werden und vor allem kann man weltweit seine Stichproben zusammenstellen. Und das zu Kosten, die einen Bruchteil ausmachen von den Kosten, die durch die klassischen Methoden entstünden.

Beispiel

Abschließend ein konkretes Beispiel, wie E-Business Kosten spart und die Märkte verändert: Laut einer Studie von Professor Dietz (Institut für Automobilwirtschaft) entstehen im deutschen Autohandel durchschnittliche Verkaufskosten pro Neuwagen in Höhe von über DM 4.500,-. Der Löwenanteil dabei entfällt mit 2/3 auf die Kundenakquise, der Rest auf Auftragsdisposition und -abwicklung sowie Kundenbetreuung. Diese Studie hat nun die traditionellen Akquise- und Verkaufsprozesse untersucht und eruiert, welche Kostensenkungspotenziale sich durch Internet-gestützte Abläufe ergeben. Es wurde festgestellt, dass alleine bei dem Punkt „Fahrzeug präsentieren, erklären und konfigurieren" bis zu 27,2 Prozent der Kosten (brutto) eingespart werden können, d.h. durchschnittlich bis zu über DM 1.200,-! Gehen Sie einfach auf die Web-Sites von BMW, DaimlerChrysler, VW, Audi und anderen Automobil-Herstellern. Die haben alle einen Car-Konfigurator wenn nicht auf der ersten, dann auf der 2. Ebene ihrer Web-Site. Damit stellt sich für alle Vertragshändler – nicht nur bei diesem Punkt – die Frage, wann die Automobilhersteller auf ihre Handelskanäle verzichten und Autos direkt verkaufen.

2.4 Old und New Economy

Peter Lenz

Old meets New Economy

„Wisst Ihr, warum wir in der sogenannten Old Economy arbeiten", fragt Sven. Da so früh sowieso keiner antwortet, lässt er nur eine kurze Pause und meint: „Weil man sich hier so alt fühlt, wenn man morgens um halb sieben in der Arbeitsvorbereitung anfängt". Kurzes Blinzeln der Kollegen – dann geht das Arbeiten los. Wie immer, wie seit 30 Jahren. Arbeitszeiten, Maschinenzeiten und Erholungszeiten. Die REFA-Leute sorgen dafür, dass alles geplant ist, wenn Material, Maschinen und Männer in der Fertigung aufeinandertreffen und am Ende ein „Stück" produziert wurde. Oder auch 15.000 pro Tag.

Die noch müden Leute der Massivus GmbH haben natürlich gelesen, dass bei der 35 km entfernten ABC Internet AG die Leute zwischen neun und zehn Uhr ankommen und erst mal die Pizza für ihr zweites Frühstück bestellen. Per Web natürlich. Das muss die New Economy sein.

Doch die Stühle, Tische und jeder Firmenwagen der ABC Internet AG sind unter anderem aus Bauteilen der Massivus GmbH hergestellt worden. Die Möbelhersteller und die Automobilindustrie kauften einige Bestandteile ihrer Endprodukte bei Massivus. Die Jahresverträge wurden persönlich abgeschlossen. Die Abrufmengen mit Lieferzeiten wurden per Telefon geordert. Oder per Fax. Oder per E-Mail. Vielleicht aber auch vollautomatisch über die E-Procurement Systeme der Hersteller mit Zugriff auf TCP/IP-basierende Daten der Massivus GmbH.

Was sind die Unterschiede?

Was ist eigentlich der Unterschied zwischen der Old Economy und der New Economy? Sollte sich ein Unternehmen der „Bisher-Economy" gänzlich ändern um einem Trend zu folgen? Sind es überhaupt Unternehmensphilosophien, verschiedenartige Geschäftsarten oder nur der Einsatz von traditioneller bzw. moderner Kommunikation zu Kunden und Lieferanten, die den Unterschied ausmachen?

Es gibt betriebswirtschaftliche Ansätze, die so unterscheiden, dass Investitionen in Arbeit, Boden, Maschinen, Material etc. Investitionen in die Wirtschaftbereiche der Old Economy sind und Investitionen in PCs, Drucker oder Software Investition in New Economy Produkte seien. Und dass man erfassen sollte, wie viel die Unternehmen in die eine Gruppe investieren und wie viel in die andere Gruppe und wer viel in moderne und webbasierende Systeme investiert, ist New Economy. Doch dieser Aspekt soll für uns nicht das Kriterium sein.

Ich unterscheide hier zwischen der Art, Menschen, Material und Geschäftskontakte dem Unternehmen zuzuführen und Produkte zum Kunden zu bringen. Dies ist mit früheren Verfahren möglich, mit neuen Methoden oder – und auf diesen Königsweg werden wir unweigerlich hinsteuern – mit Kombinationen der Old und der New Economy.

Also ein Maschinenbauer, der seit neuestem seinen Service in Hongkong per Web anbietet, gehört selbst zur Old Economy. Die Webagentur, welche ihm eine Site mit Onlineanbildung an seine Produktdatenbank erstellt, ist ein „New Economy Unternehmen".

Daher gibt es in meinen Augen eine klare Grenze zwischen Old und New Economy Unternehmen. Hier wird nachfolgend aufgezeigt, worauf sich Old Economy Unternehmen einlassen, wenn sie Elemente der New Economy einführen. Welcher Zweck wird verfolgt? Wie wird das Ziel sicher erreicht. Wie vermeidet man Fehler?

Die New Economy heißt für Old Economy Unternehmen das Einführen oder endlich das konsequente Anwenden neuer Technik – aber zum größten Teil zur Ereichung der jeweiligen Poleposition im eigenen Marktsegment, das Zusammenfügen von Old & New

Economy Geschäftsprozessen zur Optimierung aller Unternehmenskennzahlen.

Höherer Gewinn ist das eigentliche Ziel eines jeden Unternehmers. So profan es ist - so lebenswichtig ist es. Der Gewinn geht einher mit höherem Umsatz, geringeren Kosten, Kundenbindung, Produktqualität, Mitarbeitertreue. Elemente der New Economy können jeden Teil eines Unternehmens verbessern oder gar optimieren. Nicht durch den Einsatz von E-Mail statt Telefax. Und die oben beschriebenen Jahresgespräche werden in den nächsten Jahren sicher ebenfalls noch persönlich an einem echten Schreibtisch durchgeführt. Schließlich wäre es schade, gute Hotelbars auf Geschäftsreisen ganz aufzugeben.

Zusammenfassend ist New Economy eine Branche, die davon lebt, der Old Economy moderne, zum Teil internetbasierende Neuerungen zu bieten. Die Old Economy Unternehmen haben die Aufgabe, diese moderne Technologie einzusetzen, um wieder ein Stück wettbewerbsfähiger zu sein.

Neuerungen für die Old Economy

New Economy Anwendungen in Theorie und Praxis

In welchen Bereichen kann New Economy Technologie eingesetzt werden? In welchen macht es Sinn? Wo ist die Öffnung für die neuen Verfahren existenziell wichtig für Unternehmen? Und vor allem: Wie soll man es machen?

Bis heute fand ich noch keinen Unternehmensbereich, in dem sich neue Techniken nicht einsetzen lassen. Marketing, Markenpolitik, Service, Verkauf, Akquise, Presales, Sales-Backoffice, Einkauf, Personalbeschaffung, Konstruktion & Planung, interne Organisation, strategische Geschäftsentwicklung, Juristik, Lager & Logistik, allgemeine Kommunikation, u.v.m. können sämtlich mit Elementen der New Economy verbessert werden.

Neue Techniken in jedem Unternehmensbereich

Doch wie bei fast allem im Leben ist auch hier die vorangehende Überlegung und die richtige Umsetzung (Art und Geschwindigkeit) der Casus Knacksus. Denn wer in einem lebendigen Unternehmen an einem Montagmorgen anfängt, die EDV-Projekte „E-Sales, E-Procurement, E-Hiring, E-Engeneering und E-Service" zeitgleich zu starten, begeht brutalen Mord an seiner Firma. Lassen Sie uns das anhand einer reinrassigen

Überlegung und Umsetzung als wichtiger Faktor

Beispiel: Vertriebsorganisation bei der TUP KG

Vertriebsorganisation betrachten. Nennen wir sie TUP KG, das steht für Töpfe- und Pfannen KG.

Die TUP vertreibt über Handelsvertreter in klassischer MLM-Struktur: Fünf Außendienstler unterstehen einem Manager, mehrere Manager unterstehen einem Regionalleiter, fünf bis sieben Regionalleiter unterstehen einem Gebietsmanager und die Gebiete gehören einem Landesdirektor. Die Länderchefs eines Staates berichten an den Country Vice-President. Die Country-VPs legen Rechenschaft beim Gründer und Inhaber ab. Produkte: Töpfe und Pfannen. Vertrieb: Haustüre, Koch-Partys, Empfehlungen. Das Ganze gibt es übrigens auch für Parfüm, Teppiche, Staubsauger und so weiter.

Die TUP KG stellt Old Economy wie im Lehrbuch dar. Eine Produktreihe, eine Herstellung (wahrscheinlich in einem der Tigerstaaten) und ein schlagkräftiger Sales mit einer guten Buchhaltung im Hintergrund. Sollte man über E-Procurement (Einkauf übers Internet, über Marktplätze und Bieterverfahren) nachdenken? Ich denke nicht. Den Stahl kaufen die Asiaten selbst irgendwo im fernen Osten ein. E-Hiring, also Personalbeschaffung per Jobseiten im www? Nein, die neuen Kollegen wirbt man über Zeitungsannoncen und persönliche Kontakte, denn der typische Verkäufer dieser Branche sucht seine neue Stelle nicht bei „Jobsite.net". E-Service (Kundendienst auf der Firmen-Homepage mit Aufbautipps und Pflegeanleitung der Töpfe und Pfannen)? Nein, eine kaputte Bratpfanne gibt die Hausfrau persönlich dem Verkäufer zurück, der sie ihr verkauft hat – mit den passenden warmen Worten dazu.

Einsatz von E-Business für das Vertriebscontrolling

Was soll hier also E-Business/New Economy-Technik? Als Unternehmensberater begleitet man die Firma drei Wochen lang und wird schnell den Ansatz finden: Jeden Montag will jeder Landesdirektor alle Umsätze, Akquisen, Kontakte, Anzahl der Termine und der Kochpartys mit der Anzahl der Gäste vor sich liegen haben. Das bedeutet regelmäßig viele Telefonate und ein mittleres Datenchaos bei den Gebietsmanagern, denn die müssen die Zahlen bei den Regionalleitern besorgen. Diese vielen Regionalleiter müssen all die vielen Manager auffordern, alle Zahlen aller Außendienstler zur Hand zu haben. Und zwar sofort. Auf den kleinen Vertreter kommt plötzlich die ganze Macht der Vorgesetzten zu, denn die wollen auch ihre Zahlen abliefern –

2.4 Old and New Economy

ganz zu schweigen von dem Wunsch nach exzellenten Steigerungen.

Der Vertreter muss an sich nur drei oder vier Zahlen aufschreiben: Umsatz, davon Neukunden, Anzahl Parties mit Neukontakten und vielleicht noch eine Stornoquote. Diese Zahlen tippt der Manager ab, der seine Summen an den Nächsten faxt, der muss seine Summen seinem Chef ins Auto diktieren und der bringt seine Ergebnisse mit zum Montagsmeeting.

Meine New Economy Version: Der Vertreter loggt sich zweimal in der Woche ins Internet ein, kommt mit Name und Passwort in seinen geschützten Bereich und findet ein einfaches klar strukturiertes Eingabefeld vor. Er tippt seine fünf Zahlen in fünf Felder. Eine schlichte Datenbank auf dem Webserver erhält diese Daten, summiert die einzelnen Zahlen der Verkäufer und jeder Manager kann zu jeder Sekunde ebenfalls per Internet und seinem Zugangscode seine Summen seiner Leute ansehen, drucken, faxen oder per E-Mail versenden.

Dateneingabe durch den Vertreter

Wenn wir die Angst der meisten Menschen vor ganz Neuem berücksichtigen, führen wir dies zuerst einmal langsam und sorgfältig als vorerst einzige Neuerung ein. Die Vertreter brauchen nicht mal einen eigenen Rechner. Ein öffentlicher Terminal, ein Freund oder (je nach Version) ein WAP-Handy reichen aus.

Kommen wir zum nächsten Schritt. Der Konzern hat SAP R/3 in der Zentrale für Buchhaltung, Controlling und Personalwesen. Dann spielen wir die Daten, nachdem die Managerhierarchien die Zahlen kontrolliert haben, automatisch in mySAP.com – und der Firmengründer kann sich minutenaktuelle Zahlen von überall auf der Welt aus ansehen. Ich hoffe, es geht Ihnen nicht zu schnell.

Weitergabe der Daten an eine Warenwirtschaft

In aller gebotenen Ruhe gehen wir später weiter zu der Überlegung, dass, wenn alle Umsätze für den Vertreter auf der Webseite einzugeben sind, ihm eine einfache Zusatzfunktion sofort bei Eingabe seine Provision für den Verkauf ausrechnen kann. Online. Er sieht den Erfolg in Euro. Bei solchen MLM-Vertrieben (Multi-Level-Marketing = Strukturvertriebe) bekommt der Mitarbeiter meist höhere Provisionsprozente, je mehr Monatsumsatz er macht. Die Anwendung kann ihm also am 25. des Monats mitteilen, dass er bei noch 3 Aufträgen erheblich mehr Geld verdienen würde, als er ahnt. So klar wird ihm das sonst nicht gesagt, außer er be-

Berechnung der Verkaufsprovisionen

rechnet alle Umsätze selbst in einer kleinen PC-Tabellenkalkulation permanent mit. Da Vertriebe aber am stärksten über das zu verdienende Geld zu motivieren sind, kann das Unternehmen mit dieser Lösung an der Motivation eines jeden einzelnen Außendienstlers drehen – ohne persönlich überall vor Ort sein zu müssen.

Verringerung der Stornoquote

Wo schnell und viel verkauft wird, steigt die Quote der Stornos überproportional an. Also hat auch unsere TUP KG mit diesem ungeliebten Phänomen zu kämpfen. Bei hoher Stornoquote, die auf die vorhandenen Umsätze des Verkäufers angerechnet wird, verringert sich seine Provision zum Teil drastisch. Sieht er auf der Internetseite optisch eindrucksvoll, dass ihn die Stornierung von Frau Meier nicht nur die Provision dieses Auftrages kostet, sondern er auch in der Provisions-Stufe gleich schmerzlich absinkt, wird er sich energischer um diesen „Fall" kümmern. Natürlich sind Stornos den Vertriebsleuten auch heutzutage ein großer Dorn im Auge, aber aufgrund des Tagesgeschäftes errechnet sich nicht jeder, was dieser eine Umsatzwegfall wirklich „kostet". Die Qualität der Verkäufe durch die Reduzierung der Stornos (die obendrein immer viel Verwaltungskosten verursachen) ist stets ein wichtiges Ziel aller Vertriebsorganisationen. Es könnte mit dieser Lösung wesentlich verbessert werden.

Lassen Sie uns hier ein kurzes Fazit ziehen: Die Produkte werden auf gar keinen Fall per Webshop verkauft und doch bietet das Internet unserer TUP KG ein wertvolles Instrument für mehr Umsatz, mehr Motivation, mehr Kontrolle und weniger Kosten.

Weitere Einsatzbereiche des Internet: Was gibt es alles, das sich mit dem neuen Medium verbessern oder überhaupt erst erreichen lässt? Ohne Anspruch auf Vollständigkeit versuche ich, Ihnen einen Überblick zu geben.

Präsentation von Unternehmen und Produkten

Ein Unternehmen muss heute sich, seine Aufgabe und seine Produkte im Internet darstellen – sonst ist es für alle anderen Unternehmen (B2B) und für all die internet-angeschlossenen Konsumenten (B2C) nicht existent. Über eine Website kann der Kontakt per einfacher E-Mail oder per Formularseite angeboten werden. Diese Daten müssen schnell ins Unternehmen an die richtige Stelle kommen. Vermeiden Sie eine E-Mail mit einem Fax zu beantworten. Sie outen sich als Technik-Oldie.

Sind Sie gerne kundenorientiert? Dann geben Sie Telefonnummern, E-Mail und Faxinformationen an, die in Ihrem oder einem beauftragen Kundendienst/Callcenter auflaufen. Schnelle Weiterleitung und die erste Nachricht: „Mail erhalten – Antwort folgt" sind wichtig. Wenn die Daten direkt in ein CRM-System eingegeben werden und hier auch andere E-Mails, Telefonate, Angebote etc. einfließen ist es wichtig, dass dieses CRM auch internetfähig ist. Ob Produkte über das Web verkauft werden (ein guter Webshop ist nicht immer nur ein teurer Shop) oder nicht: Sie sollten gut und aktuell dargestellt sein. Sind es komplexe Artikel, sollten die Zubehöre, Varianten und Ausführungen richtig oder gar nicht auftauchen. Alles andere verärgert den Kunden.

Anbindung der Website an eine CRM-Lösung

Nachdem der Kunde Kontakt über das Unternehmen aufbaute, verläuft Ihr klassischer Verkaufsprozess. Inwieweit Sie ihn mit Webapplikationen unterstützen: Siehe TUP KG. Ist der Vertrag gezeichnet, kommt die Lieferung/Leistung zum tragen. Aber wussten Sie, dass Sie auch digital unterschreiben können? Und wussten Sie, dass Sie nur mit einer Zeitsignatur echt und rechtlich sicher gezeichnet haben? Und wussten Sie, wie viele Lösungen es da gibt? Vermeiden Sie hier verhängnisvolle Fehler.

Bieten Sie dem Kunden Service per Website an. Je nach Geschäftsmodell verbilligt oder kostenlos. Service ist wichtiger denn je. Mit bestehenden Kunden weiteren Umsatz zu machen kostet einen Bruchteil gegenüber der Generierung von Neukundenumsätzen. Warum lassen Sie nicht Ihre Services und Betreuungen 24 Std. am Tag per Webseite Ihrem Kunden dienen?

Service nach dem Verkauf ist wichtiger denn je

In Los Angeles ist jetzt elf Stunden früher. Wenn hier Nacht ist, ist dort Mittag. Sorgen Sie durch gut formulierte und einfach strukturierte Serviceinformationen, dass Ihr Kunde Sie mag und Ihre Website liebt. Er wird Ihren Servicetelefonisten kaum mehr behelligen, je mehr er im Web findet.

Erfassen Sie schon heute bei einem Auftrag oder bei Kundengesprächen die E-Mail-Adressen Ihrer Kunden? Es kostet einen Bruchteil und erfreut sich noch immer relativer Beliebtheit, eine E-Mail-Nachricht vom Lieferanten mit News und Sonderangeboten zu bekommen statt einen Serienbrief.

Personalisierte E-Mail anstatt Serienbrief

Stellenanzeigen im Internet

Stellenanzeigen im Internet kosten weniger, werden von mehr Menschen gesehen und sind interessanter gestaltbar als Zeitungsanzeigen. Je nach Branche und Standort muss Ihre Anzeige sicher immer auch in den Printmedien vorhanden sein, aber im Web ist es einfach zu günstig und simpel, um nicht angewendet zu werden.

Stellen Sie Gegenstände her und sitzen Ihre Mitarbeiter nicht am gleichen Standort? Dann lassen Sie die Fachkräfte zusammen an einem Bauteil arbeiten, indem Sie vielleicht die Rechner der Kollegen mit einem VPN übers Internet vernetzen (virtuell private network) oder verwenden Sie eine webfähige CAD-Lösung!

Anbindung von Homeoffices

Wenn Sie eine Vertriebs- oder Servicestruktur über eine größere Region erstrecken lassen wollen, sollten Sie über Homeoffices nachdenken. Hier helfen Ihnen die Medien: Intranet/VPN, Telefon-Konferenz, Voice over IP und digitale Archive mit Webfähigkeit.

Zum Schluss dieser Liste, die auf keinen Fall den Anspruch auf Vollständigkeit erhebt, sei das o.g. elektronische Archiv mit Internetzugang erwähnt, das, wenn erstklassig abgesichert, den bereits erwähnten Heimarbeitsplätzen wie auch in anderen Filialen oder sogar Ländern arbeitenden Kollegen Zugriff auf alle Geschäftspapiere mit Kunden, Partnern und Lieferanten bietet.

Sie können natürlich alle einzelnen Geschäftsprozesse, vom Druck der Besucherausweise am Empfang bis zur Weiterleitung der Beschwerde Ihres größten Kunden direkt ins Handy der Geschäftsführung web- bzw. IP-fähig machen, bis in die Maschinensteuerung Ihrer Lieferanten und bis in die Materialbedarfsplanung Ihrer Kunden. Doch ist dies meines Erachtens erstens zu Beginn der Neuerungen ein zu schwerer Schritt und lässt sich zweitens die Ersparnis bei einem solchen Vorhaben nicht klar errechnen. Denken Sie daran: Es handelt sich dabei um das „Hochheben und Absetzen auf neue Beine" der gesamten Unternehmens-EDV. Dieser Schritt funktioniert, will aber besser geplant sein als jede feindliche Firmenübernahme.

Außerdem will ich Ihnen nicht verheimlichen, dass es eine ganze neue Branche der New Economy gibt, die über Web, E-Mails, Synchronisation und PDAs die mobile Kommunikation auch für die Abläufe in Ihrem

Haus anbietet. Doch auch dies sind komplexe, wenn auch sehr sinnvolle Anwendungen.

Vorsicht Falle – die Tücken der neuen Techniken

Nicht nur die Dotcom's, also die Anbieter von New Economy Elementen, sondern auch deren Anwender sind vor den typischen Fehlern nicht gefeit. Wichtig ist vor allem, wie bei der TUP KG, erst einmal die Geschäftsprozesse zu sehen und sich mit genügend Know-how über das heute Machbare Gedanken zu machen, welche Schritte die Prozesse und die Menschen in vertretbarem Rahmen verändert und belastet. Denn zu Anfang ist auch die Nutzung von E-Mails erst mal schwieriger und unsympathischer als das Faxgerät, wo man sich besser über tagesaktuelle Wichtigkeiten und Unwichtigkeiten austauschen könnte.

Geschäftsprozesse analysieren

Denken Sie also daran, dass die Abläufe heute so sind, wie sie sich nun einmal eingespielt haben. Sicherlich nicht umsonst. Und denken Sie daran, dass stets der Mensch die Veränderungen durchführt. Zuviel neuer Wind bricht auch den jüngsten biegsamsten Stamm eines Tages entzwei.

An die Lernkurve der Mitarbeiter denken

Zur Lernkurve von Menschen: Neues wird von Menschen in drei Phasen in seine Handlungen eingebaut. Zuerst muss er an die neue Anwendung oder den neuen Ablauf stark denken und könnte anderes eventuell vergessen. Ähnlich wie der Fahrschüler, der soeben den Blick in den Rückspiegel lernte und nun fast nicht mehr geradeaus sieht. Dann gelingt es uns, das Neue recht einfach mit in die anderen Handlungen einzubauen ohne zu straucheln. So fährt der Fahranfänger scheinbar sicher zum erstenmal mit Vaters Wagen. Doch noch ist viel Konzentration erforderlich. Da er das nicht weiß, geschehen die meisten Unfälle durch 18 bis 20 Jährige. In der dritten Phase der Lernkurve ist das Neue verinnerlicht. Sie müssen nicht mehr nachdenken, wie sehr Sie vom Gas gehen und bremsen müssen, um heil in die Garage zuhause zu kommen. Währenddessen könnten Sie sich unterhalten oder einem Hörspiel lauschen.

Für unser Thema ist dies dringend zu berücksichtigen, wenn Sie nach einer Neuerung die nächste andenken. Wenn die Anwendung des Neuen zur Routine wird, dann ist Zeit für den nächsten Schritt. Dass das wichtigste Gut eines Unternehmens der Mitarbeiter ist, ist nicht nur meine Prämisse. Es wird Ihnen klar, wenn Sie ein E-Mail-System kurzerhand durch ein hochmodernes ablösen und Ihr Chefbuchhalter das Haus verlässt, weil er seine Probleme mit der neuen Technik nie zugeben würde. Der Ausfall seiner Firmen- und Branchenerfahrung sowie die Investition in den Nachfolger können nicht so hoch sein, wie die Ersparnisse an Servicegebühren für das neue Programm. Somit gehört zu diesen Veränderungen auch die nötige Zeit, um die drei Lernphasen für alle möglich zu machen.

An die Kundensicht denken

Gehen Sie aber die falschen Schritte zuerst (Chinesische Aufbauanleitung im Serviceteil der Homepage, bevor die E-Mail-Adresse der Mitarbeiter auf deren Visitenkarte kommt), werden einige Züge an Ihnen vorbeifahren. Und damit immer der Marktteilnehmer, der sich seine Kunden und Märkte genauer angesehen hat. Denn denken Sie auch hier immer an die Sicht Ihres Kunden. Auch er muss letztendlich als Mensch (Einkäufer, Verbraucher, Unternehmer) Ihre Techniksprünge mitmachen. Durch diese Kundensicht wird es Ihnen auch gelingen, Nützliches von Unsinnigem noch klarer zu trennen.

Klassisch bestehende Handelsstrukturen

Einige Handels- und Konsumgüterunternehmen haben sich immer wieder gewagt, Produkte plötzlich parallel zur bestehenden alten Handelsstruktur direkt zu verkaufen. Das wird wahrscheinlich misslingen. Sie können, wenn Sie Ihren Vertriebspartnern das wirklich antun wollen, bestenfalls eine neue „Web-Version" kreieren, die über den klassischen Weg nicht erhältlich ist. Sonst werden Sie zuviel Ärger mit Ihren bisherigen Partnern bekommen. Eine sehr gute Lösung, die ich einst kennen lernte, war die intelligente Einbindung des Einzelhandels in einen Internetshop. Doch hierbei waren geschicktes Taktieren und zwei Jahre Vorbereitung nötig, wobei dann doch nicht alles wirklich glatt ging. Überlegen Sie sich das gut!

Vertrauen spielt eine wesentliche Rolle

So sollten Sie generell nichts, was bisher wirklich gut lief, einfach weil es moderner ist, durch eine New Economy Anwendung ändern oder ersetzen. Damit meine ich vor allem, dass in die Geschäftbeziehung zwischen zwei Firmen oder zum Verbraucher hin immer das Vertrauen eine wesentliche Rolle spielt. Dass dies über das persönliche Wort und die Verhandlung am Old Economy Tisch geschaffen wird, ist unbestreitbar. So sollten direkte Kundenkontakte nicht durch vermehrte E-Mails unpersönlicher werden. Und so ist eben die sympathische Stimme am Servicetelefon bis heute und in näherer Zukunft nicht durch eine synthetische, selbstlernende Stimme aus dem Internet ersetzt worden.

Es lohnt sich – mit der Zeit

Tun Sie es! Fangen Sie mit den Planungen sofort an oder setzen Sie gute Konzepte in Ihrem Hause jetzt um! Denn es wird in jeder Branche und in jeder Firmengröße passieren, dass New Economy Elemente die Unternehmen optimieren werden. Also seien Sie mit bei den ersten, wenn Sie es noch nicht getan haben! Aber lassen Sie sich die richtige Zeit! Zeit für die richtige Überlegung aus Kundensicht, Wichtiges zuerst zu machen und es in richtiger Aufwand/Nutzen-Relation durchzuführen. Und Zeit, damit die Menschen in Ihrem Haus und im Haus des Kunden mit dem Neuen klar kommen können.

Durch die Betrachtung der Geschäftsprozesse fällt ein ganz entscheidender Vorteil aller Old Economy Unternehmen scheinbar nebenbei an: Diese Geschäftsprozesse werden beleuchtet, Sie werden analysiert, Fehler fallen auf, Fehler werden beseitigt, Verfahren und Vorgehensweisen werden optimiert und Sie erleben scheinbar nebenbei eine kostenlose Unternehmensanalyse.

Unternehmensanalyse als Nebeneffekt

Die Männer von der Arbeitsvorbereitung der Massivus GmbH sind übrigens mittlerweile gar nicht mehr traurig. Die ABC Internet GmbH ist so klein geworden, wie der 20-köpfige Trupp der Arbeitsvorbereiter allein. Andere Firmen der New Economy sind Konkurs. Pink-Slip-Partys (pinkfarbene Umschläge beinhalten in den USA stets Kündigungen) sind „in" und zu den angeblich vielen arbeitslosen Lehrern in grauem Cord gesellen sich auf den Bänken der Arbeitsämter immer mehr bunte, rastagelockte Softwareprogrammierer.

2.5 Virtuelle Bestandsoptimierung

MATTHIAS HUMMEL

Einleitung

Die Optimierung der Warenbestände stellt in den meisten Handelsunternehmen eines der zentralen, betriebswirtschaftlichen Ziele dar. Doch allein schon die Beantwortung der Frage: „Was ist der optimale Bestand?" gestaltet sich schwierig, da sich das Optimum immer in einem Spannungsfeld zwischen maximaler Verfügbarkeit mit hoher Kundenzufriedenheit und minimalen Beständen mit geringen Kapital- und Veralterungskosten bewegt.

Was ist der optimale Bestand?

Gängige Warenwirtschaftssysteme liefern hierzu aufgrund von historischen Verbrauchsdaten detaillierte Ergebnisse für den internen Gebrauch.

Die Anforderungen in einer zunehmend globalisierten und vernetzten Welt gehen aber immer stärker über diesen Anspruch hinaus; die isolierte Betrachtung des eigenen Lagers ist nicht mehr ausreichend und führt im Zweifel oft zu überhöhten Beständen.

Gleichzeitig suchen sowohl Lieferanten als auch Kunden im stärker werdenden Margen- und Konkurrenzdruck nach Rationalisierungspotentialen.

Bestandsoptimierung heute

Meist werden vergangenheitsbezogene Auswertungen von Verbrauchsstatistiken als Grundlage für die Bevorratung des lokalen Warenbestandes herangezogen.

Sicherheitsbestände und mehr oder minder funktionierende Bevorratungsalgorithmen bestimmen zusammen mit dem Erfahrungsschatz des Lagerleiters über diesen sensiblen, da kundennahen Bereich.

Das Ergebnis zeigt sich exemplarisch im Bereich des fabrikatsgebundenen Autoteilehandels; die Werte können aber stellvertretend auch für andere Bereiche des technischen Handels oder Maschinenbaus herangezogen werden:

Beispiel Autoteilehandel

1. Das Gesamtsortiment umfasst mehrere hunderttausend Positionen.
2. Durch die lokale Fahrzeugverteilung werden davon nur etwa 10 % aktiv angesprochen.
3. Bei herkömmlicher Bedarfsanalyse mit hohen Sicherheitsbeständen werden ca. 5 % des Gesamtsortiments im Bestand geführt.
4. Die „Renner" des Sortiments, die zusammen mehr als 80 % des Umsatzes erwirtschaften, machen aber nur 0,5 % des Artikelstammes aus.
5. Der Zugriff auf die Lagerbestände ist nur lokal möglich.
6. Der Datenaustausch bei der Bestellung erfolgt per Telefon oder Fax.

Ladenhüterquote von 30 % ist keine Seltenheit

Das Ergebnis ist eine geringe Rotation des Gesamtbestandes. Damit einher geht auch die Gefahr der Überalterung des Bestandes; eine „Ladenhüterquote" (mehr als 12 Monate ohne Umschlag) von 30 % ist in vielen Branchen keine Seltenheit.

Außerhalb des A-Teilesortiments kann die lokale Verfügbarkeit bei den vorliegenden Beispielzahlen getrost als „Glückspiel" bezeichnet werden. Deren Bestellung bei den Lieferanten ist genau wie die gesamte Abwicklung hin zum Kunden mit einem hohen manuellen Aufwand verbunden; eine Kommunikation mit Kollegen oder Wettbewerbern unterbleibt meist ganz, da zu aufwendig.

Alles in allem werden durch die gerade beschriebene Situation die ohnehin kärglichen Margen im Teilehandel erheblich strapaziert, wenn nicht gar ganz aufgezehrt.

Lösungsmöglichkeiten durch virtuelles Bestandsmanagement

Der Begriff E-Commerce wurde in den letzten Monaten durch den Einbruch des Neuen Marktes stark strapaziert und oft auf den reinen Aufbau eines internetgestützten, passiven Vertriebskanals in Shopform reduziert.

2.5 Virtuelle Bestandsoptimierung

Dabei bietet gerade das Internet alle Voraussetzungen, um das einzelne Unternehmen und den lokalen Lagerbestand bei geringen Kosten und weitreichender Verfügbarkeit aus dieser selbstgewählten Isolation herauszuführen.

Internet führt aus der Isolation

Selbstverständlich gehört dazu ein gutes Stück Bereitschaft, andere in seine Abläufe und Informationen zu integrieren und damit auch offen mit Schwachstellen und einem „Verlust an Macht" bis hin zur Fremddisposition umzugehen.

Die Überwindung von Systembrüchen zwischen unterschiedlichen EDV-Strukturen hat sich durch die Etablierung von Standards wie BMEcat im Katalogbereich bzw. XML, OCI oder WebEDI für den unternehmensübergreifenden Datenaustausch vereinfacht.

In der Folge möchte ich anhand von mehreren typischen Situationen Lösungsmöglichkeiten durch den Aufbau von überbetrieblichen Kommunikationsplattformen aufzeigen, die eine Optimierung des Bestandes bei gleichzeitiger Erhöhung der Verfügbarkeit und eine Verbesserung der Prozesse als Ziel haben.

Lösungsmöglichkeiten

Der Lagerverbund mit Zentrallager

Der unternehmenseigene Lagerverbund ist sicherlich der am einfachsten zu managende Fall. Dabei wird im Verbund für alle Beteiligten der Zugriff auf den gesamten Datenpool sichergestellt. Zur Minimierung der Logistik- und Kommunikationskosten übernimmt einer der Beteiligten zu Beginn des Projektes den B/C-Bestand, so dass sich die Satellitenläger fortan nur noch um die Bevorratung der „Renner" kümmern müssen; der Zeitaufwand für die Disposition reduziert sich erheblich. Im Zentrallager beginnt durch die Konzentration der „Überbestandsware" erfahrungsgemäß ein schnellerer Abbau innerhalb und außerhalb des Unternehmens; gleichzeitig kann eine standortübergreifende Sicherheitsbestandsdisposition betrieben werden.

Der Spezialmaschinenbauer Steinemann Technology AG in St. Gallen bietet beispielsweise seinen Kunden weltweit Zugriff auf die verfügbaren Lagerbestände. Personalisiert erhalten diese über die hauseigene Website alle Bestands- und Preisinformationen bis hin zur Online-Bestellung. Die Auftragsdurchlaufzeiten lassen sich durch die Direktanbindung der PPS-Systeme um bis zu 75 % reduzieren; der Versorgungsgrad wird

Reduktion der Auftragsdurchlaufzeiten

durch den Zusammenschluss aller weltweiten Läger zu einem virtuellen Verbund genau wie das insgesamt zu bevorratende Sortiment optimiert.

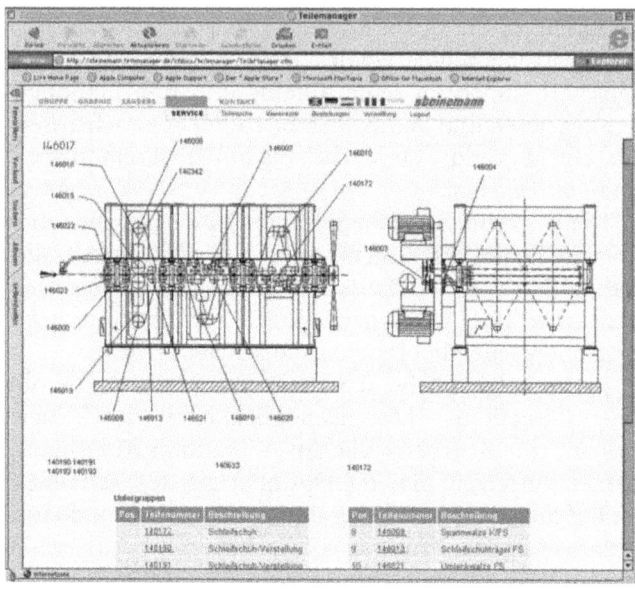

Abb. 1: Teileauswahl bei Steinemann

Der überbetriebliche Lagerverbund

Wirkungsgrad und verfügbare Daten

Der Wirkungsgrad des Verbesserungspotentials steigt logischerweise mit der Menge der zur Verfügung stehenden Daten. Das heißt, je mehr aktive und homogene Mitglieder diese „Community" besitzt, desto größer wird die Chance, einen Ladenhüter „an den Mann zu bringen" und damit totes Kapital freizusetzen, wie auch im Bedarfsfall auf den Bestand eines Kollegen zurückzugreifen, um eine vorhandene Lücke zu füllen.

Im Zentrum dieses Kommunikationsnetzes steht ein zentraler Datenpool, an den alle Mitglieder regelmäßig ihre Bestandsdaten in einem Standardformat mit den benötigten Informationen liefern. Dort können im Bedarfsfall alle Beteiligten via Internet Verfügbarkeitsprüfungen vornehmen und auch direkt Bestellungen auslösen. Je besser die Kommunikations- und Logistikstrukturen ausgebildet sind, desto mehr wird sich die Eigendynamik des Systems entfalten.

Praktische Beispiele einer solchen Gemeinschaft bilden ca. 140 deutschsprachige Händler und Werkstätten des Nutzfahrzeugherstellers Iveco (Iveco Teilebörse) oder die Unternehmen der Kfz-Teilebranche (HuCon-NonMover-Börse).

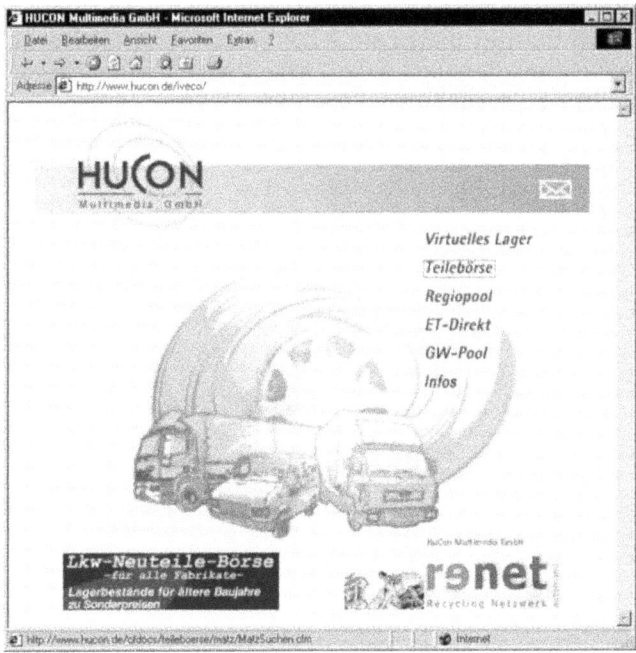

Abb. 2: Iveco Teilebörse

Im ersten Falle werden über die Börse sowohl Überbestandsdaten als auch gängige Bestände zugänglich gemacht; die beteiligten Teilehersteller, -händler und Werkstätten, die teilweise sogar in Konkurrenzsituation stehen, betreiben eine reine Ladenhüterbörse zum Abbau von Überbeständen.

Ladenhüterbörse

E-Procurement statt Pufferlager

Die Dezentralisierung der Beschaffung im Unternehmen bietet einen weiteren Ansatz, um sowohl Prozessabläufe zu optimieren als auch überflüssige Bestände abzubauen.

Dezentralisierung der Beschaffung

Dazu müssen die Genehmigungsstrukturen für die verschiedenen Beschaffungsarten analysiert und innerhalb eines Workflows elektronisch umgesetzt werden.

Aktuelle Untersuchungen aus diesem Bereich gehen von einem Einsparungspotential von bis zu 80 % der Prozesskosten im Bereich der sog. C-Artikel aus.

Große Einsparpotenzial

Bei der Kombination aus intranet-basiertem Genehmigungsworkflow und internet-basierten und personalisierten Lieferantenkatalogen lassen sich E-Procurementkonzepte auch auf andere Produktgruppen ausdehnen.

Ein Beispiel hierzu stellt die Beschaffungsplattform BGT-Online der Unternehmen Bodensee Gerätetechnik GmbH und Diehl Avionik GmbH in Überlingen dar:

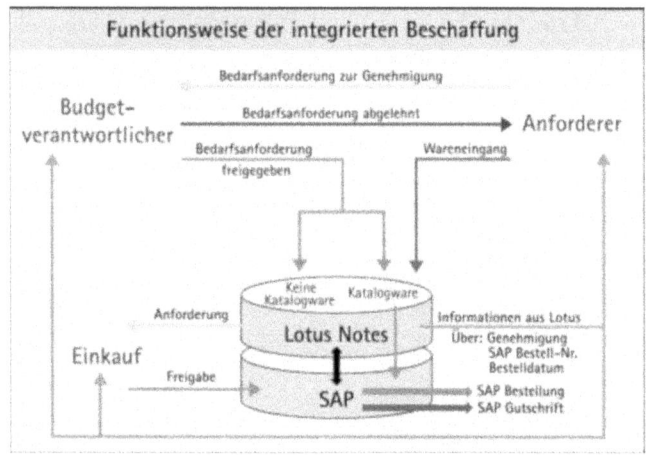

Abb. 3: Genehmigungsworkflow bei BGT

Fazit

Durch den Aufbau eines virtuellen Lagerverbundes mit externem Kundenzugang lassen sich Prozesskostenreduzierungen von bis zu 80 % erreichen. Gleichzeitig kann der scheinbare Widerspruch von Lagerminimierung und Verfügbarkeitsoptimierung durch einen optimierten Mix gelöst werden.

Die Integration von Kunden und die Direktanbindung von externen Warenwirtschaftssystemen (Supply Chain Management) erhöht zusätzlich die Rentabilität und die Kundenbindung.

Der Einsatz von Standardsoftware und Internettechnologien hält die Investitionskosten verhältnismäßig gering. Entscheidend für den Erfolg des Projektes ist eine genaue Analyse der Prozesse und eine detaillierte Zieldefinition.

2.6 Content – Information organisieren

Dr. Markus Müller

Content ist ein zentraler Wettbewerbsfaktor

Der Wettbewerb im E-Business wird wie in jedem Bereich wirtschaftlichen Handelns über Nutzen und Preis bestimmt. Die Preisfindung wird hierbei augenblicklich noch von Gepflogenheiten und Erwartungen in den jeweiligen Marktsegementen und den dort dominierenden Business-Modellen determiniert, wobei vielerorts noch die Auffassung „Content is free" vorherrscht. Content und Funktionalität sind jedoch die zentralen Wettbewerbsfaktoren im E-Business, da sie in Zeiten, da Fragen der Technik und der Infrastruktur zu Commodities geworden sind, die einzige Möglichkeit darstellen, eine Differenzierung im gebotenen Nutzen zu erreichen.

Für Unternehmen, die im E-Business Verlags- oder Handelsmodellen folgen, erzeugt Content den erforderlichen Mehrwert für den Nutzer, der ihn überhaupt dazu bewegt, das E-Business Angebot wiederholt zu nutzen. Für traditionelle Unternehmen, die Geschäftsprozesse um eine E-Business Komponente erweitern, ist die elektronische Verarbeitung und Bereitstellung von Content ein bedeutender Ansatzpunkt, um über ein Wissensmanagementsystem Kosten zu senken oder über eine erhöhte Kundenbindung die Produktmargen zu verteidigen und Marktanteile hinzuzugewinnen.

Content als Mehrwert für den Nutzer

Unternehmensinternes Wissen liegt derzeit meist verstreut in Datenbanken, Datensystemen oder in den Köpfen der Mitarbeiter. Eine lückenlose Zusammenführung von bereits gelösten Problemstellungen und Leistungen ist nur schwer nachvollziehbar. Wertvolles Wissen für das Unternehmen wie für den Kunden geht verloren. Hierdurch werden entweder vorhandene Po-

Zentrale Verfügbarkeit von Content fehlt bislang

tenziale im Unternehmen nicht ausgeschöpft, oder die Kosten für die Suche nach benötigten Informationen erhöhen sich überproportional. Content, der im Rahmen von E-Business Aktivitäten gezielt gesammelt, aufbereitet, gespeichert und zur Verfügung gestellt wird, lässt sich genauso für eine Verbesserung der internen Informationsbereitstellung nutzen und stellt häufig den Einstieg in ein unternehmensinternes Wissensmanagement dar.

Content ermöglicht Differenzierung

Der Handel im Internet ist durch den Preis bestimmt. Die schnelle und einfache Möglichkeit zum Vergleich reduziert die Differenzierung der Angebote auf den finanziellen Aspekt. Unterschiede in Qualität und Spezialisierung gehen dabei oft unter. Anbieter hochwertiger, nicht standardisierter Ware können den Mehrwert ihrer Produkte und Leistungen nur schwer vermarkten. Sie müssen mit Gewinneinbußen rechnen. Durch die Verknüpfung des Angebotes mit zusätzlichen nützlichen bzw. essentiellen Informationen, die für den Kunden andernfalls nur mit großem Aufwand oder nicht zu beschaffen wären, lässt sich hingegen die Kundenbindung und damit die Kaufwahrscheinlichkeit für das eigene Produkt erhöhen. Content ist in diesem Fall der differenzierende Faktor in einem Wettbewerb, in dem die Produkte selbst längst vergleichbar geworden sind.

Content Beschaffung – Intern oder Extern

Content ist teuer

Content ist teuer. Aufgrund dieser Tatsache stehen derzeit alle E-Business Konzepte vor einer zentralen Aufgabe. Einerseits muss bei der Nutzergruppe die Bereitschaft aufgebaut und gefördert werden, für wertvollen Content auch zu bezahlen, andererseits muss die gesamte Prozesskette von der Beschaffung bis zur Bereitstellung der Inhalte möglichst effizient und kostengünstig reorganisiert oder gestaltet werden.

Erfassung von Content.

Eine wesentliche Leitlinie für das Management der Inhalte ist, sie direkt dort zu erfassen, wo sie entstehen. Alle Ansätze, Inhalte nachträglich durch Redakteure, Wissensmanager oder ähnliche Ansätze einzusammeln und aufzubereiten, sind unweigerlich mit hohen Kosten verbunden und eignen sich nur bei besonders wichtigen oder hochwertigen Informationen. Im Umgang mit dieser Problematik hat sich die teilweise Externalisie-

2.6 Content – Information organisieren

rung des Informationsprozesses als ein Lösungskonzept bewährt. Die Vorteile dieses Ansatzes liegen in der Schonung personeller und sachlicher Ressourcen und der Erschließung von Erfahrungs- und Wissensvorsprüngen Dritter.

Damit ergibt sich unmittelbar ein dezentrales Konzept für die Informationserfassung, das selbstverständlich auch externe Komponenten beinhalten muss. Unabhängig davon, ob es sich um neutrale E-Business Plattformen handelt, die mit Verlags- oder Brokermodellen von vornherein auf externe Autoren- und Korrespondentennetzwerke setzen oder Informationsdienste nutzen, oder um E-Business Aktivitäten von Unternehmen, in den seltensten Fällen wird sich ein sinnvolles Angebot ausschließlich mit internen Ressourcen gestalten lassen.

Dezentrales Konzept

Das Management von Content für E-Business Plattformen beinhaltet also den Aufbau von Informationsnetzwerken, mit deren Hilfe die erforderlichen Inhalte koordiniert erzeugt, zusammengeführt und bereitgestellt werden. Die Aufgabe besteht darin, diesen Prozess der „Informationslogistik" möglichst effizient zu beherrschen.

Content Management = Beherrschung der Informationslogistik

Die Informationslogistik beherrschen

Eine reibungslose Gestaltung der Informationslogistik ist nur dann zu erreichen, wenn zum Zeitpunkt des Auftretens eines Informationsbedarfes kurzfristig die richtigen Informationen in der benötigten Qualität verfügbar sind. Dies bedeutet, dass die Informationsquelle bekannt sein muss, die Informationen vorhanden und ausreichend aufbereitet sowie problemlos auffindbar sein müssen.

Verfügbarkeit des benötigten Contents

Diese Forderung nach ausreichender Informationsbreite und -tiefe ist aufgrund der zunehmenden Spezialisierung in unterschiedliche Wissensbereiche nicht mehr in einem Unternehmen allein zu leisten. Der Informationsprozess ist somit potentiell für eine Externalisierung geeignet.

Beschaffungsprozesse möglichst externalisieren

Die Informationsbeschaffung wird hierbei von einem rein internen Prozessschritt zu einer Transaktion zwischen internen und externen Partnern. Der Erfolg einer Externalisierung hängt dann von den Fähigkeit ab, diese Transaktion so zu organisieren, dass sie im

Contentbeschaffung ist Transaktion

Bedarfsfall schnell und kostengünstig durchgeführt werden kann. Grundsätzlich lassen sich die Möglichkeiten, die Transaktion zu gestalten, zwischen Märkten und Hierarchien einordnen.

Märkte bieten den Vorteil, vielfältig und flexibel zu sein. Markttransaktionen sind durch die Transparenz der auszutauschenden Nutzen charakterisiert. Die Beziehungen zwischen Anbieter und Käufer sind temporär, Abkommen sind durch Gesetze abgesichert und die Kommunikation erfolgt über den Preis. Sie stellen den Informationssuchenden jedoch vor das Problem, die richtige Quelle zu identifizieren und die notwendige Transaktion zu akzeptablen Bedingungen durchzuführen.

Vor- und Nachteile von Hierarchien

Hierarchien hingegen sind geprägt durch feste Regeln und eine anweisungsgesteuerte Koordination. Sie zeichnen sich durch eine höhere Berechenbarkeit und eine weitaus geringere Flexibilität aus. Für die Informationsbeschaffung bedeutet dies, dass Informationen zwar strukturiert und übersichtlich bereitgestellt werden können, sie jedoch keinesfalls alle Eventualitäten abdecken können. Der hohe administrative Aufwand setzt der erreichbaren Informationsbreite enge Grenzen.

Die wesentlichen Entscheidungskriterien zwischen Markt und Hierarchie liegen somit bei der Höhe der Transaktionskosten einerseits und der Verwaltungskosten andererseits. Den Anforderungen im E-Business käme hierbei eine Zwischenform entgegen, welche die Flexibilität und Angebotsbreite des Marktes mit der Struktur und Ordnung der Hierarchie verbindet.

Vorteile eines Netzwerks

Eine Organisationsform ökonomischer Aktivitäten, die zwischen Markt und Hierarchie anzusiedeln ist, ist das Netzwerk. Es verbindet die Flexibilität des Marktes mit der Struktur der Hierarchie und enthält dementsprechend sowohl kompetitive als auch kooperative Elemente. Kennzeichnend sind einerseits vordefinierte Beziehungen, andererseits zeitlich begrenzte Kooperationen der teilnehmenden Unternehmungen und Individuen. Die Anwendung des Netzwerkmodells bietet sich zur Lösung des Problems der Informationsbeschaffung in Informationsprozessen an.

Kennzeichen von Netzwerken

Netzwerke werden in zahlreichen konkurrierenden Theorien unterschiedlich typologisiert. Als grundsätzliches Charakteristikum ist festzuhalten, dass sich in einem Netzwerk verschiedene Aktoren mehr oder weniger eng zusammenschließen, die unterschiedliche Ressourcen kontrollieren und jeweils spezifische Aktivitäten durchführen.

Die Ressourcen werden in einem Leistungsaustausch gegenseitig zur Verfügung gestellt, wobei jeder der Beteiligten wirtschaftliche Vorteile für sich erzielen kann. Die Bindungen zwischen den Partnern können dabei verschiedener Art sein, z.B. technologisch, wissensbezogen oder ökonomisch bedingt. Die Aktoren in einem Informationsnetzwerk sind Informationsgeber, Informationsvermittler und Informationsnehmer. Das Konzept kann an einem Informationsnetzwerk für Produktionstechnologien, wie es unter www.tecnologix.net realisiert ist, anschaulich erläutert werden.

Tecnologix.net – Ein Beispiel für ein Informationsnetzwerk

Technologieexperten wie Forschungseinrichtungen und kommerzielle Technologiegeber fungieren im Netzwerk als Informationsgeber. Diese kontrollieren das Wissen über innovative Fertigungstechnologien, das vermittelt werden soll. Informationsgeber verfügen als Ressource sowohl über technologisches Know-how als auch über Anlagen und Maschinen.

Produzierende Unternehmen agieren im Netzwerk als Technologienehmer, sie stellen die finanziellen Mittel für den Betrieb zur Verfügung und bestimmen über ihre Nachfrage das Angebot an Technologieinformationen.

Angebot und Nachfrage werden über einen Netzwerkmanager vermittelt, der über die hierzu notwendige organisatorische Kompetenz verfügt und die Topographie des Netzwerkes kennt. Er gestaltet das Netzwerk aktiv, so dass die Gesamtleistung im Informationsnetzwerk erbracht wird.

Zwischen den Aktoren des Netzwerks können unterschiedliche, zeitlich begrenzte Aktivitäten stattfinden. Technologieexperten und Technologiegeber unterscheiden sich hinsichtlich ihrer grundsätzlichen Absichten und Ziele.

Neztwerkmanager

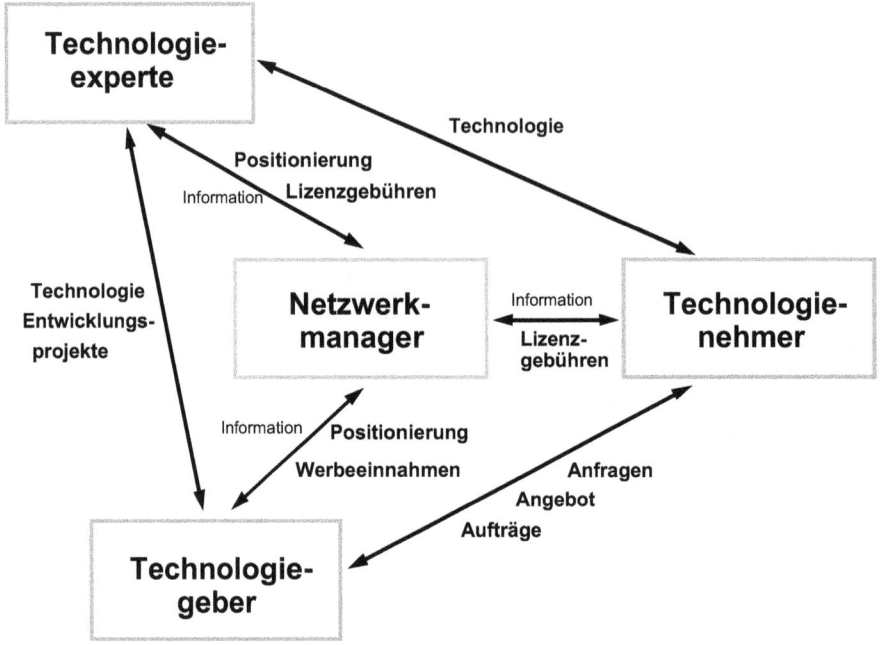

Abb. 1: Informationsaustausch im Netzwerk am Beispiel Produktionstechnologie

Während für Institute und Forschungseinrichtungen die Vermarktung des eigenen Wissens primär als Quelle zur Finanzierung von Forschung dient, erschließen sich Technologiegeber auf diese Weise den Einstieg in lukrative Folgegeschäfte als Lieferant von Teilen bzw. Maschinen und Anlagen. Der Netzwerkmanager tauscht daher mit den Experten die Bereitstellung von Informationen gegen die Positionierung im Netzwerk und eine Beteiligung an den Einnahmen durch Lizenzgebühren aus. Informationen von Technologiegebern können hingegen aufgrund deren übergeordnetem Interesse an der Vermarktung ihrer Produkte überwiegend im Austausch für die Positionierung bezogen werden.

Finanzierung des Netzwerks

Der Betrieb des Netzwerkes wird aus zwei Haupteinnahmequellen finanziert. Einerseits entrichten die Technologienehmer Lizenzgebühren für die Bereitstellung der Informationen, andererseits lassen sich Werbeeinnahmen von Technologiegebern erzielen, die sich mit zusätzlichen Informationen zu ihrem Angebot differenziert darstellen wollen. Durch den Informationsaustausch im Netzwerk können weitere bilaterale Aktivitäten initiiert werden. Die Technologieexperten führen mit kommerziellen Technologiegebern Entwicklungsprojekte und mit Technologienehmern Beratungsprojekte durch. Anfragen, Angebote und Aufträge zu Technologien, Maschinen und Anlagen verbinden die Technologiegeber und -nehmer. Die Abwicklung dieser Aktivitäten erfolgt jedoch außerhalb des Informationsnetzwerks ohne Beteiligung des Netzwerkmanagers.

Die Bedeutung des Netzwerkmanagers

Netzwerke sind kritische Masse-Systeme. Das bedeutet, der Nutzen für den einzelnen Teilnehmer im Netzwerk hängt direkt von der Anzahl der weiteren Teilnehmer ab und steigt mit deren Anzahl im Quadrat. Entscheidend für den Erfolg eines Netzwerkes ist daher ein möglichst schnelles Wachstum der Teilnehmerzahl. Hierfür ist insbesondere in der Start- und Wachstumsphase der Netzwerkmanager von entscheidender Bedeutung. Er muss die Meinungsführer in der jeweiligen Nutzergruppe kennen bzw. schnell identifizieren und für eine Beteiligung gewinnen können. Die Kenntnis der „Topographie" des Netzwerkes wird zum Wettbewerbsfaktor, der letztendlich bewirkt, dass es zu Spezialisierungen auf bestimmten Inhaltsbereichen kommt bzw. kommen wird.

Zusammenhang Nutzen und Teilnehmerzahl

Ausdruck dieser Entwicklung sind insbesondere die Etablierung von Content-Syndicatoren wie Xipolis (lexikalisches Wissen) oder der Medcon AG (medizinische Inhalte), die Inhalte für bestimmte Branchen und Wissensbereiche aus unterschiedlichen Quellen einsammeln, integrieren und als homogenen Dienst wieder zur Verfügung stellen. Die Kernkompetenz dieser Netzwerkmanager liegt darin, relevanten Content zu identifizieren, zu einer Gesamtleistung zu integrieren und als Paket an die potenziellen Nutzer zu vermarkten. Dieser Content kann dabei aus unterschiedlichen physischen Quellen stammen, die jeweils entsprechend ihrer Charakteristika zu behandeln sind.

Content-Syndication

Materielle Quellen des Content

Zu den materiellen Quellen gehören Daten, Dokumente und Dialoge.

Verfügbarkeit von Daten in strukturierter Form

Daten liegen strukturiert in Form einer Datenbank vor. In Tabellen ist eine strukturierte Aufzählung von Produkten mit gemeinsamen Eigenschaften abgelegt. Die Verwaltung erfolgt durch ein Datenbankmanagementsystem (z.B. Oracle, DB2 u.a.), das einen entsprechenden Zugriff auf die Daten ermöglicht. Beispielsweise sind in einer Materialdatenbank für jedes Material die entsprechenden Eigenschaften wie Härte, Schmelzpunkt, Korrosionsbeständigkeit, mögliche Additive, lieferbare Farben usw. angegeben.

Dokumente sind wenig strukturiert

Bei Dokumenten handelt es sich um Texte, die in einer Dokumentenverwaltung hinterlegt sind. Im einfachsten Fall ist ein solches Dokumentenmanagementsystem das standardmäßig vorhandene Dateisystem. Dokumente sind üblicherweise von unterschiedlicher Länge und oft in verschiedenen Sprachen verfasst, ihr Inhalt ist nur leicht strukturiert. Ein Produktkatalog ist beispielsweise ein Dokument, in dem auf vielen Seiten die entsprechenden Produkte (teilweise informell) beschrieben sind.

Anweisungen über den Austausch von Content

Dialoge liegen in Form von Protokollen oder Regeln vor, die einen Gesprächsablauf zwischen Informationsgeber und Informationsnehmer beschreiben. Sie ermöglichen einen professionellen und guten Informationsaustausch und führen so effizient und natürlich zum Gesprächsziel: der gesuchten Information oder dem gesuchten Produkt. Beispiel für einen solchen Dialog ist die Checkliste eines Sales-Büros. Sie enthält Punkte, die bei jeder Kundenberatung abgehakt werden, zum Beispiel das Vorhandensein benötigter Fertigungsmaschinen oder der geeigneten Infrastruktur.

Neben den materiellen Quellen gibt es die mentalen Quellen. Hierunter fallen die Quellen, die üblicherweise nicht in elektronischer oder schriftlicher Form vorliegen. Ein solches Wissen muss in vielen Fällen über einen Dialog während eines Gesprächs ermittelt werden.

Mentale Quellen des Content

Zu den mentalen Quellen gehören Wissen, Erfahrungen und Präferenzen.

Wissen beschreibt technische oder theoretische Zusammenhänge zwischen Produkten, Informationen und deren Wertbezug zu möglichen Anforderungen. Dieses

Wissen muss explizit in einem intelligenten System hinterlegt werden.

Erfahrungen werden beim Umgang mit Nutzern oder in internen Arbeitssituationen gewonnen. Hierbei spielen sowohl die bisher gemachten Erfahrungen als auch die Erfassung zukünftiger Anforderungen eine Rolle. Diese Informationen können zur Optimierung des Informationsprozesses verwendet werden. Der Nutzer wird gezielt auf seine Anfrage hin informiert, aber auch umfassend mit zusätzlichen Angeboten versorgt.

Die Präferenzen eines Nutzers werden durch den laufenden Dialog erfasst und spielen sowohl bei der Suche nach den angeforderten Informationen als auch bei der Auswahl präsentierter Ergebnisse aus vorhandenen Varianten und Alternativen eine Rolle.

Content vernetzen und navigierbar machen

Für die Integration von Content aus den genannten unterschiedlichen Quellen muss dieser durchsuchbar und navigierbar gemacht werden, dies geschieht durch Klassifizierung, Strukturierung und Vernetzung. Hierzu werden multidimensionale Wissensräume definiert, deren einzelne Dimensionen miteinander intelligent verknüpft werden.

Multidimensionale Wissensräume

Zum Beispiel wird im Bereich der Produktionstechnik häufig eine bestimmte Anwendung (1. Dimension) mit einer oder mehreren Technologien (2. Dimension) hergestellt. Hierbei wurden eins oder mehrere Materialien (3. Dimension) verwendet. Diesen Bestandteilen können in den verschiedenen Kombinationen unterschiedliche Eigenschaften (4. Dimension) zugeordnet werden. Betrachtet man noch zusätzlich die Ansprechpartner oder die verschiedenen Standorte oder Länder, kann der Wissensraum beliebig ausgedehnt werden.

In Wissensbereichen, die im Wesentlichen über praktische Erfahrungen determiniert sind, stellen einzelne Fallbeispiele die Lösung für die Darstellung einer begreifbaren Struktur dieser komplexen Zusammenhänge dar. Beispiele hierfür sind mit verschiedenen Technologien realisierte Anwendungen in den Ingenieurwissenschaften, Entscheidungen zu Fällen in den Rechtswissenschaften oder Symptome und Behandlung in der Medizin.

Wissen wird über Fallbeispiele kommuniziert

Vernetzung von Fallbeispielen und Quellen des Content

In diesen Fallbeispielen vereinen sich nahezu alle Dimensionen der Wissensräume. Bei der Suche über ähnliche Fallbeispiele wird durch diese Wissensräume navigiert. Hierbei stehen sowohl Fallbeispiele untereinander als auch zu weiteren Quellen über die Werte, die sie in den Dimensionen des Wissensraumes einnehmen, in Beziehung. Hierbei können sowohl eindeutige Verhältnisse (das Bürgerliche Recht ist ein Bestandteil des Zivilrechts) aber auch Ähnlichkeiten (Gehäuse aus Magnesium sind denen aus Aluminium ähnlich) abgebildet werden.

Zu jedem beliebigen Zeitpunkt kann der Raum verlassen werden, um in Form einer klassischen Navigation über eine Baumstruktur eine Dimension des Wissensraumes (Material, Gesetzestext, Klinische Studie, etc.) genauer zu untersuchen, um Kontakt zu einem Ansprechpartner aufzunehmen oder um direkt zu einer E-Commerce-Plattform zu gelangen.

Eine konzeptionelle Übersicht zur Vernetzung unterschiedlicher Quellen über ein Wissensmodell zeigt die folgende Abbildung.

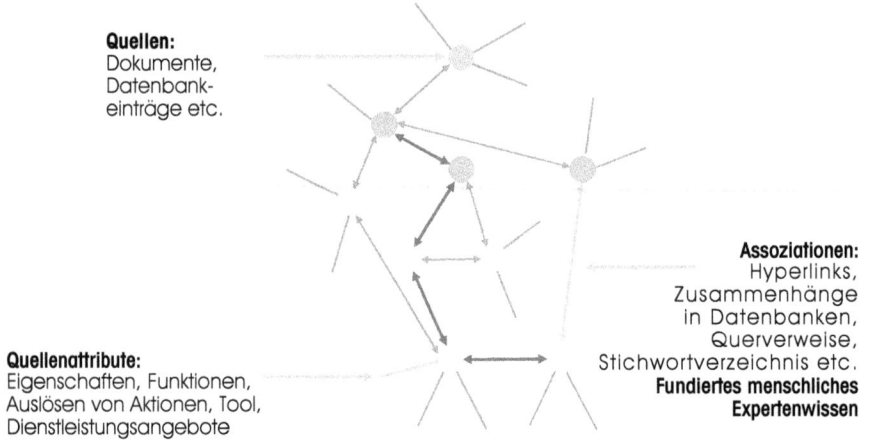

Quellen:
Dokumente, Datenbankeinträge etc.

Quellenattribute:
Eigenschaften, Funktionen, Auslösen von Aktionen, Tool, Dienstleistungsangebote

Assoziationen:
Hyperlinks, Zusammenhänge in Datenbanken, Querverweise, Stichwortverzeichnis etc.
Fundiertes menschliches Expertenwissen

Abb. 2: Vernetzte Informationen im Detail

Taxonomien zur Klassifizierung von Content

Der Schlüssel zur Strukturierung der Informationen ist die Festlegung von klaren Hierarchiesystemen. Hierbei werden Baumstrukturen erzeugt, welche die Navigation über den Datenbereich unterstützen. Die Benennung und konzeptionelle Abgrenzung der einzelnen „Äste"

2.6 Content – Information organisieren

des Taxonomiebaums wird durch die Erstellung und Wiederverwendung von thematischen Taxonomien unterstützt.

Die intelligente Suche innerhalb der Taxonomien wird durch Hinterlegung von Thesauri und mehrsprachigen semantischen Netzen ermöglicht. Hierbei müssen nicht die genauen Bezeichnungen der semantischen Knoten getroffen werden, sondern es reicht aus, einen in der Nähe liegenden Begriff zu erkennen. Die Abbildung der Suchergebnisse über Ähnlichkeiten in multidimensionalen semantischen Netzen auf die Taxonomien liefert klarere Ergebnisse, als es normale Indexsuchen erreichen können.

Linguistische Suchstrategien

Das Solution Center – Content und Funktionalität

Ein Framework für die Realisierung derartiger Systeme für das Management von Content aus heterogenen Quellen ist das Solution Center von Aixonix. Das Solution Center ist eine auf Internet-Technologie basierende Systemarchitektur, die verschiedene Softwaremodule kombiniert und eine Integration von Inhalten und Funktionalitäten ermöglicht.

Aufbau informationszentrischer Systeme

Ein Redaktionssystem: Das Content-Management-System ermöglicht die Erfassung, Darstellung und Weiterverarbeitung von Inhalten für das Internet. Das System ist plattformunabhängig und lässt sich leicht in die bestehende Arbeitsumgebung einbinden. Formatvorlagen in HTML erlauben die schnelle Anpassung des Layouts an das kundenspezifische Design.

Redaktionssystem

Suchmaschine: Die Suchmaschine basiert auf einem Wissensmodell – intelligent verknüpfte Informationen und Daten eines Themengebiets –, das in Abstimmung mit dem Kunden erarbeitet wird. Je nach Anwendungsfall werden verschiedene Produkte unterschiedlicher Anbieter, insbesondere im Bereich linguistischer Suchstrategien, zusätzlich integriert.

Suchstrategien unterstützen den Nutzer

Die Datenbankstruktur des Wissensmodells: Das Fachwissen des Kunden zum relevanten Themengebiet wird in einer Datenbankstruktur in hierarchischen Begriffslisten (Taxonomien) sinnvoll gegliedert und vernetzt. Wissensmodelle werden darin adäquat abgebildet.

Tools und Dienste: Verschiedene Softwaretools und Dienste ermöglichen dem Kunden die Interaktion und

Zusätzliche Funktionalitäten

Zusammenarbeit über sichere Verbindungen im Internet. Die Projektabwicklung zwischen dem Kunden und dessen Partnern wird erheblich erleichtert, Kosten werden reduziert.

Die folgende Abbildung zeigt die Struktur des Solution Center im Überblick.

Abb. 3: Die Architektur des Solution Centers

Wissen in verschiedener Weise nutzen

Über das Solution Center kann das Unternehmenswissen in verschiedener Weise genutzt werden. Bei der internen Nutzung werden Entscheidungsprozesse beschleunigt und das vorhandene „Know-how" innerhalb des Unternehmens bekannt gemacht. Extern können definierte Teile des Wissens (das „Know-what") den Kunden im Rahmen von Marketingmaßnahmen zur Verfügung gestellt werden. So wird die Kompetenz des Unternehmens vermarktet und die Qualität der Produkte herausgestellt. Dadurch lassen sich im Internet als dem Vertriebskanal der Zukunft durch Vermittlung des Mehrwertes höhere Margen als beim Wettbewerb erzielen.

2.6 Content – Information organisieren

Das Unternehmenswissen wird in Form von Wissensmodellen mit Hilfe des Solution Centers gesammelt, abgelegt und gepflegt. Daten, Dokumente und Dialogprotokolle sind dabei nur der materielle Teil des Wissens. Mit dem Solution Center können darüber hinaus das anwendungsspezifische Wissen, die Erfahrungen der Mitarbeiter und die Präferenzen der Kunden erfasst werden. Damit ermöglicht es den schnellen und intelligenten Zugriff auf die Daten, die explizite Erfassung und Speicherung des Unternehmenswissen und die kostengünstige und gleichzeitig umfassende und kompetente Information der Unternehmenskunden.

Durch seine komponentenbasierte Architektur ist das Solution Center in höchstem Maße flexibel und in der Lage, sich an spezifische, vom konkreten Einsatzgebiet abhängige Anforderungen bestmöglich anzupassen. Die einzelnen Komponenten stellen entsprechende Dienste und Funktionalität zur Verfügung, um eine intelligente Beratung, wissensbasierte Suche und schnellen Datenzugriff zu ermöglichen.

Systemarchitektur basiert auf Komponenten

Fallbeispiel: Technologieportal der Bayer AG

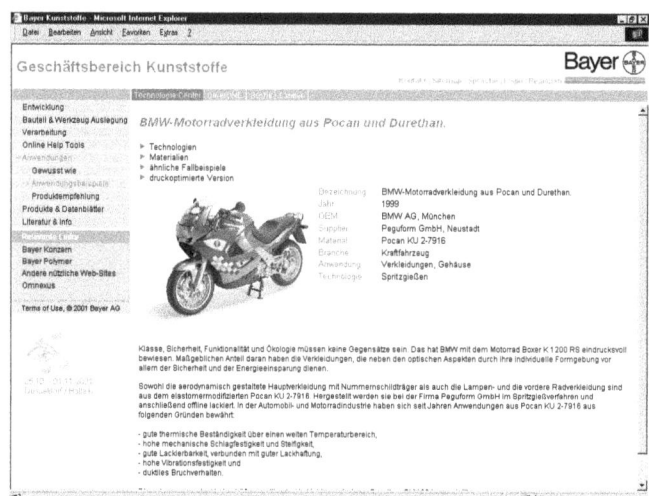

Abb. 4: Solution Center für Kunststoffe der Bayer AG

Unter der Adresse www.plastics.bayer.com hat die Bayer AG hat unter anderem in Zusammenarbeit mit der Aixonix eine lösungsorientierte Informationsplattform für den Bereich Kunststoffe aufgebaut. Wesentliche Elemente wie das Redaktionssystem, die Informationsvernetzung, die fallstudienorientierte Navigation und die Wissensmodellierung wurden mit dem Solution Center realisiert.

Die Systemarchitektur des „Solution Centers" ermöglicht es dem Chemie-Konzern, seine Kompetenz im Bereich Kunststoffe anhand von Bauteilen zu demonstrieren, die mit Bayer-Produkten erfolgreich realisiert wurden. Fallbeispiele wie die Verkleidung eines Motorrades oder das Armaturenbrett eines Autos zeigen die Leistungsfähigkeit und Einsatzmöglichkeiten von Bayer-Kunststoffen.

Mit den Fallbeispielen sind ausführliche Angaben zu den verwendeten Materialien und zu den eingesetzten Technologien über ein Wissensmodell automatisch verknüpft. Mit einem Mausklick gelangt man zu weiteren, ähnlichen Fallbeispielen.

Zielgruppe der Informationsplattform sind vorwiegend Konstrukteure und Entwickler, die auf der Suche nach einem geeigneten Material für ihr Produkt oder Teile davon sind. Sie können analog zu den konkreten Fallbeispielen ihre Lösung finden und werden bei der kreativen Produktentwicklung maßgeblich unterstützt.

2.7 Balanced Scorecard als Führungssystem im E-Business

ULRICH SCHNABEL

Einführung

In diesem Beitrag werden die grundsätzlichen Komponenten und Einführungsschritte eines Führungs- und Zielsystems für mittelständische Dienstleistungsunternehmen beschrieben, die sowohl in der „Old-" wie auch in der „New Economy" tätig sind. Unter einem Führungs- und Zielsystem wird hier eine auf mittelständische Dienstleistungsunternehmen zugeschnittene Variante der Balanced Scorecard verstanden. Es wird aufgezeigt, welche Beziehungen zwischen einem Führungs- und Zielsystem und den Kerngeschäftsprozessen bestehen und wie es die Optimierung und Neugestaltung von Kerngeschäftsprozessen beeinflusst. Dabei wird es zunehmend wichtiger, den Fokus von Führungs- und Zielsystemen auch auf die E-Business Aktivitäten zu richten, um eine ganzheitliche und ergebnisorientierte Steuerung sowie Messung wichtiger strategischer Vorhaben zu ermöglichen. Außerdem erfolgt eine Beschreibung der Bedeutung des Führungs- und Zielsystems im Führungsprozess bei der Umsetzung von Zielen und der Rolle von Führungskräften sowie Mitarbeitern. Im Mittelpunkt der Controllingaktivitäten stehen Soll-/Ist-Vergleiche bezüglich strategisch wichtiger Vorhaben.

Warum benötigen mittelständische Dienstleistungsunternehmen ein ganzheitliches Führungs- und Zielsystem?

Die Motive von Führungskräften, sich mit Führungskonzepten und Zielsystemen zu befassen, sind stark verzahnt mit den spezifischen Defizitbereichen der Führung- und Organisationsstruktur der Unternehmen. Meistens handelt es sich um eine größere Anzahl von wahrgenommenen Phänomenen, die für die Einführung eines ganzheitlichen Führungs- und Zielsystems sprechen. Im Folgenden werden beispielhafte Problemfelder beschrieben, für die die Einführung eines Führungs- und Zielsystems eine mögliche Lösung darstellt.

Priorität auf Wachstum

Das schnelle Wachstum von Dienstleistungsunternehmen führt häufig zu organisatorischen Provisorien, Insellösungen und „Wildwuchs". Die systematische Gestaltung von Aufgaben-, Kompetenz- und Verantwortungsstrukturen sowie von entsprechenden Führungskonzepten in stark wachsenden Unternehmen wird aufgrund der Prioritätensetzung auf die Steigerung von Umsätzen und Marktanteilen häufig vernachlässigt.

Mangel an Prozessorientierung

Die bestehenden Führungskonzepte haben die Prozessverantwortlichen und Kerngeschäftsprozesse nicht ausreichend im Fokus. Darüber hinaus sind die bereichsübergreifenden Kerngeschäftsprozesse häufig fragmentiert, unsichtbar, namenlos und nicht ausreichend bestimmt. Dies führt dazu, dass Geschäftsprozesse nicht systematisch und ziel-/ergebnisorientiert gesteuert werden können.

Keine Integration des E-Business

Das E-Business ist häufig nicht ausreichend in die traditionelle Unternehmensführung und die Geschäftsprozesse integriert. Die Folge ist, dass Potentiale und mögliche Synergien des E-Business und der traditionellen Geschäftstätigkeit nicht ausgeschöpft werden.

Konzentration auf die Finanzen

Die Unternehmensführung ist in der Regel auf finanzielle Ziele und Kennzahlen ausgerichtet und orientiert sich somit auch an der Vergangenheit. Wichtige weitere Erfolgsfaktoren und strategische Frühindikatoren werden nicht konsequent und durchgängig zur ergebnisorientierten Steuerung herangezogen. Ein ausgewogenes Verhältnis von finanziellen und nicht finanziellen sowie strategischen und operativen Steuerungsgrößen ist in traditionellen Führungskonzepten nicht berücksichtigt.

Keine einheitliche Ausrichtung

Die Mitarbeiter haben häufig unterschiedliche Vorstellungen über die Unternehmensziele, die Visionen und die Unternehmenskultur. Die mangelnde Abstimmung darüber im Unternehmen führt zu unklaren und unterschiedlich ausgeprägten Vorstellungen über das „was uns wichtig ist". Verstärkt wird diese mangelnde gemeinsame Ausrichtung häufig zusätzlich durch Führungskräftewechsel. Erfolgsstrategien werden neu definiert, ohne den Anspruch auf Kontinuität und Integration der vorherigen Ansätze. Als Folge werden die Ansätze nicht konsequent bis zu konkreten Umsetzung verfolgt. Häufig bleibt die Durchführung von konkreten Maßnahmen und das hierfür erforderliche Ergebniscontrolling aus.

Die vermeintliche Existenz von Unternehmenszielen darf nicht darüber hinwegtäuschen, dass wenige Mitarbeiter wissen, wie sie zu interpretieren, umzusetzen und wann sie erreicht sind. Dies bedeutet, dass den Zielen häufig u.a. die nachvollziehbare Messbarkeit, die Terminierung und positive Ausrichtung fehlt. Darüber hinaus fehlt es häufig an Zielkongruenz zwischen Mitarbeiter und Führungskraft sowie einer aktiven Vorbildfunktion.

Ziele werden nicht konkret formuliert

Moderne Informationssysteme wie Datawarehouse- und Intranetkonzepte als dv-technische Hilfsmittel für Führungskräfte haben aus technischer Sicht einen hohen Reifegrad erreicht und die Angebotspalette ist groß. Man könnte beinahe behaupten – „nichts ist unmöglich!" Jedoch Vorsicht: Technik ist kein Ersatz für fehlende Führungskonzepte! Erstrangiges Ziel von Führungskräften in mittelständischen Unternehmen ist nicht, komplexe DV-Führungs- und Informationssysteme aufzubauen, sondern aus komplexen Daten aussagefähige Informationen extrahiert und generiert zu bekommen, die zur ziel- und ergebnisorientierten Führung der Mitarbeiter und der Geschäftsprozesse herangezogen werden können.

Technik ist kein Ersatz für fehlende Konzepte

Der Nutzen von Führungsinformationen zur Unternehmenssteuerung hängt im Wesentlichen von dem zugrunde gelegten adäquaten Führungs- und Zielsystem ab. Dies bedeutet, dass die Konzeption eines Führungs- und Zielsystems sich in erster Linie auf die Definition der strategiegerechten Informationen und Daten sowie auf die systematische Vorgehensweise und konsequente Umsetzung der daraus gewonnen Gestaltungskonzepte konzentriert.

Was leistet ein Führungs- und Zielsystem für das E-Business?

E-Business ermöglicht Dienstleistungsunternehmen, ihre Geschäftsprozesse kundenorientiert zu optimieren. Beispielsweise kann dies durch den Aufbau eines Multichannel-Vertriebs (traditionelle Vertriebsorganisation, Call Center, E-Commerce) erfolgen. Dadurch wird das

Integration der E-Business Aktivitäten

E-Business Bestandteil der Unternehmensziele und der Strategie. Darüber hinaus sind die E-Businessaktivitäten in die Führungs-, Geschäfts- und Supportprozesse zu integrieren.

Die Unternehmensführung benötigt ein Führungsinstrument zur integrierten strategie- und zielorientierten Führung sowohl der Aktivitäten in der „New-" als auch in der „Old Economy". Visionen, Ziele, Führungsmessgrößen müssen für die traditionellen Bereiche und das E-Business gestaltet werden. Ein unternehmensindividuelles Führungs- und Zielsystem kann darüber hinaus den Erfolg und Ursache-Wirkungszusammenhänge der bisherigen Geschäftstätigkeit und des E-Business ganzheitlich transparent machen. Hierbei spielen u.a. Analysekategorien wie Seitenanalysen nach Page Views, Visits und deren Verweildauer, Besucheranalysen nach Herkunft, Navigationsanalysen im Internet und typische Ein- und Ausstiegsseiten und Warenkorbanalysen nach häufig gewählten Produkten sowie Cross Selling-Aktivitäten eine Rolle. Darüber hinaus sind Konversionsratenanalysen einer Website zur Shopsicht, von der Produktauswahl und der Einstellung in den Warenkorb und von dort bis zur Bestellung interessant.

Die Prinzipien des Führungs- und Zielsystems

Von der Vision zur Tat

Das Führungs- und Zielsystem zeigt einen klaren Weg von präzise formulierten Visionen über Ziele, Indikatoren zu operativem Handeln auf. Dabei werden relevante Trends in der Unternehmens-Umwelt integriert.

Frühindikatoren

Das Führungs- und Zielsystem ist neben der Ausrichtung an visionären Zielsetzungen mehrheitlich mit Frühindikatoren ausgestattet. Gemessen wird beispielsweise die „Anzahl marktreifer Serviceideen" oder die „Anzahl Kunden auf Weiterempfehlung".

Outputorientierung

Das Zielsystem konzentriert sich auf die Messung der Zielerreichung insbesondere mit Visions- bzw. Strategiebezug. Dabei stellt das Kriterium der Beeinflussbarkeit der Zielsystemkomponenten durch die Zielgruppen die Funktionalität von Zielsetzung und Zielerreichung sicher.

Ganzheitlichkeit

Es handelt sich um ein ganzheitliches Zielsystem, da mehrere Zielbereiche des Unternehmens und deren gegenseitige Abhängigkeiten berücksichtigt werden. Verschiedene und bisher eher isoliert betrachtete Managementansätze werden integriert. Die eindimensionale Konzentration auf finanzielle Kennzahlen und auf einzelne Managementansätze, wie das Clienting, das Qualitätsmanagement, Shareholder Value usw. wird durch die Integration in das System aufgehoben.

Das Zielsystem ist ausgewogen. Die Einbeziehung aller wesentlichen Organisationseinheiten, der Geschäftsprozesse der „Old" und „New Economy" und die intensive Kommunikation mit allen Mitarbeitern oder deren Vertretern führt zu einer relativen Ausgewogenheit.

Ausgewogenheit

Das Führungs- und Zielsystem ist an den Kerngeschäftsprozessen eines Unternehmens ausgerichtet. Die Integration der Ziele von Kerngeschäftsprozessen und deren Indikatoren trägt dazu bei, dass Prozessneugestaltung, Prozessoptimierung und der Betrieb mess- und steuerbar gemacht werden.

Prozessorientierung

Die Vorgehensweise zur Konzeption

Das Führungs- und Zielsystem dient der Unternehmenssteuerung, in dem die für die mittel- bis langfristige Entwicklung des Unternehmen relevanten Informationen zusammengefasst werden. Es ermöglicht eine indikatorenbasierte Führung des Unternehmens unter Berücksichtigung mehrerer definierter Zielbereiche. Der Grundgedanke ist, die als wesentlich erkannten Visionen bzw. strategischen Unternehmensziele zu ordnen, Indikatoren zu definieren, Vorgaben bzw. Ziele abzuleiten und diese entsprechend auszuformulieren.

Grundgedanke

Im Folgenden (vgl. Abbildung 1) werden wichtige Komponenten und die Einführung eines ganzheitlichen sowie ausgewogenen Führungskonzepts zur ziel- und ergebnisorientierten Steuerung mittelständischer Dienstleistungsunternehmen skizziert. Diese Vorgehensweise zur Konzeption des Zielsystems umfasst die Gestaltung der Visionen, Zielbereiche, Indikatoren und Vorgaben sowie das Initiieren von Maßnahmen.

Die Einführung eines Führungs- und Zielsystems zur ganzheitlichen Unternehmenssteuerung in mittelständische Unternehmen erfordert ein umfassendes Projekt mit einer mehrstufigen Projektstruktur.

Ziel ist, das federführende Engagement der Führungskräfte aus der ersten Ebene und das mittlere Management für die Konzeption des Zielsystems in einem Kernteam zu gewinnen. Repräsentative Mitarbeiter

Projektmanagement

werden zum Ergänzen und Verifizieren des Konzepts in Aktionsteams eingebunden und mit spezifischen Aufgaben, wie beispielsweise der Indikatorenentwicklung, der Erstellung von Kausaldiagrammen, der Entwicklung von Messinstrumenten für noch nicht messbare Indikatoren usw. beauftragt. In regelmäßigen Terminen werden die Vorlagen mit Führungskräften und Beratern weiterentwickelt. Die Projektarbeit muss effizient gestaltet werden, denn gerade das mittlere Management ist nur begrenzt belastbar.

Der Faktor Zeit ist zu berücksichtigen: Häufig ist die Umwelt schneller und die entwickelten Messgrößen bspw. sind nicht mehr gültig.

Abb. 1: Vorgehensweise zur Konzeption des Führungs- und Zielsystems

Im Einführungsprozess und Arbeiten mit dem Führungs- und Zielsystem wird es Gewinner und Verlierer geben. Führungskräfte und Mitarbeiter müssen die Bereitschaft zum zielorientierten Arbeiten, zur nachvollziehbaren Darstellung und Transparenz der Ergebnisse bzw. zum Ziel-/Ergebniscontrolling mitbringen.

Neben einem adäquaten Projektmanagement muss das Einführungsprojekt professionell vermarktet und der Nutzen für das Unternehmen herausgestellt werden.

Die Visionen erarbeiten

Die Konzeption des Führungs- und Zielsystems hat seinen Ausgangspunkt in der Bestimmung einer übergeordneten Unternehmensvision. Die Vision eines Unternehmens wird verstanden als Wunschvorstellung über einen bestimmten mittel- bis langfristigen Sollzustand und die zukünftige Ausrichtung. Das Unternehmen wird hinsichtlich seiner Effektivität „Tun wir die richtigen Dinge?" grundsätzlich hinterfragt. Die Vision hat den Anspruch, die Wettbewerbsfähigkeit des Unternehmens langfristig unter besonderer Berücksichtigung der strategischen Entwicklung elementarer Kernkompetenzen und Kerngeschäftsprozesse zu steigern. Die Formulierung der Vision in Verbindung mit Strategien für die derzeitige und neue Leistungen, die zukünftig im E-Business angeboten und abgewickelt werden sollen, sind dabei ein zentraler Bestandteil.

Visionen als Ausgangspunkt

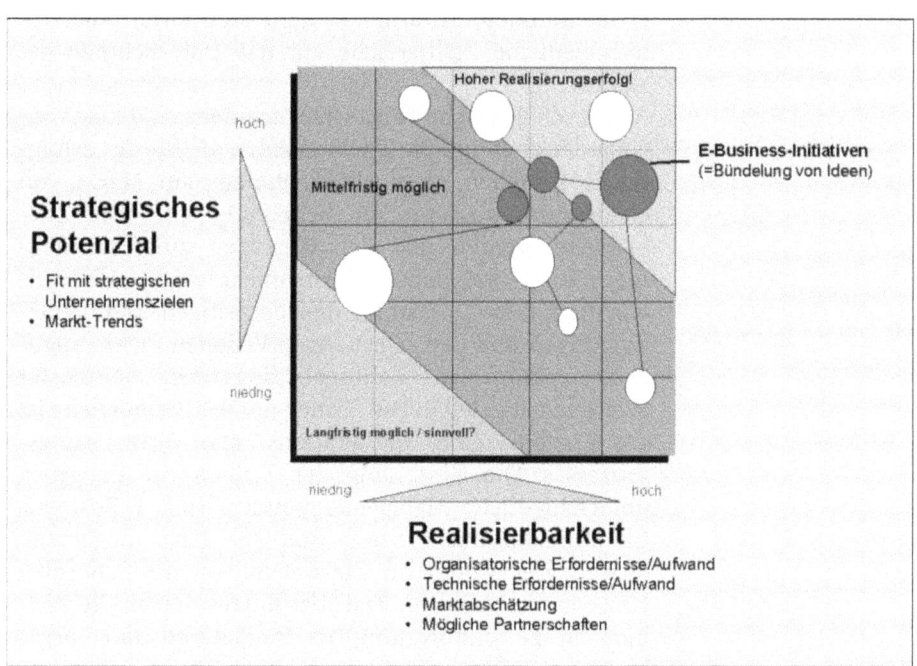

Abb. 2: Die Bewertung von E-Business Initiativen

Im Unternehmen bestehen unterschiedliche Vorstellungen über Visionen. Diese bestehenden Visionen, die in den Köpfen des Top Managements und Führungskräften sind, werden aufs Papier gebracht und nach Zielbereichen gruppiert. Darüber hinaus werden alternative Visionen, Unternehmensstrategien und ggf. Wunschvorstellungen, die im Unternehmen vorherrschen, hinsichtlich zukünftigen Rahmenbedingungen erarbeitet und zur Bestimmung der Zielbereiche priorisiert.

Für die Zielbereiche formuliert ein Kernteam in einem weiteren Schritt zielbereichsspezifische Visionen. Es wird dabei festgelegt, welche Ausrichtung das Unternehmen in den einzelnen Zielbereichen sich mittel- bis langfristig wünscht.

Die Zielbereiche festlegen

Die Ganzheitlichkeit des Führungs- und Zielsystems impliziert, dass das Unternehmen aus unterschiedlichen Zielbereiche bewertet wird. Traditionell werden Unternehmen ausschließlich über Finanzkennzahlen bewertet. In Abhängigkeit der Interessenspartner des Unternehmens (u.a. Teilhaber, Gläubiger, Privat- und Firmenkunden, Mitarbeiter, Führungskräfte) sind unterschiedliche Zielbereiche auf das Unternehmen gestaltbar.

Die Zielbereiche eines Unternehmens sind klar voneinander abgrenzbare Themenfelder, die für das erfolgreiche Bestehen eines Unternehmens am Markt von elementarer strategischer Bedeutung sind. Die Zielbereiche werden aus den Aussagen zur Unternehmensvision und dem Unternehmenszweck („Was uns wichtig ist, ist ..."), unter den derzeitigen Rahmenbedingungen und den alternativen Visionen unter möglichen zukünftigen Rahmenbedingungen definierter Szenarien abgeleitet. Die Festlegung der Zielbereiche ist das Ergebnis eines Moderations- und Verifizierungsprozesses. Die Gestaltung der Zielbereiche integriert unterschiedliche Managementansätze (u.a. E-Business, Clienting-Ansätze, Prozess- und Qualitätsmanagement, Shareholder Value) im Zielsystem, um die Synergien konsequent zu nutzen. Darüber hinaus dienen die Zielbereiche zur Einordnung der Indikatoren und Vorgaben.

2.7 Balanced Scorecard als Führungssystem im E-Business

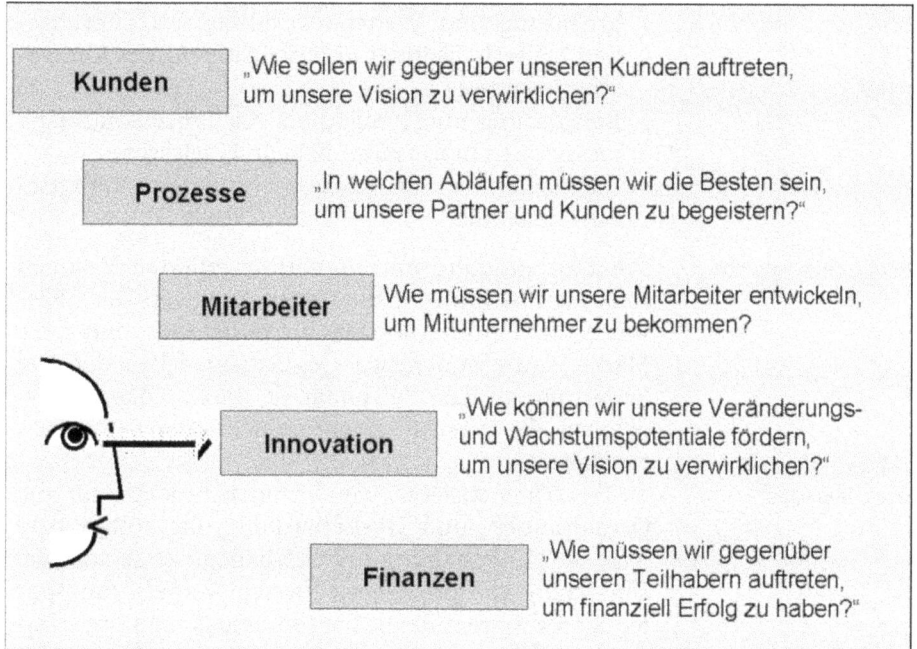

Abb. 3: Die Zielbereiche eines Unternehmens

Das Prozessmodell erarbeiten

Das Prozessmodell des Unternehmens dient als Grundlage für das Zielsystems und das Prozessmanagement. In einem Prozessmodell sind die zentralen Kerngeschäfts- und Unterstützungsprozesse eines Unternehmens zusammengefasst.

Unter Kerngeschäftsprozessen werden die (abteilungsübergreifenden) Abläufe eines Unternehmens auf „top level" Ebene verstanden. Die wertschöpfenden Kernaufgaben des Unternehmens werden zu mehreren zusammenhängenden Geschäftsprozessen zusammengefasst, die für die Leistungserbringung und die wirtschaftliche Existenz des Unternehmens von elementarer Bedeutung sind. Dabei werden die Prozesse der E-Business Aktivitäten in das Prozessmodell integriert, um bspw. eine Anbindung an ein ERP-System zu gewährleisten.

Die Festlegung des Prozessmodells im Rahmen der Einführung des Führungs- und Zielsystems hat im Wesentlichen folgende Schwerpunkte und Nutzen:

Zielbereiche

Kerngeschäftsprozesse

Nutzen des Prozessmodells

- Ergänzung und Weiterentwicklung des Führungs- und Zielsystems unter Berücksichtigung der Kerngeschäftsprozesse
- Entwicklung und Integration von Prozessführungsmessgrößen in das Führungs- und Zielsystem
- Identifizierung von prozessorientiertem Verbesserungspotential

Leistungs-Innovationen

Die Beschäftigung mit zukunftsorientierten Visionen stellt die Plattform für die Generierung von Leistungs- sowie Produktinnovationen für bestehende und neue Märkte sowie von neuen Geschäftsmodellen dar. Die Erwartung an das Zielsystem ist, dass es dem Unternehmen die Navigation auf seinem Innovationskurs ermöglicht.

Prozess-Innovation

Das Thematisieren von Visionen bedeutet für die Organisations- und DV-Entwicklung die völlige bzw. teilweise Neugestaltung der Geschäftsprozesse oder die Umsetzung von prozessorientiertem Verbesserungspotential. Es werden damit die prozessuale und organisatorische Umsetzung der oben formulierten Visionen im Unternehmen angestoßen. Das Überdenken und ggf. die Neugestaltung der Kerngeschäfts- und deren Unterstützungsprozesse unter Berücksichtigung zukünftiger Rahmenbedingungen, Marktentwicklungen und Visionen sowie ggf. neu definiertem Unternehmenszweck ist Gegenstand eines separaten Business Process (Re-) Engineering Projekts.

Ein wichtiger Aspekt bei der Neugestaltung der Kerngeschäftsprozesse stellt der Einsatz von innovativer Informations- und Kommunikationstechnik dar. Häufig werden durch innovative DV-Lösungen erst innovative Unternehmensleistungen und die damit erforderliche Prozessinnovation (u.a. E-Commerce, E-Procurement) ermöglicht. Darüber hinaus werden Verbesserungspotentiale für das bestehende Kerngeschäft und die Geschäftsprozesse initiiert.

Integration des internen Zielbereichs

Die Identifikation und Analyse der Kerngeschäftsprozesse und wichtiger Unterstützungsprozesse dient dem Verifizieren, Priorisieren und Festlegen der Zielbereiche. Neben der Bestimmung der Zielbereiche werden durch die Gestaltung des Prozessmodells wichtige organisatorische Anforderungen und insbesondere die Aspekte des internen Zielbereichs (Auf- und Ablaufbauorganisation usw.) in das Zielsystem integriert.

2.7 Balanced Scorecard als Führungssystem im E-Business

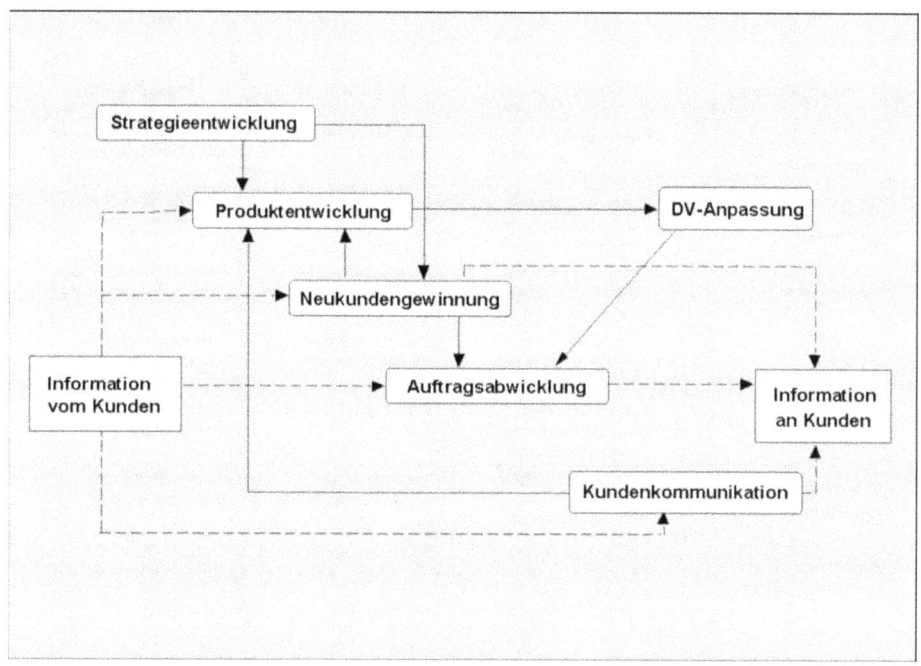

Abb. 4: Die Kerngeschäftsprozesse eines mittelständischen Dienstleistungsunternehmens

Das Prozessmodell stellt die Basis für die Ableitung und Entwicklung von prozessorientierten Führungsmessgrößen (Indikatoren) zur Messung der Prozesseffizienz dar. Dadurch wird die ziel- und ergebnisorientierte Steuerung der unterschiedlichen und strategisch wichtigen Kerngeschäftsprozesse und der beteiligten prozessverantwortlichen Mitarbeiter ermöglicht. Die (Prozess-) Führungsmessgrößen sind von den einzelnen Kerngeschäftsprozessen abgleitet und den einzelnen Zielbereichen thematisch zuzuordnen. Somit enthält das Zielsystem neben Indikatoren mit Visionenbezug auch Prozessmessgrößen. Darüber hinaus werden durch diese Prozessführungsmessgrößen wichtige organisatorische Handlungsbedarfe angezeigt und die Messung des Erfolges von prozessorientierten Verbesserungsmaßnahmen ermöglicht.

Prozessorientierte Führungsmessgrößen

Kernprozess	Kernaufgaben	Ergebnisse	Indikatoren
Service-engineering	• Ideenfindung • Kunden-Ideen via Web • Planung Blueprint	• Marktfähige Dienstleistung • ...	• Anzahl neuer abgerechneter Serviceleistungen • ...
Neukundengewinnung	• Kunde kontaktieren • Stammdaten erfassen • Web-Events machen	• Erstkontakt • Kundendaten • ...	• Anzahl Neukunden • Bekanntheitsgrad • ...
Beratung	• Angebot präsentieren • Konzeption erstellen • Online Consulting	• Beratungsprojekt ist durchgeführt • ...	• Anzahl neuer abgerechneter Serviceleistungen • ...
Verkauf	• Akquisition • Verträge abschließen • Online Selling	• Umsatz, Aufträge, ... • Beratungsumsatz • ...	• Umsatz, Aufträge, ... • Anzahl Kunden auf Weiterempfehlung, ...
Auftragsabwicklung	• Aufträge erfassen • Terminüberwachung • Online Billing&Cash	• Lieferstatus Information • Faktura • ...	• Termintreue • Reaktionszeit • ...
Kundenbetreuung	• Anfragen bearbeiten • Verkaufsförderung • Web-based Service	• Veranstaltungen • Wiederholungsaufträge • ...	• Anzahl der Wiederholungsaufträge • ...
Kundenkommunikation	• Vermarktungskonzepte • Bedürfnisanalyse • e-mailing Aktion	• Informierte Kunden • ...	• Marktanteile • Response-Quote • ...

Abb. 5: Das Prozessmodell und beispielhafte Indikatoren

Indikatoren und Messinstrumente bestimmen

Indikatoren

Ausgehend von den Unternehmensvisionen je Zielbereich und den Geschäftsprozessen werden Indikatoren (Kennzahlen, Messgrößen) erarbeitet und festgelegt, die die Basis für die ziel- und ergebnisorientierte Führung des Unternehmens darstellen. Die Indikatoren machen die strategische Ziel- und Ergebniserreichung messbar. Sie stellen den Kern der Zielformulierungen und Zielvereinbarungen dar. Insbesondere durch die Indikatoren bzw. die Herbeiführung der Messbarkeit werden Visionen zu konkreten, umsetzbaren Zielformulierungen.

Die Entwicklung der Indikatoren erfolgt aus zwei voneinander relativ unabhängigen Quellen:

- Indikatoren auf der Basis von Visionen
- Indikatoren auf der Basis eines Prozessmodells
- Indikatoren (Kennzahlen) aus dem Controlling

Entwicklung von Indikatoren

Die Entwicklung von Indikatoren aus den Visionen wird unter dem Aspekt „Wie können wir messen, ob die Visionen erreicht werden?" betrieben. Die Indikatoren auf der Basis des Prozessmodells messen die Prozesseffizienz. Es wird gefragt: „Tun wir die Dinge richtig?" und „Wie können wir dies messen?". Sind die Indikatoren zur Messung der Zielerreichung bezüglich der Visionen definiert und aus den Kerngeschäftsprozessen abgeleitet, so erfolgt die Zuordnung zu einzelnen Zielbereichen. In einem weiteren Schritt sind die Prozesskennzahlen mit den Indikatoren aus Visionen abzugleichen und u.a. auf Redundanzen hin zu überprüfen. Darüber hinaus fließen Messgrößen aus früheren Aktivitäten wie Kundenbarometer, aus dem Qualitätsmanagement, aus Mitarbeiterbefragungen, aus dem Innovationsmanagement und bestehende Kennzahlen aus dem Controlling ein.

Die Anforderungen an Indikatoren des Führungs- und Zielsystems sind im Einzelnen:

Anforderungen an Indikatoren

- Die Beeinflussbarkeit durch die Zielgruppe muss gewährleistet sein. Ein Mitarbeiter, eine Führungskraft oder ein Geschäftsbereich muss Einfluss auf das haben, an dem er gemessen wird.
- Die Indikatoren messen die Zielerreichung und die Ergebnisse und nicht den Input.
- Die Indikatoren messen zeitnahe bzw. vorauseilende Sachverhalte mit Visions- bzw. Strategiebezug.
- Indikatoren haben Frühwarn-Charakter
- Die Messung von Ursachen statt Symptomen steht im Mittelpunkt
- Flexibilität trotz Kontinuität ist die Leitlinie für den Gestaltungsrahmen
- Fokussierung trotz Flächendeckung ist die Leitlinie für die Spannweite eines Indikators
- Die motivationsfördernde Wirkung der Indikatoren ist unter dem Aspekt „vom Mitarbeiter zum Mitunternehmer" zu sehen.

Wichtig bei der Festlegung der Indikatoren im Führungs- und Zielsystem ist die Berücksichtigung von Ursache - Wirkungszusammenhängen (u.a. Kausaldiagramme) zwischen den Indikatoren unterschiedlicher Zielbereiche. Darüber hinaus ist in einem systematisch angelegten Verifizierungslauf zu prüfen, ob die Indikatoren wirklich das messen, was gemessen werden soll.

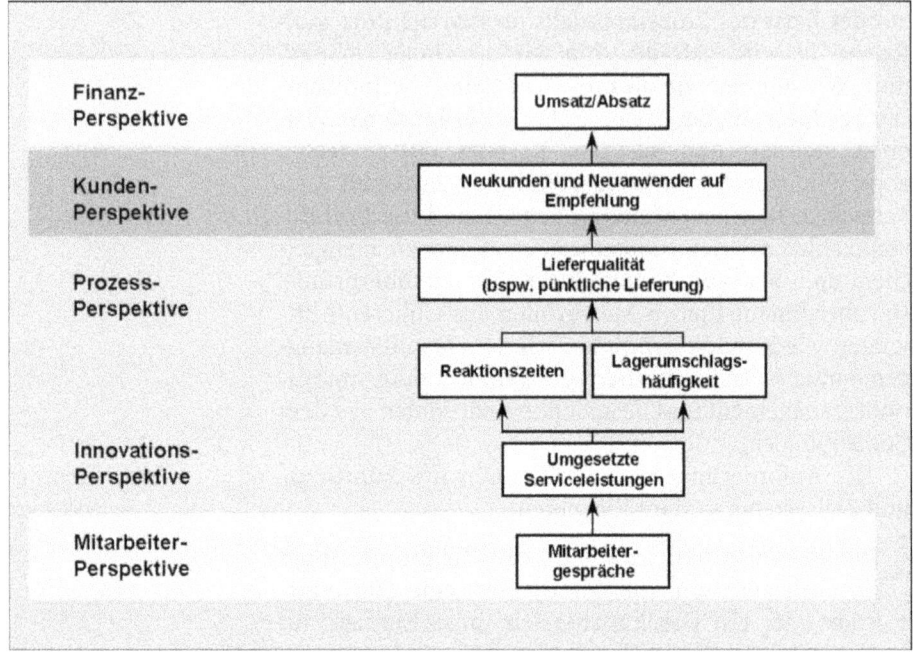

Abb. 6: Ursache und Wirkungszusammenhänge

spezifische Indikatoren

Die Einbindung des E-Business in das Führungs- und Zielsystem hat eine große Bedeutung für die Gestaltung der Indikatoren. Die unternehmensindividuelle Gestaltung von E-Business-orientierten Indikatoren, wie die Anzahl der Abrufe, das Zugriffswachstums usw. im Zielbereich Kunden, der E-Business-Integrationsgrad im Vertrieb im Zielbereich Prozesse, die Anzahl der marktreifen E-Business Serviceleistungen im Zielbereich Innovation, die abgeschlossenen Weiterbildungen im E-Business Bereich, im Zielbereich Mitarbeiter und der Umsatz mit E-Services im Zielbereich Finanzen, bekommt eine zunehmende Bedeutung.

Messinstrumente

Der Umgang mit Indikatoren erfordert entsprechende Messinstrumente. Es muss die Messbarkeit über entsprechende Werkzeuge und Systeme sowie Informationsquellen sichergestellt werden. Für den Zielbereich „Finanzen" und dessen Kennzahlen existieren in der Regel die dazugehörigen Messinstrumente. Die Kennzahlen Deckungsbeitrag, Gewinn, Cash Flow oder ROI werden in der Regel über die Ertrags- und Kostenrechnungssysteme der Unternehmung ermittelt. Die Messung des Indikators „Anzahl positive Kundenfeedbacks", "Reaktionszeiten", "Anzahl umgesetzter Verbesserungsvorschläge" usw. erfordern spezifische Messinstrumente, die in der Regel eingeführt werden müssen. Hierzu gehören beispielsweise ein Reklamationswesen, ein Auftrags- und ein Kundeninformationssystem, die für die Messung strategisch wichtiger Indikatoren entwickelt, vernetzt oder angepasst werden müssen.

Das E-Business kann für die Erhebung von relevanten Daten für das Führungs- und Zielsystems genutzt werden.

Der Kontakt zum Kunden über E-Business Lösungen bietet eine Vielzahl von Möglichkeiten, Indikatoren des Zielbereichs Kunden (Kundenanforderungen, Kundenfeedback usw.) effizient abzugreifen. Elektronische Kundenfragebögen, einfache Zufriedenheits-Checklisten oder Chat-Rooms usw. zur Gewinnung von Informationen von Kunden über das Internet, ermöglichen eine effiziente Handhabung der grundlegenden Funktionen der Kundenkommunikation .

Nutzung von E-Business für das Führungs- und Zielsystem

Vorgaben bestimmen

Die Visionen, die Zielbereiche und deren Teilvisionen sowie die Indikatoren sind festgelegt. Die periodische Bestimmung der Vorgaben legt die Zielquantität bzw. die mengenmäßige Ausprägung eines Indikators unter Berücksichtigung strategischer Aspekte fest. Auf der Basis der Indikatoren des Zielssystems werden die Vorgaben durch Führungskräfte unter Beachtung von Anforderungen bestimmt.

Die Vorgaben sollten herausfordernd und ehrgeizig formuliert werden. Dabei müssen sie jedoch realistisch und erreichbar bleiben. Vorgaben aus dem Zielsystem heraus sind spezifisch auf eine strategische Fragestellung zugeschnitten und auf eine organisatorische Einheit oder einen Mitarbeiter zu fokusieren. Die Vorgaben müssen motivationsfördernde Wirkung entfalten. Die erstmalige Festlegung des Niveaus (Eichung) der Vorgaben aus den neuen Zielbereichen muss sich an realistischen Schätzwerten orientieren und nach der Einführung des Zielsystems angepasst werden.

Anforderungen an Vorgaben

Die Mitwirkung aller Mitarbeiter an der Erreichung der Unternehmens-Visionen erfolgt über die operative Umsetzung der Vorgaben und ihnen jetzt gegebene

Möglichkeit, ihre Arbeitsergebnisse selbst oder in Zielergebnisgesprächen zu überprüfen.

Tabelle 1: Die Grundstruktur des Führungs- und Zielsystems

Unternehmens-Vision: *Kundennutzen durch Servicekompetenz*						
Zielbereiche	Visionen	Indikator	Messinstrument	Vorgabe	Aktionen	Verantwortung
Kunden	Begeisterung	Anzahl Wiederholungs-Aufträge	Auftragsmanagementsystem	50 Prozent des Umsatzes	Kundenbeziehungs-Trainings	Personalentwicklung
Prozesse	Prozessbeherrschung	Auftragsbearbeitungszeiten	Auftragsmanagementsystem	Bearbeitungszeit in 5 Stunden	Prozessanalyse und Liegezeiten eliminieren	Organisationsentwicklung/ Bereichsleiter
Mitarbeiter	Fordern und Fördern	Erfolgreich absolvierte Weiterbildungstage	Personalakten	90 Prozent	Auswahl des besten Schulungsanbieters	Personalentwicklung
Innovation	Serviceinnovation	Anzahl marktreifer Serviceleistungen	Leistungsverzeichnis	5 pro Jahr	Durchführung von Innovationsworkshops	Konzeption und Marketing
Finanzen	Ertragssteigerung	Jahresüberschuss	Gewinn und Verlustrechnung	40 Millionen Euro	Strategisch nicht relevante Projekte stoppen	Alle Abteilungsleiter

Die Weiterentwicklung des Führungs- und Zielsystems hat in regelmäßigen Abständen zu erfolgen. Die Vorgaben unterliegen einer kurzfristigen und periodischen Anpassung durch die Führungskräfte. Sie sind die eigentlichen Variablen des Zielsystems. Die Indikatoren sollten in regelmäßigen und längeren zeitlichen Abständen verifiziert und den Anforderungen entsprechend angepasst werden. Die Visionen und Zielbereiche dürfen nur aufgrund besonderer Veranlassung modifiziert werden. Die Tabelle 1 „die Grundstruktur des Führungs- und Zielsystems" zeigt beispielhaft eine Unternehmensvision, die Zielbereiche und deren Visionen sowie jeweils ein Beispiel der zugehörigen Indikatoren, Messinstrumente, Vorgaben, Aktionen und Verantwortlichen in einem mittelständischen Dienstleistungsunternehmen.

Anwendung des Führungs- und Zielsystems

Der Geltungsbereich des Zielsystems

Ein kompaktes und aus einer Ebene bestehendes Zielsystem gilt für alle Mitarbeiter des Unternehmens. Das gesamte Unternehmen muss sich mit jedem Indikator und den entsprechenden Vorgaben des Zielsystems messen lassen. Die Vorgaben je Indikator werden entweder innerhalb von Bandbreiten (Zielkorridor) oder, wenn unternehmensübergreifend möglich, exakt bestimmt. Die Anpassung des Zielsystems auf konkrete Abteilungen, Bereiche und Mitarbeiter erfolgt über konkrete Zielvereinbarungen und die Konkretisierung der Vorgaben. Es werden die Ziele auf Bereiche und Abteilungen durch die jeweils verantwortlichen Führungskräfte angepasst, in dem sie mit Mitarbeitern Zielvereinbarungen verabschieden. Die Führungskraft entscheidet über die Priorität der einzelnen Indikatoren für seinen Bereich. So gilt beispielsweise der Indikator „Anzahl positiver Kundenfeedbacks" nicht nur für einen Vertriebsmitarbeiter, mit dem eine Zielvereinbarung besteht, sondern auch für Mitarbeiter im Rechnungswesen ohne explizite Zielvereinbarung.

Kompaktes System

Abb. 7: Das Zielsystem eines Dienstleistungsunternehmens

Bereichs-spezifische Ausgestaltung

Das Führungs- und Zielsystem komplexer Unternehmen besteht aus mehreren Ebenen, ist nach bestimmten Bereichen gegliedert und abgestimmt. Aus der ersten Systemebene werden u.a. die Zielbereichsvisionen, Indikatoren und Vorgaben bereichsspezifisch abgeleitet. Dies ermöglicht für komplexere Unternehmen bereichsspezifische Führungs- und Zielsysteme, die zu bestimmten Zeitpunkten konsolidiert werden müssen.

Der Führungsprozess

Die Umsetzung der Vorgaben erfolgt in einem mehrstufigen Führungsprozess. Dieser besteht im Wesentlichen aus einer Zielvereinbarungsphase, einer Ziel-/Ergebnis- und/oder aus einer Ziel-/Konfliktphase.

Zielvereinbarungen

Die Geschäftsführung vereinbart abhängig von den Vorhaben regelmäßig Ziele mit den Führungskräften. Die Führungskräfte setzen Prioritäten hinsichtlich einzelner Vorgaben und formulieren die Zielsetzungen unter Berücksichtigung spezifischer Anforderungen an Ziele (messbar, terminiert, realisierbar, erstrebenswert, usw.) aus. Sie haben die Aufgabe, die Verantwortung und die organisatorische Kompetenz, die richtigen Ziele zu vereinbaren und Zielkongruenz zwischen der Unternehmensführung den Mitarbeitern herzustellen. Es handelt sich um eine kaskadierende Vorgehensweise von der Unternehmensleitung über die Führungskräfte zu den Mitarbeitern. Gegenstand der Zielvereinbarungen sind in der Regel strategisch wichtige Vorhaben bezüglich der Zielbereiche und Indikatoren. Das „Tagesgeschäft" und „Routineaufgaben" stehen dabei nicht im Mittelpunkt.

Umsetzung der Ziele

Den Mitarbeitern werden die Aufgaben, Verantwortung und die organisatorischen Kompetenzen zur Umsetzung der Ziele zugewiesen. Für die Zielvereinbarungen entwickelt der Mitarbeiter eigenverantwortlich Aktionspläne, stellt fest, welche Arbeitsschritte grundsätzlich erforderlich sind, was bis wann durchzuführen ist, welche Ergebnisse grundsätzlich gewünscht werden und welche Abhängigkeiten im Unternehmen zu beachten sind. Er übernimmt die Verantwortung und hat die Kompetenz für die Aufgabendurchführung.

2.7 Balanced Scorecard als Führungssystem im E-Business

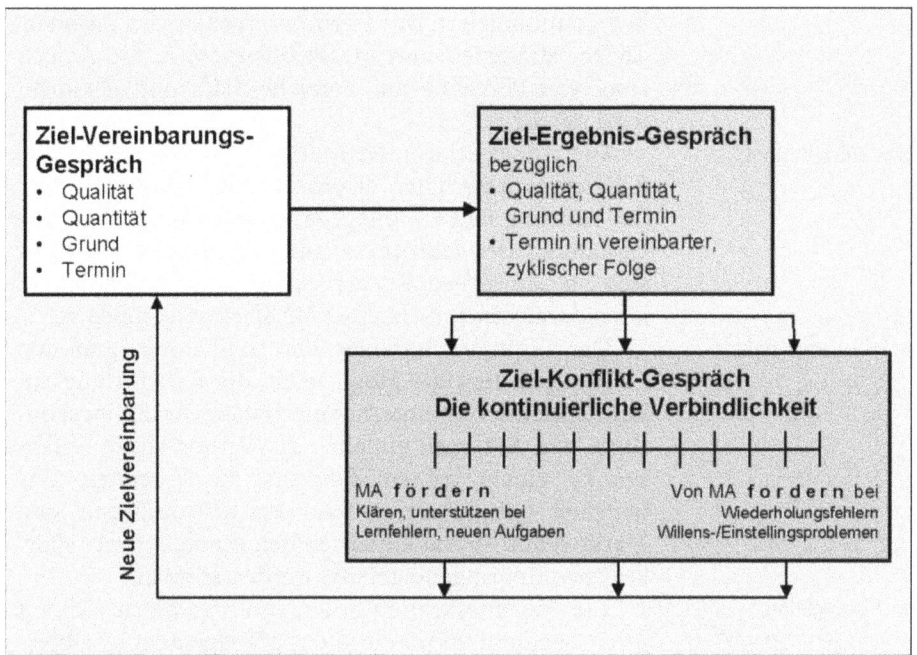

Abb. 8: Der Führungsprozess

Die Führungskraft hat die Verantwortung, die konsequente Ziel-/Ergebnisüberprüfung (Soll-/Ist-Vergleiche) zu den vereinbarten Meilensteinterminen durchzuführen. Wird ein Ziel nicht erreicht, so ist die Ursache zu klären. Wurde das Ziel wegen einer Ursache, die auf einem Lernfehler beruht, verfehlt, so sind neue Zielvereinbarungen und neue Aufgaben zu bestimmen. Beruht die Verfehlung jedoch auf einem Wiederholungsfehler, so sind entsprechende Hilfestellungen oder Eskalationsmaßnahmen erforderlich. Dadurch entstehen auf allen Ebenen im Unternehmen strategisches und persönliches Feedback- und entsprechende Lernprozesse.

Ergebniskontrolle

Zusammenfassung

Die Konzentration des Unternehmens auf eine überschaubare Anzahl von Zielbereichen und Indikatoren weckt ruhende Wachstumspotentiale. Die Kombination von Visionen und operationalen Messgrößen ermöglicht die Überprüfung der Zielerreichung. Durch die Abbildung der Unternehmensziele und Indikatoren wird die Unternehmenskultur und Unternehmensstrategie transparent und für alle verständlich und einheit-

Das Vorgehen

lich kommuniziert. Das Herunterbrechen von Visionen, Zielen, Strategien und Messgrößen, sowie die Anpassung von Vorgaben auf Bereiche, OE's und Personen wird möglich.

Fokus auf E-Business

Die strategische Ausrichtung des Unternehmens an E-Business Aktivitäten erfordert eine Neuorientierung der Führung und ein integriertes Zielmanagement. Die Gestaltung des Führungs- und Zielsystems orientiert sich an sämtlichen Kernprozessen und Visionen und leitet daraus entsprechende Führungsmessgrößen ab.

Der Frühwarncharakter

Der Frühwarncharakter der Indikatoren gibt den Führungskräften die Möglichkeit, die Entwicklung zukunftsorientierter unternehmerischer Gestaltungskonzepte und Aktionen einleiten zu können sowie Gefahren zu einem frühen Zeitpunkt zu erkennen. Das bedeutet beispielsweise, dass Marktströmungen und Markttrends für das Unternehmen durch „time to market" gewinnbringend genutzt werden können.

Coachingfunktion der Führungskräfte

Die Führungskräfte werden entlastet, da sie sich auf ihre Coachingfunktion und das Management by Objectives konzentrieren. Die Umsetzung der Ziele liegt in der Hand der Mitarbeiter, was die Eigenverantwortung der Mitarbeiter stärkt. Nur bei Zielverfehlung greift die Führungskraft in die operative Umsetzung ein. Die Kommunikation von Führungskräften und Mitarbeitern (u.a. Mitarbeitergespräch) hat durch die abgestimmten Zielbereiche, Visionen, Indikatoren und Vorgaben eine ganzheitliche und konkrete Grundlage. Die Messbarkeit des Zielerreichungsgrades führt zur zielorientierten Verhaltensanpassung und strategischem Feedback sowie Lernen.

Wirkungsmessung

Die wiederkehrende Selbstbewertung des Unternehmens und die Wirkungsmessung u.a. von Organisationsentwicklungsmaßnahmen wird ermöglicht. Die Mitarbeiterbeurteilung und Entlohnungssysteme werden durch das transparente Zielsystem auf eine objektive Basis gestellt. Darüber hinaus ist das Führungs- und Zielsystem ein betriebswirtschaftliches Fachkonzept, das Eingang in ein Pflichtenheft zur Auswahl eines dv-gestützten Führungsinformationssystems finden kann.

Literatur

Bullinger, H.-J., Lott C.-U. (1997); Target Management: Unternehmen zielorientiert gestalten, Campus-Verlag, Frankfurt/Main

Copeland, T.; Koller, T.; Murrin, J. (1993); Unternehmenswert: Methoden und Strategien für eine wertorientierte Unternehmensführung, Campus-Verlag, Frankfurt/Main

European Foundation for Quality Management (1996); Selbstbewertung – Richtlinien für Unternehmen, Brüssel 1995

Friedag, H. R.; Schmidt, W. (2000); Balanced Scorecard: Mehr als ein Kennzahlensystem, Haufe Verlagsgruppe, Freiburg

Kaplan R.S., Norton D. P (1997); Balanced Scorecard: Strategien erfolgreich umsetzten, Schäffer-Poeschel Verlag, Stuttgart

Maschmeyer, V. (1998); Management by Balanced Score Card – alter Wein in neuen Schläuchen? In: Personalführung 5/98

Rapport, A. (1995), Shareholder Value: Wertsteigerung als Maßstab für die Unternehmensleitung, Schäffer-Poeschel Verlag, Stuttgart

Robert, M., Racine, B. (2001) ; E-Strategy – Pure an Simple, Connecting Your Internet Strategy to Your Business Strategy, New York

Schnabel, U.; Roos, A. (1998); Business Reengineering in mittelständischen Unternehmen, Peter Lang Verlag, Frankfurt/M

Staehle, W. H. (1998); Management, Verlag Franz Vahlen, München

Talakota, R., Robinson, M., Tapscott, D. (2000); E-Business 2.0 – Roadmap for Sucess, Boston u.a.

Wildenmann, B. (2001); Die Faszination des Ziels – Wie Sie die Performance Ihrer Mitarbeiter nachhaltig steigen, Neuwied

Zink, K.J. (1995) TQM als integriertes Managementkonzept, München

Kapitel 3

Online-Marketing

3.1 Online-Werbung

VOLKER BUDDE

Welche Werbeformen gibt es im Web? Und für welche Kommunikationszielsetzungen sind sie geeignet? Gibt es allgemeine Regeln für die erfolgreiche Gestaltung?

Mit über 25 Millionen Nutzern allein in Deutschland (Quelle: Jupiter MMXI, 2001) hat sich das Internet als echtes Massenmedium etabliert. Durch die zunehmend einfachere Bedienung, bezahlbare Nutzungskosten, komfortablere Übertragungsgeschwindigkeiten und vielschichtige Inhaltsangebote ist aus der ehemaligen Spielwiese für technikverliebte Computerfreaks ein fester Bestandteil des täglichen Medienkonsums quer durch alle Bevölkerungsschichten geworden.

Das Internet als Massenmedium

So ist es nur konsequent, dass auch Werbungstreibende zunehmend das Internet nutzen: Sei es nun, um neue Produkte bekannt zu machen, Branding zu betreiben oder dass Internet schlicht als neuer, zusätzlicher (Direkt-)Vertriebskanal eingesetzt wird.

Seit 1994 das erste Werbebanner auf der US-Internet-Seite www.hotwired.com blinkte, hat sich, teils getrieben durch den technologischen Fortschritt in den Darstellungsmöglichkeiten der Internet-Browser-Programme, teils basierend auf den Erfahrungen vorangegangener Internet-Kampagnen, eine große Palette an Internet-Werbeformen entwickelt.

1994 blinkte das erste Werbebanner

Produktkommunikation und Branding

Vorangetrieben wird die Entwicklung neuer brandingorientierter Online-Kommunikation seit einigen Monaten durch Werbeformate wie etwa Skyscraper oder Popups, die durch ihre Größe und Interaktionsmöglichkeiten deutlich erweiterte Kommunikationschancen bie-

Werbeformate mit mehr Kommunikationschancen

ten. Damit stehen Werbetreibenden im Internet leistungsfähige Werbeformen zur Ergänzung traditioneller Medien wie z.B. TV oder Print zur Verfügung. Die oft geforderte integrierte cross-mediale Werbekommunikation ist bereits ein Stück Realität geworden.

Pop-up

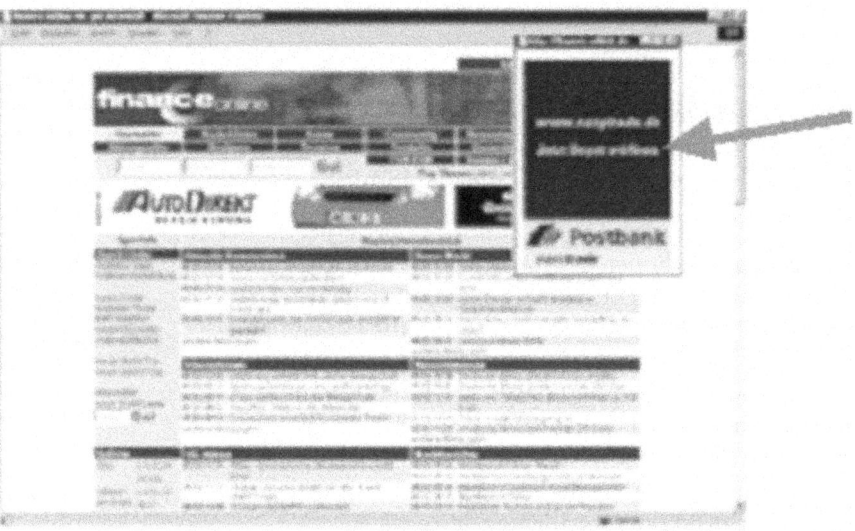

Abb. 1: Pop-up auf Finance Online

Nutzer wird in Navigation nicht unterbrochen

Dieses aufmerksamkeitsstarke Werbeformat – verfügbar in verschiedenen Größen - öffnet sich automatisch in einem eigenen kleinen Browserfenster (z.B. 200 x 300 Pixel) über dem Inhalt der aufgerufenen Seite. Dies hat den Vorteil, dass der Nutzer nicht direkt in seiner Navigation unterbrochen wird. Leistungsfähige Kompressionsalgorithmen erlauben zudem heute schon multimediale Inhalte (inklusive Video) und ein automatisches Schließen des Fensters nach einer vorgegebenen Zeit.

Skyscraper

Layoutoptimiertes Werbeformat

Skyscraper („Wolkenkratzer") sind Werbflächen in vertikalem Format, die i.d.R. auch beim Scrollen des Bildschirms weiter sichtbar bleiben. Dieses layoutoptimierte Werbeformat bietet eine hervorragende Wirkung für die jeweilige Markenkommunikation. Mit einer Dateigröße von bis zu ca. 20 KB finden daher auch innovative multimediale Inhalte im „eigenen Hochhaus" sicher Platz.

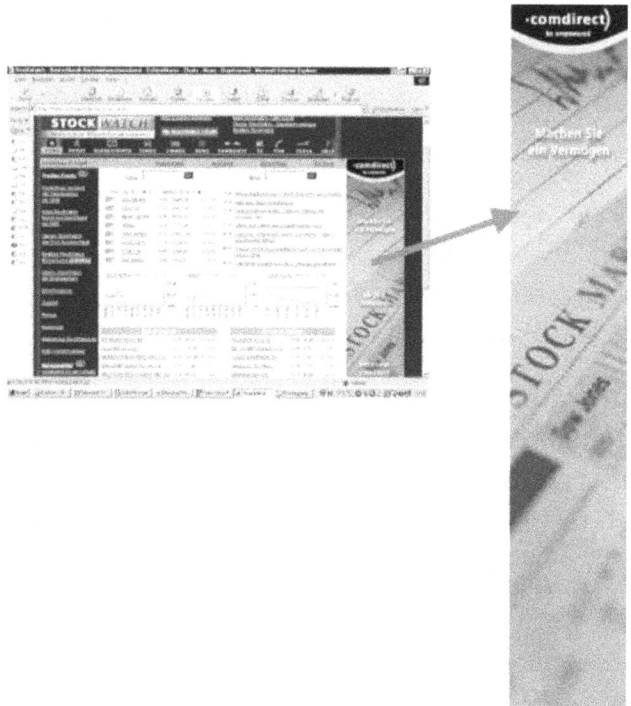

Abb. 2: Skyscraper von comdirect

Split Screen

Split Screens erlauben großflächige Darstellungen, denn diese Werbeform kann, abhängig von der Site und der Auflösung, bis zu einem Drittel des Bildschirms abdecken. Nach ca. fünf Sekunden verschwindet der Split Screen automatisch, bietet aber durch das großflächige Format eine einprägsame Branding-Möglichkeit.

Großflächige Darstellung

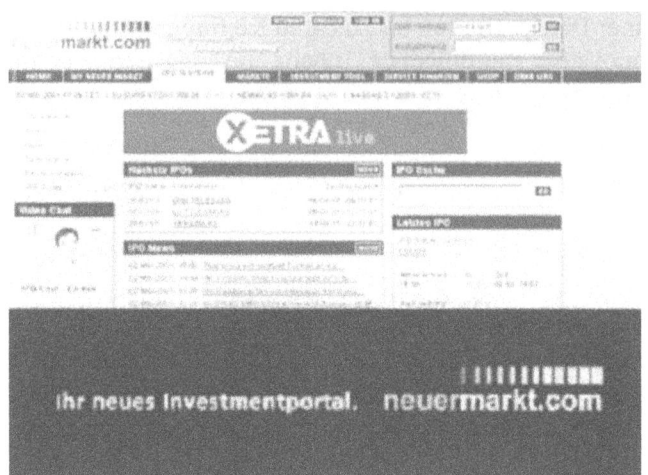

Abb. 3: Split Screen für neuermarkt.com

Interactive TV Ads

Verwendung fertig produzierter TV-Spots

Mit diesem Format lassen sich fertig produzierte TV-Spots auch im Internet verwenden.

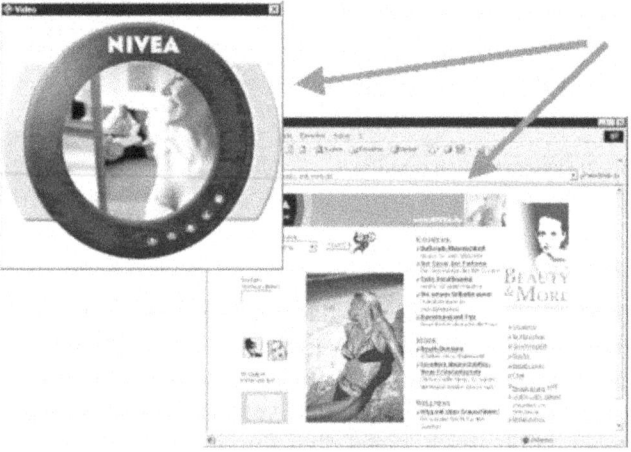

Abb. 4: Interactive TV Ad von Nivea

Ein herkömmlicher Banner auf einer passenden Website fungiert als Teaser und enthält z.B. Bilder von einer gerade laufenden TV-Kampagne. Nach einem Klick auf den Banner öffnet sich ein zweites Fenster, in welchem der aus dem TV bekannte Spot abgespielt wird. Im Vergleich zum TV kann der Konsument hier nun unmittelbar und ohne Medienbruch mit dem Spot interagieren, indem er z.B. zusätzliche Produktinformationen abfragt, per E-Mail Warenproben anfordert oder an einem Gewinnspiel teilnimmt. Diese Werbeform ist von Firmen wie IBM, Opel, oder etrade bereits erfolgreich eingesetzt worden.

Emercials

Mit sog. Emercials ist eine weitere Werbeform an der Konvergenz-Schwelle zwischen TV und Internet in Erscheinung getreten. Emercials zeigen Animationen, Text, Film und Sound und werden beim Wechsel zwischen zwei Webseiten in voller Bildschirmgröße angezeigt.

Werbung in voller Bildschirmgröße

Damit erhält der Werbetreibende die maximale Aufmerksamkeit des Surfers und hat gleichzeitig sehr viel Raum, um die Kommunikationsbotschaft darzustellen. Nach wenigen Sekunden wird automatisch auf die zuvor angewählte Webseite weitergeleitet.

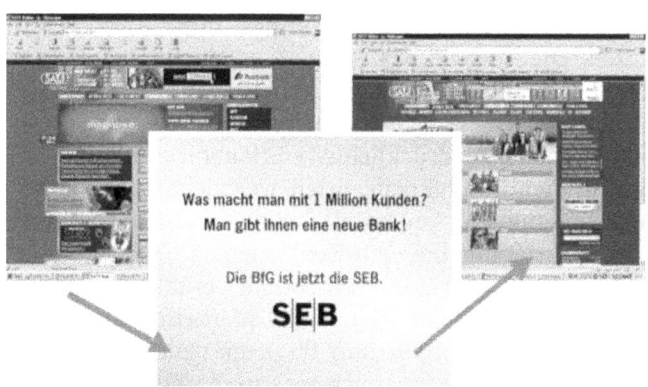

Abb. 5: Emercial der SEB.

Bevor sich der Werbungstreibende aber für die eine oder andere Werbeform entscheidet, muss Klarheit herrschen, welche kommunikative Zielsetzung überhaupt verfolgt werden soll. Möchte ich eine Online-Marke aufbauen und effektives Branding betreiben? Dann sind die oben genannten Werbeformen ideale Werbemittel zur Übertragung Ihrer Werbebotschaft.

Für den Fall, dass z.B. über einen Online-Shop direkt Leads oder Umsätze generiert werden sollen, empfiehlt sich eine andere Vorgehensweise:

Erlaubnis zum Erfolg: Permission Marketing

Newsletter

Die allgemeine Reizüberflutung und immer noch steigende Anzahl der Werbebotschaften, denen wir alle jeden Tag ausgesetzt sind, macht auch vor dem Internet nicht halt. Aufgrund seiner einzigartigen Fähigkeit, echte, differenzierte One-to-one Kommunikation zwischen Werbetreibendem und Konsument/Empfänger zu geringen Kosten zu ermöglichen, bietet Permission Marketing eine erfolgversprechende Alternative. Permission Marketing zeichnet sich dadurch aus, dass der Internet-Nutzer sich aktiv und freiwillig für einen Informationsservice wie z.B. einen Newsletter einträgt und somit explizit seine Einwilligung in den Erhalt von bestimmten Inhalten oder Produktangeboten gegeben hat (Opt-in). Dabei kann der Nutzer sich auch jederzeit wieder aus dem E-Mail-Service austragen oder seine Anmeldedaten verändern. Permission Marketing lässt also die Zielgruppe selbst darüber entscheiden, welche Art von Informationen ihr wie und wann zukommen.

Hohe Datenqualität durch Permission Marketing

Besonders im Bereich E-Mail und SMS setzt sich diese Form des Direktmarketings mehr und mehr durch. Die Vorteile des Permission Marketings liegen dabei klar auf der Hand: Werbetreibende haben die Möglichkeit, eine genau qualifizierte Zielgruppe zu erreichen, die ausdrücklich ihre Erlaubnis erteilt hat, zu bestimmten Produktkategorien werbliche Informationen zu erhalten. Anders als beim klassischen Offline Direktmarketing, bei dem Konsumenten beispielsweise per Post ungefragt Werbebriefe erhalten (Push-Marketing) ist beim Permission Marketing der User zuerst aktiv geworden und fragt spezielle (Produkt-) Informationen aktiv nach – diese Konsumenten-Nachfrage wird dann von Werbetreibenden befriedigt (Pull-Marketing). Die Datenqualität der angemailten E-Mailadressen und auch die Empfängerakzeptanz ist insofern beim Permission Marketing außerordentlich hoch.

Weiterhin macht sich das Permission Marketing die Vorteile des Internets in Bezug auf Interaktivität und Schnelligkeit zunutze. Ohne großen Produktionsaufwand und zeitlichen Verzug kann ein E-Mail-Mailing dem User zugestellt werden, der ohne Medienbruch und per einfachem Mausklick auf die im E-Mail angegebenen Links auf die Homepage des Werbetreibenden geleitet wird. Während man als Direktmarketer bei klassischen Print-Mailings bis zu 6 Wochen auf alle eingehenden Responsen wartet, überzeugt das Internet mit Responsezeiten von rund 2 Tagen. Dabei kann der User dann selbst entscheiden wie weit er in die Detailtiefe des Internetangebotes des Werbetreibenden eintauchen möchte. Ob er sich einfach nur informiert, Informationsunterlagen bestellt oder sogar direkt im Online-Shop bestellt, kann er selbst frei entscheiden.

Aufgrund der genannten Vorteile lassen sich bei Permission Marketing Kampagnen entsprechend hohe Responseraten erzielen, die durchaus im Bereich zwischen 5 % und 25 % liegen können.

Responseraten zwischen 5 und 25 %

So wurde beispielsweise bei einer E-Mail-Kampagne unseres Unternehmens eine Responserate von über 18% erzielt. Dabei wurde der neue Nokia 9210 Communicator in einem Werbeemail beworben, das an Empfänger geschickt wurde, die sich zuvor per Double Opt-in in die Kategorie „Handy & Mobilfunk" des E-Mail Informationsservices (www.mailinfoservice.de) eingetragen hatten und auf Produktinformationen aus dem Mobilfunkbereich gewartet haben.

Was die Möglichkeiten des Responsetracking angeht, so kann das Permission Marketing mit wertvollen Informationen und vor allem zeitnahen Zahlen aufwarten. Auf der Basis einer E-Mail-Kampagne lässt sich unmittelbar nach Aussendung der Kampagne überprüfen, wie viele E-Mails versendet wurden, wie viele davon im Text- und im HTML-Format, wie viele E-Mails geöffnet und wie viele Responsen bzw. Klicks generiert wurden.

Responsetracking

Trends: Welche der Darstellungsformen/Werbeformen werden sich zukünftig durchsetzen?

Neben einer wachsenden Verbreitung von Permission-Marketing (mit klaren Direkt-Marketing-Zielsetzungen) werden sich gemäß dem Prinzip „Bigger is better" vor allem cross-mediale, branding-orientierte Kampagnen über großflächige Werbeformate mit der Integration von Video und Audio sowie mobile Formate durchsetzen.

Cross-mediale, branding-orientierte Kampagnen

Dadurch ergeben sich vor allem für die großen TV-Werber aus dem FMCG-Bereich, d.h. für die Henkel, Procter & Gambles und Unilevers dieser Welt, ganz neue Möglichkeiten. Endlich wird es möglich, komplexere Emotions-, Farb- und Produktwelten markenadäquat im Netz zu präsentieren. Dies gegenüber einer Zielgruppe, die sich – im Gegensatz zum Fernsehkonsumenten – in einer aufmerksamen, „lean-forward", Kommunikationssituation befindet.

Streaming-Technologie

Weiterhin lässt sich eine steigenden Nachfrage feststellen nach Konzepten, die das Internet in die crossmediale Marketingstrategie einbinden, sprich Kampagnen mit abgestimmten Bild- und Textbotschaften über alle Medien erlauben. Hier sind vor allem Werbeformen, die mit Hilfe von Streaming-Technologien bewegte Videobilder ins Internet bringen, zu nennen. Die Streaming-Technologie bedient sich dabei intelligenter Kompressionsalgorithmen (die die Größe der zu übertragenden Videobilder bei nur geringen Qualitätseinbußen erlaubt) und damit eine ein Nutzung bereits für Internet mit ISDN-Zugang möglich macht. Damit können bestehende TV Werbekonzepte ohne großen Aufwand cross-medial auf das Internet erweitert werden. Zusätzlicher Charme liegt in der Tatsache, dass einmal für das Fernsehen produzierte Spots lediglich für das Internet umcodiert werden müssen – mithin kaum Produktionskosten anfallen.

Mobile Kommunikation und Internet

Für die Entwicklung und vor allem Verbreitung anderer neuer Werbeformen wird vor allem die technische Entwicklung eine maßgebliche Rolle spielen. Surfen User heute fast ausschließlich über ihren Festnetz-PC, haben sie künftig mit einer Vielzahl mobiler Endgeräte und neuen Diensten auf Basis von UMTS zu tun. Mobile Kommunikation und Internet werden immer mehr zusammenwachsen. In dem Maße, wie das Internet mobil wird, wird der Trend bei dann veränderten Werbeformen verstärkt in Richtung personalisierter Werbeinhalte zu gehen.

SMS (Short Message Service) - bereits heute milliardenfach jeden Monat vorrangig von einer jüngeren Zielgruppe genutzt - wird sich im europäischen Markt zumindest mittelfristig auch als Medium für werbliche Kommunikation durchsetzen. In den USA dagegen wird diese Werbeform immer noch als europäische Kuriosität angesehen. Was in Europa und Asien schon längst zum Volkssport geworden ist, hat sich in der neuen Welt - aufgrund von mangelnden technischen Standards - noch nicht durchgesetzt. In West-Europa dagegen wird laut Frost & Sullivan mit der Versendung von rund 37

Milliarden Werbebotschaften über mobile Endgeräte in 2006 gerechnet.

Sicherlich gilt eines nach wir vor: Unabhängig vom genutzten Medium kann Werbung/Produktkommunikation nur dann wirklich erfolgreich sein, wenn die Umsetzung sich konsequent an der kommunikativen Zielsetzung ausrichtet. Mittlerweile steht den Werbungstreibenden gerade in Bezug auf das Internet ein äußerst vielfältiger Baukasten an digitalen Kommunikationslösungen zur Verfügung, die sich immer intelligenter die medienspezifischen Stärken des Internet, nämlich

Kommunikative Zielsetzung

- Kommunikation
- Interaktion, und
- Transaktion

zu Nutze machen.

3.2 Customer Relationship Management

Dagmar Mack

Warum die Sprache des Kunden sprechen?

Mit der sich seit den 60er Jahren vollziehenden Wandlung von einem Verkäufer- zu einem Käufermarkt wandelte sich auch die Bedeutung des Kunden. Heute ist das Bemühen um den Kunden, das Kundenmanagement, als von exponierter Wichtigkeit ausgemacht und wird als der mit Abstand wichtigste Geschäftsprozess der Zukunft angesehen.

Kundenmanagement als Geschäftsprozess

In den letzten Jahren gewinnen die Maßnahmen des Kundenmanagements durch den zunehmenden Konkurrenzkampf auf globalisierenden Märkten, durch vielfach gesättigte Märkte und veränderte Kundenbedürfnisse weiter an Relevanz.

Kundenmanagement gewinnt an Bedeutung

Die Wünsche nach einer Individualisierung der Produkte, einer Personalisierung des Service und einer Beschleunigung der Bearbeitungs- und Lieferzeiten sind bezüglich der Kundenbedürfnisse beobachtete Veränderungen, die sich beispielsweise in einer Verkürzung von Produktlebenszyklen ausdrücken.

Um diesen Veränderungen gerecht zu werden, muss ein Unternehmen vor allem in der Lage sein, schnell und flexibel auf Kundenwünsche zu reagieren. Die Abbildung 1 detailliert weitere aus den veränderten Marktbedingungen resultierende Konsequenzen für ein Unternehmen.

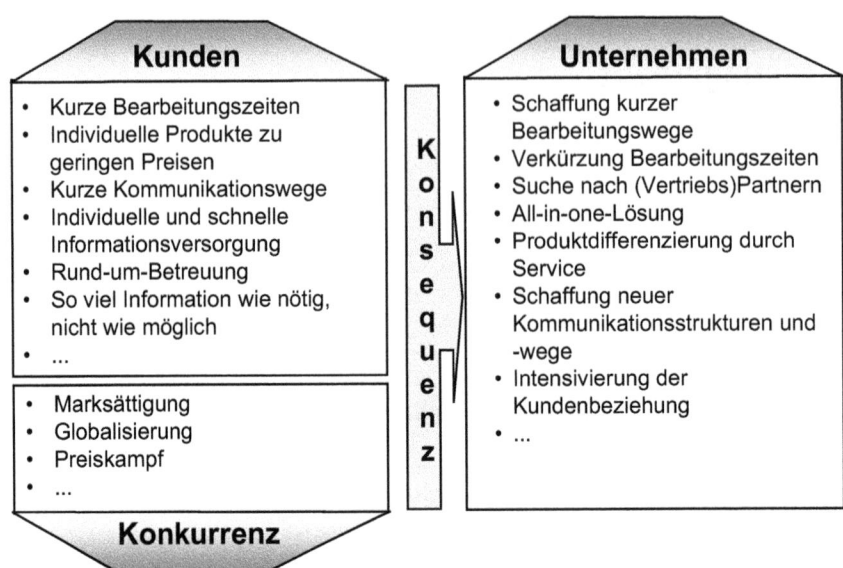

Abb. 1: Konsequenzen veränderter Marktbedingungen

Reaktion der Unternehmen

Die Realisierung der marktseitig erforderlichen Veränderungen lässt zwei Richtungen erkennen:

1. Die Intensivierung der Kundenbetreuung.
2. Die frühzeitige Antizipation der Kundenwünsche.

Intensivierung der Kundenbetreuung

Der erste Aspekt der Intensivierung der Kundenbetreuung ist mit einer Intensivierung der Kundenbeziehung (Customer Relation) assoziiert.[1] Ihr wesentlicher Bestimmungsfaktor ist eine funktionierende Kommunikation der Beziehungspartner. Das bedeutet, auf den richtigen Kommunikationswegen die richtigen Inhalte zu kommunizieren und somit aus Unternehmenssicht die „Sprache des Kunden zu sprechen". Wählte man dazu früher die klassischen Kommunikationswege wie das Telefon, die Post oder den persönlichen Kontakt, so eröffnet heute das E-Zeitalter der mobilen Telekommu-

---

[1] Diese Intensivierung der Beziehungen auf der Absatzseite findet ihr Analogon auf Zulieferseite. Dort werden zunehmend strategische Partnerschaften aufgebaut, um so Kostenvorteile zu erzielen. Das E-Procurement und das Supply Chain Management können als die bedeutendsten Entwicklungen in diesem Kontext angesehen werden.

nikation weitere Möglichkeiten, z.B. über mobile Endgeräte oder das Internet.

Vor allem dem Internet wird bei der Unterstützung der Kommunikationsprozesse ein erhebliches Potenzial zugestanden. Das Internet ist aber weder die Wunderwaffe noch die einzig denkbare Möglichkeit in der Ausgestaltung der Kommunikation mit den Kunden. Vielmehr stellt es eine Ergänzung zu den traditionellen Kommunikationsmedien dar. Es geht darum, den richtigen „Kommunikationsmix" zu finden und zu managen, mithin ein Customer Relationship Management zu etablieren.[2]

Der zweite Aspekt der Antizipation der Kundenwünsche geht mit einer Analyse aller verfügbaren Daten einher. Schafft man neue Kommunikationswege, so steigt damit tendenziell auch die Chance, mehr Daten der Kunden zu erfassen. Sie enthalten mehr oder weniger transparent die Kundenwünsche, die es zu extrahieren, zu systematisieren und in kundenadäquate Maßnahmen umzusetzen gilt.

Antizipation der Kundenwünsche

Im Folgenden werden die genannten, beiden Aspekte aufgegriffen. Dazu wird zuerst eine begriffliche Basis für das Customer Relationship Management (CRM) geschaffen. Anschließend werden für das CRM besonders prädestinierte Bereiche, die Potenziale des CRM insbesondere zur Steigerung des Customer Lifetime Value sowie mögliche Problempunkte bei CRM-Projekten beschrieben. Es schließt sich die Darstellung verschiedener CRM-Formen und -systeme an. Auf diesen rekurrierend werden das Internet als Kommunikationsmedium im CRM und das analytische CRM detailliert. Danach wird eine allgemeine Vorgehensweise bei der Projektierung von CRM-Lösungen vorgestellt und auf Projekte des analytischen CRM übertragen. Den Abschluss bildet ein Ausblick auf Tendenzen im CRM-Kontext.

Artikelübersicht

Was ist Customer Relationship Management?

Neben dem Begriff 'Kundenmanagement' existieren Begriffe wie Kontaktmanagement, Beziehungsmanagement oder auch Electronic Customer Care (ECC). Das

Kundenmanagement und Electronic Customer Care

---

[2] Hiermit wird nicht der aus dem Marketing stammende Begriff des Kommunikationsmixes assoziiert, sondern ein Mix der Kommunikationsmedien.

Kontaktmanagement umfasst alle externen Kontakte des Unternehmens. Das Kundenmanagement nur die Kontakte zu Kunden. Unter den Begriff des Kunden werden potentielle Neukunden, Bestandskunden und Altkunden aggregiert. Das Beziehungsmanagement beinhaltet nur Kontakte zu aktuellen Kunden, nicht zu potentiellen oder alten [3]. Das ECC legt den Fokus auf den Einsatz der Informationstechnik in der (Anbieter-) Kunden-Beziehung.[4]

Definition CRM

Unter dem Customer Relationship Management (CRM) wird im angloamerikanischen Sprachraum inhaltlich das Kundenmanagement verstanden. Damit lässt sich das CRM wie folgt definieren.

> Das Customer Relationship Management (CRM) ist das systematische und kontinuierliche Management der Kundenkommunikation über verschiedene Kommunikationskanäle hinweg zur Unterstützung der Akquisition, Betreuung und Bindung von Kunden.

Beim CRM geht es somit um die Unterstützung und das Management sämtlicher kundenbezogener Prozesse über unterschiedliche Kommunikationskanäle bzw. -medien. Diese Prozesse stammen aus dem Marketing-, dem Vertriebs- bzw. Verkaufs- und dem Servicebereich. Vielfach wird der Schwerpunkt bei CRM-Projekten lediglich auf den Ausbau des Vertriebsbereichs gelegt, was eine eingeschränkte Sicht des CRM darstellt und viele der vorhandenen Potenziale, z.B. für die Bestandskundenpflege und die Neukundengewinnung, ungenutzt lässt.

Bei den Kommunikationskanälen bzw. -medien werden nach der Art der zu realisierenden Kommunikation die folgenden aufgeführt:

1. Internet
2. Mobile Endgeräte
3. Call Center, E-Mail, E-Fax
4. Post, Fax, Persönlich

Nicht jeder der aufgeführten Kanäle eignet sich gleichermaßen für die Unterstützung der Kommunikationsprozesse. Der telefonische Abschluss einer Krankenversicherung (Prozess im Bereich Vertrieb) ist beispielsweise nicht durchführbar, da hierzu die Unter-

---

[3] Vgl. Bellabarba A./Radtke, P./Wilmes, D., S.5.
[4] Vgl. Muther, A.

schrift des Versicherten benötigt wird. Für die Versendung umfassenden Werbematerials (Prozess im Bereich Marketing) ist ein Mobiltelefon ebenfalls keine probate Möglichkeit. Insofern ist die Entscheidung, welcher Kanal genutzt werden soll, vor allem davon abhängig, welcher Prozess in welcher Intensität unterstützt werden soll.

Einsatzbereiche, Potenziale und Probleme des Customer Relationship Management

Das CRM wie zuvor definiert ist in nahezu jeder Branche von Relevanz. Sogar der öffentliche Sektor ist davon nicht ausgenommen. Auf Kommunalebene z.B. ist ein Rückgang der Gewerbesteuereinnahmen zu beobachten. Dies erfordert Anstrengungen vornehmlich im Bereich der Wirtschaftsförderung, um Unternehmen anzusiedeln, die aus Kommunalsicht neben den Touristen und den Einwohnern die Kunden der Kommunen sind.

CRM-orientierte Segmentierung der Industriezweige

Zur Identifikation besonders CRM-geeigneter Industriezweige ist eine auf den drei Marktgrößen Kunden, Konkurrenz und Produkte basierende Segmentierung hilfreich. Besonders intensiv zu beraten und zu betreuen sind die Kunden in Branchen

Marktgrößen als Segmentierungskriterien

- mit schwer zu erklärenden Produkten, die per se beratungsintensiv sind,
- mit starker Konkurrenzsituation oder
- mit ausgeprägter Kundensensitivität.

Hieraus sind drei Segmente zu bilden.

- Segment 1 mit einem sehr hohen Potenzial, in dem alle drei Bestimmungsgrößen überdurchschnittlich ausgeprägt sind.
- Segment 2 mit einem hohen Potenzial, in dem zwei der drei Bestimmungsgrößen überdurchschnittlich ausgeprägt sind.
- Segment 3 mit einem normalen Potenzial, in dem höchstens eine der Bestimmungsgrößen überdurchschnittlich ausgeprägt ist.

Vor allem die Unternehmen der Industriezweige, die in die Segmente 1 und 2 fallen, sollten ihre CRM-Aktivitäten verstärken. Die Abbildung 2 zeigt qualitativ einen

Prognosen und
Wachstumszahlen

Vorschlag zur Segmentierung verschiedener Industriezweige.

Angesichts dieser Beobachtung sind die im Zusammenhang mit CRM-Projekten genannten Wachstumszahlen und -prognosen nicht verwunderlich. Insgesamt wird die Entwicklung des globalen CRM-Marktes sehr optimistisch eingeschätzt. Die International Data Corporation rechnet mit einem Anstieg der weltweiten Investitionen in CRM-Projekte von 4 Bio. US-$ im Jahr 2000 auf 11 Bio. US-$ im Jahr 2003. Ähnliches prognostiziert die Meta Group. Sie rechnet im Jahr 2003 mit Investitionen in der Höhe von 15 Bio. US-$ und im Jahr 2004 gar mit 20 Bio. US-$. Für den deutschen CRM-Markt sieht die Meta Group ein Wachstum von 1,55 Mrd. Euro im Jahr 2000 auf 3,30 Mrd. Euro im Jahr 2002. Diese Zahlen beziehen sich auf Investitionen in für CRM benötigte Hard- und Software sowie auf in Anspruch genommene Services.[5]

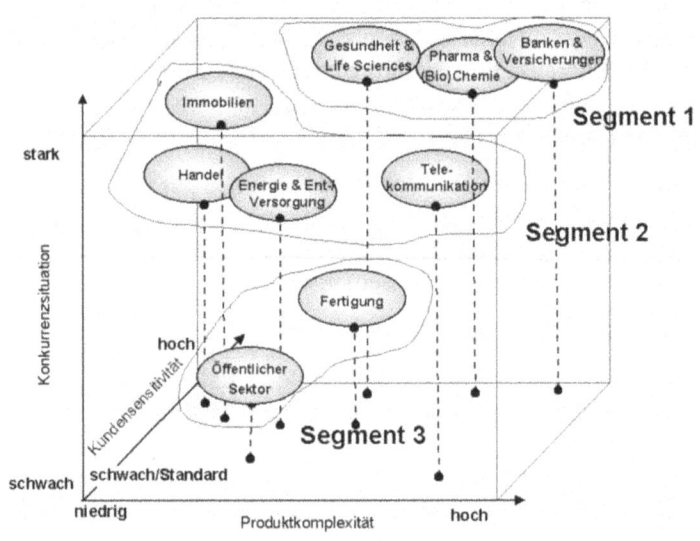

Abb. 2: Vorschlag zur CRM-orientierten Segmentierung der Industriezweige

---

[5] Vgl. Stengl, B./Sommer, R./Ematinger, R., S.23f.

Auch wenn diese Zahlen fundiert sind, so haben Prognosen immer eine negative Eigenschaft: Sie sind mit Unsicherheiten verbunden, was sich im IT-Bereich beim Abflauen des Internet-Booms mit all seinen wirtschaftlichen Folgen besonders deutlich zeigte.[6]

Voraussetzungen für die Realisierung der Zahlen

Damit sich diese Zahlen bewahrheiten können, müssen sich in den Köpfen der Entscheidungsträger ein Verständnis von CRM etablieren, die Potenziale der CRM und auch die möglichen Probleme von CRM-Projekten transparent gemacht werden. Sind die möglichen Probleme bekannt, kann man frühzeitig mit der Erarbeitung von Lösungen beginnen oder solche Maßnahmen in die Wege leiten, die das Auftreten der Probleme verhindern.

Nutzenpotenziale CRM

Die Nutzenpotenziale eines umfassenden CRM sind nachfolgend zusammengefasst.

- Akquisition profitabler Kunden
- Schaffung zusätzlicher Geschäftsmöglichkeiten
- Gezieltes Marketing durch Kundensegmentierung, dadurch z.B. Reduktion der Marketingkosten
- Effizienzsteigerung der internen Prozesse z.B. durch Aufbau eines integrierten Multichannel-Managements und Anbindung an das Intranet
- Verringerung unproduktiver Arbeitszeiten
- Entlastung bei administrativen Tätigkeiten
- Forcieren der Partner-, besonders der Kundenorientierung
- Schaffung einfacher Zugangsmöglichkeiten zum Unternehmen
- Nahtlose, kanalübergreifende Interaktion mit den Kunden
- Personalisierung der Kommunikation sowie der Produkt- und Leistungsangebote
- Verbesserung von Erreichbarkeit und Auskunftsfähigkeit
- Schaffung von Kommunikationsforen für Produkte, Leistungen und Services

---

[6] Das Internet wird eine Renaissance erleben, wenn man analysiert, wo der wirkliche Mehrwert für ein Unternehmen liegen kann. Beispielsweise ergeben sich auf der Versorgungsseite im B2B-Bereich durch Internettechnologien ganz erhebliche Einsparungspotenziale, die bei weitem noch nicht abgeschöpft sind.

- Schnelle, flexible Reaktion auf Anfragen, Wünsche und Beschwerden

Mit anderen Worten ergeben sich durch eine Intensivierung der Kundenbeziehung und einer anschließenden Analyse der Daten Möglichkeiten, den Kundenwert über die gesamte Dauer der Geschäftsbeziehung (Customer Lifetime Value) zu erhöhen. Einerseits geschieht dies durch eine Senkung der Kosten, die für seine (Be)Werbung investiert werden, andererseits durch eine Umsatzsteigerung, z.B. durch gezielte Cross-Selling-Aktivitäten.

Probleme bei CRM-Projekten

Nachfolgend sind die häufig auftretenden Probleme in CRM-Projekten aufgeführt.

- Ein CRM-Projekt wird als Projekt der IT-Abteilung angesehen: Die Projektleitung konzentriert sich auf technologische Aspekte, organisatorische werden vernachlässigt.
- Das CRM-Projekt wird mit der Implementierung als abgeschlossen angesehen.
- Bei der Einführung eines CRM-Systems muss sich nicht nur die IT-Systemwelt ändern, sondern auch die Gedankenwelt der Mitarbeiter.
- Die Mitarbeiter, die das CRM-System benutzen sollen, werden zu wenig in die Entwicklung eingebunden. Technologen überwiegen im Team.
- Die Mitarbeiter, die das CRM-System benutzen sollen, werden zu wenig mit den Möglichkeiten des Systems vertraut gemacht: Das System wird nicht ausreichend genutzt.
- Häufig wird aufgrund der mangelnden Transparenz der Nutzungsmöglichkeiten und Potenziale eines CRM-Systems eine mangelnde Dateneingabesorgfalt und „Datenpflege" beobachtet.
- Die eingeführten CRM-Systeme werden häufig nur in einem Bereich eingesetzt, zur Vertriebsoptimierung.
- Neue Begriffe wie Data Warehouse, Data Mining, kollaborativ schrecken ab: Die damit verbundenen Potenziale bleiben ungenutzt.
- Es wird unterschätzt, dass CRM-Projekte genau strukturiert und umfassend unter Einbezug aller Beteiligten geplant werden müssen. Das Team entscheidet über den Erfolg.

- Aus Kostengründen wählt man eine Minimal-Lösung, deren Nutzen auch nur minimal sein kann.

Vielen dieser vermeintlichen Probleme kann mit verhältnismäßig einfachen Mitteln begegnet werden, wie später zu sehen sein wird.

Formen und Systeme des Customer Relationship Management

Aus konzeptioneller Sicht werden drei Hauptformen des CRM differenziert.

Konzeptionelle Hauptformen des CRM

- Operatives CRM (O-CRM)
- Kollaboratives CRM (K-CRM)
- Analytisches CRM (A-CRM)

Definition Operatives CRM
Konzept zur Unterstützung der laufenden Kundenkontakte und der entsprechenden Geschäftsprozesse über alle Kanäle hinweg.

> Beispiel: Ein Arbeitnehmer ruft beim Call Center an und fragt nach einer Bescheinigung über den Krankenversicherungsbeitrag.

Definition Kollaboratives CRM
Konzept zur Synchronisation der Kanäle durch

1. Weitergabe von Informationen an andere Kanäle
2. Weitergabe von Informationen, verbunden mit der Initiierung weiterer Aktionen.

> Beispiel 1: Das Call Center informiert den Außendienstmitarbeiter, dass ein Kunde seines Bezirks angerufen hat, der Beratungsbedarf hat.
> Beispiel 2: Das Call Center informiert den Außendienstmitarbeiter über den Anruf und schlägt gleichzeitig einen Termin für die Beratung vor.

Definition Analytisches CRM
Konzept zur Analyse der vorliegenden operativen CRM-Daten, um Informationen zu gewinnen, die die Entscheidungsgrundlage für strategische, zukunftsorientierte Planungen sein können. Es sieht häufig neben Analysefunktionen auch Reporting-Funktionen vor.

> Beispiel: Durch eine Analyse der operativen CRM-Daten wurde festgestellt, dass bei den ledigen Kunden mit hohem Einkommen, akademischer Ausbildung und einer Beschäftigung in der IT-Branche besonders häufig Anfra-

gen zur Krankenversicherung bei Selbstständigkeit anfallen. Die Konsequenz könnte sein, speziell für diese Kunden einen Service z.B. der Art „mit unserer Kasse in die Selbstständigkeit" anzubieten.

Weitere CRM-Formen

Das Konzept des intelligenten CRM (I-CRM) versucht einen integrierten, konzeptionellen Ansatz für das CRM umzusetzen. Ausgehend von den in den einzelnen Unternehmensbereichen relevanten kundenbezogenen Prozessen, wird untersucht, welche Kommunikationskanäle bzw. -medien geeignet sind, die auftretenden Informations- und Kommunikationsprozesse zu unterstützen. Daraus leitet sich die funktionale Anforderung an die entsprechenden CRM-Systeme ab.

Darüber hinaus findet sich der Begriff des elektronischen CRM (E-CRM), der auf die internetbasierte Unterstützung der Kundenkommunikation abstellt und damit eine Realisierungsform des CRM darstellt.

Das CRM bedeutet also nicht zwangsläufig eine elektronische Unterstützung der Kundenkommunikationsbeziehungen, gleichwohl man es darauf kapriziert. Aus technologischer Sicht stellt sich die Frage, wie die genannten CRM-Formen umgesetzt werden.

Systeme im CRM-Kontext

Das O-CRM wird üblicherweise von Enterprise Resource Planning Systemen (ERP-Systeme) unterstützt. ERP-Systeme sind betriebliche Standardsoftware-Systeme zur Unterstützung aller aus den Geschäftsaktivitäten resultierenden, betriebswirtschaftlichen Prozesse. Das K-CRM wird häufig auf Call Center-Systeme reduziert und für das A-CRM greift man auf Data-Warehouse- und Data-Mining-Tools zurück.

Unter einem CRM-System ist i.d.R. ein Ausbau klassischer ERP-Systeme durch Hinzunahme weiterer Kommunikationskanäle (Internet, mobile Endgeräte, Call Center, etc.) zu verstehen. Da das CRM wie bereits erwähnt vielfach auf die Vertriebsunterstützung beschränkt wird, werden darunter vorwiegend z.B. Sales-Force-Automation- und Computer-Aided-Selling-Systeme (SFA-, CAS-Systeme) subsumiert.

Die funktionale Erweiterung der ERP-Systeme bedeutet einen Ausbau der Kommunikationskanäle, ihre Nutzbarmachung bei den Kommunikationsprozessen[7]

---

[7] Es handelt sich um den Ausbau des Front-Offices-Bereichs, der die direkten Kundenkontakte zum Gegenstand hat.

und die Schaffung einer Schnittstelle zu den operativen Systemen im Back-Office-Bereich. Damit einher geht die Erweiterung der Datenbasis, denn es werden weitere, kundenspezifische Daten erhoben, die es zu erfassen und in die bestehende Datenlandschaft zu integrieren gilt.

Die Abbildung 3 zeigt das Zusammenspiel der drei genannten Grundformen des CRM.

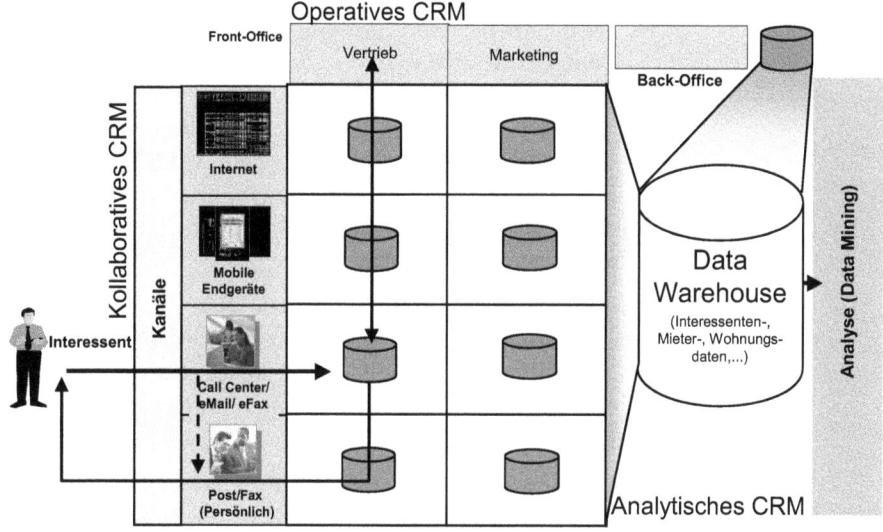

Abb. 3: Das Zusammenspiel der Grundformen des CRM

Zwei besondere Formen des Customer Relationship Management: E-CRM und A-CRM

Die Säulen des CRM bilden eine Intensivierung der Kundenbetreuung bzw. -beziehung und die frühzeitige Antizipation der Kundenwünsche. Als besondere CRM-Formen werden daher das E-CRM bzw. die Potenziale des Internet im CRM sowie das A-CRM detailliert, die diese Bereiche unterstützen.

Mit dem Internet sind im Rahmen des CRM (E-CRM) die folgenden Potenziale verbunden:

E-CRM: Potenziale

- Schnelle Kommunikation (bei geringen Kosten pro Kontakt)

- Positive Mischung aus Informationen, Service, Unterhaltung und Kommunikation. (Infotainment)
- „Rund-um-die-Uhr-Verfügbarkeit und -Erreichbarkeit" des Unternehmens
- Realisierung individueller, Broadcast- und auch Marktplatz-Informationsleistungen. Im Rahmen des Kundenmanagements besonders bedeutsam: Umsetzung der „Information on specific demand" oder „Information on delivery", was einem 1:1- bzw. 1:m-Kontakt entspricht
- Realisierung von „individueller Massenproduktion" (mass customizing)
- Vereinigung verschiedener Kommunikationsmedien, die direkte wie indirekte Kontakte ermöglichen
- Anonymität senkt Hemmschwelle, wodurch (möglicherweise) mehr Informationen über den Kunden und seine Wünsche zu gewinnen sind als mit anderen Kommunikationsformen

Möglich wurden diese Potenziale erst durch die Entwicklungen im Bereich der Informations- und Kommunikationstechnologien. Von diesen sind für das elektronische Kundenmanagement besonders die folgenden von Bedeutung:

- Client-Server-Technologie und Weiterentwicklung der Datenbanktechnologie
- Multimediatechnologien/Interaktivität
- Entwicklung von Standards für die Kommunikation (SET, OPS, BAPI: Standards für Bestellabwicklung)
- Entwicklung intelligenter Systeme (wie Robots), z.B. für die Kunden-, Anfragebearbeitung. Oder z.B. auch intelligente Robots, z.B. Chatter Bots, die mit Kunden reden
- Integration: all-in-one-Lösungen auf einer Plattform
- Multimode Access (Mehrbenutzerzugriffe)
- Sicherheitskonzepte

A-CRM: Potenziale

Dem analytischen CRM (A-CRM) können z.B. die folgenden Potenziale zugeschrieben werden.

- Identifikation und Beschreibung der umsatzstärksten Kunden
- Identifikation und Beschreibung potenzialträchtiger Kundensegmente
- Identifikation von Schlüsseleigenschaften der Produkte

- Identifikation von Kundensegment-Produktkombinationen (Welche Kundengruppen fragen welche Produkte nach?)
- Identifikation und Beschreibung abwanderungsgefährdeter Kunden
- Analyse des Responseverhaltens der Kunden auf Marketingaktionen
- Analyse der monetären Wirkung von Marketingaktionen
- Analyse der Cross-Selling und Up-Selling-Potenziale
- Erkennen von Trends und Trendwechsel
- Prognose der zu erwartenden Nachfrage

Diese Potenziale des analytischen CRM wurden durch eine Reihe von Entwicklungen im IT-Bereich ermöglicht und forciert.

- Konzepte zur strukturierten Datenerfassung und Datenspeicherung (Methoden zur Datenmodellierung)
- Entwicklung leistungsfähiger, intelligenter Datenanalysemethoden, z.B. Data-Mining-Algorithmen
- Entwicklung multidimensionaler Datenstrukturen
- Client-Server-Technologie und Weiterentwicklung der Datenbanktechnologie
- Entwicklung der Data-Warehouse-Technologie
- Entwicklungen im Bereich der Chip- und Speichertechnologie, die die schnelle Verarbeitung und damit Nutzbarmachung umfangreicher Datenbestände ermöglichen

Ob und inwieweit die genannten Möglichkeiten realisiert werden, hängt zu einem Großteil davon ab, wie CRM-Projekte geplant und durchgeführt werden.

Projektierung von CRM-Lösungen

Ein CRM-Projekt beginnt mit der Projektplanung, deren Qualität bereits den Grundstein für den Erfolg eines CRM-Projekts legt. Adäquate Maßnahmen bei der Projektdurchführung bauen das Fundament eines erfolgreichen CRM-Projekts weiter aus und festigen dieses. Die folgende Auflistung zeigt wesentliche Punkte, die man bei der Projektierung von CRM-Lösungen berücksichtigen sollte.

Maßnahmen für erfolgreiche CRM-Projekte

Projektplanung

- Strukturiertes, phasenweises Vorgehen
- Standardisierung der Vorgehensweise so weit als möglich
- Festlegen der benötigten personellen Ressourcen mit Rollen, Zuständigkeiten, Verantwortlichkeiten
- Teambildung aus „Methodenspezialisten", „Branchenspezialisten" und „Integratoren", um bestmögliche Lösung zu erzielen
- Erarbeiten und Darstellung möglicher Probleme, kritischer Erfolgsfaktoren, die zu Projektverzögerungen führen können
- Etablieren von Standards soweit als möglich, ohne aber Kreativität aufzugeben

Projektdurchführung

- Protokollierung und Dokumentation der Erfahrungen
- Kontinuierliche Einbindung aller Teambeteiligten
- Regelmäßiger Erfahrungsaustausch und regelmäßige Teamsitzungen

Phasenmodell für CRM-Projekte

Was die Frage nach einem phasenbezogenen Standard anbetrifft, empfiehlt sich die in der folgenden Abbildung 4 dargestellte allgemeine Vorgehensweise, die sich an das für IT-Projekte typische Wasserfallmodell anlehnt.

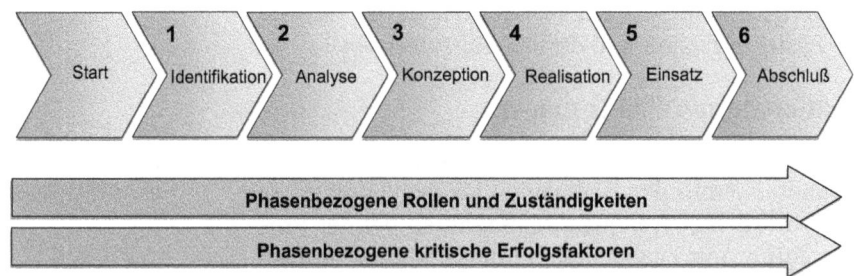

Abb. 4: Phasenmodell der Projektierung von CRM-Lösungen

In der Startphase werden der grobe Projektplan hinsichtlich der benötigten Ressourcen und zu erreichender Ziele festgelegt. In der Identifikationsphase findet eine Detaillierung des zuvor beschriebenen Projektplans statt, in dem definiert und konkretisiert wird, welche Teilziele über welche Schritte mit welchen Mitarbeitern in welcher Zeit erreicht werden sollen.

In der Analysephase wird die Ist-Situation erfasst und dokumentiert, z.B. bezüglich der bisherigen CRM-Lösung, ihrer technologischen Umsetzung und ihrer Integration in die bestehende IT-Landschaft. Des weiteren werden die vorhandenen personellen und finanziellen Ressourcen erhoben.

Darauf aufsetzend wird in der Konzeptionsphase das Soll-Konzept der CRM-Lösung designt und in der Realisationsphase umgesetzt, d.h. implementiert. Umfangreiche Tests auf einem CRM-Piloten bilden den Abschluss dieser Phase, bevor das System in der Einsatzphase zum Einsatz gelangt.

Nach erfolgreicher Einführung des CRM-Projekts wird das Projekt abgeschlossen.

In jeder Phase ist darüber hinaus zu definieren, welche Personen mit welchen Fähigkeiten benötigt werden und für welche Teilschritte sie verantwortlich zeichnen. Ebenfalls phasenbezogen zu beschreiben sind die möglicherweise auftretenden Probleme sowie die kritischen Erfolgsfaktoren.

Die folgenden Fragen sind bei der Soll-Konzeption von CRM-Lösungen hilfreich:

Fragenkatalog zur Erarbeitung einer CRM-Sollkonzeption

- Welche Prozesse (aus dem Marketing, Vertrieb, Service) soll das CRM-System unterstützen?
- Welche Informations- und Kommunikationsprozesse finden dabei statt?
- Welche Kommunikationskanäle bzw. -medien eignen sich für die Unterstützung welcher Informations- und Kommunikationsaktivität in welchem Prozess?
- Wer soll mit dem CRM-System arbeiten?
- Sind ausreichend geschulte Mitarbeiter vorhanden?
- Soll das CRM-System modular aufgebaut werden?
- Soll das CRM-System erweiterbar, d.h., skalierbar sein?
- Welche Systeme, z.B. ERP-, SFA-Systeme, existieren bereits und wie interagieren diese, d.h., welche Systeme unterstützen bislang das CRM?
- Wie sollen die einzelnen CRM-Teillösungen priorisiert werden?

- Wie ist die sonstige IT- und Datenlandschaft aufgebaut?
- Welche Kosten sind bei der Umsetzung der „idealen" CRM-Lösung voraussichtlich zu erwarten (worst, middle, best case)?
- Wie hoch ist das vorhandene Budget?
- Was von der Ideallösung kann umgesetzt werden?

Übertragen des Phasenmodells auf Teilprojekte des A-CRM

Ein CRM-Projekt setzt sich i.d.R. aus mehreren Teilprojekten zusammen, von denen jedes die oben skizziere, grundsätzliche Struktur aufweist. Für die Projektierung des analytischen CRM (vgl. dazu die Abbildung 3) sind z.B. zwei Teilprojekte auszumachen: Das Teilprojekt der Datenaufbereitung, z.B. in Form der Entwicklung eines Data-Warehouses, und das Teilprojekt der Datenanalyse, z.B. durch die Entwicklung von Data-Mining-Anwendungen. Für das letztgenannte Teilprojekt beschreibt die folgende Abbildung 5 die Vorgehensweise sehr anschaulich.

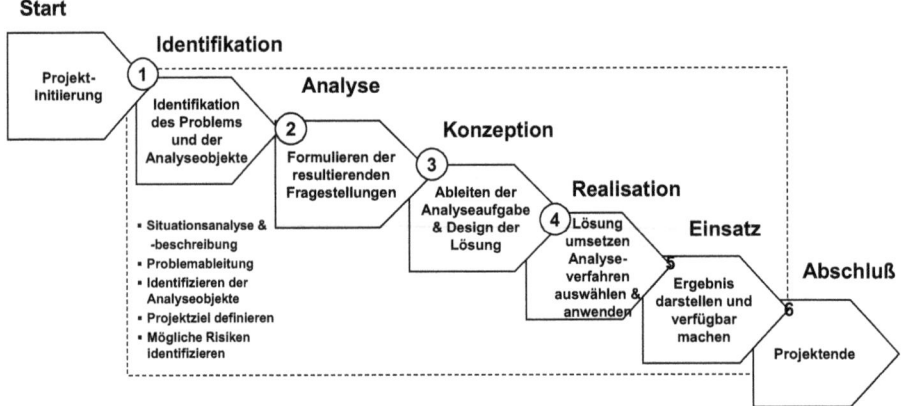

Abb. 5: Phasenmodell der Projektierung des analytischen CRM - Teilprojekt Datenanalyse

Beispiel für das Teilprojekt Datenanalyse im A-CRM

Die folgende Abbildung 6 skizziert ein Anwendungsbeispiel.

3.2 Customer Relationship Management

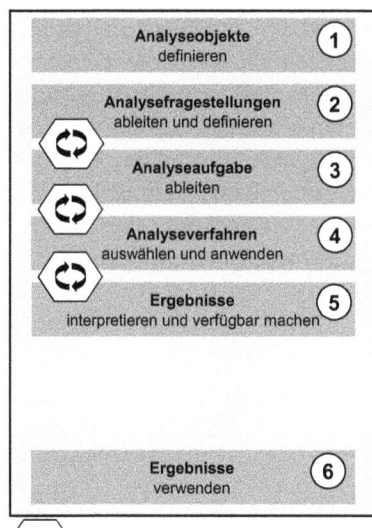

Abb. 6: Beispiel zum Phasenmodell der Projektierung des analytischen CRM - Teilprojekt Datenanalyse

Tendenzen im CRM-Kontext

Die möglichen Entwicklungen im CRM-Bereich sind nachfolgend skizziert.

- Statt einer Erweiterung klassischer ERP-Systeme um CRM-Funktionalitäten werden zukünftige CRM-Systeme bereits konzeptionell CRM-orientiert sein.
- Die Anbindung vor allem mobiler Endgeräte wird zunehmend forciert werden.
- Integrierte CRM-Lösungen werden separierten CRM-Lösungen vorgezogen. Damit einher geht die Datenintegration.
- Die Nutzung der Kommunikationskanäle wird auf die Kommunikation mit allen Geschäftspartnern sowie den internen Mitarbeitern ausgedehnt. Man wird zukünftig also eher von einem Partner Relationship Management (PRM) statt von einem Customer Relationship Management (CRM) sprechen.
- Die Bedeutung des analytischen CRM wird weiter wachsen.

Perspektiven des CRM

Die Potenziale des CRM sind von Unternehmensseite zwar bereits erkannt, bisher jedoch noch nicht umfassend ausgeschöpft. Ob sich das CRM durchsetzen und etablieren wird, wird entscheidend davon abhängen, ob Unternehmen statt voreiliger Schnellschüsse, wie bei Internet-Projekten beobachtet, wohl definierte und strukturierte CRM-Konzepte entwickeln, die möglicherweise in mehreren Stufen realisiert und eingeführt werden.

Literatur

Stengl, B./Sommer, R./Ematinger, R: CRM mit Methode. Bonn 2001.

Muther, A.: Electronic Customer Care; Berlin Heidelberg u.a. 1999.

Bellabarba A./Radtke, P./Wilmes, D.: Management von Kundenbeziehungen; München 1998.

Lube, M.: Kundenmanagement – die Kundenbeziehung als neue Bezugsgröße des Controlling; In: controller magazin, 1997, H.3, S.183-189.

3.3 One-to-one-Marketing

CHRISTIAN REICHARDT

Einleitung

„Wir haben heute wieder mittelalten Emmentaler, den essen Sie doch so gerne". So unkompliziert verwandelte Tante Emma das Wissen über ihre Kunden in bare Münze. Doch ein solch persönlicher Kundenservice ist im Zeitalter der Bankautomaten und Supermärkte zur Seltenheit geworden und steht nur noch ausgewählten Kunden einiger Branchen zur Verfügung. Mit dem Internet kehrt heute die Möglichkeit zurück, zu vertretbaren Kosten eine auf die individuelle Situation eines einzelnen Kunden ausgerichtete Kommunikation zu führen.

Das Tante-Emma-Laden-Prinzip

Doch während Tante Emma ihre Kundschaft persönlich kannte und mit jedem Einzelnen regelmäßig sprechen konnte, sind im Zeitalter der teilweise anonymen und standardisierten Kommunikation über verschiedene Kanäle zur erfolgreichen Kundenbindung Lösungen für die Interaktion mit dem Kunden gefragt, die weniger intuitiv als vielmehr intelligent auf dessen Bedürfnisse eingehen.

Lösungen zur interaktiven Kundenbindung

Begriff des One-to-one-Marketing

Wesentlicher Bestandteil einer derartigen Lösung ist das sogenannte One-to-one-Marketing. Dieser Begriff wurde von Don Peppers und Martha Rogers in ihren Bestsellern „The One to One Future" und „Enterprise: One to One" geprägt. Darin wird ein Paradigmenwechsel im Marketing dargestellt: Es gehe nicht mehr darum, mehr Käufer für seine Produkte zu finden, sondern mehr Produkte für seine Käufer. Dadurch entstehe ein Stamm deckungsbeitragsstarker Käufer, der durch hochindividualisierte Dienstleistungen und Produkte

Paradigmenwechsel im Marketing

an das Unternehmen gebunden werden kann (One Customer at a Time).

Eine Voraussetzung dafür sehen die Autoren in der Pflege einer permanent lernenden Beziehung mit jedem einzelnen Kunden. So kann auf dessen Bedürfnisse eingegangen werden, und Produktangebote können präzise und gewinnbringend auf ihn ausgerichtet werden. Mit der Zeit entwickelt ein Unternehmen durch dieses Vorgehen ein detailliertes Wissen über jeden einzelnen Kunden und kann damit seine Leistungen immer besser auf ihn zuschneiden. Peppers und Rogers betonen: Für einen Wettbewerber ist es nahezu unmöglich, diese tiefen Kenntnisse zu kopieren. Ein One-to-one-Unternehmen hat somit ein fast undurchdringliches Schloss der Kundenbindung installiert. Durch den Aufbau dieser lernenden Beziehung entwickelt der Kunde Loyalität dem Unternehmen gegenüber, die es zunehmend schwerer macht, zur Konkurrenz zu wechseln.

Individualisierung vs. Personalisierung

Vielfalt der Kommunikationsmöglichkeiten

Eine besondere Stärke der Kommunikation mittels der Onlinemedien liegt in der Möglichkeit, Informationen und Produktangebote einerseits an die breite Masse der aktuellen und potenziellen Kunden zu richten, diese andererseits auf einzelne Zielgruppen hin zu individualisieren sowie in der Möglichkeit, zugleich auch einzelne Kunden persönlich anzusprechen. Kein anderer Kommunikationskanal (On- wie Offline) kann solch eine Vielfalt an Möglichkeiten in dieser Form bieten (vgl. Abbildung 1).

Zielgruppenspezifische Informationen

Ein erster Schritt zur Individualisierung im World Wide Web ist das Anbieten von zielgruppenspezifischen Informationen, Interaktionen oder Produkten. Diese Individualisierung kann entweder durch Strukturieren der eigenen Web-Site nach den verschiedenen Zielgruppen oder durch separate Themen- und Zielgruppenportale realisiert werden. Dadurch wird eine klare Positionierung im Markt erreicht – Angebote und Kommunikationsstil entsprechen den Bedürfnissen der Zielgruppe. So erzielt zum Beispiel die Dresdner Bank mit ihrem ausschließlich auf Firmenkunden ausgerichteten Firmenfinanzportal eine sehr viel höhere Akzeptanz bei ihren Zielgruppen als Wettbewerber, die keine klar erkennbare Spezialisierung vorweisen können.

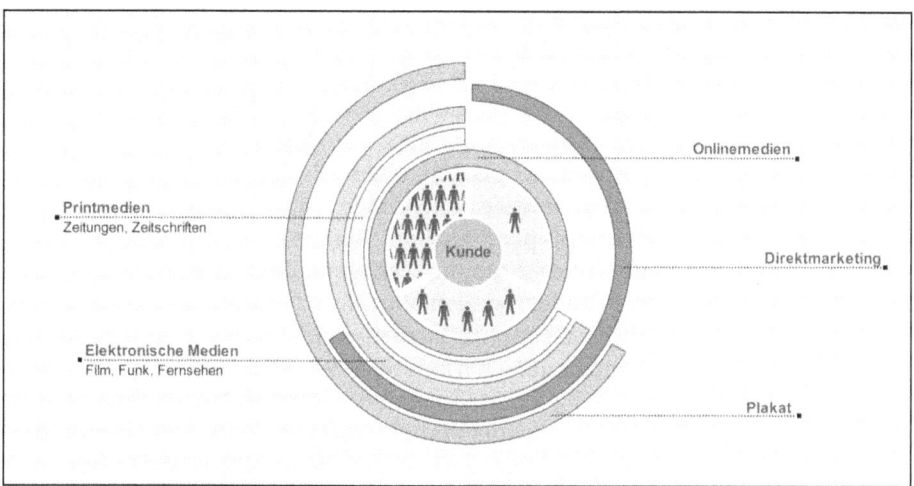

Abb. 1: Einsatzmöglichkeiten der Medien

Der nächste Schritt hin zur - auch Segment-of-One-Marketing genannten - persönlichen Kundenbeziehung erfordert eine auf den einzelnen Nutzer bzw. Kunden zugeschnittene Personalisierung. Personalisiert werden kann im Rahmen einer durch den Anwender vorgenommenen expliziten Personalisierung. Hier kann der Anwender, vergleichbar mit „My Yahoo", eine standardmäßig voreingestellte Seite aktiv nach seinen Interessen ändern.

Personalisierung

Technologisch wie konzeptionell anspruchsvoller, zugleich aber auch lohnender für das Unternehmen, ist die implizite, auf einem komplexen System von Zuordnungen und Regeln basierende Personalisierung. Diese Form von Personalisierung nutzt ein im Hintergrund/Backend liegendes Kundenprofil, um dem Kunden die für ihn relevanten Informationen und Angebote zu identifizieren und gezielt unterbreiten zu können. Damit kommt diese Form der Personalisierung dem Paradigma der traditionellen persönlichen Kundenbeziehung schon sehr nahe.

Kundenprofil zur Unterbreitung relevanter Informationen

Um die für die implizite Personalisierung erforderlichen Kundeninformationen zu gewinnen, gibt es eine Vielzahl von Wegen – so wird beispielsweise beim sogenannten Profiling das Kundenprofil über einen Online-Fragebogen erhoben. Das Auswerten von Transakti-

Möglichkeiten der Informationsgewinnung

onsdaten erfolgt dahingegen auf individueller Ebene oder als „Collaborative Filtering" à la Amazon und liefert ebenso Informationen über den Kunden wie z.B. über die Nutzung der bei der expliziten Personalisierung angegebenen Präferenzen. Weitere Informationsquellen sind zum Beispiel die Click-Stream-Analyse des Such- und Nutzungsverhaltens des Kunden auf der Web-Site oder die über die klassischen Vertriebskanäle gewonnenen Daten eines CRM-Systems. So kann bei einer bereits existierenden Kundenbeziehung das Wissen des persönlichen Beraters, Vertriebsmitarbeiters oder Key-Account-Managers über den Kunden dazu verwendet werden, das Kundenprofil und damit die Web-Site voreinzustellen – ein Service, den der Onlinekunde mit Sicherheit schätzen wird.

Bei allen Maßnahmen kommt es letztendlich immer darauf an, unabhängig von der konkreten Informationsquelle ein System aus finanziellen, soziodemographischen, nutzenbasierten und von beobachtbarem Kundenverhalten ableitbaren Kriterien zu entwickeln, das zur Personalisierung der Site verwendet werden kann.

Vorbehaltlose Transparenz gegenüber Kunden

Bedingung für den Einsatz eines solchen Systems ist dabei stets die vorbehaltlose Transparenz gegenüber dem Kunden: Er muss sich zu jedem Zeitpunkt darüber informieren können, welche Einstellungen auf Basis welcher Informationen für ihn vorgenommen wurden – und er muss diese auf Wunsch ändern bzw. rückgängig machen können. Vom Kunden nicht nachvollziehbare Einstellungen und Services im Hintergrund hingegen werden das notwendige Vertrauensverhältnis eher negativ beeinflussen.

Das 3-Wege-Prinzip des One-to-one-Marketing

Will man die etablierten Vertriebskanäle in einen Online-One-to-one-Ansatz integrieren, sind komplexere Lösungen als bei einem reinen E-Commerce-Unternehmen erforderlich:

Kombination aus Individualisierung und Personalisierung

Ein Lösungsansatz, der strategisch darauf abstellt, verschiedene Formen der Individualisierung und Personalisierung zu kombinieren, wird von der Concept! AG, einem der führenden Dienstleistungsunternehmen für interaktive Lösungen in Europa, als das 3-Wege-Prinzip des One-to-one-Marketing beschrieben. Dieses

3.3 One-to-one-Marketing

wird in Ansätzen heute schon von verschiedenen Finanzdienstleistern - aber auch von Automobilherstellern wie VW mit der Einführung der Driverslounge - verfolgt:

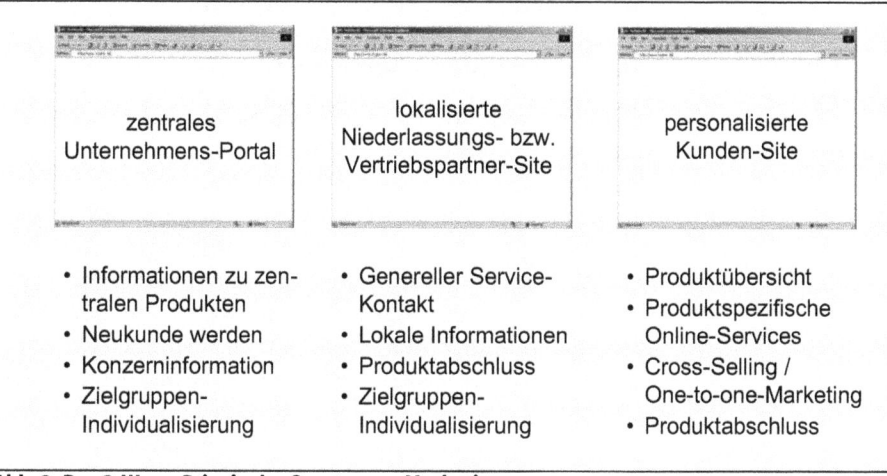

Abb. 2: Das 3-Wege-Prinzip des One-to-one-Marketing

In einem zentralen Unternehmens-Portal bzw. den damit verbundenen Sub-Web-Sites finden die Kunden der einzelnen Zielgruppen die für sie relevanten Informationen und Produkte. Gerade im Bereich der Finanzdienstleistungen ist die getrennte Ansprache von Zielgruppen inzwischen weit fortgeschritten: So gliedert die Allianz ihr zentrales Portal streng in Privatkunden und Firmenkunden, die ERGO-Gruppe hat unter der Domain www.vutur.de eine eigene Sub-Web-Site für vermögende Privatkunden sowie unter der Domain www.vscout.de eine Web-Site für Jugendliche live geschaltet.

1. Weg: Das zentrale Unternehmensportal

Der zweite Weg der - im Beispiel regionalen - Individualisierung sind die von einem zentralen System erstellten lokalen Niederlassungs- bzw. Vertriebspartner-Web-Sites. Die derart gezeigte Kundennähe hilft beim Aufbau einer persönlichen und individuellen Kundenbeziehung – über entsprechende Funktionalitäten auf der Site kann der Kunde jederzeit Kontakt zum regionalen Ansprechpartner aufnehmen. Wieder sind die Finanzdienstleister Vorreiter der Entwicklung: Auf dem deutschen Markt wird dieser Weg sowohl von Versicherungsunternehmen wie der Allianz, als auch von den

2. Weg: Die lokalisierte Niederlassungs- bzw. Vertriebspartner-Site

Volksbanken und Raiffeisenbanken mit der Entwicklung der VR-NetBank bereits beschritten.

3. Weg: Die personalisierte Kunden-Site

Finales und für das Geschäftsmodell wichtigstes Element im 3-Wege-Prinzip ist die personalisierte Kunden-Site, auf der der Kunde alle für ihn relevanten Informationen und Transaktionen gebündelt findet.

Die personalisierte Kunden-Site

Zusätzliche kundenspezifische Informationen

Die personalisierte Kunden-Site bietet dem Kunden im Kern den Überblick über alle bei der jeweiligen Unternehmensgruppe abgeschlossenen Produkte mit aktuellem Status, verbundenen Dienstleistungen und Änderungsmöglichkeiten und zeigt zusätzliche Informationen wie Transaktionshistorie und hinterlegte Kundendaten. Solches wurde beispielsweise von der Axa-Colonia mit „My Axa" bereits realisiert; auch Online-Retailer wie Amazon bieten den Blick ins persönliche „Konto".

Permission Marketing vs. Vertriebssicht

Zum Ausbau der personalisierten Kunden-Site in eine Geschäft generierende Plattform dienen ein vom Kunden explizit personalisierbarer Bereich, der Zugriff auf Routine-Transaktionen, die Abschlussmöglichkeit für neue Produkte, die Gelegenheit zur persönlichen Interaktion zulässt, sowie ein Bereich, in dem das Potenzial des One-to-one-Marketing für den aktiven Vertrieb von kundenspezifischen Produkten genutzt wird. Gerade in diesem Bereich liegt die Herausforderung darin, die Vertriebssicht des Unternehmens mit einem Permission-Marketing-Ansatz zu kombinieren, der den Kunden vor unerwünschten Informationen schützt.

Aber erst durch die Möglichkeit zum aktiven Vertrieb rechtfertigt sich letztlich der hohe technologische und konzeptionelle Aufwand einer personalisierten Kunden-Site. Denn wie bei Tante Emma gilt es, den Kunden dort abzuholen, wo er herkommt: bei seinen Routine-Transaktionen, sprich zukünftig immer mehr auf der personalisierten Kunden-Site und weniger in einer reinen Transaktionsumgebung.

Die lernende Kundenbeziehung

Individualisierung ohne komplexe Einbindung von Backend-Systemen

Durch die Erhebung der im Punkt „Individualisierung vs. Personalisierung" beschriebenen Kriterien entsteht im Laufe der Zeit eine lernende Kundenbeziehung. Relativ schnelle Erfolge lassen sich bei Elementen realisieren, die nur über den Kanal Internet erhoben und genutzt werden; hier entfällt teilweise die komplexe Integration von Backend-Systemen. So zeigt die Deutsche Bank ihren Private-Banking-Kunden auf deren personalisierter Seite, der „Private Site", die fünf häufigsten Online-Aktionen aller Kunden als direkten, personalisierbaren Link an.

Anspruchsvollere Schritte der Entwicklung von einer Basis-Kunden-Site mit Transaktionen hin zur Geschäfte anbahnenden personalisierten Kunden-Site erfordern die Nutzung eines multikanalfähigen CRM-Systems.

In Richtung Multikanalfähigkeit zielt beispielsweise der von der Deutschen Bank auf der „Private Site" eingerichtete persönliche Postkorb. Dort kann der persönliche Berater dem Kunden verschlüsselt - und damit sehr viel sicherer und diskreter als bei der Verwendung von E-Mail - Informationen und vor allem persönliche Angebote hinterlegen. Umgekehrt sind jedoch auch Anfragen durch den Kunden oder Terminabsprachen möglich.

Verbindung mit einem CRM-System

Beispielhafte Maßnahmen

Neben verschiedenen auf Data-Mining basierenden Ansätzen ist die ereignisorientierte Kommunikation mit dem Kunden ein weiterer Ansatz zur konkreten Ausgestaltung eines One-to-one-Marketing-Systems (event triggered communication). Die Grundlage für diesen Ansatz bilden Regeln, die die Zuordnung von onlinegestützten Marketingmaßnahmen zu den einzelnen Kunden nach bestimmten Ereignissen steuern. Diese Maßnahmen werden kundenspezifisch ausgelöst, sobald beim Kunden ein bestimmtes, vorher definiertes Ereignis eintritt. Ein solches Ereignis kann der Kauf eines Produkts, der Ablauf eines Servicevertrages, die Fälligkeit eines Wartungstermins, eine gesetzliche oder steuerliche Veränderung, aber auch der Geburtstag des Kunden sein. Das Eintreten des Ereignisses startet dann automatisch die dafür definierte Aktion.

Ereignisorientierte Kommunikation

So wird dem Käufer zum Erwerb des Produkts gratuliert, ein neuer Servicevertrag bzw. eine lukrative Geldanlage angeboten, oder er erhält einen Geburtstagsglückwunsch. Auf diesem Wege kann beispielsweise ein Geldinstitut anlässlich des 50. Geburtstages eines

Beispiele für Ereignisse

Kunden diesem einen speziellen Sparbrief mit 15jähriger Laufzeit zur Aufbesserung der Rente offerieren.

Diese ereignisorientierte Kommunikation ermöglicht einen automatisierten und dennoch auf den individuellen Anlass abgestimmten Kontakt mit einer Vielzahl unterschiedlicher Kunden. Das Ergebnis: Trotz der Allgemeingültigkeit der Personalisierungsregeln fühlt sich der einzelne Kunde speziell behandelt und registriert die persönliche Betreuung. Gesteigerte Beratungsqualität, größere Angebotstransparenz und eine bessere Unterstützung der Kaufentscheidung sind wesentliche Vorteile für ihn. Statt der bisher auch im World Wide Web üblichen Einbahnstraßen-Kommunikation findet bei begleitender Implementierung eines entsprechenden Kommunikationsprozesses nun ein echter Dialog statt, der beiden Seiten einen Nutzen bringt.

Implementierungsschritte

Einhaltung der Implementierungsschritte

Beim Aufbau eines One-to-one-Marketing-Sytems hat sich die Einhaltung der Reihenfolge der in Abbildung 3 beschriebenen Schritte als erfolgreich dargestellt.

	Inhalte/ Organisation	Technik
Schritt 1: Analyse der Ausgangsbasis	• Produkte • Kunden • Wettbewerb • Organisation	• Techn. Infrastruktur/ Systeme • Existierender Web-Auftritt
Schritt 2: Stufenkonzeption	• Handlungsfelder • Maßnahmen • Zeitplanung	• Software-Auswahl (CRM, CMS, Datenbank, Personalisierung etc.) • Migrationskonzept
Schritt 3: Prototyping und Umsetzungsorganisation	• Prototyp in repräsentativem Bereich • Interdisziplinäre Umsetzungsorganisation	• Technischer Prototyp
Schritt 4: Implementierung der 1. Stufe	• Definition von Algorithmen und Regeln (max. 2-6 Kundensegmente, 3-5 Algorithmen pro Segment)	• Abbildung Regelwerk • Programmierung • Front-End-Design
Schritt 5: Optimierung	• Kunden-Tests • Wirtschaftlichkeitsrechnung	• Techn. Weiterentwicklung
Schritt 6: Ausbau	• Verfeinerung Regelwerk • Erweiterte Multikanalfähigkeit	• Techn. Weiterentwicklung

Abb. 3: Umsetzungsschritte zum One-to-one-Marketing

Ausblick

Nach Einschätzung zahlreicher Unternehmen werden personalisierte Angebote im Internet in den kommenden Jahren enorm an Bedeutung gewinnen.

Zwar profitieren heute erst wenige Branchen vom One-to-one-Marketing, jedoch werden spätestens in drei Jahren Unternehmen nahezu aller Branchen entsprechende Angebote in ihre E-Commerce-Aktivitäten integrieren. Das ist das Ergebnis der Studie „One-to-one-Marketing im Electronic-Commerce - Status quo und Perspektiven 2000" des Beratungsunternehmens KPMG. Die Ergebnisse zeigten ganz klar, so die Autoren, dass die Unternehmen dem One-to-one-Marketing künftig einen hohen Stellenwert einräumen.

Das Fazit der Untersuchung: Sie rechnen mit einem höheren Umsatz pro Kunde, einer erhöhten Kundenbindung und einer breiteren Produktpalette je Kunde. Abhängig von der Branche ergeben sich allerdings erhebliche Unterschiede bei der Nutzenintensität des One-to-one-Marketing. So ist mehr als die Hälfte der Befragten der Meinung, dass bereits heute Unternehmen aus dem Bankwesen, der Informations- und Kommunikationstechnologie, der Versicherungsbranche, der Telekommunikation sowie der Medien- und Unterhaltungsindustrie von der Personalisierung im Internet profitieren.

Als positive Auswirkungen des One-to-one-Marketings auf das eigene Unternehmen gaben 79 Prozent der Befragten an, eine lernende Kundenbeziehung etablieren zu können. 68 Prozent rechnen mit einer Verbesserung ihres Images, und 54 Prozent gehen von einer besseren Zusammenarbeit mit Geschäftspartnern aus. Lediglich zehn Prozent der Befragten halten die Personalisierung in ihrem Unternehmen für irrelevant.

Marginalien:
- Enorme Bedeutung in den nächsten Jahren
- Branchenweite Verbreitung in nächsten 3 Jahren
- Studie rechnet mit höherem Umsatz pro Kunde
- Zukunftsthema für 9 von 10 Unternehmen

3.4 Success Monitoring

HARALD MATHIE

Häufig scheitern Unternehmen im Internet an der fehlenden Korrelation oder Interaktion zwischen den Besuchern ihrer Website und ihrer eigenen Darstellung auf der wohl größten Messe der Welt - dem www.

Wer nicht genau weiß, was der andere will, kann immer nur annehmen und voraussetzen, und genau da liegt das Problem. Und dabei ist es doch so einfach...

Was ist eigentlich Erfolg im Internet?

Der Erfolg eines Unternehmens im Internet richtet sich nach den vom Unternehmen für seinen Internetauftritt definierten Zielen und muss folglich auch an diesen gemessen werden.

Erfolg richtet sich nach den definierten Zielen

Nicht jeder muss auf seiner Website Produkte zum Verkauf anbieten. Derjenige, der seine Site zur Selbstdarstellung, quasi als bessere Visitenkarte nutzt, kann genauso erfolgreich sein wie der Buchhändler, der seine Produkte im Internet vertreibt. Es hängt eben ab von den angestrebten Zielen.

Nur messen muss man es können und genau da liegt der Schlüssel zum Erfolg. Der Website-Betreiber, der sich damit begnügt, die Anzahl seiner Besucher und der aufgerufenen Seiten zu registrieren, kann aus diesen Angaben nur ganz beschränkte Schlüsse ziehen. Es geht aber auch anders.

Der fast transparente Surfer

Bei jedem Besuch auf einer Website entstehen Einträge in den sogenannten *Logfiles*, das ist eine Datei, die unter anderem Informationen zum Besucher und zu seinem Verhalten auf der Website speichert. Diese Datei liegt auf dem Server, auf dem auch die Website gespeichert ist.

Informationen den Logfiles entnehmen

Im Gegensatz zu einem *Counter*, also einem Zähler, wie er auf vielen Websites installiert ist, erfassen diese Daten nicht nur die Anzahl der Besucher und der aufgerufenen Seiten, sondern beispielsweise auch die IP-Adresse des Computers sowie Aussagen über das verwendete Betriebssystem, den Browser, die benutzten Suchbegriffe und Suchmaschinen, den Weg des Besuchers durch die Website, die Dauer seines Besuches, die Anzahl besuchter Seiten, den Wochentag, die Uhrzeit und vieles andere mehr. Es gilt nun, diese *Logfiles* regelmäßig auszuwerten und dann aus dieser Auswertung auch die richtigen Schlüsse zu ziehen.

Zur Analyse dieser Dateien stehen verschiedene Programme zur Verfügung, die im Handel erhältlich sind bzw. auch im Internet angeboten werden. Die wohl bekanntesten sind Funnel Web, Nedstats und Metriweb. Sicherlich gibt es aber auch noch etliche andere.

Die wenigsten Unternehmen analysieren Logfiles

Leider analysieren bisher nur die wenigsten Unternehmen diese *Logfiles* und ihnen entgehen somit wertvolle Auskünfte, die im nachhinein die Website und das Angebot für den Surfer verbessern könnten. Aber auch für Marketing, Vertrieb und Technik sind diese Daten äußerst wertvoll. Diese fehlende Analyse ist dann häufig auch der Grund für das Versagen eines Internet-Auftritts, denn, wie schon vorher bemerkt, wer nicht genau weiß, was der andere will, kann immer nur voraussetzen.

Was die Logfiles so alles hergeben

Hier sind nun einige Beispiele aus einer solchen *Logfile*-Analyse.

Requests	
Duration	29 Days, 23:58:47 min
Date Range from	Apr 01 2001 00:01:06
To	Apr 30 2001 23:59:53

Abb. 1: Logfile-Analyse: requests

In diesem Beispiel wird der Zeitraum des Monats April 2001 erfasst und ausgewertet.

Pages Info	
Total Pages	105,154
Average Pages/Day	3,505
Total Downloaded Files	6,774
Total Download	2,167.52

Abb. 2: Logfile-Analyse: Pages-Info

Daraus geht hervor, dass die Gesamtzahl der abgerufenen Seiten für diesen Analysezeitraum 105.154 beträgt mit einem Tagesdurchschnitt von 3.505. Außerdem wurden insgesamt 6.774 Dateien heruntergeladen. Zu diesen *Downloads* kommen wir später noch, da sie im vorliegenden Fall äußerst wichtig sein werden.

Sessions Info	
Total Sessions	20,471
Total Unique Visitors	5,321
Total Repeat Visitors	4,401
Total One Time Visitors	920
Average Daily Sessions	682
Average Session Length	11:33
Average Pages/Session	5.14
Average Requests/Session	27.57

Abb. 3: Logfile-Analyse: Session Info

Anzahl der monatlichen Besucher auf der Website

Eine wichtige Angabe in den Informationen über die *Sessions*, die Sitzungen also, ist vor allem die Zahl der Besucher, der *Unique visitors*, die noch mal unterteilt wird in *Repeat visitors*, also Besucher, die im Analysezeitraum mehrmals auf der Site waren und *One time visitors*, Gäste, welche die Website des Unternehmens nur einmal aufgerufen haben.

Sehr aufschlussreich sind aber auch die Aussagen zur mittleren Dauer der Besuche *(Session length)* und zur Anzahl der aufgerufenen Seiten pro Sitzung *(Pages/session)*.

Steht das Wichtigste in der Website auch vorne?

Wenn man wie im vorliegenden Fall feststellt, dass im Schnitt etwa 5 Seiten aufgerufen werden, sollte der Inhalt der Website daraufhin überprüft werden, ob das Wichtigste auch vorn steht. Das klingt zwar selbstverständlich, ist es aber bei weitem nicht immer.

Die Zeiten, zu denen die Website besucht wird, geben Aufschluss darüber, ob die Besucher eher zu Arbeitszeiten oder nach Feierabend kommen. Das zeigt dann auch, zumindest ansatzweise, ob es sich um eine professionelle oder private Nutzung handelt.

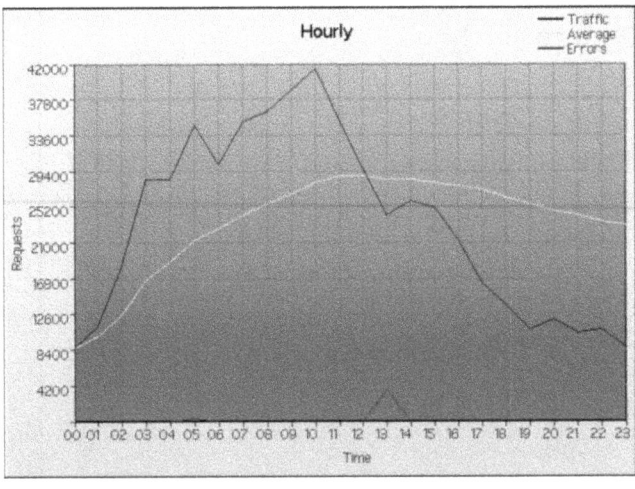

Abb. 4: Zu welchen Uhrzeiten kommen die Besucher?

Zugegeben, diese Zahlen sind nicht immer ganz aussagekräftig, da bei einer Website wie im vorliegenden Beispiel, in dem das Unternehmen weltweit arbeitet, die Zeitverschiebungen das Bild verfälschen.

3.4 Success-Monitoring

Da sind die Zahlen zu den Wochentagen schon aussagekräftiger. Hier sieht man deutlich, wie sich der Besucherstrom innerhalb der Woche entwickelt.

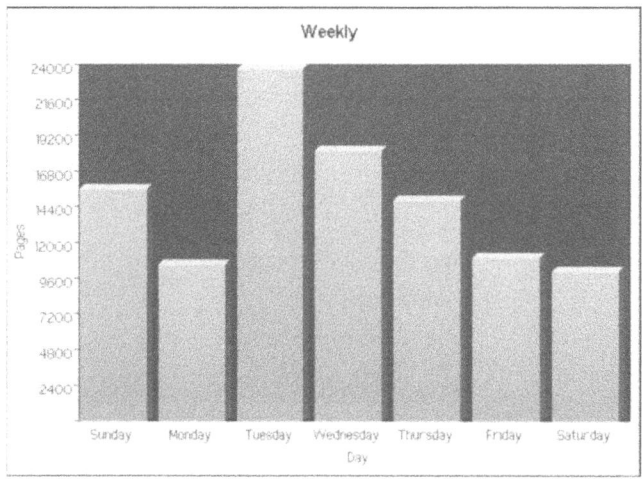

Abb. 5: An welchen Wochentagen kommen die Besucher?

Wenn es sich beispielsweise über mehrere Monate herausstellt, dass wie hier der Dienstag der bestbesuchte Tag ist, sollte man interessante Informationen oder Sonderangebote an diesem Tag auf die Website stellen.

Welcher Tag ist der am meisten besuchte?

In dem vorliegenden Beispiel fiel in den Analysezeitraum die Pressemeldung, dass diese Website einen *Award*, also einen Preis bekommen hatte. Das erklärt die hohe Besucheranzahl am Sonntag, da diese Meldung auch in der regionalen und lokalen Presse veröffentlicht wurde und somit auch nicht beruflich Interessierte auf die Website lockte.

Die vielleicht wichtigsten Aussagen betreffen die in *Content groups* zusammengefassten Produktseiten. Hier wird ganz deutlich, für welche Artikel aus dem Angebot des Unternehmens sich die Besucher interessieren. Noch nie war Interesse im Marketing so messbar wie im Internet und die Praxis hat erwiesen, dass dieses Interesse nicht immer mit der Meinung der Verkaufsabteilungen und deren Umsätzen übereinstimmt.

Noch nie war Interesse so messbar wie im Internet

Wenn sich also herausstellt, dass ein bestimmtes Produkt oder eine Produktgruppe im Internet auf reges Interesse stößt, die Umsatzzahlen aber nicht dementsprechend sind, sollte der Vertrieb sich Fragen stellen zu der Art und Weise, wie zur Zeit dieses Produkt oder diese Produktgruppe vermarktet wird.

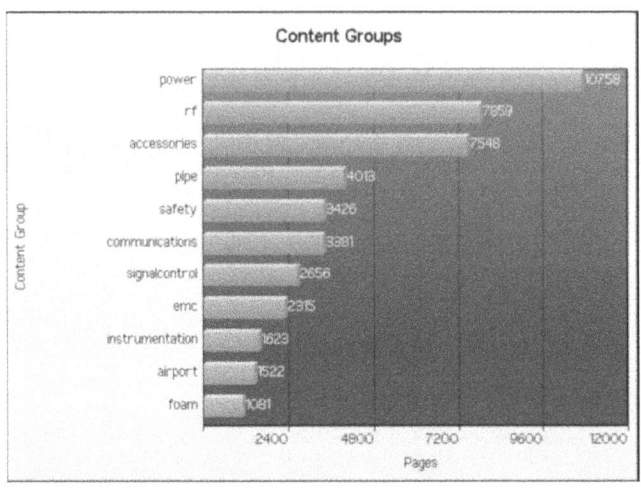

Abb. 6: Content Groups

Vielleicht sind die Artikel ganz einfach zu teuer oder die Verkaufsstruktur ist nicht dem Markt angepasst, usw. Solche und ähnliche Fragen werden sich die Vertriebsverantwortlichen in Zukunft gefallen lassen müssen, denn zum ersten Mal wird Interesse exakt messbar.

Zu Beginn dieser Beispiele war von den heruntergeladenen Dateien die Rede, von den *Downloads*.

Im vorliegenden Fall hat das Unternehmen auf seiner Website einen *Download*-Bereich angelegt, in dem der Besucher komplette Kataloge bzw. technische Informationen herunterladen kann.

Downloads als Erfolg für Kosteneinsparungen

Zu Beginn der Planung, aufgrund der Dateigröße eher mit Vorbehalt online gestellt, erwiesen sich diese *Downloads* als Riesenerfolg. Innerhalb von nur 6 Monaten nach dem *Relaunch* der Website, die zum ersten Mal diese Möglichkeit des Herunterladens vollständiger Kataloge bot, ist dieses Angebot über 60.000 Mal genutzt worden. Dadurch sind dem Unternehmen in nur einem halben Jahr mehr als 150.000 Euro an Druck- und Versandkosten erspart geblieben - ein idealer Ansatz zur Bewertung des Erfolgs einer Website und zu ihrer Rentabilitätsberechnung.

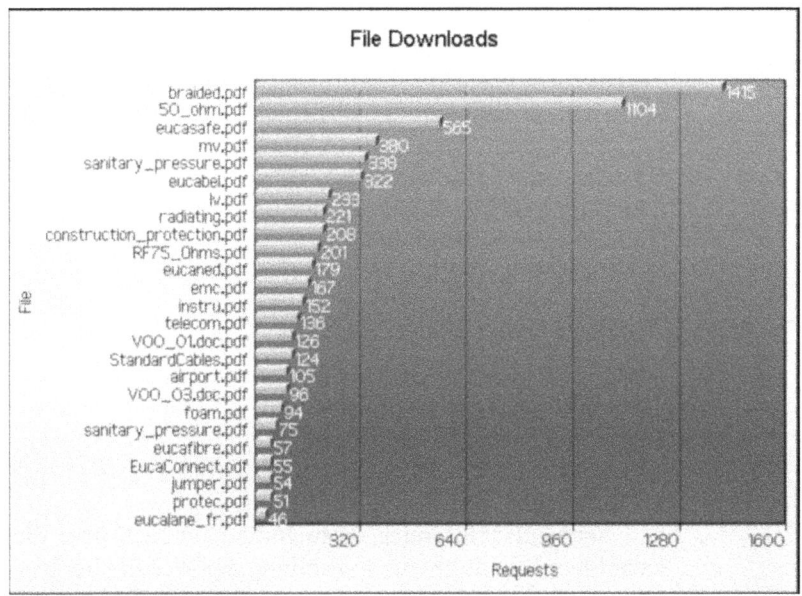

Abb. 7: Downloads

Auch ist solch ein *Download*-Bereich ein guter Spiegel für das Interesse der Besucher. Und wenn ein bestimmter Katalog ständig die Bestenliste anführt, sollte er auch Hinweise auf die anderen Produkte enthalten und so die Besucher dafür interessieren - ein interessanter Ansatz für *Cross selling*.

Abb. 8: Aufteilung der Besucher nach Kontinenten

Die Aufteilung der Besucher in *World regions*, in diesem Fall nach Kontinenten, zeigt, woher die Mehrzahl der Surfer kommt.

Optimierung von
Farben und Struktur

Und auch hier sollten dieser Feststellung Rückschlüsse folgen, zum Beispiel in Bezug auf Farben und Struktur je nach der Kultur der am häufigsten vertretenen Nationalitäten. Im vorliegenden Fall sind Europäer die regelmäßigsten Gäste. Wenn man weiß, dass Europäer eher produktorientiert sind, muss das einen Einfluss auf die Struktur der Homepage haben, die Links zu den Produktkapiteln auf der Einstiegsseite sind dann die wichtigsten.

Wären Asiaten die am meisten vertretenen Surfer, sollte unter Berücksichtigung ihres Traditionsbewusstseins der Link zur Geschichte des Unternehmens mehr Gewicht bekommen. Solche und ähnliche Schlussfolgerung müssen absolut die Weiterentwicklung der Website beeinflussen, um einen dauerhaften Erfolg zu gewährleisten.

Sehr aufschlussreich ist auch die Übersicht über die von den Besuchern zur Auffindung der Website benutzten Suchmaschinen.

Es reicht bei weitem nicht, eine Website einfach nur bei einer oder mehreren Suchmaschinen anzumelden. Für eine optimale Anmeldung müssen die Parameter schon aufgearbeitet werden. Das hängt damit zusammen, dass manche Suchmaschinen z.B. Kurz- und Langbeschreibung der Website verlangen, andere wiederum nur in die *Meta Tags* schauen und wiederum andere nur die URL, also die Internetadresse, registrieren usw.

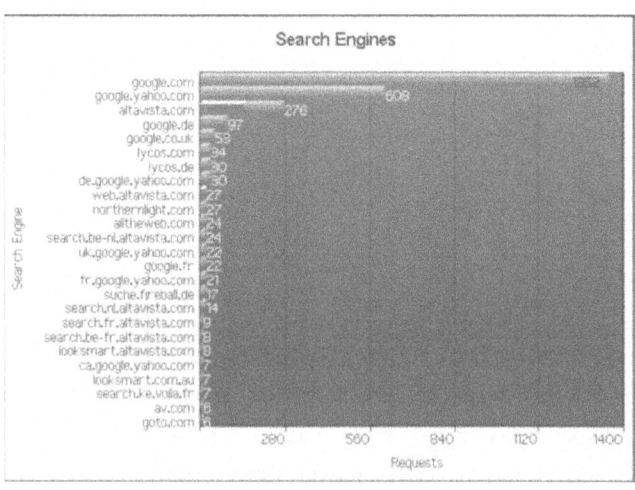

Abb. 9: Suchmaschinen

3.4 Success-Monitoring

Es ist also äußerst wichtig zu wissen, welche die am häufigsten verwendeten Suchmaschinen sind, um die Website bei eben diesen so optimal wie möglich anzumelden.

Optimierung der Einträge

Und es reicht bei weitem nicht aus, im *Ranking*, also in der Auflistung der Suchergebnisse einer Suchmaschine, auf dem ersten Platz zu stehen. Zugegeben, das ist schon sehr gut, besser aber ist es, auf den ersten 10 Plätzen zu stehen und so den Wettbewerb nach hinten zu drängen.

Das funktioniert zwar nicht bei allen Suchmaschinen und auch nicht bei Katalogen wie *Yahoo* oder *Web.de*, da Kataloge immer nur einmal die Website, nicht aber einzelne Seiten dieser Website anzeigen wie das z.B. bei Google oder Altavista der Fall ist, aber manchmal ist es schon sehr hilfreich. In dem Zusammenhang erweist sich auch der Ankauf mehrerer *Domain*-Namen als sehr hilfreich, da diese von den Suchmaschinen jeweils als neue Website angenommen werden, im Endeffekt aber alle zum gleichen Inhalt führen.

Suchbegriffe spielen bei der Arbeit mit Suchmaschinen naturgemäß eine wichtige Rolle. Diese Suchbegriffe sind in der Website im Bereich der *Meta Tags* verankert und führen dazu, in der unendlichen Vielfalt des www gefunden zu werden.

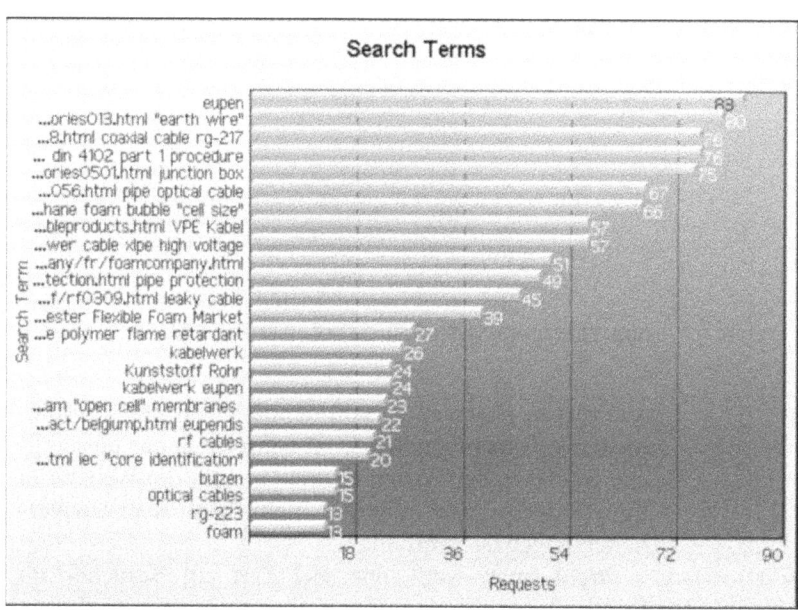

Abb. 10: Suchbegriffe

Bedeutung der Reihenfolge der Suchbegriffe

Auch spielt die Reihenfolge, in der diese *Keywords* eingetragen sind, eine wichtige Rolle und bedarf deshalb einer regelmäßigen Überprüfung. In den schon erwähnten *Logfiles* ist gespeichert, mit welchen *Keywords* der Besucher die Site gesucht und gefunden hat.

Und genau das ist die Basis für eben diese Anpassung. Hier muss also die Schlussfolgerung sein, dass häufig benutzte Suchbegriffe in der Reihenfolge vorn rangieren und die weniger oft aufgerufenen weiter hinten.

Wenn man davon ausgeht, dass bei den meisten Unternehmen der Internet-Auftritt ein Teil des Marketing-Mix ist, kommt der Häufigkeit, mit der die Surfer auf die Website zurückkommen, eine große Bedeutung zu. Es geht also darum, aus Gelegenheitssurfern regelmäßige Besucher zu machen.

Wie oft kommen die Besucher auf die Website?

Dazu muss man zunächst einmal wissen, wie oft die Besucher denn überhaupt auf die Site kommen. Darüber gibt die *Loyalty* Auskunft.

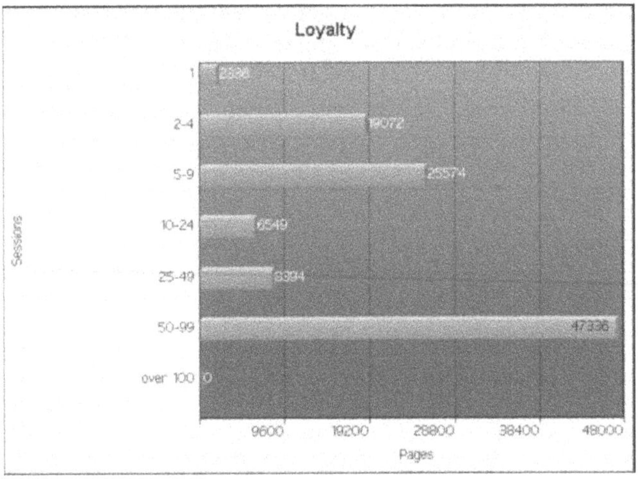

Abb. 11: Häufigkeit des Besuchs auf einer Web-Site

Aus diesen Daten in Zusammenhang mit den am häufigsten aufgerufenen Seiten ist dann leicht das tatsächliche Interesse der Surfer abzuleiten und die Website in ihrer Struktur und in ihrem Inhalt kann dem Surfverhalten angepasst werden.

Wenn man weiß, wie viel Zeit ein Besucher im Durchschnitt auf einer Site verbringt, kann man daraus

3.4 Success-Monitoring

durchaus, in Kombination mit dem Durchschnitt der aufgerufenen Seiten, die Dosierung der Information, die man weitergeben will, ableiten.

Diese *Time online* ist also, vor allem bei sehr umfangreichen Websites, ein wichtiges Kriterium.

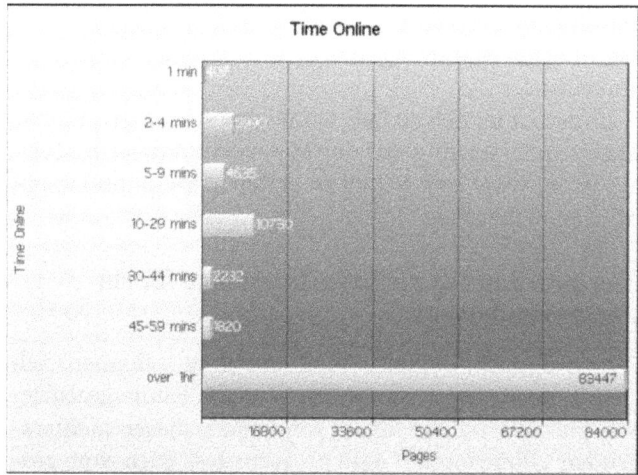

Abb. 12 : Online-Zeit

Auf den ersten Blick könnte man glauben, dass die Besucher der Website in diesem Beispiel mehr als eine Stunde damit verbringen, den Inhalt zu studieren. Obgleich das Unternehmen im hier vorliegenden Fall im Internet zu den erfolgreichsten seiner Branche gehört, würde diese Schlussfolgerung doch nicht den Tatsachen entsprechen. Tatsächlich handelt es sich dabei um Surfer, welche die aufgerufene Seite auf ihrem Rechner stehen lassen und sich dann mit anderen Dingen beschäftigen. Der *Browser* bleibt also bis zum Aufruf einer anderen Site auf dieser Seite.

Viel interessanter ist aber die Anzahl der Kurzzeitsurfer, bei denen die *Time online* bei einer Minute oder weniger liegt. Im optimalen Fall sollte diese so gering wie möglich sein, da es sich hier eindeutig um Neugierige oder Zufallsbesucher handelt, die für das Unternehmen ohne jedes Interesse sind. Daraus kann man dann schlussfolgern, dass die Website umso besser ist, je geringer die Anzahl der Kurzzeitbesucher ist.

Verweildauer der Besucher auf einer Website

Internet-Marketing: zeitintensiv, aber notwendig

Das waren nur einige Beispiel von Daten, die in den *Logfiles* verankert sind und deren Analyse eine primäre Voraussetzung ist für den Erfolg jeder Website.

Wichtig ist allerdings zu bemerken, dass die Auswertung solcher Analysen und die daraus folgenden Schritte zeitaufwendige, aber absolut notwendige Prozesse sind. Diese Aufgabe kann man nicht mal eben so bewältigen. Sie gehört in den Verantwortungsbereich des Internet Marketing, das an sich ebenfalls sehr zeitintensiv ist.

Eines ist jedoch sicher: Ohne eine solche gründliche Auseinandersetzung mit der Materie und diesem Medium ist im www kein Erfolg zu erzielen. Ein gutes Design ist eben nicht alles.

Eine gute Basis ist die beste Grundlage für ein starkes Fundament

Diesen Spruch, obgleich total unsinnig, scheinen sich viele Unternehmen im Internet auf die Fahne geschrieben zu haben, denn leider sind nach dieser nichtssagenden „Philosophie" etliche Websites, auch von großen, zum Teil sogar weltweit operierenden Firmen, aufgebaut.

Beschränkte Analyse wenig aussagekräftig

Umfragen haben ergeben, dass nur die Wenigsten ihre *Logfiles* analysieren, und wenn überhaupt eine Analyse stattfindet, beschränkt sie sich in den meisten Fällen auf das Zählen der Besucher und der aufgerufenen Seiten, der *Unique visitors* und der *Page Impressions* also.

Aus diesen beiden Angaben lassen sich aber nur sehr bedingt Rückschlüsse ziehen, zumindest keine, die der Website zu mehr Erfolg verhelfen oder dazu beitragen, sie dem Surfverhalten anzupassen.

Aber nur, wenn es messbar wird und wenn man denn auch misst, wo genau das Interesse der Besucher liegt, kann der Inhalt der Website, und auf den kommt es letztendlich an, auch dem Bedarf des Benutzers angepasst werden.

Success Monitoring ist ein Thema, dem in der Zukunft eine enorme Bedeutung zufallen wird. Wenn man die Entwicklung der Sites im Internet einmal Revue passieren lässt, stellt man rasch fest, dass wir uns in der zweiten Generation der Websitegestaltung befinden.

Während die erste Generation Mitte der neunziger Jahre noch Mühe hatte, ihr Gleichgewicht zwischen Design und Inhalt zu finden, so stehen die heutigen Sites schon auf einem erheblich höheren Niveau.

Mehr und mehr stimmen Design und Inhalt und auch die Navigation passt sich immer besser dem Besucher an.

In der dritten Generation der Websites werden *Design* und *Content* kein Thema mehr sein, die Gestalter haben aus der Vergangenheit gelernt und erfolgreiche Websites werden alle schön, interessant und griffig sein.

Erfolgreiche Websites: schön, interessant, griffig

Ab dem Moment entscheidet dann nur noch ein Kriterium über den Erfolg im Internet: ein aktives und vor allem kreatives E-Marketing.

Und die Basis zu diesem Erfolg liegt zum großen Teil in den *Logfiles* vergraben - graben wir sie aus!

3.5 Permission Marketing

Torsten Schwarz

Einleitung

Das wertvollste Gut, das ein Unternehmen besitzt, sind seine Kunden. Vertrauensvolle Kundenbeziehungen lassen sich nicht auf die Schnelle herstellen, sondern sind gewachsen. Kunden werden jedoch immer anspruchsvoller und die Bereitschaft, den Anbieter zu wechseln, wächst mit zunehmendem Wettbewerbsdruck und attraktiven Konkurrenzangeboten.

Konkurrenzdruck erleichtert Anbieterwechsel

Umso wichtiger wird heute eine überzeugende Strategie, um bestehende Kunden zu halten, anstatt sie zum Mitbewerber wechseln zu lassen. Einen Stammkunden zu binden ist um ein Vielfaches kostengünstiger, als einen Neukunden zu gewinnen. Dieser Beitrag soll Ihnen die neuartigen und preiswerten Instrumente aufzeigen, die das Internet bietet, um wirkungsvoll die Kundenbindung zu erhöhen.

Jeden Tag quellen die Briefkästen über, weil immer mehr Unternehmen beginnen, Kunden und Interessenten per Direkt-Mailing anzusprechen. Immer öfter landen die Briefe ungeöffnet im Papierkorb. Immer schwieriger wird es auch, die Aufmerksamkeit von Kunden zu gewinnen, weil diese permanent mit Werbebotschaften überschüttet werden. Keinen Ort gibt es mehr, an dem man nicht mit Werbung konfrontiert wird.

Werbebriefe werden nicht beachtet

Immer mehr muss investiert werden, um im Wettbewerb um eine begrenzte Ressource bestehen zu können: die Aufmerksamkeit des Kunden! Je mehr Anbieter darum buhlen, desto teurer wird der Preis und desto wirkungsloser werden gleichzeitig einzelne Aktionen, weil sie in der Springflut der übrigen Werbe-Maßnahmen einfach untergehen.

Unaufgeforderte Werbung per E-Mail verboten	In dieser Situation taucht nun das neue Medium „Internet" auf und schon suchen Direktmarketer allenthalben nach Anbietern von E-Mail-Adressen, da sich herumgesprochen hat, dass dieses Medium mit nur 0,02 Eurocent pro elektronischem Brief so günstig ist. Dazu kommt der Trend, dass sich ein ständig wachsender Anteil der Kommunikation auf das Internet und auf E-Mail verlagert. Je mehr E-Mails jedoch versandt werden, desto weniger werden sie beachtet. Darüber hinaus darf in Deutschland gar keine unaufgeforderte Werbung per E-Mail verschickt werden.
	Aber wie schaffen es Unternehmen in dieser Lage trotzdem noch, E-Mail zu ihrem effektivsten Direktmarketing-Instrument zu machen? Sie holen sich von ihren Kunden die Erlaubnis ein, E-Mails zu senden! Diese Erlaubnis kann - wenn die Firma zum Beispiel nur plumpe Werbung schickt - auch jederzeit bequem widerrufen werden.
Erwünschte Botschaften mit 30% Responserate	Die erwünschten E-Mails erreichen Response-Raten, bei denen jedem Marketer förmlich die Luft wegbleibt: bis zu 30 % und in Einzelfällen auch bis zu 90 %, wo normalerweise vielleicht gerade einmal jeder hundertste Kunde reagiert. Wie das funktioniert, beschreibt ein Buch unter dem von Seth Godin geprägten Begriff „Permission Marketing". Es sind E-Mails mit süchtig machenden Botschaften, die laut Godin drei Bedingungen erfüllen: Sie müssen erwünscht, persönlich und relevant sein. Erfahren Sie alles über die Geheimnisse solcher Botschaften und wie Sie selbst solche Botschaften entwerfen!
E-Mail macht Mailings auch für kleine Unternehmen erschwinglich	War es bisher den Marketing-Abteilungen großer Unternehmen vorbehalten, mit ausgeklügelten Methoden individuelle Kontaktmanagement-Programme zu entwickeln, so steht diese Möglichkeit nun auch allen kleineren Firmen zur Verfügung. Nicht mehr die Großen, sondern die Schnellen und Flexiblen sind die Gewinner der digitalen Revolution. War es bisher allein aufgrund des Aufwandes und der Portokosten für einen Optiker oder ein Reisebüro nicht rentabel, einen Rundbrief an alle seine Kunden zu versenden, so wird es jetzt möglich, diesen nicht nur fast zum Nulltarif zu verschicken, sondern sogar auf die individuellen Bedürfnisse einzelner Kundengruppen abzustimmen.
	Auf der anderen Seite nutzen auch immer mehr Kunden die bequeme Möglichkeit, sich via E-Mail per-

sönlich relevante Informationen zukommen zu lassen, denn die Kontrolle darüber, wer wann was zusendet, liegt voll beim Kunden. Damit wächst natürlich die Macht von Kunden, eine mühsam geknüpfte Beziehung auch wieder zu lösen. Umgekehrt wächst der Druck auf Unternehmen, Kundenorientierung durch Kommunikation auch wirklich mit Leben zu erfüllen. Welche neuen Chancen sich ergeben, Kunden individueller anzusprechen, Trends früher zu erkennen, Kundenzufriedenheit und -bindung zu steigern, lesen Sie in diesem Beitrag.

Neue Chancen durch E-Marketing

Als das Internet 1994 seinen Siegeszug antrat, waren es die bunten, bequem zu bedienenden und einfach zu erstellenden Homepages, die den Erfolg brachten. Erst nachdem die ersten Webseiten über zu wenige Besucher klagten, wurde deutlich, dass es eines interaktiven Dialogmediums bedurfte, um Besucher direkt anzusprechen und auf die Homepage zu ziehen: E-Mail. Heute ist E-Mail weit vor den bunten Webseiten der beliebteste Kommunikationsdienst des Internet. 85 % der Internet-Nutzer bezeichnen E-Mail als ihre wichtigste Internet-Anwendung - weit vor dem Surfen im www. Alleine in den USA prognostizieren Marktforscher für 2005 ein Volumen von zehn Milliarden US-$ für E-Mail-Direktmarketing.

E-Mail: beliebtester Kommunikationsdienst

Einer der großen Vorteile von E-Mail liegt in der bequemen Response-Möglichkeit durch einfaches Anklicken. Stellen Sie sich vor, Sie machen Ihren Kunden ein wirklich unwiderstehliches Angebot. Dann ist dieser Kunden mit einem einfachen Mausklick in Ihrem Online-Shop, und kann einfach und bequem mit einem weiteren Mausklick das Produkt bestellen.

Eine ganz besondere Innovation, die kein anderes Direktmarketingwerkzeug bietet, ist die Erfolgsmessung einer Mailingaktion in Echtzeit. Sie können präzise messen, welche Kunden zu welchem Zeitpunkt auf welchen Mailingtext mit welcher Informationsanforderung oder Bestellung reagieren. Ihr Online-Shop gibt Ihnen innerhalb von Minuten Rückmeldung, wie erfolgreich Ihre Aktion oder Ihr Mailingtext war. Sie können in Echtzeit messen, welches Kundensegment auf welches Mailing mit welchem Mehrumsatz reagiert und können Aktionen sogar noch in Echtzeit modifizieren.

Erfolgsmessung in Echtzeit

Die elektronische Vernetzung ermöglicht neuartige Möglichkeiten des Marketing-Controlling.

Gewinnung von Adressen

Nur erwünschte E-Mails sind erlaubt! Anders als beim Werbebrief dürfen Sie E-Mails nur an Kunden versenden, die dies ausdrücklich wünschen. Wie beim Faxpapier bezahlt der Kunde für die Übertragung und wie beim Telefon beanspruchen Sie die Aufmerksamkeit Ihrer Kunden. Deshalb sind nur E-Mails gestattet, wenn Ihr Kunde Ihnen das vorher erlaubt hat.

Permission-Marketing

Permission Marketing - oder Erlaubnis-Marketing - heißt der Begriff dafür. Diese Erlaubnis können Sie sich schriftlich oder auch per Mausklick einholen.

Tabelle 1: Gewinnung von E-Mail-Adressen

Wie gewinnen Sie E-Mail-Adressen?		Derzeit	In Zukunft
Formulare	Auf allen unseren Adressformularen gibt es ein Feld für die E-Mail-Adresse	○	○
Website	Auf unserer Website ist ein Eingabefenster für die E-Mail-Adresse. Das Fenster ist permanent auf allen Seiten sichtbar	○	○
Mailing	Wir versenden Mailings, in denen wir unsere Kunden auffordern, uns Ihre E-Mail-Adresse zu senden.	○	○
Kaufen	Wir ergänzen die Adressen bereits bestehender Kunden durch Zukauf der E-Mail-Adresse bei Adressanbietern.	○	○
Telefon	Wir erfragen E-Mail Adressen telefonisch	○	○
Anzeigen	Wir schalten Anzeigen, in denen wir zum Einsenden von E-Mails auffordern	○	○
Sammeln	Wir suchen systematisch auf Visitenkarten, Webseiten, Geschäftkorrespondenz, E-Mails, Briefköpfe, Faxe, Geschäftstermine, Prospekte, Messen, Kundenzeitungen.	○	○

Einverständnis des Empfängers nötig

Gekaufte Adressen sind wertlos. Wenn Sie E-Mail-Adressen zum Kauf angeboten bekommen, sind diese meist wertlos. Warum? Weil es Adressen sind, bei denen

3.5 Permission Marketing

die Besitzer dem Weiterverkauf ihrer Adresse zugestimmt haben und dieser Weiterverkauf dazu führt, dass diese Menschen jeden Tag unzählige E-Mails erhalten, die sie wahrscheinlich entnervt löschen. Auch Ihnen ist es vielleicht schon so ergangen, dass Sie Ihre Adresse an einer Stelle abgegeben haben, wo sie weitergegeben wurde. Die daraufhin eingehenden Werbe-E-Mails werden als „SPAM" bezeichnet und von den meisten Empfängern ungelesen gelöscht. Anders verhält es sich mit Permission-based E-Mails, die gerne gelesen werden.

Bieten Sie etwas Besonderes per E-Mail! Wofür geben Ihre Kunden ihre E-Mail Adresse? Sie sollten schon etwas zu bieten haben, damit Sie erfolgreich Adressen sammeln. JR Crew, ein amerikanischer Modeversand zum Beispiel, bietet seinen Kunden den Vorteil, dass sie die Sonderangebote, die „normale" Kunden erst am Freitagmittag erfahren, schon vorab Donnerstagabend via E-Mail erhalten. Damit hat JR Crew eine Million Abonnenten gewonnen, die nicht entnervt auf die Werbung reagieren, sondern sich auf die nächste E-Mail freuen.

Ansporn für den Kunden ausdenken

Fragen Sie bei jeder Gelegenheit nach der E-Mail-Adresse! Nutzen Sie jeden Kontakt mit Ihren Kunden, um sie nach der E-Mail-Adresse zu fragen! Auf jedem Formular, Fragebogen, Telefonskript, Adresseingabefeld, Faxantwort etc. sollte ein Feld für die E-Mail-Adresse stehen. Wenn möglich, schreiben Sie auch noch dazu, wozu Sie diese Adresse verwenden.

Das Sammeln von E-Mail-Adressen alleine reicht nicht aus, Sie brauchen auch die Erlaubnis, diese Adressen zu verwenden. So sammeln Sie E-Mail-Adressen bestehender Kunden: Sagen Sie Ihren Kunden, welche Vorteile sie davon haben, mit Ihnen per E-Mail zu kommunizieren. Bieten Sie etwas Besonderes via E-Mail: Schneller informiert zu werden kann ein solcher Vorteil sein.

Vorteile für den Kunden darstellen

Dann machen Sie ein klassisches Briefmailing, bei dem Sie Ihre Kunden auffordern, Ihnen per Faxantwort oder online ihre E-Mail-Adresse zu geben. Nach dem ersten Versand können Sie mit einer Telefonaktion noch einmal bei falsch geschriebenen Adressen oder bei Nichtreagieren nachfassen.

Tabelle 2: Formen der Adressakquise

Mailing + Faxantwort	○	senden Sie ein Postmailing, das die Vorteile des Mediums E-Mail anpreist und dem ein Fax-Antwortschein beiliegt, auf dem Kunden ihre E-Mail-Adresse angeben. Vorteil für Sie: Sie haben das Einverständnis schriftlich.
Mailing + Webformular	○	senden Sie ein Postmailing, das die Vorteile des Mediums E-Mail anpreist und auf dem der Hinweis auf ein Formular im WWW steht, auf dem Kunden Ihren E-Mail-Newsletter abonnieren können. Vorteil für Sie: wenig Aufwand für Sie, keine falsch geschriebenen E-Mail-Adressen.
Faxmailing	○	senden Sie ein Faxmailing, das die Vorteile des Mediums E-Mail anpreist – Rest wie bei 1 und 2. Vorteil für Sie: preiswerter Versand.
E-Mail + Opt-In	○	senden Sie ein Mailing per E-Mail, das die Vorteile des regelmäßigen Newsletters anpreist und bieten Sie per „Opt-in" die Möglichkeit zum Abonnement des Newsletters. Nachteil: Sie haben nicht alle E-Mail-Adressen
E-Mail + Opt-Out	○	senden Sie ein Mailing, per E-Mail, das den Kunden freudig als Abonnenten des neuen Newsletters begrüßt und bieten Sie per „Opt-out" die Möglichkeit, das Zwangs-Abonnement des Newsletters wieder zu kündigen. Nachteil: Sie haben nicht alle E-Mail-Adressen und manche Kunden reagieren verärgert auf das ungefragte Versenden.

Formular auf der Webseite

Der einfachste Weg, E-Mailadressen zu generieren, ist noch immer ein Formular auf einer Webseite, da hier die Kosten für die Dateneingabe quasi vom Kunden übernommen werden. So sammeln Sie Adressen bequem online: Mit einem einfachen Eingabeformular können Sie E-Mail-Adressen direkt auf Ihrer Homepage sammeln. Dort können Kunden sich bequem eintragen und die Wahrscheinlichkeit von Schreibfehlern ist geringer. Außerdem sparen Sie sich die Arbeit der Dateneingabe. Mit einem Gewinnspiel beispielsweise können Sie in kürzester Zeit beliebig viele Adressen sammeln. Wichtig ist hierbei jedoch, dass Sie deutlich schreiben, wofür Sie diese Adressen verwenden - und welchen Vorteil das für Ihre Kunden bietet.

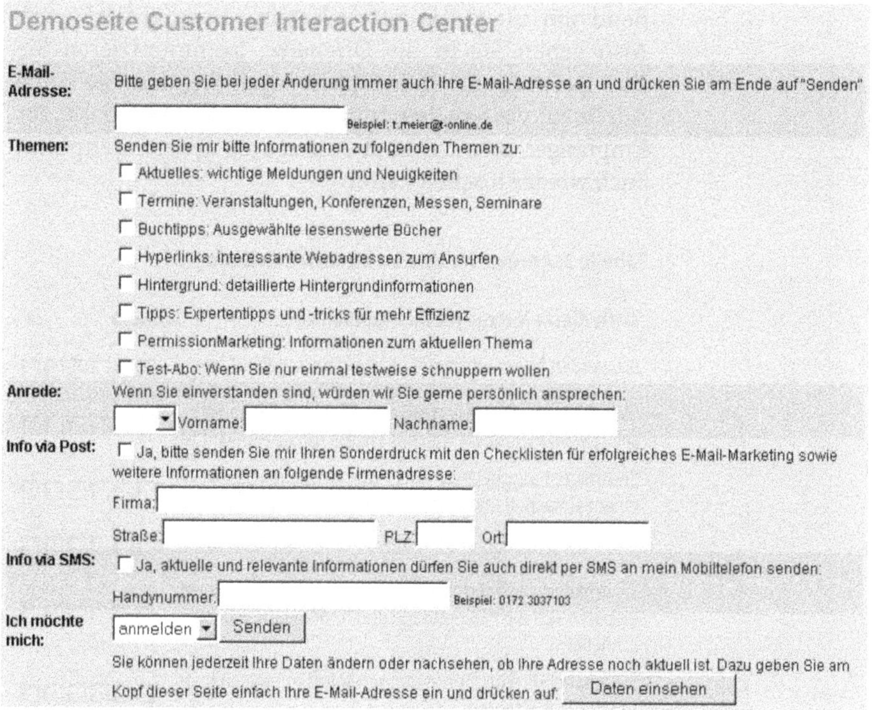

3.5 Permission Marketing

Abb. 1: Dateneingabeformular auf einer Website (Online-Demo: www.absolit.de/demo.html).

Das einfachste Dateneingabeformular auf einer Webseite ist ein Eingabefenster für die E-Mail-Adresse und daneben ein Knopf zum Absenden. Das hier gezeigte Eingabeformular ist sehr viel komplexer und beinhaltet erweiterte Formen der „Erlaubnisleiter": Je besser Ihre Kunden Sie kennen, desto größer ist das Vertrauen. Nur in einer vertrauensvollen Beziehung werden Kunden bereit sein, zusätzliche Daten anzugeben. Dieses Vertrauen wächst langsam. Erschrecken Sie deshalb Ihre Interessenten nicht mit einem endlosen Online-Fragebogen.

Gestaltung des Eingabeformulars

Wofür geben Kunden ihre Erlaubnis?

Wie funktioniert nun das Einholen der Erlaubnis in der Praxis? Wann ist Werbung erwünscht? Einmal ganz ehrlich: Geben Sie Ihre E-Mail-Adresse an, wenn Sie danach gefragt werden? Immer öfter werden auf Online-Formularen beliebige Buchstabenfolgen eingegeben, weil Unsicherheit darüber herrscht, ob man anschließend mit unerwünschter Werbung bombardiert wird. Also gehen Sie in die Offensive: Kommunizieren Sie Ihre Datenschutz-Philosophie, sagen Sie, dass Sie keine Adressen weitergeben und garantieren Sie, dass der Empfänger seine E-Mail-Adresse zu jedem Zeitpunkt auch wieder löschen kann.

Tabelle 3: Anreize für den elektronischen Dialog

Trifft dieser Nutzen für Ihre Kunden zu?	Nein - Ja
Sie werden früher informiert als auf klassischem Wege.	☐☐☐☐☐
Sie erhalten personalisierte Nachrichten, bei denen Sie selbst wählen können, welches Thema für Sie relevant ist.	☐☐☐☐☐
Sie erhalten ausgewählte Angebote, bei denen Sie mit einem einfachen Mausklick bequem bestellen können.	☐☐☐☐☐
Sie sind jederzeit informiert über aktuelle Neuigkeiten	☐☐☐☐☐
Sie erhalten alle Informationen bequem in digitaler Form, ersparen sich die Papierablage und finden das Gesuchte schneller	☐☐☐☐☐
Sie erhalten Produktinformationen sofort mit angehängten pdf-Dokumenten	☐☐☐☐☐
Sie werden ständig auf dem Laufenden gehalten über Ihren Liefer- bzw. Bestellstatus	☐☐☐☐☐
Sie erhalten regelmäßig interessante Surftipps unserer Mitarbeiter	☐☐☐☐☐
Sie werden sofort benachrichtigt bei Produkt-Änderungen oder -Neuheiten	☐☐☐☐☐
Wir informieren Sie über aktuelle Trends	☐☐☐☐☐
Sie erhalten jeweils aktualisierte Software-Updates bequem mit Hyperlink zum Downloaden	☐☐☐☐☐
Sie dürfen an unseren beliebten Online-Befragungen teilnehmen	☐☐☐☐☐
Sie erhalten exklusive Informationen, noch bevor die Presse davon erfährt.	☐☐☐☐☐
Sie werden rechtzeitig an Ihre Wartungstermine erinnert und kommen dann bequem per Hyperlink zur Terminreservierung.	☐☐☐☐☐
Sie erhalten bequemen Zugriff auf unsere Datenbanken, ohne dass Sie sich umständlich mit Nutzerkennung und Passwort legitimieren zu müssen.	☐☐☐☐☐
Sie werden vorab über unsere Veranstaltungen informiert, damit Sie sich die besten Plätze sichern können.	☐☐☐☐☐
Sie erhalten einen Treuerabatt	☐☐☐☐☐

Um zunächst jedoch an korrekte E-Mail-Adressen zu kommen, muss ein Kunde ein starkes Eigeninteresse am Empfang der E-Mail haben. Motivatoren können dabei Informationsvorsprung, Bequemlichkeit oder ein sonstiger Vorteil sein. Mit welchen Argumenten können Sie Ihre Kunden und Interessenten dazu bewegen, sich via E-Mail informieren zu lassen? Womit bieten Sie Ihren Kunden einen echten Mehrwert?

Am besten machen Sie Ihren Kunden ein interessantes Angebot! Beispielsweise bieten Sie eine kostenlose Checkliste mit Tipps, die für Ihre Kunden wertvoll sind. Dieses verknüpfen Sie mit der Erlaubnis, per E-Mail Botschaften zu versenden. So können Sie sich Teile des Buchs „Permission Marketing macht Kunden süchtig" auf der Website www.torstenschwarz.de per E-Mail kostenlos herunterladen. Wenn Sie den Service nicht mehr nutzen wollen, streichen Sie Ihre Adresse einfach wieder aus dem Verteiler.

Adressverwaltung als Customer Self Service

Vorteil für Anbieter: Die Adressverwaltung wird als Customer Self Service delegiert. Vorteil für den Kunden: volle informationelle Selbstbestimmung durch die Möglichkeit, jederzeit abbestellen zu können. Das Ergebnis dieser Kunden-orientierten Vorgehensweise sind Responseraten, von denen klassische Mailings nur träumen können.

Vorteile für Anbieter und Kunden

Wichtige Anreize für die Erlaubnis zum elektronischen Dialog sind sicher exklusive Informationen sowie ein Zeitvorsprung, also Vorabinformation. Ebenfalls häufig genannt wird der Faktor Bequemlichkeit. Wenn es gelungen ist, einen geeigneten Motivator zu finden, muss nun die optimale Frequenz ermittelt werden.

Die richtige Frequenz der Botschaften

Das Problem vieler Werbemailings ist schlicht und einfach das subjektive Empfinden, mit Werbung zugeschüttet zu werden. Klassische Printmailings versenden Sie etwa sechsmal im Jahr. Im schlimmsten Falle wandern diese Briefe ungelesen in den Papierkorb der Empfänger. Bei E-Mails ist das anders. Hier trennen Empfänger viel stärker nach erwünschter und unerwünschter Post. Nur erwünschte E-Mails werden wirklich gelesen, während unerwünschte E-Mails meist sofort gelöscht werden.

Printmailings werden 6x im Jahr versendet

Kunden nach der richtigen Frequenz fragen	Eine im Zusammenhang mit E-Mail-Newslettern immer wieder gestellte Frage ist die nach der richtigen Frequenz: Wie oft darf ich meinen Kunden oder Interessenten E-Mails senden, bevor sich diese belästigt vorkommen. Die Antwort ist einfach: Fragen Sie Ihre Kunden. Denn Kunden müssen nicht nur wählen dürfen, zu welchen Themen sie gerne informiert werden möchten, sondern auch wie oft das sein soll. Mit einem einfachen Auswahlformular kann angeklickt werden, ob E-Mails wöchentlich, monatlich oder auch nur einmal im Jahr gewünscht werden. Während bei Briefmailings sechs Mailing pro Jahr die Regel sind, liegt der Standard bei E-Mail meist bei 12, in manchen Fällen auch 52.
Erwünscht ist, was Empfänger nicht ablehnt	Erwünscht sind E-Mails dann, wenn Ihr Empfänger diese Mail nicht explizit abgelehnt hat. Wie funktioniert das? In einer E-Mail können Sie einen anklickbaren Hyperlink einfügen, mit dem sich der Empfänger jederzeit selbstbestimmt aus dem Verteiler streichen kann. Ein Klick auf „Newsletter abbestellen" genügt und schon wird der Versand gestoppt. Als „Opt-out" wird dieser Mechanismus bezeichnet: die Option zum Abbestellen. Was auf den ersten Blick wie der Alptraum aller Direktmarketing-Spezialisten aussieht („da gehen uns ja wertvolle Adressen verloren und wir helfen noch dabei mit") hat in der Praxis zwei Vorteile: Der Adressbestand pflegt sich selbst und die Akzeptanz steigt. Warum? Ein Empfänger, der ungefragt Werbung erhält, reagiert oft abweisend. Ein Empfänger, der jedes Mal gefragt wird, ob er dies explizit wünscht, reagiert positiver: Die Responseraten von E-Mails liegen etwa zehnmal so hoch wie bei klassischen Mailings und meist bei etwa 20-30 %.
Abbestellungen verhindern	Was müssen Sie nun tun, damit Ihre Empfänger nicht einfach Ihre E-Mail abbestellen? In den USA werden die Kosten für ein elektronisches Mailing nicht nach den Versandkosten berechnet – denn die sind minimal – sondern danach, wie viele Kunden abbestellen. Dagegen hilft nur eines: Inhalte bringen, die für Ihre Leser wirklich interessant sind. Anders als bei einem klassischen Mailing, das sich über Umsatzsteigerung finanzieren muss, können Sie bei dem preiswerten Medium E-Mail öfters auch einmal Botschaften senden, die nur einfach informativ sind. In der Praxis gilt die Regel, dass auf eine Werbebotschaft drei reine Informationsbotschaften kommen. Schreiben Sie über Dinge, von

denen Sie wissen, dass sie Ihre Leser interessieren! Nutzen Sie E-Mail für eine elektronische Kundenzeitung! Ob Sie wirklich das schreiben, was Ihre Leser gerade brennend interessiert, können Sie einfach messen: an der Zahl der Abbestellungen.

Wie ermitteln Sie nun die ideale Frequenz? In der Praxis sieht es ja so aus, dass manche Nutzer vielleicht gerne jede Woche eine Botschaft von Ihnen empfangen, während es anderen schon reicht, wenn alle zwei Monate eine Mail von Ihnen kommt. Dann lassen Sie doch einfach Ihre Nutzer entscheiden, welche Frequenz für sie am besten ist. Bieten Sie einen Hyperlink, bei dem jeder selbst entscheiden kann, wie oft er gerne Post von Ihnen erhält.

Anlässe für Mailings

Neben der richtigen Frequenz gilt es auch, immer einen geeigneten Anlass für ein Mailing zu finden. Vorteil von E-Mails und SMS: Sie sind schnell. Nur Minuten, nachdem das Mailing geschrieben und abgeschickt wurde, hat es der Empfänger auf dem Bildschirm. Entsprechend bietet es sich an, Mailings unter Bezug auf aktuelle Ereignisse zu versenden. So gibt es eine Reihe von äußeren Anlässen, die für ein Mailing geeignet sind. Egal ob Valentinstag oder Ostern, wenn Sie eine Botschaft haben, die einen Bezug zu dem Ereignis erkennen lässt, nutzen Sie die Chance zu einem elektronischen Mailing.

Bezug auf aktuelle Ereignisse nehmen

Kein E-Commerce ohne E-Marketing

Das Besondere am Permission Marketing ist die Tatsache, dass Sie nicht nur Botschaften an Ihre Kunden senden, sondern gleichzeitig auch etwas über Ihre Kunden erfahren. So sehen Sie beispielsweise sofort an den Kündigungszahlen, wenn Ihre Botschaften nicht mehr den Geschmack Ihrer Leser treffen. Aber soweit muss es nicht kommen.

Schon im Vorfeld erkennen Sie, welche Themen besonders gut bei welchen Kunden ankommen. So können Sie gezielt auswerten, welcher Hyperlink angeklickt wird und welcher nicht. Mit der Zeit sammeln Sie so wertvolle Erfahrungen über die Wünsche und Vorlieben Ihrer Kunden, um die Sie Ihre Mitbewerber beneiden werden.

Tabelle 4: Anlässe für Mailings

Events:		
Fachvortrag	Betriebsführung	Betriebsfest
Produkt-Präsentation	Kundenseminar	Messe
Wettbewerb	Tag der offenen Tür	Vorführung
Aktionen:		
Gutschein-Aktionen	Beratungs-Gutschein	Gewinnspiel
Testtage	Meinungsumfrage	Preisausschreibung
Wettbewerb	Weiterempfehlungsaktion	Werbegeschenke
Serviceverbesserung:		
besseres Web-Angebot	Einkauf per Telefon	Garantieleistung
Online-Beratung	Inzahlungnahme	Probe im Geschäft
Info-Dienst	Rabatt	Zahlungsziel verlängert
Prüfen-vor-Kauf zuhause	Zahlungserleichterung	Computerentwurf
Bonus-System	Computerberatung	
Sonderangebote:		
Preis-Garantie, zeitliche	Frühbucher-Rabatt	Preise wie früher
Subskription	neue Preisliste	Saisonangebote
Datum:		
Konfirmation	Geschäftsjubiläum	Kommunion
Geburtstag	persönliche Jubiläen	Rückruf-Aktion
Ankündigungen:		
neue Telefonnummer	Preiserhöhung	Neuheiten
Produktverbesserung	neue Ansprechpartner	Preissenkung
Betriebs-Urlaub		
Informationen:		
Pressemitteilung	Neuer Katalog	Newsletter
Vorstellung Produkte	Neuer Prospekt	Umzug
Wirtschafts-Information	Neue Mitarbeiter	neue Website
Einzelmails:		
Dankeschön für Kauf	Dank Weiterempfehlung	Geburtstag
Kundenjubiläum	Rückruf-Aktion	Statusinformation
Begrüßung Neukunden	Dankeschön für Treue	
Stammkunden:		
Werbeprämie	Incentives	Treuegeschenk

Saisonale Anlässe:		
1. Advent	1. Mai	Fastenzeit
Ferienbeginn	Frühjahrsputz	Frühlingsanfang
Geburtstag	Jahreswechsel	Mittsommernacht
Namenstag	Neujahr	Nikolaus
Ostern	Pfingsten	Ramadan
Silvester	Sommeranfang	Sommerschlussverkauf
Valentinstag	Weihnachten	Winter-Reisen
Aschermittwoch	Einkochen, Einkellern	

Ein Beispiel: Als Lebensmittellieferant wollen Sie herausfinden, welche Ihrer Kunden eventuell an vegetarischer Ernährung interessiert sind. Dazu bieten Sie zwei interessante Informationen, von denen die eine für Vegetarier interessant ist - zum Beispiel vegetarische Rezepte - und eine andere Information, die für Vegetarier eher uninteressant ist - zum Beispiel Grilltipps.

Beispiel: Lebensmittellieferant

Beide Nachrichten bestehen aus einem „Teaser", einer neugierig machenden Einleitung und einem Hyperlink auf die Details. Mit hoher Wahrscheinlichkeit erreichen Sie damit eine Segmentierung Ihrer Kunden in vegetarisch interessierte und nicht-interessierte Leser.

Im nächsten Schritt werten Sie die Zugriffe auf die Detailinformationen aus und stellen fest, dass zum Beispiel von den 2468 angeschriebenen Personen 684 die vegetarischen Rezepte angeklickt haben. Genauso können Sie natürlich auch alle diejenigen aus Ihrer Datenbank auswählen, die in den letzten zwölf Monaten regelmäßig auf vegetarische Informationen geklickt habe oder die sich für die arabische Küche interessieren.

Möglichkeiten der Auswertung

Im dritten Schritt bereiten Sie nun ein elektronisches Mailing vor, das ein konkretes Kaufangebot für vegetarische Produkte - hier zum Beispiel eine Gemüsepizza - enthält. Dieses Angebot senden Sie jedoch nicht an alle Ihre Kunden - die Nichtvegetarier interessiert das ja gar nicht - sondern gezielt nur an diejenigen 684 Personen, die Sie als Vegetarier einstufen.

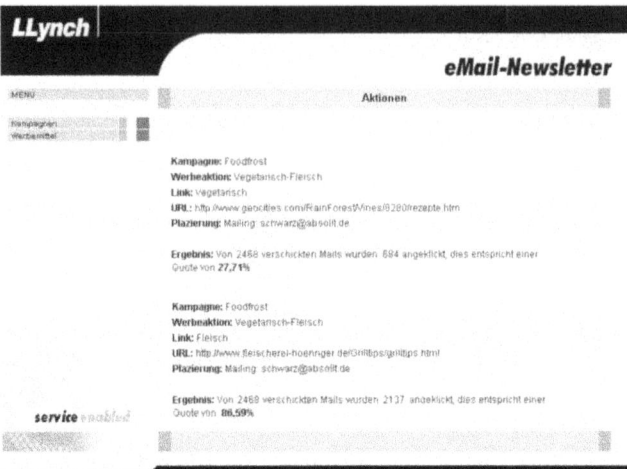

Abb. 2: Auswertung einer Kampagne: Erfolgskontrolle durch Echtzeit-Messung angeklickter Hyperlinks

Beispiel: Messevorbereitung

Noch ein weiteres Beispiel: Stellen Sie sich vor, Sie wollen noch heute Ihren Messestand aufbauen, wissen aber nicht, welche Prospekte Sie mitnehmen sollen. Der Transporter hat nur eine begrenzte Kapazität und Sie wissen nicht, für welche Ihrer drei Messeneuheiten wohl die meisten Prospekte gebraucht werden. Senden Sie noch morgens eine E-Mail an alle Kunden, in der Sie die drei Produkte vorab vorstellen! An den Klickraten können Sie abschätzen, welches Produkt am beliebtesten ist und welches eher geringes Interesse weckt. Schon zu Mittagszeit haben Sie voraussichtlich eine brauchbare Anzahl von Reaktionen, um eine valide Abschätzung zu erhalten.

10x weniger Kosten als bei klassischem Mailing

Die Erfahrung hat gezeigt, dass mit Mailings per E-Mail die Streuverluste erheblich minimiert werden können und zudem die Versandkosten deutlich niedriger liegen. So sind die Kosten je Verkauf (CPO - Cost per Order) bei elektronischen Mailings zehnmal niedriger als bei klassischen Briefmailings.

	klassisches Direktmailing an eigene Kunden	eMail-Mailing an eigene Kunden
Materialkosten je Tausend	$ 462	keine
Versandkosten je Tausend	$ 270	$ 5
Gesamtkosten je Tausend	$732	$ 5
Klickrate	entfällt	10 %
Kaufrate	3,9 %	2,5 %
Kosten je Verkauf	$ 19	$ 2

Abb. 3: Vergleich des CPO (Cost per Order oder Kosten je Verkauf) von E-Mail und klassischem Mailing

Literatur

Dörffeldt, T. , Schwarz, T. (2001): Online-Umsetzung des direkten Geschäftsmodells von Dell.- in: Link, J., Tiedtke, D. (Hrsg.): Erfolgreiche Praxisbeispiele im Online-Marketing, S. 27-42, Springer-Verlag.

Godin, S. (1999): Permission Marketing. - 255 S., Simon & Schuster.

Schwarz, T. (2001): Permission Marketing - macht Kunden süchtig, 2. Auflage März 2001, Preis: DM 49,00, 312 Seiten, Verlag Max Schimmel; ISBN: 3920834887.

Schwarz, T. (2001): Integration von E-Mail-Management und Permission-Marketing im Call Center. In Grewenig (Hrsg.): Multimediale Informationsdienste - C.F. Müller Verlag.

Schwarz, T. (2001): E-Mail-Newsletter: dem richtigen Kunden das richtige Angebot machen. In: Albers, S., Haßmann, V., Somm, F., Tomczak, T. (Hrsg.): Verkauf: Kundenmanagement, Vertriebssteuerung, E-Commerce, Wiesbaden 2001, Kennziffer 01.14, S. 1-15, Gabler Verlag.

Schwarz, T. (1998): Erfolgsmessung – Neue Methoden der Werbeerfolgskontrolle
in H.-J. Bullinger & A. Berres (Hrsg.) Innovative Unternehmenskommunikation, 25 S., Springer 1999

Kapitel 4

E-Commerce

4.1 E-Commerce Trends

Volker D. Schmidt

Der Trend bei den Dienstleistern

In der heutigen Entwicklung am Markt ist es sehr schwer, Trends zu erkennen, die auch noch in der Zukunft Bestand haben werden. So muss sich jeder Verantwortliche im Bereich E-Commerce sehr gut überlegen, welche Ziele er vor allem mit seiner E-Commerce-Lösung erreichen möchte. Eine E-Commerce-Lösung ist letztendlich der Aufbau eines neuen Vertriebs-, Beschaffungs- oder Bündelungsweges, mit dem sich das Unternehmen in Zukunft ein effektiveres Arbeiten und dadurch geldwerte Verbesserungen verspricht.

Ziele der E-Commerce-Lösung

Ein Trend im E-Commerce Bereich ist sicherlich, Geld mit dem Medium Internet oder einer seiner zahlreichen Anwendungen (Intranet/Extranet) zu verdienen, oder aber einfach Personal einzusparen und z.B. die Logistik und Kundennähe zu verbessern und dadurch den Ertrag zu verbessern. Das Wichtigste ist, den betriebswirtschaftlichen Faktor einer solchen Investition nicht zu unterschätzen. Oft werden von Unternehmen sogenannte „Full Service-Agenturen" beauftragt, denen es an betriebswirtschaftlichem Grundwissen fehlt. Diese Agenturen verfügen jedoch über den Mythos, alle Bereiche der Werbung und des Internetbusiness professionell anzubieten. Mittlerweile hat sich zum Glück herumgesprochen, dass dieser Agenturansatz vermieden werden sollte.

Betriebswirtschaftliche Faktor einer Investition

Wenn ein mittelständisches Unternehmen Dienstleister sucht, sollte es darauf achten, die Kernkompetenzen des Dienstleisters zu überprüfen. Es gibt am Markt nur wenige Unternehmen, die „alles aus einer Hand" liefern und auch später in der Lage sind, bei Problemen schnell für Abhilfe zu sorgen. Besser ist es, einzelne

Kernkompetenzen des Dienstleisters überprüfen

Teile des Projektes von Spezialisten realisieren zu lassen und so z.B. für ein Shopsystem ein Unternehmen auszuwählen, welches sich hierauf spezialisiert hat. Niemand erwartet z.B. von einem Schuster, dass er die Heizung repariert. Jedoch versuchen einige Agenturen im Sinne eines Generalunternehmers eine Gesamtlösung zu verkaufen und suchen sich später die Subunternehmer, die ihnen noch Provisionseinnahmen bringen. Leider führt dies oft zu Problemen bei der wichtigen Dokumentation der Projekte und bietet wenig Flexibilität bei Kundenänderungswünschen, da nicht immer genügend Know-how in der Agentur für schnelle Reaktionen vorhanden ist.

Die Start-up Hysterie

Kuriose Ideen der Firmen am Neuen Markt

In der Vergangenheit haben zahlreiche „Start-ups" und Neue Markt Firmen mit den ausgefallensten und kuriosesten Ideen versucht, den Anlegern (und den Kunden) das Geld aus der Tasche zu ziehen. Leider hat dieser Zustand länger gedauert als manche angenommen haben. Der Crash war die logische Folge einer Entwicklung, die irgendwann die „Luftblasen" der Geschäftsmodelle platzen ließ.

Heute kennt fast jeder die unsinnigen Modelle des „Geldverbrennens". Banken und Investoren haben sicherlich auch ihren Teil zu diesen Flops beigetragen. Jedoch würde niemand so viel Geld in ein seriöses Handwerks- oder Handelsunternehmen investiert haben - man spricht auch von der „Old Economy" - weil diese Unternehmenskonzepte keine Internetaffinität besitzen.

Marktbereinigung

Es ist für die Volkswirtschaft gut, wenn der Markt auf diese Art bereinigt wird und Platz für die erfolgreichen Unternehmen bietet.

Entscheidend ist der Ertrag und nicht mehr der Umsatz. Die leeren Versprechungen der Vorstände/ Geschäftsführer der „Start-up-Unternehmen", auf Zukunftsvisionen zu setzen, sind mittlerweile so alt wie zeichenorientierte Betriebssysteme.

Chancen und Risiken

Prozessoptimierung

Aus Sicht der Wertschöpfung kommt es in Zukunft darauf an, alle Prozesse innerhalb und außerhalb eines Unternehmens mittels webbasierender Lösungen optimieren zu können. Die prozessorientierten Lösungen müssen so entwickelt werden, dass es jederzeit mit geringem Aufwand möglich sein muss, die Plattformen (das Betriebssystem) sowie die Hardware und die Datenbank nach oben oder unten zu skalieren, um auf diese Weise eine Investitionssicherheit für möglichst bis zu 5 Jahre zu erzielen. Die meisten Lösungen, die am Markt entwickelt wurden, sehen einen solchen Ansatz natürlich nicht vor. Man versucht, den Kunden über eine Art „Wartungsvertrag auf Lebenszeit" an den Dienstleister zu koppeln. Diese ungewollte Ehe scheitert spätestens dann, wenn eine Schnittstelle oder eine andere Software implementiert werden soll und eine solche Schnittstelle dann nur von einem Dienstleister entwickelt werden kann. Die Abhängigkeit eines Unternehmens von seinem Dienstleister ist dann so hoch, dass der Dienstleister einen beliebigen Preis für seine Leistung verlangen kann.

Um diesem Abhilfe zu schaffen, muss jeder Unternehmer seinen Dienstleister/eigene Abteilung auffordern, die bereits erfolgten Leistungen/Programme so zu dokumentieren, dass diese von einem Dritten übernommen werden können, wie das auch renommierte Wirtschafsprüfer fordern (Grundsätze der ordnungsgemäßen Dokumentation). Es darf kein Kopfmonopol entstehen, so dass bei Ausfall des bearbeitenden Mitarbeiters/Entwicklers ein Vakuum entsteht. Ansonsten ist auch innerhalb der Unternehmung eine Abhängigkeit von Abteilungen und Personen gegeben. Vernünftige regelmäßige Prüfungen der internen Dokumentation durch externe Firmen können dann für eine bessere Investitionssicherheit sorgen, als dies von einer eigenen Abteilung geleistet werden kann. Dies gilt insbesondere für die „neuralgischen Punkte" der Zugriffssicherheit innerhalb einer Unternehmung. Hier sind oft Meinungen im Umlauf wie z. B.: „Wir setzen für x tausende Euro eine Firewall ein, uns wird schon nichts passieren."

Dies ist ein Trugschluss. Jedes von Menschenhand geschaffene System benötigt Pflege. Über die Wartungskosten von Maschinen hat man in der Industrie auch keine Klagen gehört. Nur im Internetbereich. Da wird der Vorgang eben einmal von Herrn X aus der Abteilung Y bearbeitet. Denn er hat eine Fortbildung besucht ... und kehrt dann als Firewall-Spezialist zu-

Dokumentation

Wartung und Pflege

rück! Dass solche Vorgehensweisen in der heutigen Wirtschaft zum Standard gehören, weiß man aus den Berichten in einschlägigen Zeitschriften. Nur mangelt es natürlich an Nennung namhafter Unternehmen, da diese kein Interesse daran haben, dass Dritte über die Sicherheitslücken ihres Unternehmens in Kenntnis gesetzt werden. Im Bereich Sicherheit geht der Trend zu regelmäßigen Überprüfungen, die nicht von der EDV/IT Abteilung in Auftrag gegeben werden sollten, sondern vom Vorstand direkt an einen kompetenten externen Dienstleister. Sonst ist Neutralität nicht gewährleistet.

Telearbeit in neuer Version

Neben den Bereichen Sicherheit und Prozessoptimierung von Beschaffungs- und Absatzprozessen ist in Zukunft auch die Einbindung von Mitarbeitern über Telearbeitsplätze von besonderer Bedeutung.

Kostengünstige Anbindung von Heimarbeitsplätzen

Die heutige Technik macht es mit geringen Mitteln möglich, dass Personen zu Hause eine Internetverbindung, die weniger als 50 Euro im Monat kostet, zur Verfügung haben, mit der sie zu einem Pauschalpreis am Internet und somit am Unternehmen angeschlossen sind.

Somit ist es nur eine Frage der internen Organisation, welche Informationen ein Mitarbeiter zu Hause erhält. Im Zeitalter von ISDN und DSL-Verbindungen kann man eine Heimarbeitsplatzausrüstung inkl. PC und Software bereits unter 1500 Euro erwerben. Hierzu kommen noch die Kosten für den Internet Pauschaltarif von ca. 40 Euro je Monat.

Ein Arbeitsplatz in einem Unternehmen ist vielfach teurer. Außerdem hat der Mitarbeiter zu Hause die notwendige Ruhe um zu arbeiten und wird nicht von den Kollegen von der Arbeit abgehalten. Hier ist auf ein dosiertes Maß an Heimarbeit und gute Betreuung zu achten.

Organisation von Büro- und Heimarbeit

Am Anfang sollte man nicht mehr als einen Arbeitstag in der Woche zu Hause arbeiten. An den übrigen Tagen können dann im Büro zusammen mit den anderen Kollegen auch die sozialen Kontakte gepflegt werden.

Wenn das Arbeitsfeld es zulässt (z.B. Vertrieb), kann die Terminplanung und Nachbereitung von zu Hause aus erfolgen und der Vertriebsmitarbeiter benötigt nur noch einen Tag im Büro, um dann neue Instruktionen zu erhalten. Vorraussetzung ist hier die Erreichbarkeit per Telefon, die aber über Rufumleitungen kein Problem darstellt.

Webbasierende Schulungen

Bei der Schulung von Mitarbeitern waren früher oft kostspielige Reisen notwendig und der Mitarbeiter eine Woche und mehr nicht im Unternehmen. Mit Hilfe von Computer- unterstützten Lernsystemen (CBT) war es in der Vergangenheit möglich, von seinem lokalen Arbeitsplatz aus oder in Schulungszentren selber zu lernen.

Hier fehlte aber häufig die interaktive Betreuung durch einen Trainer. Mit Hilfe von webbasierenden Lernsystemen ist es möglich, dass ein Trainer mehreren Schülern via Internet Fragen beantworten kann und unter Umständen sogar die PCs der Schüler fernbedient, falls Probleme auftauchen. So ist auch hier viel Geld und Zeit zu sparen und die physische Anwesenheit von Trainern auf ein Mindestmaß einzuschränken. Auch kann der Mitarbeiter einfach beliebige Lektionen wiederholen.

Video-/Telefon-/Internetkonferenzen

Die seit dem 11.09.01 wieder stark frequentierten Anwendungen sind Bildtelefon- bzw. Telefonkonferenzen mit oder ohne Bildübertragung dar.

Beispiel 11.09.01

Bei Telefonkosten, die innerhalb Europas geringer als 10 Cent/Minute betragen, eignet sich gerade dieses Medium, um schnell Sitzungen einzuberufen und mehrere Kunden/Mitarbeiter an dem Telefonat zu beteiligen.

Gerade auch um die Reisekosten zu senken oder aber sehr flexibel schnell zu reagieren, ist diese Telefonkonferenzlösung immer noch zukunftsweisend, auch wenn im Internetzeitalter online schon gute Übertragungsqualitäten erreicht werden.

Ein Vorteil liegt auch in der Flexibilität, welche der Manager erhält, wenn er über diese Medien mehrere Termine an verschiedenen Orten der Welt in wenigen Minuten hintereinander wahrnehmen kann.

Die Werbelüge

Refinanzierung durch Bannerwerbung

Zahlreiche Internetportale nutzen als Geschäftsmodell unter anderem auch die Refinanzierung durch Bannerwerbung. Heute kommt man zu dem Ergebnis, dass diese Werbeform zunehmend ausstirbt. Wenn im Markt für 1000 Bannerabrufe ca. 25 Euro bezahlt werden und man von einer Verbindungsrate von 0,5 % zu seiner Homepage ausgeht, kostet ein Interessent auf der eigenen Homepage 5 Euro. Nun hat dieser Interessent noch keine Bestellung auf dem Shop ausgeführt. Geht man hier auch von der branchenüblichen Quote von 0,5 % aus, so kostet dann eine Bestellung 500 Euro.

Solche Werbemodelle können nicht funktionieren. Jedoch wurden zahlreiche Geschäftsmodelle auf dieser Basis in den Markt gebracht.

Die Konsequenz im Markt konnte man bei zahlreichen in die Insolvenz gegangenen Internetunternehmen erleben, die nur aufgrund der Banner-Werbeeinnahmen ihr Geschäftsmodell aufgebaut hatten.

Die Fehler der Hektiker

3 Jahre Testzeit

Wenn man sich entscheidet, das Internet (oder eine E-Commerce Lösung) im Unternehmen einzusetzen, muss man bereit sein, dieses Medium ca. drei Jahre zu testen und kann erst dann von einem Erfolg/Misserfolg sprechen, wenn innerhalb dieser Zeit keine nennenswerten Umsätze/Einsparungen erzielt worden sind. Die innerbetriebliche oder auch externe Organisation muss auch die Chance haben, sich auf das Medium Internet einzustellen.

Anpassung der Organisation

Dies erfordert eine kostspielige Anpassung der Organisation an das neue Vertriebssystem „E-Commerce". Billiger ist es natürlich, wenn man die E-Commerce Lösung so implementiert, dass die Unternehmensorganisation beim Aufbau einer Lösung für die technische Umsetzung mit berücksichtigt wird. In jedem Fall sind für jede erfolgreiche Umsetzung mehrere Monate Entwicklungs- und Implementationszeit einzuplanen. Hierbei ist es sehr hilfreich, wenn das Unternehmen seinem Dienstleister schriftliche detaillierte Vorgaben für die Wunschlösung übergibt.

Pflichtenheft

Viele Unternehmen sparen leider an den Kosten für ein Pflichtenheft. Dies bereuen die meisten später, da der E-Commerce Dienstleister ohne eine solche Vorlage sehr schnell am Ziel vorbei Dinge entwickeln kann, die die Unternehmung später dann kostspielig ändern lassen muss.

Internet- Checklisten für die wesentlichen Bereiche erhalten Unternehmen in der Regel bei ihren lokalen Handelskammern.

Mobil-Commerce, die Wunderwaffe?

Wenn man nun das Thema Mobil-Commerce anspricht, ist es am wichtigsten, dass in Zukunft eine benutzerfreundliche Oberfläche entwickelt wird, die dann auch sehr schnell eine Kommunikation ermöglicht. Es macht keinen Sinn, die Nutzer mit Schlagwörtern wie UMTS oder GPRS zu verwirren, weil diese Dienste bisher noch keine Mehrwertapplikationen bieten wie das alte GSM System. Die viel gepriesene 2 Mbit Geschwindigkeit bei UMTS erhält man nur dann, wenn sich, außer einem selbst, kein anderer in derselben Funkzelle aufhält. Außerdem ist diese Geschwindigkeit auch nicht zu erreichen, wenn man mit dem Handy seinen Standort wechselt.

Es ist also sehr fraglich, mit welcher „Killer Applikation" die Kunden animiert werden sollten, UMTS Handys zu erwerben und dann noch erhöhte Verbindungsgebühren zu zahlen. Es hat sich in der Vergangenheit gezeigt, dass niemand den Erfolg von SMS-Diensten vorausgesagt hat. Eine ähnliche Applikation benötigt der Markt für die neuen Netze. Auch wenn es aufgrund der geänderten Rahmenbedingungen bald keinen kostenlosen SMS Versand mehr im Internet geben wird.

Killer Applikation gesucht

Wer heute viele Daten überträgt, ist mit dem GPRS Standard sehr gut aufgehoben. Hier zahlt der Nutzer nur das Datenvolumen und kann permanent online sein. Eine Abrechnung nach Zeit erfolgt für den Datenverkehr in der Regel nicht.

Die Technik sollte sich nach dem Wunsch der Nutzer richten und nicht der Nutzer nach den technischen Anforderungen. Nur bei einer höheren Benutzerfreundlichkeit und einem höheren Mehrwert nutzt ein Anwender eine neue Technik, die teurer ist als sein altes geliebtes System.

Benutzerfreundlichkeit und Mehrwert gefragt

Risiken der zukünftigen Kundenwerbung

Gewinnspiele

Bei den neuen Werbeformen sollen die Nutzer zeitnah neue Informationen erhalten, bei der sie in der Regel vorher schriftlich aufgefordert werden, an einem Gewinnspiel teilzunehmen. Diese Gewinnspiele werden in Form von Postkarten oder Preisausschreiben dem Kunden so interessant verkauft, dass dieser nicht die Fallen im Kleingedruckten bei den „Teilnahmebedingungen" liest. Gleiches gilt auch für Bestellungen im Internet. Hier stehen oft Sätze wie „Der Teilnehmer erklärt sich bereit, Werbung auf dem Wege der Onlinemedien oder Printmedien von uns oder einem unserer Partner zu erhalten".

Benutzerprofile

Bei einer Teilnahme stimmt also der Nutzer zu, die Handynummer, E-Mailadresse oder sonstige weitere Informationen wie Alter, Geschlecht und Hobbys in den Datenbanken des Veranstalters für einen unbegrenzten Zeitraum zu speichern. Angeblich werden mit diesen Daten Benutzerprofile erstellt und die Kunden erhalten dann eine angeblich auf sie zugeschnittene Werbung. Leider gibt es nur eine geringe Anzahl von Unternehmen, die diese Werbeform richtig professionell betreiben. Wenn der Kunde falsche Angaben zu seinem Profil macht, erhält er womöglich Werbung für Dinge, die ihn gar nicht interessieren.

Umgang mit persönlichen Daten

Manche Nutzer erhalten eine SMS oder E-Mail von einer Firma, der sie mit Sicherheit nicht ihre Handynummer oder E-Mailadresse verraten haben. Die meisten Nutzer wissen kaum, woher die Firmen diese persönlichen Daten bezogen haben. Diese Form des Online Marketing ist nicht sinnvoll. Es kommt aber vor, dass (einige unseriöse) Adresshändler Ihre Daten an Dritte verkaufen. Dabei werden mehrere Euro je Kundenbestand fällig (2-7 Euro). Je mehr Profilinformationen der Käufer erhalten möchte, desto teurer sind die Daten. So kann es vorkommen, dass ein Nutzer in einem Online-Shop eine CD kauft und plötzlich von einem anderen Versandhaus einen Katalog seines Wunschinterpreten per Post erhält.

Angabe persönlicher Daten

Falls ein Nutzer an irgendeinem schriftlichen Gewinnspiel teilnimmt, sollte er seinen Namen in einer leicht abgewandelten Form angeben (z.B. Abkürzung eines Vornamens), damit später einfacher festgestellt werden kann, wer die Daten weitergegeben hat. Ein

Gewinn erreicht den Teilnehmer so in jedem Fall. Erhält der Teilnehmer von einer anderen Firma in derselben Schreibweise Werbung, weiß er sehr schnell, wer seine Daten illegal weitergeleitet hat. Ein vorsichtiger Mensch sollte der Datenweitergabe auf den Teilnahmebedingungen widersprechen, indem er diesen Teil durchstreicht und sich von der Teilnahmeerklärung vor dem Versenden eine Kopie anlegt.

Immer häufiger jedoch erhalten Internetnutzer unangeforderte Werbemails (sogenannte Spam-Mails). Diese Form der Werbung ist für den Anbieter äußerst preiswert, weil er keine kostenintensive Post versenden muss. Eine E-Mail kostet ihn Bruchteile von Cents und er erhält ebenso eine schnelle Reaktion auf seine Aussendung. Um im Vorfeld dieses Problem zu lösen, sollte jeder genau überlegen, wem er seine E-Mailadresse mitteilt. Es gibt zahlreiche Anbieter von kostenlosen E-Mailadressen. Am besten richtet man sich für die Teilnahme an Gewinnspielen und Downloads von Daten im Internet (bei denen meist persönliche Daten abgefragt werden) ein Konto ein, welches nur für diesen Zweck genutzt wird. Wenn es auf diesem kostenlosen E-Mailkonto zu einem Anstieg von Werbemails kommt, kann sich der Nutzer ein neues Konto einrichten und das alte löschen. Die übrige Kommunikation wird jedoch über eine andere private E-Mail Adresse geführt. Diese sollte in keinem Fall in irgendeiner Newsgruppe oder Internetseite angegeben werden, damit hier kein „Werbemüll" an den Nutzer gesendet werden kann. Jeder Anbieter von E-Mail Newslettern ist verpflichtet, eine Funktion zu implementieren, die es dem Nutzer auf einfache Weise möglich macht, seine Adresse aus dem Verteiler zu löschen.

Schutz vor Werbemails

Personalisierte Kundenansprache

Die Werbeform der personalisierten Kundenansprache ist nützlich für beide Seiten. Der Anbieter muss seine Daten ständig pflegen, jedoch ist er auf den Kunden angewiesen, der ihm Änderungen in seinem Profil umgehend via Internet mitteilt. Der Kunde erhält auf diese Weise nur die Informationen, die für sein Profil interessant sein könnten. Diese Werbeform hat bessere Chancen als nicht personalisierte E-Mails, in der an alle Empfänger der E-Mail dieselben Produkte oder Dienst-

Nützlichkeit auf beiden Seiten

leistungen ohne die Berücksichtigung der persönlichen Wünsche, aufgrund eines fehlenden Kundenprofils, angeboten werden.

Video on Demand verknüpft mit Werbung

Im Bereich des zukünftigen interaktiven Fernsehens (Video on Demand) kann jederzeit vom Betreiber festgestellt werden, welchen Film man gerade sieht und so wird es in Zukunft passend zum Film Werbebotschaften für den Konsumenten geben, die immer besser auf ihn zugeschnitten sind. Die Profildaten der Kunden geben sehr genau Informationen über deren Gewohnheiten. So kann z.B. ein Westernfan der über den interaktiven Fernsehkanal gerade einen alten John Wayne Film ausgewählt hat, passende Kataloge über Reisen in den „Wilden Westen" erhalten oder auch die Buchausgabe des Films.

Persönliche Gewohnheiten

Hat man nun die Möglichkeit die Profildaten der einzelnen Nutzer von den verschiedenen Medienbereichen miteinander zu verknüpfen, so ergeben sich genaue Profile, die auf Haushaltsebene neben dem Haushaltseinkommen auch die persönlichen Gewohnheiten der Bewohner erfassen. Ein Kriterium für die Zusammenstellung der Profile ist z.B. die E-Mailadresse der Bewohner und die Telefonnummern ihrer Handys, um die Personen eindeutig zu bestimmen.

So wenig Daten wie möglich kommunizieren

Sicher gibt es das Bundesdatenschutzgesetz, nur ist es besser, so wenige Daten wie nur irgend möglich an Dritte zu kommunizieren, damit nicht z.B durch einen untreuen Mitarbeiter Daten von einem Unternehmen A zu einem Unternehmen B wandern oder aber von A und B einfach Daten gegenseitig ausgetauscht werden, weil sich deren Produkte oder Dienstleistungen wunderbar ergänzen. Wenn die Nutzer nun über neue Kabelnetzsysteme telefonieren, im Internet surfen, das Wunschprogramm zusammenstellen oder auch Ware direkt bestellen kann, sollte er genau überlegen, welche Daten der Anbieter über den Nutzer sammeln kann, auch wenn dies nur zur Abrechnung der Leistungen notwendig ist. Jedoch muss man sich fragen, wer die Firmen prüft, ob sie auch 80 Tage nach Rechnungsversand wirklich alle Daten gelöscht haben, wie dies der Gesetzgeber vorsieht. Eine Speicherung von Daten ist heute ja sehr preiswert möglich. Die neuen Medien bieten natürlich sehr viel Positives, jedoch hat die Technik auch ihre Schattenseiten.

Insbesondere wenn der Nutzer wahrscheinlich nicht genau darüber informiert ist, welche Daten bei der Benutzung der neuen Technologien gespeichert werden und wer diese später verwendet. Ein Anbieter kann sich daher auszeichnen, indem er z.B. über die Kundendaten hinausgehende Informationen nur dann abfragt, wenn der Kunde dies für eine bessere Kundenbetreuung wünscht.

4.2 Anforderungen an einen Shop

Sanna Börgel

Die Anforderungen, die eine benutzerfreundliche, wirtschaftliche und zukunftssichere E-Commerce-Lösung erfüllen muss, definieren sich aus den Bedürfnissen der Zielgruppe, die mit dem Shop angesprochen werden soll. Ebenso von Bedeutung sind Art und Umfang der Waren, Produkte oder Dienstleistungen, die man im Shop vertreiben möchte. Ein drittes Kriterium sind die Geschäftsprozesse, in die die Lösung direkt oder im Laufe der weiteren Entwicklung eingegliedert werden muss.

Im Folgenden soll aufgezeigt werden, welche grundsätzlichen Anforderungen eine Shop-Software aus firmen- und marketingstrategischen Überlegungen heraus erfüllen sollte und wie Basisfunktionalitäten um weitere sinnvolle Module ergänzt werden können.

Die Grenze, an der aus einem „Kann"-Kriterium ein „Muss" wird, stellt sich für jedes einzelne Unternehmen unterschiedlich da und ist nur individuell zu entscheiden.

Die hier exemplarisch dargestellten erweiterten Funktionalitäten finden schon heute ihren Einsatz in elektronischen Lösungen für den Handel und das B2B-Service- und Ersatzteilmanagement in der produzierenden Industrie.

Online-Shops sollen Probleme lösen

Einleitung

Der Unterschied zwischen einem umsatzschwachen und einem florierenden Online-Shop ist die Kundschaft: Der eine hat wenig und der andere zufriedene Kunden!

Zufriedene Kunden als Unterscheidungsmerkmal

Entscheidend für den Erfolg Ihres E-Commerce-Projektes ist die Präzision, mit der Sie die Bedürfnisse Ihrer Kunden identifizieren und befriedigen.

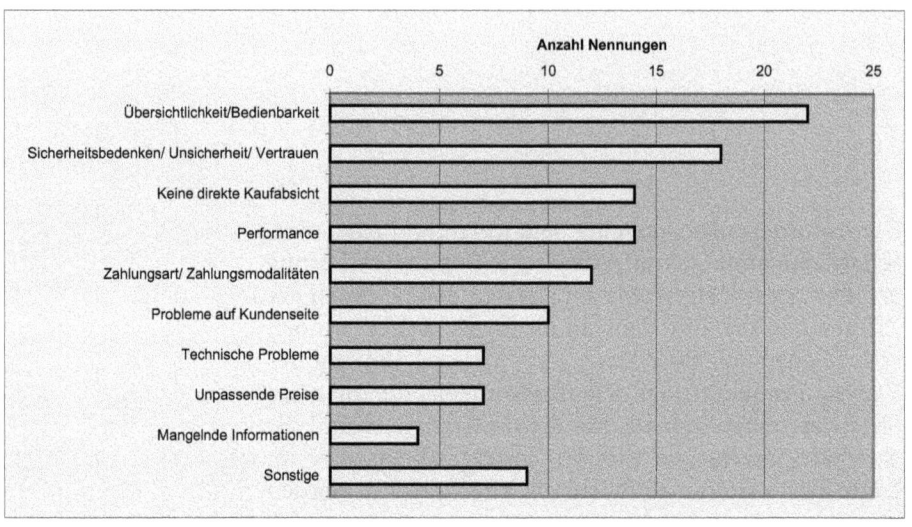

Abb. 1: Gründe für den Kaufabbruch (a)

(a) Quelle: Umfrage der FH Oldenburg, 2001

Umfragen im B2C-Bereich ergeben, dass eine Reihe von Internetnutzern aus Unsicherheit oder Frust den Online-Kaufprozess vorzeitig abbrechen (Abb. 1). Diese Stolperfallen umreißen im Negativen die Standard-Anforderungen, die ein Shop aus marketing-spezifischen Überlegungen erfüllen muss.

Online-Vertriebslösungen

Momentan zeigt die Erfahrung, dass webbasierte Vertriebs- oder Servicelösungen, die Geschäftsprozesse zwischen Unternehmen elektronisch abbilden, größeren Erfolg versprechen als das Endkundengeschäft. Online-Vertriebslösungen tragen dazu bei, Transaktionskosten zu senken und den Service für die anspruchsvollen Geschäftskunden zu verbessern. Dies bedeutet für die Unternehmen einen erheblichen zusätzlichen Wettbewerbsvorteil, so das ein schneller Return of Investment (ROI) in der Regel realisiert werden kann.

Systematisch zum optimalen Shop

Egal ob im B2C- oder im B2B-Bereich, im wesentlichen geben drei Fragen Auskunft über die Funktionalität einer E-Commerce-Lösung:

1. Wie viel Aufwand und Know-how ist nötig, um den Shop einzurichten, zu betreiben und zu pflegen?
2. Wie leicht und komfortabel ist der Shop für den Kunden zu bedienen?
3. Wie schnell und bequem können die Bestellungen im Backoffice verarbeitet werden?

Aufwand für Aufbau, Installation und Pflege des Shops

Standardsoftware

Bei der Umsetzung von E-Commerce-Projekten geht der Trend eindeutig zur Verwendung von Standard-Software. Moderne Out-of-the-box-Produkte können heute von autorisierten Dienstleistern innerhalb kurzer Projektlaufzeiten an die individuellen Geschäftsprozesse der Unternehmen angepasst und in die bestehende IT-Systemlandschaft implementiert werden. Die Investitionen für Lizenzen und Integration bleiben deutlich unter den Kosten, die für Beratung, Programmierung und Schulung bei der Entwicklung einer Individual-Software entstehen. Die Pfeiler einer zukunftssicheren Standard-Software sind Sicherheit, Stabilität, Flexibilität, Verfügbarkeit und Wirtschaftlichkeit.

Geringere Kosten als bei Individualsoftware

Installation

Bei der Installation des Shops werden in Abhängigkeit des Shop-Systems unterschiedliche Anforderungen an den Server gestellt. Angefangen bei der Auswahl des richtigen Betriebssystems, des passenden www-Servers sowie der richtigen Hardware-Dimension gilt grundsätzlich: Je umfangreicher Ihr Shop und je mehr Kunden ihn besuchen, desto höher die Ansprüche an den oder sogar die Server. Shop-Software, die auf modernen Technologien basiert, ermöglicht leichtgewichtige, serverseitige Prozesse. Insbesondere die Verwendung von Java-Applikationen reduziert die durchschnittliche Serverbelastung pro User.

Skalierbarkeit

Funktionsumfang muss anpassbar sein

Modular aufgebaute Shop-Systeme ermöglichen, die Anfangsinvestitionen überschaubar zu halten. Der Funktionsumfang der Lösung kann entsprechend wachsender Bedürfnisse und E-Business-Erfahrung des Unternehmens erweitert werden. Schnell und mit geringem Investitionsaufwand kann bei steigenden Anforderungen die Basis-Lösung durch den Zukauf weiterer Module und Dienstleistungen Zug um Zug zu einer umfangreichen E-Commerce-Plattform ausgebaut und zunehmend in die IT-Landschaft integriert werden.

Import und Pflege der Inhalte

Der bequeme Import von Artikelstammdaten ist gerade bei großen Sortimenten und der Zusammenarbeit mit verschiedenen Lieferanten eine wichtige Anforderung, die eine professionelle Shop-Software erfüllen muss. Hierzu muss das Shop-System über Werkzeuge verfügen, die unterschiedlich systematisierte Stammdaten intelligent aufbereiten und einheitlich klassifizieren. Die gängigsten Verfahren zur Stammdatenaufbereitung sind die Merkmals-Extraktion sowie die Bildung von Clustern.

Aktualität gewährleisten

Ist der Shop einmal online, so muss gewährleistet sein, dass die Inhalte stets auf dem neusten Stand sind: Vergriffene Artikel müssen kurzfristig aus dem Programm genommen, Preisänderungen binnen Minuten vollzogen und zeitlich begrenzte Sonderaktionen problemlos online gestellt werden können.

Hilfen zur Pflege nötig

Bei kleineren Artikelbeständen reicht meist eine händische Aktualisierung der Datensätze. Verfügt der Shop jedoch über ein großes oder schnell wechselndes Sortiment, sind Hilfen zur Pflege der Inhalte unerlässlich.

Offline Redaktions-Werkzeug

Schnelle und unkomplizierte Pflege der Inhalte

Mit einer lokalen Administrations-Software können Preise, Texte und Bilder auch ohne Datenbank- oder HTML-Kenntnisse bearbeitet und ausgetauscht werden. Die Pflege der Inhalte kann so schnell und unkompliziert von eigenen Mitarbeitern vorgenommen werden. Dabei bleiben die Inhalte der Warenwirtschaft von den Arbeiten an der Shop-Datenbank unberührt. Da die Pflege der Shop-Datenbank offline erfolgt und nur zum Aufspielen der modifizierten Daten eine temporäre

Verbindung zum Internet aufgebaut wird, brauchen bezüglich des Schutzes vor unberechtigten externen Zugriffen auf die ERP-Datenbank keine besonderen Vorkehrungen getroffen zu werden.

Webbasiertes Administrations-Tool

Mehr Flexibilität bietet allerdings ein web-basiertes Administrations-Werkzeug. Mit diesem leistungsfähigen Redaktionstool kann von jedem internetfähigen Rechner dieser Welt auf die Shop-Verwaltung zugegriffen werden. Verschiedenen Administratoren können unterschiedliche Rechte zugewiesen werden. In der Praxis erhalten so beispielsweise verschiedene Niederlassungen eines Unternehmens die Möglichkeit, Produkte in den zentralen Shop einzustellen.

Durch web-basiertes Redaktionstool flexibler

Alle Administrationsprozesse können in einem zentralen Fenster vorgenommen werden, da der Browser den universellen Rahmen für die unterschiedlichsten Anwendungen bietet. Die Browser-Technologie ermöglicht jederzeit eine problemlose Anpassung und Erweiterung der Funktionalitäten des Administrations-Tools entsprechend der aktuellen Anwendungsszenarien.

Warenwirtschaft als führendes System

Wird die Shop-Datenbank von vorneherein über eine Schnittstelle mit einem vorhandenen ERP-System verbunden, können Artikel-, Preis- oder Kundeninformationen automatisiert von der einen Datenbank zur anderen übernommen werden. Meist ist dabei die Warenwirtschaft das führende System.

Geringer Pflegeaufwand

In Ergänzung mit einem Online-Redaktionstool zur Pflege der Shop-spezifischen Inhalte erfordert dieses Anwendungsszenario nach der Installation den geringsten Pflegeaufwand.

Bedienkomfort für den Kunden

Mehrsprachigkeit und Währungen

Als Mindestanforderung kann die Darstellung der Inhalte in den Sprachen Deutsch und Englisch gelten. Das Angebot weiterer Sprachen darf für ein professionelles Shop-System jedoch kein Problem darstellen.

Deutsch und Englisch als Mindestanforderung

Alle Preise, sowohl die HTML-codierten wie auch die Preisangaben in der Datenbank, müssen in allen relevanten Währungen ausgewiesen werden können.

Sicherheitsbedürfnisse ernst nehmen

Gerade Sicherheitsbedenken und mangelndes Vertrauen gegenüber den Shop-Betreibern sind ein Grund für das zögerliche Verhalten, besonders der Endkunden, beim Online-Kauf. Um die Bedenken von Erstkunden zu zerstreuen und die rechtlichen Verbraucherschutzbestimmungen zu erfüllen, dürfen einige Features im Shop nicht fehlen:

- Angabe des Firmensitzes
- Angabe der Lieferzeiten und Kosten
- Einsicht in die Allgemeinen Geschäftsbedingungen
- Fernabsatzgesetz
- Verschlüsselung aller Daten beim Transfer
- Datenschutzerklärung

Frontend: Das, was der Kunde sieht

Anpassung an das Corporate Design

Ein professionelles Shop-System bietet Ihnen die Möglichkeit, das Design der Shop-Oberflächen individuell zu gestalten und so dem Corporate Design Ihres Unternehmens anzupassen. Bei der Gestaltung gilt „Weniger ist mehr": Sinnlose grafische Elemente, ein Sammelsurium von Schrifttypen und Farben, blinkende Buttons oder andere „Spielereien" wirken unprofessionell und erschweren die Übersicht. Eine zurückhaltende und zweckmäßige Gestaltung der einzelnen Seiten reduziert zudem die Datenmenge, die der User beim Besuch Ihrer Website vom Server laden muss und verkürzt damit die Ladezeiten.

Bei datenbankgestützten Systemen sind Gestaltungselemente und Inhalte getrennt zu verwalten. Alle Angaben zur optischen Darstellung der Shop-Oberflächen werden in sogenannten „Templates" codiert. In diese „Maske" werden die variablen Informationen von Seite zu Seite eingelesen. Veränderungen am optischen Erscheinungsbild des Shops können so einfach und bequem durch eine zentrale Modifikation der Templates vorgenommen werden.

Darstellung der Artikel

Sorgfältige Vorarbeit ist der Schlüssel zum Erfolg!

Bevor die Umsetzung Ihres E-Commerce-Projektes beginnen kann, müssen alle für den Shop relevanten Stammdaten erfasst und systematisch kategorisiert worden sein. Unternehmen, die bereits über eine Produktdatenbank oder ein Warenwirtschaftssystem verfügen, müssen bei der Auswahl einer geeigneten E-Commerce-Lösung in erster Linie die Kompatibilität der angebotenen Schnittstellen zu vorhandenen Datenbanken prüfen.

Systematische Gliederung der Artikel

Neben der benutzerfreundlichen optischen Gestaltung ist vor allem eine sinnvolle Gliederung der Artikel in Ober- und Unterkategorien Voraussetzung für bequeme Orientierung im Shop. Der Kunde muss sich schnell einen Überblick über die gesamte Produktpalette verschaffen können. Eine breite Kategorisierung mit zahlreichen Oberkategorien ist deshalb einer unnötig tiefen Verschachtelung in hierarchischen Unterkategorien vorzuziehen. Als Faustformel gilt: „Mit drei Klicks zum Ziel".

Sinnvolle Gliederung

Artikelliste

Die einzelnen Produkte sollten in Bild und Text dargestellt werden können. Sinnvoll ist eine Differenzierung zwischen Kurz- und Detailinformationen. Der Kunde bekommt so zunächst eine Übersicht, was alles im Angebot ist und kann dann auf Wunsch Detailinformationen zu den Produkten, für die er sich interessiert, abrufen.

Aufwändigere Systeme sollten wechselnde Sortierungen der Artikelliste nach bestimmten Kriterien wie Artikelnummer, Artikelmerkmal oder Preis erlauben.

Nutzerfreundliche Verkaufshilfen

Do-it-yourself" ist bequem für den Kunden und entlastet Ihren Kundendienst

Ziel einer Online-Verkaufslösung ist es, den Kundenservice zu verbessern und dabei gleichzeitig die eigenen Verkaufsberater zu entlasten. Der Kunde soll die Möglichkeit erhalten, auch technisch anspruchsvolle

Verbesserter Kundenservice: Vorteile

Produkte im Selbstbedienungs-Verfahren zu bestellen, ohne sich dabei überfordert oder allein gelassen zu fühlen. Dazu muss die Website eine Infrastruktur an Informations- und Recherchetools bereitstellen, mit deren Hilfe der Kunde einfach und intuitiv die Transaktion vom Login über Recherche, Bestellung und Wahl der Zahlart zu Ende führen kann.

Einfache Suchfunktionen

Entscheidend für die Zufriedenheit der Kunden ist, wie schnell und bequem der gesuchte Artikel gefunden und bestellt werden kann.

Stammkunden freuen sich über eine Schnellsuche

- *Suche nach Artikelnummern*
  Stammkunden, die genau wissen, welchen Artikel sie benötigen, freuen sich über eine Funktion zur Schnellsuche. Über Eingabe der Artikelnummer kann das Produkt unkompliziert im Katalog aufgefunden werden.
- *Volltextsuche*
  Ist zwar nicht die Artikelnummer, jedoch Name oder Schlagwort zu einem Produkt bekannt, hilft die Volltextrecherche dem Kunden weiter. Neben den Produkttiteln wird dabei auch die gesamte Artikelbeschreibung durchsucht und führt so zu einem umfassenden Ergebnis.

Bereitstellen weitergehender Informationen

- *FAQ-Listen („Frequently Asked Questions")*
  In diesen Verzeichnissen findet der Nutzer Antworten auf ständig wiederkehrende Fragen zu Produkten, zum Unternehmen oder zur Bedienung des Online-Shops. Eine gut gepflegte, übersichtliche FAQ-Liste kann Ihren Kundendienst enorm entlasten.

Mehrwert für den Kunden

- *Datenblätter*
  Datenblätter, technische Dokumentationen oder Bedienungsanleitungen, die der Kunde in einem speziellen Service-Bereich Ihres Shops abrufen kann, stellen für ihn einen echten Mehrwert da. Für den Kunden sind dringend benötigte Informationen so schnell zur Hand, während Sie Kosten für Druck und Versand sparen können.

Kontakt zum Kundenservice

Der Kunde darf sich mit seinen Fragen oder Anregungen nicht allein gelassen vorkommen. Auf jeder Seite des Shops sollte die Telefonnummer und E-Mail-Adresse des Kundenservice genannt oder ein Link zu einer Seite mit Kontaktinformationen oder einem interaktiven Kontaktformular zu finden sein.

Anspruchsvolle E-Commerce-Lösungen sollten immer auch eine Integration eines Call Centers ermöglichen.

Cross-Selling

Eine intelligente Software liefert dem Kunden einen Service, wie ihn ein guter Verkäufer bietet und generiert dem Betreiber dabei zusätzlichen Umsatz.

Anhand der in den Warenkorb gelegten Produkte erkennt die Software mögliche, doch nicht explizit geäußerte Kundenbedürfnisse. Legt der Kunde beispielsweise ein bestimmtes Ersatzteil in den Warenkorb, wird er automatisch auf die zur Montage nötigen Schrauben hingewiesen.

Produktkombinationen oder -alternativen

Ebenso denkbar ist der Vorschlag von Produkt-Alternativen, sollte der angeforderte Artikel einmal nicht lieferbar sein.

Hilfen beim Zusammenstellen komplexer Aufträge

Gerade bei technisch komplexen oder teileintensiven Produkten ist der Kunde häufig auf Hilfen beim Zusammenstellen seiner Bestellung angewiesen, wenn sich die Artikelrecherche und -auswahl nicht zur Sollbruchstelle im Online-Verkauf entwickeln soll!

Erweiterte Recherchefunktionen

Verschiedene, aufeinander abgestimmte Suchfunktionen, die parallel nebeneinander genutzt werden können, erleichtern das Auffinden der exakten Teile, unabhängig von der Produktkenntnis des Kunden.

- *Kaskadierende Artikelsuche*
  Diese geführte Suche bedient sich des Ausschlussprinzips: Anhand immer detaillierterer Vorschlaglisten kann der Benutzer seine Kriterien immer weiter einschränken, bis schließlich das exakt passende Teil angezeigt wird.

Suche nach dem Ausschluss-Prinzip

- *Selbstlernende, assoziative Suche*
  Diese semantische Suchfunktion orientiert sich am gesprochenen Wort und ermittelt aus vollständigen Sätzen die relevanten Produktmerkmale. Dies führt bereits im ersten Suchlauf zu wenigen, aber exakten Treffern.

- *Einbinden von CAD-Zeichnungen*
  Die Suche von passenden Ersatzteilen für komplexe Maschinen und Anlagen wird auch durch die Bereitstellung von Konstruktionsplänen erleichtert. Mit Hilfe einer Zoom-Funktion kann der Kunde beispielsweise die Details einer Explosionszeichnung nach dem passenden Ersatzteil durchsuchen. Über die so ermittelte Artikelnummer kann das Teil direkt in den Warenkorb gelegt und bestellt werden.

> Konstruktionspläne erleichtern das Suchen von Ersatzteilen

Konfiguratorsoftware

Dieses Tool ermöglicht bei variantenreichen Produkten wie Autos, Reisen, Versicherungen oder Maschinen und Anlagen die individuelle Konfiguration des Artikels, wobei stets die Vorschriften des Herstellers berücksichtigt werden. Der Kunde kann seine Bedürfnisse in eigenen Worten ausdrücken und sie dann in spezifische Konfigurations-Optionen übertragen (lassen).

Im Ersatzteilmanagement, insbesondere bei auf Stücklisten basierenden Investitionsgütern, „übersetzt" die Software die Suchanfrage des Kunden in eine Stückliste mit konkreten Artikelnummern.

Kundenberatungs-Modul

Eine interaktive Schnittstelle ermöglicht die Online-Zusammenarbeit von Verkaufsberatern und Kunden bei der Komplettierung von Stücklisten: Der Kunde sendet seine frei formulierte Anfrage oder aber die Stückliste, zu der Fragen auftauchen, elektronisch an einen Spezialisten im Hause des Herstellers. Dieser kann unmittelbar den Warenkorb des Kunden kontrollieren und die ergänzte oder optimierte Stückliste an den Kunden zurücksenden.

Personalisierte Kundenzugänge

Die Möglichkeit der individualisierten Kundenbetreuung ist einer der größten spezifischen Vorteile des Online-Verkaufs. „Customer Relationship Management" ist zu dem Schlagwort im E-Commerce geworden, bietet es doch viele Vorteile – sowohl für Kunden als auch für Shop-Betreiber.

Das Vertrauen der Kunden gewinnen

Studien belegen: Wo immer es dem Anbieter gelingt, das Vertrauen seiner Kunden zu gewinnen, sind diese gerne bereit, sich zu registrieren, um den persönlichen Mehrwert nutzen zu können. Wichtig ist, dem Kunden vertrauliche Behandlung sowie Sicherheit bei der Übermittlung seiner persönlichen Daten zu garantieren. Eine Datenschutzerklärung und verschlüsselter Datentransfer müssen Standard für jedes Shop-System sein.

sichere Übermittlung von persönlichen Daten

Cookies und PlugIns

Die Umsetzung der Personalisierung sollte auch ohne die Verwendung von Cookies oder PlugIns realisiert werden können, da viele User aus Sicherheitsbedenken die Installation solch kleiner Programme auf ihren PC ablehnen und daher von zahlreichen Funktionalitäten der E-Commerce-Lösung ausgeschlossen wären.

Erhöhter Bestellkomfort

Wenn der Kunde beim ersten Besuch des Shops oder bei der ersten Bestellung alle Standard-Bestellinformationen in einem Kundenprofil hinterlegt, kann er sich in Zukunft bequem über eine persönliche Kennung mit Passwort authentifizieren. Bei künftigen Bestellungen muss er dann nur noch die variablen Eingaben seiner Bestellung tätigen.

Hinterlegung eines Kundenprofils

Erweiterte Warenkorbfunktionalitäten

Erweiterte Warenkorbfunktionalitäten ermöglichen registrierten Kunden darüber hinaus den schnellen Zugriff auf häufig bestellte Artikel:

- *Merkliste*
  Der registrierte Benutzer erhält die Möglichkeit, eine „Favoritenliste" für Artikel, die häufig bestellt werden, anzulegen. Dieses Verzeichnis wird gespeichert und steht dem Kunden nach jeder Anmeldung zur Verfügung. Dort abgelegte Artikel können jederzeit in den Warenkorb übernommen oder gelöscht werden.

  Favoritenliste

- *Permanent Warenkörbe*
  Häufig benötigte Teile können in Standard-

Warenkörben abgelegt und dauerhaft gespeichert werden. Stückzahlen können verändert, Posten gelöscht oder in die Favoritenliste verschoben werden.

- *Bestellhistorie*
  Dem registrierten Kunden steht eine Auflistung aller getätigten Bestellungen mit Detailansicht zur Verfügung. Alle Artikel können auch einzeln in den Warenkorb oder die Favoritenliste übernommen oder gelöscht werden.

Stammkundenzugänge und Artikelbereiche

Preise, Rabatte, Lieferkonditionen

B2B-Lösungen bleiben durch die Abfrage einer Nutzer-Kennung autorisierten Kunden und Partnern vorbehalten. Ebenso besteht die Möglichkeit, vorab zwischen Privat- und Geschäftskunden zu selektieren. Anhand der Nutzerdaten können registrierten Kunden spezielle Artikelbereiche und Preise, etwa Rabatte oder regional gestaffelte Kredit- oder Lieferkonditionen, zugewiesen werden.

Individualisierte und optimierte Angebote

Anhand der gewonnenen Kundendaten können Vorlieben und Interessen einzelner Kunden ermittelt und so auf das Kundenprofil zugeschnittene Angebote unterbreitet werden. Individualisierte Angebote können auf Basis freiwilliger Angaben des Kunden genauso wie durch Auswertung vorangegangener Bestellungen beruhen. Präsentiert werden die Angebote an prominenter Stelle im Shop, etwa auf der personalisierten Startseite oder - nach Einwilligung des Empfängers - per E-Mail.

Shop-Betreiber, die die ganze Bandbreite des elektronischen Customer Relationship Managements für ihr Marketing nutzen wollen, müssen bei der Wahl des Online-Shop-Systems auf jeden Fall auf die Kompatibilität mit entsprechender CRM-Software achten.

Bestellvorgang

Über die Phasen der Transaktion aufklären

Der Kunde legt alle Artikel, die er bestellen möchte, in einen Zwischenspeicher, den „Warenkorb". Diesen sollte der Kunde permanent einsehen können, um eine Übersicht über die ausgewählten Artikel und die Kaufsumme zu haben. Mehrwertsteuer und Lieferkosten sollten direkt ausgewiesen werden. Auf dem Weg zum finalen Absenden seiner Bestellung sollte dem Kunden stets klar sein, in welcher Phase der Transaktion er sich befindet. Klären Sie ihn auf, wie viele Klicks er noch von der verbindlichen Bestellung entfernt ist!

Bestandskontrolle online

Durch geschickte Abfrage der Warenwirtschaft können aufwändige E-Commerce-Systeme online die Verfügbarkeit einzelner Produkte schon in der Artikelliste ausweisen. So besteht die Möglichkeit, dem Kunden Produkt-Alternativen anzubieten, sollte ein Artikel nicht vorrätig sein.

Auch wenn ein Ausweisen der konkreten Bestandszahlen nach einer entsprechenden Datenbankabfrage technisch kein Problem ist, bietet die symbolische Darstellung der Verfügbarkeit Vorteile: Das Informationsbedürfnis des Kunden wird befriedigt, ohne die eigene Lagerpolitik für Wettbewerber zu transparent zu machen. Denkbar ist jedoch, dass registrierten Geschäftspartnern, z.B. Zulieferern, als Planungshilfe die genauen Lagerbestände angezeigt werden.

Bestellbestätigung

Bei erfolgreicher Bestellung sollte im Browser-Fenster umgehend eine Bestellbestätigung angezeigt und per E-Mail oder optional per Fax an den Kunden versendet werden. Eine Verknüpfung mit dem Warenwirtschafts-System ermöglicht ein Ausweisen der Lieferzeiten in der Bestätigungsmail.

Bestellbestätigung per E-Mail oder Fax

Auftragsverfolgung

Ist für den Kunden das „Ordertracking" verfügbar, kann er online den Weg seiner Bestellung in jeder Phase der Auftragsbearbeitung verfolgen. Ein völlig automatisiertes Ordertracking setzt dementsprechend eine durchgängig verknüpfte elektronische Prozesskette von der Auftragsannahme bis zum Versand der Waren voraus.

Soll die Auftragsverfolgung über die eigene Prozesskette hinaus ermöglicht werden, müssen Schnittstellen zu den elektronischen Systemen der Logistikpartner vorhanden sein.

Zahlungsfunktionen

Der heikelste Vorgang beim E-Commerce ist die Abwicklung des Zahlungsverkehrs. Hier erreicht das Be-

Im Bezahlvorgang ist Rate der Kaufabbrüche groß

dürfnis des Kunden nach sicherer, einfacher und bequemer Abwicklung seinen Höhepunkt. Die Erfahrung zeigt, dass die Rate der Kaufabbrüche unmittelbar vor Übermittlung der Bezahldaten die höchste während des gesamten Shop-Besuchs ist.

Der ausführlichen Darstellung der Zahlungsabwicklung wird in diesem Buch ein eigenes Kapitel gewidmet. Deshalb sei an dieser Stelle lediglich betont, dass ein leistungsfähiges E-Commerce-System keine technischen Beschränkungen in Bezug auf die Umsetzung der möglichen Zahlungsfunktionen machen sollte.

Zahlarten

Über 90 % aller Online-Shop-Kunden ist es wichtig, dass ihre bevorzugte Bezahl-Methode angeboten wird. Professionelle Systeme müssen eine große Auswahl an Zahlarten wie Rechnungskauf, Kreditkarte, Bankeinzug oder elektronische Systeme unterstützen.

Kompatibilität der Systeme

Ihre E-Commerce-Lösung muss über die entsprechenden Schnittstellen mit elektronischen Zahlungsverfahren, die von Banken oder anderen Dienstleistern angeboten werden, verbunden werden können. Wenn elektronische Bezahlsysteme angeboten werden sollen, muss der Shop über eine Schnittstelle an einen Paymentprovider angeschlossen werden.

Der Workflow im Backoffice

Statistische Auswertungen

Die grundsätzlichen Aufgaben, die eine E-Commerce-Lösung im Backoffice-Bereich erfüllen muss, können in zwei übergeordnete Bereiche unterteilt werden: Zum einen müssen die im Shop gewonnenen Daten statistisch ausgewertet und zum anderen die eingehenden Bestellungen schnell und bequem bearbeitet werden können.

Inwieweit die Bestellungen aus dem Shop automatisch weiterbearbeitet werden können, hängt von der vorhandenen Unternehmenssoftware und den individuellen Geschäftsprozessen ab. Grundsätzlich gilt: Je weniger Medienbrüche auf dem Weg vom Bestelleingang bis zum Versand der Waren und der Zahlungsabwicklung erfolgen, desto effizienter verläuft der gesamte Workflow. Eine durchgängig automatisierte Prozesskette, in der die relevanten Daten an jedem Punkt der Wertschöpfung elektronisch abrufbar sind und nicht händisch von einem System zum nächsten konvertiert werden müssen, definiert dabei die optimale Rationalisierung, die durch die elektronische Abbildung von Geschäftsprozessen ermöglicht wird.

Den individuell optimalen Grad der Automatisierung muss jedes Unternehmen nach eigenen Kosten-Nutzen-Gesichtspunkten bestimmen. Eine ausgereifte E-Business-Strategie ist dazu unerlässlich.

Integrationsfähigkeit

Die Kompatibilität des Shop-Systems zur übrigen Unternehmenssoftware ist die Grundvoraussetzung für eine Automatisierung des Workflow. Ein professionelles Shop-System sollte sich nahtlos in die bestehende IT-Landschaft integrieren lassen und größtmögliche Flexibilität bei der Implementierung neuer Software-Lösungen gestatten.

Integrierbarkeit in die IT-Landschaft

Bei der Auswahl eines geeigneten E-Commerce-Systems müssen Sie entsprechend Ihrer bereits vorhandenen und der zukünftig geplanten IT-Lösungen die Kompatibilität der Systeme berücksichtigen:

- Sind Standard-Schnittstellen zu meiner Unternehmenssoftware erhältlich?
- Wie aufwändig ist die Entwicklung individueller Schnittstellen?
- Welche Schnittstellen werden zukünftig benötigt, und werden diese standardisiert angeboten?

Effiziente Auftragsbearbeitung

Die Bestelldaten aus dem Shop müssen schnell und bequem der Auftragsbearbeitung zugeführt werden können.

Bestell-Listen

Bei datenbankbasierten Shop-Systemen extrahiert die Software aus den eingehenden Bestellungen die relevanten Daten und pflegt sie in die zugewiesene Auftragseingangstabelle der Datenbank ein. Jede Bestellung erhält automatisch eine Jobnummer.

Schnittstellen

Durch die Abfrage der Shop-Datenbank sollten komplette Bestell-Listen für definierte Zeiträume ausgelesen werden können. Für die automatisierte Weiterbearbeitung der Bestellung sind Schnittstellen zur Warenwirtschaft und zur Finanzbuchhaltung nötig.

Auftragsweiterleitung

Für eine zeitnahe Bearbeitung der Anfragen bietet sich eine Weiterleitung der Bestelldaten an den zuständigen Mitarbeiter per E-Mail an.

Schnittstelle an Groupware-Systeme

Sind die Zuständigkeiten unter verschiedenen Mitarbeitern aufgeteilt, beispielsweise gegliedert nach Verkaufs- oder Territorialbereichen, sollten die Bestellungen direkt beim zuständigen Mitarbeiter landen. Eine intelligente Software erledigt dies, indem sie die eingehenden Bestellungen nach definierten Kriterien wie Produktkategorie oder Postleitzahlenbereich analysiert. Optional sollten die Shop-Software über eine Schnittstelle an Groupware-Systeme angebunden werden können.

Plausibilitätsprüfung

Durch die integrierte Plausibilitätsprüfung werden die Bestell- und Zahldaten beim Ausfüllen der Online-Formulare automatisch auf ihren Sinngehalt überprüft. Das Programm weist den Nutzer auf Unstimmigkeiten hin und reduziert so das Risiko fehlender oder unrichtiger Angaben auf ein Minimum.

Überprüfung der Kreditwürdigkeit

Für den Kunden unsichtbar kann im Backoffice-Bereich die Analyse der Kunden- und Bestelldaten um individuelle Prüfkriterien erweitert werden. Durch einen automatischen Abgleich der Adressdaten mit den Zahldaten können Unstimmigkeiten vor Aussendung der Waren aufgedeckt und Betrugsfälle verhindert werden. Ebenso kann die Kreditwürdigkeit von Kunden gestaffelt werden. Ergibt die Analyse eine geringe Kreditwürdigkeit, können über eine Schnittstelle zu einem Inkassounternehmen z.B. routinemäßig Informationen zur Zahlungsmoral des potentiellen Kunden eingeholt werden.

Statistiken und Auswertungen

Durch die Analyse der im Shop gewonnenen Daten gewinnen Sie wertvolle Informationen zu Ihren Produkten, Ihren Kunden und der Nutzerfreundlichkeit Ihres Shops.

4.2 Anforderungen an einen Shop

Analysetools für Produktdaten

Die Verkaufszahlen einzelner Produkte oder Produktgruppen im Zeitverlauf sind eine wertvolle Planungshilfe für Ihr Unternehmen.

Ein professionelles Shop-System sollte jedoch nicht nur die Produkte, die tatsächlich bestellt wurden, erfassen, sondern jeden Zugriff auf Produktinformationen protokollieren. Diese Protokolle können optional sogar auf die Suchworteingabefelder der Recherchefunktionen ausgedehnt werden. Denn je genauer Sie verfolgen können, wofür sich Ihre Kunden eigentlich interessieren, desto passgenauer können Sie Ihr Angebot gestalten. Zur statistischen Aufbereitung und Analyse der Protokolldateien sollte die E-Commerce-Lösung über integrierte Softwaretools verfügen.

Forderung: Protokollierung jedes Zugriffs

Logfile-Analyse

Eine Logfile-Analyse gibt Einblick in das Nutzerverhalten, da in den Log-Dateien jeder Zugriff auf den Server mitprotokolliert wird. Einzelne Statistiken über die durchschnittliche Verweildauer der Kunden auf einzelnen Seiten ermöglichen eine kontinuierliche Verbesserung der Shop-Gestaltung entlang der gewonnenen Daten.

E-Commerce ist mehr als nur Verkaufen!

In ihrer Grundfunktionalität bieten Online-Shops eine kostengünstige Möglichkeit, Produkte oder Dienstleistungen rund um die Uhr weltweit und tagesaktuell potentiellen Interessenten zu präsentieren.

Doch E-Commerce ist mehr als nur Verkaufen: Durch einen Online-Shop eröffnen Sie sich nicht nur einen neuen Vertriebsweg, sondern verbessern signifikant Ihr Angebot und Ihren Service. Denn professioneller E-Commerce ist das Bereitstellen aktueller, vollständiger und ständig verfügbarer Produktinformationen, das Anbieten direkter und qualifizierter Beratung, die Möglichkeit einfacher und fehlerfreier Bestellungen sowie schnelle Lieferung und bequeme Zahlung - und das sowohl für Sie als Anbieter als auch für Ihren Kunden oder Geschäftspartner.

Verbesserung des Service durch einen Online-Shop

Tabelle 1 und 2: Anforderung an einen Shop

Die Do's - 10 zu beachtende Regeln
Planung ist Chefsache
Werbung ist wichtig
Fachleute engagieren
Zielgruppen erkennen
Von Mitbewerbern lernen
Sparsames Layout
Fehlerlose, erweiter- und anpassbare Technik
Ständige Aktualität
Umgehende Beantwortung von Kundenanfragen
Sicherer Datentransfers

Die Don'ts - 10 zu vermeidende Fehler
Die Internetadresse wird auf Briefbögen, Visitenkarten etc. nicht angegeben
Der Shop ist nicht über Suchmaschinen und Shop-Verzeichnisse aufzufinden
Die Seiten sind schlecht lesbar und verwirrend gestaltet
Die Navigation ist unübersichtlich
Der Seitenaufbau dauert zu lange
Es gibt keine Anreize für regelmäßige Besuche (z.B: Sonderangebote)
Veraltete Angebote, überholte Preise
Mangelnde Benutzerführung (keine Suchmaschinen, unübersichtliche Sortierung u.ä.)
Komplizierte, verwirrende Bestellvorgänge
Mangelhafte technische Umsetzung (häufige Fehlermeldungen, Bestellabbruch etc.)

4.3 Erstellung elektronischer Kataloge

Andrea Wöhr

Arno Hitzges

Der Katalog hilft Anbietern, ein interessiertes Publikum möglichst exakt über Produkte oder Dienstleistungen zu informieren. Dies gilt für Printkataloge ebenso wie für elektronische Kataloge. Ein bebilderter Papierkatalog veranschaulicht jedoch schon beim Durchblättern, worum es sich handelt und wie die Ware beschaffen ist.

Dagegen setzt ein elektronischer Katalog Vorkenntnisse voraus, zum einen über die Art, wie er zu bedienen ist, aber auch von anderer Seite: Wie etwa findet ein Kunde den gewünschten Kugelschreiber? Weiß er, ob der gewünschte Gegenstand sich unter dem Suchbegriff Schreibgerät oder unter Kugelschreiber finden lässt? In der Rubrik Bürobedarf und -materialien oder unter einem anderen Eintrag?

Der folgende Beitrag behandelt das Thema aus Anbietersicht. Er zeigt auf, wie ein elektronischer Katalog erstellt wird, wie Daten aufbereitet werden und welche Schwierigkeiten es bei der Klassifikation der Daten geben kann. Abschließend werden Lösungsansätze skizziert.

Unterschied Print- und elektronischer Katalog

In fünf Schritten zum elektronischen Katalog

Nach Hentrich [Hentrich 2001] gibt es fünf wesentliche Fragen beim Erstellen eines elektronischen Katalogs:

Fragestellungen

1. Welches ist das geeignete Datenformat?
2. Welche Klassifikationsstruktur soll verwendet werden?
3. Wie werden die Daten aufbereitet?
4. Wie lässt sich der elektronische Katalog in existierende Systeme integrieren?
5. Wer spielt den elektronischen Katalog ein und wie verläuft die Freigabe?

Schritt I: Wahl des Datenformats

XML

Die erste Frage, die sich stellt, ist die Auswahl des geeigneten Datenformats. Hentrich schätzt die Zahl der individuellen Formate auf etwa 160 [Hentrich 2001]. Nicht alle passen jedoch zum firmeneigenen EDV-System. Wegen seiner Flexibilität weit verbreitet ist das XML-Format (eXtensible Markup Language). XML lässt sich gut auf die speziellen Anforderungen der Benutzer anpassen, weshalb auch sogenannte XML-Dialekte entstehen konnten.

BMEcat

Im deutschsprachigen Raum wird häufig BMEcat (der Standard des Bundesverbands Materialwirtschaft, Einkauf und Logistik e. V.) eingesetzt. Eine Studie der Fraunhofer-Gesellschaft vom Dezember 2000 ergab, dass etwa 40 Prozent der 118 befragten Marktplätze BMEcat einsetzen. Weitere Lösungen wie cXML oder xCBL wurden nur von jeweils sieben Prozent genutzt. Die übrigen Marktplätze setzten auf eine Vielzahl von uneinheitlichen Lösungen.

Schritt II: Wahl der Klassifikationsstruktur

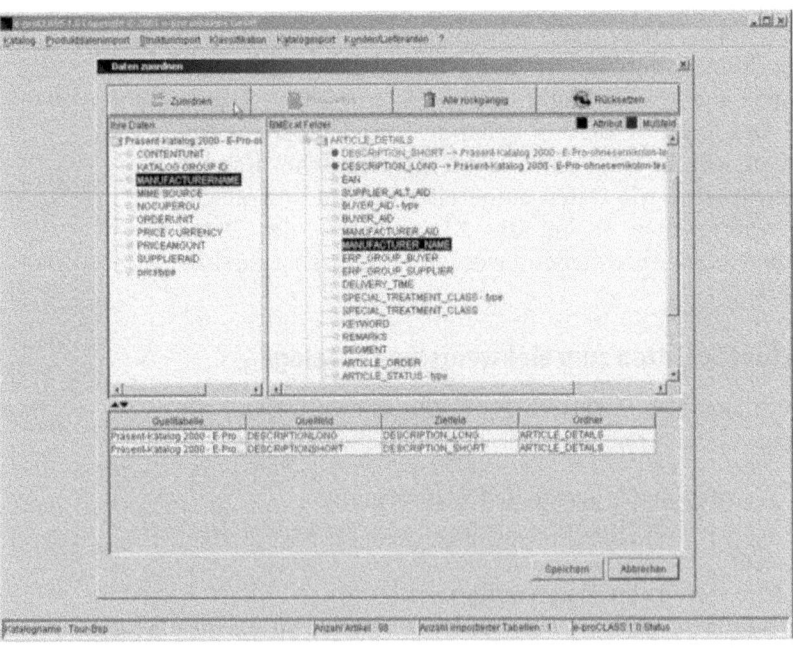

Abb. 1: Hier werden Daten „gemappt": Das eigene Produkt wird dem Datenformat BMEcat zugeordnet (Ansicht in e--proCLASS)

4.3 Erstellung elektronischer Kataloge

Die Frage nach der Klassifikationsstruktur greift das eingangs erwähnte Beispiel des Kugelschreibers auf: Wie kann er so benannt und eingeordnet werden, dass er gefunden, eindeutig identifiziert und vielleicht auch mit Produkten der Konkurrenz verglichen werden kann? Die Klassifikationsstruktur will die von Anbietern und Käufern „gesprochene Sprache vereinheitlichen": durch Zuordnung der Artikel zu genau definierten Klassen, durch genaue Vorgaben, welche Produkteigenschaften angegeben werden müssen und in welcher Form [Dolmetsch 2000]. Viele Klassifikationsstrukturen sind speziell auf ein bestimmtes Verbreitungsgebiet oder eine Branche zugeschnitten.

Eindeutige Identifizierung

Die folgenden Abschnitte nennen einige der verbreitetsten Klassifikationsstrukturen.

- Der branchenübergreifende *eCL@ss -Standard* ist vor allem in Deutschland weit verbreitet, aber auch international anwendbar. Nach einer Studie der Fraunhofer-Gesellschaft nutzen 42 Prozent der befragten Marktplätze diesen Standard. eCl@ss adressiert vor allem die Beschaffung von C-Gütern. Produkte werden durch vier Hierarchiestufen beschrieben: Sachgebiet, Hauptgruppe, Gruppe und Untergruppe. Ein Durchflussmesser wird beispielsweise klassifiziert über das Sachgebiet „Automatisierungs-, Elektrotechnik, PLT", die Hauptgruppe „Messtechnik", die Gruppe „Messgerät, Durchfluss, etc." und die Untergruppe "Durchflussmesser (magnetisch)" [Palme 2000].

eCL@ss

- Der *UNSPSC* ist ein Produktklassifikationsschema der Vereinten Nationen, mit dem alle Arten von Produktgruppen und Dienstleistungen beschrieben werden. Zunehmend findet der Standard auch in anderen Ländern Zuspruch; zum Zeitpunkt der Fraunhofer-Studie war die Verbreitung in Deutschland jedoch unwesentlich. Wie bei eCL@ss werden die Produkte über Hierarchien klassifiziert, allerdings in fünf Stufen: *Segment/Family/Class Type/Commodity/ Business Type*.

UNSPSC

- *ETIM* (kurz für: Elektrotechnisches Informationsmodell) ist ein Klassifikationsmodell, das auf die Anforderungen der deutschen Elektroindustrie angepasst ist. Etwa zehn Prozent der befragten Marktplätze nutzen diesen Standard. ETIM ist ein

ETIM

flaches Klassifikationsmodell, das sich aus Klassennamen und sogenannten Merkmalleisten zusammensetzt. Mit mehr als 1.200 Produktklassen und zwischen sieben und zwölf Merkmalen pro Klasse ist ETIM ein sehr breit angelegtes Modell, was den unterschiedlichen Anspruch der einzelnen Branchen an den Detaillierungsgrad der Beschreibung verdeutlicht.

Zwischen ETIM und eCl@ss besteht eine Kooperationsvereinbarung.

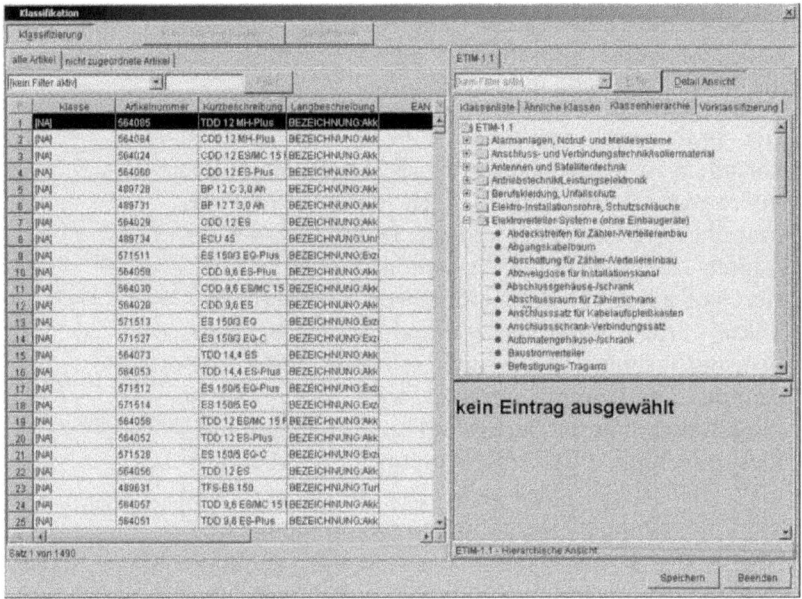

Abb. 2: Klassenhierarchie in ETIM 1.1 (rechtes Fenster, Ansicht in e-proCLASS)

Ergänzungen sind notwendig

Allen Klassifikationsstrukturen ist gemeinsam, dass sie regelmäßig um Klassen und Merkmale ergänzt werden müssen, um den Produktinnovation zu entsprechen. Die Anpassung kann im halbjährlichen oder jährlichen Zyklus erfolgen.

Schritt III: Aufbereitung der Daten

Die Aufbereitung der vorhandenen Produktdaten ist zumeist Fleißarbeit: Unterschiedliche Quellen wie gedruckte Kataloge, CD-ROMs, HTML-Dateien, Datenbanken oder MS Word und Excel-Dokumente müssen ausgewertet werden. Aktuellen Schätzungen zufolge liegen nur 10 bis 15 Prozent der verfügbaren Produkt- und Dienstleistungsinformationen in elektronisch brauchbarer Form vor [Hentrich 2001].

Die Aufbereitung von Daten ist jedoch nicht nur eine Frage des Formats: Ebenso kann es nötig sein, bestehende Produktbeschreibungen um weitere Eigenschaften (Attribute) zu ergänzen. Nicht standardisierte Produktbezeichnungen müssen abgeändert werden, insbesondere wenn es sich um Abkürzungen und kryptische Bezeichnungen handelt. Zusätzlich stellt sich die Frage, wie weiterführende Informationen übernommen werden, zum Beispiel Bilddateien oder ausführlichere Produktbeschreibungen.

Sind all diese Fragen geklärt, bleibt noch offen, wie die Produktdaten auf dem aktuellen Stand gehalten werden.

Schritt IV: Integration in die betriebliche Infrastruktur

Wie passt der elektronische Katalog in das firmeneigene EDV-System? Bei der Anbindung müssen Schnittstellen beispielsweise zu firmeneigenen Datenbanken, Redaktionssystemen oder ERP-Systemen geschaffen werden. Gerade die Anbindung von E-Procurement- an ERP-Systeme lässt jedoch häufig zu wünschen übrig. Als Faustregel gilt: Je älter das ERP-System, desto aufwändiger die Anpassung.

Schnittstellenfragen

Schritt V: Einspielen und Freigabe des elektronischen Katalogs

Für das Einspielen und die Freigabe eines elektronischen Katalogs gibt es verschiedene Möglichkeiten: das eigene System an das System des Betreibers einer E-Commerce-Anwendung anzuschließen, den Datenimport komplett vom Betreiber übernehmen zu lassen, einen Content Provider zu beauftragen usw. Allen Lösungen ist gemeinsam, dass die Daten nach erfolgtem Import auf korrekte Form und Inhalt hin überprüft (validiert) werden müssen, bevor eine Freigabe erfolgen kann.

Validierung

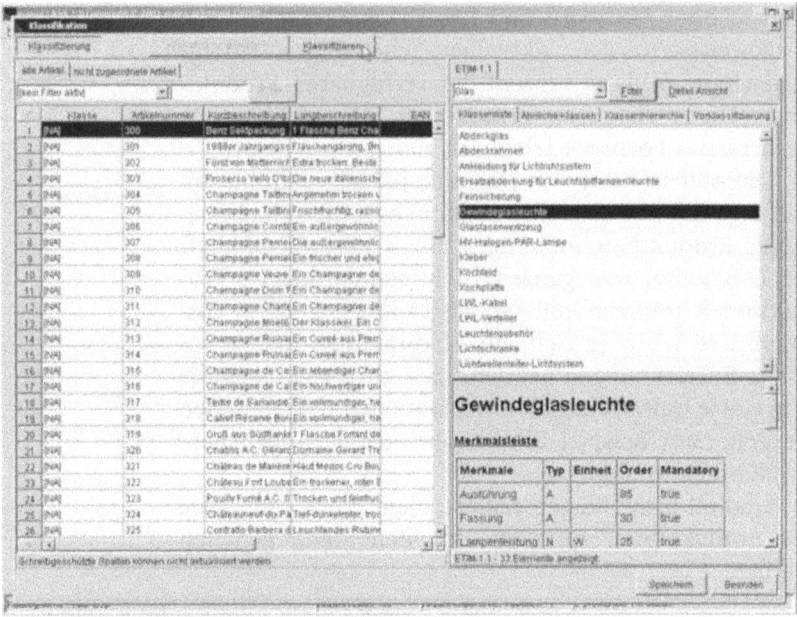

Abb. 3: Zuordnen eines Artikels zu einer Zielklasse (Ansicht in e-proCLASS)

Die Beispiele in den folgenden Kapiteln verdeutlichen, welche Fragen die Klassifikation in der Praxis aufwerfen kann.

Beispiel: Anforderungen aus der betrieblichen Praxis

Im Rahmen der ETIM-Lieferantenintegration führte die e-pro solutions GmbH im Frühjahr 2001 eine Bestandsaufnahme bei acht namhaften Herstellern der Elektroindustrie durch. Die Hersteller sahen sich vor der Aufgabe, ihre Daten gemäß ETIM aufzubereiten, dem Standard der Elektroindustrie.

Ausgangssituation der Hersteller

Auf die Frage nach der Größe und Komplexität ihres Produktspektrums ergab sich eine enorme Spanne: Die Sortimente umfassten zwischen 1.000 und 130.000 Artikel, die für die Klassifikation nach ETIM relevant waren. Die Beschreibungen der Artikel variierten stark im Detaillierungsgrad und in der Einteilung in Gruppen und Strukturen.

Bei der Verarbeitung der firmeneigenen Daten setzten die befragten Unternehmen auf unterschiedliche Lösungen, angefangen von firmeneigenen Lösungen über PDM (Produktdatenmanagement)- und Publi-

4.3 Erstellung elektronischer Kataloge

shing-Systeme bis hin zu ERP-Systemen. Dazu kamen weitere Lösungen, etwa für Bilddaten oder Daten aus CAD und CAE-Programmen.

Zur Übertragung der Daten wurde Datanorm oder das branchenspezifische Format Eldanorm genutzt, jedoch auch ASCII, XML (darunter BMEcat) und andere.

Bezüglich der gestellten Anforderungen ließen sich die untersuchten Hersteller in zwei Kategorien einteilen. Typ 1 suchte ein PDM- bzw. EDM-System, um vorhandene Produktdaten aus betrieblichen Informationsquellen aufzubereiten, also beispielsweise zu klassifizieren oder durch Attribute zu ergänzen, und über beliebige Formate (z.B. Ariba, CommerceOne, BMEcat) an interne und externe Kunden zu liefern. Dazu sollte entweder eine eigene Produktdatenbank genutzt werden oder aber eine Metadatenbank nebst Onlinezugriffen auf Original-Datenquellen. Die Firmen der zweiten Kategorie hatten bereits ein PDM- bzw. EDM-System im Einsatz, um Printkataloge oder Print- und elektronische Kataloge erstellen zu können. In beiden Fällen fand noch keine Klassifikation der Daten statt.

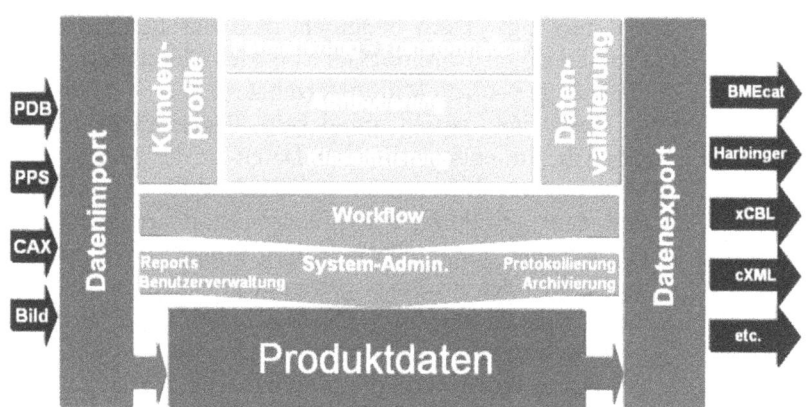

Abb. 4: Die Grafik stellt den Ablauf der Datenklassifikation dar (a)

(a) Auf der linken Seite werden Daten in unterschiedlichen Formaten angeliefert, in der Mitte auf verschiedene Anforderungen angepasst und weiter bearbeitet, um in unterschiedlichen Formaten exportiert zu werden (rechte Seite).

Anforderungen der Hersteller Konsequenzen

Allen Herstellern war gemeinsam, dass die existierenden Systeme nicht ausreichten, um Daten ETIM-konform zu liefern. Bevor Sie sich für ein bestimmtes System entscheiden, ist eine genaue Analyse der Ist-Situation und der gewünschten Ziele nötig. Solche Vorüberlegungen zahlen sich über eine nachhaltigere Lösung aus.

Die heterogene Situation bei den befragten Herstellern legt ebenfalls den Schluss nahe, die Zahl der Datenformate und Schnittstellen zu begrenzen und auf eine einheitliche Definition multimedialer Daten hinzuarbeiten. Eine Vereinheitlichung der Datenlandschaft wäre nicht nur für die Klassifizierung der Daten nach ETIM von Vorteil.

Einfachere Datenaufbereitung durch automatische Merkmalserfassung

Das Zuordnen von Artikeln zu Klassen ist eine Fleißarbeit, aber nicht unbedingt das Kernproblem. Häufig liegen geforderte Informationen bereits vor, jedoch nicht in der gewünschten Form. So wird zum Beispiel die Leistung einer Glühbirne in Watt anstelle von Kilowatt angegeben. Eine Kurzbeschreibung in der Form „D 4 L 200 mm" kann bedeuten, dass das beschriebene Produkt einen Durchmesser von vier Millimetern und eine Länge von 200 Millimetern hat.

Automatische Merkmalserfassung

Über eine speziell entwickelte Regelsprache ist es möglich, die entsprechenden Daten in der Menge der vorhandenen Information zu finden, zu extrahieren und dem gewählten Klassifikationsstandard zuzuweisen. Im oben genannten Beispiel könnten Durchmesser und Länge des Produkts gemappt und automatisch in die richtige Einheit (in ETIM: Meter) überführt werden.

Automatische Klassifikation

Eine wesentliche Vereinfachung bei der Bearbeitung der Daten bietet auch die automatische Klassifikation. Hier werden existierende Katalogstrukturen, Klassifikationen und Warengruppen übernommen und der Zielstruktur entsprechend zugeordnet. Die bereits geleistete Strukturarbeit kann damit weiter verwendet werden.

4.3 Erstellung elektronischer Kataloge

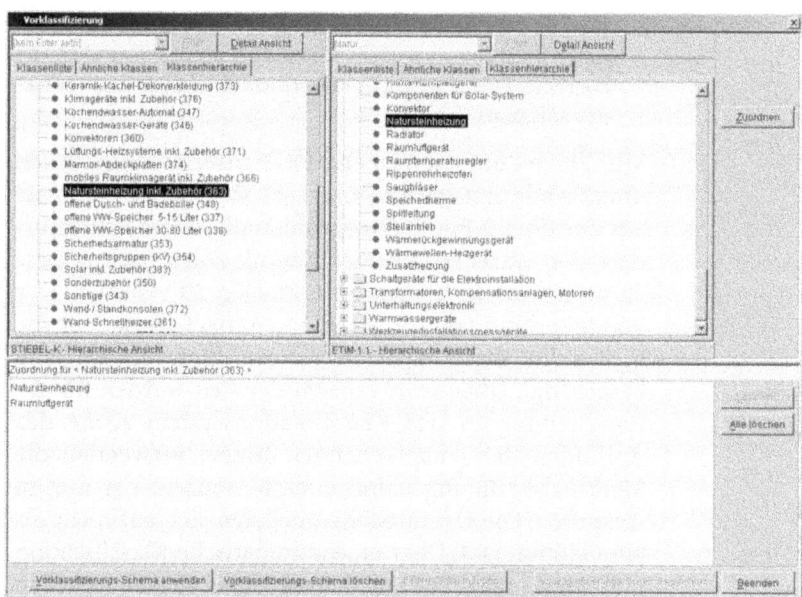

Abb. 5: Automatische Klassifikation: Die Struktur des Herstellers (links) wird automatisch in die Zielstruktur (rechts) überführt

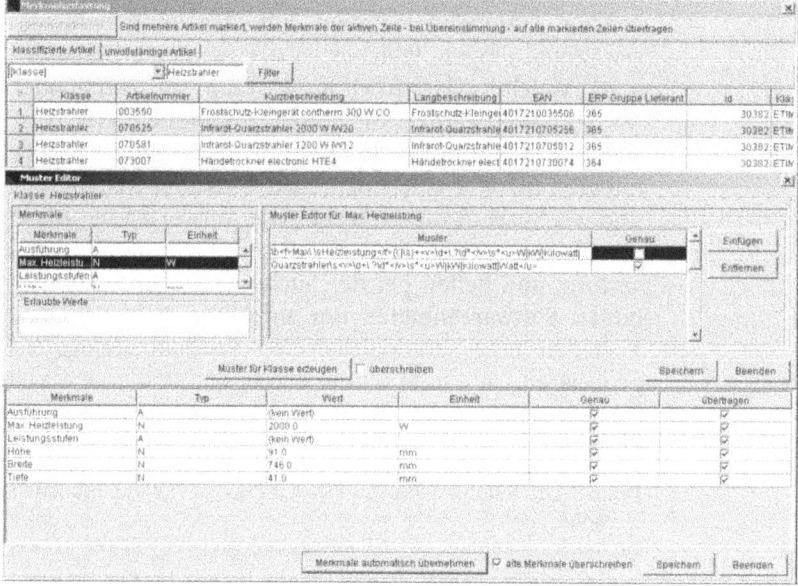

Abb. 6: Automatische Merkmalsübernahme (b)

(b) Die Merkmale Heizleistung, Leistungsstufe etc. (Bild unten) werden über den Editor übernommen und in die korrekte Form gebracht (obere Bildhälfte; Editor der e-pro solutions GmbH).

Praxisbeispiel

Mithilfe der automatischen Merkmalserfassung können umfassende Einsparungen erzielt werden. Ein Beispiel aus der Praxis: Ein Elektrogroßhändler wurde aufgefordert, den Warenkorb seines Hauptkunden nach eCl@ss zu verschlüsseln und mit Merkmalen zu versehen. Der Warenkorb umfasste etwa 50.000 Artikel. Diese Aufgabe hielt zehn Warenexperten nahezu fünf Monate lang beschäftigt. Über zehn Prozent der Zeit wurden für die Einarbeitung in das Klassifikationssystem sowie das Auffinden der entsprechenden Klasse verwendet; die Merkmalsbefüllung nahm circa 85 Prozent der Zeit in Anspruch. Die Gesamtkosten beliefen sich auf mehr als eine Million DM. Über eine automatische Klassifikation und Merkmalserfassung hätten diese Kosten um den Faktor vier bis fünf reduziert werden können. Zusätzlich wären etwaige Erfassungsfehler vermieden worden.

Zusammenfassung

Die Klassifikation von Produktdaten erfordert eine genaue Auseinandersetzung mit den fünf eingangs erwähnten Fragen: Welches ist das geeignete Datenformat? Welche Klassifikationsstruktur soll verwendet werden? Wie werden die Daten aufbereitet? Wie lässt sich der elektronische Katalog in existierende Systeme integrieren? Wer spielt den elektronischen Katalog ein und wie verläuft die Freigabe? Die Antworten auf diese Kernfragen vereinfachen die weitere Planung und Umsetzung und helfen bei der Suche nach einem kompetenten Softwareanbieter, um auf lange Sicht von den Vorteilen eines standardisierten Produktkatalogs zu profitieren.

Literatur

Dolmetsch, Ralph: *E-Procurement*, Addison-Wesley: München 2000

Hentrich, Johannes: *B2B-Katalog-Management*, Galileo Press GmbH: Bonn 2001

Palme, Klaus, "eCl@ss - das Klassifikationssystem für E-Commerce im Internet", in: Bundesvereinigung der Deutschen Arbeitgeberverbände (Hrsg.): *Leistung und Lohn*, Heider-Verlag: Bergisch-Gladbach 2000

4.4 Integration von Online-Anwendungen

OLIVER FRISIUS

Online Shop, Online Procurement, Marktplätze – zwischen der Vision der vollautomatisierten Echtzeit-Integration der Online-Anwendung in die IT-Infrastruktur sowohl des eigenen Hauses (Intracompany) als auch der Handelspartner (Intercompany) und der Realität des Betriebs im echten Geschäftsleben stehen hohe Hürden. Neben der Vielzahl an Produkten zur Realisierung der Integrationsarbeit verbleibt der Löwenanteil des Aufwandes im Projektgeschäft. Dieses Kapitel hilft dem Leser, die eigenen funktionalen Anforderungen für Intracompany und Intercompany Integrationsprozesse zu erkennen, um durch klarere Anforderungen an die umsetzenden IT-Experten Kosten zu sparen und spätere Enttäuschungen zu vermeiden.

Abstract

Einleitung

Die Anbindung von Online-Lösungen ist inhaltlich geprägt durch die Zusammenhänge der Geschäftsprozesse, die über die Online Anwendung abgewickelt werden sollen, und sie ist technisch geprägt durch die Heterogenität der beteiligten Systeme und Partner. Daher steht am Anfang jeder Integration die Analyse der Geschäftsvorfälle, „Transaktionen", und der Daten und Schnittstellen der IT-Systeme, die daran beteiligt sind. Dabei sind entscheidende Faktoren zum einen die Rolle des Marktteilnehmers (Händler, Produzent, Zulieferer, Abnehmer/Verbraucher) und zum anderen die Zielsetzung der Online Lösung (Informationssystem, Bestellsystem) in Hinsicht auf die Komplexität der beteiligten ERP- oder PPS-Systeme.

Einige der wichtigsten elementaren Informationsflüsse, die zusammengesetzt komplexere Geschäftsprozesse ergeben, finden Sie in Tabelle 1.

Analyse der Geschäftsprozesse

Tabelle 1: Elementare Informationsflüsse

Anfrage Käufer an Verkäufer	Ergebnis Verkäufer an Käufer
Suche im Katalog	Produktinformation
Verfügbarkeitsanfrage	Verfügbarkeitsauskunft
Preisanfrage	Preisauskunft
Reservierung	Reservierungsbestätigung
Bestellung	Auftragsbestätigung
Lieferstatusanfrage	Lieferstatusinformation

Online Systeme

Die genaue Abfolge und jeweils benötigte Information kann dabei von Fall zu Fall variieren. Gängige Arten von Online Lösungen sind:

- Internet Sales – Online Selling, Verkauf über das Internet soll zusätzlichen Umsatz, schnellere Abwicklung, kostensparende Prozesse und kundenfreundlicheren Service bringen.

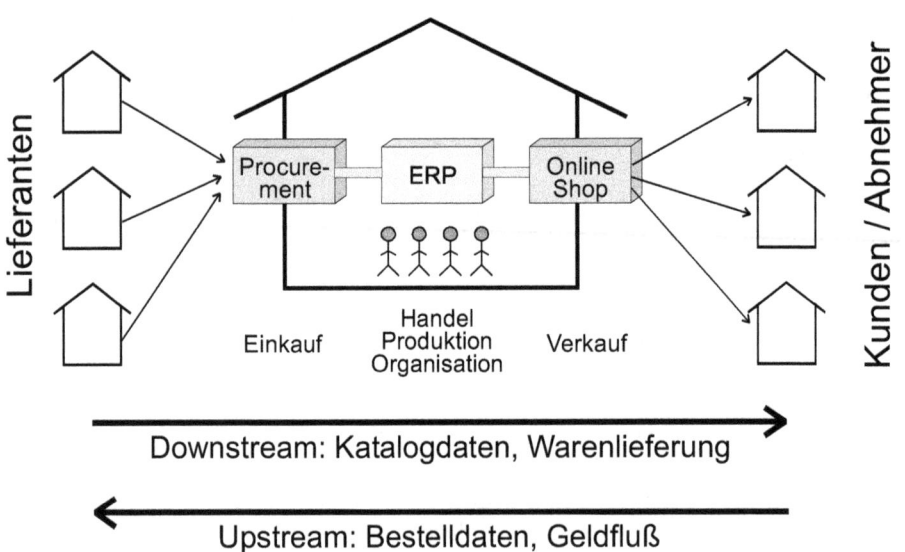

Abb. 1: Procurement und Online Shop Lösung

- Procurement – Einkauf aus elektronischen Katalogen, Buy Side Lösungen sollen durch die Automation

des Einkaufsprozesses nennenswerte Kostensparpotenziale ausschöpfen.
- Collaboration Server als elektronische Drehscheibe für die Verknüpfung mehrerer unterschiedlicher Handelspartner (z.B. im Rahmen eines privaten Marktplatzes) sollen Inter-Company-Handelsprozesse automatisieren und optimieren.
- Supply Chain Management – die Organisation und Optimierung der Zulieferer-Produktion über mehrere Stufen hinweg soll immense Lager- und Transportkosten sparen.

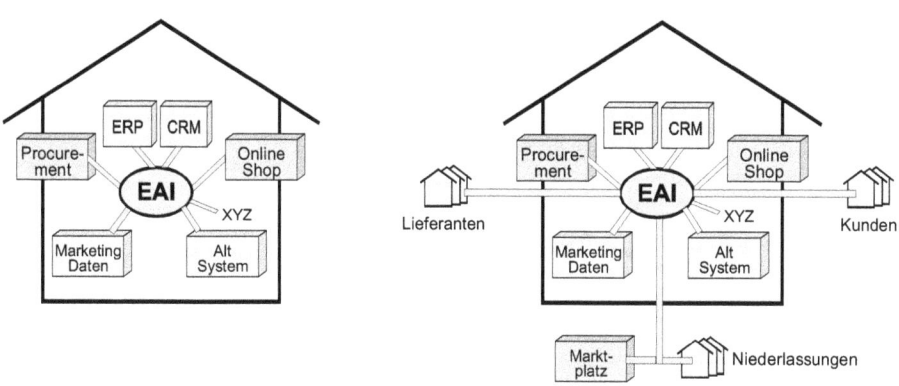

Abb. 2: EAI Intracompany und EAI Intercompany

Schnell hat sich gezeigt, dass die Anbindung der hausinternen EDV, des Warenwirtschaftssystems (ERP) oder Produktionsplanungssystems (PPS) an Online-Anwendungen eines der beherrschenden Themen des IT-gestützten Geschäfts ist. Anbieter von Nischenprodukten haben die Chance genutzt und sind dabei, die Verbindungsstücke in Produktform zu schmieden. Die Integration aller Anwendungen im Unternehmen wird vollmundig versprochen: Enterprise Application Integration (EAI). Ende 2001 standen dabei die Anbieter an der Grenze vom technologie-getriebenen Verbinden der Anwendungsschnittstellen und Datenbanken eines Hauses hin zum transaktionszentrierten Verknüpfen der Handelsteilnehmer –auf dem Weg von intracompa-

EAI-Lösungen

ny Anwendungen zu intercompany Lösungen tritt die pure Connectivity allmählich in den Hintergrund.

Von den Integrationslösungen werden Hilfestellungen erwartet bei

- Konvertierung von Datenformaten, Dateninhalten und Datenmodellen
- Zusammenführung verteilter Daten aus heterogenen Systemen
- Transparente Abbildung komplexer verteilter Geschäftsvorfälle und -prozesse

Ausgehend von der prominentesten Onlinelösung „Online Shop" sollen in diesem Kapitel die grundlegenden Fragestellungen der Anwendungsintegration vorgestellt werden. Anschließend wird die Thematik sukzessive ausgedehnt, um dabei ein allgemeineres Verständnis für die Sachverhalte entwickeln zu können.

Anbindung von Online Shops

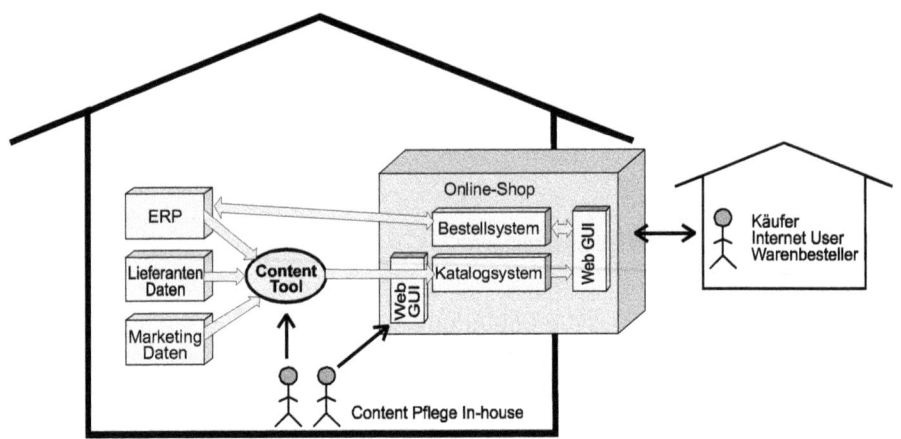

Abb. 3: Online Shop

Der Aufbau eines Online Shops (Sellside/Internet Sales System) zum Verkauf der eigenen Angebote über das Internet bedingt die Einrichtung zweier Bestandteile:

- Elektronischer Katalog: Präsentation der Produkte, Suche über die Produkte, Informationsseiten, Downstream der Produktinformationen vom Verkäufer zum Käufer

4.4 Integration von Online-Anwendungen

- Bestellsystem: Warenkorb zur Erfassung eines Auftrags, Auslösen der Transaktion, Upstream der Bestelldaten vom Käufer zum Verkäufer

Ein Online Procurement besteht ebenso aus einem elektronischen Katalog und einem Bestellsystem, das jedoch einem zusätzlichen Budgetüberprüfungs- und Freigabeworkflow unterworfen ist. In Abb. 4 dargestellt ist ein In-house-Procurement, das in den Budgetierungsworkflow der ERP (z.B. SAP R/3) eingebettet ist.

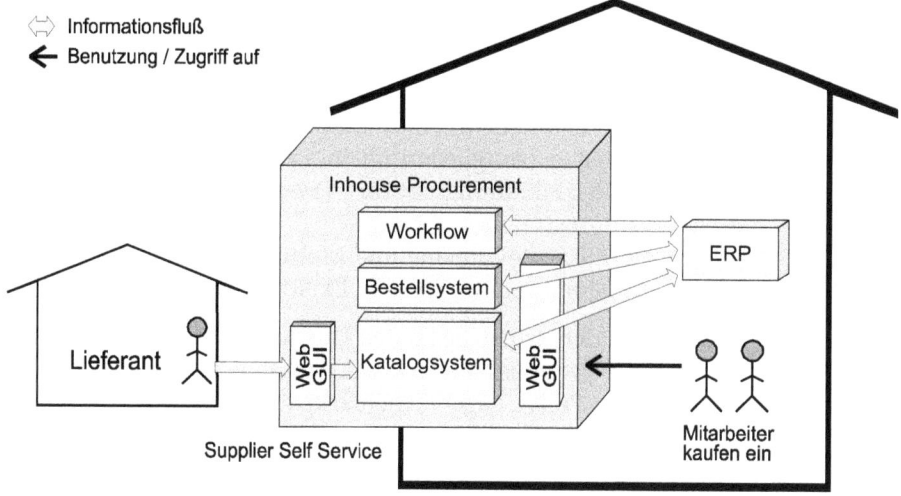

Abb. 4: In-house Procurement

Downstream: Integration des elektronischen Katalogs

Welche Daten im elektronischen Katalog repräsentiert werden, ist abhängig von der Qualität der verwendbaren Daten. Von sehr einfachen Produktlisten-basierten Lösungen reicht das Spektrum bis zu komplexen Produktinformationssystemen, die auch im Detail der technischen Produktspezifikation Auskunft bieten.

Daten des Katalogs

- Basisinformationen zur Identifikation des Produkts: Artikelnummer, Kurztext, Langtext, Bild, Listenpreis, Mengeneinheit und Bestellmengen.

- Kalkulationsinformationen zur Preisermittlung: Rabattgruppen, Preisstaffeln, Währungen, Gültigkeitsdauern und -regionen.
- Kategorieinformationen zur Gliederung des Katalogs: hierarchischer Suchbaum und marketingorientierte Warengruppenzugehörigkeit und Sichtbarkeit der Produkte.
- Technische Daten zur parametrisierten Suche: Bemaßungen und Spezifikationen der Produkte.
- Suchinformationen zur Unterstützung der Suchmaschinen: Synonyme, Matchcodes, und alternative Suchbegriffe, unter denen das Produkt gefunden werden soll.
- Relationsinformationen für Cross-Selling (Zubehörverkauf), Replacement Selling (Austausch- oder Nachfolgeartikel), Bundling (Paketverkauf), Stücklisten (Aufgliederung in Produktbestandteile) oder Produktkonfiguration (Systembildungsregeln mit Constraints).
- Zusatzdokumente und Multimediaelemente (Videos, Montageanweisungen, Explosionszeichnungen).

An der Nahtstelle zu den Upstream Daten stehen weiter die dynamischen transaktionsabhängigen Informationen: Preise, Lagerverfügbarkeit, Bestellstatus

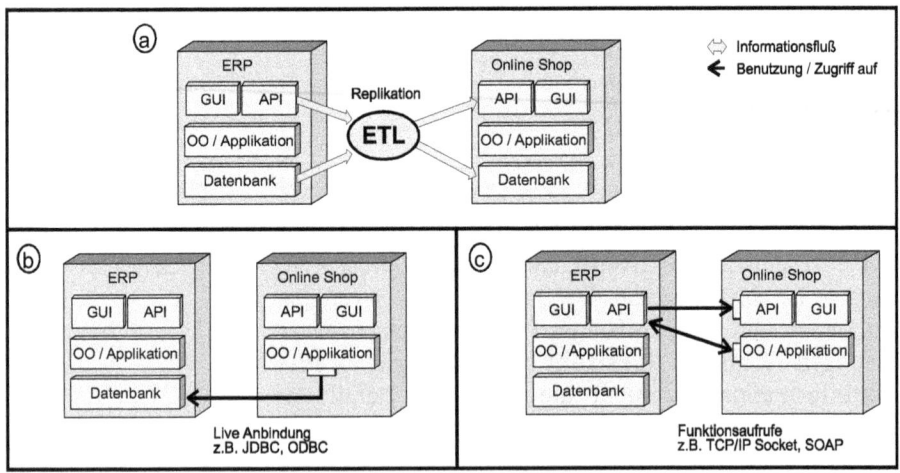

Abb. 5: Online Shop Anbindungsarten

Anbindungsarten von Online Shops

Grundsätzlich gibt es drei verschiedene Ansätze zur Integration der Daten einer E-Katalog-Lösung (siehe Abb. 5), die in der Praxis wohldosiert kombiniert werden.

1. Replikation der Daten in eine Katalog-interne Datenbank (vgl. Abb. 5a)
2. Anbindung der Kataloglösung auf die Datenbank der ERP-Lösung (vgl. Abb. 5b)
3. Anbindung der Kataloglösung auf eine Funktionale Schnittstelle der ERP-Lösung (vgl. Abb. 5c)

Jeder Ansatz für sich hat seine individuellen Vor- und Nachteile, weshalb nur in den wenigsten Fällen eine „reine Lösung" mit nur einem Integrationsweg gefahren wird.

Replikation von Daten

Die Replikation (Abb. 5a) ist die am häufigste vorgefundene Implementierung einer Katalogengine. Führend sind die Originaldatenbestände (ERP-Daten zuzüglich weiterer Datenquellen, z.B. Marketing-Datenbanken), von dort aus werden in bestimmten Abständen Updates in die Kataloglösung exportiert.

Preise

Zu den Nachteilen der redundanten Datenhaltung treten Schwierigkeiten bei der Aktualität der transaktionsabhängigen Daten, z.B. Verfügbarkeitsinformationen oder Preisfindung: Diese kann im ERP-System beliebig kompliziert angelegt worden sein – im Online Shop muss diese dann datentechnisch und funktional nachgebildet werden. Den Nachteilen stehen Vorteile in anderen Bereichen gegenüber, die zum einen auf einer gewachsenen Performance und Leistungsfähigkeit bei optimierten Such- und Präsentationsfunktionalitäten der Online Kataloglösung beruhen und zum anderen auf natürlichen Beschränkungen der angebundenen hausinternen Systeme.

Hochverfügbarkeit

So sind in der Praxis nachts bei etlichen ERP-Systemen „Downzeiten" üblich zur Abarbeitung von Batch-Prozessen; ein 24 Stunden x 7 Tage-Betrieb der Kataloglösung wäre damit nicht möglich. Auch stößt man häufig auf ERP-Systeme, deren Last nicht weiter gesteigert werden kann. Zusätzliche Last durch internetbasierte Recherchen von Kaufinteressenten würde dann sowohl online zu schlechten Reaktionszeiten führen als auch die hausinternen Abläufe stören; ein Überlast-Angriff via Internet könnte interne Abläufe zum Erliegen bringen.

Live-Anbindung

Anbindung an ERP wo nötig, Contentstrategie

Die direkte Anbindung der Kataloglösung auf die Datenbank der ERP-Lösung (Abb. 5b) hat den Vorteil der garantierten Aktualität der Daten. Änderungen müssen nicht synchronisiert werden, sondern stehen real-time auch im Online-System zur Verfügung.

Nachteile

Die Nachteile: Die gezielte Freischaltung von Kataloginhalten erfordert einen höheren Aufwand, Massen-Änderungen an Datenbeständen werden auch sofort für den Kunden sichtbar. Oft sind die Daten in der ERP-Lösung außerdem nicht vollständig und nicht im geringsten marketingtauglich, Warengruppeneinteilungen sind kalkulationsoptimiert entstanden, aber nicht endkundenfreundlich – dies erfordert die Entwicklung und Implementierung einer eigenständigen Content Strategie. Als dritte Einschränkung kommt hinzu, dass die üblichen Funktionalitäten der Kataloglösungen auf das ERP-Datenmodell angepasst werden müssen, was vom Aufwand her einer Neuimplementierung nahe kommen kann.

Funktionsaufrufe

ERP-APIs (Schnittstellen)

Komplexe ERP-Systeme bieten nicht immer datenbankbasierten Zugriff auf alle notwendigen Daten, weil mehrstufige Parametrisierung des Systems komplexe Funktionalitäten zur Ermittlung der Daten bedingen. Insbesondere Systeme wie R/3 zeichnen sich hierdurch aus; ein Durchgriff auf die Datenbanktabellen ist hier nicht gewünscht und birgt bei Änderungen am ERP-System die Gefahr von Inkonsistenzen. Daher stellen solche Systeme verschiedene funktionale Schnittstellen (API) zur Verfügung.

SAP R/3

Die Anbindung der Kataloglösung auf APIs der ERP (Abb. 5c) bietet dann den eleganten einfachen Zugriff auf die Komplexität der ERP-Modellierung und garantiert die konsistente Einbindung. Solche APIs stehen beispielsweise in Form der SAP OCI (Online Catalog Interface) oder als Produkt ITS (Internet Transaction Server) zur Verfügung und entfalten ihre Leistungsfä-

4.4 Integration von Online-Anwendungen

higkeit bei Verfügbarkeitsanfrage, Preisermittlung und im Bestellvorgang. Zusätzlich können hier prinzipiell auch weitere Informationen aus der ERP online geschaltet werden, z.B. Rückgriff auf das Archiv aller getätigten Bestellungen oder Auskunft über den aktuellen Lieferstatus. Dennoch bleiben auch hier die Nachteile mit der hohen Last auf dem Backendsystem, der Datenqualität und der eingeschränkten Funktionalität.

Eine sinnvolle Mischform zur Kombination der Vorteile der verschiedenen Ansätze zeigt Abbildung 6. Das Prinzip ist die Trennung der reinen Produktinformationen von den transaktionsabhängigen Daten wie Preisen und Lagerverfügbarkeiten. Die Produktdaten, also die rein informativen, preisneutralen Kataloginhalte, werden über eine Replikation in der Kataloglösung abgelegt. Artikellisten und das Suchen im Datenbestand geschehen ohne Rückgriff auf die ERP. Erst im Kontext einer Transaktionsanfrage (wie Ablage eines Produkts in den Warenkorb oder Abschicken der Bestellung) werden die Preiskalkulationsmechanismen der ERP angestoßen und garantieren dann die richtigen Preise sowie zuverlässige Bestellauskünfte (Lagerbestand, Verfügbarkeit).

High-End Anbindung

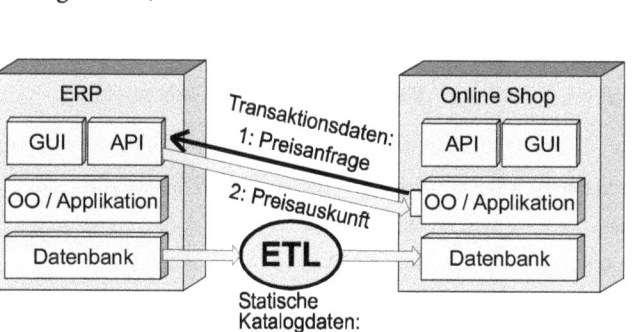

Abb. 6: gemischtes Zugriffsmodell Replikation und Funktionsaufrufe

Durch diese Mischform wird einerseits die Funktionalitätsvielfalt der Kataloglösung optimal genutzt, ohne hohen Anpassungsaufwand leisten zu müssen. Andererseits wird die Transaktionslogik (zu deren Informationsvorbereitung die Preisfindung gehört) zentral von der ERP geleistet – wodurch Transparenz und Sicherheit für den Bestellenden gewährleistet werden.

Augenmerk bei der Wahl des richtigen Integrationsweges verdient auch die Weiterentwicklung der Kataloglösungsprodukte durch die Anbieter. Durch die Möglichkeit, den Lieferanten seine Katalogdaten selbst pflegen lassen zu können, entstehen hier im Zusammenhang mit ausgefeilten Freigabemechanismen interessante Aspekte nicht nur für Procurementlösungen, sondern auch für das Stammdatenmanagement von Online Händlern. Diese Lösungen werden bislang nur von Katalogprodukten geboten, die mit Replikation in eine eigene Katalog-Datenbank arbeiten (z.B. die Produkte von jcatalog oder poet).

Zusammenfassend lassen sich die einzelnen Aspekte der „reinen", nicht gemischten Lösungsformen, wie folgt darstellen:

Tabelle 2: Merkmale und Vor-/Nachteile Replikation vs. ERP Live Anbindung

	Replikation in Online Shop	Shop benutzt ERP-Datenbank	Shop benutzt ERP-API
Datenhaltung	In Kataloglösung asynchron, redundant	In ERP, Echtzeit	In ERP, Echtzeit
Content Strategie (Zusammenführung, Aufbereitung, Freigabe)	Möglich	Nicht möglich	Nicht möglich
Aktualität	Asynchron	Echtzeit	Echtzeit
Rechenlast ERP	Gering	Mittel bis hoch	Hoch
24x7 Betrieb	Möglich	Je nach ERP	Je nach ERP
Suchfunktionen, Katalogfunktionalitäten	Vorgefertigt, leistungsfähig, optimiert	Eingeschränkt	Eingeschränkt
Verfügbarkeit / Lagerbestand	Ungefähr	Genau	Genau
Komplexe Produktmodellierung, Preislogik	Eingeschränkt	Eingeschränkt	Wird von ERP vollständig korrekt abgewickelt
Self-Service für Consumer-Kunden	Geeignet	Bedingt	Bedingt
Self-Service für Business-Kunden	Bedingt	Bedingt	Geeignet
Self-Service Option für Lieferanten	Geeignet	Bedingt	Bedingt

Sonstige Daten

Neben Produkten sind aus dem ERP-System noch Preislisten, Lieferbedingungen, Zahlungsbedingungen, Kunden-Informationen und -Logins, Länder, Währungen, Sprachen und die sprachabhängigen Texte zu übergeben.

Upstream: Bestellfunktionalität

Egal ob vom dialogorientierten Warenkorb des Online Shops oder vom dialogfreien Bestellungseingang – es stellen sich für die Integration des Online-Bestellwesens in die hausinterne IT die gleichen Fragen.

Bei kleinen und mittleren Unternehmen kann – gerade in der Anfangsphase einer Shopeinführung – das gelegentliche manuelle Abfragen des Bestelleingangs oder das Generieren einer E-Mail an den Sachbearbeiter der Bestellaufnahme bei Bestellungseingang ausreichen. Wo das Online-Bestellvolumen im Umfang wächst, transaktions- oder zeitkritisch wird, erfordert das Einspeisen der Bestellung in die Warenwirtschaftssysteme Expertenwissen des ERP-Anbieters oder des betreuenden Systemhauses.

ERP-Schnittstelle für Bestellungen

Ähnlich wie bei der EDI-Integration sind hier teilweise tiefe Eingriffe nötig. In der ERP soll nämlich in kaum einem Fall direkt schreibend auf die Tabellen der Warenwirtschaft zugegriffen werden, da beim Erfassen der Bestellung viele Prozesse parallel laufen müssen (Reservierung, Vormerkung, Lagerbestandsbuchungen usw.) und es mit dem Schreiben eines „Bestellung"-Datensatzes nicht getan ist.

Stattdessen muss gewährleistet werden, dass die gleiche Programmlogik abläuft wie bei einer EDI-Bestellung oder beim Erfassen einer Bestellung an einem ERP-Terminal im Haus. Systeme von Navision oder SAP, zunehmend aber auch die Anbieter der kleineren Lösungen wie etwa Sage KHK, bieten für die verschiedenen Transaktionen spezielle XML-Funktions-Dokumente an, mit denen dies auf bequeme Weise möglich ist.

Ein Bestellungsdokument, wie es vom Online Shop an die ERP übergeben wird, besteht üblicherweise aus einem Bestellungskopf (Kunde, Anschrift, Bestellmodalitäten) und beliebig vielen Einzel-Positionen (die bestellten Produkte jeweils unter Angabe der Artikelnummer und Menge).

Bestellungsdokument

Wenn die ERP das führende System ist, wird man nur Identifikationsnummern (IDs) der Kunden und Artikelnummern übergeben. Das ERP errechnet dann eigenständig die Preise und schlägt Kundendaten nach – im schlimmsten Fall könnten hier Abweichungen von der Online Berechnung entstehen.

Tabelle 3:. Vereinfachtes Bestelldokument

Feld	Inhalt						
Kunde	4711 - Heinz Müller, Postfach 1234, 12345 Dünkirchen						
Lieferanschrift	Heinz Müller, Ostenriedstrasse 33, 12300 Dünkirchen						
Zahlungsmodus	Kreditkarte, Nr. xxxx yyyy zzzz aaaa						
Versandart	Express						
Belegwährung	DEM						
Positionen	Nr	Menge	Einheit	Art.nr.	Text	Preis	MwSt
	1	1	Stck	0815	Taschenrechner	9,90	16%
	2	3	Stck	9492	Batterien	1,24	16%

Ist jedoch das Internet Sales System oder dessen Content Tool das führende System, und es steht folgerichtig die im Internet signalisierte Preisgültigkeit über der eventuell in der ERP abweichenden Berechnung, so werden dort an die ERP alle online dargestellten Preise und Kurztexte mitübergeben, die ERP wird in dem Modell nur noch als Rechnungs-Schreibstelle, Statistik- und Mahnungssystem benutzt. Die Artikelstammdaten werden in der ERP nachrangig mitgeführt. Dieser Ansatz wird mit Erfolg von einigen Online-Händlern verfolgt, z.B. allago.de.

Funktionsaufruf Preisfindung

Ein Beispiel für die Anwendung der API der ERP ist in Abbildung 6 dargestellt: die Preisauskunft. Gerade bei B2B Anwendungen gibt es kaum Standardpreise, die für alle Kunden gültig sind, stattdessen ist die Preisfindung in der Regel komplex. Hier reicht als Anfrage an das ERP nicht einfach die Benennung der Artikelnummer; das Bestellsystem übergibt – zusammen mit der Kundenidentifikation – die komplette Einkaufsliste (Warenkorbinhalt) an das ERP zur Preisermittlung. Das ERP hat nun vielfältige Kalkulationsfaktoren zu berücksichtigen: Kundenrabatt, Produkt- oder Positionsrabatt, Rabatt aus einer Produktgruppen-Kundengruppen-Matrix, Staffelpreise, Aktionspreise, Mengenrabatt, Volumenrabatt, Bestellungsvolumenrabatt. Je nach Branche und Ausprägung des ERP-Systems ergänzen oder ersetzen sich verschiedene Einflussfaktoren. Hinzu kommt die Ermittlung der gültigen Mehrwertsteuersätze je Position und je Kunde. Daher wird im komplexesten Fall die gesamte Liste der Bestellpositionen von der ERP mit den tatsächlich aktuell gültigen Preisen etc. versehen an das Bestellsystem des Online Shops zurückgeliefert.

Abhängig vom Geschäftsgebaren kann jedoch auch eine Echtzeit-Lieferzusage über das Internet Unwägbarkeiten enthalten: Wenn Lagerbestände für eine kleine Online Bestellung reserviert und zugesagt worden sind, kann trotzdem für Großkunden eine interne Vorfahrtsregel greifen und die Online Bestellung verzögern. Gerade in Zulieferindustriezweigen des Automobilbaus kann deshalb der Mehraufwand für eine Online Anbindung der Bestellung größer als der Nutzen für die Kundenbeziehungen sein – schließlich handelt es sich bei den Internet Kunden eher um die Kleinaufträge. Es gilt dann, pragmatisch abzuwägen, ob eine Batch-orientierte Verarbeitung der elektronischen Bestellungen nicht ausreichend ist.

Echtzeit-Probleme

Technische Aspekte

Zum Zwecke der Replikation oder Datenkonvertierung werden als Konnektoren EAI-Lösungen (Enterprise Application Integration) bzw. ETL-Tools (Extract-Transfer-Load) eingesetzt, die in bestimmten Freigaberhythmen aufgerufen werden. Die Kataloglösungen bieten den Zugriff über spezielle Import-Interfaces, die stets auch den inkrementellen Abgleich beherrschen (Übergabe nur der neuen/geänderten Produkte bzw. Übergabe einer Liste der zu löschenden Produkte).

EAI, ETL und Batch-Import

Alternativ – und gegen die oberflächlichen Empfehlungen der Katalog-Hersteller – wird aus Performancegründen häufig auf native Batch-Import-Schnittstellen oder den Direktzugriff auf die Datenbanken gesetzt. Allerdings sind Änderungen im Importformat hier direkt abhängig von Änderungen der Datenstrukturen innerhalb der Kataloglösung und ziehen erhöhte Pflegeaufwendungen mit sich.

Prinzip Konnektor

EAI-Lösungen oder allgemeiner Konnektoren verschiedenster Anbieter konkurrieren um die Gunst der Käufer. Während bei EAI die Echtzeit-Anbindung im Vordergrund steht, werden für die Datenreplikation oft noch die einfacher gehaltenen asynchronen ETL-Tools bevorzugt, deren Hauptaugenmerk auf der Performance liegt. ETL-Tools werden batchgesteuert aktiviert; die moderneren EAI-Lösungen werden meist live in Zusammenhang mit einer Messaging-Lösung angesprochen. Beiden Ansätzen gemeinsam sind aber die strukturellen Grundprinzipien.

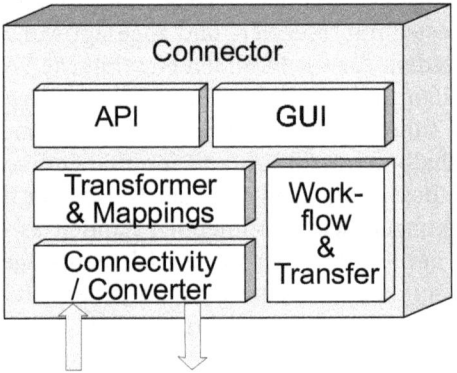

Abb. 7: Prinzipskizze Konnektor

- Datenquellenverwaltung. Konfigurierbarer Import / Anbindung verschiedenster Ausgangsdatenformate von ASCII über Excel zu Datenbanken (per ODBC, OLE/DB oder nativem Zugriff auf Oracle, DB2 usw.) und natürlich flexiblem XML-Import, basierend auf DTDs oder Schemas. Dabei werden die Zugriffsparameter sowohl auf die Quelldaten als auch auf die Zieldaten definiert.
- Mapping und Transformation. Zuordnung der Quelldaten auf die Zieldaten durch Feld-zu-Feld-Mappings, Transformation per Formeln, „Functoids" oder Datenmodell-Translationen. Häufig grafisch unterstützt (siehe Abbildung 9)
- Workflow und Transfer. Festlegung der Reihenfolge der Import Updates (Extraktion), Mapping Transformationen und Export Updates (Load).

OO-Repräsentation

Manche EAI-Systeme bieten über die reine Connectivity hinausgehend die Möglichkeit, alle bestehenden Systeme in ein unternehmensweites, objektorientiertes Datenmodell einzubinden, das die Programmierung von Datenaustauschvorgängen vereinfacht.

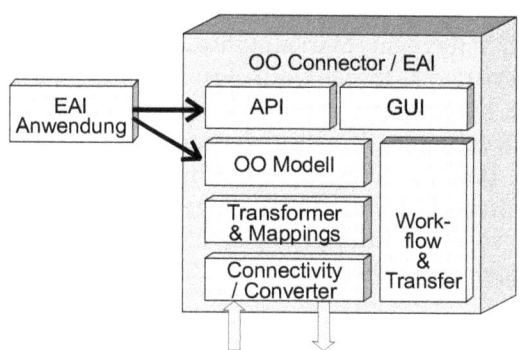

Abb. 8: Konnektor/EAI mit OO-Repräsentationsschicht

Während traditionelle Systeme den eigentlichen Datentransfer entweder proprietär Hauptspeicherbasiert oder SQL- bzw. Datenbankbasiert durchführen, setzen die aktuelleren Entwicklungen auf die Normierung der Eingangs- und Ausgangsdaten zu XML-Dateien (so z.B. Microsoft BizTalk Server). Dies ist zwar häufig, aber nicht zwingend immer gleichbedeutend mit einer Abarbeitung im Hauptspeicher, da mit SAX (Simple API for XML) auch softwaretechnische Verfahren existieren, die ressourcenschonend große XML-Dateien verarbeiten können. Die Rechnerausstattung muss gegebenenfalls passend zur Komplexität der Transformationsmappings ausgelegt werden.

XML-Verarbeitung

Viele ERP-Systeme sind nicht in der Lage, für den Online-Katalog passende inkrementelle Verarbeitungskennzeichen (Neu/Ändern/Löschen) zu generieren. Beispielsweise werden Produkte in ERP-Systemen oft „hart" aus der Datenbank gelöscht, und die Ermittlung der Produkt-Löschliste ist nicht mehr automatisiert mit Bordmitteln möglich. In diesen Fällen muss der Konnektor diese Verarbeitungskennzeichen selbstständig generieren. Zur Erkennung gelöschter Artikel muss ein solches System dazu entweder auf die Katalog-Datenbank zugreifen oder eine eigene Datenbank des letzten Übergabevorgangs vorhalten. Dann kann ein

Inkrementeller Import

Daten-Pooling

Differentiator durch Datenabgleich entsprechende Änderungen je Datensatz erkennen und übergeben.

In Handelsszenarien müssen teilweise mehrere Datenquellen zusammengeführt werden: Handelsware, die in der ERP angelegt ist; zusätzlich Beschaffungsware, die nur in abgespeckter Form in Marketingdatenbanken vorliegt; außerdem Marketingtexte, die in Excel-Tabellen existieren. In der Onlinelösung findet sich letztlich die Vereinigung der existierenden Datenstämme. Die ausreichende Dimensionierung der zugrundeliegenden Datenbank muss rechtzeitig bedacht werden, zumal lastgenerierende Suchanfragen wie etwa Volltextsuchen in Online-Umgebungen häufiger vorkommen als im Inhouse-Betrieb.

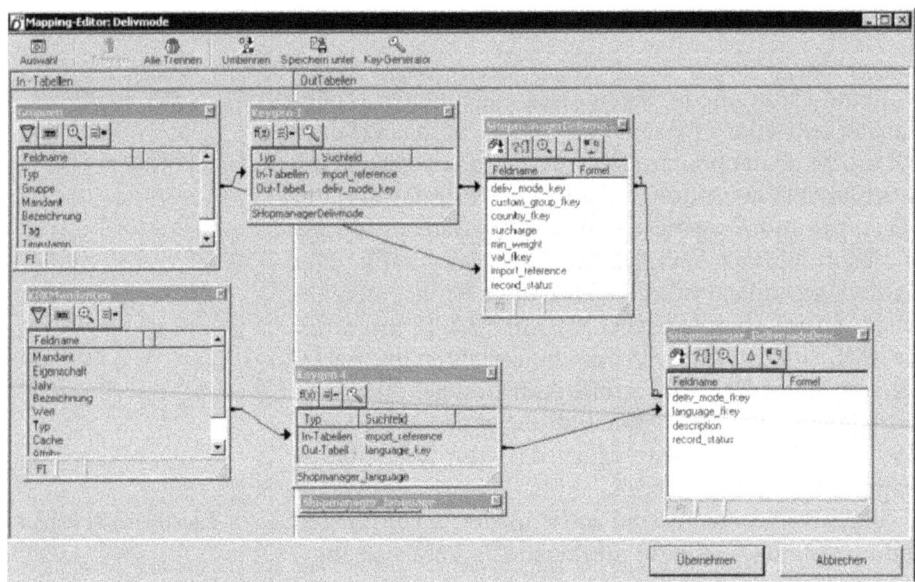

Abb. 9: Mapping zur Datenkonvertierung

Ausblick: Intercompany Integration

Erst am Anfang der prognostizierten Entwicklung stehen die Lösungen zur unternehmensübergreifenden elektronischen Verknüpfung von Handelspartnern. Obwohl etliche dieser Prozesse schon vor vielen Jahren durch Erfindung der EDI-Dokumente grundsätzlich

4.4 Integration von Online-Anwendungen

verstanden und umgesetzt worden sind, hapert es an verwendbaren Lösungen. Marktplätze haben keine Verbreitung gefunden: Als Anbieter einer gemeinschaftlichen Infrastruktur wollten sie kaum, als unabhängige Handelsteilnehmer konnten sie sich kaum etablieren.

Dabei hat der auf der Hand liegende Bedarf an unternehmensübergreifender IT-Integration eher zugenommen. Einige kurzfristige Trends zeichnen sich hier ab:

Trends

1. Private Marktplätze, betrieben von lokal dominierenden „Platzhirschen" einer Branche, finden zunehmende Verbreitung.
2. ERP-Anbieter drängen in die Nische der Marktplatztechnologien und EAI-Lösungen, um das Kernbusiness der elektronischen Abwicklung von Handelsprozessen nicht aus der Hand zu verlieren.
3. Die Kopplung fremder Systeme über offene Standards ermöglicht die Kommunikation auch mit systemfremden Lösungen und baut Markteintrittsbarrieren ab.
4. Bei der EAI-Kopplung tritt die symmetrische Betrachtungsweise der Leistungszentrierten oder Geschäftsprozesszentrierten Modellierung in den Vordergrund, während bisher aus der unternehmenszentrierten Sicht entweder auf Warenlieferung oder auf die Bezahlung abgestellt wurde.

Langfristig wird sich der Markt daher in Richtung der transaktionszentrierten Lösungen orientieren. Die elektronische Optimierung der Supply Chains für die produzierende Gewerbe ist dabei eine alte und gleichzeitig noch junge Disziplin, deren vollständige Umsetzung sich noch über viele Jahre ziehen wird. Für die Retail-Handelskette – richtiger, das Retail-Handelsnetzwerk – ist noch gar keine praktikable übergreifende Lösung in Sicht.

Lösungsvision Retail Katalogdatennetzwerk

Transactive Content

Die sinnvolle Zielrichtung lautet: Verknüpfung aller Handelsstufen für einen reibungsfreien Downstream der Produktdaten vom Hersteller bis zum Einzelhandel, sowie Durchleitung des Upstreams der Nachfragedaten vom Einzelhandel bis zum Hersteller. Das bedeutet die Überlassung der Datenpflege in die Hände der Produ-

Erhöhter Aufwand

zenten nebst Schaffung einer Infrastruktur zu Abonnement und Verteilung der Produktdaten.

Stand heute pflegt jede Handelsstufe einen eigenen Datenpool und hält diesen in einer eigenen Datenbank vollständig vor. Dadurch entsteht an vielen Stellen erhöhter Pflegeaufwand mit Datenverlust und Medienbruch. Die Aktualität der Daten obliegt den Händlern; dabei sollte die Datenhoheit für Produkteigenschaften bei den Produzenten liegen. Die Produktdaten werden auf lange Sicht nicht mehr in jeder Handelsstufe individuell gepflegt werden. Stattdessen wird es möglich sein, dynamisch Inhalte von Zulieferkatalogen per Referenz in die eigenen Kataloge aufzunehmen, zu filtern und um eigene Inhalte anzureichern.

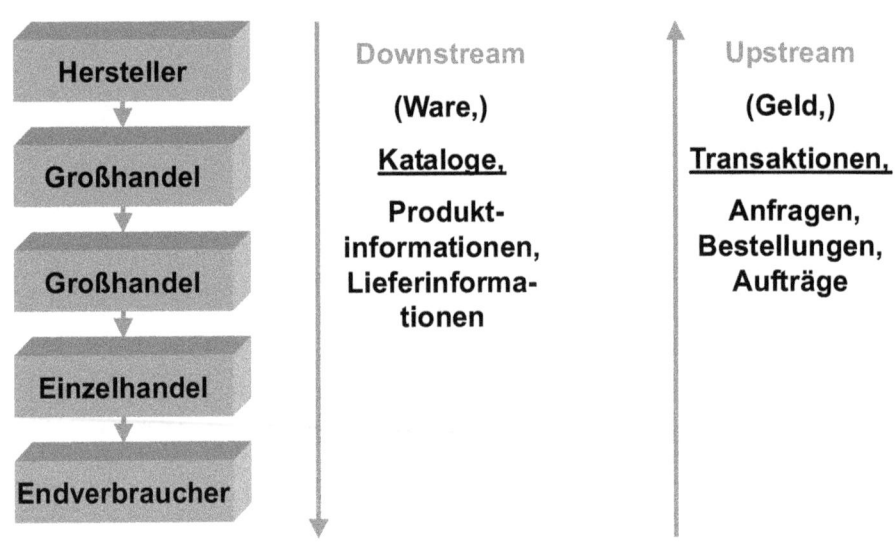

Abb. 10: Datenströme durch die Handelsstufen

Notwendige Merkmale einer Lösung für den Downstream sind:

- Netzwerkartige Peer-to-Peer Kommunikation mit Zulieferern und Abnehmern, jeder Teilnehmer agiert als Sender und Empfänger (ähnlich dem Napstermodell)
- Filtern, Anreichern und Weitergabe der aufgewerteten Produktinformationen

- Aktive und passive Verteilung der Produktdaten an viele Empfänger (Push oder Pull-Abonnement an Kunden)
- Abonnement der Daten von Zulieferern
- Lokale Datenverfügbarkeit, aber Belassung der Primär-Pflegehoheit bei den Produzenten
- Ausgefeilte Caching- und Versionierungsverfahren für Produkteigenschaften zur Balancefindung zwischen Performance, Aktualität und Nachvollziehbarkeit für Gewährleistungsfragen

Dabei hätte die optimale Lösung nicht den Produktcharakter einer Out-of-the-box Software, sondern würde eine Plattformtechnologie bedeuten, die eine vernetzte Infrastruktur der Handelsteilnehmer bedeutet. Die einzelnen Handelspartner würden dann mit netzbasierten dynamischen Katalogservern und Katalogclients in der Lage sein, die nötigen Datenströme ihrer Kataloge anzuzapfen und bereitzustellen.

Plattformtechnologie

Die Entwicklung von Technologien und Produkten, die dies sinnfällig darstellen können, bleibt für die Kataloganbieter eine Aufgabe der kommenden Jahre. Es ist zu hoffen, dass die Software-Anbieter sich hierbei rechtzeitig auf ein leistungsfähiges Datenmodell einigen und die Technologie in Form offener Standards implementieren.

4.5 Geeignete Zahlungssysteme

KAI-UWE POLYSIUS

Einleitung

Für die Beschreibung kommerzieller Aktivitäten im Internet stehen heute bereits zahlreiche Begriffe zur Verfügung wie E-Business, E- und M-Commerce, elektronischer Handel und Online-Shopping. Unter E-Business wird zum einen die Anbahnung und Abwicklung kommerzieller Handelstransaktionen über elektronische Kommunikationsnetzwerke sowie die damit verbundenen Zahlungsvorgänge verstanden. Zum anderen auch die elektronische Unterstützung interner und externer Prozessketten bei der Leistungserbringung. Im Folgenden ist mit E-Business jedoch der Bereich Handelstransaktionen gemeint.

Begriffsdefinition

Herausforderungen der Zukunft

Zu den großen Herausforderungen der Zukunft zählt der Wandel im nationalen und internationalen Zahlungsverkehr. Denn Zahlungsverkehr ist heute nichts anderes als Informationsverarbeitung. Near- und Non-Banks wie Telekommunikationsgesellschaften werden voraussichtlich in Zukunft mit kostengünstigen Angeboten in den Markt für Micro- und E-Commerce-Payments drängen, weil sie sich davon einen stärkeren Auftrieb für den E-Commerce versprechen, wie die Studie der Boston Consulting Group „Mobile Payments: The Next Revolution or a Failed Coup" (August 2001) belegt. Vor allem im Bereich der Micropayments versuchen Online-Provider und Telekommunikationsunternehmen, ihren Kunden immer wieder neue Zahlungsmechanismen anzubieten und damit ins Zahlungsverkehrsgeschäft der Banken einzudringen. Bislang sind jedoch die Vorstöße in den Bereich der Micropay-

Wandel im Zahlungsverkehr

ments kaum von Erfolg gekrönt. Weder den Banken selber noch den Telekommunikationsunternehmen ist es gelungen, hier nachhaltige Erfolge zu verzeichnen.

Kritische Punkte: Sicherheitsbedenken und geringe Akzeptanz

Subjektives Sicherheitsempfinden

Der kritische Punkt ist immer noch das subjektive Sicherheitsempfinden bei Online-Zahlungen. Diverse Angebote sind am Markt zu haben, zum Beispiel virtuelle Online-Guthaben, die Sammlung mehrerer Belastungen über einen gewissen Zeitraum samt Belastung per Kreditkarte oder Lastschrift. Entscheidend ist hier die kritische Masse, die Anbieter erreichen müssen, damit sich das Geschäft im Zahlungsverkehr für sie auch lohnt.

Viele Kunden sind ausgesprochen zurückhaltend, wenn es etwa darum geht, über Internet ihre Kreditkartennummern bekannt zu geben, denn der Finanzbetrug mit Kreditkarten nimmt ständig zu. 1999 verzeichnete Mastercard beim globalen Kreditkartenbetrug Verluste in Höhe von 700 Millionen Dollar, Visa sogar 1,2 Milliarden Dollar. Laut der deutschen Kriminalstatistik für das Jahr 2000 hat der Kreditkartenbetrug gegenüber dem Vorjahr um 54 Prozent zugenommen. Verschwiegen wird dabei jedoch oft, dass weit über 95 Prozent dieser Betrugsfälle in der realen Welt und nicht im Internet stattfinden.

Cyber-Kriminalität

Dazu kommt die Cyber-Kriminalität. Über 50.000 Viren sind bekannt. Jede Nachricht wird in Zukunft an der Grenze des Unternehmens auf Viren zu scannen sein. Ein weiteres Risiko droht von externer Seite. Manche Internetseiten lassen sich von Hackern verändern und können Unternehmen dadurch erheblichen Schaden zufügen. Auch große Unternehmen wie zum Beispiel Microsoft waren in der Vergangenheit von solchen Angriffen betroffen. Daher müssen Webserver in Zukunft stärker gegen Fremdmanipulation geschützt und die Prozesse für die Aktualisierung der Inhalte einer strikten Kontrolle unterworfen werden.

Zukünftige Gewinner

Die Gewinner der künftigen Auseinandersetzung um Kunden und Marktanteile im Internet dürften jene Akteure werden, die Zuverlässigkeit und Sicherheit, den Schutz der Privatsphäre, Authentizität und DVP (delivery versus payment – Lieferung gegen Bezahlung) sicherstellen, darüber hinaus aber auch Praktikabilität und Simplizität sowie Transparenz aufweisen.

Zahlungen müssen mühelos erfolgen, also leicht verständlich und umsetzbar sein, Kontrolle ermöglichen und letztlich universell wie Bargeld, Schecks oder Kreditkarten eingesetzt werden können. Falls sie zu komplex und kompliziert sind, wird der Kunde einfachere Optionen wählen. Derzeit wird der Markt von einer Fülle von Angeboten überschwemmt, die den Kunden allerdings verwirrt. Viele Produkte gleichen sich oder sind überholt. Letztlich kann der Kunde selber oft nicht feststellen, ob es sich um ein etabliertes Zahlungsverfahren handelt oder um lediglich um die Idee eines Paymentproviders.

Mühlelose Zahlungen bei gleichzeitiger Kontrolle

Wettbewerbsvorteile der Banken

Die Banken haben in Konkurrenz zu den neuen Anbietern einige Wettbewerbsvorteile: eine große Zahl von Stammkunden und Kenntnis über deren Bedürfnisse, Know-how im Zahlungsverkehr, eine bekannte Marke und die entsprechende Infrastruktur. Viele Banken nutzen bereits diese Vorteile und bieten selber oder in Kooperationen die Abwicklung von Online-Zahlungen für Internethändler an.

Wachstum im B2B-Sektor und B2C-Sektor weltweit und in Deutschland

Im B2B-Sektor – Business-to-Business – ist bis 2004 ein rasantes Wachstum zu erwarten, davon allein in den USA ein Transaktionsvolumen in Höhe von fünf Billionen Dollar, etwa 40 Prozent des gesamten B2B-Marktes, so Experten der Boston Consulting Group (BCG). Schon 2004 wird in Europa rund ein Fünftel (3,1 Billionen Euro Handelsvolumen) aller B2B-Einkäufe online abgewickelt werden. Derzeit beträgt dieser Anteil in Europa nur 1,5 Prozent (200 Milliarden Euro Handelsvolumen). Deutschland liegt dabei mit einem Anteil von 22 Prozent leicht über dem europäischen Durchschnitt und auf dem zweiten Rang hinter Großbritannien, so die Ergebnisse der BCG-Studie „Incumbents Take the Initiative: Harnessing the Power of Business-to-Business E-Commerce in Europe" (Mai 2001). Die jährliche Wachstumsrate des B2B-E-Commerce in Europa

Transaktionsvolumen

innerhalb der nächsten fünf Jahre beläuft sich damit auf rund 100 Prozent, so die BCG-Prognose. Aber auch im B2C-Segment – Business to Consumer – wird das Wachstum beträchtlich sein und sich europaweit von 60 Milliarden Dollar im Jahr 2000 auf 200 Milliarden Dollar bis 2004 erhöhen.

Wachstum in Deutschland

Umsatz von 12,5 Mrd. Euro mit Endverbraucher

Für 2002 rechnet das Institut der Deutschen Wirtschaft hierzulande mit einem Umsatz im elektronischen Handel mit Endverbrauchern – B2C-E-Commerce – von etwa 12,5 Milliarden Euro. Nimmt man für die durchschnittlichen Zahlungsgebühren zwei Prozent der Kaufsumme an, so ergibt sich ein Umsatz von 250 Millionen Euro für Zahlungsabwickler. Ein attraktiver Markt! Es ist jedoch Vorsicht geboten, denn in den vergangenen Jahren sind die tatsächlichen Zahlen weit hinter den optimistischen Prognosen der Forschungsinstitute zurückgeblieben. Mittlerweile sind rund 20 Millionen Deutsche online, fast acht Millionen nutzen täglich das Netz. Nach Aussagen des Hauptverbandes des Deutschen Einzelhandels (HDE) hat sich im Jahr 2000 der E-Commerce-Anteil am Gesamtumsatz im Vergleich zum Vorjahr auf rund 2,5 Milliarden Euro verdoppelt. Angesichts von fast 500 Milliarden Euro Gesamtumsatz im Handel entfällt auf das Internet aber gerade mal ein Anteil von 0,5 Prozent. Für das Jahr 2001 rechnet der HDE gegenüber dem Vorjahr wiederum mit einer Verdoppelung des E-Commerce-Anteils auf etwa 5 Milliarden Euro.

Vergleich zum Einzelhandel

Selbst wenn die Wachstumsprognosen eintreffen und sich das E-Commerce-Volumen im Handel verfünffacht – von 2,5 Milliarden Euro im Jahr 2000 auf 12,5 Milliarden Euro im Jahr 2002 –, wird dies also weiterhin einen sehr kleinen Anteil im Einzelhandel ausmachen. Es ist wichtig, sich dieses Verhältnis zu verdeutlichen, wenn man die in absoluten Zahlen recht beeindruckenden Werte liest.

Hohe Kaufkraft

Noch immer scheint in Deutschland das Internet eine Männerdomäne zu sein – 70 Prozent der Nutzer sind männlich und jung. Das Durchschnittsalter der Online-Shopper liegt bei 35,2 Jahren. Jeder zweite Nutzer ist angestellt, jeder zehnte selbstständig. Die Kaufkraft ist im Vergleich zum Bundesdurchschnitt hoch: Drei von zehn Online-Shop-Besuchern verfügen über mehr als 5.000 DM monatliches Haushaltsnettoeinkommen. Mit durchschnittlich 6,8 Käufen geben Kunden im Internet 600 Euro pro Halbjahr aus. Dabei sind Bücher mit Abstand das am häufigsten im Internet gekaufte Produkt, gefolgt von CDs, Reisen, Bekleidung, Software und Hardware.

Akzeptierte Zahlungsverfahren am deutschen Markt

Bei den akzeptierten Internet-Bezahlverfahren am deutschen Markt dominiert zurzeit klar die Bestellung gegen Rechnung oder per Nachnahme, gefolgt von dem Bezahlen per Online-Lastschrift. Erst danach kommt die Bezahlung mit Kreditkarte. Elektronisches Geld spielt noch keine Rolle. Weniger als ein Prozent aller Online-Shopper wählen diese Zahlungsweise. Ebenfalls ein Schattendasein führen derzeit die Mobile-Payment-Verfahren mit einem Anteil von ebenfalls unter einem Prozent. Dabei steht schon seit geraumer Zeit eine beachtliche Vielfalt an Verfahren zum elektronischen Bezahlen zur Verfügung. Schätzungen gehen davon aus, dass weltweit bereits über 100 Zahlungsverfahren existieren, von denen sich bis heute aber noch keines durchsetzen konnte.

Rechnung und Nachnahme

Eine Studie der Technischen Universität München (Nr. TUM-19819) nennt insgesamt 51 verschiedene elektronische Bezahlverfahren in Deutschland, von denen die überwiegende Zahl am Markt keine Akzeptanz findet. Denn ein Bezahlverfahren, welches nicht sicherer, schneller, preiswerter oder handlicher ist als die herkömmlichen Bezahlverfahren (Zahlung gegen Rechnung) droht zwangsläufig zu scheitern.

51 elektronische Bezahlverfahren

Selbst vielversprechende Ansätze der Großbanken, wie Cyber Cash und E-Cash, haben inzwischen ihr Bezahlverfahren auf der Basis elektronischer Wallets (Geldbörsen) für das Internet eingestellt. Bisher konnte sich noch kein Wallet-System durchsetzen, welches Bezahlungen über das Internet beziehungsweise durch eine für den PC entwickelte Software anbietet. Trotz der maximalen Sicherheit dieser Verfahren konnte sich keines dieser Systeme bislang am Markt durchsetzen, weil sie nicht die notwendige Masse von Nutzern erreichten.

Cyber Cash und E-Cash auf Basis von Wallets

Zahlungen gegen Rechnung oder per Nachnahme

Diese Verfahren haben den Vorteil, dass jeder Kunde sie direkt nutzen kann. Der Nachteil: Sie sind für den Käufer umständlich, zeitraubend und kosten zusätzliche Gebühren.

Zahlung per Lastschrift

Die Zahlungsdaten werden – unter Angabe der Kontonummer im Online-Formular – durchs Web übermittelt. Vorteil: Dieses Verfahren ist bequem für den Kunden. Nachteil: Nur ein Drittel der Shops, die den Bankeinzug anbieten, verwenden das SSL (Secure Socket Layer), ein verbreitetes Sicherheitsprotokoll. Missbrauch kann also leider nicht ausgeschlossen werden. Das Hauptproblem der online angewandten klassischen Zahlungsverfahren ist neben der mangelnden Datensicherheit die fehlende Zahlungssicherheit für den Händler. Hier fehlt die Möglichkeit der Authentifizierung, das heißt der zuverlässigen und verbindlichen Identifikation des Bestellers.

Nur ein Drittel der Shops verwendet SSL

Zahlung per Kreditkarte

Auch bei der Zahlung mit Kreditkarte werden die Zahlungsdaten durchs Web übermittelt. Die Zahlung mit Kreditkarte erhöht die Zahlungssicherheit für den Händler, da eine Autorisierung der Kreditkartennummer online erfolgt. Der Schwerpunkt bei Händlern, Kunden und Paymentanbietern liegt derzeit auf SSL-verschlüsselter Übermittlung der Daten. Für den Kunden einfach zu handhaben. Es ist keine Anmeldung nötig, jeder kann es nutzen.

Das auf einer elektronischen Geldbörse beruhende SET (Secure Electronic Transaction)-Verfahren, das von allen großen Kreditkartenfirmen unterstützt wurde, wird inzwischen mangels Interesse seitens der Kunden nicht weiter verfolgt. Vor der ersten Zahlung musste der Kunde auf seinem PC eine „elektronische Geldbörse – Wallet" installieren und sich bei seiner Bank oder Kreditkartengesellschaft für den Service anmelden. Kreditkartenfirmen boten diese Software kostenlos zum Download auf ihrem Webserver an. SET bot somit die Möglichkeit der Authentifizierung und war für Kunden und Händler sicherer als eine einfache SSL-verschlüsselte Kreditkartenzahlung.

SET wurde nicht weiter verfolgt

Mobile Payments

Hier gibt es im Wesentlichen ein Verfahren, das in nur geringen Abweichungen vielfach angeboten wird. Der Kunde gibt die Nummer seines Mobiltelefons auf der Internetseite des Händlers an und erhält dann entweder eine SMS mit einer TAN (Transaktionsnummer), die wiederum im Shop des Händlers erfasst wird, oder er wird angerufen und gibt eine spezielle PIN ins Handy ein. Das Verfahren gilt als sicher, hat aber erhebliche Akzeptanzprobleme durch die Kombination der Medien Internet und Handy. Die Kosten sind unterschiedlich hoch – je nach Anbieter – und reichen vom Fixpreis pro Transaktion bis hin zu einem bestimmten Prozentsatz vom Umsatz.

Sicheres Verfahren mit Akzeptanzproblemen

Micropaymentlösungen

Micropaymentlösungen waren ursprünglich gedacht zur Bezahlung digitaler Güter im Internet – Musiktitel, Datenbankrecherchen, Bilder – um ein Zug-um-Zug-Geschäft abwickeln zu können. Bei diesem Verfahren werden einzelne Beträge, bis hinab zu 0,05 Euro, vom Betreiber des Zahlungssystems über einen Monat addiert und dann erst dem Kunden in Rechnung gestellt oder von einer Art Guthabenkonto abgebucht.

Es werden zwei verschiedene Wege verfolgt: entweder per Inkasso über die Telefonrechnung oder Abbuchung vom Girokonto. Der Kunde benötigt einen Internetzugang über Modem oder ISDN sowie ein Windows-Betriebssystem. Vor der ersten Verwendung muss man die entsprechende Software aus dem Internet laden und installieren sowie sich bei dem Betreiber des Systems anmelden. Das gesamte Geschäftsmodell hat sich jedoch, obwohl seit Jahren immer wieder propagiert, nicht durchgesetzt. Die Systemlandschaft ist hier sehr heterogen: Die Angebote reichen von Walletzahlungen wie Cyber Cash und E-Cash, die mit Prepaid-Guthaben arbeiten, über Kundenkarten-ähnliche Systeme, die die Beträge über einen Zeitraum sammeln und dann über die Kreditkarte oder direkt vom Konto abbuchen, bis hin zur Abbuchung per Telefonrechnung.

Abrechnungsmöglichkeiten

Alle Verfahren sind technisch sehr aufwändig und sehr sicher, aber damit auch sehr kompliziert zu bedienen. Die Kosten betragen in der Regel zwischen drei und zehn Prozent des Umsatzes – je nach Höhe der Einzeltransaktion – und sind voll vom Händler zu tra-

Sicher, aber aufwändig und kompliziert

gen. Diese Systeme haben sich unter anderem bislang deshalb nicht durchgesetzt, weil sich der Markt für diese digitalen Güter nicht in der erforderlichen Größenordnung entwickelt hat.

Das ideale Online-Bezahlverfahren aus Kunden- und Händlersicht

Einfache Bedienung und breite Unterstützung

Das ideale Online-Bezahlverfahren – aus Kundensicht – bietet Sicherheit, ist einfach zu bedienen, erfordert keine Anmeldung, Software-Installation oder gar zusätzliche Hardware, erlaubt anonyme Zahlungen, kostet nichts und macht die getätigten Umsätze gut nachvollziehbar. Dazu kommt als immens wichtiger, nicht technischer Punkt, dass möglichst viele, am besten alle Shops, das System unterstützen. Keines der bisher auf dem Markt vertretenen Bezahlverfahren erfüllt alle diese Anforderungen, jedes hat Vor- und Nachteile.

Identifikation des Kunden und einfache Integration

Das ideale Online-Bezahlverfahren – aus Händlersicht – bietet eine eindeutige Identifikation des Kunden und Autorisierung der Zahlung, Sicherheit vor Missbrauch durch Dritte, geringe Zahlungsausfälle, niedrige Kosten und eine einfache Integration in seine Shop-Software. Auch für ihn ist eine möglichst weite Verbreitung des jeweiligen Verfahrens wichtig. Insbesondere die Wünsche der Kunden nach Anonymität und damit der Wegfall der Anmeldung stehen im Konflikt mit dem Wunsch der Händler nach einer möglichst sicheren Zahlung.

Wer macht das Rennen?

Kreditkarten

Weite Verbreitung aber Sicherheitsbedenken

Kreditkarten werden tagtäglich für Einkäufe in der realen Welt eingesetzt und sind dementsprechend weit verbreitet. Damit weisen sie eine ideale Voraussetzung für die Verwendung im E-Business auf. Allerdings haben viele Konsumenten Vorbehalte bezüglich der Sicherheit. Kreditkartenlösungen mit so genannten Server Wallets zeichnen sich durch Benutzerfreundlichkeit und einen soliden Sicherheitsstandard aus und sind zudem mit vergleichsweise geringen Investitionskosten verbunden. Damit sind sie prädestiniert, sich in naher Zukunft zur bedeutendsten Zahlungsvariante im E-Business zu entwickeln, zumindest wenn es Banken und Kreditkartenfirmen gelingt, ihren Kunden die Vorteile überzeugend zu kommunizieren. Die Banken und Kreditkartengesellschaften verfügen über die erforderliche Infrastruktur und Ressourcen, um in solche Lösungen zu investieren und diese am Markt durchzusetzen.

Mobile Payments

Vielversprechend ist die einfache und dennoch sichere Zahlungsmethode für Mobiltelefonbenutzer. Das Verfahren hat in Deutschland – verglichen mit der Zeit, die es am Markt ist – einige Achtungserfolge zu verzeichnen, die jedoch mit sehr hohen Marketingbudgets erkauft wurden.

Einfach und sicher

Experten gehen davon aus, dass sich Deutschland bis zum Jahr 2003 zu einem der europäischen Länder mit den höchsten Umsätzen im M-Commerce entwickeln wird, obwohl 53 Prozent aller deutschen Handybesitzer bisher ihr Gerät noch nie für M-Commerce-Angebote genutzt haben, so die Boston Consulting Group in ihrer Studie „Mobile Commerce: Winning the On-Air Consumer" (Mai 2001).

Höchste M-Commerce-Umsätze in Deutschland

In Europa wird der Markt auf ein Umsatzvolumen von 24 Milliarden Euro wachsen. Für Deutschland rechnen Analysten mit einem Marktvolumen von über vier Milliarden Euro. Für den zukünftigen Erfolg des mobilen elektronischen Handels ist Sicherheit bei den Transaktionen eine der wichtigsten Voraussetzungen.

Tabelle 1: Bewertung der Online-Bezahlverfahren nach den Kernkriterien

Online-Zahlverfahren/ Kriterium	Sicherheit	Zahlungsgarantie	Benutzerfreundlichkeit	Kosten (Händler)
Rechnung	0	--	++	0
Nachnahme	0	++	+	0
Lastschrift	-	-	++	+
Kreditkarte SSL	+	0	+	0
Mobile Payment	++	++	0	-
Micropayment	++	++	-	-

++ trifft voll zu + trifft zu 0 neutral - trifft kaum zu -- trifft überhaupt nicht zu

Vorreiter Finnland

In Finnland gibt es bereits konkrete Erfahrungen mit Abrechnungen nach Einkauf per Handy etwa bei der Tankstelle oder am Getränkeautomaten. Nicht nur die Telefongesellschaften realisieren das enorme kommerzielle Potenzial des M-Commerce, auch die Banken erkennen neue Chancen zum Beispiel über Kooperationen.

Künftig werden Handyhersteller in ihre Geräte so genannte Zahlungschips einbauen, um den M-Commerce anzukurbeln. Diese Funktion als elektronische Geldbörse wird dem Handyboom einen zusätzlichen Schub verpassen. Die Telekommunikationsunternehmen kontrollieren bereits heute die SIM-Karten und sind damit herausragend positioniert, auch Payment-Smartchips und damit den Zahlungsverkehr über ihre eigene bereits existierende Infrastruktur abzuwickeln.

Fazit

In der Vergangenheit verfügten die Banken über eine dominante Marktstellung im Kartenbereich, die ihnen einen bevorzugten Zugang zum Kunden garantierte.

Telekommunikationsunternehmen

Durch das Aufkommen weiterer technologischer Lösungen im Internet-Zahlungsumfeld betreten neue Player den Markt. Insbesondere Telekommunikationsunternehmen scheinen hier gute Karten zu haben. Welches System und damit welcher Anbieter künftig das Rennen um die Abwicklung elektronischer Bezahlvorgänge machen wird, entscheidet jedoch der Kunde.

Kapitel 5

E-Procurement

5.1 Grundlagen des E-Procurement

CLAUDIA M. DOLD

Einleitung

Ausgelöst durch den wachsenden Wettbewerbsdruck und organisatorische Veränderungen, wie beispielsweise Unternehmenskooperationen oder die zunehmende Vernetzung im Gesamtunternehmen, wird das traditionelle Einkaufskonzept zunehmend Teil eines Gesamtkonzepts betriebsübergreifenden Außenmanagements. Revision und Optimierung der bestehenden Einkaufsprozesse sind die Folge.

Bei direkten Gütern werden die bestehenden EDI (Electronic Data Interchange)-Verbindungen genutzt, jedoch bei indirekten bzw. MRO-Gütern[1], können große Einsparpotentiale durch eine elektronische Beschaffung realisiert werden. Neben den sinkenden Preis des zu bestellenden Einzelgutes sind dort aber vor allem Einsparungen über die Straffung, klare Definition und Elektronisierung der Prozesse zu erreichen.

Die Schwächen der traditionellen Beschaffungsprozesse, wie Fehleranfälligkeit, hohe Prozesskosten und lange Beschaffungszeiten können durch das Vorteilsdreieck Kostenreduktion, Zeitersparnis und Qualitätssteigerung neuerer Lösungskonzepte im E-Procurement gelöst werden.

---

[1] Maintenance Repair and Operations-Produkte: Produkte zur Instandhaltung, Wartung oder den Betrieb von Maschinen, sowie für Forschung und Entwicklung.; **Indirekte Güter:** Materialien werden nicht für den Weiterverkauf oder die Weiterverarbeitung, sondern für die interne Nutzung bzw. Konsum benötigt.

Der Einkauf im Wandel

Die Rolle des Einkaufs hat sich in den letzten Jahren grundlegend verändert. Lange Zeit wurde der Einkauf in den Unternehmen nur als ein Erfüllungsgehilfe gesehen und dezentral geregelt. Erst seit den 90er Jahren betrachtet man den Einkauf im Blickwinkel der wachsenden Globalisierung und der damit steigenden Bedeutung der Materialwirtschaft. Haupttreiber des Wandels sind einerseits der Wettbewerbsdruck und andererseits organisatorische und technische (Internet-/ Intranettechnologie, Netzwerktechnologie, Screendesign) Veränderungen im Gesamtunternehmen. Eine durchschnittliche Beschaffungstiefe von 40 % und der stark steigende Anteil des Einkaufsvolumens am Gesamtumsatz eines Unternehmens forcieren diesen Wandel.[2]

Der Veränderungsdruck im Einkauf wird jedoch laut einer Untersuchung von Arthur Anderson weniger durch ein Personal- und Kostenreduktionskonzept kompensiert, sondern durch eine ergebnisorientiertere Umstellung des Einkaufs.

Neue Aufgaben des Einkaufs

Die zentrale Rolle des Einkaufs wird mehr und mehr über ein ganzheitliches Außenmanagement definiert. Themenbereiche wie Qualifizierung, Qualitätssicherung und Wertschöpfungsorientierung der Lieferanten, aber auch Vernetzung, Kooperationen und Global Sourcing bilden neue Arbeitsaufgaben.[3]

Ein weiterer neuer Aufgabenbereich umfasst das Informationsmanagement. Informationen werden über den Beschaffungsmarkt gesammelt und den jeweiligen funktionalen Bereichen zur Verfügung gestellt. Diese Informationen können beispielsweise eine strategische Entscheidung über die Integration von vor- oder auch nachgelagerten Wertschöpfungsstufen unterstützen.[4]

Elektronischer Handel

Einordnung des E-Procurement

Der elektronische Handel ist Teil des E-Business, wobei dort E-Commerce die Geschäftsanbahnung und -abwicklung im Business-to-Consumer bzw. Consumer-to-Consumer Bereich beinhaltet. E-Procurement (im Sinne einer Beschaffung von MRO/indirekten-Materialien)

---

[2] Vgl. Anderson (2001), S.6.
[3] Vgl. Block (2001), S.73ff.
[4] Vgl. Anderson (2000), S.9.

vereinigt dagegen eher den Business-to-Business Bereich, dessen Anwendungsgebiete Einkauf auf Lieferantenseite, Logistik, Verkaufsabteilungen mit Händlern und Personalsuche mittels Internet sind. Beide Bereiche besitzen eine Schnittmenge im Business intern[5]. Einzuordnen ist der elektronische Handel im Electronic Business:

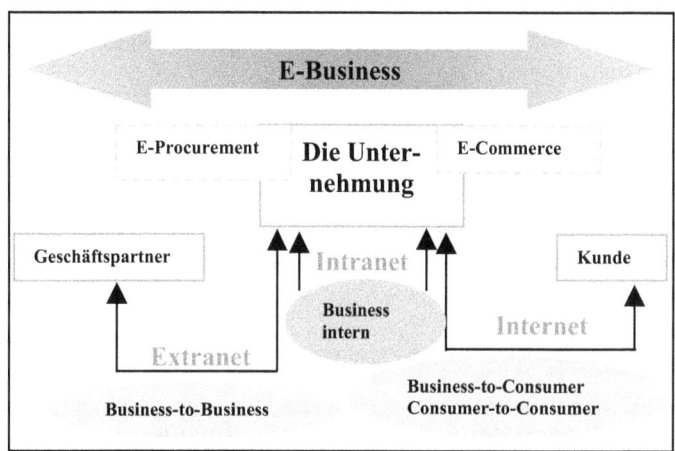

Abb. 1: Einordnung des E-Procurement in das E-Business-Modell

Die elektronische Beschaffung beinhaltet keinen grundsätzlich neuen technischen Ansatz. Bereits seit 20 Jahren bestehen Möglichkeiten elektronischer Transaktionen in einer geschlossenen Benutzergruppe (Unternehmen) über EDI (Electronic Data Interchange) durchzuführen. Anwendungsgebiete des EDI sind u.a. das elektronische Bestellwesen, die Abwicklung des Rechnungswesens, Lieferanterminmanagement, Warenkataloge oder Lagerbestandsfeststellungen.

EDI galt lange Zeit als einzige standardisierte Möglichkeit, die langsamen, teuren und unzuverlässigen Informationsströme auf Papierbasis zu ersetzen. Über EDI werden hauptsächlich direkte Materialien geordert. Strategisch wichtige Güter wie Rohmaterialien, Halbfertigerzeugnisse oder Fertigerzeugnisse werden darunter subsummiert. Mittels einer Anbindung des EDI an das

EDI als Vorgänger des E-Procurement

---

[5] Vgl. Bogdanski (2000), o.S.

ERP-System können auch Bestellanforderungen automatisch generiert werden.

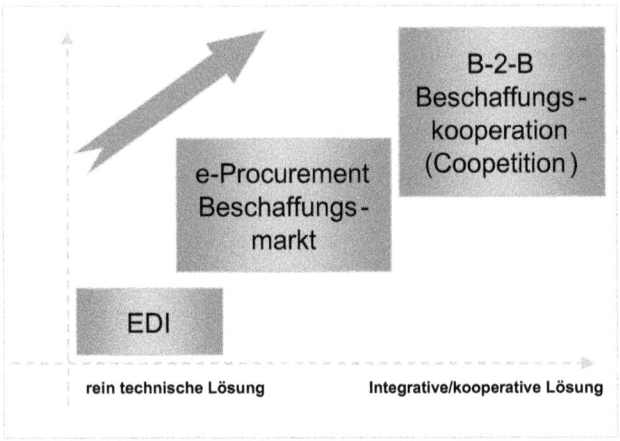

Abb. 2: Entwicklung des E-Procurement

Der Einsatz des EDI für die Beschaffung ist jedoch für indirekte Güter zu komplex, zu fehleranfällig und damit zu teuer. EDI-Systeme benötigen hohe Investitionen (einmalige und laufende Kosten) und werden deshalb eher von größeren Unternehmen implementiert. Durch die Internettechnologie besteht jedoch für mittelständische und kleinere Unternehmen zukünftig die Möglichkeit, kostengünstigere Transaktionen durchzuführen und gleichzeitig einfacher eine Integration des EDI in die bestehenden Systeme vorzunehmen. Technisch wird EDI durch eine proprietäre Software (offene Protokolle beispielsweise auf Web-Standard) und Zukunftsprotokolle, sowie eine Direktverbindung für Transaktionen zwischen Kunde und Hersteller gelöst, deren Abwicklung über Standardsoftware (Websoftware, Browser) und der Datentransport über das Internet abgewickelt wird.

Web EDI ist eine Möglichkeit, EDI Transaktionen über das Internet durchzuführen. Dabei können die EDI-Daten als Email-Attachment verschickt werden, über eine Browser-Lösung (beispielsweise über Web-Formulare) oder mit Hilfe von einer XML-Lösung abgearbeitet werden. Als herstellerneutrale Art der Datenbeschreibung eignet sich XML besonders gut für E-Procurement, da auch eine Integration in die Systeme

5.1 Grundlagen des E-Procurement

des Lieferanten vorgenommen werden muss. Allerdings befindet man sich bei dieser Entwicklung noch am Anfang.

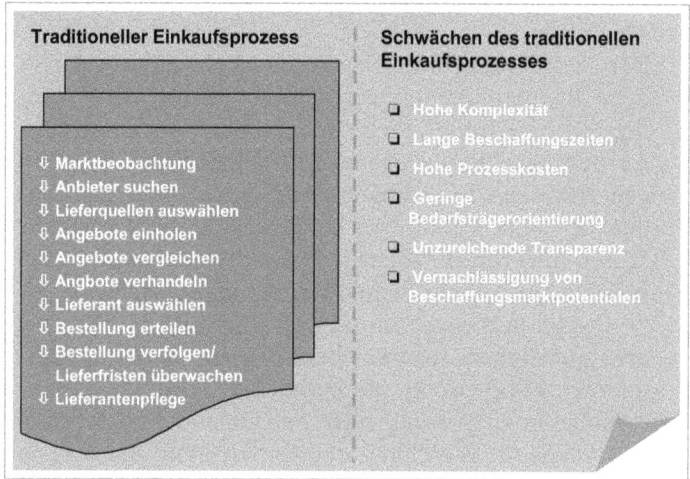

Abb. 3: Traditioneller Beschaffungsprozess und seine Schwächen (a)

(a) nach Block (2001), S.76

Was ist E-Procurement?

E-Procurement beinhaltet Geschäftstransaktionen zwischen Geschäftspartnern und deren Geschäftsprozesse innerhalb einer Geschäftsbeziehung. Innerhalb der Transaktionsbeziehungen werden Güter, Informationen oder Dienstleistungen ausgetauscht. Die Abwicklung der Geschäftstransaktion wird dabei über Rechner und Netzwerke elektronisch unterstützt[6]. Sowohl Katalog-Systeme als elektronische Marktplätze sind hier Ausprägungsformen einer elektronischen Beschaffung[7].

E-Procurement unterstützt und fördert die folgenden Entwicklungstrends im Beschaffungsbereich:

- Reduktion der Lieferantenzahl
- Verbesserung des Warengruppenhandlings
- Bedarfsbündelung
- Verbessertes Global Sourcing

Entwicklungstrends im E-Procurement

---

[6] Vgl. Dolmetsch (2000), S.27.
[7] Vgl. Anderson (2001), S.2.

- Transparentes Einkaufs-Controlling
- Effizientes Lieferantenmanagement
- Etablierung von Lead-Byer-Konzepten
- Integrierte Geschäftsprozesse von der Bedarfsmeldung bis hin zur Zahlungsabwicklung

Rechtliche Rahmenbedingungen

Der traditionelle Einkaufsprozess ist stark durch rechtliche Rahmenbedingungen gekennzeichnet. Das Handelsrecht bestimmt recht genau, wie eine Bestellung, Auftragsbestätigung, Lieferung und Zahlung zu erfolgen hat.[8] Die unbedingte Bestätigung eines Auftrags beispielsweise durch zwei Unterschriften war noch vor Jahren die grundsätzliche Verfahrensweise und hat sich seitdem einem gründlichen Wandel unterzogen.

Für E-Procurement geeignete Produkte

Produkte, die sich für die elektronische Beschaffung sehr gut eignen, sind bei bereits oben erwähnt, sogenannten MRO- Güter. Sie beinhalten Produkte zur Instandhaltung, Wartung oder den Betrieb von Maschinen, sowie für Forschung und Entwicklung. Sie können auch in administrativen Bereichen oder bei jedem einzelnen Mitarbeiter anfallen. Kennzahlen zur Beurteilung der Effizienz des Beschaffungsvorganges sind u.a.:

- Kosten je Bestellung in Warengruppe
- Laufzeit einer Bestellung in Warengruppe

MRO- Artikel charakterisieren sich durch ein geringes Beschaffungsrisiko, einen geringen prozentualen Bedarfswert und eine hohe Frequentierung. Sie sind inhaltlich eng verknüpft mit den indirekten Gütern, die nach Dolmetsch[9] nicht für den Weiterverkauf oder die Weiterverarbeitung, sondern für die interne Nutzung bzw. den Konsum benötigt werden. Sie fallen bei jedem Mitarbeiter an und betreffen hauptsächlich den administrativen Bereich. Charakteristisch für MRO-/indirekte Güter ist, dass der Bestellaufwand den eigentlichen Bestellwert oft um ein Vielfaches überschreitet, als Ergebnis der traditionellen Bestellverfahren, die sehr kostenintensiv, fehleranfällig und zeitaufwendig sind.[10]

Beschaffungsprozess bei MRO/indirekten Gütern

Traditionell sind die Beschaffungsprozesse Bereich der MRO-/indirekten Güter, wie oben bereits erwähnt, nur vernachlässigbar effizient gestaltet, besitzen aber ein hohes Automatisierungspotential. Eine Elektroni-

---

[8] Vgl. Block (2001), S.73.
[9] Vgl. Dolmetsch (2000), S.50f.
[10] Vgl. KPMG (2000), S.4.

sierung der Geschäftsbeziehungen verspricht deshalb massive Einsparungen. Hier liegt auch das grundlegende Nutzenpotential verborgen, nämlich in der direkten Auswirkung auf den Unternehmenserfolg (hoher ROI). Aufgrund der Vernetzungstechnologien, die die Preise sinken lassen, wird diese E-Businesslösung auch zukünftig für KMU zugänglich. Die MRO-/indirekten Güter sind nicht im vom ERP-System erfassten Stammmaterialsatz. Durch die Elektronisierung würde dieser komplettiert und damit auch die automatische Abwicklung von Geschäftsvorfällen. Nach einer Untersuchung von Arthur Anderson wird der Anteil der MRO-/indirekten Güter am gesamten Beschaffungsvolumen von heute 15 % auf zukünftig 24 % anwachsen (Steigerung um 60 %).

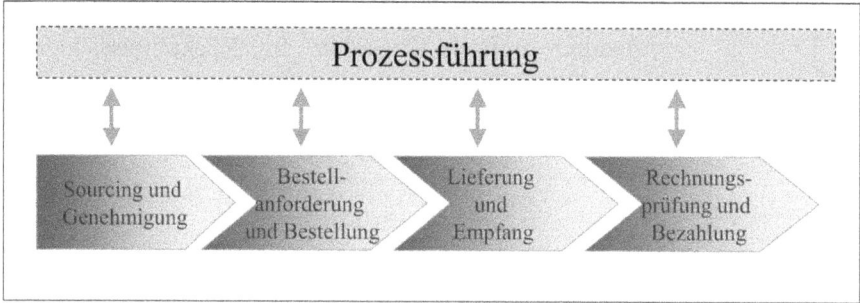

Abb. 4: Der Einkaufsprozess bei MRO/indirekten-Gütern (b)

(b) in Anlehnung an Dolmetsch (2000), S. 131

Die Vorteile von E-Procurement findet man im Vorteilsdreieck Kosten, Qualität und Zeit wieder:

Nutzenpotentiale des E-Procurement

- *Kostenreduktion*
  Prozesskostenreduktion, Reduktion von Einstandspreisen, Optimierung von Rahmenverträgen, neue Preisbildungsmechanismen; Reduktion der Personalkosten, Lagerkosten/Logistikkosten, Zahlungsabwicklungskosten, Informationsbeschaffungs- und -distributionskosten.
- *Zeitersparnis*
  Verkürzung von Prozessen, Automatisierung von Prozessen, Flexibilität, Reduktion operativer Tätigkeiten, Verbesserung der Reaktionsfähigkeit, schnel-

lere Reaktion auf veränderte Markt- und Kundenanforderungen.
- *Qualitätssteigerung*
Stärkung des strategischen Einkaufs, Erhöhung der Markttransparenz, Optimierung der Lieferantenbeziehungen (Single bzw. Global Sourcing).[11], Abruf der Leistungen 24h x 7 Tage, Aktualität der Informationen, Reduktion von Medienbrüchen und Erfassungsfehler, Verbesserung der Termingenauigkeit und der Wissensbereitstellung/-verwaltung, Verbessertes Beschaffungsmarketing, Vorselektion von Produkte bzgl. Qualität möglich.

Nach Niehus[12] kann man den Nutzen von E-Procurement so zusammenfassen, dass wenig Risiken einzugehen sind. Neben den gesenkten Stückkosten pro beschafftem Gut, wird die Einkaufsmacht gestärkt. Die Vertragserfüllung und der Service des Zulieferers kann dadurch optimiert werden. Im Rückschluss hierzu steigt die Rentabilität des Unternehmens.

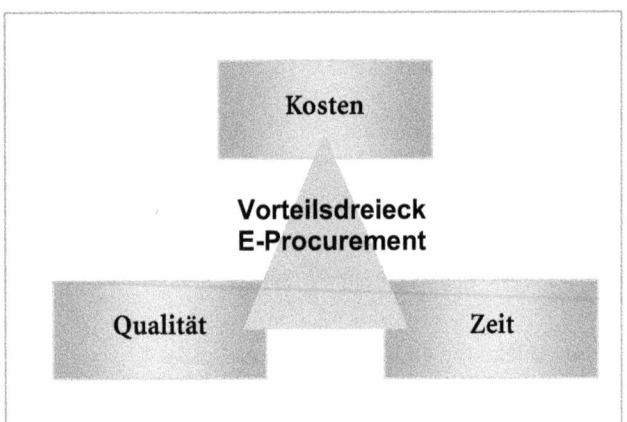

Abb. 5: Nutzenpotentiale des E-Procurement

Katalogmanagementsysteme (beispielsweise Desk Purchasing System) sowie elektronische Marktplätze bilden Ausprägungsformen des E-Procurement, die im folgenden diskutiert werden.

---
[11] Vgl. Bogdanski (2000), o.S.
[12] Vgl. Niehus (1999), S.13.

Das Katalogmanagement-System

Über elektronische Katalogmanagementsysteme wird dem einkaufenden Unternehmen ein vorkonfigurierter elektronischer Katalog des Anbieters zur Verfügung gestellt, mit Hilfe dessen er schnell und unkompliziert seine Bestellung und seine Informationsrecherche durchführen kann. Die Benutzer-Oberfläche bildet die Schnittstelle zu Funktionen wie Warenkorb und Bestellverfolgung.

Um die verschiedenen Berechtigungsebenen im Unternehmen komplex abzubilden, ist ein durchgängig konzipierter Workflow Voraussetzung. Weitere Komponenten der Katalogmanagement-Systeme sind einerseits Reporting Tools, die genaue Informationen zum Stand der Bestellung geben, und Administrations- und Einkaufs-Controlling- Tools, um zielgerichtet zu steuern und zu planen. Bei der Katalogisierung hat sich u.a. der Standard des BMEcat-Formates durchgesetzt, der vom Bundesverband für Materialwirtschaft, Einkauf und Logistik in Zusammenarbeit mit dem Fraunhofer Institut für Arbeitswirtschaft und Organisation initiiert wurde und auf einer XML-Erweiterung basiert. Wichtig bei der Einführung von E-Procurement ist es, keine Medienbrüche entstehen zu lassen, so dass ein elektronischer Warenfluss in der Beschaffung entsteht und in das jeweilige Warenwirtschaftssystem integriert werden kann. Durch den Standard des BMEcat Formates wird dies ermöglicht. Eine Klassifikation von Waren oder Material kann beispielsweise über den eCl@ss Standard vorgenommen werden

Funktionen eines Katalogsystems

Die Preise und die Produktbreite werden zuvor in einem Rahmenvertrag festgelegt. Vielmals wird nach Absprache mit dem Lieferanten die Bezahlung in ein Gutschriftverfahren verwandelt. Durch die Integration eines E-Procurement Systems erhalten die Unternehmen zeitnah einen positiven Return on invest. Bei CISCO Systems konnten die Kosten für die Beschaffungsprozesse mittels eines Katalogsystems um die Hälfte gesenkt werden.[13]

Die wichtigsten Nutzenpotentiale bei Katalogsystemen werden in der Entlastung des Einkaufs von operativen Aufgabenstellungen und damit der Reduzierung der Durchlaufzeiten, der Transaktionskosten gesehen

Nutzenpotentiale und Vorteile des Katalogsystems

---

[13] Vgl. KPMG (2000), S.5.

(Prozesssicht) und damit einer Effizienzsteigerung. Als weitere Vorteile werden in der gängigen Literatur angeführt:

- Konzentration des Einkaufs auf strategische Themenbereiche
- Der Bedarfsträger ist zufriedener aufgrund der schnelleren und effektiveren Prozessabläufe
- Operativer Einkauf wird dezentraler, während der strategische Einkauf zentraler organisiert wird.

Vorteile

Die strategische Ausrichtung des Einkaufs führt zusammengefasst zu Standardisierung, Bestandsreduzierung, verbesserten Lieferantenbeziehungen und besserer Planungs- und Datenbasis.[14] Katalogsysteme benötigen geringe Investitionskosten und offerieren ein einfaches Anwendungsinterface, bei der auch die Bestellung komplexer Güter möglich ist.

Nachteile

Die Nachteile für Hersteller-Produktkataloge findet man in der meist notwendigen vielfach Registrierung. Integration in eigene Prozessabläufe und Auswertungsmöglichkeiten fehlen. Preisvergleiche sind für den Bedarfsträger umständlich und direkt nicht möglich.

Elektronische Marktplätze

Eine weitere Ausprägung des E-Procurement sind elektronische Marktplätze. Auktions- und Handelsplätze bzw. Marktplätze decken im Gegensatz zu klassischen Online-Shops (Katalogsysteme) der Anbieter eine Vielfalt an Branchen und Produkttyen ab. D.h. Bestellungen werden nicht aus dem Katalog, sondern von Fall zu Fall auf dem Markt geordert. Nach der ersten Welle der implementierten Marktplätze, die hauptsächlich nur zur Lösung spezieller Aufgabenbereiche eingesetzt wurden, deckt die zweite Welle schon eine weit breitere Abdeckung des Supply Chain Gedankens. Partnerschaftliche Beziehungen mit dem Kunden, bei denen beispielsweise Profile für proaktive Werbungsaktionen angelegt werden.

Was ist ein elektronischer Marktplatz?

Der elektronische Marktplatz ist eine Plattform zum elektronischen Austausch von Produkten und Dienstleistungen bei mehreren Unternehmen auf Käufer- und Verkäuferseite[15]. Zusatzfunktionalitäten sind beispiels-

---

[14] Vgl. Anderson (2001), S.21.
[15] Vgl. Grosche/Sander (2000), S.3.

weise elektronische Ausschreibungen, Auktionen, Zahlungsabwicklungssysteme oder logistische Dienstleistungen. Die Synergieeffekte für das Katalogmanagement, die Softwareentwicklung etc für die angeschlossenen Unternehmen, bilden in diesem Umfeld einen wesentlichen Wettbewerbsvorteil.

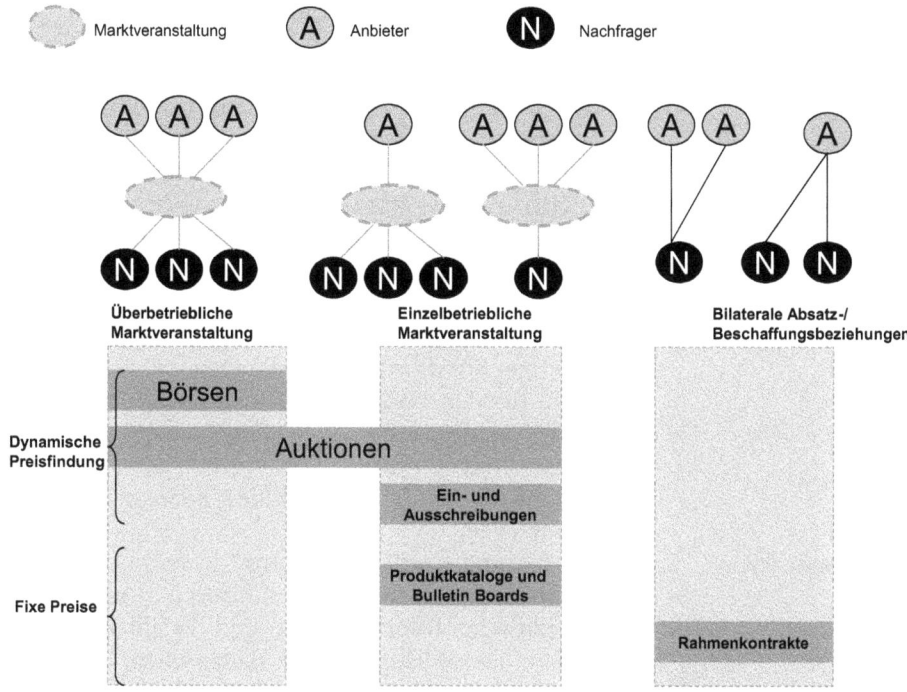

Abb. 6: Formen elektronischer Marktplätze (c)

(c)in Anlehnung an: Dolmetsch (2000), S. 41 und 42)

Man trifft entweder Marktplätze mit einer Branchenspezialisierung (vertikal) oder mit einer Spezialisierung auf ein bestimmtes Güter- und Funktionsspektrum (horizontal). Die horizontalen Marktplätze dienen häufig dem Handel von indirekten/MRO-Gütern. Branchenunabhängigkeit und nur eine geringe Branchenbreite sind ihre Charakteristika. Vertikale Märkte sind gekennzeichnet durch den Verkauf hauptsächlich direkter Güter, also Güter, die direkt in die Produktion eingehen. Das Einsparungspotential liegt (hier 0,5-10 %)

aber deutlich unter dem der indirekten Güter auf horizontalen Märkten (10-30 %).[16]

Der Marktplatz sorgt für eine Transparenz des Marktes und seiner Einflussfaktoren. Die Betreiber können über Umsatzprovisionen ihre Kosten decken. Die Beziehungsstrukturen und die entsprechende Preisfindung zwischen Anbietern und Nachfragern gestalten sich auf einem Marktplatz wie folgt:

Preisfindung

Die Ausprägungen eines Marktplatzes bewegen sich neben den Ausprägungen dynamische und fixe Preisfindung zwischen den Ausprägungen offen/produktspezifisch und geschlossen/branchenspezifisch.

Der einfachen Anwendungsoberfläche steht eine an sich im Hintergrund sehr komplexe Katalogisierung gegenüber. Auf den Marktplätzen wird vielfach auch die Möglichkeit eines PoolBuying (Gemeinschaftseinkauf mehrerer Kunden) angeboten, bei dem ein „Einkaufspool" von Nachfragern eines Produktes gebildet wird, die dadurch Kostenvorteile erringen können, ohne langwierige Konditionsverhandlungen zu führen, die der Pool für den Nachfrager übernimmt. Je nachdem, wie viele Nachfrager auf einen „Pool" aufspringen, desto weiter sinkt der Preis. Der Prozess der sinkenden Preise und damit der Preisfindung kann online beobachtet werden.

Trade-Community

Die Bildung einer „Community" in Form einer Trade-Community, als Möglichkeit produkt- und branchenspezifische Informationen und Erfahrungen innerhalb eines Marktplatzes auszutauschen, wird zunehmend als Funktionalität der Markplätze eingesetzt. Der Marktplatz vereinigt summa summarum die Funktonalität des E-Procurement und die des E-Sourcing (Verhandlung von Kontrakten über das Internet).

Nutzenpotentiale und Vorteile

Die Reduktion der Einkaufspreise durch neue Lieferanten steht dort im Vordergrund einer Teilnahme an einem Marktplatz. Die Unternehmen bekommen einen schnellen Überblick über die Marktsituation, bezogen auf bestimmte Güter oder Produkte, aber auch einen fundierten Gesamtüberblick, die beide mit geringeren Informationsbeschaffungskosten verbunden sind (z.B. Messebesuche, Vorbereitung von Lieferantenverhandlungen etc.). Weiterhin besteht die Möglichkeit, sich mit anderen Unternehmen über Erfahrungen auszutau-

---

[16] Vgl. Grosche/Sander (2000), S.3.

schen und auch Preisvergleiche der verwendeten Produkte im Markt durchzuführen[17]

Vorteil eines Marktplatzes gegenüber einem Katalogsystem ist der Informations- und Transparenzgewinn. Bei Katalogsystemen greift grundsätzlich immer die Single-Sourcing Problematik.

Eine weitere Entwicklung im Beschaffungsbereich sind Suchmaschinen, die einen Marktplatz bzw. das Netz nach bestimmten Produkten nach vorheriger Spezifikation durchsuchen. Dabei werden zuvor Kriterien für die Produktsuche angegeben. Erste Agenten sind in ähnlicher Weise bereits im Netz aktiv, müssen aber im Business-to-Business Bereich noch ausreifen.

Intelligente Software-Agenten

Fazit

Die Unternehmen besitzen eher geringes Know-how und Erfahrung im Umgang mit E-Procurement und gleichzeitig veralten technische Lösungen sehr schnell.

Barrieren der E-Procurement-Implementierung

Neben der Datenschutz- und Sicherheitsproblematik erschweren die unterschiedlichen Verschlüsselungsstandards, unterschiedliche gesetzliche Regelungen sowie die unterschiedliche steuerliche Gesetzgebung der Länder die Einführung der elektronischen Beschaffung.

Laut einer umfassenden Untersuchung von Arthur Anderson plant die Hälfte der befragten Unternehmen, den operativen Einkauf in hohem Maße zu dezentralisieren. Diese Erkenntnis unterstreicht den Wandel der operativen Beschaffung hin zu einer strategischen Aufgabenstellung. Die Neupositionierung wird durch die Implementierung des E-Procurement unterstützt und vorangetrieben. Die Implementierung beinhaltet nicht nur eine Softwarelösung, sondern eine in eine adäquate Technologielösung eingebettete umfassende Einkaufsstrategie.[18] Die Relevanz dieser Thematik ist im vergangenen Jahr stark gewachsen, so dass viele Unternehmen jetzt kurz vor der Umsetzungsphase stehen.

Der Markt der E-Procurement Software wandelt sich von einem heterogenen Markt mit vielen kleinen Anbietern und Insellösungen zu einem standardisierteren Markt mit integrierbaren Softwarepaketen, beispielsweise Aribe, Commerce One und SAP. Nur 20 % der befragten Unternehmen nutzen E-Procurement Lösun-

---

[17] Vgl. Anderson (2001), S. 21.
[18] Vgl. Anderson (2001), S. 5.

gen, 80 % der befragten Unternehmen planen es in den nächsten zwei Jahren einzusetzen. Die eingesetzten E-Procurement Lösungen wickeln im Schnitt 10 % des Beschaffungsvolumen des Unternehmens ab. In Planung ist eine Vervierfachung des Volumens.[19]

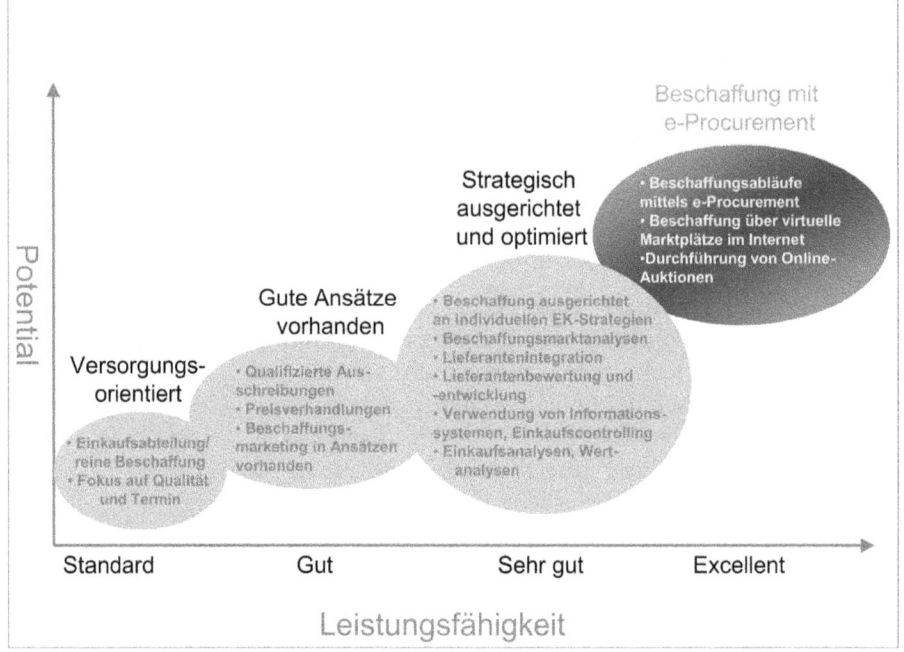

Abb. 7: E-Procurement Evolution (d)

(d) nach Anderson (2000), S.3.

Von grundsätzlicher Wichtigkeit ist die Schnittstelle der Beschaffungslösung zu bestehenden ERP-Systemen. Die Integration ist entscheidend, um die Purchase-to-pay Prozesskette umfassend abdecken zu können und den vollen Umfang des potentiellen Nutzens ausschöpfen zu können.

Entwicklungspfade

Die Einführung von elektronischer Beschaffung stößt die längst überfällige Prozessrationalisierung im Bereich der indirekten/MRO-Güter an und gleichzeitig wird die Vergabe und Bündelung von Aufträgen optimiert. Obwohl wir uns bei E-Procurement im Moment in der konkreten Umsetzungsphase befinden und nicht

---

[19] Vgl. Anderson (2001), S. 5.

mehr in der „Modethemaphase", werden die heutigen Lösungen nur kurz bei einer Beschränkung auf größere Unternehmen und ihre Zulieferer bleiben. Die Grenzen werden sich erweitern und alle Prozesse und alle Materialen einschließen.

Wohin wird die Entwicklung gehen? Eine engere, zielgerichtetere Kooperation mit den Lieferanten/Zulieferern und Kunden kombiniert mit einem Service-Levelmanagement und logistischer und organisatorischer Umsetzung stellen mittelfristige Entwicklungspfade dar. Im Sinne von „extended e-markets" wird ein breites Leistungsportfolio angeboten werden, das ein umfangreiches Lieferantenmanagement bietet. Die zu beschaffenden Güter werden nun auch komplexe Produkte und Dienstleistungen einschließen im Sinne eines „Supply Chain Managements" und eines „Advanced Purchasing".

Die organisatorische Einbettung der neuen Einkaufsstrategien muss gewährleistet sein, um die reine softwaretechnische Lösung auf Dauer effektiv zu implementieren.

Die Weiterentwicklung des E-Procurement zum E-Supply Chain Management (Planung, Steuerung und Integration sämtlicher Waren-, Informations- und Finanzflüsse entlang der Wertschöpfungskette unterstützt durch neueste Iuk-Technologie[20]) ist der visionäre Weg. Diese ganzheitliche Geschäftprozessoptimierung ist eine zukünftig allumfassende Aufgabe. Viele Unternehmen haben Teilbereiche bereits optimiert durch Just-in-time, Just-in-Sequence oder KANBAN, jedoch die elektronische Integration und die Ausbreitung auf alle Teilbereiche noch nicht vollzogen.

Blick in die Zukunft E-SCM

Literaturverzeichnis

Anderson, A: Elektronische Beschaffung in der deutschen Industrie-Status und Trends, im Internet unter: www.arthuranderson.com, März 2001.

Block, C. H.: Professionell einkaufen mit dem Internet, München 2001.

Bogdanski: E-Commerce in der Beschaffung der Degussa-Hüls 2000.

Dolmetsch, R.: Desktop Purchasing. IP-Netzwerkapplikationen in der Beschaffung. Dissertation der Universität St. Gallen, Wirtschaftswissenschaften, 1999.

---

[20] Vgl. KPMG (2000), S. 10.

Grosche, B., Dr.Sander, J.: E-Markets: Neue Instrumente der Beschaffungsstrategie, im Diebold Management Report Nr. 11/12, 2000.

KPMG: Electronic Procurement – Chancen, Potenziale, Gestaltungsansätze, 2000.

Kracke, U.: Beschaffung über das Internet, Präsentation bei der Internet-Werkstatt „Industrie" am 5.10.2000 in der IHK Hannover.

Niehus, R.: Leitfaden E-Business, E-Procurement, Frankfurt am Main 1999.

Schubert, P.: Electronic Procurement, Basel 1999.

5.2 E-Procurement Strategie

Dr. Harald Schäfer

Dr. Burkhard Schäfer

Einleitung

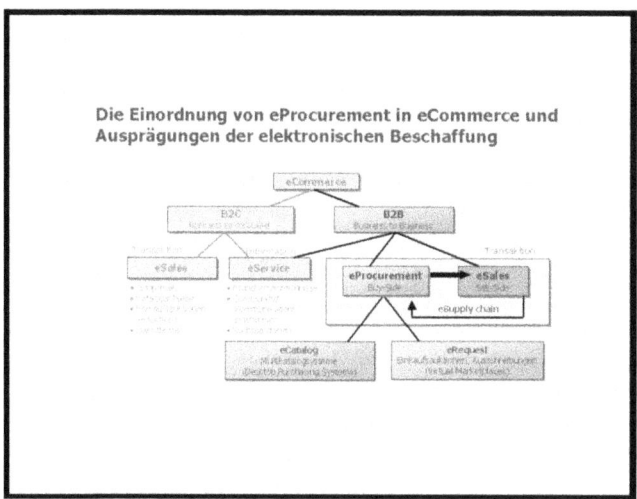

Abb. 1: Die Einordnung von E-Procurement in E-Commerce (a)

(a) Schäfer, H., Schäfer, B. [Einkaufdienstleistungen via Internet], 2001

Der Bereich E-Procurement umfasst alle Geschäftsbeziehungen zwischen Lieferant und Firmenkunde. Hier geht es um die Vereinfachung von Beschaffungsprozessen, zumeist der indirekten Güter, die zu den Betriebsmitteln gezählt werden. Diese Artikel werden auch als MRO-materials (maintenance, repair and operating materials) bezeichnet. In diesem Bereich beginnt das Aufgabengebiet eines externen oder internen Einkaufsdienstleisters und kann sich auf Wunsch des Firmenkunden entlang den Aufgaben der Versorgungskette

Die Ausprägung E-Procurement

(supply chain) erweitern. Am Ende dieser Kette steht wiederum das E-Sales.

Die Ausprägung E-Supply chain

E-Supply chain (elektronische Versorgungskette) ist ein Konzept, um die Integration und Verbindung der Wertschöpfungsketten der innerbetrieblichen Prozesse mit Hilfe der elektronischen Kommunikation zu ermöglichen. Die Aufgabe des E-Supply chain erstreckt sich demnach über den kompletten Geschäftsprozess eines Unternehmens, von Beschaffungsaufgaben (E-Procurement) bis hin zum Vertrieb (E-Sales). Die Hauptaufgaben bestehen darin, Durchlaufzeiten zu reduzieren, die Qualität zu verbessern und letztendlich Kosten zu minimieren.

Einteilung der Beschaffungsfunktionen

Die Beschaffung kann in drei Ausprägungen entlang der Wertekette unterteilt werden:[21]

1. Beschaffung für den Vertrieb (Groß- und Einzelhandel)
2. Beschaffung für die Herstellung (industrielle Hersteller)
3. Beschaffung für den Konsum (MRO- und indirekte Produkte)

E-Request vs. E-Catalog

Der Einkauf eines Unternehmens hat über E-Procurement die Möglichkeit, bei besonderen Einzelbedarfen über E-Request[22] (wörtlich: elektronische Anfrage/Nachfrage) seine Beschaffungsmaßnahmen vorzunehmen. E-Request enthält E-Auctions (elektronische [Verkaufs]Auktionen) oder E-Biddings (elektronische [Einkaufs]Auktionen bzw. elektronische Ausschreibungen). Hierbei geht es hauptsächlich um solche Artikel, die nicht über Multikataloge abgedeckt sind, wie z.B. AZ-Artikel, die hochwertig, aber unregelmäßig zu beschaffen sind. Der Unterschied von E-Catalog (wörtlich: elektronischer [Artikel]Katalog) zu E-Request ist demzufolge, dass bei E-Catalog das Unternehmen auf Produkte und Dienstleistungen mit den jeweiligen Preisvereinbarungen zurückgreift, die im Internet oder Intranet für ihn hinterlegt sind. Bei E-Request befriedigt sich der Einkäufer über die offenen Beschaffungsmöglichkeiten im Internet.

Während E-Service zur Informationsplattform im Internet gehört und der Zugriff von jedem Internet-

---

[21] Dolmetsch, [E-Procurement], 2000, S.49ff.
[22] request=Nachfrage

Zugang aus machbar ist, können Transaktionsplattformen wie E-Procurement und E-Sales mit Hilfe von Zugangscodes (User-ID und Passwort) z.B. nur für eine bestimmte Benutzergruppe angeboten werden. Sind Zugangscodes notwendig, handelt es sich um ein geschlossenes Marktmodell, ist es für jeden User zugänglich, ist es ein offenes Marktmodell. Der Vorteil bei geschlossenen Marktmodellen ist die hohe Kontrolle des Katalogbetreibers, dafür ist als Nachteil der notwendige intensive Customizing-Aufwand und der Entfall der vollständigen Netzwerkeffekte zu erwähnen. Bei dem offenen Marktmodell ist der volle Netzwerkeffekt ein Vorteil, der Mangel an Kontrolle und die Komplexität jedoch ein Nachteil.

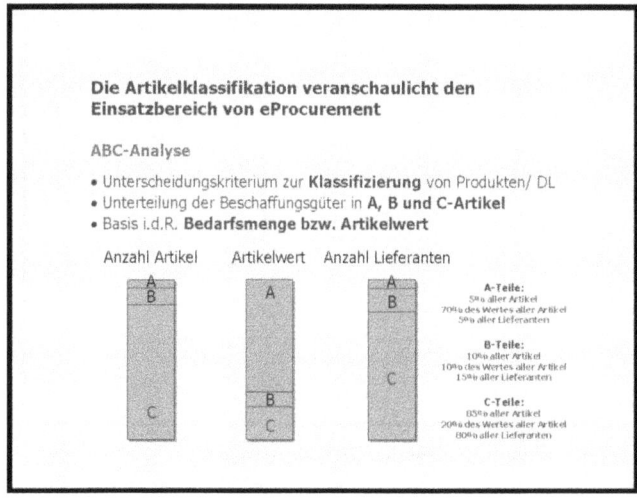

Abb. 2: Artikelklassifikation und Einsatzbereich von E-Procurement (b)

(b) In Anlehnung an: Schäfer, H., Schäfer, B. [Einkaufsdienstleistungen via Internet], 2001

Alle Anbieter im E-Commerce haben die Möglichkeit, ihre Angebote vertikal bzw. horizontal auszurichten. Die vertikale Tendenz beschreibt Angebote, die von der Produktentstehung bis zum Produktvertrieb reichen können, z.B. das Beschaffen von Musterteilen bis zum Verkauf des Endproduktes auf dem Markt. Horizontale Ausrichtung bedeutet, dass der Anbieter branchenübergreifend Angebote tätigt. Während die vertikale und

Horizontale vs. vertikale Ausrichtung

horizontale Entwicklung überall im Internet anzutreffen ist, so sind geschlossene Marktmodelle hauptsächlich im Bereich B2B anzutreffen.

Die ABC-Analyse macht deutlich, dass bei der Artikel- und Lieferantenanzahl mit Abstand die C-Artikel[23] dominieren, wohingegen die A-Artikel[24] beim Artikelwert den weitaus größten Anteil haben.

Aufgrund dieser Konstellation ergeben sich Besonderheiten bzgl. der beschaffungsspezifischen Behandlung beider Artikelgruppen, die die folgende Grafik „Kostenstruktur der drei Artikelgruppen" vereinfacht darstellt.

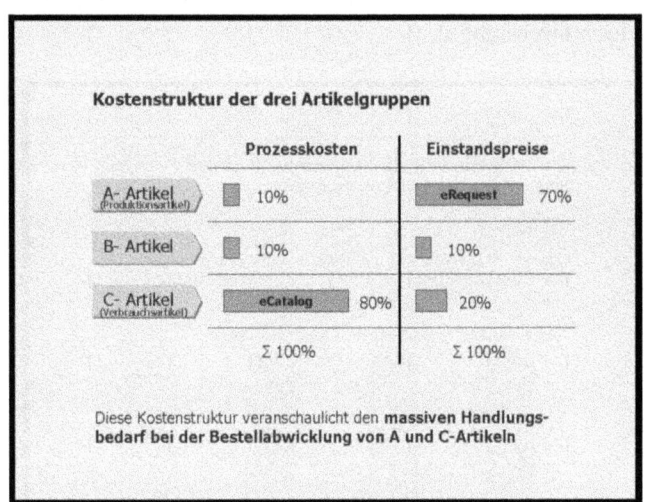

Abb.3: Kostenstruktur der drei Artikelgruppen (c)

(c) in Anlehnung an: PROBUY-Folienvortrag, 2002

Einsatz der E-Procurement-Instrumente

Welche E-Procurement-Instrumente müssen eingesetzt werden, um situationsspezifisch die besten Ergebnisse im Beschaffungsbereich zu erzielen? Während primärer Fokus bei den C-Teilen die Reduzierung der Prozesskosten ist, liegt der Schwerpunkt des Optimierungspotenzials bei den A-Artikeln auf der Senkung von Einzelkosten.

---

[23] andere Bezeichnungen: Verbrauchsmaterial, Nichtproduktionsmaterial, Norm- und DIN-Teile, MRO-Material, indirekte Produkte

[24] andere Bezeichnung: Produktionsmaterial, direkte Produkte

Bedarfsbündelung

Günstigere Einstandspreise durch Bedarfsbündelung

Ansatzpunkt des Beschaffungsmanagement-Konzeptes ist die Optimierung ineffizient geführter Teilbereiche des Einkaufs von Unternehmen. E-Procurement unterstützt das Unternehmen durch die Ausnutzung von Spezialisierungs- und Größeneffekten, Kostensenkungspotenziale auszuschöpfen. Dieses Kostensenkungspotenzial kann noch weiter gesteigert werden, wenn spezialisierte Dienstleister wie Content Provider eingeschaltet werden.

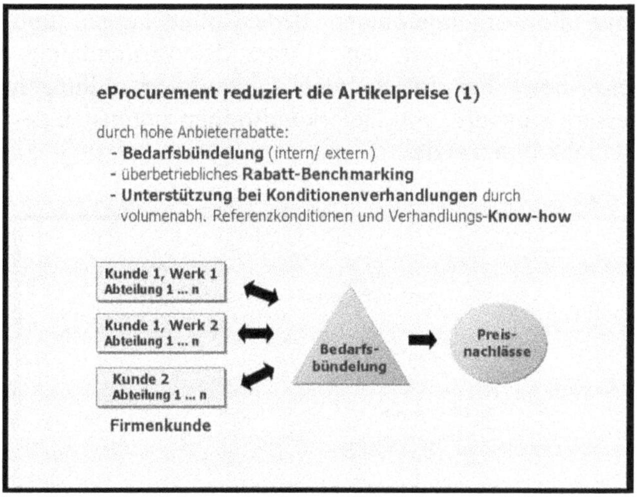

Reduzierung der Einzelkosten

eProcurement reduziert die Artikelpreise (1)

durch hohe Anbieterrabatte:
- **Bedarfsbündelung** (intern/ extern)
- überbetriebliches **Rabatt-Benchmarking**
- **Unterstützung bei Konditionenverhandlungen** durch volumenabh. Referenzkonditionen und Verhandlungs-**Know-how**

Abb. 4: Einzelkosten-Degression durch Bedarfsbündelung (d)

(d) in Anlehnung an: PROBUY-Folienvortrag, 2002

Einerseits kann die Einkaufsabteilung mehr Zeit für die Beschaffung von hochwertigen speciality goods (Sonderbedarfe) aufwenden, andererseits kann ein eingeschalteter Dienstleister durch seine Markttransparenz und Nachfragemacht die commodity goods (Standardbedarfe) zu geringeren Einstandspreisen als dies für den Einkäufer eines Unternehmens alleine möglich wäre beschaffen. Der Content Provider fasst dazu die Bedarfe seiner verschiedenen Kunden im Bereich der commodity goods und spot orders (Einmalbedarfe) zusammen, bündelt diese zur Erreichung von Mengenrabatten bzw. günstiger Einkaufskonditionen und übernimmt als Outsourcing-Partner deren Beschaffung. Der Zusammenhang ist in der obigen Abbildung dargestellt.

Durch die Entlastung der Firmenkunden von Routinetätigkeiten im Einkauf wird dieser flexibler, d.h. der Einkauf ist nun besser in der Lage, kurzfristigen Bedarf zu befriedigen.

Bessere Einkaufs- und Lieferkonditionen durch Verhandlungs-Know-how

Generierung von Einkaufsvorteilen

Einige Content Provider haben sich spezialisiert auf Preis- und Konditionen-Verhandlungen mit Lieferanten. Dieses Know-how wird durch den regelmäßigen Informations- und Erfahrungsaustausch ständig weiterentwickelt und umgesetzt. Somit werden zum einen über die vorgenommenen Bedarfsbündelungen und zum anderen durch den Einsatz des Verhandlungs-Know-hows bei anstehenden Einkaufsverhandlungen bessere Einkaufs- und Lieferkonditionen zugunsten des Firmenkunden erzielt.

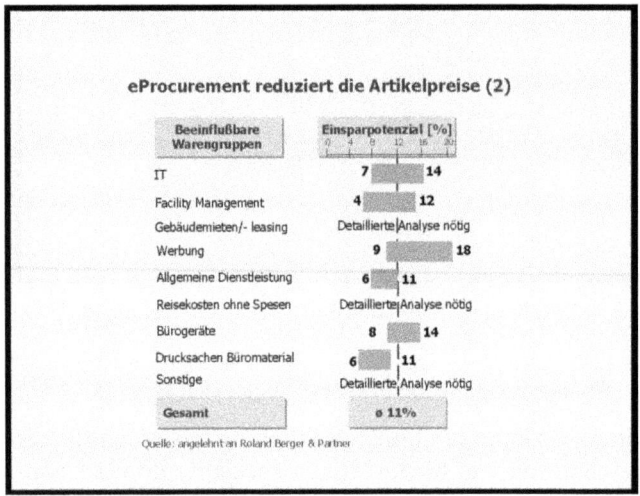

Abb. 5: E-Procurement reduziert die Artikelpreise (e)

(e) in Anlehnung an: Roland Berger & Partner, 2001

Diese Grafik gibt die potenziellen Einsparkorridore über die verschiedenen Artikel-/Dienstleistungsgruppen an. Neben den relativen Einsparpotenzialen müssen auch die absoluten Beschaffungsvolumina in der jeweiligen Gruppe berücksichtigt werden. Nur so kann im Vorfeld die ganzheitliche Kostenreduktion aussagefähig quantifiziert werden.

Prozesskostenreduzierung

Bisher werden C-Artikel in vielen mittelständischen Unternehmen, was die Beschaffung anbetrifft, genauso behandelt wie A- und B-Artikel. Der Abwicklungsaufwand für C-Artikel ist aber gemessen am Wert dieser Artikel unverhältnismäßig hoch, weshalb die genannten Artikelgruppen differenziert betrachtet werden müssen. Diesem Sachverhalt wird häufig keine weitere Bedeutung beigemessen, da in der traditionellen Kostenrechnung, wie z.B. der Normalkostenrechnung oder der Plankostenrechnung, keine differenzierte Zuteilung der Materialgemeinkosten auf die drei Artikelgruppen A, B und C erfolgt. Man teilt allen Artikeln den gleichen, pauschalen Gemeinkostenzuschlagssatz zu.
_{Traditionelle Vollkostenrechnung:}

Genaue Informationen über die tatsächlichen Kosten erhält man mit Hilfe der Prozesskostenrechnung. Hierbei werden nicht nur die Kostenstellen (z.B. Maschine 1, 2, 3 usw.) oder die Kostenträger (Produkt I, II, III usw.) isoliert betrachtet, sondern alle vom Beschaffungsprozess betroffenen Bereiche vom Einkauf, Disposition, Rechnungsprüfung, Buchhaltung bis hin zur Bearbeitung von Reklamationen. Der Beschaffungsprozess wird als Abfolge von Prozessen dargestellt. Die Summe aller für diesen Prozess maßgeblichen Kosten ergeben dann die Prozesskosten. Sie sind das Resultat einer Analyse und Bewertung dieses Beschaffungsprozesses, der als neue Bezugsgröße dient. Die Bezugsgröße ist sowohl Messgröße für die Kostenverursachung als auch Messgröße für den Leistungsoutput. Sie zeigt auf, dass die Höhe der Gemeinkosten durch den Umfang und die Anzahl der Beschaffungsprozesse determiniert wird.

Prozesskostenrechnung

Bei der Prozesskostenrechnung wird im Gegensatz zu traditionellen Kostenrechnungsverfahren der Forderung nach verursachungsgerechter Gemeinkostenrechnung in hohem Maße entsprochen. Effiziente und ineffiziente Beschaffungsvorgänge werden dargestellt und damit das Rationalisierungspotenzial für jeden einzelnen Beschaffungsvorgang sichtbar gemacht. Proportionale Zusammenhänge zwischen den Prozesskosten und den Beschaffungsvorgängen werden offensichtlich.

Vergleich der beiden Kostenrechnungsarten

Traditionelle Kostenrechnungsverfahren werden dieser Forderung nicht gerecht. Die Beschaffung von C-Artikeln ist im Vergleich zu der von A- und B-Artikeln mit unverhältnismäßig hohen Beschaffungs- und Verwaltungskosten verbunden, während die Relation bei den Rohstoffkosten genau umgekehrt ist. Eine optimale Ressourcenallokation wird bei Anwendung traditioneller Kostenrechnungsverfahren nicht erreicht.

Die Materialgemeinkostenzuschläge für die Artikelgruppen, lassen sich bei den meisten Unternehmen mit Hilfe der Prozesskostenrechnung nach einzelnen Produkten oder Produktgruppen differenzieren. Ein Materialkostenzuschlagssatz von 25 % - 30 % für Büroartikel in einem Unternehmen mittlerer Größe zeigt deutlich, dass der Aufwand in keinem Verhältnis zum Wert und damit zum Nutzen der Ware steht. Für sogenannte Spot-Artikel, die sehr selten und in geringer Menge punktuell bezogen werden, ergeben sich noch höhere Zuschläge und damit ein noch größeres Missverhältnis. Je geringer der Warenwert ist, desto höher ist die prozentuale Belastung durch Beschaffungs- und Verwaltungskosten.

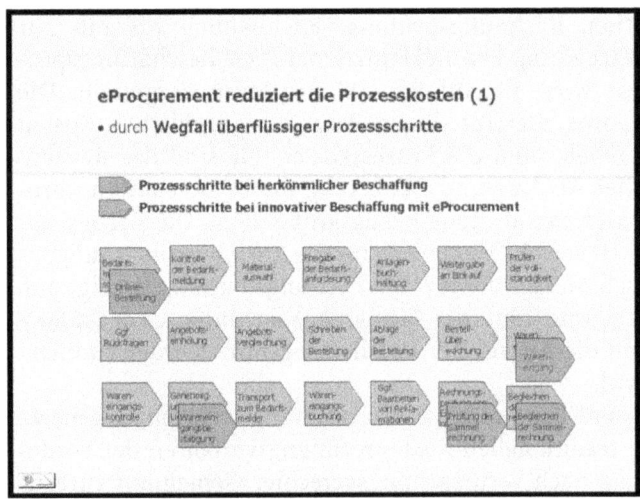

Abb. 6: E-Procurement reduziert die Prozesskosten (f)

(f) in Anlehnung an: Schäfer, H., Schäfer, B. [Einkaufsdienstleistungen via Internet], 2001

5.2 E-Procurement Strategie

Die Einführung von E-Procurement bedeutet für Unternehmen

- keine Verlagerung der Kosten, sondern reduziert diese hohen Nebenkosten des Materialbezugs erheblich, u.U. sogar bis zu 70 %
- eine erhebliche Verbesserung der Werte im Gemeinkostenbereich

Dieser Abschnitt verdeutlicht den Beschaffungsprozess für Verbrauchsmaterial: Er setzt sich modular aus vielen Einzeltätigkeiten zusammen, deren Analyse und Bewertung im Rahmen einer Prozesskostenrechnung möglich ist. Folgender Ablauf ist charakteristisch für Einkaufsvorgänge:

Beschaffungsprozess für Verbrauchsmaterial

Tabelle 1: Typischer Arbeitsablauf einer Bestellung (g)

- Bedarfsklärung / Bedarfsfeststellung
- Anfertigen Bedarfsmeldung
- Laufweg Bedarfsträger – Fachabteilung
- Autorisierung Bedarfsträger
- Laufweg Buchhaltung (Vorkontierung)
- Evtl. Fragen an Anforderer, Buchen, Autorisierung Buchungsabteilung
- Laufweg Einkaufsabteilung
- Autorisierung Einkaufsabteilung
- Bedarfsmeldung einsehen
- Besprechen von Unklarheiten mit Bedarfsmelder
- Angebote einholen und vergleichen
- Konditionen aushandeln
- Besprechen von Unklarheiten mit Lieferant
- Anfertigen Beleg für Disposition
- Autorisierung Disposition
- Schreiben der Bestellung
- Besprechen von Unklarheiten mit Einkaufsabteilung/Anbieter/Lager
- Wareneingang buchen (Wareneinkaufskonto)
- Qualitätskontrolle/unter Umständen Bearbeiten von Reklamationen
- Laufweg Bedarfsmelder (Kopie des Lieferscheins)
- Eingang Rechnung bei Rechnungsabteilung
- Rechnungskontrolle (Vergleich Lieferschein mit Rechnungsbuchung)
- Rechnungsdurchlauf und Genehmigung durch Bedarfsmelder
- Anweisung Zahlstelle

(g) Schäfer, H., Schäfer, B. [Einkaufdienstleistungen via Internet], 2001

Jede der oben aufgeführten Tätigkeiten schlägt sich in hohen Gemeinkosten für Bestellungen nieder, vor allem in den Personalkosten. Zusammen mit den dazugehörigen Einzelkosten (Einstandspreise der Waren und Dienstleistungen) ergeben sich dann die Gesamtkosten, die mit Hilfe der differenzierten Bezugsgrößenkalkulation im Rahmen der Prozesskostenrechnung ermittelt werden können. Dividiert man diese schließlich durch die Anzahl der Bestellungen, ergeben sich die entsprechenden Kostensätze pro Bestellung. Hierdurch ist es möglich, einen Vergleich der Bestellkosten vor und nach E-Procurement durchzuführen.

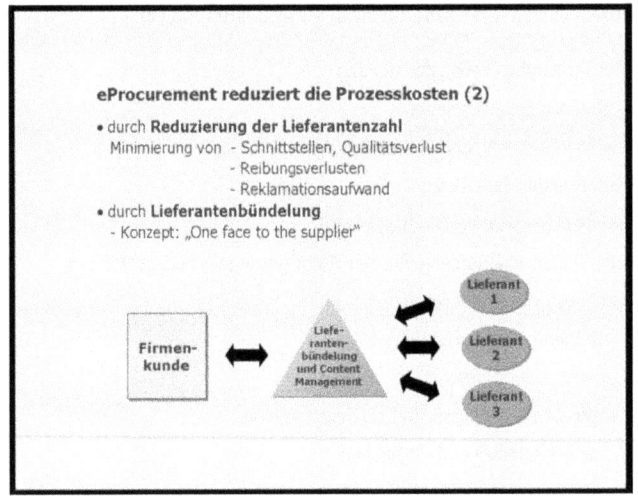

Abb. 7: E-Procurement reduziert die Prozesskosten (h)

(h) PROBUY-Folienvortrag, 2002

Kostenreduzierung

Prozesskostenanalysen unabhängiger Institutionen wie der Bundesverband Materialwirtschaft, Einkauf und Logistik BME, die Wirtschaftsprüfungsgesellschaft KPMG oder Unternehmensberatungen wie Roland Berger und Forrester Research etc. ergaben Prozesskosten von DM 150 bis über DM 300 für den Bestellvorgang eines Standardartikels.

Dies bestätigen auch E-Procurement-Experten wie PROBUY: Bei einem mittelständischen Unternehmen stelte der Fullservice-E-Procurement Provider bei einer Erhebung Prozesskosten pro Bestellung von DM 140 fest. Mit EPAS (electronic Procurement Application System) gelang diesem Kunden eine Reduzierung seiner Prozesskosten um fast 70 % auf unter DM 46.

Namhafte Unternehmensberatungen und Verbände bestätigen ein Prozesskostensenkungspotenzial durch eProcurement bis zu 70 %

Einkaufsprozess je Bestellvorgang	Kosten ohne ePAS in DM	Kosten mit ePAS in DM
Erfassung der Bedarfe	7,20	7,20
Bestellung prüfen und genehmigen	20,60	9,80
Lieferanten auswählen	28,90	1,30
Bestellung aufgeben	19,40	8,30
Ware einlagern, verbuchen und verteilen	11,80	5,80
Ware prüfen und kontrollieren	10,60	10,60
Rechnung prüfen und verbuchen	34,00	2,40
Zahlung abwickeln	7,80	0,60
Prozesskosten gesamt	140,50	45,90
Absolute Ersparnis je Bestellvorgang		94,60
Relative Ersparnis je Bestellvorgang		67,6%

Abb. 8: Kostensenkungspotenzial durch E-Procurement (i)

(i) in Anlehnung an: PROBUY-Folienvortrag [Authentisches Klientenbeispiel], 2002

Endzustand (Ziele)

Alle E-Procurement-Manager möchten mit E-Procurement möglichst viele Wettbewerbsvorteile für ihr Unternehmen erzielen:

Realisierung weiterer Vorteile

- Reduzierung der Einzelkosten
  - Günstigere Einstandspreise durch Bedarfsbündelung
  - Bessere Einkaufs- und Lieferkonditionen durch Verhandlungs-Know-how
- Reduzierung und genauere Verteilung der Gemeinkosten

- Umwandlung fixer in variable Kosten bei Nutzung einer ASP[25]-Lösung
- Senkung der Overheadkosten
- Geringerer Abwicklungsaufwand durch Reduzierung der Lieferantenzahl
- Beschleunigung der Beschaffungsprozesse
  - Schnelle interne Bedarfsaufnahme durch Suchhilfen und automatische Workflows (Autorisierungs- und Genehmigungsprozesse)
  - Automatischer Import der Bestelldaten und zeitgleiche Bearbeitung im Warenwirtschaftssystem
- Reduzierung von Prozessfehlern
  - Ausschaltung von Medienbrüchen
  - Automatische Plausibilitätskontrollen
- Bündelung der Kompetenz im Zentraleinkauf
  - Produkt- und branchenspezifisches Beschaffungs-Know-how
  - Nationale und internationale Markttransparenz durch E-Research-Spezialisten
- Erreichung der Qualitätsziele
  - Qualitätssteigerung durch elektronisch unterstützte Kennzahlenvergleiche
  - Ständige Kontrolle der Lieferleistung anhand der von zentraler Stelle abrufbaren Wareneingangsmeldungen
- Optimierung der Personalkapazität
  - Steigerung der internen Leistung ohne zusätzliche Einkaufsmitarbeiter
  - Motivationssteigerung bei Einkäufern und Bedarfsmeldern
- Optimierung der Einkaufs-Organisation
  - Schnellere Reaktion durch schlankere Organisation
  - Möglichkeit zum modularen Einsatz von E-Procurement (Roll-out in verschiedenen Dimensionen möglich)
- Umsetzung moderner Beschaffungskonzepte
  - Konzentration auf A-Artikel (Kerngeschäft)
  - Delegation von Verantwortung
  - Entlastung von dem Einkauf vor- und nachgelagerten Abteilungen

---

[25] Application Service Providing (bedeutet die Zurverfügungstellung von Dienstleistungsprodukten über das Internet)

5.2 E-Procurement Strategie

- Revision und Controlling
- Finanzbuchhaltung
- Rechnungsprüfung

Diese Ziele sind oft vom Einkauf alleine nicht zu bewerkstelligen. Vielmehr müssen mehrere Abteilungen im Projekt zusammenarbeiten. Weiterhin ist zu beachten, dass auch anfängliche Randprobleme rasch zum Kernproblem werden können, wie beispielsweise eine geplante ERP-Integration.

Die Zeichen der Zeit sind eindeutig und jedes Unternehmen muss sich klar darüber werden, dass der Beschaffungsmarkt ohne die Nutzung von E-Procurement bald nicht mehr wettbewerbsfähig sein wird. Auch wenn die Entwicklungstendenzen bis ins letzte Detail noch nicht eindeutig standardisiert sind, so muss spätestens jetzt damit begonnen werden, die Basisbausteine für die Teilnahme am E-Procurement zu legen. Mit der oben erwähnten Verbreitung vom Internet muss sich ein Unternehmen mit den internen und externen Optimierungsmöglichkeiten im Beschaffungsbereich auseinandersetzen.

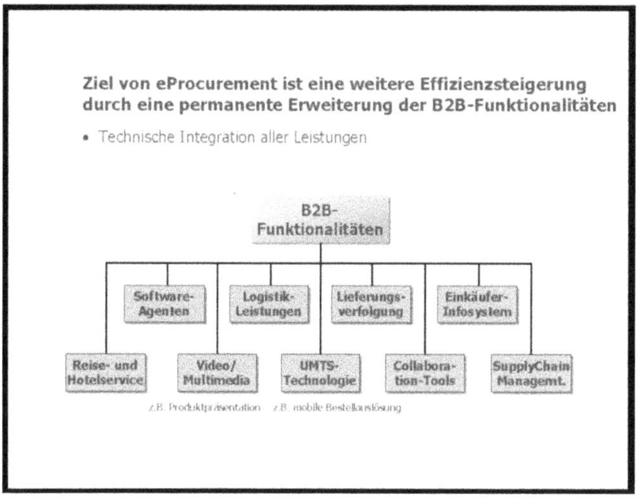

Voraussetzung für Wettbewerbsfähigkeit

Abb. 9: Effizientsteigerung durch Erweiterung der B2B-Funktionalitäten (j)

(j) PROBUY-Folienvortrag, 2002

Unterstützung durch externe Spezialisten

Um das evtl. noch nicht vorhandene Know-how jedoch zu substituieren, ist eine Einbeziehung von Fachkräften unverzichtbar. Auf der strategischen Ebene können dies z.B. für die Aufnahme und Optimierung der Einkaufsprozesse spezialisierte Unternehmensberatungen sowie für das operative Handling Einkaufsdienstleister oder Content-Provider sein.

Literaturverzeichnis

Bogaschewsky, Ronald (Hrsg): Electronic Procurement – Neue Wege in der Beschaffung. Elektronischer Einkauf, Band 4, Gernsbach, 1999, S.13-40

Brenner, Walter / Lux, Andreas: Virtual Purchasing, Leinfelden-Echterdingen, 2000

Dolmetsch, Ralph: E-Procurement, 1. Auflage, München, 2000

Kremin-Buch, Beate: Strategisches Kostenmanagement, Wiesbaden, 1998

Schäfer, Harald / Schäfer, Burkhard: Einkaufsdienstleistungen via Internet, Bonn, 2001

5.3 Beschaffung über E-Marketplaces

Dr. Thomas Allweyer

Überblick

Im Rahmen dieses Beitrags wird anhand eines realen Fallbeispiels untersucht, welche Prozesskosteneinsparungen durch die Einführung eines E-Procurement-Systems und die durchgängige elektronische Beschaffungsabwicklung für indirekte Produkte (wie Bürobedarf, Informationstechnik, Werkzeug, Normteile etc.) erreicht werden können, welche Aufwände für Katalog- und Lieferantenmanagement dem gegenüberstehen und welchen Vorteil hierbei die Nutzung von elektronischen Marktplätzen hat.

E-Procurement mit und ohne Marktplatz

Bei dem untersuchten Unternehmen ergibt sich ein Einsparungspotenzial von etwa 65 % der Prozesskosten. Andererseits entsteht ein beträchtlicher Aufwand für das Management der erforderlichen Multi-Lieferanten-Kataloge und die technische Anbindung einer Vielzahl von Lieferanten. Hierdurch verringert sich die erreichbare Einsparung auf unter 9 %.

Kosteneinsparungen – zusätzliche Aufwände

Werden diese Aufgaben – Katalog- und Lieferantenmanagement – auf einen elektronischen Marktplatz ausgelagert, so sind die entstehenden Transaktionsgebühren deutlich geringer als der eigene Aufwand, im betrachteten Fall sind sie um 77 % niedriger. Die mögliche Gesamtersparnis erhöht sich im Falle der Marktplatznutzung von 9 % auf 52 %. Somit ist die Marktplatznutzung eine wesentliche Voraussetzung, um die mit Hilfe von E-Procurement mögliche Prozesskosteneinsparungen tatsächlich realisieren zu können.

Reduzierte Aufwände durch Marktplatznutzung

Von großer Bedeutung ist hierbei die Auswahl des geeigneten Marktplatzes, der gut positioniert sein sollte, seine Leistungsfähigkeit bei der weltweiten Beschaf-

Auf den richtigen Marktplatz kommt es an

fung multinationaler Konzerne bewiesen haben und eine vollständige Prozessintegration ermöglichen sollte.

Lässt sich durch E-Procurement tatsächlich so viel einsparen?

Prozesskosten-Einsparungen durch E-Procurement

Die Argumentation zugunsten der Beschaffung von indirekten Materialien über Electronic Procurement-Systeme konzentriert sich in der Regel auf die erzielbaren Prozesskosteneinsparungen. Hier werden häufig Einsparungspotenziale in Höhe von 70-80 % genannt. Bei diesen eindrucksvollen Zahlen handelt es sich jedoch um theoretische Maximalwerte, die den aufwändigsten traditionellen Prozessablauf inklusive vorhergehender Informationssammlung, Angebotseinholung und Lieferantenauswahl dem optimal möglichen elektronischen Beschaffungsprozess gegenüberstellen, dem Idealfall einer unkomplizierten Bestellung aus einem elektronischen Katalog und der vollständig integrierten elektronischen Abwicklung des gesamten Prozesses bis hin zur elektronischen Rechnung und deren Verbuchung im Buchhaltungssystem.

Niedrigere Einsparungen in der Praxis

Letztlich werden hier jedoch Äpfel mit Birnen verglichen. Einerseits erfolgt auch im traditionellen Beschaffungsprozess natürlich nicht für jeden Bleistift eine einzelne Bestellung mit Angebotseinholung, sondern ein Bestellabruf aus Rahmenverträgen mit einem oder wenigen ausgewählten Lieferanten, die i.d.R. Sammelabrechnungen anbieten usw. Andererseits wird es auch mit einem E-Procurement-System nicht möglich sein, 100 % aller Bestellungen ausschließlich aus vordefinierten Katalogen durchzuführen, z.B. wenn es sich um nur selten benötigte spezielle Produkte handelt. Auch lässt sich die Umgehung des Einkaufs durch die Einführung eines solchen Systems im Idealfall – wenn die Nutzung und die Suche im Katalog tatsächlich problemlos und die Preise erkennbar günstig sind – zwar senken, aber nie völlig eliminieren.

Individuelle Einspar-Potenziale

Die tatsächlich realisierbaren Einsparungen sind daher niedriger anzusetzen. Das im Einzelfall konkrete Potenzial hängt zunächst davon ab, wie suboptimal der bisherige Beschaffungsprozess war. Themen wie Lieferantenkonsolidierung und Standardisierung als Mittel zur Kostensenkung im Einkauf lassen sich natürlich auch ohne elektronische Einkaufssysteme umsetzen, doch gibt häufig ein E-Procurement-Projekt den Anstoß zu konkreten Initiativen in diese Richtung. Zum zweiten hängen die erreichbaren Einsparungen davon ab, welcher Anteil des indirekten Beschaffungsvolumens tatsächlich über das E-Procurement-System abgewickelt werden. Einflussfaktoren hierbei sind der Abdeckungsgrad der beschafften Produktgruppen durch die zur Verfügung stehenden elektronischen Kataloge sowie die Benutzerfreundlichkeit und damit die Akzeptanz durch die Mitarbeiter.

Fallstudie: Mögliche Prozesskosteneinsparungen in der Praxis

Um den finanziellen Nutzen einer elektronischen Beschaffung beurteilen zu können, muss ermittelt werden, welche Aufwendungen den gerade diskutierten Einsparungen gegenüber stehen. Einerseits handelt es sich dabei um Initialkosten für Hardware, Software und das erforderliche Einführungsprojekt, die sich in einem überschaubaren Zeitraum amortisieren sollen, andererseits um häufig unterschätzte laufende Kosten, insbesondere für das Katalog- und Lieferantenmanagement. Diese können das E-Procurement-Projekt insgesamt unrentabel werden lassen. Hier macht sich die Nutzung eines elektronischen Marktplatzes bezahlt, der diese Aufgaben wesentlich günstiger erfüllen kann.

Zusätzliche Aufwände

Dies wird im Folgenden anhand einer von der Firma emaro durchgeführten Fallstudie erläutert. Bei dem betrachteten Unternehmen handelt es sich um ein Industrieunternehmen mit ca. 5000 Mitarbeitern in 6 Ländern, das etwa 800 Mio. Euro Jahresumsatz erzielt.

Fallstudie

Jährlich erfolgen im Bereich indirekter Güter ca. 18.000 Bestellungen mit einem Gesamtvolumen von etwa 15 Mio. Euro bei ungefähr 400 relevanten Lieferanten.

Zunächst wurden die erzielbaren Prozesskosteneinsparungen ermittelt, anschließend die zur Erreichung dieser Kosteneinsparungen erforderlichen Aufwendungen für das Management der Kataloge und der Lieferantenanbindungen. Hierbei wurden zwei Szenarien verglichen: Einerseits die Durchführung dieser Aufgaben durch das Unternehmen selbst, andererseits die Nutzung eines elektronischen Marktplatzes.

Vorgehensweise

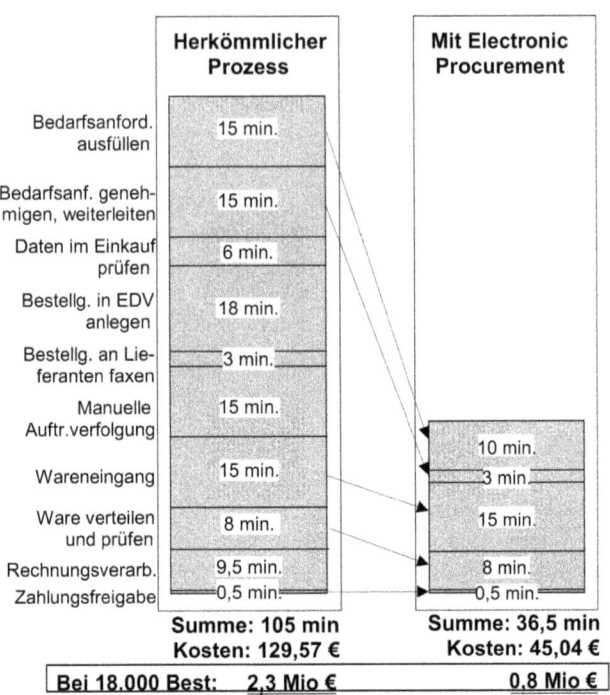

Abb. 1: Prozesskostenreduktion durch E-Procurement

Herkömmlicher Bestellprozess

Im Rahmen einer internen Untersuchung ermittelte das Unternehmen für den herkömmlichen Bestellprozess eine durchschnittliche Bearbeitungszeit von 105 Minuten. Das entspricht bei einem Vollkostensatz von 1,23 Euro pro Minute Prozesskosten von knapp 130 Euro für jede durchgeführte Bestellung. Hochgerechnet auf 18.000 Bestellungen summiert sich dies auf 2,3 Mio. Euro Prozesskosten pro Jahr.

Elektronischer Bestellprozess

In Abb. 1 ist diesem herkömmlichen Prozess der entsprechende Ablauf bei Nutzung eines Electronic Procurement-Systems, wie z. B. SAP EBP (Enterprise Buyer Professional), gegenübergestellt. Die erforderliche Zeit für die Erstellung einer Bedarfsanforderung reduziert sich, da hier nicht mehr mit Papierkatalogen und dem Übertragen der entsprechenden Angaben in ein Formular gearbeitet wird, sondern nur noch in einer Browseroberfläche die Auswahl der gewünschten Produkte aus einem elektronischen Katalog erforderlich ist.

Genehmigung mittels Workflow

Der Aufwand für Weiterleitung und Genehmigung wird dadurch deutlich verringert, dass die Weiterleitung elektronisch im Hintergrund stattfindet, und die Genehmigung über einen Workflow mit Hilfe eines Mausklicks erteilt werden kann.

Eine weitere Prüfung durch den Einkauf entfällt, da die Bestelldaten automatisch aus dem vom Einkauf autorisierten Katalog übernommen wurden. Ebenso entfallen die manuelle Erfassung der Bestellung und das Faxen an den Lieferanten, da dieser künftig automatisch eine elektronische Bestellung erhält. Auch manuelle Aufwände für die Auftragsverfolgung, z. B. Terminüberwachung, können abgebaut werden, da das System eine automatische Statusverfolgung ermöglicht.

Manuelle Tätigkeiten entfallen

Weiterhin erforderlich sind diejenigen Vorgänge, die mit der physischen Ware verbunden sind, d. h. Wareneingang, Verteilung und Prüfung, wobei die Wareneingangsbuchung ebenfalls über das E-Procurement-System vorgenommen und automatisch der entsprechenden Bestellung zugeordnet werden kann, so dass der Aufwand für die weitere Bearbeitung sinkt.

Wareneingang

Werden vom Lieferanten elektronische Rechnungen versandt, so entfällt deren Erfassung vollständig. Durch die automatische Zuordnung der Rechnung zu Bestellung und Wareneingangsbuchung wird die Rechnungsprüfung deutlich erleichtert. Es ist dann nur noch die Zahlungsfreigabe erforderlich. Alternativ kann ein Gutschriftverfahren vereinbart werden, bei dem keine Rechnung geschickt wird, sondern der Kunde nach Wareneingang den Lieferanten automatisch per elektronische Gutschrift autorisiert, den entsprechenden Betrag einzuziehen.

Elektronische Rechnung

In dem untersuchten Fall ergibt sich damit eine maximale Reduktion von 105 Minuten auf 36,5 Minuten Bearbeitungszeit pro Bestellung. Entsprechend verringern sich die jährlichen Gesamtprozesskosten um 65 % von 2,3 Mio. Euro auf 0,8 Mio. Euro, d. h. es ergibt sich ein rechnerisches Einsparungspotenzial von 1,5 Mio. Euro!

Hohes Einsparpotenzial im Fallbeispiel

Aufwände für Katalog- und Lieferantenmanagement

1,5 Mio. Euro ist eine beeindruckende Zahl. Könnte man diesen Maximalwert tatsächlich erreichen, so läge die Amortisationszeit für IT- und Projektkosten im Bereich weniger Wochen oder Monate. Wesentlich stärker schlagen jedoch die laufenden Kosten für den Betrieb

Laufende Kosten für den Betrieb

und die Aufrechterhaltung des E-Procurement-Systems zu Buche – und dabei geht es weniger um den Systembetrieb im eigenen Unternehmen, als um das Management und die ständige Pflege eines integrierten Multi-Lieferanten-Kataloges sowie den Betrieb und Support der technischen Lieferantenanbindung. Hierfür muss ein eigenes Team aufgebaut werden.

Im betrachteten Fall wird mit folgenden Aufwänden gerechnet:

Aufwände für Katalogmanagement

1. Katalogmanagement: ca. 6 Personen

Hier besteht die Aufgabe darin, ständige Katalog-Updates in den Multi-Lieferantenkatalog einzuspielen, sie auf Vollständigkeit, Plausibilität, Nutzbarkeit zu prüfen, Fehler und Probleme in Kooperation mit den Lieferanten zu lösen oder ggf. Katalogdaten manuell nachzubearbeiten und einheitlich zu kategorisieren. Dies muss in sechs Sprachen und unter Berücksichtigung unterschiedlicher nationaler Voraussetzungen und Anforderungen, z.T. mit international vertretenen Lieferanten (die aber u.U. national verschiedene Sortimente haben), z.T. mit lokalen Lieferanten erfolgen.

Trotz aller Standardisierungsbemühungen zeigt die Praxis, dass jeder Lieferant ganz unterschiedliche Kataloge – sowohl von den technischen Voraussetzungen als auch von der inhaltlichen Aufbereitung her – bereitstellt. Es ist daher eine große Herausforderung, diese zu einem wirklich nutzbaren Multi-Lieferanten-Katalog zu integrieren. Dies ist aber entscheidend für die Akzeptanz und Nutzung des Systems. Hierzu gehört auch ein User-Support, um z.B. Anforderern, die etwas im Katalog nicht finden, weiterhelfen zu können und die Benutzeranforderungen z.B. in Form verbesserter Verschlagwortungen umzusetzen.

Aufwände für Lieferantenanbindung

2. Lieferantenanbindung: ca. 4 Personen

Da sich auch für den Austausch der Business Documents wie Bestellungen, Auftragsbestätigungen, Rechnungen usw. noch keine einheitlichen Standards heraus kristallisiert haben, ist es eine immense Aufgabe, eine Vielzahl von Lieferanten mit unterschiedlichen Systemen, Abläufen und technischen Voraussetzungen so in ein Electronic Procurement-System zu integrieren, damit sich für den Nutzer mit jedem Lieferanten der gleiche Ablauf ergibt. Zwar fällt der Hauptaufwand zunächst bei der Neu-Anbindung eines Lieferanten an, doch ist für die Wartung und den Support dieser gesamten Anbindungen ebenfalls ein internationales Team von ca. vier Personen erforderlich.

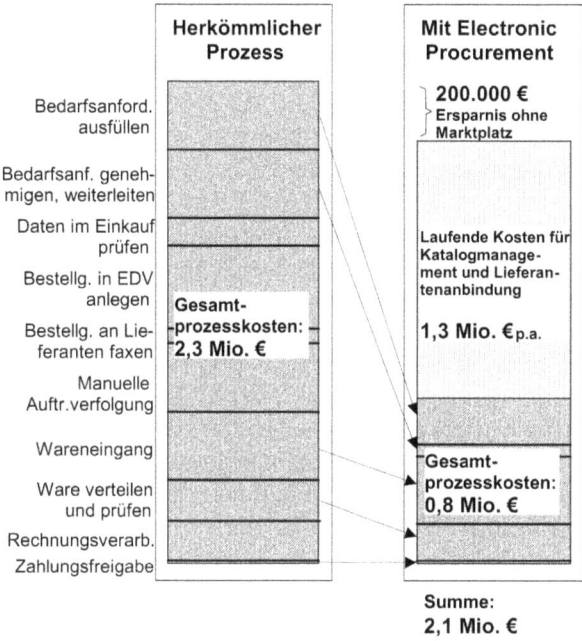

Abb. 2: Aufwände für Katalog- und Lieferantenmanagement

Die genannten Zahlen beruhen bereits auf der Annahme, dass im Zuge einer Lieferantenkonsolidierung die genannten 400 Lieferanten auf ca. 50 Hauptlieferanten reduziert werden können, die schließlich an das System angebunden werden.

Voraussetzung: Lieferantenkonsolidierung

Insgesamt ergibt sich in diesem Beispiel also ein ständiger Bedarf von ca. 10 Mitarbeitern, die erforderlich sind, um die vorher errechneten Prozesskosteneinsparungen zu ermöglichen. Abb. 2 stellt die Konsequenzen eindrucksvoll dar: Die zusätzlich erforderlichen Personalkosten von ca. 1,3 Mio. Euro machen die erzielbaren Prozesskosteneinsparungen fast völlig zunichte. Statt 2,3 Mio. Euro stehen unter dem Strich nur noch 200.000 Euro an Ersparnissen. Wenn man bedenkt, dass die hundertprozentige Erreichung der genannten

Neutralisierung der Kosteneinsparungen

Prozesskosteneinsparungen – wie oben diskutiert – in der Praxis eher unwahrscheinlich ist, und dass die in der Rechnung noch nicht berücksichtigten initialen Projekt-, Hardware- und Softwarekosten aus den Einsparungen refinanziert werden müssen, wird das E-Procurement-Projekt schnell zum Zuschussgeschäft!

Gefahr: Unterlaufen des Systems

In der Praxis wird ein Unternehmen der genannten Größenordnung wenig geneigt sein, ein derart großes Team ausschließlich für ein Beschaffungssystem aufzubauen, das zudem nur Nicht-Produktionsgüter umfasst. Wird dies jedoch nicht getan, ist der Misserfolg des Projektes vorprogrammiert: Entweder werden nur sehr wenige Lieferanten angeschlossen, so dass ein Großteil der Bestellungen traditionell weiterläuft, oder es stehen qualitativ schlechte, nicht integrierte, völlig unterschiedlich sortierte Lieferantenkataloge nebeneinander, so dass der Anforderer nur schwer etwas findet. Die Integration mit den Lieferanten kommt in so einem Fall häufig nicht über das automatische Absenden einer Bestellung (im Extremfall per Fax) hinaus, so dass nur die Hälfte des Gesamtprozesses abgedeckt ist.

Schwierigkeiten, wie stecken gebliebene oder fehlerhaft übermittelte Bestellungen, führen zu einem weiteren Akzeptanzverlust bei den Nutzern des Systems. Insgesamt kann nur ein kleiner Teil der genannten Einsparungspotenziale umgesetzt werden, und es besteht die Gefahr, dass Akzeptanzprobleme schließlich dazu führen, dass das Projekt eingestellt wird oder dass die Nutzung des E-Procurement-Systems einfach einschläft. Schließlich steht ja der klassische Beschaffungsweg nach wie vor parallel zur Verfügung.

Einlösung des E-Procurement-Versprechens durch E-Marketplaces

Alternative: Anbindung über Marktplatz

Die Lösung des aufgezeigten Dilemmas besteht darin, die Lieferanten über einen elektronischen Marktplatz anzubinden und die genannten Leistungen – Katalogmanagement sowie Aufbau und Pflege der Lieferantenanbindung – durch den Marktplatzbetreiber erbringen zu lassen. Da dieser die Lieferanten für eine Vielzahl von Kunden anbindet, und seine Kernkompetenz in der Erbringung dieser Leistungen besteht, kann er diese wesentlich effektiver, kostengünstiger und mit einer höheren Qualität erbringen, als dies dem einzelnen Unternehmen möglich wäre.

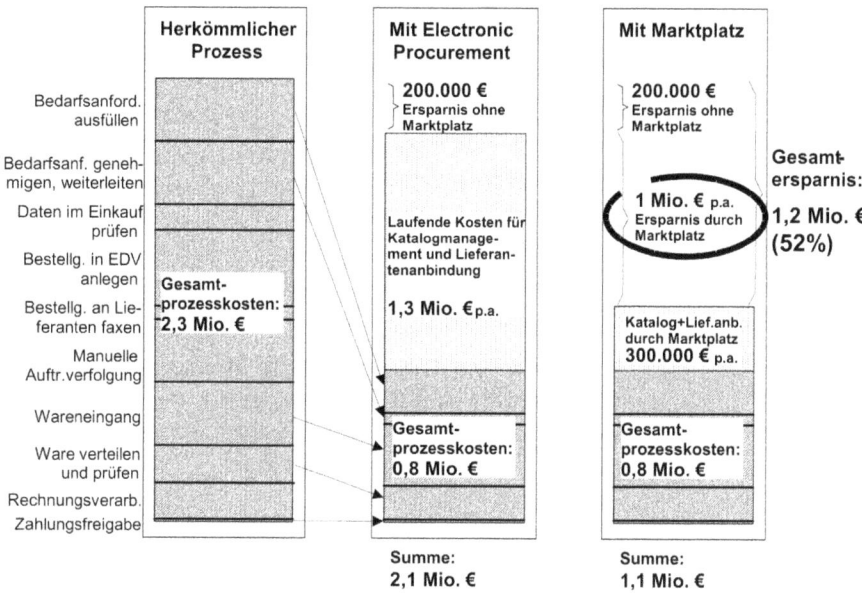

Abb. 3: Realisierung der Einsparungspotenziale durch Marktplatz-Nutzung

Für das betrachtete Unternehmen wurden die Kosten einer Marktplatzteilname am Beispiel des von der Deutschen Bank und der SAP gegründeten MRO-Marktplatzes emaro (www.emaro.com) ermittelt und dem Aufwand, der ansonsten dem Unternehmen für Katalog- und Lieferantenmanagement selbst entsteht, gegenübergestellt. Die für diesen Kunden und seine Lieferanten anfallenden Transaktionsgebühren belaufen sich zusammengenommen auf ca. 300.000 Euro pro Jahr. Sie betragen damit nur 23 % der bei Eigenerbringung dieser Leistungen anfallenden Kosten.

Kosten für Marktplatznutzung

Wie in Abb. 3 dargestellt, lässt sich bei Marktplatznutzung somit eine Gesamtersparnis von 1,2 Mio. Euro pro Jahr erzielen, das sind 52 % der bisher entstehenden Prozesskosten. Die jährliche Ersparnis durch die Marktplatznutzung selbst beträgt 1 Mio. Euro und damit 43 % der ursprünglichen Prozesskosten.

Einsparungen bei E-Procurement ohne Markplatz

Auch wenn die genauen Zahlen in Abhängigkeit von Einkaufsvolumen, Transaktionszahlen, Lieferantenzahl, Userzahl usw. variieren, und daher die dargestellte Rechnung für jeden Einzelfall neu durchgeführt werden muss, zeigt das Beispiel dennoch deutlich, dass die Nutzung eines Marktplatzes entscheidend für die tatsächliche Realisierung von Prozesskosteneinsparungen durch E-Procurement sein kann.

Wichtig ist hierfür die Auswahl eines geeigneten Marktplatzes. Kriterien für einen Anbieter, der das dargestellte Szenario tatsächlich umsetzen kann, sind insbesondere:

Kriterien zur Auswahl von Marktplatz-Anbietern

- Vollständige Integrationsmöglichkeit in E-Procurement- und ERP-Systeme auf Käufer- und Verkäuferseite
- Nachgewiesene Kompetenz zum Management integrierter Multi-Lieferanten-Kataloge
- Möglichkeit zur Abbildung von Rahmenvereinbarungen in Form kundenindividueller Preise in den Katalogen
- Beratungs-Know-how zur Unterstützung bei der Verbesserung der Einkaufsprozesse und der Anbindung an den Marktplatz
- Kompetenz im Bereich Einkauf und Lieferantenmanagement für die über den Marktplatz gehandelten Produktgruppen
- Fähigkeit zur Unterstützung des weltweiten Einkaufs seiner Kunden
- Leistungsfähige, international vertretene Lieferanten, möglichst Marktführer in ihrem jeweiligen Segment
- Möglichkeit zur kundenindividuellen Anbindung auch kleiner Lieferanten
- Leistungsfähiger Customer-Support, ständige Erreichbarkeit über Call Center

5.4 Softwarelösungen

ANDREAS RICHTER

Einleitung

E-Procurement erzeugt bei richtiger Auswahl und Nutzung einen erheblichen Beitrag zur Realisierung von Kostensenkungspotentialen. E-Procurement bedeutet: „Elektronisch unterstützte, Internet basierte Einkaufs- und Beschaffungsprozesse von nichtstandardisierten und standardisierten Gütern sowie von Dienstleistungen".

Begriffsdefinition

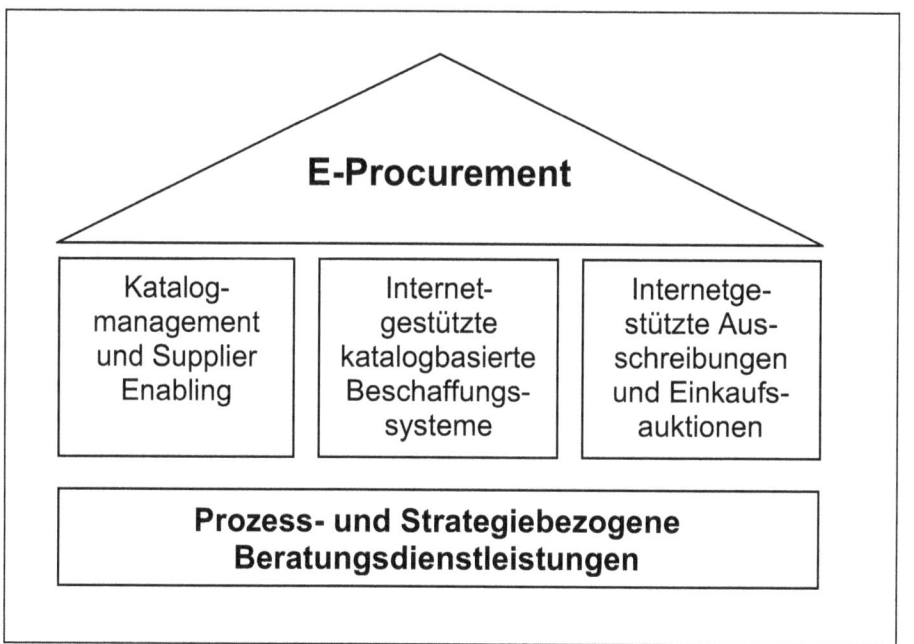

Abb. 1: Die drei Säulen des E-Procurement

Komponenten eines E-Procurement-Systems

Systemkomponenten

Grundsätzlich lassen sich transaktionsorientierte Komponenten wie Ausschreibungs- und Auktionssoftware und Workflowmanager von Komponenten, die zur Datenhaltung benötigt werden, unterscheiden. Zur Strukturierung von E-Procurement-Systemkomponenten kann aber auch nach den Nutzern unterschieden werden: Spezialisierte Anwendungen wie Software für komplexe Ausschreibungen und Einkaufsauktionen werden primär von Fachleuten in den Einkaufsabteilungen genutzt, während die katalogbasierten Bestellsysteme in der gesamten Organisation von allen Bedarfsträgern benutzt werden.

Elektronische Ausschreibungen

Elektronische Ausschreibungs- sowie Auktionssoftware bieten über die Möglichkeiten der traditionellen Formen eine höhere Flexibilität, Transparenz und Zeitersparnis in der Vorbereitung und Durchführung solcher Transaktionen. So ist es zum Beispiel möglich, eine Ausschreibung, die anfangs nur mit ausgewählten Anbietern begonnen wurde, ab einem bestimmten Zeitpunkt ohne zusätzlichen Aufwand mit allen potentiellen Anbietern zu beenden, um somit eventuell ein besseres Angebot in Preis und Konditionen zu erzielen. Hierbei können auch wahlweise die Bieter anonym oder bekannt sein, und Ausschreibungen mit Auktionen gezielt zusammen eingesetzt werden.

Katalogbasierte Bestellsysteme

Katalogbasierte Bestellsysteme bestehen allgemein aus einer Bestellungsverwaltung und einer Katalogverwaltung. Softwarelösungen zur Bestellungsverwaltung zielen besonders auf die Optimierung der organisatorischen wie zeitlichen Aspekte des Beschaffungswesens innerhalb eines Unternehmens als auch zu langfristigen Geschäftspartnern, wie z. B. Lieferanten, ab. Dabei wird der Einkauf eines jeden Mitarbeiters von seinem Arbeitsplatz dezentral bei gleichbleibend hoher zentraler Berücksichtigung und Kontrolle der Einhaltung der unternehmensweiten Beschaffungspolitik durch die Einkaufs- und Controlling-Abteilung realisiert.

Katalogverwaltungssystem

In einem Katalogverwaltungssystem sind die im Vorfeld bereits getroffenen Vereinbarungen (Rahmenverträge) zwischen Unternehmen und ihren Kernlieferanten über Produktsortimente und Lieferbedingungen eingepflegt.

Ausgewählte Katalogbereiche und Produktgruppen können im System variabel in Katalogprofilen zusammengestellt werden, die dann auf Abteilungs- oder sogar auf Mitarbeiterebene zur Verfügung gestellt werden. Aufgrund der meist großen Speicherkapazitäten können über Produkte unbegrenzt Daten und Informationen bereitgehalten und miteinander verglichen werden. Bei Einsatz und Kombination aller Systeme werden Informations-, Material- und Kostenflüsse durch die Vermeidung von Medienbrüchen transparent und optimiert.

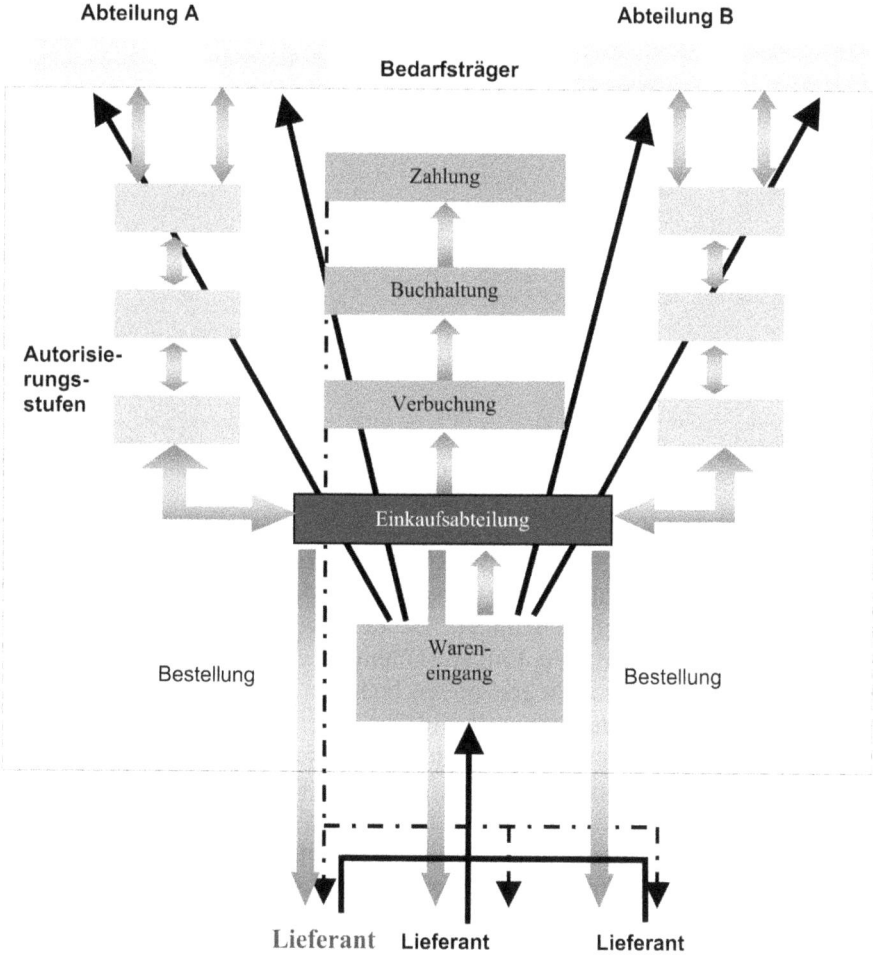

Abb. 2: Die verschiedenen Ströme bei der Beschaffung

Funktionalitätenübersicht

Einsatz von Software

Betrachten wir die Möglichkeiten des Einsatzes von Software zur Unterstützung von Beschaffungsprozessen einmal anhand typischer Arbeitsschritte im Einkauf, so stellen wir fest, dass fast alle Stufen durch ein E-Procurement-System effizienter gestaltet werden können:

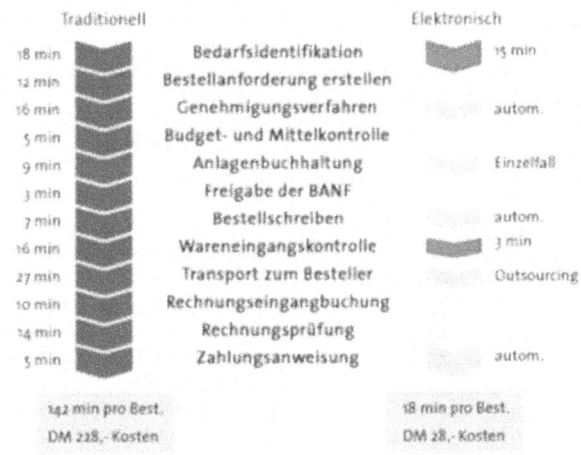

Abb. 3: Vergleich der traditionellen vs. elektronischen Beschaffung bei der C-Artikelbeschaffung

Beschaffungsprozess

Jeder Beschaffungsprozess beginnt mit der Bedarfsentstehung nach entweder A-, B- oder C-Gütern als auch Dienstleistungen. Ist der Bedarf realisiert und beim zentralen Einkaufsabteilung gemeldet, beginnt die Suche nach geeigneten Lieferanten. Bei C-Artikeln hat die Lieferantensuche in der Regel bereits zuvor stattgefunden und die benötigten Produkte sind im Idealfall schon in der elektronischen Katalogverwaltung hinterlegt. Sie können damit ohne erneute Lieferantensuche dezentral und umgehend mit Hilfe des Bestellsystems beim Lieferanten angefordert werden.

Beschaffung von A- und B-Gütern

Im Gegensatz zu Gütern im C-Artikelbereich, wo meist schon Geschäftsbeziehungen mit bekannten Lieferanten bestehen, ist die Suche und Identifizierung von qualifizierten Lieferanten für Beschaffung von A- und B-Artikeln sowie Dienstleistungen erforderlich.

5.4 Softwarelösungen

Unterstützend gibt es hierfür Verbindungen Ihres Systems zu internetbasierten Anbietern von weltweiten Datenbanken über Lieferanteninformationen und deren Bewertung. Für die Beschaffung von A- und B- Gütern sowie Dienstleistungen eignet sich insbesondere der Weg über elektronische Ausschreibungen und Auktionen. In den entsprechenden Software-Systemen werden die für geeigneten identifizierten Lieferanten angelegt und über die bevorstehende Transaktion informiert.

Nachdem das benötigte Produkt oder die Dienstleistung mit Mengenangabe und Konditionen ausreichend im System spezifiziert wurde, kann mit der Ausschreibung oder Auktion begonnen werden. Hiermit beginnt die eigentliche Suche nach Preisen und Konditionen, die letztendlich Vertragsverhandlungen darstellen und einen Vertragsabschuss zum Ziel haben. Bei C-Artikeln entfallen bei der konkreten Bestellung Vertragsverhandlungen, da diese durch Rahmenverträge für bestimmte Zeit nur einmal durchgeführt werden.

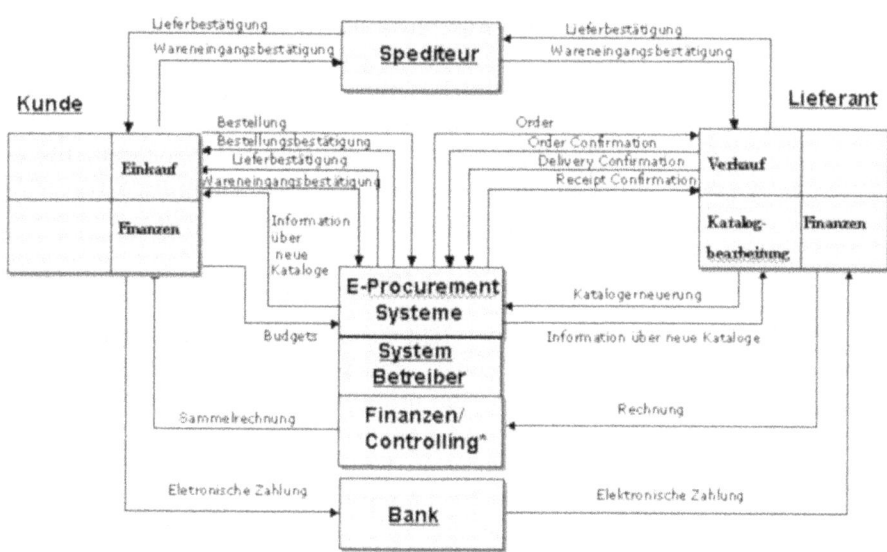

Abb. 4: Geschäftsprozesse der beteiligten Parteien

Bevor es zu einem Vertragsabschluss kommt, kann die Beschaffung jeglicher Güter und Dienstleistungen im Bestellsystem angefordert werden, wo die Anforderung dann einen systemunterstützten Genehmigungsprozess durchläuft und die Aspekte der Buchhaltung und des Controllings schon berücksichtigt sind.

Bedarfsbündelung

Bezüglich Bedarfsbündelung bei C-Gütern können die Anbieter von E-Procurement-Systemen in der internetbasierten Welt, mittlerweile einen Service anbieten, der bisher in der nicht-elektronischen Beschaffungswelt z.B. von Verbänden durchgeführt wurde. Ausschreibende Firmen können sich auf Internetmarktplätzen treffen und anschließend eine Multipositionen-Ausschreibung gemeinsam durchführen.

Überprüfung der Lieferung

Nach Vertragsabschuss kann die Lieferung durch Statusveränderungen und Track & Trace bis zur Anlieferung bzw. bei Dienstleistungen bis zur Ausführung derselben genau beobachtet werden. Die Lieferung wird bei Eingang geprüft und in das Bestellsystem als eingetroffen gebucht. Sind alle bestellten Positionen eingetroffen und bestätigt, initiiert das Bestellsystem automatisch eine Zahlungsanweisung an die Buchhaltung, die diese elektronisch an die Hausbank weiterleiten kann. Nach Abschluss der Transaktion besteht die Möglichkeit eine Lieferantenbewertung abzugeben, um so die zukünftige Lieferantenidentifikation zu erleichtern. Alle vorgenommenen Transaktionen sind für spätere statistische Auswertungen in den E-Procurement-Systemen gespeichert, die wiederum zukünftige Transaktionen erleichtern und optimieren können.

Kombination mit ERP- und WWS-Systemen

Elektronifizierung der Bewegungsdaten

Während die Digitalisierung der multimedialen Katalogdaten primär Transparenz und Aktualität in das Produktportfolio bringt und Vergleichbarkeit zwischen Produkten und Anbietern schafft, wird erst durch die Elektronifizierung der Bewegungsdaten (Bestelldaten, Lieferdaten, Rechnungsdaten) eine echte Prozesskostenersparnis ermöglicht. Optimale Ergebnisse liefert erst ein sowohl lieferanten-, als auch kundenseitig vollintegriertes System, das Transaktionsdaten automatisch im Bestellsystem des Lieferanten eingebucht werden und durchgeführte Bestellungen im Buchhaltungssystem des Bestellers gebucht werden. Die Stufe der Vollintegration lässt sich bei Nichtstandard-Systemen oftmals erst nach umfangreicher Schnittstellenprogrammierung erreichen, während alle modernen E-Procurement-Softwarelösungen offene Schnittstellen zur Verfügung stellen. Ein Standard ist mit dem von IFAO und BME gemeinsam entwickelten XML-basierten Format OpenTrans im Kommen. Es handelt sich um einen offenen, primär von Großunternehmen getriebenen Transaktionsstandard für den automatisierten Austausch von Geschäftsinformationen über Internet und elektronische Marktplätze.

Auswahl des geeigneten Systems

Obwohl sich die Grundfunktionalitäten der meisten Systeme heute nur noch unwesentlich unterscheiden, sollte wohlüberlegt sein, welchem Anbieter man seine Beschaffungsprozesse anvertraut. Grob können 6 Kriterien zur Auswahl des für Sie am besten geeigneten Systems herangezogen werden:

Auswahlkriterien

- Eignung der Lösung zur Abdeckung der Unternehmensanforderungen
- Implementierungsdauer und – aufwand
- Kosten
- Zukunftssicherheit der eingesetzten Hard- und Software
- Integrationsmöglichkeit mit bestehenden Systemen
- Erweiterbarkeit der Lösung

Fazit und Ausblick

Die Einführung eines E-Procurement-Systems kann nur erfolgreich sein, wenn im Zusammenhang die Beschaffungsprozesse und Produkt-/Lieferantenauswahl analysiert und optimiert werden. Wichtig ist daher, neben der Wahl des richtigen Systems auch die Einbeziehung eines erfahrenen Beraters.

Optimierung der Beschaffungsprozesse

Für mittelständische Unternehmen weisen ASP-Lösungen große Kostenvorteile auf. ASP (Application Service Providing) – Lösungen werden von dem Anbieter dem Unternehmen gegen Gebühr für eine zu bestimmende Zeit zur Verfügung gestellt, Hardware- sowie Systemadministrationsaufwände entfallen. Im Gegensatz zu Lizenzmodellen sind die Investitionskosten erheblich niedriger. Höhere Wertschöpfungsbeiträge

ASP-Lösungen

werden durch Einsatz integrierter strategischer und operativer Einkaufslösungen erzielt.

Mit strategischen Einkaufslösungen werden unternehmensweit Bedarfe standardisiert und als Stückliste definiert, geeignete Lieferanten bestimmt sowie qualitative Auswahlkriterien vereinbart. Diese Elemente werden in einer Ausschreibung zusammengefasst. Den gewählten Lieferanten wird über das Internet Zugang zu der entsprechenden Datenbank gegeben. Der Lieferant trägt direkt sein Angebot ein; der Einkäufer erspart sich somit die mühsame Erfassung z.B. von Excellisten; darüber hinaus kann der Lieferant die Struktur der Ausschreibung nicht verändern, womit die Vergleichbarkeit der Angebote sichergestellt ist. Auf Basis des ausgewählten Angebotes kann der Einkäufer direkt einen Katalog erstellen und diesen im dezentralen, operativen Einkaufssystem zur Verfügung stellen. Auf diese Weise definiert der Einkäufer den Warenkorb; aufwändige Katalogmanagementsysteme mit Einbindung und Pflege von sich permanent verändernden Datenstrukturen sind überflüssig.

Mercateo wird eine derartige Lösung auf ASP Basis zur Verfügung stellen, die gerade mittelständischen Unternehmen einen erheblichen Wertschöpfungsbeitrag bietet.

Literatur

Aust E, Diener W, Engelhardt P, Lüth O (2000) E-Purchasing. Mannheim

Kapitel 6

Content- und Knowledgemanagement

6.1 Content- und Knowledgemanagement
Eine Übersicht

GERD KALMBACH

Wer sich mit dem Themenkomplex Content- bzw. Knowledgemanagement auseinandersetzen möchte oder muss, hat zunächst einmal zwei Möglichkeiten der Informationssuche. Die erste und heutzutage vermutlich bevorzugte ist eine Internetrecherche unter den genannten Begriffen. Die zweite, etwas altmodisch anmutende Möglichkeit, ist der Gang in eine Buchhandlung oder Bibliothek, um einschlägige Fachliteratur einzusehen.

In beiden Fällen wird der Suchende geradezu erschlagen von der Fülle an Publikationen, Modellen, IT-Lösungen und Möglichkeiten, die ihm geboten werden. Anstatt eine Lösung gefunden zu haben, wird er vermutlich völlig verwirrt abbrechen, denn eine unspezifische Suche, die nicht punktgenau und trennscharf abgrenzbar ist, bringt derart viele Treffer, dass die Recherche häufig erfolglos beendet wird. Insofern erscheint es besonders wichtig, ganz genau zu wissen, was gesucht wird, was für das jeweilige Unternehmen passt, welche Anforderungen an das jeweilige System gestellt werden.

Unübersichtlichkeit der Angebote und Lösungen

Der vorliegende Artikel soll nun, wie in der Überschrift angedeutet, eine Übersicht darstellen, und zwar eine Übersicht darüber, wie denn eine Suche nach dem passenden Modell vorbereitet sein sollte, um erfolgsversprechend durchgeführt werden zu können. Es geht darum zu klären, was man alles wissen und bedenken muss, bevor man auf die Suche geht. Es soll (und kann) hier keine umfassende Darstellung der sich momentan am Markt befindlichen Möglichkeiten geben. Es wäre vermessen, dies tun zu wollen – ist doch in diesem Themenbereich das, was mittags geschrieben wird, am Abend bereits *Schnee von gestern*!

Vor der Suche klären

Wissen als Schlüsselfaktor zum Erfolg

Trotz der Unübersichtlichkeit der Modelle und Angebote kommt heutzutage niemand mehr daran vorbei, sich mit dem Thema *Umgang mit Wissensressourcen* auseinanderzusetzen. Schließlich wird in unserer hochtechnisierten Welt Wissen immer wertvoller, ja es wird zum entscheidenden Standort- und Wettbewerbsvorteil. Wer sich heute ein Auto oder einen Computer kauft, bezahlt nicht nur das im Produkt verarbeitete Material und die Arbeitszeit, sondern die in dem Produkt *verpackte* Expertise.

Im Kleinen wird auch sehr schnell deutlich, wie wesentlich die Ressource Wissen ist: Angenommen, ein Mitarbeiter, der dreißig Jahre an seinem Arbeitsplatz wertvolle Dienste für das Unternehmen geleistet hat, tritt seinen wohlverdienten Ruhestand an. Diesen Mitarbeiter zu ersetzen ist fast unmöglich. Er nimmt (wenn nicht interveniert wird) all seine Kenntnisse, Erfahrungen und Fähigkeiten mit. Im Unternehmen entsteht eine Lücke, die nicht sofort und problemlos aufgefüllt werden kann.

Neben dieser Notwendigkeit, sich mit dem Themenbereich zu befassen gilt aber auch, dass sich mit der Erschließung der im Unternehmen schlummernden Potenziale ganz neue Perspektiven eröffnen können: Schließlich ist Wissen die einzige Ressource, die sich durch Gebrauch vermehrt!

CM und KM – Versuch einer Abgrenzung

Das größte Problem, dass bei der Suche nach Informationen immer wieder auftaucht ist die Tatsache, dass die Begrifflichkeiten, die benutzt werden, kaum oder nur teilweise definiert sind. So verzichtet z.B. die Knowledgemanagementgemeinde fast vollständig auf eine eingehende Auseinandersetzung mit dem Begriff Knowledge-, also Wissensmanagement[1]. Das Ergebnis ist, dass viele unterschiedliche Modelle, Vorgehensweisen und Konzepte unter demselben Namen auftauchen. Dies mag daran liegen, dass es sich hier um einen zusammengesetzten Begriff handelt, dessen einzelne Teilbegriffe auch in der Alltagssprache gebräuchlich sind,

---

[1] Hier werden die Begriffe Knowledge- und Wissensmanagement der Einfachheit halber als gleich bedeutend behandelt, was nicht in allen Veröffentlichungen zu diesem Themenkomplex der Fall ist

und die zu definieren deshalb unnötig erscheinen. Sobald man freilich die Bedeutung der Teilbegriffe näher untersucht, wird schnell deutlich, wie unterschiedlich sie gefasst und verstanden werden können: „Weder scheint klar, was man beim Managen eigentlich tut, noch, was man beim Wissensmanagement eigentlich managt."[2]

Insofern scheint es äußerst sinnvoll, an dieser Stelle zunächst einmal eine Klärung der Begriffe zu versuchen, die hier behandelt werden sollen. Mit dem vorsichtigen Ausdruck *versuchen* wird schon deutlich, dass man sich hier auf Glatteis bewegt – haben sich doch schon einige Autoren daran die Zähne ausgebissen.

Unklarheit über die Begrifflichkeiten

Content Management – Das Verwalten von Inhalten

Der Begriff des Content Managements wird immer wichtiger und taucht immer öfter im Zusammenhang mit Software Lösungen für Unternehmen auf. Unklar hingegen ist, was genau darunter zu verstehen ist: Unter Content wird zunächst einmal alles zusammengefasst, was an Inhalten digital zu verarbeiten ist, und was sich dem Betrachter auf einem Informationsträger optisch präsentiert. Dabei handelt es sich bei genauer Betrachtung um eine Summe wesentlicher Einzelinformationen darüber, wie dieser Inhalt dargestellt ist, welcher Formatierung er unterliegt, welche strukturellen Eigenarten bei der Darstellung zu bedenken sind. Es geht also um eine *Anatomie* von Dokumenten[3]. Diese in einem Content Management System (CMS) zu standardisieren ist z.B. dann sinnvoll, wenn innerhalb eines Unternehmens mehrere Menschen für die Darstellung des Unternehmens im Web zuständig sind. Hier muss selbstverständlich garantiert sein, dass ein Dokument, egal wer es ins Internet/Intranet stellt, der CI, aber auch der Struktur, den Formaten etc. der anderen Dokumente entspricht.

Definition

Wenn die Informationen nicht nur für das menschliche Auge, sondern auch zur automatischen Weiterverarbeitung in Datenbanken oder zur Wiederverwendung auf anderen Websites gedacht sind, ist es besonders

---

[2] Hilse, Heiko, 2000, S.66
[3] Siehe hierzu auch Bullinger, Schuster, Wilhelm; Content Management Systeme; Düsseldorf 2001

Content Management System – CMS

wichtig, die Anatomie der Dokumente anzugleichen, so dass keine Formatierungsschwierigkeiten auftauchen.

Wer also eine größere, ständig aktualisierte Website (Faustregel: Mehrere hundert Seiten, mehr als fünf Redakteure) betreibt, kommt nicht umhin, mit einem Content Management System zu arbeiten. Tausende Seiten und verschachtelte Verzeichnisstrukturen machen ein effizientes Arbeiten ohne eine entsprechende Software unmöglich.

Was die Software leisten können muss, um den Ansprüchen eines umfassenden Content Managements gerecht zu werden, lässt sich aus einem *Content Lifecycle* ableiten, der alle Stationen abbildet, den ein Inhalt im Laufe seiner *Lebensdauer* durchläuft, und zwar unabhängig davon, ob es sich um einen Text, ein Bild, Musik oder eine Animation handelt:

- der Inhalt wird z.B. aus dem Netz gesucht, recherchiert

Content Lifecycle

- Der Inhalt wird erstellt
- Er wird ggf. kontrolliert
- Dann wird er freigegeben
- ... publiziert
- ... archiviert
- hinzu kommt, dass der Inhalt häufig mehrsprachig aufgebaut werden muss

Ein umfassendes CMS muss diesen Ablauf aktiv unterstützen können. Es muss alles, was an Daten anfällt, digital verarbeiten, also erstellen, in der jeweiligen Datenbank veröffentlichen, suchen/finden und schließlich auch archivieren können. Auf diese Weise entstehen weltweite Datennetze, auf die immer und von überall zugegriffen werden kann. Auch eine Benutzerverwaltung mit unterschiedlichen Zugriffsrechten sollte, wenn sie gebraucht wird, von dem CMS unterstützt werden. Die Vorteile eines CMS sind demnach ein leichtes Wiederfinden von Dokumenten durch z.B. eine Volltextsuche, eine aktive Weiterleitung der Daten und letztlich das *papierlose* Büro.

Wer sich nun also daran macht, in seinem Unternehmen ein CMS einzuführen, sollte sich darüber Gedanken machen, ob der beschriebene content lifecycle in genau dieser Form stattfindet, oder ob gewisse Dinge im Unternehmen anders geregelt sind. Wenn dem so sein sollte, dass z.B. die Archivierung von Content bereits über eine eigene Software geregelt ist, so braucht das CMS diese Kernkomponente schon nicht zu erfüllen (Es sollte selbstverständlich geprüft werden, ob die bisherigen Softwarelösungen zu den neuen Systemen passen). Über eine detaillierte Analyse lassen sich auf diesem Weg immense Einsparungen erreichen.

Andererseits kann ein gut in das Unternehmen integriertes CMS den gesamten Datenfluss innerhalb der Firma widerspiegeln und sozusagen als Vernetzung des innerbetrieblichen Know-hows dienen. Entscheidend ist dann dabei, dass die vom System verwalteten Informationen all den Benutzerkreisen und Personen zur Verfügung stehen, die sie gerade für ihre Arbeit benötigen. Diese Informationsverteilungskomponente entspricht durchaus einem Mehrwert gegenüber der reinen Dokumentenverwaltung, und rechtfertigt demnach eine entsprechende Investition.

Mehrwert durch Informationsverteilung

Hier ist letztlich auch die Schnittstelle zu sehen, die dafür sorgt, dass Content Management häufig mit Wissensmanagement gleichgesetzt wird. Weil das CMS ermöglicht, jedem Benutzer zur richtigen Zeit die richtigen Daten zur Verfügung zu stellen, wird es als Instrument eines Knowledgemanagements dargestellt. Die Frage muss nun also lauten, wo denn die Unterschiede zu suchen sind.

Knowledge Management – Das Handhaben von Wissen

Während im letzten Kapitel von der *Verwaltung* von Daten und Informationen gesprochen wurde, wird hier der Begriff des *Handhabens* von Wissen gewählt, was deutlich machen soll, dass hier m.E. ein qualitativer Unterschied besteht. Content Management lässt sich auf technische Details reduzieren, handelt es sich doch um Texte, Bilder oder ähnliches. Wissensmanagement hingegen schließt personengebundenes Wissen mit ein, dass neuerdings in das Blickfeld des Managements geraten ist und nun, wie auch immer geartet, als Ressource in den Wertschöpfungsprozess miteinbezogen werden soll.

Qualitativer Unterschied

Wie auch immer geartet macht sogleich deutlich, dass es auch in diesem Themenbereich, wie oben angedeutet, keine einheitliche Definition oder Vorgehensweise gibt. Das liegt gewiss auch daran, dass sich das Wissen im Unternehmen erst seit etwa 15 Jahren der Aufmerksamkeit von Personal- und Organisationsentwicklern, Unternehmensstrategen und Management erfreut. Hinzu kommt, dass manche Teile der Diskussion um das Thema Knowledgemanagement als modisch verbrämt gelten können, die sich letztlich der Aktualität des Begriffes bedienen. Weiterhin ist anzumerken, das KM letztlich auch eine Weiterführung von Ideen und Konzepten darstellt, die sehr schwer voneinander abzugrenzen sind. Hier sind z.B. Begriffe wie CRM (customer relationship management), Lernende Organisation, Change Management usw. zu nennen, die sich alle scheinbar um denselben Themenkreis ranken.

Kleinster gemeinsamer Nenner

Dennoch soll hier nicht verschwiegen werden, dass es bei allen Definitionen des Begriffes KM einen kleinsten gemeinsamen Nenner gibt. Überall geht es um Wissen, das in irgendeiner Form anders als bisher gehandhabt werden soll, um ein bestimmtes System im Handeln erfolgreicher zu machen.

Hier taucht also der Begriff Wissen auf, während bislang immer von Daten und Information die Rede war. Dadurch ist auch gleich angedeutet, dass zwischen Daten, Information und Wissen ein Unterschied gesehen wird, und dass sich Wissensmanagement eben nicht darauf reduzieren lässt, von einer Software gesteuert Daten in einem Intranet zu verwalten. Insofern hat KM immer auch etwas mit Lernen von Individuen zu tun. KM beinhaltet somit auch das Schaffen eines inspirierenden Arbeits- und Lernumfeldes, um das ständige Aufbauen, Sammeln, Nutzen und Wiederverwenden von Wissen zu unterstützen – und zwar sowohl das Wissen der Organisation als auch das eines Individuums.

Inspirierendes Arbeits- und Lernumfeldes

Hier ist die deutlichste Abgrenzung zum Content Management zu sehen, das sich vor allem, wie oben dargelegt, mit der Anatomie, dem Aufbau und der Distribution von Daten, also von Inhalten beschäftigt, und nicht damit, wie Wissen generiert werden kann.

Dieser Behauptung folgend wird sich der Rest des Artikels auch vermehrt der Frage widmen, worauf Unternehmen achten sollten, wenn sie ein Knowledge Management Projekt planen.

Computer versus persönlicher Kontakt?

Mit der Idee, das in Unternehmen vorhandene Know-how zu nutzen, kamen sehr schnell auch die IT- gebundenen Lösungen. Dies ist an sich noch nichts Verwerfliches, ermöglicht ein Netzwerk doch eine weltweite Kommunikation und grenzenlosen Datentransfer. Im Gegenteil, der Computer wird hier als ein notwendiges Vehikel betrachtet, um Daten und Informationen auszutauschen, und um damit die Möglichkeit zu schaffen, Wissen, das in Europa vorhanden ist, auch in den USA zu Wissen werden zu lassen. Allerdings sollte Knowledge Management eben nicht darauf reduziert werden, unübersichtliche Datenbanken aufzubauen, die immer umfangreicher werden und damit einhergehend, immer seltener benutzt werden. Dennoch ist auch anzumerken, dass ein CMS, das das gesamte Know-how eines Unternehmens darstellen kann, sozusagen als Vorstufe von KM gilt. Aber KM ist mehr, es ist umfangreicher, tiefgreifender und braucht vor allem sehr viel mehr Zeit.

Um zu klären, warum reine Datenbänke noch nicht als KM bezeichnet werden können, ist es nötig, den Weg von Daten über Informationen zu Wissen aufzuzeigen. Der Vollständigkeit halber soll hier nicht verschwiegen werden, dass sich der Autor bei dieser Differenzierung an den Definitionen von Davenport und Prusak[4] orientiert.

Ganz grundsätzlich ausgedrückt, kennzeichnen Daten einzelne objektive Fakten zu Ereignissen und Vorgängen. Im Unternehmen sind Daten am sinnvollsten zu beschreiben als strukturierte Aufzeichnungen von Transaktionen: Wann hat der Kunde X das Produkt gekauft? Welche Menge hat er bezogen? Welchen Preis hat er dafür bezahlt? Diese Daten sagen aber letztlich nichts darüber aus, warum der Kunde gerade in diesem Unternehmen gekauft hat, und ob er das auch wieder tun wird. Auch deuten diese Fakten nicht darauf hin, ob das Unternehmen gut oder schlecht geführt wird.

Daten

Im Gegensatz zu den Daten besitzen Informationen bereits Bedeutung und Zweck. Sie sind für einen bestimmten Zweck zusammengestellt worden, und wollen beim Empfänger der Information etwas bewirken. Daten werden also dadurch zu Informationen aufgewertet, dass ihnen ein Bedeutungsgehalt hinzugefügt wird.

Information

---
[4] Davenport, T./Prusak, L., 1998, S. 27ff

Insofern kann Information mit Nachricht gleichgesetzt werden. Diese Nachricht soll die Wahrnehmung eines Empfängers in Bezug auf einen Sachverhalt verändern und sich auf seine Beurteilung und sein Verhalten auswirken. Informationen sind also Daten, die etwas bewirken.

Wissen

Es ist nun klar, dass Wissen im Vergleich zu Daten und Information mehr bedeutet, tiefer gründet und reichhaltiger ist. Wenn man von einem Menschen sagt, er wisse Bescheid oder kenne sich aus, so meinen wir damit seine gründliche und zuverlässige Kenntnis eines Zusammenhangs. Dagegen würde man wohl kaum von *gescheiten* Memos oder *gebildeten* Datenbanken sprechen.

Wenn Wissen genau definiert werden soll, zerbrechen sich die meisten Menschen den Kopf, weil Wissen fließend und kaum fassbar ist. Insofern begnügen wir uns hier in Anlehnung an die genannten Autoren mit ihrer Arbeitsdefinition:

Definition von Wissen

„Wissen ist eine fließende Mischung aus strukturierten Erfahrungen, Wertvorstellungen, Kontextinformationen und Fachkenntnissen, die in ihrer Gesamtheit einen Strukturrahmen zur Beurteilung und Eingliederung neuer Erfahrungen und Informationen bietet. Entstehung und Anwendung von Wissen vollziehen sich in den Köpfen der Wissensträger. In Organisationen ist Wissen häufig nicht nur in Dokumenten oder Speichern enthalten, sondern erfährt auch eine allmähliche Einbettung in organisatorische Routinen, Prozesse, Praktiken und Normen"[5]

Diese Definition macht sehr schnell deutlich, dass Wissen keinesfalls wohlgeordnet und leicht zu erfassen ist, im Gegenteil: Es entzieht sich hartnäckig allen bekannten Steuerungsmethoden.

Wissen entsteht durch Kopfarbeit

Wissen entsteht also durch Kopfarbeit. Wissensgenerierende Aktivitäten vollziehen sich individuell und außerdem sehr häufig im Rahmen zwischenmenschlicher Beziehungen. Daten findet man in Aufzeichnungen oder Transaktionen, und Informationen entnimmt man Nachrichten, aber Wissen erfährt man von dem Wissensträger selbst oder leitet es aus organisatorischen Routinen, strukturierten Büchern oder Dokumenten ab.

---

[5] Davenport, T./Prusak, L., 1998, S. 32

Aus diesen Gründen scheint es zu kurz gegriffen, KM lediglich über eine bestimmte IT- Lösung angehen zu wollen. Diese muss mit dem bereits genannten Schaffen einer Arbeits- und Lernkultur einhergehen, die die Generierung von Wissen, aber auch den Austausch und Abgleich von Wissen im Rahmen zwischenmenschlicher Beziehungen befördert.

Wer sich also in seinem Unternehmen mit KM beschäftigen möchte, sollte sich zunächst einmal fragen, was er eigentlich erfassen will: Daten, Informationen oder Wissen. Außerdem sollte gefragt werden, ob es Ziel eines KM Prozesses sein soll, dass die im Unternehmen arbeitenden Individuen lernen, oder ob es darum geht, das Wissen der Organisation festzuhalten. So kann mit Fug und Recht behauptet werden, dass ein einzelnes Individuum heute kein komplettes Auto mehr bauen kann. Eine Organisation hingegen kann dies leisten. Insofern sollte auch unterschieden werden, ob es um das organisationale Wissen geht, oder ob personales Wissen gemanagt werden soll.

Im Folgenden werden einige Checklisten aufgeführt, die als Vorüberlegungen und Entscheidungshilfen darüber gelten, was denn nun für das jeweilige Unternehmen sinnvoll erscheint.

Was will/Was braucht mein Unternehmen?

Die Frage danach, ob sich ein Unternehmen mit KM beschäftigen sollte oder eher nicht, stellt sich in dieser Form eigentlich nicht mehr. Die Notwendigkeit dazu liegt auf der Hand. Die treibende Kraft des „Wissensbooms" ist sicherlich die Realität einer neuartigen, globalen Wettbewerbssituation, der sich kaum ein Unternehmen zu entziehen vermag. In den meisten Unternehmen stellt sich die Situation so dar, dass neue Technologien, immer kürzer werdende Produktzyklen, veränderte Organisationsprozesse und neue Fertigungsverfahren den betrieblichen Alltag bestimmen. Rascher Wandel und verstärktes Konkurrieren um Märkte bei zunehmend wählerischer Kundschaft veranlassen die Unternehmen deshalb dazu, nach einem dauerhaften Wettbewerbsvorteil zu suchen, der ihnen einen Vorsprung vor der Konkurrenz verschafft.

Dieser Wettbewerbsvorteil kann darin bestehen, mehr zu wissen als andere, schneller und flexibler zu

Wettbewerbsvorteil: mehr wissen als andere

sein, den Anforderungen der Kunden besser zu genügen.

Um den eigenen Bedarf eines KM zu ergründen, sollte man sich zunächst einige ganz grundsätzliche Fragen[6] stellen:

Checkliste Bedarf

- Welches Wissen wird unser Unternehmen in Zukunft benötigen, um im globalen Wettbewerb bestehen zu können, und welches nicht?
- Wie viel vom derzeitigen Wissen, vom Qualifikationsstand unserer Mitarbeiter wird in 3 (5, 10) Jahren noch aktuell sein?
- Weiß in unserem Unternehmen jeder Mitarbeiter alles, was zur optimalen Erledigung seiner Aufgaben zu wissen ist?
- Haben wir den Überblick über alle wichtigen Projekte, die im Betrieb gegenwärtig verfolgt werden? Kennen wir die Zwischenstände?
- Welche Wissensquellen stehen uns innerhalb und außerhalb des Unternehmens zur Verfügung?
- An welchen Stellen der Wertschöpfungskette fällt welches Wissen an? Wie wird es genutzt? Wie konsequent?
- Welche Wege der Weitergabe von Wissen existieren, und von wem werden sie genutzt?
- Wie ließen sich die Anbieter und die Nachfrager von Wissen im Unternehmen besser zusammenbringen?
- ...

Wenn nun also anhand solcher oder ähnlicher Fragen (die Liste könnte fortgesetzt werden) ein Bedarf erkannt wurde, ist der nächste Schritt klar. Es beginnt die Suche nach Zielen. Denn ohne darüber Klarheit zu haben, welche Wissensziele erreicht werden sollen, ist es kaum möglich, eine KM Strategie zu entwickeln.

Ziele und Strategien sind unternehmensspezifisch

Wissensziele sind in jedem Unternehmen unterschiedlich, weshalb es hier unmöglich ist, generelle Ziele darzustellen. Auch *die* typische KM Strategie ist hier nicht darzustellen, weil es sie nicht gibt. Sie ist an die jeweilige Unternehmenskultur, an die Prozesse im Unternehmen, an die Mitarbeiter und die Struktur anzupassen, so dass letztlich von einer spezifischen Stra-

---

[6] Umfangreichere Checklisten und Fragenkataloge finden Sie unter www.iw-klug.de. Die hier dargestellten Fragen sind größtenteils dieser Homepage entnommen.

tegie gesprochen werden kann, die auch nur auf das eine Unternehmen passt, in dem sie entwickelt wurde. Wer sich also daran macht, mal kurz KM einzuführen und wer dabei nach Standard Lösungen sucht, wird vermutlich von den Ergebnissen enttäuscht sein, wenn er denn welche erhält.

Ein Fragenkatalog kann zunächst einmal helfen, die eigenen Wissensziele genauer zu spezifizieren, was zur Entwicklung einer KM Strategie von großer Bedeutung ist.

- Welches Wissen wollen Sie aufbauen?
- Wie werden Unternehmensziele in Wissensziele übersetzt?
- Welches Wissen im Unternehmen sollte vorrangig und vermehrt genutzt bzw. entwickelt werden, um die Wettbewerbsfähigkeit zu steigern?
- Wer und was im Unternehmen müsste vor allem gefördert werden, um den systematischen Umgang mit Wissen voranzubringen? Wie könnte eine Struktur aussehen?
- Wissen Sie, wer in ihrem Unternehmen welches Wissen besitzt?
- Welche Abläufe/Abteilungen sind besonders wissensabhängig?
- Wie sehen die Prozesse und Abläufe in unserem Kerngeschäft aus?
- Welches sind Ihre persönlichen Wissensziele? Was wollen Sie lernen? Stehen diese Ziele im Einklang mit den Wissenszielen Ihres Unternehmens?
- ...

Checkliste Wissensziele

Je klarer sich das Unternehmen darüber ist, was es will und was es in Zukunft benötigt, desto genauer kann ein KM- Prozess auf die jeweiligen Bedürfnisse angepasst werden. Dementsprechend erscheint es als notwendig für den Erfolg eines derartigen Projektes, mit Hilfe solcher hier nur andeutungsweise dargestellten Checklisten abzuklopfen, wo denn bisher die Schwierigkeiten lagen, und was getan werden sollte, um diese zukünftig zu vermeiden, welche strategischen Ziele das Unternehmen verfolgt, und welche Ressourcen zur Zielerreichung benötigt werden.

KM Prozesse an Unternehmen anpassen

Werkzeuge

Mit der Feststellung, dass im Unternehmen Bedarf für einen bewussteren Umgang mit Wissen besteht, beginnt die Suche nach den passenden Werkzeugen.

Ein wesentliches Werkzeug ist mit Sicherheit das passende IT- System. Nachdem längere Zeit nur eine diffuse Vorstellung darüber herrschte, wie eine IT-Unterstützung für KM aussehen kann und was ihre Leistungsmerkmale sein sollen, sind mittlerweile einige Produkte auf dem Markt. Um beurteilen zu können, welches nun die passende Lösung für das eigene Unternehmen ist, sollten Prüfkriterien formuliert werden.

Das Marktforschungszentrum IT Research hat im Jahre 2000 rund 250 deutsche Mittelständler und Großunternehmen nach ihren Anforderungen befragt, die sie an ein KM System haben[7]. Die Kriterien, die genannt wurden sind:

Kriterien zur Auswahl eines KM Systems

- die Anbindung des KM Systems an das firmeneigene Intranet
- das Finden der gesuchten Daten mit einfachen Mitteln
- der Abruf aller wesentlichen Wissensgebiete vom jeweiligen Arbeitsplatz
- Volltextrecherche
- gutes Benutzerkonzept mit Sicherheitsmechanismen
- automatische Löschroutinen für Daten, die nicht abgefragt werden
- selbständiges Kontaktieren von Anwendern, wenn sich der für sie relevante Wissensbestand verändert
- Verbindung des KM Systems mit Newsgroups, Internet-Seiten und anderen externen Datenquellen
- Integration zu Dokumenten Management Lösungen, Archivsystemen etc.

Diese Kriterien alleine ermöglichen jedoch noch keine differenzierte Auswahl, werden sie doch von den meisten Anbietern erfüllt. Viel wesentlicher ist auch hier die individuelle Betrachtung des jeweiligen Unternehmens. So könnten weitere Fragen vor der Anschaffung eines WM-Tools sein:

---

[7] Die Ergebnisse dieser Studie sind in Computerwoche Nr.10/2000 veröffentlicht

6.1 Content- und Knowledgemanagement – Eine Übersicht

- Werden eigentlich alle Möglichkeiten der bisherigen Software genutzt?
- Wie hoch ist der Installationsaufwand? Was sind die Hardware Vorraussetzungen
- Checkliste zur Auswahl eines Tools, bezogen auf das eigene Unternehmen
- Wie teuer ist das Tool? Gibt es Rabatte bei Lizenzen?
- Ist der Service im Preis enthalten?
- Eignet sich das Tool für das Unternehmen überhaupt?
- Gibt es Informationen über das Tool (Tests, Pressestimmen etc.)
- Handelt es sich um eine Standardlösung, oder wird es an den Bedarf angepasst?
- Wie hoch ist der Pflegeaufwand?
- Ist das Tool erweiterbar?
- Ist es zukunftssicher, d.h. können andere Produkte integriert werden?

Hier gibt es sicherlich noch einige Punkte mehr, die ein Unternehmen vor der Investition in ein KM Werkzeug zu bedenken hat. Wichtig ist jedoch sicherlich, sowohl die späteren Benutzer als auch die verantwortlichen Systembetreuer in den Entscheidungsprozess miteinzubeziehen, ihre Erfahrung zu nutzen und ihre Bedürfnisse an das System als Kriterien festzulegen.

Neben diesen technischen Möglichkeiten, das Handhaben von Wissen im Unternehmen zu unterstützen, gilt es jedoch auch darauf zu achten, dass die Möglichkeiten geschaffen werden, eine offene und inspirierende Arbeits- und Lernkultur zu leben. Wenn Misstrauen und Neid innerhalb der Belegschaft existieren, wird niemand bereit sein, sein Wissen mit anderen zu teilen. Wissen, verstanden als Faktor, die eigene Position zu behaupten, wird selbstverständlich nicht weitergegeben.

Auch hier wäre also zunächst einmal mit Hilfe einiger klärender Fragen zu untersuchen, wie es im Unternehmen mit dem Klima beschaffen ist.

- Haben die verschiedenen Teams Vertrauen zueinander?
- Werden Konflikte oder Meinungsverschiedenheiten gelöst?
- Ist das Arbeitsklima unter den einzelnen Mitarbeiterteams offen?

Fragen zum Arbeitsklima

- Helfen sich die Mitarbeiter/innen im eigenen Team?
- Tauschen sich die Mitarbeiter/innen untereinander aus?
- Wie wird entschieden, wer was wissen darf?
- Verteilen die Mitarbeiter/innen bereitwillig ihr Wissen, oder gibt es Barrieren und Hemmnisse?

Dies sind nur einige wenige Fragen, die jedoch deutlich machen, dass KM nicht nur darin besteht, eine neue Software zu installieren, sondern auch in der Schaffung einer offenen, auf gegenseitigem Vertrauen basierenden Unternehmens- und Kommunikationskultur, die es ermöglicht, Wissen zu teilen und die Freiräume bietet, Wissen zu generieren. Die Verbindung der technologischen Möglichkeiten mit dem Menschen und seinen individuell- einmaligen Fähigkeiten und Erfahrungen ist der treibende Faktor bei der Implementierung von Wissensmanagement.

Aufgrund dieser Tatsache existieren auch keine Standardlösungen und Patentrezepte, die in einem solchen Artikel beschrieben werden können. Hier können lediglich Fragen aufgeworfen werden, mit denen sich die Unternehmer/innen beschäftigen sollten, die ein Knowledge- oder ein Content Management in ihrem Unternehmen einführen wollen.

Literatur

Davenport, T./ Prusak, L. (1998). Wenn Ihr Unternehmen wüsste, was es alles weiß. Verlag moderne industrie. Landsberg/Lech

Hilse, H. (2000). Kognitive Wende in Management und Beratung. Deutscher Universitätsverlag. Wiesbaden.

Computerwoche Nr. 10/2000. 16 Werkzeuge für die Wissensernte im Vergleich. S. 15-16

6.2 Einführung von CMS und KMS

Jürgen Fleig

Aller Anfang ist schwer, aber auch die längste Reise beginnt mit dem ersten Schritt. Content-Management, Wissensmanagement oder Knowledge-Management sind Schlagworte, die es mit Leben auszufüllen gilt, wenn sie ihren Nutzen stiften sollen. Dieses Kapitel zeigt auf, wie Sie als verantwortlicher Manager in einem Unternehmen Content- und Wissensmanagement erfolgreich umsetzen und dauerhaft betreiben.

Im Folgenden wird Content-Management als ein wichtiger Bestandteil des Wissensmanagements verstanden. Es bedeutet, die richtigen Daten, Informationen und Wissenselemente – Content – so zu identifizieren, zusammenzuführen, zu strukturieren, aufzubereiten und weiterzugeben, dass andere Menschen, Mitarbeiter in einem Unternehmen, diese Inhalte nutzen können, um ihr Wissen zu erweitern.

Abgrenzung Content- und Wissensmanagement

Vorbereitungen treffen

Auslöser identifizieren

Warum wird Content- oder Wissensmanagement zu einem Thema im Unternehmen? Warum soll ein neues Management-System eingeführt werden? Warum sich ändern?

Wenn Unternehmer etwas Neues wagen, brauchen sie meistens einen Auslöser: Drängende Probleme, externe Erfolgsbeispiele oder eine Vision sind häufig der Ausgangspunkt. Starten Sie mit einem Workshop, in dem Sie diese Aspekte thematisieren! Beziehen Sie das Top-Management und wichtige Meinungsmacher im Unternehmen ein! Berücksichtigen Sie auch mögliche Bedenkenträger! Wenn Sie in diesem Workshop positive Signale erhalten, kann die eigentliche Arbeit starten.

Auslöser

Ziele definieren

Balanced Scorecard

Alle Aktivitäten eines Unternehmens und seiner Mitarbeiter sollten sich an Zielen orientieren. Dies gilt auch für die Aktivitäten im Bereich Content- und Wissensmanagement. In den meisten Fällen dürfte es sich um wirtschaftliche Ziele handeln, die ein Unternehmen verfolgt. Letztlich will es – vereinfacht gesagt – Geld verdienen. Ein Modell, um das Zielsystem eines Unternehmens zu entwickeln und zu beschreiben, ist die Balanced Scorecard. Sie unterscheidet Ziele aus vier Perspektiven:

- Finanzperspektive
- Kundenperspektive
- Prozessperspektive
- Lern- und Wachstumsperspektive

Ausrichtung an Zielsystem

Wenn Sie ein solches Zielsystem haben, sollten Sie sich daran ausrichten. Im ersten Schritt gilt es, möglichst konkret zu beschreiben, welche Ziele und Erfolgsperspektiven durch Content- und Wissensmanagement verfolgt werden und welche Erfolgskennzahlen verbessert werden sollen.

Anwendungsbereich beschreiben

Daraus lässt sich auch der Anwendungsbereich im Unternehmen ableiten. Der Anwendungsbereich kann innerhalb eines Unternehmens liegen, er kann aber auch externe Partner und Kunden miteinbeziehen.

Beschreiben Sie möglichst genau, für alle Unternehmensbereiche, in denen Sie Content- oder Wissensmanagement einführen wollen, welche Fragestellungen Sie dabei im Auge haben, welche Probleme Sie lösen wollen und welche Vorteile Sie sich versprechen. Zwei Beispiele sind:

Vertriebsprozesse unterstützen

- Aus Kundenperspektive kann es Ziel sein, die Kundenzufriedenheit zu verbessern. Wenn der Vertrieb schnelle und aktuelle Informationen erhält, die er im Umgang mit seinen Kunden benötigt, kann er einen besseren Service anbieten. Dies können Informationen zu gesetzlichen Veränderungen sein, allgemeine Marktinformationen, besonders gute Referenzprojekte und vieles mehr. Mit der Serviceabteilung lassen sich so auch neue Serviceangebote definieren.

- In der Prozessperspektive kann es bei Personalwechseln zu Qualitätsproblemen kommen oder die Durchlaufzeiten erhöhen sich. Wichtig ist, dass gerade neue Mitarbeiter möglichst schnell lernen, wie die Prozesse ablaufen und wie sie sich einbringen. Ein Handbuch für neue Mitarbeiter oder die Einbindung in eine Community of Practice kann sehr hilfreich sein.

Qualität verbessern, Abläufe beschleunigen

Zielgruppe kennen lernen

Wenn Sie den Anwendungsbereich definiert haben, müssen Sie die Menschen kennen lernen, die dort arbeiten. Diese sind die Zielgruppe für das Content- und Wissensmanagement. Reden Sie mit diesen Menschen über ihre persönlichen Wünsche, Ziele, ihre Aufgaben und über ihre Arbeitsabläufe. Auf diese Elemente muss jede Lösung ausgerichtet sein. Die Mitarbeiter in den jeweiligen Bereichen müssen zu den Trägern des Content- und Wissensmanagements werden, indem sie einen Vorteil davon haben.

Bedürfnisse und Nutzen identifizieren

Rahmenbedingungen schaffen

Schließlich ist es wichtig, dass die notwendigen Rahmenbedingungen geschaffen werden, um ein „Projekt" wie Content- und Wissensmanagement zum Erfolg zu führen. Wichtig ist dabei meistens:

- Das Top-Management muss hinter dem Projekt stehen und dies auch deutlich sichtbar machen.
- Das Projektteam muss ausreichende Zeit- und finanzielle Ressourcen zur Verfügung haben.
- Der Projektleiter sollte die notwendigen fachlichen, methodischen und sozialen Kompetenzen mitbringen.
- Das Projektteam sollte so zusammengesetzt werden, dass die betroffenen Mitarbeiter einbezogen sind und die notwendige Begeisterung und Reflexionsfähigkeit vorhanden sind.
- Definieren Sie ein Projekt „Content- und Wissensmanagement" (Vision in den Titel bringen!) und richten Sie einen Lenkungsausschuss ein, klären Sie die Vorgehensweise und definieren Sie Meilensteine!

Professionelles Projektmanagement einrichten

Dauerhafte Aufgaben.	Beachten Sie dabei, dass dieses Projekt nur den Anstoß liefern kann. Content- und Wissensmanagement sind kontinuierliche Aufgaben, die dauerhaft installiert werden müssen. Darauf muss das Projektziel ausgerichtet sein. Verzahnen Sie Konzeption, Umsetzung und Betrieb möglichst eng. Gehen Sie lieber viele kleine Schritte als einen großen. Die folgende Abbildung zeigt den idealtypischen Projektverlauf.

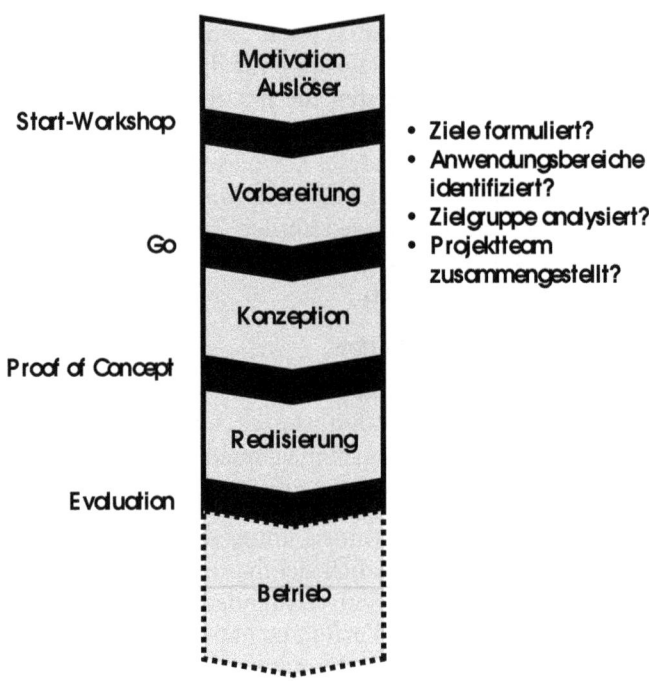

Abb. 1: Idealtypischer Prozess der Einführung

Kultur, Organisation, Prozesse und Technik aufeinander abstimmen

Wissen zu managen, heißt, Prozesse zu gestalten, die die Identifikation, den Erwerb, die Entwicklung, die Bewahrung, die Verteilung und die Nutzung von Wissen möglich machen. Dafür gibt es unterschiedlichste Hilfsmittel. Dies können Träger und Symbole der Unternehmenskultur, Regeln der Organisation und der Prozesse oder technische Instrumente sein.

Die meisten Unternehmen haben erkannt, dass Technik für Wissensmanagement eine nachgeordnete Rolle spielt. Am Anfang steht die Unternehmenskultur. Das sind die mentalen Bilder und Grundüberzeugungen im Unternehmen, das Verhalten der Führungskräfte und der Mitarbeiter, die sichtbaren Symbole der Raumgestaltung und Kleiderordnung und vieles mehr. Die entscheidende Frage zu Beginn ist: Sind die Mitarbeiter in Ihrem Unternehmen bereit, ihr Wissen an Kollegen weiterzugeben? Und sind sie bereit, fremdes Wissen als wertvoll zu betrachten und aufzugreifen? Und ist Ihr Unternehmen bereit, wertvolle Informationen an externe Partner oder Kunden weiterzugeben?

Bedeutung der Unternehmenskultur

Um zu prüfen, ob diese Voraussetzungen gegeben sind, helfen die folgenden Aspekte:

1. Wissen erwerben und weitergeben funktioniert nur, wenn die Personen miteinander sprechen und kooperieren. Sie müssen die Erlaubnis und die zeitlichen Ressourcen haben, um sich zu treffen und Informationen austauschen zu können. Wie läuft der Informationsaustausch im allgemeinen ab? Wie verlaufen Besprechungen?

Informationsaustausch

2. Personen müssen Zugang haben und berechtigt sein, um auf Informationen zugreifen zu können. Dazu zählt der Zugriff auf firmeninterne Informationen in Datenbanken genauso wie der Internet-Zugriff oder ein Seminarbesuch.

3. Es können spezifische Regeln für den Wissensaustausch und die Koordination entwickelt werden. Wer muss wen wann worüber und warum informieren? Einige Regeln können durch Formulare oder gar durch Handbücher unterstützt werden. Welche Regelungen gibt es in Ihrem Unternehmen?

4. Die Beteiligung am Wissensmanagement kann durch Anreizsysteme gefördert werden. Ausgehend vom Top-Management sollten auf allen Unternehmensebenen Ziele zum Wissensmanagement in den Mitarbeitergesprächen vereinbart werden. Diese Vereinbarungen können mit variablen Gehaltsbestandteilen gekoppelt werden. Gibt es entsprechende Anreizsysteme?

Informationen und Kontext ermöglichen Wissensmanagement

Der persönliche Austausch von Wissen und das Einhalten der Regeln kann durch technische Instrumente unterstützt und ergänzt werden. Wichtig ist, dass die Technik immer nur Daten und Informationen transportieren kann. Wissen ist, was der Nutzer daraus macht. Dies setzt eine Interpretationsleistung voraus. Um Daten und Informationen richtig interpretieren zu können, müssen die Nutzer meist mehrere Kombinationen vornehmen und sich mit anderen austauschen. Sie müssen sich den Kontext erschließen.

Durch diese Elemente des Wissensmanagements, durch Kultur, Organisation und Integration in die Unternehmensprozesse, soll der Prozess der Identifikation, des Zugriffs, der Aneignung, der Nutzung und der Verbreitung unterstützt werden (siehe die folgende Abbildung). Dieser Wissenskreislauf muss gemanagt und nachhaltig unterstützt werden. Er darf nicht zum Erliegen kommen.

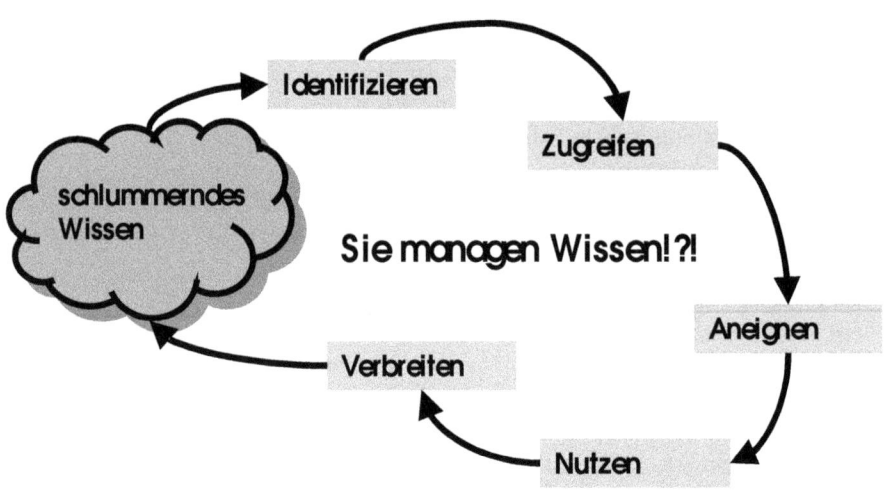

Abb.2: Wissensmanagement im Alltag

Erfolgsfaktoren beachten und zielgerichtet einsetzen

Wissensmanager als Kümmerer

Wissensmanagement braucht Wissensmanager. Andere nennen diese Personen Kümmerer oder Knowledge-Brooker. Bei diesen Mitarbeitern laufen die Fäden zusammen. Sie kann man ansprechen, wenn man Informationen und Experten sucht oder wenn man interessante Wissensinhalte zur Verfügung stellen will.

Ihre Aufgabe ist es, dafür zu sorgen, dass der Wissenskreislauf nicht zum Erliegen kommt. Sie sollten fachlich im Unternehmen eingebunden sein, um den Kontakt zu den alltäglichen Unternehmensprozessen und den Mitarbeitern nicht zu verlieren. Ihre wesentliche Aufgabe besteht darin:

Bedeutung der Kümmerer.

- Wissen zusammenzuführen
- Wissen aufzubereiten
- Wissen zu strukturieren
- Wissen zu vermarkten

Attraktive Wissensangebote

Die Kümmerer stellen für die Mitarbeiter des Unternehmens als Nutzer des Contents attraktive Wissensangebote zusammen. Folgende übergeordneten Aspekte spielen dabei eine Rolle:

1. *Bündelung*: Wissenstransfer erfolgt auf unterschiedlichen Wegen, die alle ihre jeweiligen Vor- und Nachteile haben. Wichtig ist die Zusammenstellung unterschiedlicher Angebote. Eine Fachzeitschrift, in der Bücher rezensiert und Veranstaltungen angekündigt werden, leistet diesen Service.
2. *Integration*: Da Menschen bei der Arbeit wenig Zeit haben, müssen die Wissensangebote in den Arbeitsprozess integriert werden. Sie müssen zu einem selbstverständlichen Element im Alltag werden. Ein wichtiges Instrument sind Push-Technologien. So kann neues Wissen beispielsweise per Newsletter an die Empfänger weiter gegeben werden. Von besonderer Bedeutung ist die technische Integration der Instrumente, mit denen die Menschen an ihrem Arbeitsplatz umgehen (EAI: Enterprise Application Integration).
3. *Personalisierung*: Damit der Mensch nicht mit „unnötigem" Wissen überhäuft wird, muss es eine Vorauswahl geben. Der Einzelne erhält nur das Wissen, das ihn interessiert und das er benötigt. Allerdings muss es darüber hinaus immer wieder Anregungen aus anderen oder angrenzenden Bereichen geben,

um das Feld des Wissens auszuweiten und um kreative Prozesse zu unterstützen
4. *Effizienz*: Der Transfer von Wissen muss einfach, schnell und kostengünstig sein. Dies betrifft alle Prozesse des Content- und Wissensmanagements.

Problembezug herstellen

Menschen lieben es im Allgemeinen nicht, Probleme zu haben. Wenn sie welche haben, möchten sie diese so schnell wie möglich lösen. In diesem Moment ist ihre Motivation sehr hoch, Angebote anzunehmen, die ihnen bei der Problemlösung helfen. Wissensangebote sollten also immer einen Problem- bzw. Aufgabenbezug haben. „Hast du folgendes Problem?" – „Hier findest du die Lösung!"

Fallbeispiele Story Telling.

Ein oft genutztes Instrument, um Menschen bei ihren Problemen abzuholen, ist das Fallbeispiel bzw. die Case Study. Wer eine gute Geschichte erzählt (Story Telling), macht sichtbar, worum es geht. Der Leser oder Zuhörer kann leichter den Bezug zu seinem Problem erkennen. Wenn er dieses Problem lösen kann, erzeugt dies bei ihm ein persönliches Erfolgserlebnis. Er macht positive Erfahrungen mit dem Content- und Wissensmanagement und wird sich dann selbst einbringen.

Konzeption, Realisierung und Betrieb

Bei Konzeption, Realisierung und Betrieb von Content- und Wissensmanagement müssen sechs Gestaltungsbereiche berücksichtigt werden:

- Kultur
- Organisation
- Prozesse
- Inhalte
- Technik
- Training

Kultur und Organisation

Weiterentwicklung von Kultur und Organisation.

Die Bereiche Kultur und Organisation lassen sich nur bedingt von einem einzelnen Projektteam „Content- und Wissensmanagement" verändern und gestalten. Dafür bedarf es unternehmensweiter Anstrengungen, übergreifender Projekte und langfristiger Kampagnen. Aus organisatorischer Sicht ist wichtig, dass

- ein verantwortlicher Wissensmanager und Kümmerer eingerichtet wird,

- Content- und Wissensmanagement in das Projektmanagement integriert werden,
- alle Mitarbeiter Gelegenheit erhalten, sich einzubringen,
- Anreizsysteme geschaffen werden, die die Teilnahme fördern und
- Content- und Wissensmanagement Teil der persönlichen Zielvereinbarungen im Unternehmen werden.

Prozesse gestalten

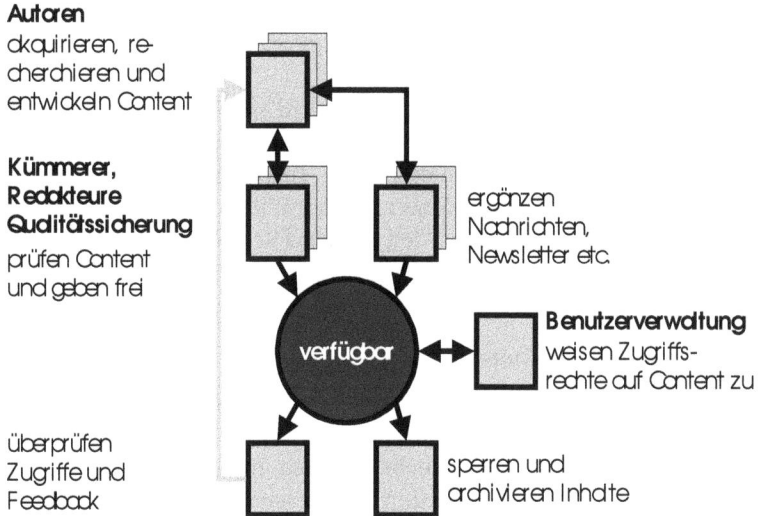

Abb. 3: Content-Life-Cycle

Content- und Wissensmanagement müssen in die täglichen Arbeitsabläufe integriert werden. Der in Abbildung 3 dargestellte Zyklus von der Identifikation bis zur Weitergabe bzw. Archivierung von Content muss dementsprechend definiert werden. So müssen beispielsweise Dokumente erstellt, Kurzfassungen geschrieben und Metadaten, die das Dokument kategorisieren, erfasst werden.

Integration in tägliche Arbeitsabläufe

Wenn dabei mehrere Personen beteiligt sind, muss der Workflow (Content-Life-Cycle) beschrieben werden. Manchmal darf Content nur dann an andere Nutzer weitergegeben werden, wenn eine Qualitätssicherung

Zugriffsrechte definieren

erfolgt ist (4-Augen-Prinzip). Manchmal wird der Content von mehrere Autoren gemeinsam entwickelt und von mehreren anderen Personen geprüft (X-Augen-Prinzip). Insbesondere wenn gesetzliche Vorgaben eingehalten werden müssen, sind entsprechende Festlegungen wichtig.

Solche Aufgaben des Content- und Wissensmanagements müssen Personen zugeordnet werden. Es muss festgelegt werden, welche Mitarbeiter Autorenrechte, welche Prüfrechte und -pflichten haben und welche Content nur nutzen. Es muss festgelegt werden, wer welchen Content nutzen darf. Es muss definiert werden, wann welcher Content entsteht, wann er überarbeitet wird und wann er entsorgt bzw. archiviert werden kann.

Migrationsstrategie

In vielen Unternehmen wird schon immer Content- und Wissensmanagement betrieben. Es existieren eine Vielzahl von Inhalten und Instrumenten, die in ein systematisches Content- und Wissensmanagementsystem überführt werden sollen. Für diese anspruchsvolle Aufgabe muss eine Migrationsstrategie entwickelt werden.

Inhalte definieren

Content an den Interessen der Zielgruppe ausrichten

Die Inhalte eines Content- und Wissensmanagementsystems orientieren sich immer an den Bedürfnissen der Zielgruppe. Sie bestimmen die fachliche Ausrichtung. Das Marketing interessiert sich für neueste Marktstudien, der Vertrieb interessiert sich für die Stärken und Schwächen der Konkurrenzprodukte, die Entwicklung interessiert sich für Ergebnisse aus der Forschung und vieles mehr. Darüber hinaus sind die folgenden Aspekte wichtig:

- *Die Art der Darstellung*: Wird der Content als kurze Nachricht, als nacktes Dokument, als Fallbeispiel, als Lerneinheit oder als Reportage vermittelt? Entstehen Checklisten, Tipps und Tricks oder Kurzfassungen?
- *Die Aufbereitung*: Genügt einfacher Text? Müssen Bilder, Töne, Filme, Animationen integriert werden? Gibt es interaktive Elemente?
- *Die Quellen:* Werden Datenbanken oder Nachrichtenanbieter genutzt? Werden Studien erstellt? Werden Berater hinzugezogen?

- *Ergänzender Service*: Gibt es Suchhilfen, Foren oder Experten als Ansprechpartner? Wird der Content dem Nutzer automatisch zugestellt (Newsletter), oder muss er selbst recherchieren?
- *Integration*: Wird der Content verknüpft mit Content aus anderen Systemen wie Qualitätsmanagement, Risikomanagement, ERP-Systemen, Terminverwaltung etc.?

Technik auswählen, einführen und nutzen

Der Einsatz von Informations- und Kommunikationstechnologien kann das Content- und Wissensmanagement unterstützen und vorantreiben. Aus diesem Grund gibt es eine Vielzahl von technischen Systemen. Sie müssen in die bestehende EDV-Landschaft eines Unternehmens eingebunden werden.

Einbindung in EDV

Es stellen sich dann Fragen nach der Einbindung in bestehende Rechenzentren, notwendiger Hard- und Systemsoftware, relevanter Datenbanktechnologie, Programmierwerkzeugen (API: Application Programming Interfaces), Nutzung der Internet-Technologie und vorhandenem Know-how der Systembetreuung.

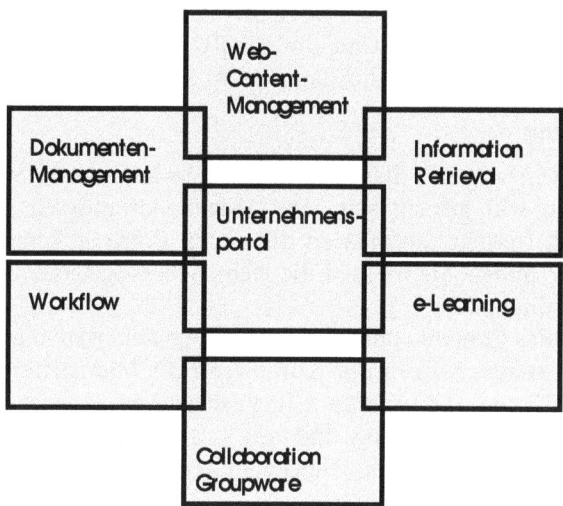

Abb. 4: Systeme für das Content- und Wissensmanagement

Abbildung 4 zeigt auf, wie die vielen Anwendungssysteme kategorisiert werden können.

Kopplung mit bereits eingesetzten Systemen

Immer mehr Systeme nutzen die Internet-Technologie. Das bedeutet, dass die Anwendungen für den Nutzer in dessen Internet-Browser ablaufen. Dort sollen dann unterschiedliche Anwendungen zusammengeführt werden. Die Kopplung kann von der einfachen Verlinkung, über Import/Export-Schnittstellen bis zur kompletten Integration reichen. Schnittstellen gibt es fast immer zu gestalten. Eine Koppelung kann beispielsweise mit dem Enterprise Resource Planning, Customer Relation Management, Human Resource Management, Product Data Management, Data Warehouse und vielen anderen erfolgen.

Besondere Bedeutung hat die Zusammenführung mit Kommunikationstechnologien. Dies sollte nicht nur das E-Mail-System berücksichtigen, sondern auch Medien wie Telefon, Fax oder Brief (Unified Communication Service).

Ausgabemedien

Schließlich müssen die Ausgabemedien definiert werden. Der Mitarbeiter kann seinen Content am Arbeitsplatz auf seinem persönlichen PC nutzen. Der Vertriebsmitarbeiter will von unterwegs – mobil – per Laptop zugreifen. Manche nutzen dafür auch Persönliche Kleincomputer (PDA) oder gar das Mobiltelefon. In größeren Unternehmen wird der Content über Business-TV vermittelt. Und die CD-ROM und Papierausdrucke haben auch noch lange nicht ausgedient.

Training

Der Umgang mit diesen teilweise sehr komplexen Systemen will gelernt sein. Die Mitarbeiter müssen geschult werden. Sie müssen die neuen Prozesse kennen und einüben. Sie müssen die technischen Systeme nutzen können.

Voraussetzung für Nutzung

Jedes Content- und Wissensmanagementsystem entfaltet seinen Nutzen nur dann, wenn die Mitarbeiter es akzeptieren und in ihren Alltag integrieren. Dies ist die Aufgabe der Schulung und des kontinuierlichen Trainings. Entsprechende Gelegenheiten müssen ausreichend geschaffen werden.

Vieles verfestigt sich nur bei der täglichen Nutzung und beim Erfahrungsaustauschen mit Kollegen. Fördern Sie dies! Schaffen Sie Communities of Practice! Solche Content- und Knowledge-Communities erwecken Ihr System zum Leben.

Literaturhinweise

Bauer, Herbert: Unternehmensportale: Geschäftsmodelle, Design, Technologien. Bonn: Galileo Press GmbH, 2001.

Davenport, Tom; Probst, Gilbert (Hrsg.): Knowledge Management Case Book. Erlangen, München: Publicis MCD Verlag, 2000.

Eppler, Martin, J.; Sukowski, Oliver (Hrsg.): Fallstudien zum Wissensmanagement: Lösungen aus der Praxis. St. Gallen: NetAcademy-Press, 2001.

Kim, Amy Jo: Community Building. Bonn: Galileo Press GmbH, 2001.

Probst, Gilbert; Raub, Steffen; Romhardt, Kai: Wissen managen: Wie Unternehmen ihre wertvollste Ressource optimal nutzen. 3. Auflage. Wiesbaden: Gabler Verlag, 1999.

Schmidt, Michael Peter: Knowledge Communities. München et al.: Adison-Wesley, 2000.

Internetadressen

[http://www.contentmanager.de/]
[http://www.knowledgemarkt.de/]
[http://www.wissensmanagement.net/]
[http://www.people-value.de/]
[http://www.wissenskapital.de/]
[http://KM.ITtoolbox.com/]
[http://www.cybercommunities.de/]
[http://avisma.de/]

6.3 Content Management Systeme

STEPHAN WILHELM

Einleitung

Zu Beginn der Interneteuphorie 1994 und dem Aufbau von Websites als Imagefaktor wurde für die gewerblichen Pioniere, die Großunternehmen der Computerbranche, Finanzdienstleister und großen Industriebetriebe schnell klar, dass sich der Inhalt eines Webservers ohne geeignete Hilfsmittel nicht verwalten lässt. Die Unmenge der Informationen konnte nicht von den wenigen Experten auf das System eingespielt, bzw. nach kurzer Zeit wieder verändert, gelöscht oder archiviert werden. Softwarehersteller haben den Bedarf erkannt und die ersten Softwaresysteme für das Management von Internetinhalten geschaffen.

Vielzahl an Informationen

Tabelle 1: Content Management Systeme

Content Management Systeme		
Content	**Management**	**Systeme**
- Getrennte Betrachtung von Layout, Inhalt und Struktur - Strukturdefinitionen (auch Rubriken- und Navigationsstrukturen) - Informationsklassenbildung	- Workflow, Prozesse (QS, Redaktion, Pflege, Lifecycle) - Link- und Change-Management - Rollen, Rechte - Kommunikationssicherheit	- Distribution (Webserver, Offline, Print, E-Paper) - Funktionsprinzipien (Staging, Live, Misch) - Architektur - Technologien (HW/SW/DBMS)
Integration		
- Rohdaten/Rohinformationen - Legacy/-ERP-Systeme - EAI Enterprise Application Integration	- Componentware - Middleware	

Entwicklung der Systeme

Im Laufe der letzten 5 Jahre ist die Anzahl der Anbieter und Systeme sprunghaft angestiegen und die Funktionalität der Systeme deutlich erweitert worden. Viele Systeme sind aus bestehenden Anwendungen hervorgegangen und lassen noch heute den Brachen- oder Technologiefokus ihrer Urheber erkennen. Damit sind nicht alle Systeme, die den Namen CMS tragen, miteinander vergleichbar oder für einen Anwendungsfall beliebig einsetzbar.

Um die Vielzahl der Systeme überhaupt sichten und klassifizieren zu können, ist die Betrachtung charakteristischer Merkmale und typischer Lifecycle-Prozesse dringend notwendig. Daneben unterscheiden sich die Systeme durch ihre Architektur sowie die verwendeten Hardware- und Softwarekomponenten.

Was ist Content?

Struktur, Darstellungsform und Inhalt

Mit Content wird oft der Inhalt bezeichnet, der sich dem Betrachter auf einem Informationsträger optisch repräsentiert. Im Zusammenhang mit CMS muss der Begriff Content präzisiert werden. Ein innovatives Content Management System behandelt Content als Summe von wesentlichen Einzelinformationen. Diese sind: *Struktur, Darstellungsform und Inhalt*. Besonders dann, wenn Informationen nicht nur für das menschliche Auge bestimmt sind, sondern auch zur automatisierten Weiterverarbeitung (Single Source Multiple Media) oder Weiterverwendung (Syndication) eingesetzt werden, führt dies zwangsläufig zu einer Zerlegung und separaten Datenhaltung dieser drei wesentlichen Bestandteile. In allen Dokumenten bzw. Informationsträgern, ist diese Dreiteilung enthalten, man kann auch von der Anatomie der Dokumente bzw. Informationen, sprechen.

Oft lässt sich die Anatomie der repräsentativen Ausprägung einer Information nur mit dem Auge des Betrachters analysieren. Die datentechnische Ausprägung lässt diese Abstraktion für eine Maschine oft nicht zu, da Inhalt und formale Layoutanweisungen vermengt vorliegen.

Beispiel Word-Dokument

Ein Beispiel aus dem täglichen Umgang mit Word macht dies für jeden nachvollziehbar. Autoren erstellen Dokumente oft nur mit der Standardformatvorlage. Formatierungen werden direkt auf den geschriebenen

Text angewandt. Für den Betrachter ist erkennbar, dass die hervorgehobene, fett und mit großen Lettern geschriebene erste Zeile eine Überschrift ist. Ein Content Management System hat dagegen seine liebe Not, automatisch diesen optisch hervorgehobenen Text als Titel zu verarbeiten und ihn an geeigneter Stelle, z.B. in einer Übersichtsseite, einzublenden. Dem System fehlt die maschinell interpretierbare Metainformation, dass es sich bei diesem Text um einen Titel handelt. Dabei wäre es für jeden Autor einfach, für diese Zeile eine Formatvorlage vom Typ Überschrift zu verwenden.

Dies macht deutlich, dass zunächst ein Wandel im Denken erfolgen muss und erst ein contentorientiertes Handeln den zielgerichteten Umgang mit Content ermöglicht. Nur contentorientiert erstellte und verfügbare Inhalte können mit technischen Systemen sinnvoll und nutzbringend verarbeitet werden. Der Prozess der Contentorientierung beginnt im Kopf, erst dann kann die Technik eines CMS den gewünschten Vorteil erzielen und weitere Potenziale freisetzen.

Contentorientierung

Management von Content

Das Management von Content beschreibt die Behandlung digitaler Informationseinheiten in allen Prozessen oder Prozessschritten von der Entstehung bis zur Distribution und Verwendung. Planung, Steuerung und Produktion von digitalen Inhaltselementen erfolgt dabei möglichst nach dem „Single Source Multiple Media" Prinzip. Informationen werden bedarfs- und benutzergerecht aus möglichst einer Quelle für unterschiedliche Medien aufbereitet. Content Management ist dabei nicht allein technisch bedingt, sondern setzt vor allem bei menschzentrierten Anwendungen ein Umdenken zur contentorientierten Inhalteproduktion voraus und stellt daher eine große Anforderung an die Organisationsgestaltung und -entwicklung.

Begriffsdefinition

Diese Definition klingt zunächst sehr nüchtern, ein Beispiel soll für Verständlichkeit sorgen. Bleiben wir bei einem klassischen Internetauftritt. Betrachten Sie die erste Seite, die Homepage. Auf dieser Seite gibt es ständig Änderungen: Aktuelle Meldungen werden hier angerissen und durch einen weiterführenden Link gelangt man zu den umfassenden Informationen. Über die Einstiegsseite erschließt sich der gesamte Informa-

Beispiel Internetauftritt

tionsraum. Ein übersichtliche Struktur ermöglicht eine schnelle Orientierung und Navigation durch das inhaltliche Angebot.

Abhilfe durch Content Management Systeme

Aber wer vollzieht die Änderungen auf dieser Seite in so kurzer Zeit? Administratoren oder Programmierer stoßen mit wachsendem Angebot und kürzeren Aktualisierungszyklen sehr schnell an physische und psychische Grenzen. Wesentlich effizienter übernehmen solche Aufgaben die Content Management Systeme, indem aus redaktionell erstellten Informationen kleine inhaltliche Elemente herausgegriffen werden, die zur automatischen Positionierung auf der Homepage geeignet sind, etwa die Überschriftenzeile von Informationen und ein als Einleitungstext gekennzeichneter kurzer Absatz.

Mehrfachverwendung

Man kann auch von einer Mehrfachverwendung der elementaren Informationsbausteine einer Meldung sprechen, indem sie sowohl in kleinen Teilen auf der Homepage als auch in vollem Umfang auf einer weiterführenden Seite dargestellt werden, ohne tatsächlich redundant gespeichert und gepflegt zu werden. Berücksichtigt man zusätzlich den gesamten Prozess der Erstellung, Pflege, Auslieferung und Archivierung von Informationen, kann man in Analogie zu Prozessen der klassischen Wirtschaftszweige, z. B. der Produktionsindustrie, einige Parallelen ziehen. Sie verdeutlichen, dass Content Management die Fertigung und Montage von Informationsprodukten aus unterschiedlichen Informationsbauteilen plant und steuert, ähnlich einem Produkt, das aus verschiedenen Bauteilen zusammengesetzt wird.

Mittler zwischen Informationen und DV-Systemen

Während manche Montageprozesse durch Automatisierung keinen menschlichen Eingriff erfordern, können andere nur in Handarbeit bearbeitet werden. Gleiches gilt für die Produktion von digitalen Informationen: Einige Informationsteile lassen sich durch die Kopplung von bestehenden DV-Systemen oder Datenbanken vollautomatisch erstellen, andere Informationselemente erfordern die Arbeit von Redakteuren. Content Management kommt damit vor allem die Funktion einer vermittelnden Schicht zwischen den bestehenden DV-Systemen und den redaktionellen, „handgemachten" Informationen einer Redaktion zu.

Voraussetzungen für Content Management

Die Vorteile einer hohen Automatisierung und optimalen Qualität redaktioneller Inhalte lassen sich nur dann nutzen, wenn grundsätzliche Anforderung erfüllt sind oder geschaffen werden. Wichtigste Anforderung ist die Verfügbarkeit von strukturierten und formatneutralen Informationen. In den meisten Fällen gibt es Richtlinien, wie Information gegliedert sein sollen und in welchem optischen Erscheinungsbild, der Corporate Identity, diese publiziert werden. Was ein Mensch mit seinen Augen bezüglich Struktur und Ordnung einer Information innerhalb von Sekundenbruchteilen erkennen kann, muss einer Maschine datentechnisch vermittelt werden. Ähnlich einem Kofferanhänger muss jedem inhaltlichen Element eine Inhaltsbeschreibung angehängt werden, die besagt, wobei es sich bei diesem Element handelt.

Man spricht bei dieser Art von Information von sogenannten Metainformationen, also Informationen über Informationen. Für obiges Beispiel muss eine Überschrift und ein Einleitungstext maschinenlesbar so ausgezeichnet sein, dass ein Content Management System auf diese Inhaltsbausteine zugreifen kann und sie dann in einen entsprechenden reservierten Platz z.B. auf der Homepage einbaut. Content Management erfordert damit neben dem eigentlichen Inhalt auch die Strukturinformationen und die Beschreibung der Darstellungsform.

Metainformationen

Jede Information lässt sich in diese drei Dimensionen zerlegen:

Drei Dimensionen von Informationen

- *Strukturinformationen*,
  die Auflistung der notwendigen Elemente einer Information (z.B. Überschrift, Kurzzusammenfassung, Zeitmarken, Autor, Freigabezeitpunkt und -zeitraum, Verteiler, Klassifizierungsschlüssel, Medienelemente etc.)
- *Layoutinformationen*,
  eine Beschreibung über Anordnung und Darstellung der einzelnen Informationselementen (z.B. Schriftart und Größe, Textattribute, Formatierungen, Position und Größe der Medienelemente etc.)
- *Rohinhalt*,
  der eigentliche informelle unformatierte Inhalt von Informationen.

Was bedeutet Contentorientierung mit XML ?

Die Trennung von Informationen in Struktur, Layout und Inhalt und die getrennte Verarbeitung/Speicherung dieser Grundelemente ist Voraussetzung für ein effizientes Content Management

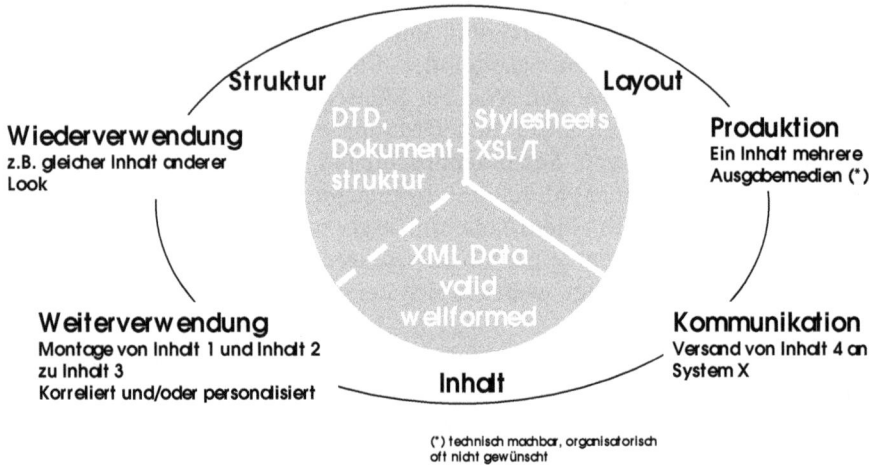

(*) technisch machbar, organisatorisch oft nicht gewünscht

Abb. 1: Contentorientierung mit XML

Mischung von Layout und Inhalt

In der täglichen Praxis wird oft Layout und Inhalt gemischt, da der Mensch grundsätzlich als Informationsempfänger im Vordergrund steht. Wir sind in der Lage, aufgrund der besonderen Formatierung z.B. in Fettschrift oder in großer Schrifttype eine Überschrift zu erkennen, aber im Zuge der elektronischen Weiterverarbeitung und Wiederverwendung von Informationsbausteinen an unterschiedlicher Stelle und in unterschiedlichen Medien wird dieser Ansatz scheitern. Das digitale Content Management wird nur funktionieren, wenn eine strikte Trennung von Struktur, Inhalt und Layout eingehalten wird.

Auswirkungen auf die Arbeitsverrichtung

Anwender befürchten dadurch einen Mehraufwand in ihrer täglichen Arbeit. Erfahrungen haben gezeigt, dass sich das Maß der Arbeit nicht erhöht, dass sich aber die Art und Weise der Arbeitsverrichtung ändern wird. Strukturdefinitionen und Vorgaben, die Baupläne von Informationen, werden einen Verzicht auf „kreative Freiheit" bei den einzelnen Autoren erfordern. Qualifizierung muss ein bewusstes Abweichen von überholten

Gewohnheiten und eine damit verbundene Veränderung der Arbeitsweise herbeiführen. Einfache Methoden, wie z.B. eine Eingabe von redaktionellem Inhalt über Formulare und Felder stellt diese maschinenlesbare Strukturierung sozusagen im Hintergrund sicher. Technische Funktionen, die jedem am Desktop verfügbar sind, müssen auch konsequent genutzt werden, wie z.B. die Verwendung von Auszeichnungsmarken im eingesetzten Texteditor.

Die notwendigen Funktionen zur Qualifizierung von Inhalt sind technisch seit langem verfügbar, doch leider werden diese viel zu selten genutzt bzw. falsch genutzt. Stellen Sie sich selbst die kritische Frage, ob Sie in Ihren Schreibarbeiten unterschiedliche Inhalte auch tatsächlich unterschiedlich auszeichnen oder generell mit der Standardformatvorlage arbeiten. Unabhängig von der Antwort auf diese Frage steht fest: Dieser Veränderungsprozess wird nicht innerhalb des Installationszeitraums einer neuen Software erfolgen. Die Organisationsentwicklung, Bewusstseinsbildung und Qualifizierung der Mitarbeiter ist die größte Herausforderung bei Content Management Projekten.

Qualifizierung von Inhalt

Nach der Organisation kommt die Technik – Wie findet sich ein geeignetes System?

Die Auswahl eines Content Management Systems gestaltet sich für viele Projektgruppen schwer. Zum einen bietet der Markt heute mehr als 60 Hersteller unterschiedlichster Größe und Kernkompetenz, zum anderen haben die wenigsten Projektgruppen eine genaue Vorstellung, welche Anforderungen konkret an ein System zu stellen sind. Viele wissen aus der Erfahrung heraus sehr genau, was sie in Zukunft nicht mehr akzeptieren werden.

Auswahl eines Systems

Für eine investitionssichere Auswahl ist dies leider nicht ausreichend. Nur eine gezielte Analyse der eigenen Situation und Ziele kann ein Anforderungsprofil prägen, mit dem sich die Vielzahl der Anbieter eingrenzen und bewerten lässt. Grundsätzlich sind drei Erhebungsdimensionen relevant: Die thematischen Inhalte, also die sogenannten Contents, die Prozesse für Erstellung, Pflege und Verwaltung sowie die technischen Rahmenparameter. Gezielte Fragestellungen charakterisieren die Durchführung der Analyse.

Anforderungen

Die Qual der Wahl
Die Auswahl eines CMS beginnt mit der eigenen Analyse

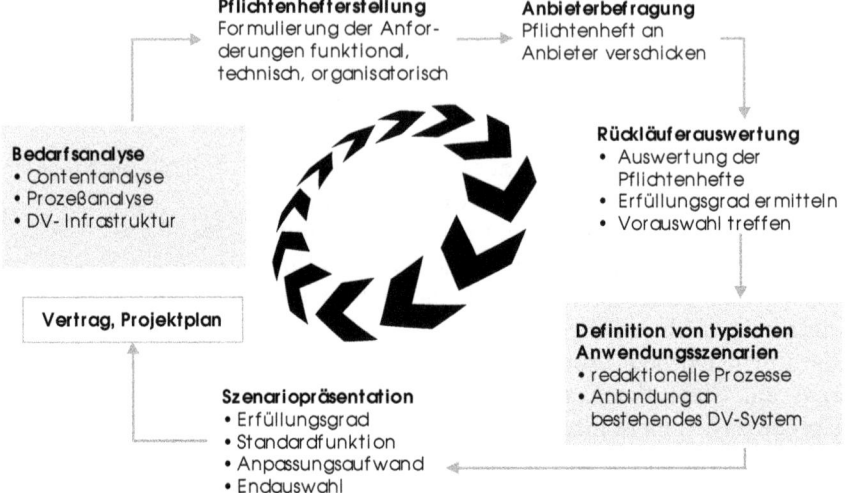

Abb. 2: Auswahlprozess eines CMS

Contentanalyse

Herkunft und Pflege der Inhalte

Inhaltliche Fragen ermitteln den Ursprung der Informationen. Aus welchen Bereichen bzw. welchen Quellen stammen die Inhalte? Wie verteilt sich der redaktionell erstellte und der abgerufene Inhalt aus bestehenden Datenquellen und DV-Systemen. Wie sehen die Mengen- und Zeitgerüste für Pflegezyklen aus? Aufgrund welcher Ereignisse werden die Informationen verändert bzw. neu erstellt? Wie wird die Information verwaltet und archiviert. Gibt es für den Nutzer recherchierbare Archive mit chronologischer oder thematischer Ordnung? Aus dieser Frage ergeben sich die wichtigen Funktionen der Metaebenenbildung die vollautomatisch vom Content Management durchgeführt werden.

Prozessanalyse

Historisch gewachsene Prozesse

Etablierte Prozesse zur Erstellung und Pflege von Informationen auch für einen bereits vorhandenen Internetauftritt sind historisch gewachsen und erfolgen in vielen Unternehmen durch eine einzige Person mit

Expertenwissen oder durch externe Partner. Hieraus ergeben sich kostenintensive Prozesse mit langen Reaktions- und Durchlaufzeiten, die zusätzlich durch Medienbrüche belastet werden. Eine zeitnahe Aktualisierung und Pflege von Webinhalten resultiert in hohen Kostenaufwendungen, die bei Intensivierung der Aktivitäten weiter ansteigen und dauerhaft nicht vertretbar sind. Ein Workflow für Redaktion, Qualitätssicherung, Freigabe und Pflege ist oft nicht vorhanden. Derartige Anforderungen müssen vor allem unter dem Aspekt der Vertrauenswürdigkeit und Verbindlichkeit von Informationen in ein Prozessredesign einfließen. Sie bestimmen maßgeblich den geforderten Funktionsumfang eines CMS.

Folgende Sachverhalte müssen im Rahmen der Prozessaufnahme untersucht werden:

Prozessaufnahme

- Wer bzw. welche Abteilungen sind verantwortlich für die Inhalte? Anhand einer Content Landkarte, die sich aus dem bestehenden Informationsvorrat mittels automatischer Tools (z.B. Astra SiteManager) visualisieren lässt, können Verantwortungsbereiche und Rolleninhaber identifiziert werden.
- Wie lange sind die Durchlaufzeiten und Reaktionszeiten für Aktualisierungen. Wie hoch ist das Aufkommen für die unterschiedlichen Informationsklassen?
- Gibt es typische Spitzenzeiten?
- Wie sieht der vorgelagerte Prozess aus, was kommt als Input? Kommen die Informationen auf Papier bzw. in Dateien, sind diese strukturiert oder unstrukturiert?
- Wie sehen die eigenen Verarbeitungsaktivitäten aus und welche Hilfsmittel werden dazu verwendet?
- Welches spezielle Qualifikationsprofil ist dazu notwendig?
- Wer bekommt die Ergebnisse der Arbeit, welcher nachgelagerte Prozess schließt sich an?
- Gibt es bestehende DV-Systeme und Datenquellen, die als Rohinformationslieferanten dienen und integriert werden müssen.

Um kontinuierliche Verbesserungsmaßnahmen ergreifen zu können, ist im Rahmen der Prozessanalyse auch eine klare Ansprache der typischen, zufälligen und systematischen Fehlerarten, Ursachen und Häufigkeiten

Prozessanalyse

anzusprechen. Die Analyse kann durch strukturierte, persönliche Interviews mit den Prozessbeteiligten durchgeführt werden. Die Kompetenz des Interviewers entscheidet über den Erfolg der Befragung und die Verwertbarkeit der gewonnenen Fakten. Er sollte sowohl über ein hohes Maß an Sozialkompetenz verfügen als auch Erfahrung in der strukturierten Befragung vorweisen können.

Infrastrukturanalyse

In den meisten Unternehmen gibt es eine strategische Ausrichtung bzgl. DV-Infrastruktur, Betriebssystem und Anwendungssoftware. Die meisten Anbieter versuchen, ihre Systeme auf möglichst vielen Plattformen und Betriebssystemen anzubieten. In der Regel wird eine Kombination bevorzugt. Einige wenige CMS-Anbieter arbeiten exklusiv nur mit einem Betriebssystem und/oder Hardware. Begründet wird diese Strategie mit der Performance der Systeme oder der Verwendung von herstellergebundenen Technologien. Diese Kriterien bilden Ko-Kriterien für eine abgestimmte Grobauswahl und können aus den frei verfügbaren Produktinformationen der Hersteller entnommen werden. Ein Teil der Erkenntnisse einer Infrastrukturanalyse ergibt sich bereits aus der Prozessanalyse. Dort wurden die Informationsquellen und bestehenden DV-Systeme ermittelt.

Betrachtung der technischen Infrastruktur

Folgende Fragen sollen die detaillierte Betrachtung der technischen Infrastruktur abrunden:

- Welche Datenbanksysteme sind unternehmensweit im Einsatz? Welches Betriebssystem wird bevorzugt, welches Know-how ist vor Ort oder im Rechenzentrum verfügbar?
- Welche Hardware ist im Einsatz, welche Server werden betrieben, welche Clients stehen den Benutzern zur Verfügung?
- Gibt es bereits eine Integrationsebene der verschiedenen heterogenen DV-Systeme, welche Middleware ist zwischen den einzelnen Systemen im Einsatz?
- Gibt es eine Benutzerverwaltung und ein Rollenkonzept? Kann darauf aufgebaut werden?
- Wie sehen die topologischen Verhältnisse und Sicherheitskonzepte aus, wie lässt sich das CMS in diese Landschaft integrieren?

- Dezentrales Arbeiten erfordert den Zugriff auf Unternehmensressourcen von „Außen". Gibt es bereits Erfahrung mit sogenannten ASP-Betreibermodellen, stehen dazu sichere Verbindungen zur Verfügung?

Anforderungskatalog

Aus den Ergebnissen der Analyse müssen die anwendungs- und unternehmensspezifischen Anforderungen an ein CMS abgeleitet werden. Diese Anforderungen werden in einem Anforderungskatalog zusammengestellt. Folgende Gliederungspunkte müssen enthalten sein:

- *Einleitung*
  Kurzbeschreibung des Unternehmens und der verfolgten Ziele durch die Einführung eines CMS.
- *Beschreibung der wesentlichen Inhalte und Abläufe*
  Inhaltsklassen und Anforderungen, Geforderte Prozessunterstützung und grobe Beschreibung des Workflow, vorhandene Systemlandschaft und zu integrierende Backend-Systeme
- *Einzelanforderungen*
  Funktionsunabhängige Informationen zum Hersteller und System, Auflistung der funktionale Anforderungen entsprechend der Ergebnisse aus Content und Prozessanalyse.
- *Produktservice, Preiskonditionen, Realisierung*
  Unterstützung bei Einführung, Schulung und Betrieb, Lizenzierungsmodell, Projektplanung und Realisierungspartner

Bewertung und Auswahl der Anbieter

Durch den Anforderungskatalog wird der Bedarf und das Potential der geforderten Lösung transparent dargestellt. Durch eine Gewichtung der Kriterien in Muss-, Soll- und Kann-Anforderungen ist eine Vorauswahl möglich, die aus der Vielzahl der Hersteller einige wenige mögliche Kandidaten eingrenzt.

Muss-, Soll- und Kann - Anforderungen

Die Projektgruppenmitglieder wissen von nun an sehr genau, auf welche funktionalen Kriterien sie bei Systemen besonders achten und welche technischen Rahmenparameter als Ko.-Kriterien gelten.

Für den weiteren Auswahlprozess spielt die Vergleichbarkeit der Systeme eine wichtige Rolle. Nur wenn alle Hersteller eine artgleiche Darstellung der Systemfunktionen präsentieren, sind die unterschiedlichen Lö-

Darstellung der Systeme

sungen vergleichend bewertbar. Wir empfehlen für diesen Schritt die Präsentation von Szenarien. Alle Hersteller werden gebeten, innerhalb einer festgelegten Vorbereitungszeit einen typischen und repräsentativen Anwendungsfall als „Hausaufgabe" mit ihrem System umzusetzen und zu präsentieren. Neben dem direkten Vergleich der dargestellten Lösungen lässt der Realisierungsgrad der Präsentation auch den Umfang der bestehenden Basisfunktionalität eines Produktes erkennen, für die im Projektverlauf keine kostenintensive Entwicklungsarbeit geleistet werden muss.

Bewertung durch eine Projektgruppe

Die Beurteilung der Präsentationen sollte von einer interdisziplinären Projektgruppe auf Basis von standardisierten Bewertungsbögen erfolgen. Entscheidungen werden damit nachvollziehbar und dokumentierbar. Besondere Aufmerksamkeit muss auch dem Implementierungspartner entgegengebracht werden. In den meisten Fällen wird der CMS-Hersteller nicht selbst die Einführung und Anpassung vornehmen, sondern einen Implementierungspartner einbinden. Daher sollte man sehr genau prüfen, mit welchem Partner man sich für die Projektlaufzeit und darüber hinaus bindet.

Literatur

Bullinger, Schuster, Wilhelm (2001) Content Management Systeme – Auswahlstrategien, Architekturen und Produkte, Stuttgart

6.4 Anforderungen an ein CMS

Tanja Julich

Einleitung

Der Bedarf an Content Management Systemen ist aus der Entwicklung und der Geschichte von Webseiten und der Nutzung des Internet heraus zu verstehen. Waren in den Anfangszeiten des E-Business Webseiten noch ein Medium zur größtenteils statischen Präsentation von Informationen ohne Integration in weitere Unternehmensanwendungen oder Möglichkeiten der Interaktion, so haben sich die Intra- und Extranet Lösungen der Unternehmen heutzutage zu anspruchsvollen Anwendungen hin bewegt, mit denen ein erkennbarer Geschäftsnutzen erzielt werden soll.

Geschichte der Webseiten

Der Internetauftritt eines Unternehmens stellt heute die Online-Abbildung des gesamten Unternehmens und seiner Geschäftsprozesse dar, inklusive der Handelsbeziehungen zu Zulieferern, Partnern und Kunden. Erschwerend hinzu kommt, dass die Menge der zur Veröffentlichung bestimmten Inhalte laufend weiter zunimmt, während sie gleichzeitig durch immer mehr Mitarbeiter erstellt sowie in immer kürzeren Zeitabständen aktualisiert werden muss. Zusätzlich werden Inhalte aus Drittsystemen veröffentlicht oder auch erst durch das Zusammenspiel von Daten aus unterschiedlichen Anwendungen zusammengestellt.

Abbildung des gesamten Unternehmens

Diesen Herauforderungen lässt sich nicht mehr durch den Einsatz einer zentralen Person genügen, welche die Inhalte zusammenstellt und die Webseiten in statischem HTML-Format jedes Mal neu erstellt.

Um Informationen zu diesem Zeitpunkt weiterhin gewinnbringend zu nutzen, ist es erforderlich, diese Inhalte strukturiert und effizient zu managen, was ohne

Management von Inhalten

den Einsatz eines professionellen Systems kaum noch möglich ist.

Der Anspruch

Pflege von Struktur und Inhalten

Ein Content Management System sollte grundsätzlich die Pflege der Struktur und der Inhalte einer Webseite oder eines Intranets auf möglichst reibungslose Art in die Unternehmensprozesse einbinden; nach Möglichkeit auch auf Basis einer Plattform, die die Veröffentlichung der Inhalte über unterschiedlichste Anwendungen unterstützt.

Probleme im Umgang mit Content

Die Probleme, denen sich Unternehmen im Einzelnen gegenübergestellt sehen, sind dabei vielfältig.

- Die verwendeten Inhalte besitzen unterschiedliche Formate (Texte, Grafiken, multimediale Objekte) und stammen aus unterschiedlichen Datenquellen. Sie müssen darüber hinaus für unterschiedliche Anwendungen bereitgestellt und auf unterschiedlichen Ausgabemedien zur Verfügung gestellt werden (Druckformate, Desktops, PDAs, Mobiltelefone).
- Die Ersteller der Inhalte (im Folgenden auch als Contributoren bezeichnet) befinden sich an dezentralen oder geographisch verteilten Standorten.
- Die Contributoren verfügen in der Regel über keine fundierten Kenntnisse von Programmiersprachen und bevorzugen bereits bekannte Authoring-Tools wie z.B. MS Word, MS Power Point oder Email-Formate zur Erstellung der Inhalte.
- Die Freigabe und das Veröffentlichen von Inhalten im Web muss weiterhin kontrolliert und qualitätsgesichert aber auch zeitnah zur Erstellung erfolgen.
- Informationen sollten aktuell und qualitativ hochwertig sein. Mechanismen zur Vermeidung toter Links sowie veralteter und inkonsistenter Informationen müssen unterstützt bzw. automatisiert werden.
- Inhalte sollten leicht auffindbar sein, auch durch ungeübte Benutzer.
- Unterschiedliche Zielgruppen der Inhalts-Konsumenten der Inhalte müssen berücksichtigt werden. Die Inhalte müssen daher zielgerichtet aufbereitet und den verschiedenen Nutzergruppen maßgeschneidert zur Verfügung gestellt werden.

- Design-Vorgaben für die Corporate Identity müssen weiterhin durchgängig und qualitätsgesichert über sämtliche Bereiche und Medien umgesetzt werden.

Zusätzliche Ansprüche an den Einsatz eines Systems ergeben sich aus betriebswirtschaftlichen Überlegungen:

Zusätzliche Ansprüche

- Das System muss mit überschaubaren Kosten zu implementieren und mit möglichst geringem Aufwand in die bestehenden Unternehmensanwendungen integrierbar sein.
- Die Trainingskosten für die Administration und die Anwender des Systems sollten sich in einem überschaubaren Rahmen bewegen.
- Die Administration und Pflege des Systems sollte auch nach der Implementierung ohne überproportionalen Aufwand möglich sein.
- Die Anwendung des Systems zur Inhaltserstellung sollte unproblematisch und intuitiv sein, um eine hohe Anwenderakzeptanz zu erzielen.
- Nachfolgende Integrationen weiterer Anwendungen sollten nicht nur möglich sondern auch mit überschaubarem Aufwand durchführbar sein.
- Das System sollte nach Möglichkeit auf Standardtechnologien basieren um Investitionssicherheit zu gewährleisten.

Wege zur Lösung

Um den zuvor geschilderten Zwecken gerecht zu werden, arbeiten Content Management Systeme in erster Linie mit dem Konzept der Trennung von Inhalt, Struktur und Präsentationsform. Der Inhalt wird dabei (im Idealfall in einem medienneutralen Format und in der Regel Datenbank-basiert) gespeichert und erst zum Zeitpunkt der Veröffentlichung mit den Präsentationsinformationen verbunden. Die Segmentierung des Inhaltes in einzelne Datenelemente lehnt sich dabei an die Strukturdefinition an, welche die Inhalte in formale Bestandteile wie beispielsweise Titel, Abstrakt, Textkörper oder Links zum Thema aufgliedert. Weitere Hintergrundinformationen, welche ebenfalls getrennt verwaltet werden, sind Metadaten wie Autor, Version, Zugriffsrecht auf den Inhalt, Lebensdauer und Gültigkeit.

Trennung von Inhalt, Struktur und Präsentationsform

Verwendung von Templates	Informationen zur Präsentation oder dem Layout des entsprechenden Inhalts sorgen über Templates für die kohärente Umsetzung von Designvorgaben sowie die medienspezifische Ausgabeform. Diese Templates können auch browserspezifische Vorgaben enthalten, so dass die Präsentation des Inhalts unabhängig vom verwendeten Browser einheitlich bleibt.
Anpassung an die Corporate Identity	Durch diese Trennung wird eine gleichbleibende Struktur bei der Inhaltserstellung, ein einheitliches Erscheinungsbild entsprechend der Corporate Identity, eine bedarfsgerechte Wiederverwendung der Inhalte sowie die Benutzer- und Medienspezifische Aufbereitung unterstützt. Zusätzlich werden über die Metainformationen CMS-spezifische Funktionalitäten wie Suche, Indizierung und die Steuerung der Erscheinungsdauer von Dokumenten ermöglicht.
Content Life Cycle	Ein weiterer Aspekt, der beim Einsatz eines CMS zum Tragen kommt, ist der Lebenszyklus der Inhalte. Der sogenannte Content Life Cycle beginnt mit der Erstellung der Inhalte, häufig auch der Übernahme aus Bestandsdatensystemen, wird mit der Bearbeitung und Qualitätssicherung (im Folgenden auch als Freigabe bezeichnet) sowie der Darstellung und Aktualisierung fortgeführt und mündet in der Archivierung der Inhalte zu Revisions- und Recherchezwecken. Wird über den Einsatz eines Content Management Systems nachgedacht, so sind auch beim Lebenszyklus der Inhalte firmenspezifische Besonderheiten zu beachten. Grundsätzlich sollte in jedem Fall vor der Entscheidung für die eine oder andere Lösung ein Projekt aufgesetzt werden, dessen Aufgabe die gezielte Analyse der im Unternehmen vorliegenden Prozesse ist, um das für den eigenen Bedarf am besten geeignete System zu evaluieren.

Erstellung der Inhalte

Herkunft der Inhalte	Eine der Fragen, die sich in diesem Zusammenhang stellt ist die Herkunft der Inhalte, sowie die Form und Häufigkeit ihrer Erstellung. Während unter Umständen ein Teil der Inhalte aus Bestandsdaten- oder auch Drittsystemen importiert wird, besitzt die redaktionelle Erstellung durch Unternehmensmitarbeiter in den meisten Fällen den größeren Anteil. Hier sind auf jeden Fall die Möglichkeiten und das Vorwissen der Inhaltsersteller zu berücksichtigen, beispielsweise welche

Tools bei der Texterstellung verwendet werden und welches Programmierwissen (nicht) vorhanden sein mag. Unterstützt das CMS durch die Integration und den Einsatz von WYSIWYG-Editoren und bekannten Authoring-Tools die Inhaltserstellung nach herkömmlichen Methoden, so findet hierdurch nicht nur eine massive Verkürzung des Trainingszyklus statt, sondern es kommt auch zu einer erhöhten Anwenderakzeptanz. Ebenso ist hier festzuhalten, ob sich die Contributoren (lokal) im eigenen Unternehmen befinden oder ob beispielsweise auch externe Partner ebenfalls Inhalte erstellen können sollen, falls ja, ist ebenfalls zu klären wie diese auf das System zugreifen.

Zusätzlich sollte die Art und Struktur der zu erstellenden Inhalte geklärt werden, von denen hier nur ein paar mögliche Typen aufgezählt werden sollen:

Art und Struktur der Inhalte

- Unternehmensinformationen und Neuigkeiten (Artikel)
- Produktbeschreibungen und Informationen, evtl. um grafische Elemente erweitert
- Links für die interne Verknüpfung von Informationen oder beispielsweise auch zu Partnerseiten und Informationen
- Downloads (Dokumente und Grafiken, Vorlagen)
- Adressen und Kontaktdaten
- Informationen über Veranstaltungen, eventuell mit der Möglichkeit sich anzumelden
- Hilfe- und Fragelisten, wobei hier eventuell auch die Erweiterung um Community-Funktionalitäten wie interaktive Gesprächsforen zu erwägen ist

Zu unterscheiden ist auch die Methode der Inhaltsaktualisierung. Werden die Inhalte beispielsweise in geregelten Abständen neu erstellt oder werden sie anhand von aktuellen Gegebenheiten kurzfristig publiziert? Sollen die Inhalte direkt durch Zugriff auf die Webseite editiert werden können? Werden die bestehenden Informationen dabei überschrieben oder bleiben diese bestehen und es entsteht eine neue Version? Soll die ursprüngliche Version des Inhalts auch während der Überarbeitung auf der Webseite sichtbar bleiben? Muss durch eine Versionskontrolle die gleichzeitige Überarbeitung von Inhalten verhindert werden?

Inhaltsaktualisierung

Zusätzlich stellt sich die Frage nach den mit dem Inhalt zu verbindenden Hintergrundinformationen (Me-

Metadaten

tadaten). Den Inhalten sollten beispielsweise Autoren, Publikationsdaten, Schlüsselwörter und eine Einordnung in den Kontext der Website (Kategorie) zugewiesen werden können, falls dieses in den Verantwortungsbereich der Ersteller fällt oder diese Vorschläge machen möchten, um die nächsten Bearbeitungsschritte zu erleichtern.

Hierarchie An dieser Stelle spielt auch die Frage der übergeordneten Struktur (Hierarchie) der Inhalte und der Webseite eine Rolle: Welche Kategorien von Inhalten existieren und für wen sind diese interessant? Wer darf und soll auf die jeweiligen Kategorien zugreifen können und wer nicht? Erhält der Bearbeiter eine umfassende oder eine seinen spezifischen Aufgaben und Interessen angepasste Sicht auf die Optionen der Inhaltserstellung?

In jedem Fall existiert nach der Inhaltserstellung eine neue Version, welche von dem Content Management System gespeichert und den nächsten Bearbeitungsschritten zugeleitet wird.

Überarbeitung und Freigabe

Qualitätssicherung Die Qualitätssicherung der Inhalte erfolgt meist durch eine Überprüfung von Seiten der hierfür in Frage kommenden Verantwortlichen sowie die nachfolgende Freigabe zur Veröffentlichung im Netz. Dies wird unterstützt durch die redaktionellen Workflow-Mechanismen eines Content Management Systems.

Workflow-Mechanismen Die Workflow-Komponente soll die Zusammenarbeit aller dem CMS angeschlossenen an der Inhaltsbearbeitung beteiligten ein reibungsloses und automatisiertes Zusammenarbeiten ermöglichen. Da prinzipiell noch keine gesicherten Mechanismen zur unternehmensübergreifenden Zusammenarbeit existieren, so sollten die Partner und externen Contentersteller über die entsprechende Gruppenzuordnung an den im Unternehmen bestehenden und praktizierten Workflow angeschlossen werden.

Berechtigungen Hierfür ist es erforderlich die entsprechenden Verantwortlichen mit den jeweiligen Berechtigungen klar zu identifizieren. Während einer bestimmten Gruppe von Zulieferern beispielsweise nur die Erstellung von Produktbeschreibungen ‚erlaubt' ist, kombiniert mit der Möglichkeit, sie anderen Contributoren zur Mitbearbeitung zur Verfügung zu stellen, besitzt nur der Produktverantwortliche die Kompetenz, Beschreibungen und technische Informationen freizugeben. Dies bedeutet, dass auch jegliche Information dieser Art vor der Veröffentlichung auf seinem ‚Schreibtisch' (seinem persönlichen Arbeitsbereich in der Anwendung) landen. Die Workflow-Komponente sollte darüber hinaus sicherstellen, dass ihm zusätzlich eine Benachrichtigung über die anstehende Aufgabe zukommt (beispielsweise per E-Mail und als gesonderte Aufgabe in einer speziellen Taskliste).

Optimalerweise lassen sich die Workflow-Optionen dabei über die Rechteverwaltung für die Benutzergruppen steuern, so dass ‚verbotene' Optionen bereits in der Arbeitsansicht gar nicht erst zur Verfügung gestellt werden. Eine zusätzliche Option kann darin bestehen, parallele oder serielle sowie ‚Abstimmungs'-Optionen zu wählen, bei denen beispielsweise eine bestimmte Mehrheit von Verantwortlichen vor der Freigabe zustimmen muss. In der Regel ist jedoch ein serieller, ein- bis zwei-stufiger Workflow ausreichend, der jedoch die programmtechnische Möglichkeit der Erweiterung besitzen sollte.

Rechteverwaltung

Weitere Funktionalitäten die in diesem Stadium der Inhaltserstellung eine Rolle spielen:

Funktionalitäten

- Administration der Zugriffs- und Bearbeitungsrechte, meistens benutzergruppenspezifisch angelegt
- Kategorisierung und Verschlagwortung von Inhalten
- Suche und Wiederauffindbarkeit, Filteroptionen
- Versionskontrolle und Management des Lebenszyklus von Inhalten anhand der Publiktionsdaten

Nach diesem Bearbeitungsschritt liegt der Inhalt jetzt in qualitätsgesicherter Form und mit Hintergrundinformationen versehen vor und steht damit für den Publikations- und Verteilungsprozess bereit.

Publikation der Inhalte

Im nächsten Schritt werden die Inhalte auf dem Webserver zur Veröffentlichung bereitgestellt. Die Logik umfasst dabei Regeln für Zugriffsrechte und Sicherheitskonzepte, Caching-Mechanismen zur Performanz-Optimierung und Regeln zur Unterstützung der medienabhängigen Darstellung.

Veröffentlichung

Personalisierung ist eine der Schlüsselfunktionen im Bereich Content Management. Ein CMS soll zwar sowohl bei der zügigen und strukturierten Erstellung von

Personalisierung

Inhalten unterstützen als auch die Administration der Inhalte optimieren, gerade für kleinere Unternehmen stellt sich jedoch verstärkt die Frage nach dem Mehrwert. Dieser kann nur entstehen, wenn die Informationen und Inhalte der Webseite den Zielgruppen, d.h. den Informationskonsumenten, im Idealfall orts- und medienunabhängig zur Verfügung stehen und (nur) genau die Inhalte und Funktionen zur Anzeige gelangen, welche tatsächlich gewünscht und benötigt werden. Egal ob hochspezialisierte Personalisierungstools anderer Hersteller an das System gekoppelt werden oder ob dieses selbst über Personalisierungsmechanismen verfügt – das CMS stellt auf jeden Fall die Inhalte dergestalt mit Metadaten versehen zur Verfügung, dass eine zielgruppen-spezifische Personalisierung ermöglicht wird.

Benutzerprofile

Aus der Personalisierung resultieren Benutzerprofile, welche entweder betreiberseitig oder auch (variabel konfigurierbar) anwenderseitig angepasst werden. Anspruchsvolle Lösungen generieren über das Besucherverhalten (Mausklicks) entsprechend angepasste Benutzerprofile und ermöglichen damit eine gezielte Steuerung des Konsumentenverhaltens. Auch die Anpassung an regionale Besonderheiten (Lokalisierung) kann im Rahmen globaler Handelsstrategien eine Rolle spielen. Hierzu ist es notwendig, die Inhalte mit Hintergrundinformationen zu lokalen Besonderheiten (Sprache, spezielle Kategorien) auszustatten sowie die Benutzergruppen mit korrespondierenden Rechten und Einstellungen zu versehen. Ein spanischer Handelspartner bekäme so beispielsweise Preise und Lieferkonditionen nach europäischem Zollrecht und in Spanisch angezeigt, während sich diese Informationen für einen amerikanischen Importeur grundlegend anders gestalten würden. Zielsetzung sollte es hierbei wiederum sein, den Inhalt möglichst gewinnbringend für viele Kunden und Unternehmenspartner zu gestalten und damit mehr Präsenz und Attraktivität zu generieren.

Zugriffsrechte

Die Verwaltung von Benutzerprofilen und von Zugriffsrechten sind ein weiterer Punkt, an dem unternehmensspezifische Gegebenheiten zu berücksichtigen sind. Sind bereits Systeme zur Zugriffsverwaltung vorhanden, so sollte das eingesetzte CMS über Möglichkeiten zur Anbindung verfügen (Anbindung beispielsweise an LDAP oder Microsoft Active Directory). Zusätzlich stellt sich die Frage nach der gewünschten Granularität der Zugriffsrechte – reicht es beispielsweise Zugriffsrechte auf Gruppenebene zu definieren oder soll einer bestimmten Benutzergruppe nur die Möglichkeit der reinen Erstellung einer bestimmte Art von Inhaltstyp in einer genau spezifizierten Kategorie ermöglicht werden?

Unterschieden wird auch zwischen der statischen Darstellung der Inhalte versus einer dynamischen (Staging oder Life-Server). Sollen nur bestimmte Teile einer Webseite jedes Mal, für den jeweiligen Benutzer und Bedarfsfall zusammengesetzt werden, so lässt sich auch über Caching-Mechanismen eine höhere Performanz erzielen als bei einem komplett dynamischen System, welches alle Komponenten bei jedem Aufruf individuell und vollständig neu zusammenfügt. Denkbar sind auch Mischformen zwischen statischen und dynamisch erstellten Komponenten, diese Entscheidungen sind jedoch stark von den im jeweiligen Unternehmen definierten Anforderungen an Leistungsfähigkeit, Verfügbarkeit und Grad der Personalisierung abhängig.

Statische und dynamische Darstellung der Inhalte

Eine zentrale Aufgabe des CMS besteht darin, die Verteilung der Inhalte über unterschiedliche Kanäle zu ermöglichen. Mit der steigenden Anzahl von Zugriffslösungen und Bandbreiten sollte die Distribution nach Möglichkeit für eine Vielzahl von Ausgabemedien (PDAs, mobile Telefone, Partnerwebseiten (Syndication), klassische Aufbereitung für Druckoptionen) mit unterschiedlichen Datenformaten (HTML, XML, WML) unterstützt werden. Allerdings befinden sich hier noch viele Systeme am Anfang und es ist in jedem Fall erforderlich, sich das tatsächliche Anwender- und Konsumentenverhalten zu vergegenwärtigen, bevor eine entsprechende Lösung gewählt wird.

Verteilung über unterschiedliche Kanäle

Archivierung

Abschließend ist es Aufgabe des CMS, die Inhalte auch für spätere Zeiten revisionssicher vorzuhalten. Optimalerweise lässt ein CMS eine frei konfigurierbare Anzahl von dem Endanwender zur Verfügung stehenden Versionen zu, während über ebenfalls konfigurierbare Metainformationen Suche und Recherchefunktionalitäten effizient gesteuert werden. Bei komplexeren Anwendungen ist unter Umständen auch eine separate Versionierung von einzelnen Inhaltselementen einer Website (Grafiken, Links oder Navigationselementen) gefragt

Automatische Archivierung — Wird die aktuelle Lebensdauer, d.h. die gewünschte online-Verfügbarkeit von Inhalten überschritten, sollten sie automatisch archiviert werden. Gleichzeitig sollte die Möglichkeit bestehen, über Versionskontrolle und Rollback-Funktionalität den früheren Zustand einer Webseite wieder herzustellen.

Auswahl eines CMS

Erstellung eines Pflichtenheftes — Zum gegenwärtigen Zeitpunkt steht eine große und weiterhin wachsende Anzahl von Content Management Systemen auf Basis unterschiedlicher Technologien und mit stark divergierendem Funktionsumfang zur Verfügung.

Um das für den speziellen Bedarfsfall am besten geeignete System zu ermitteln, ist, wie bereits erwähnt, eine genaue Identifikation der unternehmenseigenen Prozesse und Gegebenheiten unerlässlich. Diese sollten in einem Pflichtenheft zusammengefasst und in Zusammenarbeit mit den Herstellern auf Korrelation mit dem angebotenen System überprüft werden.

Klassifikation der Systeme — Grundsätzlich lassen sich die Systeme auf unterschiedliche Arten klassifizieren, abhängig von dem jeweiligen Fokus der Anwendung. Einige Systeme legen besonderen Wert auf ausgereifte Funktionalitäten bei der Inhaltserstellung (leichte Erstellung und Design, schnelle Überarbeitung, Verwaltung und Publikation auf der Webseite). Andere Systeme legen den Fokus auf die Auslieferung und Integration von Inhalten mit stärkerer Betonung von Personalisierung und effizientem Customer Relation Management. Zusätzlich gibt es Anbieter von Komplettsystemen, die den gesamten Lebenszyklus von der Erstellung bis hin zur Auslieferung und Integration von Content in unternehmensfremde Anwendungen und Partnersites unterstützen.

Redaktionssysteme und Enterprise-CMS Lösungen — Die hauptsächliche Unterscheidung wird aber zwischen den sogenannten Redaktionssystemen und Enterprise-CMS Lösungen getroffen. Während Redaktionssysteme häufig den Charakter einer schnell zu implementierenden ‚out-of-the-box'-Lösung mit vorkonfigurierten Funktionalitäten besitzen, stellen Enterprise Systeme häufig eine anpassbare Plattform für die gesamte Content- und E-Business Strategie eines Unternehmens dar. Diese Systeme besitzen größere Möglichkeiten der Integration mit beispielsweise ERP- oder

Shop-Systemen, stellen aber auch höhere Ansprüche an Consulting und Implementierungsleistungen.

Zur Preisgestaltung lassen sich nur allgemeine Aussagen treffen. Die Spannweite reicht hier von einfachen Redaktionssystemen mit geringerem Funktionsumfang und ohne größere Möglichkeiten zur Anpassung und Integration -entweder als Open Source frei verfügbar oder im Bereich bis zu EUR 500,- erhältlich-, bis hin zu Unternehmensanwendungen mit einer Projektgröße bis zu EUR 500.000,-. Grundsätzlich kann bei den hochpreisigen Systemen eine Relation von 1:2 bis 1:3 zwischen Lizenzkosten und darüber hinausgehenden Beratungs-, Implementierungs- und Trainingsleistungen angenommen werden. Fallen also alleine für die Software Lizenzkosten von EUR 50.000,- an, so sollten nochmals EUR 100.000,- bis EUR 150.000,- bis zur tatsächlichen Inbetriebnahme des Systems kalkuliert werden.

Preisgestaltung

Da diese Größenordnungen gerade bei mittelständischen Unternehmen oft nicht mehr in Relation zu dem tatsächlichen Nutzen eines Systems stehen, erweitern jedoch zunehmend mehr Anbieter ihre Leistungen in Richtung von günstigeren Komplett-Systemen, welche dennoch skalierbar, integrierbar und standardbasiert sind, dabei aber auch die benötigte CM-Funktionalität bieten und leicht administrierbar sind.

Komplettsysteme als Alternative

Schlussfolgerung

Auch für mittelständische Unternehmen ist der Trend zur Teilnahme an der vernetzten Wirtschaft nicht mehr umkehrbar. Der Erfolg eines Unternehmens misst sich zunehmend an der Möglichkeit zur geografisch unabhängigen Interaktion mit Mitarbeitern, Kunden, Zulieferern und Partnerunternehmen. Um hier jedoch einen wirklichen Mehrwert zu generieren ist es unerlässlich, die internen Prozesse ergonomisch strukturiert mit dem Webauftritt zu verbinden, wobei den Inhalten, welche im Content-Management-System erfasst, verwaltet und über unterschiedliche Anwendungen veröffentlicht werden, eine zentrale Bedeutung zukommt.

Interne Prozesse mit Webauftritt verbinden

CMS können damit als Basis und Ausgangspunkt zum Aufbau umfassender E-Business- Anwendungen dienen, die das Internet als Plattform zur flexiblen und kostengünstigen Abbildung und Optimierung interner und unternehmensübergreifender Geschäftsprozesse nutzen.

CMS als Fundament für Strategie und Wachstum

Der Einsatz eines Content Management Systems ist damit nicht nur eine Erweiterung der im Unternehmen verwendeten Software, sondern legt das Fundament für die weitere erfolgreiche Planung der Unternehmensstrategie und des Wachstums.

Literaturangaben

Aberdeen Group: Content Management: At the Center of e-Business, An Executive Whitepaper, July 2000

Forrester Report: Managing Content Hypergrowth, January 2001

Fraunhofer Institut für Arbeitswirtschaft und Organisation: Content Management Systeme - Auswahlstrategien, Architekturen und Produkte, Verlagsgruppe Handelsblatt GmbH, Wirtschaftswoche, 2000

Gartner Group: Worldwide Web Content Management Market, January 2000

The Yankee Group Report: Managing the Content Explosion into Content-Rich Applications, Vol.6, No.2 – May 2001

Kapitel 7

Personalmanagement

7.1 E-Learning – Grundlagen, Erfolgsfaktoren und praktische Entscheidungshilfen

Stefanie Huth

Motivation

E-Learning hat sich in den letzten Jahren zum zentralen Schlagwort der individuellen und betrieblichen Weiterbildung entwickelt. Im Folgenden werden die wichtigsten Begriffe und Leitfragen rund um das Thema geklärt und Orientierungshilfen für die sinnvolle Nutzung neuer Lerntechnologien gegeben. Die Mehrzahl kleiner und mittlerer Unternehmen steht, was E-Learning betrifft, noch am Anfang und braucht entsprechende Entscheidungshilfen: Was konkret sind die betrieblichen Anforderungen und wie lässt sich E-Learning für die Weiterbildungspraxis nutzen? Ein Blick auf die bisherigen Erfahrungen in Großunternehmen zeigt, welche Vorteile man sich von E-Learning verspricht und was es tatsächlich leisten kann. Eine Übersicht der kritischen Erfolgsfaktoren dient dabei als erste Grundlage für die Ausarbeitung einer erfolgreichen Einführungsstrategie. Am Ende des Artikels sind einige Anregungen und Tipps für Entscheider aufgeführt. Ein abschließender Kriterienkatalog erleichtert die Beurteilung und Auswahl von E-Learning-Produkten und Dienstleistern.

Einleitung

E-Learning ist der heute gebräuchliche Sammelbegriff für die unterschiedlichsten Formen selbstgesteuerter IT-gestützter Lernprozesse. Das Spektrum reicht von im Wesentlichen netzbasierten bis hin zu satellitengestützten Lernapplikationen, von der multimedialen Lernsoftware bis hin zum interaktiven Fernsehen. Voraussetzung ist der Zugriff auf strukturierte Lerninhalte oder Module über Intranet/Extranet (LAN/WAN) und Internet. Erst in letzter Zeit wird E-Learning auch in

Definition und Begriffserklärung

einem engeren Sinne und als Synonym für reines Online-Lernen oder Internet-basiertes Lernen verwendet.

E-Learning in der betrieblichen Weiterbildung

Über die inzwischen bekannteste Form des Lernens am Computer, dem Computer Based Training (CBT) haben interaktive Lernapplikationen auf CD-ROM den Weg in die berufliche Weiterbildung gefunden und zunächst als Einzelplatzlösung das Lernen am Arbeitsplatz ermöglicht. Wo dies nicht ungestört realisierbar war, hat man sich mit der Einrichtung dafür geeigneter Räumlichkeiten, sogenannter Lernstudios, beschäftigt und damit begonnen, unternehmensinterne Netze für die Bereitstellung der Lerninhalte zu nutzen (Intranet-Lösungen). Seit der zunehmenden Verbreitung des Internet in Betrieben und Privathaushalten konzentriert man sich auf das sogenannte Web Based Training (WBT) oder Online-Training, das auch von zuhause oder von unterwegs aus möglich ist.

Aktueller Stand und weitere Entwicklung

Aktuell liegt der Fokus auf dem Einsatz von Lernplattformen bzw. Learning Management Systemen (LMS). Über diese technische Lernumgebung können die unterschiedlichsten E-Learning Bausteine systematisch verwaltet und Lernern flexibel zur Verfügung gestellt werden. Ein weiterer Schritt geht in Richtung einer Integration dieser Lernarchitekturen mit umfassenderen Informations- und Wissensmanagementsystemen und zur Schaffung von Datenschnittstellen zu unternehmensinternen Systemen und branchenspezifischen Anwendungen.

Lernkultur und Unternehmenskultur

Informations- und Wissensgesellschaft

Hintergrund all dieser Aktivitäten ist die Entwicklung unserer Gesellschaft zur Informations- und Wissensgesellschaft und der damit verbundene Wandel unserer gesamten Lernkultur. Man spricht besonders angesichts ständiger, kurz aufeinander folgender Technologiesprünge von einer sinkenden Halbwertzeit von Informationen. Wissen gilt heute als einer unserer wertvollsten Rohstoffe und entwickelt sich gleichzeitig zu einer immer rascher verderblichen Ware. Eine hohe Aktualität der benötigten Informationen und zeitliche Flexibilität der Lernenden werden daher immer wichtiger. Wissenserwerb wird über die Primärausbildung hinaus zur dauerhaften Herausforderung und Notwendigkeit, die Rede ist vom lebenslangen Lernen.

Gleichzeitig verändern sich zunehmend auch die Arbeitsorganisation und die Unternehmenskultur. Um flexibel auf zeitkritische Anforderungen reagieren zu können, wird heute stärker dezentral, aufgabenbezogen und wo nötig in wechselnden Projektgruppen gearbeitet. Anpassungen des persönlichen Lernverhaltens und einer organisierten Personalentwicklung sind nötig.

Veränderung der Arbeitsorganisation

Eine zeitnahe und individualisierte Fort- und Weiterbildung liegt dabei im Interesse sowohl der Institution als auch des einzelnen Mitarbeiters. Die Organisation muss mit einer entsprechenden Bildungsstrategie reagieren und neue Formen der Qualifizierung anbieten.

Bildungs- und Unternehmensstrategie

Die letzten Jahre haben gezeigt, dass das eigentliche Potenzial von E-Learning darüber hinaus in engem Zusammenhang mit einer generellen strategischen Orientierung von Unternehmen steht.

E-Learning als strategische Entscheidung

Die Einführung von E-Learning ist eine strategische Entscheidung und Ausdruck einer innovativen Unternehmenskultur. Das Internet eröffnet einen weltweiten Markt, den sich jedes kleine und Kleinstunternehmen bis hin zum Einmannbetrieb erschließen kann. Warum sollte man diese Technologie nicht auch systematisch für Lernzwecke verwenden? Dort, wo Betriebe bereits über eine strategische Ausrichtung verfügen und man im Bereich E-Commerce/E-Business schon vergleichsweise aktiv ist, ist die erforderliche technische, personelle und organisationale Infrastruktur bereits vorhanden oder im Aufbau begriffen. Für einige Mitarbeiter ist das Internet noch eine eher informelle und unsystematisch genutzte Quelle, andere wiederum nutzen es bereits ganz selbstverständlich als allgemeines Arbeits- und Informationsmedium. Von solchen Voraussetzungen aus ist es nicht mehr weit zum E-Learning.

E-Learning und E-Business

E-Learning kann darüber hinaus auch als Instrument der Mitarbeiterbindung eingesetzt werden, insbesondere dort, wo Fachkräftemangel herrscht. Gezielte Personalentwicklung kann durch Imagebildung und attraktive Bildungsangebote für ihre Mitarbeiter den Anteil an Fach- und Führungskräften dauerhaft ans Unternehmen binden. Eine Entscheidung für E-Learning kann als Chance dienen, die Personalarbeit zu reorganisieren und zu optimieren, insbesondere in

E-Learning und Personalentwicklung

Betrieben, in denen betriebliches Lernen noch nicht weit entwickelt ist.

Bisherige Erfahrungen

Dabei genießen kleine und mittlere Betriebe heute den Vorteil, dass sie von den bisherigen Erfahrungen der Großunternehmen und Konzerne profitieren können. Diese haben E-Learning in den letzten Jahren zum Teil erfolgreich eingesetzt, als Vorreiter der neuen Lernkultur, aber auch einiges an Lehrgeld gezahlt. Untersuchungen gehen davon aus, dass heute etwa die Hälfte der Konzerne auf E-Learning setzt und Qualifizierung damit bis zu 30 Prozent günstiger gestalten kann. In neuesten Studien werden die zunächst sehr hohen Erwartungen an E-Learning wieder herunter gesetzt.

Marktentwicklung und Angebotsstruktur

Noch nicht konsolidierter Markt

Der Markt für E-Learning ist auch noch vergleichsweise wenig gefestigt. Trotz einer bemerkbaren Weiterentwicklung in den letzten Jahren ist das Angebot noch nicht ausgereift und eher unübersichtlich.

Die Angebotsstruktur hat sich in den letzten Jahren allerdings so verdichtet, dass man inzwischen 3 Kernbereiche für E-Learning Produkte und –Dienstleistungen vorfindet.

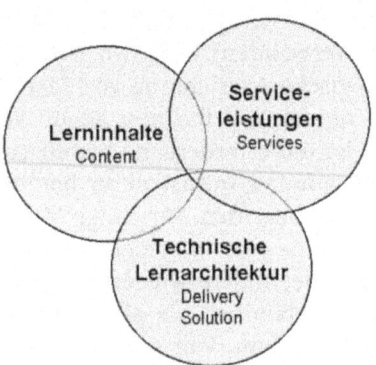

Abb. 1: Drei Kernbereiche für E-Learning-Produkte und -Dienstleistungen

E-Learning-Produkte und Dienstleistungen

Content

Bandbreite elektronischer Lernmedien

Unter Content versteht man multimedial aufbereitete Inhalte, von der einfachen interaktiven Lernsoftware bis hin zu komplexeren, netzbasierten Lernapplikationen. Man unterscheidet dabei Standard-Lernsoftware und kundenindividuell entwickelte Inhalte. Hinzu kommen, je nach Anwendungszweck, elektronische Übungen und Online-Tests sowie alle möglichen Online-Dokumente wie elektronische Fachbücher und Lexika. Auch fach- oder firmenspezifische Informationen können in Form von Datenbanken eingestellt werden.

Technische Lernarchitektur

Digitale Lerninhalte und Informationsmaterialien müssen über eine technische Infrastruktur zugängig gemacht und gepflegt werden können. Im einfachsten Fall werden die Inhalte über einen Server bereitgestellt. Von einer regelrechten Lernarchitektur im eigentlichen Sinne spricht man bei Lernplattformen und Learning Management Systemen (LMS). Die Funktionalität geht hier über die reine Content-Distribution und -Verwaltung hinaus. Sinnvoll sind offene Schnittstellen und eine Skalierbarkeit des Systems, damit es mit den Anforderungen im Unternehmen mitwachsen kann. Die Lernoberflächen sollte benutzerfreundlich und funktional gestaltet sein. Marktgängige Systeme beinhalten auch eine Vielzahl von Tools und Features nicht nur für die eigentlichen Lernanwender, sondern auch für die Lernbetreuung, Administration und Entwicklung von Lernanwendungen. Hierzu gibt es spezielle Content Management Systeme und Autorentools, über die neue Contents entwickelt oder bereits vorhandene individuell angepasst werden können (Content-Customizing). Für die Online-Kommunikation von Lernenden untereinander und mit einem Online-Trainer oder Tutor werden Funktionen wie E-Mail, Live Chat oder Newsgroups bereit gestellt. Damit können sie zeitgleich (synchron) oder zeitlich versetzt (asynchron) über Lerninhalte kommunizieren, Erfahrungen austauschen und Lernprozesse aktiv organisieren. Leistungsfähige technische Lösungen ermöglichen auch Features mit sehr großem Datenvolumen wie z.B. Video-Conferencing und bieten spezielle Groupware für ein verteilt-kooperatives Arbeiten an Dokumenten.

Lernplattformen und LMS

Services

Hierzu gehören zunächst alle notwendigen Dienstleistungen für eine Administration und Abrechnung der

Betreuungs- und Beratungsleistungen

Nutzung sowie für den technischen Support (Systemadministration, Hosting usw.). Auf einer anderen Ebene liegen Features und Funktionen zur tutoriellen Online-Betreuung der Lernenden. Offline-Services reichen von allgemeinen Beratungsleistungen, einer telefonischen Betreuung bei technischen Fragen (Benutzer-Hotline), über einen pädagogisch-didaktischen Support (Lernbetreuung) bis hin zur Unterstützung bei Einführungsprojekten vor Ort.

Technikzentrierter Ansatz und Kostenargumente

Wirtschaftlichkeit

Die Übersicht lässt vermuten, dass reines E-Learning technisch aufwändig und von daher vermutlich auch teuer ist. Die Kosten für die Anschaffung einer eigenen Lernplattform etwa liegen im 6-stelligen Bereich. Die Frage ist, ob Bildungsmaßnahmen in einem solchen Lernsetting dann eigentlich nur für Großunternehmen bei eher hohen Budgets und großen Nutzerzahlen wirtschaftlich sind. Es ist aber nicht zwingend nötig, eine eigene Lerninfrastruktur aufzubauen oder teure Contents entwickeln zu lassen. Heute gibt es eine Reihe ganz unterschiedlicher Nutzungsmodelle und Möglichkeiten, wie etwa den Zugriff auf die Lernplattformen und Inhalte externer Anbieter oder das Anmieten einer Lerninfrastruktur.

- Offene Lernportale: Über die Internet-Seite eines Portalbetreibers wird der Zugang zu Lernangeboten verschiedener Anbieter ermöglicht. Der Zugriff auf die Lerninhalte sollte sich lernerspezifisch individuell konfektionieren lassen. Meist werden auch Online-Tools für Interaktion und Kommunikation und Services wie Online-Tutoring oder Tele-Coaching angeboten. Offene Portale sind stark inhalteorientiert, kritisch ist dabei das Thema Masse statt Klasse. Die erforderlichen Qualitäts- und Erfolgskontrollen liegen beim Portalbetreiber. Die technologische Seite wird stark betont, man konzentriert sich im Wesentlichen auf reines Online-Lernen. Portale intermediärer und Non-Profit-Organisationen, insbesondere der Kammern und Fachverbände, sind stark im Bereich von Berufsausbildungsprogrammen vertreten und zum Teil von den Inhalten her eher technisch ausgerichtet.

Generell gibt es ein relativ breites Angebot an Standard-Contents. Bei dynamischen Inhalten muss genau hingeschaut werden, wie aktuell die gebotenen Informationen und Datenbanken sind und ob überhaupt geeignet. Meist wird auf eine modulare Struktur gesetzt. Die einzelnen Contents sollten aber nicht isoliert und sozusagen nur als Gemischtwarenangebot da stehen. Sie sollten im Rahmen eines konkreten Qualifizierungsplans z.B. zielgruppenspezifisch zu sinnvollen Paketen geschnürt werden können und mit notwendigen Präsenztrainings kombinierbar sein.

- ASP-Modell: Das ASP-Modell ist eine neue Form des Outsourcing. Ein Application Service Provider bietet Software - in diesem Falle Plattformen und Lernsoftware - sozusagen zur Miete an und alle damit verbundenen technischen Dienstleistungen (Hosting). Das Modell schafft Freiheiten (man muss sich nicht mit technischen Problemen beschäftigen), aber auch Abhängigkeiten (eingeschränkte Kontrolle über die eigenen Daten, z.B. auch Sicherstellung einer ordentlichen Rückführung der Daten nach Beendigung der Geschäftsbeziehung).

Wesentliche Einsparpotenziale sind in der Vergangenheit vor allem dann in Aussicht gestellt worden, wenn E-Learning als eine für sich allein tragfähige universelle Methode dargestellt und als vollwertige Alternative zu konventionellem Präsenzlernen angeboten wurde. Diese in den Anfängen stark verbreitete reine E-Learning-Lehre hat sich nicht behauptet und ist heute überholt. Sie erklärt sich nicht zuletzt vor dem Hintergrund der starken Konkurrenzsituation der neu in den Bildungsmarkt drängenden Content-Provider und Plattform-Anbieter zu den etablierten Anbietern traditioneller Präsenzschulungen.

E-Learning kontra Präsenztraining

Die Ernüchterung geht hauptsächlich auf eine mangelnde Akzeptanz des reinen Online-Lernens zurück. Anwender wurden ohne weitere Anleitung oder Betreuung mit Lernsoftware konfrontiert und alleine gelassen. Und auch eine inzwischen vergleichsweise ausgeklügelte Online-Unterstützung scheint nicht generell zu verhindern, dass Lerndisziplin und -motivation der Nutzer hinter den Erwartungen zurückbleiben. Inzwischen hat der E-Learning-Markt die Schwachstellen erkannt und bewegt sich von der Konfrontation zur

Ernüchterung und Neuorientierung

Kooperation. Damit können zum Nutzen der Kunden Full-Service-Angebote entwickelt werden.

E-Learning als Methode: Vor- und Nachteile im Vergleich zum Präsenzlernen

Die anfängliche E-Learning-Euphorie ist inzwischen einer nüchternen, aber nach wie vor optimistischen Einschätzung gewichen. Nachdem Technik und Kosten im Vordergrund standen, besinnt man sich wieder stärker auf die pädagogischen, mediendidaktischen, sozialen und psychologischen Aspekten von E-Learning.

Vor- und Nachteile konventioneller Präsenztrainings

Generelle Vor- und Nachteile herkömmlicher Präsenztrainings lassen sich wie folgt zusammenfassen:

Vorteile		Nachteile
wohlorganisiertes Lernumfeld	Organisation	vorgegebene Abläufe
störungsfreier Lernort mit „Tapetenwechsel"		fester Termin und Lernort
unmittelbare Ansprache und persönliche Betreuung	Didaktik	heterogenes Vorwissen
Erfahrungsaustausch und gegenseitige Motivation		negative Gruppenprozesse
Einsatz bewährter Lehr-/Lernmedien	Medien & Trainer	Aktualisierung von offline- und Printmedien schwerfällig
flexible Vermittlung durch Trainerpersönlichkeit		Trainerqualität als kritischer Faktor
transparente Kosten	Kosten	Reisekosten / Spesen
keine teure Ausstattung erforderlich		Fehlzeiten

Abb. 2: Konventionelles Präsenztraining: Vor- und Nachteile

Effizienz und Qualitätssicherung

E-Learning bietet Antworten auf grundlegende Problemkreise und Sachzwänge in der betrieblichen Weiterbildung. Dabei geht es weniger um absolute Kosten als vielmehr um eine gute Kosten-Nutzen-Relation. Diese erreicht man über eine möglichst effiziente Gestaltung von Bildungsmaßnahmen und eine wirksame Qualitätssicherung. Natürlich gibt es dafür auch bei den klassischen Lehr-Lernmethoden bewährte Möglichkeiten und Methoden. Der Trainer als zentrales didaktisches Medium, inhaltlicher Experte und sozialer Ansprechpartner steht dabei im Mittelpunkt.

Was Selbständige und Mitarbeiter kleiner und mittlerer Unternehmen am meisten zu schaffen macht, sind Zeitprobleme. Sie sind fast unabkömmlich und es gibt immer Schwierigkeiten, eine Vertretung zu organisieren. Für ein normales Präsenzseminar oder einen Standard-Kurs muss man sich nach den vorgegebenen Terminen richten. Kursinhalte und Praxisbeispiel passen nicht optimal zur eigenen Branche und genau den aktuellen Anforderungen im Arbeitsalltag. Oft muss ein weiter entfernter Veranstaltungsort in Kauf genommen werden, woraus sich dann auch hohe Reise- und Übernachtungskosten ergeben können. Für manche Firmen stellen Inhouse-Seminare eine Alternative dar, doch die lohnen sich erst ab einer bestimmten Anzahl von Teilnehmern. Um wirtschaftlich sinnvolle Gruppengrößen zu erreichen, werden dann unter Umständen Kompromisse gemacht und auch Teilnehmer mit unterschiedlichem Lernniveau in Gruppen zusammen gefasst. Inhomogene Wissensvoraussetzungen beeinträchtigen aber den Lernfortschritt des Einzelnen.

Genereller Zeitmangel verhindert Weiterbildung

Vor- und Nachteile des reinen E-Learning

E-Learning hingegen macht Lernende erst einmal flexibler und unabhängiger von Ort und Zeit. Es ermöglicht einen bedürfnisorientierten und zeitnahen Zugriff (on-demand und just-in-time) und einen individuellen Zuschnitt des Lernangebots, bei dem Lerninhalte berufsfeldorientiert aufbereitet werden können.

Eindeutige Stärken von E-Learning

Als vorrangige Schwachstelle wird noch vor den Kosten und technischen Problemen vor allem eine mangelnde Akzeptanz und Selbstlernmotivation der Anwender gesehen. Es fehlen die positiven Effekte des Gruppenlernens, die Trainerpersönlichkeit und das wohlorganisierte Lernumfeld.

Konzeptionelle Schwächen von E-Learning

Vor- und Nachteile einer reinen E-Learning-Lösung lassen sich wie folgt gegenüberstellen:

Vorteile		Nachteile
arbeitsplatznah und flexibel organisierbar	Organisation	Ablenkung durch Tagesgeschäft kein „Tapetenwechsel"
unabhängig von Zeit und Ort individuell und selbstorganisiert		Isolation, Kontrollverlust
zeitnah und praxisorientiert	Didaktik	erfordert hohe Motivation und Disziplin
individualisierbar, direkter Know-how-Transfer		setzt Medien- und Selbstlernkompetenz voraus
breites Spektrum technischer Möglichkeiten durch Multimedia	Medien & Technik	technikzentriert, fehleranfällig nicht für jedes Thema geeignet
schneller Zugriff, aktuelle Daten		Datenpflege, Systemadministration und Support
geringere Fehlzeiten	Kosten	Hard- und Softwareausstattung
keine Reisekosten / Spesen		teuere Contententwicklung

Abb. 3: Reines E-Learning: Vor- und Nachteile

Integrativer Ansatz

Man verfolgt deshalb inzwischen integrative Ansätze. Das bedeutet, dass möglichst viele Vorteile des E-Learning genutzt und die vorhandenen Nachteile durch die Stärken der bewährten Vermittlungsformen kompensiert werden.

Gemischte Lernangebote

Das Ergebnis kann z. B. die Empfehlung von sogenannten Hybridseminaren sein, also der Kombination von Präsenzzeiten und Online-Modulen oder ein Angebot mit ganz gemischten Lernsettings. Beispielsweise lässt sich die Gesamtdauer eines konventionellen Trainings durch eine vorgeschaltete Online-Vorbereitung der Teilnehmer reduzieren. Daraus rechnen sich eine niedrigere Teilnahmegebühr für das Präsenztraining, Einsparung bei den Spesen und geringere Ausfallzeiten am Arbeitsplatz. Ein weiterer E-Learning-Baustein für ein dann stark verkürztes, kombiniertes Training kann eine gezielte Nachbereitung über einen digitalen Abschlusstest sein. Oder eine begleitende Online-Betreuung, die auch noch nach Seminarende verfügbar bleibt.

Kritische Erfolgsfaktoren

Damit geeignete Rahmenbedingungen geschaffen werden, müssen die genannten psychologischen, inhaltlichen und technischen Besonderheiten von E-Learning und die daraus resultierenden erfolgskritischen Faktoren beachtet werden.

Reifegrad der Organisation

Ein günstiges Lernklima wird dann gefördert, wenn selbst zu gestaltende Lernzeiten eingeräumt und dafür geeignete Lernräumen mit Zugang zum Internet eingerichtet werden. Alle Möglichkeiten, wie sich arbeitsplatznahes Lernen organisieren lässt, sollten ausgelotet werden. Je nach Reifegrad der Organisation müssen erst alte Gewohnheiten abgelegt und Vorbehalte ausgeräumt werden. Bedenken wegen eines möglichen Missbrauchs von Freiheiten und die Furcht vor Kontrollverlust müssen beseitigt werden. Weiterbildung muss einen hohen Stellenwert haben. Der ist meist in Betrieben, die keine institutionalisierte Bildungsabteilung besitzen, eher niedriger angesetzt. E-Learning erfordert neben einem Internet-Zugang auch eine dezidierte Regelung von Lernzeiten. Damit tun sich Unternehmen, die bereits keine automatische Zeiterfassung mehr haben, sondern Vertrauensarbeitszeit, erfahrungsgemäß schon etwas leichter.

Vertrauen aufbauen

Die gesetzlichen Vorschriften und arbeitsrechtlichen Belange diesbezüglich beachtet werden. Eine wichtige Rolle spielt die Mitarbeitervertretung bzw. der Betriebsrats. Oft wird befürchtet, dass eine Verschiebung der Verantwortung für das betriebliche Lernen hin zum Mitarbeiter stattfindet. Dann müssen aber auch die nötigen Freiräume bzw. Freistellungsmöglichkeiten geschaffen werden. Es müssen Fragen geklärt und Regelungen gefunden werden, wie z.B. Lernen in der Freizeit mit dem Arbeitszeitbudget verrechnet werden kann. Das Thema Lernerkontrolle und damit verbundene datenschutzrechtliche Belange müssen unbedingt beachtet werden. Zeitgemäße Regelungen existieren in vielen Unternehmen bereits, Betriebsvereinbarungen aus großen Unternehmen können bei eingeschränkter Übertragbarkeit immerhin als erste Orientierung dienen. Beispielsweise gibt es Modelle wie die Einführung

Arbeits- und datenschutzrechtliche Belange

eines Lernkontos für jeden Mitarbeiter, das den zeitlichen Umfang für alle Beteiligten transparent macht.

Akzeptanz und Motivationsförderung durch Basiskompetenzen

Damit E-Learning erfolgreich eingesetzt werden kann, ist es nötig, eine Reihe spezifischer Basiskompetenzen zu beachten. Sie sind ein weiterer Schlüssel für den Erfolg von E-Learning.

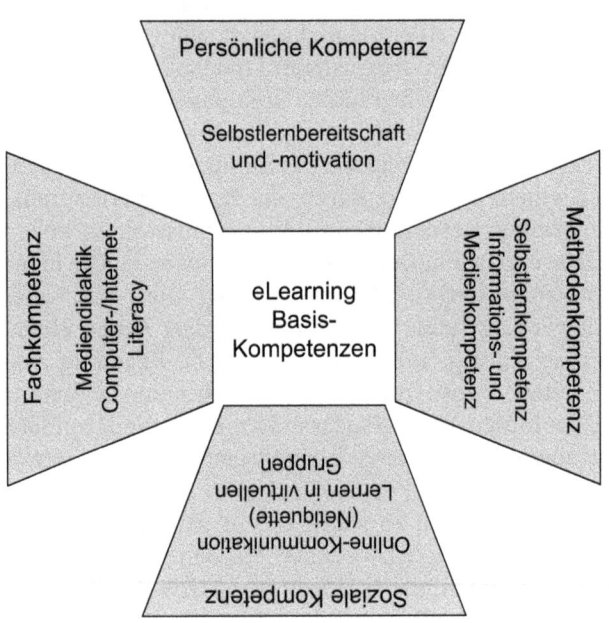

Abb. 4: E-Learning Basiskompetenzen

Handlungs- und Entscheidungskompetenz

Diese Basiskompetenzen betreffen hauptsächlich die eigentlichen Nutzer von E-Learning, aber auch das Management, das Bildungspersonal und die Mitarbeitervertreter. Ob zunächst traditionsbewusst reserviert oder fortschrittlich aufgeschlossen reagiert wird, hängt oft davon ab, wie gut man informiert man ist. Letztlich geht es um Handlungs- und Entscheidungskompetenz. Wer über Möglichkeiten und Grenzen orientiert ist, kann E-Learning strategisch richtig einordnen, vernünftige Positionen beziehen und beratend tätig werden. Von Vorteil ist für das Bildungspersonal, das E-

Learning konkret umsetzen soll, eine entsprechende didaktische Kompetenz speziell für eine mediengestützte Wissensvermittlung im Betrieb.

Die Lernanwender sollen Freude am Online-Lernen finden (Selbstlernbereitschaft und -motivation) und damit positive individuelle Lernerfahrungen machen können. Dazu brauchen sie aber ein methodisches Rüstzeug, wie man sich selbstständig Wissen aneignet. Für die Zusammenarbeit in virtuellen Gruppen und generell die Kommunikation im Netz gelten eigene Spielregeln, die netztypischen Verhaltensformen, mit denen man sich erst vertraut machen sollte. Sie werden unter dem Begriff der Netiquette zusammengefasst. Eine gewisse Computer- und Internet-Literacy befähigt Sie dazu, sicher mit Multimedia-Anwendungen und Web-Features umzugehen.

Netztypische Verhaltensformen

Integrierte Bildungsstrategie

In Betrieben mit institutionalisierter Weiterbildung sollte ein entsprechender Qualifizierungsplan zum Einsatz kommen. Er dient als Grundlage einer integrierten Bildungsstrategie, die die konzeptionellen Schwächen des reinen E-Learnings berücksichtigt. Sie setzt zunächst in einem ersten Schritt die Wahl der jeweiligen Vermittlungsform in Abhängigkeit von den definierten Lernzielen, dem konkreten Thema und den Anforderungen der Zielgruppe. In einem zweiten Schritt erfolgt die Zuordnung zur geeigneten Lern- und Vermittlungsform und schließlich die Einbindung in ein gemischtes Lernsetting, das aus einer sinnvollen Kombination von Präsenz- und Online-Elementen besteht.

Qualifizierungsplanung in zwei Schritten

Erster Schritt: Nicht jedes Thema wird sich gleichermaßen für eine Online-Vermittlung eignen, verhaltensorientierte Inhalte zum Beispiel leben in weiten Teilen vom Präsenzcharakter und von der Face-to-face-Situation in einer Lerngruppe. Andererseits ist nicht jeder Lerninhalt zwingend ein Präsenz-Thema. Bewährt haben sich für computergestütztes Lernen schwerpunktmäßig Themen aus dem Bereich IT-Training, Fremdsprachen oder auch Produktschulungen. Für die Zukunft sind Projektmanagement und betriebswirtschaftliche Themen im Gespräch. Viele Standard-Lerncontents stammen aus den USA und sind auf Eng-

Erster Schritt

lisch. Wer hier keine Sprachbarriere hat, hat eindeutig Vorteile.

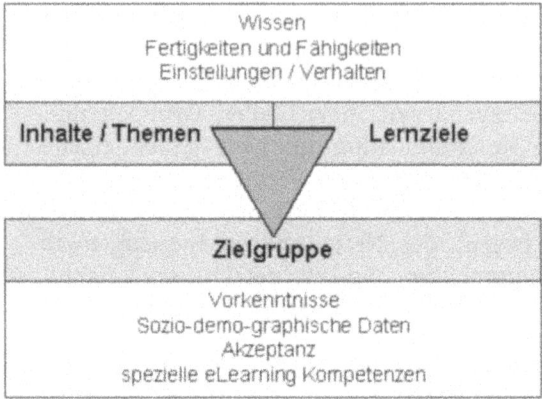

Abb. 5: Qualifizierungsplan, Schritt 1: Abstimmung von Lernziel, Thema und Zielgruppe

Zweiter Schritt

Zweiter Schritt: E-Learning unterstützt einen aktiven, individuellen Lernstil. Damit spricht es manche Mitarbeiterkreise eher an, manche weniger und manche werden zumindest am Anfang überfordert sein. Zunächst sollte beachtet werden, wo bereits positive persönliche Einstellungen und Routine beim selbstgesteuerten Lernen vorhanden sind. Ob E-Learning angenommen wird, hängt über die Altersstruktur bereits wesentlich damit zusammen, wie vertraut Mitarbeiter mit dem Computer umgehen. IT-Fachleute und andere High Professionals, z.B. aus dem Bereich der neuen Medien, sind schon von ihrer täglichen Arbeit her mit der Recherche nach Fachinformationen im Internet vertraut, während Mitarbeiter aus Vertrieb, Administration oder Produktion hierfür vielleicht erst Unterstützung über geführte Lern- und Vermittlungsformen benötigen. Oder es sind der kulturelle Background und die Arbeitsplatzumgebung, die ein Lernen am Computer erschweren.

Natürlich spielen auch „Nebeneffekte" von Qualifizierungsmaßnahmen eine Rolle. Oft wird ein externes Seminar vor allem als Belohnung (Incentive-Charakter) oder als willkommener Tapetenwechsel betrachtet, der ein ungestörtes Lernen überhaupt erst ermöglicht.

Dann tritt die formale wirtschaftliche und mediendidaktische Betrachtung des Lernorts natürlich in den Hintergrund. In jedem Fall wird E-Learning insbesondere für eine Zielgruppe attraktiv sein, die sonst generell kaum oder gar keine Gelegenheit für eine Schulung finden würde.

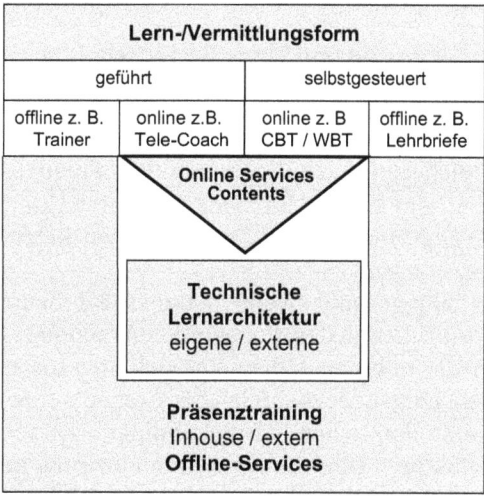

Abb. 6: Qualifizierungsplan, Schritt 2: Wahl der geeigneten Lern- und Vermittlungsform und Einbindung in ein gemischtes Lernsetting

Implementierung von E-Learning im Rahmen eines Veränderungsprojekts

Auch der Rückgriff auf eine fundierte umfassende und individuelle Beratung und die gut vorbereitete Realisierung als Veränderungsprojekt können zum Erfolg führen. Wird eine Potenzialanalyse durchgeführt, in der alle relevanten äußeren und innerbetrieblichen Faktoren zusammengetragen werden, können Möglichkeiten und Grenzen genau aufgezeigt werden. Danach zeigt sich, wo die Organisation steht und welchen Reifegrad sie für E-Learning hat.

Qualifizierungsberatung und Potenzialanalyse

Fällt die Entscheidung für eine Einführung von E-Learning, können unterschiedliche Einführungsszenarien in Frage kommen. Flexible Ausbaustufen sind möglich, z.B. kann zunächst ein Pilot mit einzelnen Lernprodukten aufgesetzt werden. Es muss ja gar nicht

E-Learning und Change-Management

gleich die kostenintensive Komplettlösungen sein! Starthilfe gibt am besten ein Qualifizierungspartner, der sich mit Change-Management auskennt und vor allem auch mit kundenindividuellen E-Learning-Lösungen. Bei der Konzeption, Planung und Realisierung integrierter Lern-Settings sind Erfahrungen und Angebote aus dem Bereich traditioneller Trainings wesentlich von Vorteil.

Zusammenfassung und Tipps für Entscheider

E-Learning als Ergänzung

E-Learning nur für sich genommen ist kein vollständiger Ersatz für Präsenzlernen, wohl aber eine sehr sinnvolle Bereicherung und Ergänzung. Das Potenzial liegt darin, über eine höhere Effizienz und verstärkte Qualitätssicherung eine bessere Kosten-Nutzen-Relation zu erreichen.

Vorbehalte

Vorbehalte gegenüber einem reinen E-Learning liegen hauptsächlich in der mangelnden Akzeptanz. Hinzu kommen die noch zu hohen Entwicklungskosten und die unbefriedigende Qualität von Contents sowie die Komplexität der neuen Lerntechnologie. Diese Unsicherheitsfaktoren führen im Zusammenwirken mit den genannten konzeptionellen Schwächen und einer noch nicht weit genug entwickelten betrieblichen Lernkultur dazu, dass E-Learning noch nicht besser angenommen wird.

Ein integrierter Ansatz mit einer sinnvollen Kombination aus Präsenz- und Online-Training kann Abhilfe schaffen. Dabei empfehlen sich eine geschickte Bildungsstrategie und Einstiegsszenarien, die es der Organisation auch ermöglichen, in das Thema hineinzuwachsen. Dann lassen sich die unbestrittenen Vorteile des E-Learnings auch tatsächlich nutzen.

- Unterstützen und fördern Sie daher engagierte, innovationsfreudige und lerninteressierte Mitarbeiter im Betrieb, die zu Wegbereitern einer innovativen Lernkultur werden könnten. Geben Sie ihnen erste Gestaltungsmöglichkeiten und Freiräume, damit sie sich für E-Learning begeistern und ihre Erfahrungen weitergeben können!
- Nehmen Sie sich einen Qualifizierungspartner, der so flexibel ist, wie es sein E-Learning-Konzept verspricht. Er sollte Sie umfassend und individuell sowie hersteller- und produktneutral beraten können.

Und er sollte über die nötige Marktübersicht verfügen, um die Qualität von E-Learning Produkten beurteilen zu können.
- Werden sie misstrauisch, wenn nur von beeindruckenden technischen Lösungen und verlockenden Einsparpotenzialen die Rede ist.
- Fordern Sie, wenn sie ein regelrechtes E-Learning-Projekt aufsetzen, wenn nötig auch Marketing-Unterstützung an, um über ein internes Projektmarketing den Erfolg weiter abzusichern.
- Am besten machen Sie sich ein Bild von den Möglichkeiten und Grenzen des E-Learning, wenn Sie es sogar selbst einmal ausprobieren!

Kriterienkatalog für die Auswahl geeigneter Produkte und Dienstleister

- *Transparenz des Angebots und Full Service:* Ist der Anbieter ein Full-Service-Provider oder werden nur Online- Bausteine einer E-Learning-Lösung angeboten? Wird nur generell über Standardleistungen informiert oder ist der Anbieter auch flexibel, was kundenspezifische Anpassung angeht? Wird eine individuelle Qualifizierungsberatung angeboten? Gibt es die Möglichkeit, das Angebot vorher zu testen (Demos, Schnupperkurse)? Gibt es aussagekräftige Angebotsbeschreibungen, Teilnahmebescheinigung oder Abschlusszertifikate? Dokumentiert der Anbieter das fachliche Know-how und die spezifische E-Learning-Qualifikation seines Bildungspersonals (E-Learning-Berater, Tutoren, Support-Mitarbeiter)?
- *Integrierter Ansatz:* Nach welchen Methoden und mit welchem mediendidaktischen Konzept wird gearbeitet? Hat der Anbieter einen integrierten Ansatz oder bietet er nur reine E-Learning-Komponenten an? Existiert ein Konzept zur gezielten Kompetenzentwicklung für E-Learning-Kompetenzen und gibt es dazu passende Trainings? Welches Spektrum an klassischen Trainingsangeboten gibt es und welche Kombinationsmöglichkeit von Selbststudium und Präsenzteilen?
- *Lerninhalte und Angebotsstruktur*: Welches Themenspektrum wird angeboten, ist das Angebot an Lernmedien systematisch aufgebaut? Werden nur Standardthemen angeboten oder sind auch kunden-

individuelle Anpassungen möglich? Wie sind die Qualifizierungsthemen und Inhalte konkret aufbereitet (interaktiv, multimedial)? Werden konkrete Aussagen zur jeweiligen Zielgruppe und den erforderliche Wissensvoraussetzungen gemacht?

- *Akzeptanzförderung und Qualitätssicherung*: Werden Methoden und Features zur Sicherung des Lernerfolgs und zum Lerner-Feedback eingesetzt? Gibt es die Möglichkeit, den aktuellen Wissensstand zu testen, in Form eines Selbsttests bzw. mit tutorieller Unterstützung? Gibt es ein tutorielles Betreuungskonzept zur Motivation und individuellen Beratung der Lernenden und zur Moderation von Lerngruppen?
- *Online-Betreuung, Kommunikation und Kooperation*: Werden Features zur Unterstützung gruppendynamischer Prozesse angeboten, wird die Kommunikation mit anderen Teilnehmern ermöglicht? Gibt es eine Mindestteilnehmerzahl, damit ein Zustandekommen von Lerngruppen und ein zeitnaher Erfahrungsaustausch gewährleistet sind? Werden Diskussionsforen und Chat-Funktion nicht nur zur Verfügung gestellt, sondern auch aktiv angeleitet und moderiert?
- *Organisatorische und technische Rahmenbedingungen*: Wie hoch ist der zu erwartende Zeitaufwand pro Lerneinheit? Werden Aussagen zur genauen Freischaltdauer für Online-Inhalte und Materialien gemacht? Ist Offline-Arbeiten möglich? Werden die technischen Voraussetzungen möglichst niedrig gehalten? Gibt es professionellen Support bei technischen Problemen?

Literatur

HMD Praxis der Wirtschaftsinformatik 1999: Multimediale Bildungssysteme

HMD Praxis der Wirtschaftsinformatik 2000: Elektronische Medien

Kerres, M.: Multimediale und telemediale Lernumgebungen. Konzeption und Entwicklung (1998)

Schulmeister, R.: Grundlagen hypermedialer Lernsysteme – Theorie, Didaktik, Design. München 1997

Friedrich / Eigler / Mandl / Schnotz / Schott / Seel (Hrsg.): Multimediale Lernumgebungen in der betrieblichen Weiterbildung. Gestaltung, Lernstrategien und Qualitätssicherung. Neuwied 1997.

Studien

Web Based Training in kleinen und mittleren Unternehmen Rahmenbedingungen für erfolgreiche Anwendungen. Studie im Auftrag der Staatskanzlei des Landes Nordrhein-Westfalen Abschlußbericht vorgelegt von: Adolf Grimme Institut GmbH, Marl (Friedrich Hagedorn) Michel Medienforschung und Beratung, Essen (Dr. Lutz Michel, Kai Heddergott) Institut für Meiden und Kommunikation, Recklinghausen (Dr. Erich Behrendt) (Januar 2001)

E-Business im Mittelstand. Mittelstand erkennt strategische Bedeutung des E-Business. Studie der Beratungsgruppe Plaut.

E-Learning zwischen Euphorie und Ernüchterung – Eine Bestandsaufnahme zum E-Learning in deutschen Großunternehmen. Eine Studie der MMB Michel Medienforschung im Auftrag von KPMG.

7.2 „Distant Learning" und „E-Moderating"

BRIGITTE MAIER

FELIX SPEISER

Gemeinsamkeiten E-Learning - Fernkurse

Definiert man E-Learning als jegliche Form elektronikunterstützten Lernens, so gibt es zunächst keinen offensichtlichen Unterschied zu den printbasierten Lernformen eines klassischen Fernkurses (distant learning). Inhalte werden zur Verfügung gestellt und je nach Art des Kurses synchron oder asynchron vertieft und dann geprüft.

Kursteilnehmer wie auch Tutoren tun sich am Bildschirm aber oft schwer.

Viel Engagement und Selbstdisziplin

Betrachtet man nun, wie mit den heute zur Verfügung stehenden Informationsträgern umgegangen werden kann, so werden die Unterschiede zwischen printbasierten und elektronisch unterstütztem Lernen rasch klar. Ein Buch oder ein Lernheft kann sehr schnell durchgeblättert werden und vermittelt so rasch einen recht guten, visuellen Eindruck über den gesamten Inhalt. Anfang und Ende sind klar definiert, die Komplexität des Stoffes und dessen Umfang übersichtlich dargestellt. Dies ist bei einem guten, d.h. nicht linear gegliederten und unterschiedlichem Vorwissen gerechten E-Learning Kurs nicht der Fall, da er nach verschiedenen Richtungen offen und in kleine Portionen aufgeteilt ist. Man kann auf dem PC in einem solchen Kurs nicht blättern wie in einem Buch, ist an einen festen Arbeitsplatz gebunden (auch wenn Laptops eine große Flexibilität bieten) und braucht so länger, um sich einen Überblick des Inhaltes zu verschaffen. Wie viele Seiten verbergen sich wohl hinter einem CBT, wie viele Links sind auf diesen Seiten vorhanden, wie lange braucht man, um diese Links einzusehen etc. Die Bearbeitung eines E-learn-Programmes verlangt deshalb echte Arbeit (= Zeit + Engagement), eine echte Auseinandersetzung mit dem Kursinhalt, während ein Lernheft einfacher weggelegt werden kann, manchmal auch mit der

Illusion, man habe nach dem Durchblättern und Überfliegen alles verstanden.

E-Learning muss mehr bieten!

Ein E-learn-Kurs darf deshalb nicht einfach ein „clever" umgesetztes Buch/Lernheft sein. Es muss mehr bieten, da E-Learning mit Mehraufwand verbunden ist. Der Kursteilnehmer muss somit auch mehr bekommen. Hier kommt die neue Dimension, die die heutige Medientechnologie bietet ins Spiel, wie z.B. die Kommunikationstechnologie. Rasches Updating bestehender Inhalte, asynchrone Diskussionen in Foren (zeitunabhängige Diskussionen), synchrone Diskussionen mit Chats (Echtzeitdiskussionen), E-Kooperation, Animationen und Simulationen, Edutainement, etc. Dabei geht es nicht einfach nur um die Wissensvermittlung, sondern auch um die emotionalen sozialen Kontakte, die die neuen Medien, auch entgegen häufig geäußerter Meinungen, der E-Raum sei asozial, tatsächlich bieten. Um diese Möglichkeiten aber wirklich nutzen zu können, müssen sowohl Kursteilnehmer wie auch Tutoren entsprechend geschult sein und die Rollen aller Teilnehmer müssen klar verteilt werden, um einer falschen Erwartungshaltung vorzubeugen. Es reicht einfach nicht aus, gute Programme zur Verfügung zu stellen, ohne dass alle (Kursteilnehmer und Tutoren) mit den Möglichkeiten und Spielregeln im virtuellen Raum vertraut sind.

Symptomatisch für eine Situation in einem Betrieb, der für E-learning noch nicht bereit ist, sind etwa folgende Bemerkungen:

„Jetzt haben wir für teures Geld gute CD-ROMs zur Officeschulung angeschafft und stellen diese unseren Mitarbeitern gratis zur Verfügung, aber die Nutzung ist gleich Null. Das bringt alles nichts". Es stellt sich eben schon die Frage, ob solche Bemerkungen nicht gleich heißen könnten: „Jetzt haben wir uns für teures Geld viele gute Bücher zur Officeschulung angeschafft und leihen diese unseren Mitarbeitern gratis aus, aber niemand kommt, sich ein solches Buch zu holen ....". Welchem Ausbildungszentrum würde es in den Sinn kommen, so vorzugehen? Wohl kaum einem.

Lernbegleitung im E-Raum

Ob Buch oder E-Learning, in beiden Beispielen fehlt das kommunikative Element. Inhalte bereitzustellen, ohne sie in irgend einer Form zu begleiten, bringt tatsächlich nichts. Das wird im E-Raum häufig „vergessen" und einfach dem PC überlassen. PCs leisten aber auch nur das, was die Anwender mit ihm machen. Es ist deshalb nicht verwunderlich, dass sich Präsenzveranstaltungen in solchen nicht E-Learning bereiten Betrieben einer größeren Beliebtheit erfreuen.

Ein idealisiertes E-Learning Managementkonzept

Die Bereitstellung von E-learn-Inhalten, die IT-Infrastruktur und die Kursbegleitung müssen für eine funktionierende E-learn-Struktur/Kultur gut aufeinander abgestimmt sein. Dies gilt besonders für die Kommunikation (E -Kooperation) im virtuellen Raum. Dabei wird bei der E-Moderation am häufigsten gesündigt. Aber nur wenn alle drei Bereiche gut als Einheit funktionieren, kann in einem Betrieb ein effektives E-Learning implementiert werden. Das sind hochstrategische Fragen, da es letztlich um viel Geld und Human Resources Fragen geht.

Es ist deshalb wichtig, dass E-Learning von der Geschäftsleitung getragen, eine entsprechende Strategiegruppe mit den nötigen Kompetenzen und Mitteln (Geld, HR) ausgestattet und im Betrieb mit klaren Zielsetzungen kommuniziert wird. So gesehen ist E-Learning ein Produkt, das intern vermarktet werden muss.

Interne Vermarktung

Ist einmal eine solche Strategiegruppe institutionalisiert, dann kann mit der Umsetzung auf der operationellen Ebene begonnen werden. Dabei werden Fragen, die sich auf die pädagogische Umsetzung beziehen, vor allem zusammen mit dem Contentprovider und E-Moderator behandelt werden müssen, während die technische Umsetzung (Programmierung) vorwiegend in Zusammenarbeit von Contentprovider mit IT erfolgen. Der durch die Strategiegruppe bestimmten Prioritätensetzungen (Inhalte, Firmenstrategie) muss Rechnung getragen werden. Viele Fragen treten dabei auf. Welche Inhalte sollen bevorzugt behandelt werden? Soll ein E-Kurs am Arbeitsplatz, in Lernzentren, während oder außerhalb der Arbeitszeit oder gar zu Hause durchgeführt werden? Welchen Benefit hat ein erfolgreich absolvierter Kurs für den Kursteilnehmer? Hat ein erfolgreich abgeschlossener Kurs Auswirkungen auf die Entwicklungsmöglichkeiten innerhalb einer Firma, und wenn ja, ist die Personalabteilung involviert?

Aufgabe der Strategiegruppe

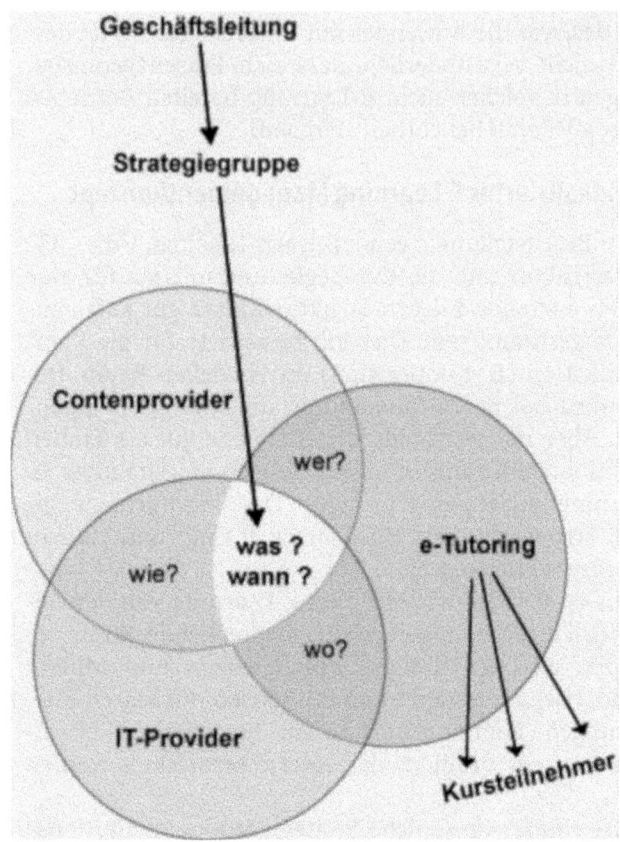

Abb. 1: E-Learning Managementkonzept

Die Durchführung eines E-Kurses selbst erfolgt durch den E-Moderator, der von IT und Contentprovider im Hintergrund unterstützt wird. Dieses organisatorische Dreikreisekonzept garantiert, dass Software (Kursinhalte) und Hardware (IT) den Fähigkeiten und technischen Möglichkeiten der Kursteilnehmer entsprechend in optimaler Form vermittelt werden können.

Nachfolgend werden einige Punkte zur Kommunikation aus der Praxis mit Forum und Chat zweier E-Kurse beschrieben, die von Kursteilnehmern als besonders wichtig erachtet worden sind. Die Erfahrungen aus dem E-Tutoring werden dazu eingebracht und in Schlussfolgerungen kurz reflektiert. Daraus abgeleitete Checklisten sollen dem Leser als Denkanstöße für eigene Aktivitäten im E-Raum dienen.

Von den Autoren eingesetzte Kommunikationsplattform

Von den Autoren eingesetzt wird WebBoard von der Firma O'Reilly. Diese Kommunikationsplattform ist im Intranet auf einem NT-Server installiert und lässt sich leicht über eine einfache URL erreichen (keine PlugIns!), so dass für den Betrieb keine speziellen IT-Aufwendungen nötig werden. Dies ermöglicht auch, WebBoard in bestehende Intranetsites einzubinden und grafisch anzugleichen. In Bezug auf die Kommunikation hat WebBoard folgende Vorzüge:

- die Funktionen sind sehr schnell erlern- und nutzbar
- die Oberfläche hat eine einfache und klare Struktur
- die Kommunikationsoberfläche besteht aus zwei Fenstern. Ein linkes Fenster zeigt den Strukturbaum der Diskussionen, ein rechtes Fenster enthält die dazugehörigen Beiträge. Dadurch kann einerseits ein Diskussionsverlauf grafisch erfasst, andererseits aber alle dazugehörigen Beiträge eingesehen/ausgedruckt werden, ohne jeden Beitrag einzeln anklicken zu müssen. Das ist sehr praktisch.
- neben dem Forum steht ein gutes Chattool (inklusive Protokoll) bereit
- Masteruserrechte können einfach an E-Tutoren vergeben werden, die dann die Diskussionsstruktur teamgerecht einrichten können.
- E-Mails können direkt aus dem WebBoard verschickt werden, und es ist auch möglich, WebBoardbeiträge aus einem E-Mail zu beantworten

Viele kleine Zusatzfunktionen helfen dem Kursteilnehmer sich rasch über das aktuelle Geschehen zu informieren und sich zurechtzufinden, wie etwa: Wer ist „jetzt" gerade im WebBoard anwesend, welche Beiträge werden am meisten gelesen, welche Beiträge sind neu, wer war „heute" im WebBoard, einfache Suchfunktionen u.a. Auch Bilder lassen sich einfach in einen Beitrag (Forum, Chat) integrieren und Attachments anhängen.

WebBoard ist eine kostengünstige Kommunikationsplattform, die sich für kleine Gruppen und einen individuellen Einsatz anbietet.

Einsatz von WebBoard in zwei E-Kursen der internen Weiterbildung

E-learn-Kurs: „Arbeitsmethodik und Umgang mit der Zeit"

Einleitung

Das Thema Arbeitsmethodik und Zeitmanagement ist von steigender Aktualität. Immer mehr Arbeit muss heute von weniger Menschen geleistet werden. So ist es für viele Mitarbeiterinnen und Mitarbeiter schwer, für einen Kurs zwei ganze Tage aus dem laufenden Tagesgeschäft herauszutreten, wie es für den Präsenzkurs bisher nötig war.

Ziel unserer neuen „E-Kursvariante" war es, den Teilnehmern die Möglichkeit zu bieten, den eigenen Lernprozess zu flexibilisieren und zu individualisieren, um so einen optimalen Nutzen zum investierten Zeitaufwand zu ermöglichen und zwar hinsichtlich:

- der Zeitgestaltung selbst: wann gelernt und in welchem Tempo vorgegangen wird
- der thematischen Auswahl: welche Themengebiete gerade aktuell, welche bereits bekannt sind
- der Lerntiefe: wie intensiv ein Thema bearbeitet wird
- der „Betreuung" durch den Kursleiter: Beratung bei individuellen Fragestellungen

Neuer Veranstaltungsmodus

Gleich zu Beginn der neuen Kurskonzeption wurde die Entscheidung getroffen, eine Mischform von selbstorganisiertem Lernen und Lernen in der Gruppe zu wählen. In einer Interviewreihe mit Kursteilnehmern wurde sehr deutlich geäußert, dass das rein selbstorganisierte Lernen nur für eine kleine Gruppe von Mitarbeitern die ideale Form des Lernens darstelle. Diese Interviews sowie unsere eigenen Erfahrungen als Kursteilnehmer in einer telebasierten Weiterbildung bestimmten deshalb den gewählten Veranstaltungsmodus.

Der neue E-learn-Kurs ist gekennzeichnet durch zwei Präsenzveranstaltungen von je 3 Stunden Dauer, zwischen denen eine 9-wöchige asynchrone Selbstlern-, Arbeits- und Kommunikationsphase liegt.

Es gibt zwei Kursleiter bzw. Tutoren mit folgenden Aufgaben:

- Verfassen der Inhalte, welche in Form von Studienbriefen an die Teilnehmer abgegeben werden
- Moderieren der Präsenzveranstaltungen und Einführung in die Kommunikationsoberfläche von WebBoard
- Initiieren und Moderieren der Arbeit und der Diskussion im Forum
- Moderieren und Zusammenfassen von wöchentlichen Chats
- Beratung der einzelnen Teilnehmer/der Gruppe bei Fragen und Problemen in Sachen Thema und Lernprozess

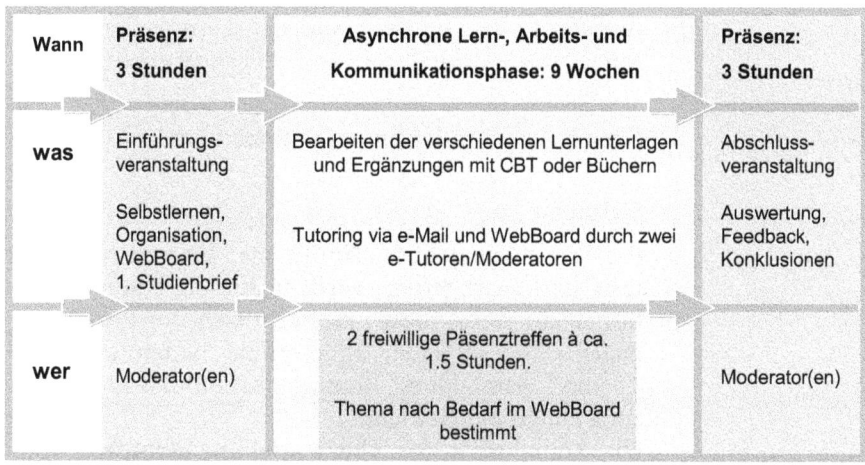

Abb. 2: Struktur des neuen E-Kurses „Arbeitsmethodik und Umgang mit der Zeit"

Die Teilnehmer erhalten in der Präsenzveranstaltung Informationen zu:

- Aspekten des selbstorganisierten Lernens
- der Gesamtorganisation des Kurses
- Themen und Aufbau der Studienbriefe sowie zu ergänzenden Lernmedien
- Funktion und Ziel von Chat, Forum und Tutoring

Die Hälfte der Zeit am ersten Präsenztag wird dafür eingesetzt, mit den Teilnehmern gemeinsam in einem PC-Schulungsraum die Arbeitsweise auf WebBoard kennen zu lernen und auszuprobieren.

Während der 9 Wochen bis zur Abschlussveranstaltung ist WebBoard der Treffpunkt für alle Beteiligten. Für die einzelnen Teilnehmer steht das Bearbeiten der Lerninhalte in Form von Studienbriefen im Mittelpunkt. Zweimal werden sogenannte Präsenztreffen angeboten, an denen vorher im Forum und Chat abgesprochene Themen im Mittelpunkt stehen. Die Teilnahme an diesen Präsenztreffen ist freiwillig.

Beim Abschlusstreffen geht es dann darum, in der Gruppe zu reflektieren, inwiefern sich Arbeitsmethodik und Zeitmanagement verändert und/oder verbessert haben.

Der letzte Präsenztag wird auch dazu genutzt, von den Teilnehmern eine Rückmeldung zu der Veranstaltungsform, den Inhalten und den Lernmedien des E-Kurses sowie Optimierungsvorschläge zu erhalten.

E-learn-Kurs: Projektmanagement

Einleitung

Projektmanagement ist ein Thema, das von Mitarbeitern stark nachgefragt wird. In diesem Kurs wurden bisher einerseits Tools und Techniken des Projektmanagements erarbeitet, andererseits hatten auch die Themen Teambildung, Kommunikation und Konfliktlösung ein großes Gewicht.

Die Komplexität der Themenstellung erforderte fünf Tage Präsenzkurs, von denen vier Tage im Block erfolgten, nach 4-6 Wochen wurde dann der fünfte Tag durchgeführt. Die 4-6 Wochen, in denen die Kursteilnehmer wieder im normalen Arbeitsprozess standen, dienten dazu, Kursinhalte anzuwenden und Erfahrungen zu sammeln, die am fünften Kurstag bearbeitet werden konnten.

Nach Rückmeldung der Teilnehmer gestaltete sich der Lerntransfer in der täglichen Arbeitspraxis jedoch häufig als schwierig, da beispielsweise liegen gebliebene Arbeiten nachgearbeitet werden mussten, aktuelle, dringliche Fragestellungen des Tagesgeschäftes im Vordergrund standen, aber auch deshalb, weil der geschützte Rahmen der Kursgruppe wegfiel. Zudem war die eigene Arbeitsroutine kurzfristig bequemer.

Neuer Veranstaltungsmodus

Entsprechend der Rückmeldungen aus den früheren Kursen wurde entschieden, WebBoard in den Kurs zu integrieren, um so in dem neuen, E-gestützten Kurs die 4-6 wöchige Lerntransferphase

- auf die Umsetzung der Inhalte in die Praxis zu fokussieren
- als zum Kurs gehörendes Element zu gestalten
- von Tutoren zu begleiten.

Ziel des neuen E-Kurses ist, die Mitarbeiterkompetenzen bezüglich Projektmanagement sowie die Unterstützung des Lerntransfers im Arbeitsalltag zu erweitern und zu verbessern.

Die insgesamt fünf Präsenztage werden von einem externen Kursleiter moderiert. Da für ihn kein Zugriff auf das interne Firmennetz möglich ist, wird die asynchrone Transferphase auf dem WebBoard durch ein internes Tutoring betreut. Der externe Kursleiter steht mit dem internen Tutoring und bei Bedarf auch mit den Teilnehmern via E-Mail in Kontakt.

Die Aufgaben des Tutoring sind:

- Die Teilnehmer in die Aufgabenstellung einzuführen und sie während des Lerntransfers zu betreuen
- Unterstützung bei der Arbeit mit WebBoard zu gewähren
- Moderation und Beratung der Arbeitsgruppen während der praktischen Arbeit zu gewährleisten
- Moderation und Zusammenfassung des wöchentlichen Chats zu organisieren
- Zusammenfassung der Arbeitsergebnisse sicherzustellen.

Die Teilnehmer lernen während der ersten 4 Seminartage Aspekte des Projektmanagements kennen. Dazu arbeiten sie von Beginn an in zwei Arbeitsgruppen à 7 Teilnehmern, deren Aufteilung auch für die asynchronen Lerntransferphase beibehalten wird. Am Ende der vier Präsenztage erhalten die Teilnehmer ihren Arbeitsauftrag. Sie sollen einen Praxisleitfaden für das Projektmanagement erstellen. Dieser Auftrag ist inhaltlich und zeitlich in drei Phasen gegliedert

- Woche 1-2: Sammeln von Frage- und Problemstellungen aus der alltäglichen Projektmanagementpraxis
- Woche 3-4: Erarbeiten von Lösungsmöglichkeiten
- Woche 5-6: Austausch der Ergebnisse in den beiden Gruppen, Ergänzung der Beiträge, Freigabe für den Praxisleitfaden.

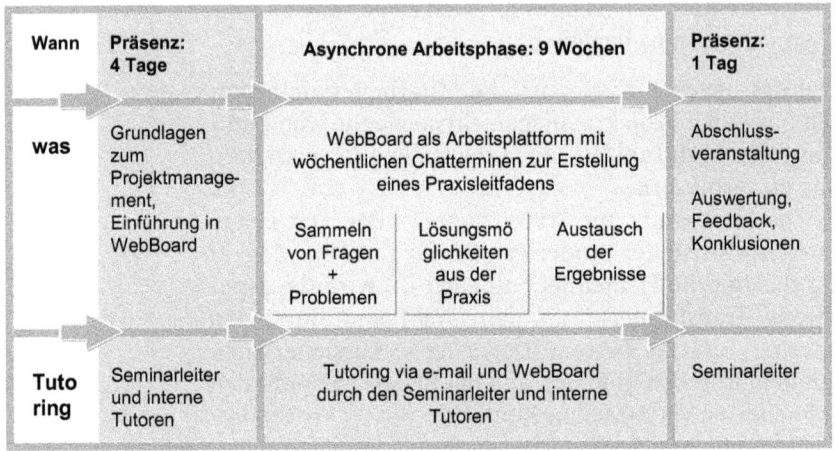

Abb. 3: Struktur des neuen E-Kurses „Projektmanagement"

Am letzten Kurstag werden dann von den Teilnehmern vorher ausgesuchte Themen vertieft sowie die Arbeit auf dem WebBoard reflektiert und ausgewertet.

Erfahrungen aus der Praxis

Planung und Konzeption ist das Eine - Praxis das Andere. In der Praxis werden Schwachstellen einer falschen Konzeption sehr schnell aufgedeckt, die Teilnehmer reagieren sofort und zuverlässig auf Unzulänglichkeiten eines Kurses.

Rückmeldungen der TN

Uns war von Beginn an wichtig, von allen Teilnehmern eine ausführliche aber auch spontane Rückmeldung zu bekommen. Die wichtigsten Ergebnisse aus diesen Rückmeldungen sowie unsere eigenen Erfahrungen als Tutoren zu ausgesuchten Stichwörtern werden nachfolgend beschrieben, Schlussfolgerungen gezogen und mit Tipps und Spielregeln ergänzt.

Stichwort: Präsenzveranstaltungen

In einer allgemeinen und öffentlich geführten Diskussionen um E-Learning wird sehr häufig die Vereinsamung der Lerner am PC als Gegenargument gegen diese Lernform genannt. Direkte face-to-face Kontakte zu Teilnehmern seien nicht möglich, wenn nicht aufwendig mit Videoübertragung gearbeitet werde. Und selbst deren Qualität lasse häufig zu wünschen übrig.

Rückmeldung der Kursteilnehmer

Die Möglichkeit, sich zu Beginn an einer Präsenzveranstaltung kennen zu lernen, die anderen Teilnehmer als Person zu erleben, wurde in der Befragung immer wieder als sehr positiv hervorgehoben. Nachgefragt wurden auch freiwillige kurze Präsenztreffen, bei denen bestimmte Inhalte mit Übungen vertieft werden sollten.

Synchrone und asynchrone Phasen

Alle Teilnehmer äußerten sich auch sehr positiv zu der Möglichkeit, die ersten Schritte auf dem WebBoard direkt am PC zu praktizieren, in Anwesenheit der Tutoren, die den Teilnehmern „über die Schulter schauen" konnten und Fragen direkt beantworteten.

Erfahrungen der Tutoren

Wie wichtig erste Präsenzveranstaltungen waren, wurde immer dann deutlich, wenn ein/e Teilnehmer/in nicht anwesend sein konnte - was immer wieder vorkam. Diese Teilnehmer waren im WebBoard für die Lerngruppe unbekannt und er/sie kannte niemanden aus der Gruppe. Es war sehr viel schwerer, diese/n miteinzubeziehen und die Hemmschwelle für ihn/sie, sich dem Geschehen im WebBoard anzuschließen, schien deutlich höher zu sein.

In Präsenzveranstaltungen wurden viele Fragen gestellt, die sich aus den aktuellen Arbeitssituationen der Teilnehmer ergaben, beispielsweise ob es eine Möglichkeit gäbe, einen ruhigeren Lernraum zu nutzen statt des eigenen Arbeitsplatzes. Da war das Anbieten von Antworten und/oder schnellen Lösungen sehr wichtig.

Im Unterschied zum E-learn-Kurs über Arbeitsmethodik und Umgang mit der Zeit kannten sich die Teilnehmer im Kurs Projektmanagement schon seit vier Tagen und hatten die Möglichkeit, sich zu einer Gruppe zusammenzufinden und während vier Tagen auch zusammenzuarbeiten. Für die Weiterarbeit während der

Teambildung als wichtiger Erfolgsfaktor

asynchronen Lerntransferphase wurde die Gruppenaufteilung beibehalten, um die Findungsphase im virtuellen Raum nicht von Neuem beginnen zu müssen. Das hat sich sehr bewährt. So begann eine Gruppe schon ihren ersten Chat mit einer persönlichen Nachfrage „Hallo..., sag mal, was hat denn dein Chef zu deinem Vorschlag gesagt?..." Es war seitens des Tutoring nicht nötig, das Gespräch zu beleben und in Gang zu halten.

Schlussfolgerungen

Der Einbezug von Präsenzveranstaltungen in einen E-learn-Kurs, und das ganz besonders zu Beginn eines neuen Kurses, ist sehr wichtig und wird beibehalten bzw. ausgebaut. So gibt es neu im Kurs „Arbeitsmethodik und Umgang mit der Zeit" nun auch freiwillige Präsenztreffen von ca. 1,5 h - mit anschließend gemeinsamen Mittagessen.

Visuelle Hilfsmittel sind wichtige Emotionsträger

Um dem Bedürfnis, sich zu sehen und sich zu kennen, besser gerecht zu werden, wurden an den Präsenzveranstaltungen mit einer digitalen Kamera Portraits der Kursteilnehmer aufgenommen, die anschließend als Thumbnails jedes Posting einer Person begleiteten. Dies personalisierte das WebBoard und stärkte das Gefühl, in einer Gruppe zu lernen und zu arbeiten enorm. Die neue Dynamik, die mit solchen Bildern entstehen kann, ist nicht neu, überraschte uns aber in dieser Deutlichkeit und führte zu einem echten „AHA-Erlebnis".

Tipps und Spielregeln für Präsenzveranstaltungen

Wenn es möglich ist, sollte eine E-learn-Angebot mit einer Präsenzveranstaltung beginnen. Die Teilnehmer sollten die Möglichkeit haben, sich das Tool mit der Hilfe von Tutoren genau anzusehen und z.B. erste Beiträge zu posten. Dazu kann auf der Plattform eine Konferenz eröffnet werden, in der, wie auf einer Spielwiese, die Funktionen ausprobiert werden können, ohne dass der Inhalt im Vordergrund steht.

Für den Fall, dass nicht alle Teilnehmer an der Präsenzveranstaltung anwesend sind, ist es sehr wichtig

- sicherzustellen, dass die nachträglich zugestoßenen Teilnehmer nicht vernachlässigt werden und lernen, mit dem WebBoard umzugehen; eventuell ist eine persönliche Einführung am Arbeitsplatz notwendig

- sie per E-Mail UND auf dem WebBoard besonders willkommen zu heißen
- eine Konferenz „Profile der Teilnehmer" o.ä. zu eröffnen, in denen sich alle Teilnehmer vorstellen
- die Personen bitten, ein Bild zur Verfügung zu stellen
- alle Informationen der Präsenzveranstaltung im WebBoard zugänglich zu machen
- gerade in der Anfangszeit intensiven Kontakt zu diesen Personen halten.

Stichwort: Zeitinvestition

Rückmeldung der Kursteilnehmer

Eine der häufigsten Fragen von Teilnehmern ist „Mit welchem Zeitaufwand muss ich rechnen?"

Teilnehmer drückten dies in der Regel drastisch aus, wie etwa mit Äußerungen „Woher soll ich bitte 2 h pro Woche nehmen?" oder „Ich habe überhaupt keine freien Kapazitäten" und „Müssen wir jetzt auch noch nachts da bleiben?"

Solche spontanen Aussagen beruhigten sich meist während eines Seminarverlaufs. Im Rückblick wurde aber deutlich geäußert, dass der Umgang mit dem Tool trotz Einführung ungewohnt war und man wirklich Zeit benötigte, um die Funktionen und das Arbeitsprinzip kennen und verstehen zu lernen.

Für die wöchentliche Arbeit mit dem WebBoard während der asynchronen Lerntransferphase gaben die Teilnehmer an, ca. eine Stunde für den Chat und eine 3/4 h für das Forum zu investieren.

Kommt noch der Aufwand für die 3 Studienbriefe hinzu, wurden Aufwendungen von ca. 4-6 h pro Studienbrief (alle zwei Wochen) angegeben. Die Gesamtaufwendung betrug somit ca. 4 Stunden pro Woche.

Erfahrung der Tutoren

Die brennende Zeitfrage ergab sich aus der Situation, dass sich Mitarbeiter oft mit Arbeit überlastet fühlten. Die Frage nach dem Zeitaufwand konnte schnell zur Killerfrage werden, da zu Beginn - ohne dass die Teilnehmer einen möglichen Nutzen erfahren hatten - jegliche Zeitangabe als zuviel empfunden wurde.

Zeitfrage kann rasch zur Killerfrage werden

Der Zeitaufwand seitens der Tutoren lag bei ca. 1h pro Tag bei ca. 15 Teilnehmern.

Regelmäßige Teilnahme als wichtiger Erfolgsfaktor

Teilnehmer, die regelmäßig im WebBoard waren und sich „zeigten", hatten eine wesentlich bessere Meinung von der asynchronen Arbeit im virtuellen Raum als jene, die sich keine Zeit nahmen und nur selten anwesend waren. Letztere fingen immer wieder von vorne an sich zurechtzufinden, sich zu orientieren und dabei ging viel Zeit verloren. Das wurde (zu Recht?) als mühsam empfunden.

Schlussfolgerungen

Seminarteilnehmer haben in Ihrem Arbeitsalltag wenig Zeit, sich neuen Dingen zu widmen. Jeder zusätzliche Aufwand wird erst mal als Belastung empfunden. Diese Situation gilt es sehr ernst zu nehmen und zu akzeptieren. In Gesprächen muss aber deutlich gemacht werden, dass Lernen und Entwicklung immer darauf angewiesen ist, aus dem hektischen Arbeitsalltag herauszutreten, d.h. das Arbeitstempo zu entschleunigen. Erst dadurch werden Lernphasen möglich, in denen das Arbeitsverhalten weiterentwickelt werden kann.

Es muss zu Beginn eines E-Kurses deutlich formuliert werden, dass WebBoard ein Tool ist. Entsprechend der Aussage „a fool with a tool is still a fool" hängt die Qualität der Arbeit, besonders im virtuellen Raum, von der Bereitschaft aller Teilnehmern ab, das Tool zu nutzen und wirklich mitzumachen. Und das benötigt besonders zu Beginn Zeit.

Grundsätzlich gilt, was ein Teilnehmer einmal sehr treffend ausdrückte „den größten Fehler, den man mit WebBoard machen kann, ist NICHTS zu tun"

Tipps und Spielregeln zur Zeitproblematik

Berücksichtigt wird die Zeitproblematik in dem

- die Zeit des WebBoard Einsatzes zeitlich auf mindestens 4 - maximal 10 Wochen begrenzt wird; der Aufwand für die Teilnehmer wird kalkulierbarer
- die Einführung in das Tool WebBoard intensiv erfolgt, um einen schnellen sicheren Umgang zu erreichen
- feste Termine vereinbart werden z.B. Chat, jeden Montag von 11-12 Uhr

- die Vorteile der individuellen Zeiteinteilung herausgehoben werden; vielen ist dieser Vorteil nicht vertraut.

Stichwort: Bring- und Holschuld

Reaktionen der Teilnehmer

Teilnehmer hatten häufig Schwierigkeiten, eine aktive Rolle im virtuellen Raum zu übernehmen. Sie waren es gewohnt, Informationen in ihrer Mailbox abzurufen oder auf ihrem Schreibtisch vorzufinden. So äußerte sich ein Teilnehmer „Ich schau ja jeden Tag ins WebBoard, aber da läuft ja nichts!". Ein Zweiter bemerkte „Das Tool ist toll, jetzt möchte ich noch beobachten, welchen Nutzen es hat."

Häufig wurde auch erneut das Argument angeführt, sie hätten keine Zeit, sich auf einer weiteren neuen Plattform einzuloggen.

Erfahrung der Tutoren

Aus manchen Aussagen der Teilnehmer wurde deutlich, dass das einem Forum zu Grunde liegende Arbeitsprinzip nicht verstanden wurde.

Bezogen auf das Zeitargument entstand manchmal der Eindruck, solche Äußerungen würden als Pauschalausrede eingesetzt.

Über die Einloggstatistik, die übrigens für alle einsehbar ist, ließ sich sehr gut verfolgen, welche Teilnehmer wie oft im WebBoard waren. Stellte man den Einloggzahlen die Anzahl der Postings gegenüber, ließ sich Folgendes beobachten:

1. Es gab Kursteilnehmer, die ein sehr ausgewogenes Verhältnis von Login-Posting hatten, d.h. wenn sie sich einloggten, posteten sie in der Regel auch etwas. Unabhängig davon, ob sie sich häufig oder eher wenig einloggten. Sie holten Informationen ab und posteten eigene Beiträge.
2. Manche Kursteilnehmer waren überhaupt nicht anwesend. Auch nach mehrmaliger persönlicher Nachfrage seitens der Tutoren wurde nicht mitgearbeitet. Sie verweigerten damit ihre Bring- und Holschuld gegenüber der gesamten Gruppe.
3. Weitere Kursteilnehmer loggten sich häufig, manchmal sogar täglich ein, posteten jedoch keine Beiträge.

Marginalien: Aktive Rolle; Probleme mit Forum; Auswertung der Einlogstatistik

Diese Teilnehmer lasen offensichtlich und informierten sich über das aktuelle Geschehen, schrieben jedoch nicht (s.g. Lurker). Sie lösten zwar die Holschuld ein, vernachlässigten aber die Bringschuld sehr.

Die Gruppen teilten sich gemäss bisheriger Auswertungen etwa zu je einem Drittel auf, das heißt, dass 2/3 der Gesamtgruppe nicht oder kaum schrieb und somit im Forum überhaupt nicht/kaum in Erscheinung trat.

Schlussfolgerungen

Vorteile des Forums

Der Vorteil eines Forums liegt u.a. darin, dass alle Informationen, wie Diskussionen, Dokumente, Termine etc. an einem Ort für alle gleichzeitig erreichbar sind. Dies in einer chronologischen Reihenfolge, in einer für alle gleichbleibenden Struktur, so dass der Verlauf der Informationsvermehrung jederzeit von allen nachvollzogen werden kann und Informationen jederzeit eingesehen werden können. Das bedingt jedoch auch, dass Beiträge, Links etc. von allen Beteiligten eingebracht werden, dass sich die Kursteilnehmer durch schriftliche Beiträge aktiv zeigen.

Ein Forum lebt nur, wenn die Teilnehmer ihrer Bring- und Holschuld nachkommen.

Bring- und Holschuld

Das Prinzip der Bring- und Holschuld wird von einer Mehrheit der Teilnehmer zwar verstanden aber oft nicht umgesetzt. Die Notwendigkeit, sich in schriftlicher Form in einem Forum zu zeigen, wird entweder nicht erkannt oder aus anderen Gründen nicht akzeptiert.

Eventuelles Auslösen eines Teufelskreises

Es scheint im virtuellen Raum oft leichter zu sein, sich zu verstecken und den Beobachter zu spielen als in einer Präsenzveranstaltung, in der jeder Teilnehmer jederzeit direkt angesprochen werden kann. Je länger ein solches Verstecken aber andauert, desto schwieriger wird es, sich später noch aktiv einzubringen, die Hemmschwelle, sich zu zeigen, steigt. Das hat zur Folge, dass Diskussionen manchmal nur von wenigen und dann immer von den gleichen Teilnehmern geführt und dass die Arbeit von einer entsprechend kleinen Gruppe erledigt wird.

7.2 „Distant Learning" und „E-Moderating"

Tipps und Spielregeln zur Entschärfung der Hol- und Bringschuldproblematik

- Das Arbeitsprinzip eines Forums muss unbedingt in der Einführung ausführlich besprochen werden. Die Teilnehmer müssen die Bedeutung der Bring- und Holschuld erkennen.
- Die Aufgabenstellung, das Ziel und der mögliche persönliche Nutzen muss in den Vordergrund gestellt werden.
- Gruppen, die gemeinsam etwas erarbeiten, müssen gemeinsam Regeln für ihre eigene asynchrone Zusammenarbeit vereinbaren. Sie legen für sich beispielsweise einen wöchentlichen Chat-Termin fest, sie garantieren sich Antwortzeiten, bestimmen, wie oft sie sich in der Woche einloggen u.a.
- In neuen Seminargruppen sollten grundlegende Spielregeln an die Teilnehmer abgegeben werden. Beispielsweise in dieser Formulierung:

> Sie sind als Teilnehmer/in auf dem WebBoard nur wahrzunehmen, wenn Sie sich schriftlich äußern. Bitte halten Sie sich an folgende Spielregeln:
> - Regelmäßiges Einloggen (mindestens 1x pro Woche)
> - Regelmäßiges Lesen der Beiträge anderer
> - Regelmäßige Beteiligung in schriftlicher Form (Fragen stellen, Fragen beantworten, mitdiskutieren...)
> - Schriftliches Mitteilen von Absenzen etc.
>
> Verknüpfen Sie also Einloggen immer auch mit einem schriftlichen Beitrag. Jede/r einzelne Teilnehmer/in ist mitverantwortlich für die Qualität des inhaltlichen Austauschs und der Arbeit auf dem WebBoard.

Stichwort: synchrone Kommunikation mit dem Chat

Ist der Chat eine bezahlte Form einer „einfachen" Plauderei?

Rückmeldung der Kursteilnehmer

Im Laufe des ersten Chats gab es sehr schnell die ersten Unmutsäußerungen von Teilnehmern. Sie beklagten sich über das hohe Lesetempo, die Anforderung, schnell tippen zu müssen sowie darüber, dass sie den Überblick verloren hatten.

Dementsprechend waren die Reaktionen: „Das ist ja nur unpraktisch", „Da telefoniere ich doch lieber".

[Randnotiz: Chancen eines chaotischen Chats]

In Gesprächen wurde deutlich, dass Teilnehmer häufig eine falsche Erwartung an den Chat hatten. Sie gingen davon aus, dass ausgiebige inhaltliche, zielgerichtete Diskussionen stattfinden würden und waren enttäuscht bzw. warfen „dem Tool" vor, dass ja hier nur „geschwätzt" würde. Unter diesem Blickwinkel wurde das Chatten als reine Zeitverschwendung empfunden, häufig mit der Folge, dass die Chat-Termine nicht mehr wahrgenommen wurden.

Es gab jedoch auch Mitarbeiter, die sehr schnell eine große Freude an dieser Kommunikationsform entwickelten. Sie sahen den Chat als Möglichkeit, die sozialen Beziehungen in der Gruppe zu pflegen.

Erfahrung der Tutoren

Trotz anfänglich vieler Vorbehalte entwickelte sich der Chat zu einem sehr wichtigen Bestandteil eines E-learn-Kurses. Folgende Funktionen hatten sich herauskristallisiert

- *Abklären von aktuellen Fragen* z.B. „Wo finde ich noch mal die Anleitung...?" oder „Wer hat Erfahrung mit dem Pareto-Prinzip?"
- *Organisation und Absprache von Terminen*: Da der Chat häufig um die Mittagszeit gelegt wurde, ergaben sich nicht selten spontane Lunchverabredungen „Wer kommt heute mit zum Lifechat?". Im Chat wurden auch Aufgaben verteilt und Timelines für die Gruppenarbeit festgelegt.
- *(Kurze) inhaltliche Diskussionen:* Diese konnten im Forum weitergeführt werden.
- *Ermöglichen der „informellen Pausengespräche" eines Präsenzseminars*; und dort fließen aller Erfahrung nach wichtige Informationen
- *Stimmungsbarometer*: Es wurde sehr schnell deutlich, wo die einzelnen Personen im Lern - Arbeitsprozess standen. Frust und Freude wurden sehr spontan geäußert. Man konnte direkt nachfragen und darüber mit der Gruppe ins Gespräch kommen.

Schlussfolgerung

Wenn die Sprache auf den Chat kommt, sind die Reaktionen i.d.R. sehr konträr. Diese Kommunikationsform scheint zu polarisieren - entweder man liebt ihn oder man lehnt ihn völlig ab.

Ein Chat wird nun in E-Kursen regelmäßig und „verpflichtend" eingesetzt. Das macht jedoch eine Vorbereitung der Teilnehmer auf diese neuartige Kommunikationsform nötig, um heftige Abwehrreaktionen zu vermindern. Den Teilnehmern muss klar sein, dass diese Kommunikationsform neu und ungewohnt ist. Also ist das Gefühl, im Chaos zu stecken, den Überblick zu verlieren, zunächst einmal normal - man kann jedoch lernen, mit dem Chaos konstruktiv umzugehen.

WebBoard bietet die Möglichkeit, den Chat im im Orginal zu protokollieren. Somit können Fragen und Diskussionen festgehalten und dann anschließend im Forum asynchron weitergeführt werden.

Es gibt einen Zusammenhang zwischen der Teilnahme am Chat und der Aktivität im Forum: Teilnehmer, die regelmässig chatten, sind im Forum deutlich aktiver. Häufig wird der Chat dann genutzt, um Verabredungen für das weitere Vorgehen zu treffen „Also, jeder postet seine Fragen bis zum nächsten Freitag".

Chatprotokolle als Hilfsmittel für E-Tutoring

Nach unseren Erfahrungen können vom Chat wirklich wichtige Impulse für Diskussionen und weiterführende Arbeiten im Forum ausgehen.

Tipps und Spielregeln zum Chat

Damit die sozial verbindenden und inhaltlich wichtigen Informationsvermittlungen in einem Chat positiv zum Tragen kommen, gilt es Folgendes zu beachten.

- Vorbereitung der Teilnehmer: Für einen Chat gelten die allgemeinen Spielregeln der Kommunikation im Alltag, die den Teilnehmern vorher wieder bewusst gemacht werden sollten. Diese und chatspezifische Besonderheiten könnten im Forum vorab gepostet werden.
- Wer einen Chatraum neu betritt, sollte sich auch schriftlich anmelden „Hallo ihr alle, ich bin nun auch dabei". Im Eifer des Chattens werden nämlich Eintrittsmeldungen wie „Mary has entered the room" schnell übersehen.
- Wird eine Person direkt angesprochen, sollte das mit dem @ deutlich gemacht werden „@Peter hast du heute schon....". So können alle Teilnehmer (TN) erkennen, wer angesprochen ist und gegebenenfalls darüber hinweg lesen.

- Jeder ist um eine gute Rechtschreibung bemüht, sie steht beim Chat jedoch nicht im Mittelpunkt. Fehler sind erlaubt und sollten keinesfalls von anderen TN korrigiert werden „Weißt du den immer noch nicht, dass mann doff mit zwei o schreibst?"
- Wird eine gestellte Frage nicht beantwortet, sollte sie nochmals gestellt werden. Häufig wird sie einfach übersehen, da der Gefragte gerade einen anderen Gesprächsfaden verfolgt. Im WebBoard Chat eignet sich die Funktion „compose" gut dazu, eine Nachricht, die untergegangen ist, speziell hervorzuheben.
- Eine große Schwierigkeit liegt beim Chatten im Tempo des „Gesprächs". Häufig stellt sich das Gefühl ein, man verliere den Überblick oder komme nicht nach. Dem kann man entgegenwirken, indem man beim Schreiben den Bildschirm, der sich ja ständig verändert, *nicht* beachtet, sondern die Aussage fertig stellt, sie absendet und sich danach wieder orientiert. Im anderen Fall ist die Versuchung groß, das gerade Geschriebene zu verändern, anzupassen, zu löschen oder gar ein neues Topic zu nehmen. Da es mit diesem genau gleich passiert, ist der Frust vorprogrammiert.
- Will man längere Aussagen posten ist es hilfreich diese in zwei Schritten zu senden. Um deutlich zu machen, dass Weiteres folgt ......
- ..... sollten am Ende von Absatz 1 und Beginn von Absatz 2 Pünktchen stehen i.S.v. „Fortsetzung folgt".
- Ironie, Humor und „coole" Sprüche sind im Chat sehr heikel. Durch die Reduktion auf das geschriebene Wort können leicht Unsicherheiten entstehen, schlimmstenfalls handfeste Konflikte, denn das begleitende Augenzwinkern kann nicht gesehen werden. Aus diesem Grund sollte Humor etc. kenntlich gemacht werden mit sogenannten Emoticons, wie z.B. ;-) oder Akronymen (aus den Anfangsbuchstaben mehrerer Wörter gebildetes Wort, z.B. AIDS). Es gibt eine Vielzahl von Möglichkeiten wobei der Grundsatz gilt: Weniger ist mehr!
- Klingelt das Telefon? Kommt ein Kollege reingeplatzt? Für die TN des Chat ist es wichtig zu wissen, warum von einem TN länger kein Posting kommt. Viele Interpretationen sind möglich „Oh je, das hat sie mir übel genommen/na endlich ist er still" – um Missverständnissen vorzubeugen ist es gut, wenn

Absenzen, auch kurze, bekannt gegeben werden „Ich hol mir schnell einen Kaffee".

1. Das erste Mal: Der erste Chat dient lediglich dazu, mit der Plattform, den Funktionen und dem Ablauf vertraut zu werden. Das muss den Teilnehmern angekündigt werden, um Enttäuschungen wegen fehlender inhaltlicher Arbeit zu vermeiden.
2. Begrenzung der Gruppe: Selbst für Profis ist ein Chat mit mehr als 8 TN eine Herausforderung, vor allem, wenn man den Anspruch hat, das Gesamtgeschehen im Auge zu behalten. Sind es mehr als 8 Personen, sollte die Gruppe in verschiedene Chaträume aufgeteilt werden oder ein zweiter Chat-Termin vereinbart werden
3. Thematischer Input: Gerade in neuen Gruppen ist es wichtig, nach dem ersten Austausch von „Hallo - wie geht's - was macht die Arbeit ..." einen ersten thematischen Input zu geben, z.B. in Form einer Frage oder These. Hier gelten natürlich die Grundsätze der Gesprächsführung. So laden beispielsweise offene Fragen die TN ein, mehr als ein ja oder nein zu tippen.
4. Chat und Protokoll: Zwingend gehört zu den Chats in unseren Kursen auch das Chatprotokoll, in dem der gesamte Chatverlauf im Original nachgelesen werden kann. Von den Tutoren wird dieses inhaltlich zusammengefasst, offene Fragestellungen hervorgehoben und als neues Posting im Forum für weitere Diskussionen gestellt. Damit ergibt sich eine Verschiebung von der schnellen synchronen hin zur reflektierten asynchronen Kommunikationsform - eine ideale Ergänzung.

Ist der Chat eine bezahlte Form einer einfachen Plauderei? Gewiss nicht! Ein Chat kann neue Impulse setzen, Unklarheiten rasch bereinigen und der ganzen Lerngruppe zu einer neuen Dynamik verhelfen.

Abschließende Bemerkungen

Heute bestreitet wohl kaum jemand, dass ein Forum an sich eine gute Sache ist. Seine Nützlichkeit im Betrieb wird aber trotzdem sehr kontrovers diskutiert. Viele Firmen haben sich mit Foren versucht und sind gescheitert. Interessanterweise gilt dies für traditionelle, d.h. printlastige Fernkurse viel weniger, obwohl auch dort synchrone mit asynchronen Lernphasen abwechseln. Trainingsunterlagen werden z.B. an einen Außendienst verschickt und anschließend in einer Präsenzveranstaltung nachbearbeitet und vertieft. Dies ist eine allgemein akzeptierte Form der Firmenaus- und -weiterbildung. Diskussionen während der asynchronen Phase einer Kursbearbeitung, sei es mit dem Tutor oder unter den Kursteilnehmern selbst, finden nur sporadisch, wenn überhaupt, statt. Weshalb denn, so fragt man sich, werden denn die neuen Möglichkeiten, die die heutige Kommunikationstechnologie anbietet, nicht mehr genutzt? Die Beantwortung dieser Frage lässt sich natürlich nicht pauschal und auf wenige Zeilen reduziert beantworten.

Traditionelle Kurse

Klar ist für die Autoren hier, dass traditionell gestaltete, printbasierte Kursformen, oft sowohl für die Kursteilnehmer wie auch für die Tutoren sehr bequem sein können. Der Tutor hat das Material abgegeben, der Kursteilnehmer hat es je nach eigenem Interesse konsumiert. Natürlich finden Kontrollen statt, doch häufig sind diese eher eine Alibiübung als eine wirkliche Erfolgskontrolle. So unterstützen sich Kursteilnehmer und Tutoren in ihrem Konsumverhalten gegenseitig, ohne sich dabei wirklich Rechenschaft darüber abzugeben, welchen Erfolg ein Kurs effektiv gebracht hat.

Flexibilisierung

Wie in einem traditionellen, d.h. printbasierten Fernkurs, sollten in einem E-learn-Kurs synchrone Phasen mit asynchronen Phasen abwechseln. Da E-Learning unter Einbezug neuer Kommunikationsmittel echte, asynchrone und synchrone Diskussionen ermöglicht, kann eine Flexibilisierung des individuellen Lernens erreicht werden ohne den Sozialkontakt zu verlieren. E-Kontakt muss nicht asozial sein, wie oftmals fälschlicherweise angenommen wird. Im Gegenteil, E-Kontakt kann sehr lustig und verbindend sein, vorausgesetzt, alle Beteiligten halten sich an die vorher abgemachten Spielregeln und engagieren sich. E-Kontakt darf aber auch Präsenzveranstaltungen nicht ersetzen, sondern muss diese ergänzen. Soziale Mechanismen, wie sie im Forum oder Chat zum Tragen kommen, sind bei den klassischen, printgestützten Fernkursen nicht möglich. Und gerade hier kommt die neue Dimension des E-Learnings erst richtig zum Tragen. Werden diese Dimensionen von erfahrenen E-Moderatoren richtig eingesetzt, dann hat E-Learning eine echte Chance,

7.2 „Distant Learning" und „E-Moderating"

sofern auch eine klar kommunizierte Unterstützung durch die Geschäftsleitung erfolgt.

Die asynchronen Phasen eines E-learn-Kurses können nur dann wirklich leben, wenn die Teilnehmer ein hohes Maß an Engagement und Eigenverantwortung mitbringen und so ihrer Bring- und Holschuld gerecht werden. In unserer gestressten, schnelllebigen und auf Konsum ausgerichteten Arbeitswelt kann dies aber nicht einfach vorausgesetzt werden.

echte Arbeit und viel Selbstdisziplin nötig

Der Eindruck entsteht, dass mit dem „mehr und mehr" und dem „schneller und schneller" unseres heutigen Arbeitsumfeldes immer weniger Freiräume für Denkarbeit, für Neues oder Anderes vorhanden sind. „Time to market" etwa ist ein Schlagwort, das in diesem Zusammenhang oft genannt wird. Manager werden in die Defensive gedrängt und wandeln sich vom Unternehmer weg hin zum Verwalter oder Technokraten. Outsourcing und Controlling bestimmen oft den Alltag, denn da bleibt wenig Raum für das Ausprobieren neuer Kommunikationsformen, die im Betrieb weder bekannt und dann schon gar nicht evaluiert worden sind. Neue Kommunikationsformen lassen sich aber nicht einfach einkaufen, nur die Tools dazu, sie lassen sich auch nicht einfach durch Technik und betriebliche Strukturen implementieren sondern müssen gelebt/erlebt werden, um sich weiter, dem Firmenumfeld entsprechend, entwickeln zu können. Dazu braucht es Wissen über die Möglichkeiten moderner Kommunikation oder deren Gefahren und entsprechende, klar formulierte Zielsetzungen.

Sind die betrieblichen Rahmenbedingungen für ein E-Learning/E-Kooperation nicht gegeben (vergl. Dreikreismodell), wird es sehr schwierig, neue Lern- und Kooperationsräume einzuführen.

Unsere bisherigen Erfahrungen zeigen, dass Forum und Chat in Kursen, die einen definierten Anfang und Schluss haben, meist rasch angenommen werden, während dieselben Tools in etablierten Teams, die ihrem oft hektischen Alltag nachgehen, von den gleichen Leuten nicht spontan akzeptiert werden. Das ist ein Widerspruch, der sich nicht leicht erklären lässt. Es scheint schwierig zu sein, einmal angenommene Kommunikationsformen eines ganzen Teams, das ja funktioniert, zu ändern. Dies wird in einem Kursumfeld mit neuer Teamzusammensetzung nicht gleich empfunden - „Es

Intuitiv erlernbare Kommunikationsoberflächen

ist ja nur ein Kurs" - da ist man eher bereit, gewisse Routinen abzulegen.

Es ist zu hoffen, dass die Computertechnologie die Kommunikationsoberfläche des PCs weiter vereinfacht und noch intuitiver gestaltet, ein Trend der heute klar eingesetzt hat.

7.3 Online-Stellenbörsen

Mathias Bächle

Mit Schlagzeilen wie „Jobbörsen haben Hochkonjunktur" oder „Jobbörsen setzen sich durch" begleiten Tageszeitungen, Zeitschriften und Fachmagazine den Weg der Online-Stellenbörsen. Als im Frühjahr 1996 die ersten Anbieter in Deutschland ihren Dienst aufnahmen, wurde das Vorhaben, die Personalsuche online zu betreiben, noch milde belächelt. Heute konkurrieren sie inzwischen mit den seit Jahrzehnten bekannten Wegen der Anzeigenschaltung. Immer mehr Bewerber suchen sich den neuen Job über einen der zahlreichen Stellenmärkte des Internets. Dabei wird das Angebot zusehends größer und der Service, sowohl für Stellensuchende als auch Stellenanbieter, immer besser.

Welcher Anbieter ist der Richtige?

Die Unterschiede zwischen den täglich mehr werdenden Anbietern sind groß. Im Gegensatz zur Anzeigenschaltung in der regionalen Tageszeitung ist die Wahl der richtigen Jobbörse nicht ganz so einfach. Die vielen Anbieter unterscheiden sich sehr in Aktualität, Anzahl und Qualität der Anzeigen. Einige der mittlerweile über 300 Stellenmärkte zeichnen sich dadurch aus, dass Stellenanzeigen über alle Berufsbereiche und Branchen ohne regionale Einschränkungen angeboten werden. Andere Dienste suchen ihren Erfolg in der Spezialisierung auf z.B. Hochschulabsolventen oder IT-Spezialisten. Weitere Jobbörsen legen ihren Schwerpunkt auf die Veröffentlichung einer Bewerberdatenbank, auf die Unternehmen kostenpflichtig zugreifen können.

In diesem boomenden Markt die Übersicht zu wahren und für das Unternehmen und dem im Einzelfall sehr unterschiedlich ausfallendem Stellenprofil die richtige Entscheidung zu fällen, ist nicht gerade leicht.

Mittlerweile über 300 Stellenmärkte

Welche Kriterien einer Entscheidung zugrunde gelegt werden sollten wird in den nachfolgenden Kapiteln aufgezeigt.

Vorgehensweise bei der Wahl der Online-Stellenbörse

Im Vorfeld der Entscheidung zugunsten eines Anbieters sind im Unternehmen bestimmte Fragen zu klären. So ist von großer Wichtigkeit, ob das Unternehmen z.B. nur eine Stelle online schaltet oder, bei größerem und permanentem Bedarf, alle Stellenanzeigen veröffentlichen will. Ist aktuell nur eine Stelle zu besetzen, ein Softwareentwickler wird gesucht, so ist entweder eine Jobbörse zu wählen, die auf die Suche nach Berufsbereichen, in diesem Fall IT-Spezialisten, spezialisiert ist oder für diese Zielgruppe viele User nachweisen kann. Aufgrund dieser individuellen Anforderungen sollte die Entscheidung entsprechend vorbereitet werden. Folgende Punkte sollten hierzu geklärt sein:

Anforderungen des suchenden Unternehmens

- Quantifizierung des Personalbedarfs – wie groß ist der Bedarf, werden aktuell oder permanent neue Mitarbeiter gesucht?
- Qualifizierung des Personalbedarfs – welche Positionen sind zu besetzen. Unterscheiden sich diese in den Anforderungsprofilen?
- Wie ist die aktuelle Arbeitsmarktsituation?
- Welches Budget steht dem Unternehmen zur Verfügung?
- Ist die Nutzung eines Bewerberpools zweckmäßig?

Entsprechend der erarbeiteten Ergebnisse und der Darstellung der verschiedenen Auswahlkriterien in den nachfolgenden Kapiteln sollte es anschließend möglich sein, aus der Menge der Anbieter den oder die Richtige(n) auszuwählen.

Bewertungskriterien professioneller Jobbörsen

Um eine Jobbörse beurteilen zu können, ist es wichtig, die Gesamtheit der angebotenen Dienste zu erfassen. Hierzu gehört im wesentlichen die Veröffentlichung von Stellenanzeigen und die Kontaktaufnahme mit Stellensuchenden des Bewerberpools.

- Stellenangebote
- Stellengesuche

Die Effizienz und Effektivität in der Benutzbarkeit der angebotenen Dienste ist ein weiterer, ebenso wichtiger Aspekt. In der Beurteilung des Gesamteindrucks dürfen aber die angebotenen Mehrwerte (Service) ebenso wenig fehlen wie das Analysieren der Mediadaten und der auf diesen Userzahlen basierende Preisvergleich.

Effizienz und Effektivität in der Benutzbarkeit

- Funktionalität (z.B. Suchoptionen, Anzeigenaufgabe, Kontaktaufnahme, ...)
- Service (technische Funktionalität, Informationsangebote, Bewerberberatung, ...)
- Mediadaten und Konditionen

Diese Kriterien werden nun im Folgenden einzeln durchleuchtet.

Bewertungskriterium Stellenangebote

So vielfältig die verschiedenen Berufsbilder und Tätigkeiten sind, so vielfältig sind auch die Stellenangebote der Unternehmen. Im Gegensatz zu den Zeitungen und Zeitschriften, in denen die Stellenanzeigen meist unsortiert erscheinen, bietet das Internet die Möglichkeit der datenbankgestützten Suche an. Dies ist auch zwingend notwendig, da die Top-Stellenbörsen zwischen 5000 und 15000 Stellenofferten alleine für Deutschland veröffentlichen.

Die Anzahl der Stellenangebote ist ein Maßstab der Wertung. Eine kritische Menge Anzeigen ist notwendig, um den Stellensuchenden eine angemessene Auswahl (z.B. Einsatzort) bieten zu können. Ebenso wichtig ist allerdings auch die Aktualität der Online-Anzeigen. Unseriöse Anbieter wollen durch viele Stellenanzeigen, oftmals nicht mehr vakante Positionen, dem User eine nicht vorhandene Größe des Stellenmarktes signalisieren. Aus diesem Grund ist es notwendig, dass der Anbieter das Erstellungs- oder Ablaufdatum des Stellenangebotes angibt. Entsprechen die Anzeigen des Anbieters dem Personalbedarf?

Anzahl und Aktualität der Angebote

Wichtig ist nun zu klären, ob die veröffentlichten Stellenanzeigen des jeweiligen Anbieters dem eigenen Personalbedarf entsprechen. Sinnlos ist beispielsweise die Schaltung einer Suchanzeige für den Softwareentwickler in Festanstellung bei einer Jobbörse, die sich auf „Freiberufler" spezialisiert hat. Neben dem Anstellungs- oder Arbeitsverhältnis gibt es noch weitere Suchkriterien, die die Vielfalt der veröffentlichten Stellenanzeigen des einzelnen Anbieters widerspiegeln. Diese sind:

- Branchen
- Berufsbereiche
- Region
- Arbeitsverhältnis (s.o.)
- Stellung

Der Aufbau der Suchmasken hingegen unterscheidet sich bei den verschiedenen Stellenbörsen auffallend nur durch das Layout.

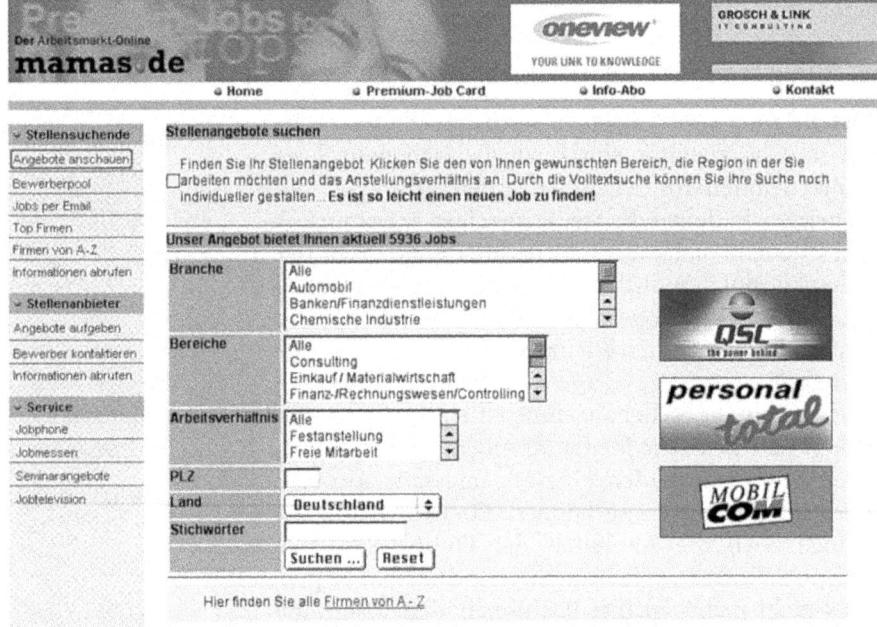

Abb. 1: Suchmaske mit den verschiedenen Suchkriterien am Beispiel des Anbieters mamas.de, „Der Arbeitsmarkt-Online"

Suchkriterium Branche und Berufsbereiche

Die Suchabfrage „Branche" ist für viele User wichtig, da sie möglicherweise nur von einem Maschinenbauunternehmen zu einem anderen wechseln wollen. Die größte Bedeutung kommt aber dem Kriterium „Berufsbereiche" zu. Beim Durchblättern der Liste wird schnell deutlich, ob der Anbieter dieses Segment besetzt oder nicht. Die Suche nach dem erwähnten Softwareentwickler ist demzufolge nur dann mit dieser Jobbörse sinnvoll, wenn das entsprechende Kriterium besetzt ist. In diesem speziellen Fall wären dies die Berufsbereiche „IT/Telekommunikation" oder „Softwareentwicklung". Die Bedeutung, die dieser Anbieter dem jeweiligen Berufsbereich bemisst, wird mit der Anzahl der veröffentlichten Anzeigen, im Bezug auf das Gesamtvolumen, deutlich. Sind nur wenige Anzeigen geschaltet, abgesehen von sehr speziellen Berufsbereichen, ist davon auszugehen, dass nur wenige User diese Positionen bei dieser Stellenbörse suchen.

Neben dem Angebot ist die Effektivität der Suchabfragen bedeutend. Dies kommt sehr deutlich bei der Suche nach dem Einsatzort zum Tragen. Zumindest sollte die Suche nach dem Ort des neuen Arbeitgebers durch die Eingabe der Postleitregion oder des Städtenamens möglich sein.

Städte oder PLZ-Suche

Die Eingrenzung durch die Suche nach dem Arbeitsverhältnis (Festanstellung, Praktika, Werksstudent, ...) fand bereits seine Erklärung. Manche Online-Stellenbörsen bieten weitere Kriterien wie z.B. „Stellung" an und bieten dem User die Möglichkeit, die Stellenangebote in Stellen für Sachbearbeiter, Abteilungsleiter oder Geschäftsleitung zu selektieren. Wichtig bei allen Recherchemöglichkeiten ist die „Volltextsuche", da selbst bei der raffiniertesten Suche einige Berufsbilder oder spezielle Anforderungen oder Fachkenntnisse nicht abgebildet werden können.

Art des Arbeitsverhältnisses

Zusammenfassend gilt, dass die Suchmöglichkeiten und die bei der Suche gefundenen Anzeigen einen Spiegel des Stellenangebots der Jobbörse darstellen und die Frage beantworten, ob die Vakanzen des eigenen Unternehmens mit diesem Anbieter gefunden werden können.

Zusammenfassung

Bewertungskriterium Stellengesuche

Der Arbeitsmarkt hat selbstverständlich auf die Personalsuche entscheidenden Einfluss. Nicht immer kann davon ausgegangen werden, dass es leicht sein wird, den Kandidaten zu finden. Dies liegt nicht unbedingt in der Fähigkeit des einzelnen Anbieters begründet, sondern eher in der Arbeitsmarktsituation. In diesen Fällen, bei der Suche nach einem Spezialisten oder einem Mitarbeiter, dessen Qualifikationen rar am Arbeitsmarkt sind, ist die zu Hilfenahme einer Bewerberdatenbank ratsam.

Kriterien entsprechen der „Stellenangebote"

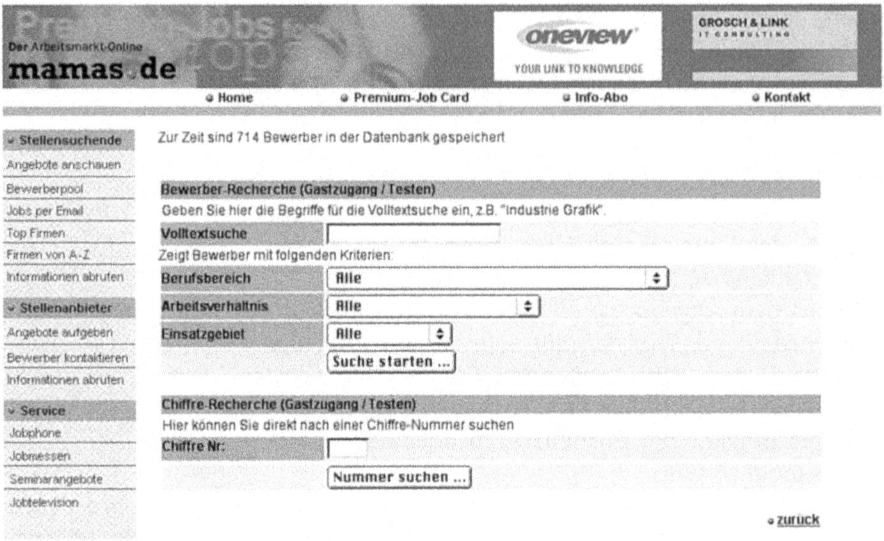

Abb. 2: Recherche in den Stellengesuchen einer Bewerberdatenbank.

Gastzugang benutzen

Alle bedeutenden Anbieter ermöglichen den suchenden Unternehmen einen kostenfreien Gastzugang zum Bewerberpool. Wie bei der Suche nach den Stellenanzeigen wird das Finden der gewünschten Qualifikationen ebenfalls durch eine datenbankgestützte Suche in den Stellengesuchen erleichtert. Schnell ist ersichtlich, ob eventuell interessante Arbeitnehmer sich mit ihrem Profil in die Datenbank eingetragen haben und die Kontaktaufnahme durch Unternehmen wünschen. Da im Gegensatz zur Veröffentlichung einer Stellenanzeige hier nur der umgekehrte Weg gegangen wird, das Unternehmen „bewirbt" sich beim Kandidaten, ist die Suche in den meisten Fällen gleich aufgebaut. Auch die Suchkriterien entsprechen sich.

Selbstverständlich kommen nur Anbieter in Betracht, die über einen, den eigenen Anforderungen, entsprechenden Bewerberpool verfügen. Um mit den Stellensuchenden in Kontakt zu treten, muss das Unternehmen einen kostenpflichtigen Zugang erwerben.

Mache Anbieter berechnen die einzelnen Kontakte oder, ohne die Anzahl der Kontakte zu limitieren, die Dauer der Freischaltung.

Service

Mit Zusatzleistungen bieten Jobbörsenbetreiber ihren Usern Mehrwerte, die in mehr oder weniger direktem Zusammenhang mit der ursprünglichen Aufgabe stehen. Sinn und Zweck dieser Dienste ist es, sowohl die Stellensuchenden als auch die Stellenanbieter bei ihren Bemühungen, einen neuen Job/Mitarbeiter zu finden, bestens zu unterstützen. Hierbei ist zwischen Funktionalität (Technik) und Information zu unterscheiden.

technische Funktionalität und Informationsangebot

Gravierende Arbeitsersparnis bietet eine technisch ausgereifte Administration des Systems. Als Kunde einer Jobbörse sollten die Unternehmen sehr darauf bedacht sein, wie wichtig die alltäglich anfallenden Arbeiten sind. Werden z.B. mehrere Stellenanzeigen veröffentlicht, so müssen diese gepflegt werden. Wird zur aktiven Ansprache der Bewerberpool genutzt, so muss das System in der Lage sein, bestehende Kontakte zu Suchenden zu verwalten und eventuell, ohne eigene Recherche, neue Stellengesuche (entsprechend zuvor selbst definierter Angaben) selbst per E-Mail zu melden. In diesen Details unterscheiden sich die professionellen Anbieter sehr von der Vielzahl der Betreiber.

Administration des Systems

Nachstehender Fragenkatalog soll im Gespräch mit den Anbietern dazu dienen, diese Funktionen zu erfragen. Folgende Punkte sollten hierbei angesprochen werden:

- In welchen Formaten (Word-Dokument, html-Seite, etc.) müssen die Stellenanzeigen der Stellenbörse übermittelt werden.
- Ist die Pflege der Anzeigen automatisiert, oder welche Absprachen müssen getroffen werden
- Verfügt das System über die Möglichkeit, automatisch über neue Stellengesuche per E-Mail zu informieren.
- Gibt es eine Dokumentation/Historie der Kontakte mit Stellensuchenden.

Fragenkatalog

Neben den technischen Hilfen werden viele Informationen zur Jobsuche angeboten. Sie alle haben das Ziel, durch diese Mehrwerte den User an den jeweiligen Online-Stellenmarkt zu binden. Hierzu gehören unter anderem Expertentelefone und Online-Karrierechecks vom Anbieter *mamas.de* oder der Bewerbungsunterlagen-Check von *jobline.de*.

Bewertung

Statistik und User-Strukturanalyse anfordern

In den vorangegangenen Abschnitten wurden die Kriterien der Bewertung einer Online-Stellenbörse erarbeitet. Die Konditionen der Nutzung sollten letztendlich über die Zusammenarbeit mit einer Jobbörse entscheiden. Aber auch hier gilt die bekannte Regel, dass nicht der Billigste der Beste ist. Den Zuschlag für die Zusammenarbeit sollte(n) die Stellenbörse(n) erhalten, deren Preis- und Leistungsverhältnis stimmig ist(sind).

Dienstleistungsfähigkeit einer Jobbörse

Die Dienstleistungsfähigkeit einer Jobbörse ist nur dann gewährleistet, wenn viele User (Visits) möglichst viele Seiten abrufen (Pageimpressions). Jeder professionelle Anbieter verfügt über Statistiken seines Dienstes. Wie erwähnt sollten diese in Visits und Pageimpressions pro Monat gegliedert sein. Idealerweise steht eine User-Strukturanalyse zur Verfügung. Diese beantwortet die Fragen, für welche Berufsbereiche sich die User interessieren, welches Ausbildungsniveau sie haben und wie alt sie sind. Die alleinige Betrachtung des Preises und der Userzahlen kann trotzdem zu einem falschen Ergebnis führen. Nicht alleine ein günstiger Preis für eine stattliche Userzahl ist wichtig. Dies sollte in Relation zu der angebotenen Anzahl Stellenanzeigen gesehen werden. Ein gutes Verhältnis von Usern und Stellenanzeigen ist zwingend notwendig. Als Entscheider sollte man sich darüber im Klaren sein, dass weder Preis noch Userzahlen, noch Anzahl der angebotenen Stellenanzeigen alleine eine Entscheidungsbasis darstellen dürfen. Nur die Kombination der Parameter ist ausschlaggebend.

Die wichtigsten Anbieter

Die nachfolgende Liste zeigt die wichtigsten Anbieter (alphabetisch sortiert) in Deutschland. Die Daten basieren auf einer im Juni 2001 durchgeführten Analyse[1].

Nahezu alle Web-Sites großer Magazine, Fachzeitschriften und Internet-Portale (z.B.: t-online.de, com-online.de, etc.) veröffentlichen redaktionell bearbeitete Anbieterlisten.

---

[1] Diese Untersuchung wurde von der Fachzeitschrift Personalmagazin in der Ausgabe 9/2001 veröffentlicht.

Tabelle 1: Die wichtigsten Anbieter

Online-Stellenbörse	Zielgruppe, Anzahl, Kosten, Zugriffe
arbeitsamt.de	gesamter Arbeitsmarkt, 450.000 Stellenangebote, 1,6 Mio. Stellen-gesuche, kostenlos, 250.000 Visits täglich, 50 Mio. Pageimpressions
jobline.de	Fach- und Führungskräfte mit Berufserfahrung, 4.000 Angebote, 190.000 Lebensläufe, DM 950.-, 1 Mio. Visits, 3,8 Mio. PI´s
Jobpilot.de	Fach- und Führungskräfte aller Branchen, 112.915 Angebote (Europa), 138.274 Gesuche (Europa), ☐ 750.- für eine Anzeige, 36.941.654 PI´s
Jobware.de	Fach- und Führungskräfte, Absolventen, Studierende, Schulabgänger, 10.000 Angebote, 1.500 Gesuche, Min. DM 980.-, 714.782 Visits, 2.457.123 PI´s
Jobsintown.de	hauptsächlich unteres und mittleres Berufssegment, 1.800 Angebote, 16.000 Gesuche, DM 490.- für eine Anzeige, 200.000 Visits, 1,8 Mio. PI´s
Jobscout24.de	Hochschulabsolventen, Azubis, Führungskräfte, Spezialisten, Praktikanten, 6.516 Angebote, 54.615 Gesuche, von DM 300.- bis DM 2500, 1 Mio. Visits, 4 Mio. PI´s
mamas.de	Fach- und Führungskräfte aller Branchen und Berufsbereiche, 7.360 Angebote, 824 Gesuche (max. 8 Wochen alt), DM 560.- für eine Anzeige, 411.574 Visits, 2.016.711 PI´s
Monster.de	branchenübergreifend, egal ob Student, Arbeiter oder Geschäftsführer, 7.000 Angebote, 170.000 Gesuche, Min. DM 945.-, 940.000 Visits, 8,6 Mio. PI´s
Stellenanzeigen.de	qualifizierte Bewerber und Berufseinsteiger, 39.500 Angebote, 80.000 Gesuche, DM 980.- für eine Anzeige, 350.000 Visits, 4,2 Mio. PI´s
Stepstone.de	Fach- und Führungskräfte aller Branchen, Hochschulabsolventen, 21.300 Angebote, 34.000 Gesuche, DM 1250.- für eine Anzeige, 1.247.497 Visits (Europa), 15.135.540 PI´s

Suchmaschinen bringen falsches Resultat	Die Suche mit Suchmaschinen wie web.de oder yahoo.de hingegen ist aufgrund der Vielzahl der Jobbörsen mühselig und bringt nicht das gewünschte Resultat.

Ausblick in die Welt der Online-Stellenmärkte

Das Internet ist aus der heutigen und zukünftigen Medienwelt nicht mehr wegzudenken. Der Sinn der Online-Stellensuche wird selbst von den Printmedien, deren originäres Anzeigengeschäft direkt dadurch betroffen ist, nicht angezweifelt. Dies ist durch die Jobbörse *versum.de*, entstanden aus einem Verbund von Tageszeitungen, bestätigt worden.

Zusammenschluss verschiedener Anbieter

Spannend ist die Frage, wie viele Anbieter den Kampf ums Dasein überleben und wie die Dienste in Zukunft aussehen werden. Bereits heute kennzeichnet sich die Branche durch Zusammenschlüsse verschiedener Anbieter. Es ist davon auszugehen, dass nur wenige Jobbörsen eine bedeutende Rolle spielen werden. Neben sieben oder acht allgemeinen Jobbörsen wird es, nach Meinung des Autors, zukünftig nur noch wenige spezialisierte Anbieter geben.

Zukünftige Möglichkeiten

Durch die immer besser werdende Infrastruktur des Internets und den dadurch immer größeren technischen Möglichkeiten wird sich die internetbasierte Personalsuche weiter entwickeln. In einigen Jahren werden Personalentscheider und Bewerber die Bewerbungsgespräche online führen. Stellensuchende können sich, on Demand, mit Hilfe von Videos (siehe JOBtelevision auf mamas.de) noch besser über den zukünftigen Arbeitgeber informieren.

Nicht nur Optimisten gehen davon aus, dass die Online-Personalsuche spätestens im Jahre 2003 Standard ist.

7.4 Integration internationaler Entwicklerteams

RÜDIGER BÄCKER

Die Herstellung immaterieller Güter lässt sich nicht in der Weise forcieren, wie wir das aus der materiellen Produktion kennen – es ist hier nicht möglich, die Spitzenleistung weniger Menschen durch Masse zu ersetzen. In einer globalen Informationsökonomie muss „Produktivität" neu definiert werden. Die Darstellung der Möglichkeiten und die Einordnung globaler Ressourcen sowie die damit einhergehenden Chancen und Risiken sind der Inhalt des folgenden Kapitels.

> Zusammenkommen ist der Anfang,
> Miteinander reden ist der Fortschritt,
> Zusammen arbeiten ist der Erfolg!
> (Henry Ford)

Motivation

Wir stehen, wie zu Zeiten Henry Fords, vor grundlegenden Veränderungen in der Art der Zusammenarbeit von Menschen. Durch den intelligenten Einsatz von internationalen Entwicklungsteams können Geschäftsprozesse revolutioniert werden. Durch die rasante Entwicklung der Kommunikationsmöglichkeiten und dem Wegfall von Handelsbarrieren lautet die Frage nicht ob, sondern in welcher Form internationale Entwicklungsteam zum Unternehmenserfolg beitragen können.

Dieser Beitrag gibt Aufschluss über Chancen und Risiken bei der Erstellung von Software durch externe Teams. Im Speziellen wird auf das Outsourcing (offshore programming, offshore development) von IT-Projekten in Niedriglohnländern eingegangen.

Eine Darstellung der Möglichkeiten von Teamgestaltung zeigt zu Beginn die verfügbaren Optionen. Um die Problematik besser verdeutlichen zu können, werden anschließend die Phasen des Softwareentwicklungsprozesses und die Anforderungen an die Entwicklungsteams schematisch dargestellt.

Tipps und typische Fehler sollen als Beispiel und Hilfe für die praktische Umsetzung dienen.

Die Möglichkeiten der Teamgestaltung

„Viele Wege führen nach Rom", so verhält es sich auch auf dem Weg von der Idee zum Ziel. Es gilt, diesen so effizient wie möglich zu gestalten. Die folgende Auflistung der Möglichkeiten soll einen Überblick bieten und als Grundlage für die spätere Einteilung dienen.

Fest angestellte Mitarbeiter

Traditionell stehen für anstehende Aufgaben eigene Mitarbeiter zur Auswahl. Da beim Vergleich oft die allgemeinen Nebenkosten vernachlässigt werden, hier nochmals eine Aufstellung:

- Lohnnebenkosten
- Sonderzahlungen (Bonus, Urlaubs-, Fahrt-, Weihnachtsgeld)
- Aufwand für Weiterbildung, Altersvorsorge
- Managementaufwand
- Bereitstellung von Arbeitsplatz und Arbeitsgeräten
- Allgemeine Verwaltungskosten für z.B. Personalmanagement
- Verdienstausfall (Krankheit) und bezahlte Leerlaufzeiten der Mitarbeiter

Freiberufler

Vor allem die Flexibilität kann als Stärke von Freiberuflern gesehen werden. Sie können kurzfristig in ein Projekt eingebunden werden und besitzen meist fundiertes technisches Know-how. Die eher hohen Kosten und gesetzliche Regelungen sprechen jedoch gegen eine langfristige Einbindung.

Systemhäuser

Des weiteren können Softwaresystemhäuser und Ingenieurbüros (folgend nur noch als Systemhäuser bezeichnet) die Implementierung übernehmen. Der nicht zu vernachlässigende Vorteil ist die Übernahme der Projektverantwortung und somit des Managementaufwands. Ein Vorteil, den sich vor allem Systemhäuser gut bezahlen lassen. Damit Sie von diesem Vorteil profitieren können, sollten Sie den potentiellen Partner vor Vertragsabschluss eingehend prüfen.

Globale Möglichkeiten der Teamgestaltung

Vor einigen Jahren waren es die reinen Kostenvorteile, die Großunternehmen in Niedriglohnländer investieren ließen. Heute kommt immer mehr der Mangel an IT-Spezialisten hinzu. Die Chancen dieser Strategie der Verlagerung sind groß, jedoch auch die Risiken.

Auch hier besteht die Möglichkeit, eine Zweigniederlassung im Ausland zu gründen und eigene Mitarbeiter zu beschäftigen. Ähnlich wie bei deutschen Mitarbeitern sollten Sie jedoch die allgemeinen Nebenkosten nicht vernachlässigen. Der Managementaufwand ist wesentlich höher und verlangt international erfahrene Leiter. Er ist bei internationalen Mitarbeitern und Departments um ein vielfaches höher als bei lokalen Mitarbeitern.

Internationale Mitarbeiter

Deshalb sollten die direkten Kosten internationaler Teams 1/8 – 1/10 eines vergleichbaren lokalen Teams nicht überschreiten.

Falls Sie weder über bestehende Kontakte noch über Erfahrung im Management von internationalen Teams verfügen, ist von eigenen Mitarbeitern im Ausland abzuraten!

Weiterhin besteht die Möglichkeit, ausländische Softwaresystemhäuser und Ingenieurbüros als Auftragnehmer zu verpflichten. Das minimierte Risiko schlägt sich normalerweise in höheren Preisen nieder. Dieser Weg kann als grundsätzlich machbar angesehen werden, vermeintlich lukrative Angebote sollten jedoch sorgfältig überprüft werden.

Internationale Systemhäuser/Ingenieurbüros

Analogie

Sie wissen, dass Sie in 6 Monaten beruflich nach Ancona (Italien) ziehen müssen. Würden Sie versuchen, in Ancona eine kleine, günstige Baufirma zu finden, der Sie die Verantwortung und die fällige Anzahlung für den termingerechten Bau Ihres Hauses übergeben? Oder gar einem einzelnen Bauarbeiter?

Warum nicht? ... Die Antwort lautet: „Ansichtssache"! Sie brauchen einen guten Glauben, wenn Sie denken, die Bauarbeiter oder die lokale Baufirma haben die gleichen Qualitätsrichtlinien, Termintreue, ... wie Sie. Vielleicht ist ein wassergefülltes Loch im Boden ja eine Standardtoilette in Ancona.

Beachten Sie, dass wahrscheinlich kein Volk dieser Erde ein derart ausgeprägtes Qualitätsbewusstsein wie die Deutschen hat.

Bitte verstehen Sie diese Ausführungen nicht falsch, ich versuche lediglich, die Problematik anhand allgemeingültiger Klischees zu verdeutlichen.

Minimieren Sie Ihr Risiko! Gehen Sie schrittweise vor!

Tabelle 1: Möglichkeiten der Teamgestaltung

	Lokale Möglichkeiten			Globale Möglichkeiten		
	Mitarbeiter	Freiberufler	Systemhaus	Offshore Mitarbeiter	Offshore Systemhäuser	„Software on Demand™"-Service
Kostenvergleich	0	+	--	++	+	0
Managemententlastung	-	+	++	--	0	++
Kostenkontrollmöglichkeit (Vor- bzw. Nachkalkulation) der Projekte	-	+	++	--	+	++
Flexibilität/ Anpassungsfähigkeit	++	++	0	-	-	0
Wachstumsmöglichkeit	--	-	-	++	++	++
Risiko	+	+	++	--	-	+

++ sehr gut; + gut ; 0 neutral; - schlecht ; -- sehr schlecht

Kooperation mit lokalen Partnern

Lokale Partner mit internationalen Entwicklungsteams - der erste Schritt zum internationalen Erfolg:

Falls Sie weder über bestehende Kontakte noch über Erfahrung im Management von internationalen Teams verfügen, sollten Sie anfangs mit lokalen Partnern zusammenarbeiten. In der Zwischenzeit gibt es einige Unternehmen, die auf dem internationalen Markt Fuß gefasst haben. Profitieren Sie von den Erfahrungen solcher Unternehmen! Kooperieren Sie mit solchen Unternehmen!

Als geradezu ideal kann der „Software on Demand™"- Service gesehen werden. Eine innovative Dienstleistung, die für klein- und mittelständische Unternehmen die Brücke zu den internationalen Märkten der IT-Spezialisten schlägt. Hierbei bieten flexible, lokale Partner die Mitarbeit in Softwareprojekten an. Im Gegensatz zu Freiberuflern haben „Software on Demand™"- Dienstleister die Möglichkeit, weitere internationale Ressourcen zu binden. Somit entlastet dieser Service nicht nur das Entwicklungsteam, sondern schafft zunehmend Freiheiten für das Management.

In Deutschland gibt es derzeit zwei Unternehmen, die diesen Service anbieten.

„Software on Demand"

Die Phasen typischer Softwareentwicklungsprozesse (schematisch)

Forschungsphase

Am Anfang steht immer die Idee!

Das Erkennen von Missständen oder neuen Chancen gilt als Grundlage von (Software-)Produktideen. Diese Ideen werden zu Forschungsaufträgen, Machbarkeitsstudien, Diplomarbeiten etc. Daraus ergeben sich tiefere Erkenntnisse, weiterführende Ideen, Realisierungsvorschläge.

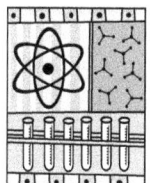

Wir bezeichnen diesen Status als Forschungsphase. Die zu Grunde liegende Motivation ist hauptsächlich ideologisch. Diese Phase ist gekennzeichnet durch hohes technisches und branchenspezifisches Know-how der Beteiligten.

(Absatz- und) Marktinformationen fließen nur rar oder gar nicht in die Entwicklung ein.

Die Anzahl der involvierten Personen liegt typischerweise zwischen 1 und 10 Mitarbeitern. Lange Einarbeitungszeit und das enorme, gebundene Wissen sind die Gründe, warum Beteiligte der Forschungsphase möglichst eigene Mitarbeiter sein sollten. Neue Ideen, Erkenntnisse, Visionen werden einfach kommuniziert und können sofort in die Entwicklung einfließen. Bei Bewertungen von IT-Unternehmen stellen diese Personen vor allen anderen das Kapital des Unternehmens dar.

Team in Forschungsphase

Beispiel Sensorsystem (1)

Ein Forschungsinstitut beschäftigte sich seit einigen Jahren mit einem Sensorsystem, welches die menschliche Nase nachbildet. Das außerordentliche technische Know-how wurde über Jahre aufgebaut und ist vor allem im Sensorelement und den Mustererkennungsalgorithmen der Konfigurations- und Auswertesoftware gebunden. Diese funktionsorientierte Laboranwendung wurde über Jahre hinweg mit ständig neuen Erkenntnissen und Ideen von Forschern weiterentwickelt. Das Projektteam bestand aus zwei Doktoren und einigen Assistenten.

Innovationsphase

Durch Ergebnisse der technischen Studie werden neue Erkenntnisse gewonnen, die in die weitere Entwicklung einfließen. Erste Kunden (Innovatoren) testen die Anwendung. Sie geben Feedback und lassen somit erste Absatzmarktinformationen in die Entwicklung einfließen. Diese Kunden stellen die ersten und wichtigsten Kunden für die weitere Entwicklung des Produktes dar. Sie werden bevorzugt behandelt; oft herrscht eine enge Beziehung zwischen Entwickler und Kunden. Vor-Ort-Inbetriebnahme und Kundenbetreuung ist keine Ausnahme. Dies ist eine zeitraubende Angelegenheit, die normalerweise eine personelle Erweiterung des Entwicklungsteams zur Folge hat.

Kennzeichnend für diese Phase ist die Erweiterung des Entwicklungsteams. Erste Innovatoren (Kunden) finden Interesse am Produkt. Die neuen Teammitglieder verfügen nicht mehr zwingend über außerordentliches, technisches und branchenspezifisches Know-how. Die Aufgaben verlagern sich zunehmend von den forschungsintensiven Tätigkeiten zur Entwicklung von (weiteren) Funktionalitäten.

Team in Innovationsphase

In dieser Phase sind Pragmatiker gefragt. Allroundtalente, die den Spagat zwischen Kunde und Forscherteam meistern müssen. Eigene Mitarbeiter sind auch hier die unabdingbare Grundlage. Überbelastungen werden idealerweise mit Freiberuflern abgedeckt. Sie verfügen über die Professionalität und Flexibilität, sich schnell in vorhandenen Systemen zurechtzufinden.

Beispiel Sensorsystem (2)

Die eindrucksvollen Ergebnisse des Forscherteams weckten das Interesse der Industrie. Erste Großkunden testeten das Sensorsystem für ihre spezielle Anwendung in eigenen Labors und mit eigenem Personal. Neue, anwendungsbezogene Mustererkennungsalgorithmen wurden vom Forscherteam und zwei zusätzlich eingestellten Ingenieuren erarbeitet. Ein „Software on Demand™"-Team machte aus der iterativ entstandenen Laboranwendung eine strukturierte, modulare Anwendung mit Standard-Schnittstellen und vereinfachter Bedienoberfläche. Abhängig von der Anwendung des Kunden wurden verschiedene Mustererkennungsalgorithmen in die Anwendung integriert.

Produktphase

Das Feedback der Innovatoren stellt idealerweise die Grundlage für das Lastenheft des ersten Produktes dar. Die Aufgaben des Entwicklerteams wandeln oder erweitern sich von der (Kunden-) Projektabwicklung zur nachhaltigen Produktentwicklung. Aus kundenspezifischen Anpassungen werden standardisierte Schnittstellen und Datenbankanbindungen, ergonomische, graphisch aufbereitete Oberflächen etc.

Diesen Status bezeichnen wir als Produktphase. Die zu Grunde liegende Motivation ist hauptsächlich wirtschaftlicher Art. Entsprechend der Aufgaben sind die beteiligten Personen in mehrere Teams aufgeteilt.

Team in Produktphase

Mehr als in allen anderen Phasen ist hier konsequentes, qualitätsbewusstes Vorgehen der Schlüssel zu nachhaltigem Erfolg. Deshalb sind dieses auch wünschenswerten Charaktereigenschaften der Beteiligten. Diese Eigenschaften stehen zwar nicht zwingend, aber meist, im Gegensatz zu den vorangegangenen Eigenschaften der Beteiligten. Nicht nur deshalb bietet sich vor allem diese Phase zur Kooperation mit externen, internationalen Teams an.

Weiterhin können aufgrund der bekannten Technik gerade in dieser Phase Ziele leicht operationalisiert und somit klare, einfache und nachvollziehbare Aufgaben definiert werden.

Beispiel Sensorsystem (3)

Die Labortests der Pilotkunden erwiesen sich als aussichtsreich, sie produzierten das Sensorsystem in Lizenz. Der Sensor wird z.B. in Brandmeldeanlagen verwendet. In dieser Anwendung wird die Konfigurations- und Auswertesoftware durch eine einfache Softwareschnittstelle (Ein/Aus/Alarm/Fehler) ersetzt.

In der Emissionsmesstechnik wird das Sensorsystem für die Aufnahme von Schadstoffkonzentrationen verwendet. Verschiedene Auswertewerkzeuge stellen dem Benutzer eine komfortable Oberfläche zur Verfügung.

Tab.elle 2: Zusammenfassung idealtypischer, phasenabhängiger Eigenschaften

Phase	Persönliche Präferenzen	Fachliche Präferenzen
Forschungsphase	Kreativität, Spontaneität, visionäres Denken	ausgezeichnetes technisches und branchenspezifisches Know-how
Innovationsphase	Pragmatismus, Kontinuität, Flexibilität	gutes technisches und branchenspezifisches Grundlagenwissen
Produktphase	Konsequenz Qualitätsbewusstsein	gutes technisches Grundlagenwissen, allgemeines Verständnis für die Branche

Die verschiedenen Phasen von der Idee zum ganzheitlichen Produkt sind sicherlich nicht immer hart voneinander abzugrenzen. Die Übergänge sind eher fließend. Eine Nichtbeachtung der aktuellen Phase sorgt immer wieder für Trübsal und Missmut unter den Beteiligten.

Denn es ist nahezu unmöglich, aus einem Tüftler oder Forschertyp einen qualitätsbewussten, konsequenten Produzenten von Standardsoftware zu machen.

Der Grundsatz lautet: „Fachliche Inkompetenzen können aufgearbeitet werden, fehlende persönliche Eigenschaften nahezu nie"!

Zur Vollständigkeit

Systemhäuser und Ingenieurbüros tauchen bei diesem Phasenmodell nicht auf. Der Grund hierfür liegt darin, dass sie die Aufgabe der Softwareentwicklung als solche und somit auch die Verantwortung übernehmen. Kooperationen mit Systemhäusern oder Ingenieurbüros sind ratsam bei Entwicklungen außerhalb des Kerngeschäftes.

Systemhäuser
Ingenieurbüros
Forschungsinstitute

Tabelle 3 Übersicht der phasenabhängigen Integration

Phase	Team
Forschungsphase	Eigene Mitarbeiter
Innovationsphase	Eigene Mitarbeiter Freiberufler
Produktphase	„Software on Demand™"- Dienstleister Offshore Mitarbeiter Offshore Systemhäuser

Bei sehr forschungsintensiven Entwicklungen sind Kooperationen mit Forschungsinstituten empfehlenswert.

In Abhängigkeit von der Phase der Produktentstehung werden grundsätzlich unterschiedliche Eigenschaften und Voraussetzungen von den Beteiligten gefordert. Vor allem in der Produktphase ist die Integration von internationalen Teams gewinnbringend.

Die Integration internationaler Teams in anderen Phasen kann als untypisch erachtet werden. Meist handelt es sich hierbei um öffentlich geförderte Projekte, die eher Forschungscharakter haben.

Praktische Umsetzung

Praxistipps

Grundsätzlich erfordert die Integration internationaler Entwicklungsteams die gleiche Vorgehensweise wie die Integration nationaler Entwicklungsteams. Weniger die geographische Ausdehnung als der Wegfall von Standards bereiten die Schwierigkeiten. Zum einen sind dies nationale Standards (Sprache, Arbeitseinstellung, etc.), zum anderen sind es die gewohnten Kommunikationsstandards.

Das frühzeitige Erkennen von Gefahren gewinnt mit zunehmender Verteilung des Teams immer mehr an Bedeutung.

Zusammenkommen ist der Anfang!

Falls Sie weder über bestehende Kontakte noch über Erfahrung im Management von internationalen Teams verfügen, ist von einer eigenverantwortlichen Mitarbeiterakquise im Ausland abzuraten. Auch wenn die vermeintlich günstigen Stundenlöhne anfangs attraktiv erscheinen mögen.

Infrastruktur

Gründe hierfür sind zum einen, dass sehr kleine Offshore Departments (<5 Mitarbeiter) die Installation der nötigen Infrastruktur und Instanzen (z.B. Offshore Projektleiter, lokale Projektverantwortliche) nicht rechtfertigen. Zum anderen wäre ein Start-up mit mehreren Entwicklungsteams und somit mit hohen Investitionen zu risikoreich. Denken Sie an den Hausbau in Ancona.

Unsere Erfahrungen haben gezeigt, dass sinnvolle Teamgrößen typischerweise bei ca. fünf Programmierern und einem Vor-Ort-Projektleiter liegen. Fünf Projektleiter werden wiederum von einem Departmentmanager geleitet usw.

Ein eingehendes Vertrauensverhältnis, zumindest zum Projektleiter bzw. Departmentmanager, ist unumgänglich! Zum Aufbau eines solchen Vertrauens sind längere, gegenseitige Besuche notwendig. Das wachsende Verständnis für die jeweilige Umgebung und Voraussetzung ist der erste Schritt zu einem gegenseitigen Vertrauensverhältnis. Dieses gilt als die Grundlage für erfolgreiche Zusammenarbeit. Gleiches betrifft die Kooperation mit Offshore Systemhäusern.

Andere Länder, andere Sitten! Sehen Sie mentale Unterschiede als notwendige Chance, von anderen Kulturen zu lernen.

Miteinander Reden ist der Fortschritt!

Kommunikation, die eigentlich als selbstverständlich erscheint, wird bei geographisch verteilten Teams zu einer herausfordernden Aufgabe.

Die Analyse von gescheiterten Projekten zeigt, wie stark die „weichen Faktoren" sind. So kennen Sie z.B. alle die Nichtigkeiten, die bei zufälligen Meetings am Kaffeeautomaten besprochen werden, die kurzen Nachfragen über den Schreibtisch, ob die diskutierte Realisierung richtig verstanden wurde; das Feedback über Körpersprache bei Diskussionen ... All das sind Kleinigkeiten! Kleinigkeiten, die wie das Öl im Getriebe für einen reibungslosen Ablauf sorgen.

„weiche" Erfolgsfaktoren

All das geschieht bei geographisch verteilten Teams nicht mehr automatisch. Trotzdem brauchen Sie diese Informationen, Gefühle und Eindrücke. In jüngeren betriebswirtschaftlichen Lehrbüchern findet man die Delphistudie, eine Expertenbefragung, welche die Einschätzung von faktisch nicht darlegbarem Wissen ermöglicht. Wie dort belegt, muss der nicht-kognitive Informationsfluss künstlich erhalten werden. Die beteiligten Personen müssen ihr Kommunikationsverhalten ständig verbessern, sie müssen lernen, weiche Faktoren durch moderne Informationsmedien wie z.B. E-Mail zu übermitteln.

Delphistudie

Auch elektronische Kommunikation muss mehr als Daten, Fakten etc. transportieren. Es gilt auch, Gefühle, Stimmungen und Eindrücke zu übermitteln.

Dies ist vor allem für Softwareentwickler oft eine schwierige Aufgabe, die eine ständige Unterstützung des Managements erfordert. Nur so wird aus der Gruppe ein erfolgreiches Team!

Zusammen arbeiten ist der Erfolg!

Beispiel

Zusammen arbeiten, das heißt heute nicht mehr, am gleichen oder am Arbeitsplatz gegenüber zu arbeiten. Zusammen arbeiten heißt heute, auf dem gleichen Weg zu sein, das gleiche Ziel zu verfolgen. Hier ein Beispiel aus der Praxis: Ein „Software on Demand™"- Projekt

1. Projektschritt – Definition

Um sicher zugehen, dass alle Beteiligten auf dem richtigen Weg sind, ist es das Beste, am Anfang das Ziel zu definieren. Hierbei ist eine detaillierte Spezifikation unumgänglich.

Wenn Sie keine Spezifikation haben, können Sie keine Leistungsbeschreibung erhalten. Die Folge ist: Sie sind nicht im Stande, einen Missstand rechtzeitig zu erkennen.

Als effizientes Werkzeug hat sich hierfür das Prototyping etabliert. Auch hier gilt: „Ein Bild sagt mehr als tausend Worte." Tracking Lists, die Q&As (Questions and Answers) dokumentieren, zeigen ihre Stärke erst im Projektverlauf.

2. Projektschritt – Leistungsbeschreibung

Die Aufgabenverteilung ist nicht immer einfach. Generell sollte sie Bottom-up, also vom Programmierer aus, geschehen.
Die Festlegung eigener Ziele motiviert mehr als auferlegte Zielvorgaben!

Speziell bei geographisch verteilten Teams sollten die Programmierer anhand der Spezifikationen eine Aufwandsabschätzung erstellen. Eine Verifikation durch den Projektverantwortlichen sorgt für zusätzliche Sicherheit und Transparenz.

3. Projektschritt – Implementierung

Nach dem Kick-off-Meeting, also der Verabschiedung des Projektes, beginnt die Implementierungsphase. Während dieser Phase geben wöchentliche Statusberichte Aufschluss über den Stand der Dinge. Durch regen E-Mail Verkehr und Chats werden Detailfragen geklärt; in Ausnahmefällen können auch telefonische Rücksprachen erfolgen.

Sprachliche Barrieren: Fragen Sie nach, drücken Sie sich einfach aus! Stellen Sie sich vor, Sie müssten den

Inhalt einem 6-jährigen kommunizieren - dann verwenden Sie die richtigen Wörter!

4. Projektschritt - Projektabschluss

Es ist äußerst wichtig, den Projekterfolg allen Teammitgliedern zu kommunizieren: In offener, gemeinsamer Runde werden Stärken bzw. Schwächen diskutiert, Verbesserungsvorschläge erarbeitet.

Weil Protektionismus verliert, haben wir die Globalisierung gewählt. Jetzt müssen wir sie leben, um uns auf einem internationalen Markt zu behaupten.

Wer es heute schafft, seine Prozesse dort zu realisieren, wo es am wirtschaftlichsten ist, der hat den Grundstein seines Erfolgs für morgen gelegt. Denn morgen werden auch in Deutschland Dritte-Welt-Arbeiten mit Dritte Welt Löhnen vergütet werden.

Literaturhinweis

Delphi-Studie 1999, Bundesministerium für Bildung und Forschung (Hg), zu beziehen über das Fraunhofer-Institut für Systemtechnik und Innovationsforschung (ISI), Karlsruhe, www.isi.fhg.de

Kapitel 8

Online-Kommunikation

8.1 Newsletter

Jörg Weste-Bayhan

Einleitung

Newsletter sind ein einfaches, schnelles, kostengünstiges und effektives Medium, mit dem Sie Ihre Kunden und Interessenten informieren können. Je nach Art der Information, wird zwischen redaktionellem und Marketing-Newsletter unterschieden - bei einem redaktionellen Newsletter steht die Information im Vordergrund, bei einem Marketing-Newsletter die Werbung. Newsletter sind auch ein sehr nützliches Instrument zur Imagesteuerung Ihres Unternehmens. Lassen Sie die Leser an den Erfolgen und Neuigkeiten aus Ihrem Unternehmen teilhaben. Dieser Informationsfluss muss aber keine Einbahnstraße sein. Durch das Feedback der Abonnenten können Sie auch vieles über die Leser Ihres Newsletters erfahren. Regelmäßig verschickte Informationen sind ein erfolgreiches Medium zur Kundenbindung und Neukundengewinnung. Dieser Effekt ist um so stärker, je höher der Wiedererkennungseffekt Ihres Newsletters ist. Das könnte z.B. durch den Header (Betreff-Zeile), das charakteristische Layout oder den eigenen Firmenbanner in den ersten Zeilen geschehen.

Begriffsdefinition

E-Mail-Adressen gewinnen

Steht erst einmal die Absicht einen Newsletter herauszugeben, dann bleibt die Frage, woher bekommen Sie die E-Mail-Adressen für Ihren Verteiler.

Es gibt mehrere Möglichkeiten um Abonnenten zu generieren. Zum einen sollten Sie auf Ihrer Website die Online-Bestellung des Newsletters ermöglichen. Die Aufmerksamkeit darauf kann noch weiter gesteigert werden, indem Sie auf jeder einzelnen Webseite Ihrer Internetpräsenz auf die Bestellung dieses Newsletters

Abonnenten generieren

hinweisen – zum Beispiel durch einen Link auf die Newsletter-Anmeldeseite. Was für Informationen auf der Anmeldeseite erfragt werden, kommt auf die Art Ihres Newsletters an. Planen Sie z.B. die Leser persönlich anzusprechen, dann sollten Sie neben der E-Mail-Adresse auch den Namen und das Geschlecht des Empfängers erfragen. Für die Anmeldeseite gilt: Je weniger Informationen abgefragt werden, um so höher steigt die Bereitwilligkeit, den Newsletter zu abonnieren.

Formulare

Es gibt aber eine sehr einfache und elegante Möglichkeit, wie Sie an zusätzliche Informationen zu dem Abonnenten gelangen, ohne dass es als unangenehm empfunden wird: Sicherlich haben Sie in Ihrer Internetpräsenz eine Formular-Seite, auf welcher der Besucher weitere Informationen zu Ihrem Unternehmen oder Ihren Produkten anfordern kann. Auf dieser Seite sollten Sie auch die Bestellung Ihres Newsletters ermöglichen.

Abonnentengewinnung

Oder bieten Sie ein Online-Gewinnspiel an. Diese werden gerne angenommen. Auch hier können Sie bei der Abfrage der persönlichen Informationen die Bestellung Ihres Newsletters anbieten. Über die Art und die Höhe des Gewinns können Sie indirekt beeinflussen, wie sich der Teilnehmerkreis zusammensetzt. Wenn Ihre Internetpräsenz nur eine geringe Besucherfrequenz verzeichnet, sollten Sie weitere Optionen zur Abonnentengewinnung ins Auge fassen.

Redaktionelle Newsletter bieten häufig die Möglichkeit, Werbung zwischen den einzelnen Themenblöcken zu schalten. Wenn der Leserkreis eines solchen redaktionellen Newsletters zu Ihrer potentiellen Zielgruppe gehört, dann können Sie dort in Form einer Werbung auf das eigene Newsletter-Angebot aufmerksam machen. Auch das klassische Brief-Mailing ist eine Möglichkeit, neue Leser für Ihren Newsletter zu gewinnen. In diesem Fall können Sie direkt steuern, welche Zielgruppe Sie als Abonnent für Ihren Newsletter gewinnen möchten.

Keine Adressen von Dritten kaufen

An dieser Stelle können wir Ihnen aus rechtlichen Gründen nur davon abraten, Adressen von Dritten zu mieten oder zu kaufen, wenn Sie nicht vollkommen sicher sind, ob auch von den jeweiligen Adressaten eine Einwilligung zum Erhalt von nicht explizit erwünschten Informationen vorliegt.

Newsletterbestellung/Permission Marketing: Das Opt-in Verfahren und das doppelte Opt-in Verfahren

Nachfolgend werden einige Begriffe erläutert, die in Verbindung mit der Vorgehensweise bei der E-Mail-Bestellung genutzt werden.

Wird E-Mail-Werbung ohne Einverständnis des Empfängers an diesen versendet, so bezeichnet man dieses Versand-Verfahren als Opt-out-Verfahren. Der Empfänger muss sich aktiv aus dem Verteiler abmelden, um zukünftig keine weitere Werbung von diesem Versender zu erhalten. Anders ist es beim Permission Marketing. Da werden nur dann Newsletter bzw. Werbe-E-Mails versandt, wenn zuvor die Erlaubnis des Empfängers dafür vorliegt. Diese Vorgehensweise bezeichnet man auch als Opt-in-Verfahren.

Opt-out-Verfahren vs. Opt-in-Verfahren

Möchten Sie den E-Mail-Adressenmissbrauch vorbeugen, so sollten Sie das doppelte Opt-in-Verfahren verwenden. Dieses Verfahren stellt sicher, dass die eingetragene E-Mail-Adresse auch tatsächlich zum potentiellen Abonnenten gehört. Das geht folgendermaßen: Der Abonnent trägt auf Ihrer Webseite seine E-Mail-Adresse für den Erhalt Ihres Newsletters ein. Daraufhin wird von Ihrem System eine Bestätigungs-E-Mail an die eingetragene E-Mail-Adresse geschickt. Nun gibt es zwei Möglichkeiten: Entweder muss der Empfänger seine Newsletter-Bestellung bestätigen, indem er eine Antwort-E-Mail an eine bestimmte Adresse zurücksendet (ist in der E-Mail vom System i.d.R. beinhaltet), oder er erhält eine Bestätigungs-E-Mail mit einem Link, wo er sich ggf. gleich wieder aus dem Verteiler austragen kann, falls der Newsletter unerwünscht ist. Wollen Sie sicher gehen, dass Sie einen „sauberen" E-Mail-Verteiler haben, dann bietet sich nur die Methode an, in welcher der Empfänger sein Newsletter-Abonnement nochmals per E-Mail explizit bestätigen muss.

Dem Adressenmissbrauch vorbeugen

Starre, personalisierte und variable Newsletter-Inhalte

Newsletter sind ein ideales Marketing-Instrument. Es hängt allerdings von der eingesetzten Newsletterversand-Software ab, welche marketingtechnischen Optionen möglich sind.

Die zur Zeit noch am meisten verwendete Form des Newsletters ist die, bei der alle Empfänger eines Vertei-

Arten von Newsletter

lers den selben E-Mail-Inhalt bekommen (Newsletter mit starren Inhalten. Diese Art des Newsletters eignet sich für allgemeine, unpersönliche Informationen, wie z.B. Presseinformationen. Wenn Sie aber Ihre Abonnenten persönlich ansprechen möchten z.B. in der Form „Sehr geehrte(r) Frau/Herr xyz", so muss Ihr Newsletter-System in der Lage sein, beim Versenden die notwendigen Informationen (Geschlecht, Name) aus einer Datei zu lesen und einzusetzen. Durch die direkte Ansprache des Empfängers, wird die Bereitschaft gesteigert, den Newsletter zu lesen!

Individualisierung und Personalisierung

Variieren die Interessen Ihrer Abonnenten sehr stark, ist es sinnvoll, dass sich die Newsletter-Inhalte den individuellen Interessen anpassen. Das geht folgendermaßen: Auf Ihrer Website markiert der Abonnent bei der Bestellung des Newsletters die Themengebiete, die ihn tatsächlich interessieren. Dieses Interessenprofil wird in einer Datenbank abgelegt. Beim Versenden, greift die Newsletter-Software auf die Informationen dieser Datenbank zu und stellt so die Newsletter-Inhalte aus den gewünschten Themenblöcken zusammen. Inhalte, die für den Empfänger uninteressant sind, bekommt dieser auch nicht zu lesen. Eine weitere Möglichkeit, Interessenprofile zu generieren, besteht u.a. in der Auswertung des Online-Kaufverhaltens. Liegen diese Informationen vor, so können Sie diesen Kunden ergänzende Informationen und Produkte per Newsletter anbieten. Grundsätzlich gilt: Der Erfolg Ihrer Newsletter-Kampagne steigt mit dem Grad der Personalisierung und Individualisierung.

Multimediale Newsletter-Inhalte

Werden Newsletter nicht im ASCII-Format verschickt, können gestalterische und multimediale Elemente mit eingebunden werden. Dadurch steigern Sie die Attraktivität und Lesbarkeit Ihres Newsletters – solange Sie ihn damit nicht überladen.

Einbindungsverfahren

Es gibt zwei Verfahren multimediale Elemente einzubinden – das Online-Verfahren und das Offline-Verfahren. Im Online-Verfahren sind die Elemente nicht Bestandteil des Newsletters, sondern werden beim Öffnen der E-Mail automatisch aus dem Internet dazu geladen. D.h. im Newsletter wird lediglich ein Platzhalter und ein Link mitgesandt. Diese Methode hat den Vorteil, dass die Newsletter nicht groß sind (bezogen auf Kbytes) und relativ schnell aus dem Postfach geladen werden können. Der Nachteil ist, dass alle multimedialen Elemente fehlen, wenn der Empfänger nicht mit dem Internet verbunden ist und die E-Mail zum ersten Mal öffnet. Im Offline-Verfahren werden die multimedialen Elemente in den Newsletter mit eingebunden. D.h. beim Lesen der Informationen spielt es keine Rolle, ob der E-Mail-Empfänger online oder offline ist. Der Nachteil ist das deutlich höhere Versandvolumen und für den Empfänger u.U. längere Ladezeiten aus seinem E-Mail-Postfach.

Der E-Mail-Rücklauf

Je nach Aktualität und Qualität Ihres E-Mail-Verteilers variiert die Anzahl der Rückläufer, die durch den Newsletter-Versand ausgelöst werden. Folgende Rücklauf-Typen können unterschieden werden:

- E-Mails von Autorespondern
- E-Mails, die wegen einem Zustellfehler zurückgesandt wurden
- Anfragen von Abonnenten

Rücklauf-Typen

Ziel sollte es sein, den administrativen Aufwand so gering wie möglich zu halten. Dazu zählt unter anderem ein systemgestütztes Bounce-Management, welches z.B. E-Mails von Autorespondern als solche erkennt und löscht. Bei E-Mails, die nie ihren Empfänger erreicht haben und an den Absender zurückkehren, werden die zugehörigen E-Mail-Adressen im Verteiler gelöscht.

Bounce-Management

Das Abarbeiten von allen individuellen Anfragen der Abonnenten ist aufwendiger. Diese beziehen sich sehr häufig auf organisatorische bzw. ablauftechnische Themen, wie z.B. das Abbestellen des Newsletters, etc. Um das Volumen dieser individuellen E-Mails zu mindern, können Sie eine allgemeine Fragenbehandlung (FAQ) auf Ihrer Website einrichten. Im Newsletter verweisen Sie dann mit einem Link auf diese Website.

Individuelle Anfragen

Das Link-Tracking

Werden die Mausklicks auf Weblinks statistisch ausgewertet, dann bezeichnet man das als Link-Tracking. Das Verfahren können Sie nicht nur für Ihre Website, sondern auch in E-Mails anwenden. Dahinter verbirgt sich

Verfahren beim Link-Tracking

ein technisches Verfahren: Die Links sind codiert und führen nicht direkt zu den angegebenen Inhalten, sondern erst einmal zu einem Link-Tracking-Server. Dort werden anhand des Codes im Link alle statistischen Informationen erhoben und gespeichert. Dann erfolgt die Weiterleitung zum eigentlichen Ziel. Das Link-Tracking geht so schnell, dass es für den Nutzer nicht störend ist und er es normalerweise nicht merkt. Es ist ein sehr mächtiges Marketinginstrument. Durch eine geschickte Newslettergestaltung wird in sehr kurzer Zeit transparent, welche E-Mail-Inhalte Neugier geweckt haben und welche nicht. Mit diesen Informationen, können Sie Ihre zukünftigen Newsletter noch weiter optimieren und noch erfolgreicher machten. Anhand der Codierung können aber auch Interessenprofile von unterschiedlichen Zielgruppen, sowie individuelle Personenprofile ermittelt werden. Das kann zu ganz gezielten Mailings eingesetzt werden. Dabei sollten Sie beachten, dass das Speichern personenbezogener Daten rechtlichen Bestimmungen unterliegt.

Anwendung auf Newsletter

Nachfolgend wird eine Vorgehensweise skizziert, wie Sie das Link-Tracking ganz gezielt für die Erfolgsoptimierung Ihres Newsletters einsetzen können. Entwerfen Sie mehrere Varianten Ihres Newsletters und versenden Sie diese an repräsentative Stichproben Ihres E-Mail-Verteilers. Anhand des Klickverhaltens der Empfänger, stellen Sie innerhalb der ersten 24 – 48 Stunden fest, welche Variante des Newsletters voraussichtlich die erfolgreichste sein wird. Diese setzen Sie dann für den Versand an den verbleibenden E-Mail-Verteiler ein.

Schlussbemerkung

Bausteine des Gesamtmarketings

Newsletter und Werbe-E-Mails sind ergänzende Bausteine im Rahmen des Gesamtmarketings – sie werden das Print-Marketing nicht ablösen, sondern unterstützen. Erst ein aufeinander abgestimmtes Zusammenspiel, wird den Marketingerfolg Ihres Unternehmens maximieren. Das Newsletter-Marketing wird zukünftig eine immer größere Rolle im Online-Marketing spielen. Eine gut durchdachte Konzeption und eine ausgefeilte Newsletter-Strategie sind die Basis für den Erfolg Ihrer Kampagnen. Für weiterführende Informationen zum Thema Newsletter-Marketing können Sie sich auch gerne direkt an den Autor dieses Beitrags wenden.

8.2 Moderation von Chats und Newsgroups

CHRISTINE STUMPF

Einleitung

Moderierte Chats halten Einzug ins E-Business. Während vor 5 Jahren Chat noch als seltsame Konversation von kontaktarmen Freaks galt, ist der moderierte Chat heute ein Marketinginstrument. Als direkter Draht zum Kunden im Internet verspricht der moderierte Chat Kundenbindungspotenzial und enthält interessante Perspektiven zur Umsatzsteigerung und Kostenreduktion.

Moderierter Chat als Marketinginstrument

Begriffsklärungen

Chat

Chat (engl. Plauderei, Unterhaltung) beschreibt ein textbasiertes Kommunikationssystem im Internet. Man unterscheidet technisch Html- und Java-Chats sowie inhaltlich die Anwendergruppen Business und Entertainment. Die Chatsysteme führen oft mehrere sogenannte Channels. Channels sind themenspezifische Kommunikationskanäle, also eine Unterteilung der Chatsysteme. Beispielsweise führt der Nachrichtensender n-tv Chats zu aktuellen Themen im Channel „Wirtschaft und Börse" oder im Channel „Politik und Zeitgeschehen". Im Entertainment Bereich findet man überwiegend Flirt- und Erotik-Themen, aber auch sogenannte Community-Chats wie Türk-Chat für die deutsche Gemeinschaft (Community) der Türken oder den Musik-Chat.

Textbasiertes Kommunikationssystem im Internet

Die Benutzer-Oberfläche (engl. User-Interface) eines Chats ist in der Regel ein extra Fenster (Pop-up window) über der Webseite. Man sieht in einer Liste die anwesenden Benutzer und den Text, der gechattet wird. Es gibt ein Eingabefeld, in das man die eigenen Beiträge

Benutzeroberfläche eines Chats

schreibt und an alle oder an einen Benutzer („geflüstert") verschickt. Wenn der Chat moderiert ist, hat der Moderator manchmal eine ausgezeichnete Position und erweiterte Rechte, er achtet auf die Einhaltung der jeweils geltenden Regeln, der sogenannten Chattiquette.

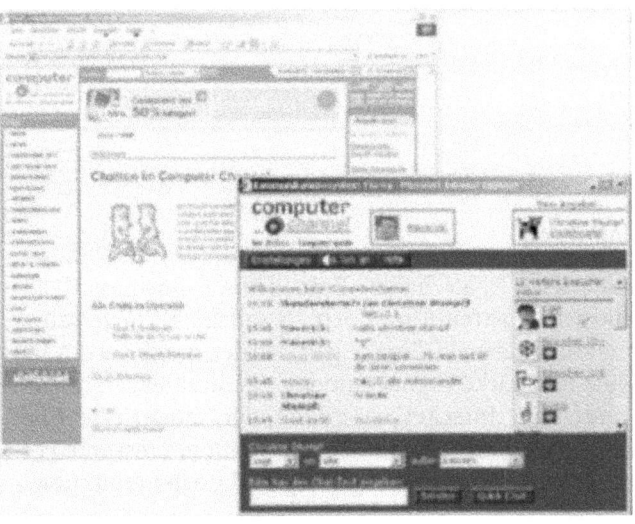

Abb. 1: Die Benutzeroberfläche eines Chatsystems beim Anwender von Moderierten Chats

Manche Chatsysteme haben erweiterte Funktionalitäten (engl. Features), wie beispielsweise integriertes Webvideo oder Sprachübertragung.

IRC – eines der bekanntesten Chatsysteme

Einer der bekanntesten und ältesten (1988) Chatsysteme ist das IRC (Internet Relay Chat). In der Regel braucht man ein spezielles Programm um hier zu chatten.

IRC ist ein Client/Server Protokoll um textbasierte Konferenzen über Channels durchzuführen. Die Server bilden ein verteiltes Netzwerk. Manche Channels sind moderiert, d.h. der Operator (Moderator) kann selektiv Rederechte zuteilen oder entziehen. Einer der bekanntesten Windows Klienten für IRC ist der mIRC, hier zu finden http://www.mirc.com/.

Wie groß das IRC Geflecht ist, kann man sich in etwa vorstellen, wenn man diese Zahlen liest: Das IRC hat am 10.10.2001 etwa 66000 Channels und fast eine halbe

Million Menschen, die gleichzeitig weltweit auf IRC chatten.

Newsgroups

Das Internet besteht nicht nur aus dem www, sondern auch aus dem Usenet. Das Usenet ist ein Netzwerk, wo Benutzer in Diskussionsforen, den sogenannten Newsgroups, kommunizieren.

Diese Newsgroups sind organisiert in Kategorien wie beispielsweise biz = kommerzielle Newsgroups, sci = wissenschaftliche/technische Themen oder misc = Verschiedenes) und Unterkategorien. In jeder Newsgroup findet man Artikel und Meinungen zu einem bestimmten Thema. Diese Artikel kann man einerseits lesen und andererseits eine eigene Antwort an diese Newsgroup senden (engl. = posten). Es gibt Regeln, an die man sich halten sollte, um von der Lesergemeinde ernstgenommen zu werden. Diese Regeln heißen Netiquette. Außerdem gibt es zu fast jeder Newsgroup eine Charta, die festlegt, was und wie in der Newsgroup gepostet werden darf. Beispielsweise ist in der Charta geregelt, dass das Anhängen bestimmter Dateiformate verboten ist.

Einige Newsgroups sind moderiert, sie werden durch einen Mechanismus gefiltert und von einem Moderator auf Regelverstöße kontrolliert. Das funktioniert so: Man sendet seinen Beitrag an die Newsgroup, der Server wandelt die Adresse in eine Submission-Adresse um. Der Moderator holt die E-Mails dort ab, und leitet sie als News weiter, wenn sie gegen keine Regel verstoßen.

Kategorien, Regeln und Moderation

Wie kommt man an diese Newsgroups dran? Diese Anleitung nimmt etwa eine Seite Text in Anspruch, deshalb erspare ich Ihnen die Details an dieser Stelle. http://home.snafu.de/hweede/dma.htm, unter dieser Adresse finden Sie eine Anleitung und weitere relevante Informationen und Links zum Thema Newsgroups.

Interaktivität

Das Internet ist im Gegensatz zu Fernsehen und Rundfunk, die bisher lediglich senden, ein interaktives Medium. Das heißt, die Benutzer sind nicht nur Zuschauer oder Empfänger, sondern können auch selbst aktiv werden. Der Chat bietet in diesem Sinne eine höhere Stufe der Interaktivität. Die Nutzer können auf einer

Chats bieten eine höhere Stufe der Interaktivität

Webseite mit anderen Nutzern kommunizieren. Mit dem Grad der Interaktivität wächst die Intensität der Auseinandersetzung mit dem Internetauftritt des Unternehmens bzw. der Produktpräsentation.

Formate

Sie kennen Formate aus dem Fernsehen: „Wetten dass ...?" ist ein Format, die „Tagesschau" ist ein Format der Kategorie/Sparte Nachrichten und die „Sesamstraße" ist ein Format der Kategorie Kindersendungen. Formate sind nach bestimmten Regeln aufgebaut und auf bestimmte Zielgruppen ausgerichtet. Wenn sich ein Format etabliert hat, wird es nicht nur oft und frech kopiert, (denken Sie an die vielen Versionen der Letterman-Show), es definiert eine Marke.

Auch im Internet haben wir Formate. Ich werde Ihnen im Laufe des Kapitels einige Formate aus verschiedenen Kategorien, aus der Welt der moderierten Chats vorstellen.

Kommunikationsstil in Chat und Newsgroups

Der Kern der Kommunikation besteht aus dem Senden und Empfangen von Text.

In den Newsgroups handelt es sich um Beiträge, bestehend aus mehreren Sätzen, die archiviert werden.

Eigene Sprache der Chatter

Chat hingegen besteht aus kurzen, meist einzelnen Sätzen, im Echtzeit-Dialog: Das ist der entscheidende Unterschied. Die Chatter tragen Kurznamen (Nicknames) und haben insbesondere in den Entertainment-Chats eine eigene Sprache entwickelt. Dazu gehören Emoticons, wie das zwinkernde Auge ;-), das Sie bestimmt schon gesehen haben. Die Chatter benutzen oft kryptische Abkürzungen, mit denen Sie schnell eine Botschaft der nicht zur Verfügung stehenden Sinne ersetzen können. Ebenso wie in der Comic-Sprache Töne in Wortschöpfungen gefasst werden, werden beim Chatten solche Buchstabenfolgen als Bilder verwendet: „rotfl" heißt beispielsweise, dass man sich vor Lachen auf dem Boden kugelt (engl.: *rolling on the floor laughing*).

Nutzen/Ziele

Wie bereits angedeutet, ist das Chatten nicht nur Gequatsche und Zeitverschwendung. Die gute alte Internet-Weisheit gilt auch im Chat: Content is King. Wenn ein Chat sich mit relevanten Inhalten beschäftigt und entsprechend aufmerksam moderiert ist, ist es ein hervorragendes Mittel zur Online-Kundenbindung, zur Stärkung des Markenauftritts und wirkt sogar kostenreduzierend.

Kundenbindung

Ein moderierter Chat wird zunehmend als aktives Beratungsinstrument auf der Webseite eingesetzt. Moderierter Chat, oder nennen wir es hier besser Online-Beratung, unterstützt den Kommunikationsprozess und verbessert so nachhaltig den Service. Sie stehen dem Kunden regelrecht zur Seite. Ihre Kompetenz und langjährige Erfahrung spiegeln sich in der direkten Auseinandersetzung.

Online-Beratung verbessert Service

Anita Berres hat es in ihrem Leitfaden „Marketing und Vertrieb mit dem Internet" bereits 1996 so formuliert: „Es gibt eine Grundregel bei dieser elektronischen Kommunikation: Antworten Sie schnell auf Anfragen! Wenn Sie drei Tage vergehen lassen, ist die Luft sozusagen draußen und der Anfrager hat häufig kein Interesse mehr an den Antworten." Heute, 5 Jahre später sollte es heißen: Antworten Sie sofort! Der Kunde steht auf Ihrer Webseite und genau dort will er - genau jetzt - abgeholt werden. In 2 Minuten ist er schon per Klick beim nächsten Anbieter.

Stärkung des Markenauftritts (Aufmerksamkeit, Gewinnen neuer Zielgruppen)

Interaktive und dynamische Systeme verstärken die Aufmerksamkeit der Websitebesucher. Durch den Einsatz interaktiver Systeme auf Ihrer Webseite tragen Sie zu einem positiven Imageeffekt für Ihr Unternehmen bei. Sie identifizieren und gewinnen neue Zielgruppen in einer offenen, kontaktstarken und persönlichen Atmosphäre. Mit erweiterten Diensten am Kunden und individualisierter Beziehungspflege gerade im Internet erreichen Unternehmen ein schärferes Profil und positive Kommunikationsergebnisse.

Positiver Imageeffekt durch interaktive Systeme

Kostenreduktion

Dass Online-Konferenzen jedem Konferenzteilnehmer die Anreise ersparen ist kein Geheimnis. Das schont die Reisekasse und vermeidet Staus auf den Straßen sowie verschwendete Wartezeiten auf Bahnhöfen und Flugterminals.

Interviews, Konferenzen und Online-Beratung

Zeitgemäße Chat-Technologien ermöglichen, dass die Interviewpartner, also Moderator(en) und interviewte Person(en) an verschiedenen Orten über eine einfache Internetleitung angemeldet sind. So können Interviews, Konferenzen und Online-Beratung mit geringem Aufwand und effektiven Mitteln organisiert und durchgeführt werden.

Zielgruppen und Anwendungen

Chat-Kategorien und Chat-Formate

Chats haben heute in der Geschäftswelt ebenso Einzug gehalten wie in der Unterhaltung. Besonders der moderierte Chat ist in der Regel auf ein zentrales Thema aufgebaut, er hat einen definierten Anfang und ein definiertes Ende. Die Einführung der Moderation hat die Chatwelt nicht nur diszipliniert, sondern auch ein Gerüst gebaut, anhand dessen sich Chat-Kategorien und sogar Formate ausbilden konnten. Chat Kategorien sind zum Beispiel:

- VIP-Interviews,
- Konferenzen,
- Themendiskussionen,
- Online-Beratung
- Spiele und
- Fremdsprachenkonversation

Business-Anwender

Konferenzen

In Zukunft werden wir aus Kostengründen viele Konferenzen online durchführen. Die Gesamtzahl der Konferenzen wird ansteigen, da es möglich wird, häufiger, spontaner und ohne Reiserisiken und -kosten Meetings abzuhalten. Der Projektleiter wird die Teilnehmer einladen, Termin und Ort (Webseite) festlegen und die Online-Konferenz moderieren. Alle Konferenzteilnehmer können gleichzeitig und mit der größtmöglichen Information versorgt werden, auch wenn sie Hunderte von Kilometern voneinander entfernt sind. Nach der Konferenz können sich alle Teilnehmer das Protokoll speichern.

E-Interviews

Chat als Kommunikationsmedium in der Politik

Online-Interviews gibt es nicht nur in der Unterhaltung. Bereits heute führen Nachrichtensender und –Magazine solche Interviews mit Fachleuten durch. Ich glaube, dass wir in den kommenden Jahren vermehrt Politiker in dieser Kategorie des moderierten Chat sehen werden. So gaben 17 Prozent der 18 bis 24-jährigen Engländer an, dass das Internet ihre Wahl beeinflusst hat. Dies stellt eine Marktanalyse von Mori im Juli 2001 fest. Die Schröders und Merkels werden sich im Internet präsentieren und bürgernah Fragen beantworten. Die Reichweite dieses Mediums fordert den virtuellen Wahlkampf geradezu heraus und Politiker erfreuen sich der Sicherheit vor Wurfgeschossen wie faulen Eiern und Tomaten.

Das Format Sprachcafe

Eine ganz besondere Form des moderierten Chat finden wir im erweiterten E-Learning. Wir alle haben uns schon einmal überlegt, dass wir die ein oder andere Sprache, die wir vielleicht in der Schule gelernt haben, lebendig halten sollten. Aber um zur Volkshochschule zu gehen, reicht die Zeit und die Disziplin meist nicht aus. Wenn es allerdings ein Angebot gäbe, im Internet das aktuelle Tagesgeschehen mit einer Sprachlehrerin und anderen Interessierten in einer Fremdsprache zu diskutieren, würden viele von uns dieses Angebot wahrnehmen. In der Mittagspause, nach Feierabend oder sogar morgens vor Dienstbeginn. Auch als effektive Weiterbildungsmaßnahme für Mitarbeiter eignet sich diese Form des moderierten Chat.

Chat zum Training von Fremdsprachen

Die Online-Redakteurin Ute Kamphans hat diese Idee entwickelt und das Format „Online-Sprachcafé" konzipiert und seit Oktober 2000 durchgeführt. Sie hat jeden Tag abwechselnd eine Stunde englische oder spanische Konversation online angeboten. Sie hatte immer ein Leitthema, eine kurze Geschichte aus Landeskunde und –kultur parat. Jedes Mal hatte man einige neuen Vokabeln gelernt und zig aufgefrischt. Und das Wichtigste: Man konnte kommen und gehen wann man wollte, es hat Spaß gemacht und man hatte keine Sorge, einen „Kurs" verpasst zu haben.

Was bisher im Sprachcafe – aus technischen Gründen – fehlt, ist die Kontrolle der Aussprache. Die heutigen Voice-Technologien reichen bisher nicht aus, um Sprache ohne Verzögerung in den bisher zur Verfügung stehenden Bandbreiten zu übertragen. Sicher wird sich das in den kommenden Jahren ändern. Andererseits kann man sich heute darüber freuen, dass man im Online-Sprachcafe auch die korrekte Schreibweise übt.

Und wer in Übung bleibt, kann zum gefragten Zeitpunkt mit ein wenig Spanisch oder Italienisch aufwarten.

Anwender Community + Entertainment

Einer der wichtigsten Segmente in der Unterhaltungsbranche ist die Musik. Im deutschen Fernsehen gibt es 2 Musiksender aber nur einen Nachrichtensender. Seit das Internet Menschen und Märkte erobert, haben sich auch die Anforderungen an die Musikbranche und die Stars geändert. Die Fans fordern Interaktivität, also veranstalten die Musikgesellschaften Chats und E-Interviews. Auch das ist letztlich Kundenbindung.

Themen-Chats mit Moderator

Während bei VIP-Chats meist eine Person des öffentlichen Lebens im Mittelpunkt steht, veranstalten Online-Magazine und Unternehmen, die die Spaßorientierte, junge Zielgruppe im Auge haben, verstärkt Themen-Chats. Dabei genügt es nicht, dem Channel einen Titel aufzukleben, mit der Erwartung hier wird ab jetzt nur noch über Fun-Sportarten geredet. Die Erfahrung zeigt, dass die User sich an einer Person orientieren, dem Moderator. Der Moderator führt das Thema ein, gibt Anregungen und Stichworte, fordert die User zum Beitrag auf, fasst Aspekte zusammen und stellt häufig offene Fragen. Wir werden im Abschnitt „Moderation: How To/Skills" genauer betrachten. Die Auswahl der Themen sollte zielgruppenorientiert erfolgen. Ein Unternehmen, das Snowboards herstellt und diese im Internet präsentiert bzw. verkauft, zieht wenig Besucher an mit einer Diskussion um Renten und Altersteilzeit.

Format virtuelle Schnitzeljagd

Schulung im Umgang mit dem Internet

Die Vorbereitung und Durchführung von moderierten Ratespielen ist sehr einfach, der Effekt riesig, wie uns auch die vielen „Werde Millionär"-Shows im Fernsehen zeigen. Die User haben Spaß, sind engagiert und kommen wieder. Beispiel: Das Format virtuelle Schnitzeljagd. Es erfordert keine körperliche Fitness, aber schult den Umgang mit dem Medium und die Teilnehmer lernen viele interessante Webseiten kennen. Sie lernen auch Suchmechanismen und Verzeichnisse kennen und übersichtliche Seiten und klar strukturierte Navigation zu schätzen.

Eine kurze Anleitung zum Format Schnitzeljagd: Den Besuchern im moderierten Chat werden Fragen gestellt. Die Antworten findet man im Internet. Zuerst gilt es die Webseite aufzuspüren, dann die richtige Antwort. Beispiel: Wir suchen die Webseite einer Partei, die eine Farbe im Namen trägt. Auf dieser Seite findet man einen Antrag um Fördermitglied zu werden. Ab wie viel DM Monatsbeitrag ist man dabei? Die richtige Antwort lautet 30. Jeder Besucher, der diese Antwort in der gesetzten Zeit dem Moderator „zuflüstert", bekommt vom Moderator einen virtuellen Punkt. Wer nach einer halben Stunde die meisten Punkte hat, hat gewonnen. Den Gewinn (z.B. ein Buch, eine CD, ...) legt das Unternehmen fest. Der Moderator hat hier die Aufgabe die Fragen zu stellen, die Punkte zu vergeben und zu speichern sowie ggf. Lösungshinweise zu geben. Der Veranstalter, also das Unternehmen, kann Wochen und Monatspreise ausloben und damit die Besucher zur Wiederkehr anregen.

Technische Hilfsmittel, zusätzliche Funktionen

Die Hersteller von Chat Technologien konzentrieren sich zunehmend auf den E-Business Markt. Das erfordert die Implementierung von Funktionen, die besondere Anforderungen für ganz bestimmte Zielgruppen und Marktsegmente erfüllen sollen.

Zusätzliche Chat-Funktionen erleichtern den Einsatz von moderierten Internet-Gesprächen. Dazu gehört beispielsweise die Moderier-Funktion (engl. Audience-Mode), die Erstellung von Gesprächsprotokollen, etwa für Konferenzen oder die Website-Senden-Funktion (engl. Push-Page), um zusätzliche Informationen zu Produkten zu verteilen.

Audience Mode

Die Moderier-Funktion ermöglicht dem Moderator die Beiträge der Teilnehmer zu steuern. Die Beiträge werden in einem Fenster angezeigt, zu dem nur der Moderator Zugang hat. Er kann die Reihenfolge der Beiträge ändern, um Themenfelder zu gruppieren, er kann unsinnige Beiträge verwerfen/löschen, er kann Beiträge redaktionell ergänzen und ändern. Der Moderator kann sichtbar agieren (wie bei einer Podiumsdiskussi-

Beiträge der Teilnehmer steuern

on) oder im Hintergrund, beispielsweise in einem Prominenten-Chat, wo die VIP Rede und Antwort steht.

Push Pages

Der Moderator kann Webseiten senden

Mit dieser Funktion kann der Moderator den Teilnehmern im Chat, der Konferenz oder in der Online-Beratung Webseiten „senden". Die User bekommen zusätzliche Informationen, ohne dass sie sich selbst durchschlagen müssen. Das Fenster mit der gesendeten Webseite öffnet sich beim User auf dem Bildschirm.

Tabelle 1: Herstellerliste Moderierte Chatsysteme

Hersteller/Anbieter	Produkte
bluehands http://www.sushi-on-ice.de	Sushi-on-ice
Cahoots http://www.cahoots.com	Customer Connect
Human Click http://www.humanclick.com	Human Click Free/Express/Pro
LiveHelper http://www.livehelper.com	Livehelper Original/Pro
LivePerson http://www.liveperson.com	Chat Pro
NetEmpire http://www.netempire.de	Support Chat
NovoMind/Convidis http://www.novomind.de	trueTalk
Tenovis http://www.tenovis-gate.de	WebContact

Protokoll

Wie bereits der Name verrät, speichert man mit der Protokollfunktion den Ablauf des Gesprächs. Datum, Name, Textbeitrag stehen in einer Zeile. Das Protokoll wird im Textformat ausgegeben, kann ausgedruckt, gespeichert und archiviert oder direkt auf die Webseite gestellt werden.

Vorgefertigte Antworten

Eine ganz praktische Hilfe bieten die vorgefertigten Antworten. Man kann eigene Sätze editieren und mit Doppelklick einspielen.

Webvideo

Die Unterstützung durch bewegte Bilder empfiehlt sich insbesondere bei VIP-Interviews, Konferenzen und als vertrauensbildende Maßnahme für Online-Berater. Mit Ron Sommer zu chatten ist umso interessanter, wenn durch die Kamera unterstützt wird, dass tatsächlich der Chef der Deutschen Telekom und nicht Thomas Middelhoff von Bertelsmann die Antworten gibt. Man sieht das Gegenüber lachen und die Stirn runzeln. Die Bilder transportieren die Gewissheit, dass der Internetnutzer mit einem realen Menschen und vertrauenswürdigen Ansprechpartner kommuniziert.

Video zur Vertrauensstärkung

Themenmoderation

Wie sieht die typische Arbeit eines Online-Moderators aus? In den meisten Fällen ist der Moderator auf einer bestimmten Webseite aktiv, hat eine Zielgruppe im Focus, und ein bestimmtes Thema steht zur Diskussion. Der Moderator bereitet sich auf das Thema vor, recherchiert und notiert sich die wichtigsten Keywords. Dann stellt er die Webseiten, die er bei der Recherche genutzt hat, in die Liste der Push-Page Funktion. Er kann dann jederzeit diese Webseiten als Referenz nutzen und sie den Teilnehmern zusenden. Dann stellt er einige Fragen/Sätze mit den entsprechenden Stichworten in die Liste der vorgefertigten Sätze. Auf diese kann er dann zugreifen, wie auf Karteikarten offline. Diese Vorbereitungszeit dauert erfahrungsgemäß 30 Minuten bis 2 Stunden, je nach Thema und Übung.

Vorgehensweise eines Online-Moderators

Wenn die Moderation beginnt, ergreift der Moderator als erster das Wort. Im Grunde orientiert man sich beim Ablauf der Internetmoderation an den Beispielen im Fernsehen. Der Moderator begrüßt die Teilnehmer und gegebenenfalls den prominenten Gast, den er natürlich ausführlich vorstellt. Dann führt er das Thema ein, und stellt zur Anregung der Diskussion eine offene Frage. Während des Chats – etwa 70 Minuten hat sich als angenehme durchschnittliche Diskussionslänge etabliert – kann der Moderator die vorbereiteten Webseiten als zusätzliches Material und die vorgefertigten Sätze als Anregungen zur Diskussion nutzen. Gegen Ende fasst er die angesprochenen Punkte und Ergebnisse zusammen. Zum Schluss bedankt er sich bei den Teilnehmern für die Mitarbeit und kündigt gegebenenfalls das Thema des kommenden Chats an. Anschließend an die Online-Diskussion speichert er das Protokoll und bearbeitet dieses für eventuelle Berichte und Ergebnislisten.

Moderation: How To/Skills

Online-Moderation erfordert ein gewisses Maß an Autorität, Sensibilität, Fachkenntnis und natürlich Übung.

Gesprächsführung

Der Moderator als Dramaturg

Dem Moderator obliegt die Gesprächsführung. Er steuert die Beiträge der User, entzieht undisziplinierten Teilnehmern gegebenenfalls das Wort und bestimmt die Dramaturgie des Chats. Ein guter Moderator baut einen Spannungsbogen auf und integriert die Beiträge der Teilnehmer. Wenn erforderlich, muss er zwischen Streithähnen schlichten. In jedem Fall sollte sich der Moderator seiner Macht bewusst sein und die Mittel, die ihm zur Verfügung stehen, geeignet einsetzen.

Moderationsstil

Ein ganz persönliches Mittel, das einem Moderator zur Verfügung steht, ist sein Moderationsstil. Jeder Moderator setzt ganz zentral seine Persönlichkeit und seinen Sprachstil ein. Überlegen Sie mal, welche Fernsehmoderatoren Ihre Sprache sprechen? Eher Sabine Christiansen oder Harald Schmidt? Eher Thomas Gottschalk oder Sandra Maischberger?

Verbindung: Unternehmen und Moderationsstil

Anhand des Moderationsstils erkennt der Teilnehmer die Person. Damit verbindet der User das präsentierte Unternehmen, die vertretene Marke. Er bringt, abhängig vom Moderationsstil, Vertrauen, Frechheit, Originalität und Fachkompetenz in Zusammenhang mit dem Unternehmen und seinen Produkten.

Die Zukunft des Moderierten Chat

Wohin soll das alles noch führen?

Im Laufe der letzten Seiten habe ich Ihnen ein Bild gezeichnet, das Sie vermutlich manchmal überrascht hat. Anfangs dachten Sie sicher: Chat, das ist was für Kids, die zuviel Zeit haben, stimmt's?

Doch das Bild des Chat, insbesondere des moderierten Internet-Talk hat sich gewandelt. Es tendiert zum nutzenstiftenden, gewinnorientierten Marketinginstrument.

Chat tendiert zum Marketing-Instrument

Die Technik wird sich verbessern, in einigen Jahren wird auch Voice Kommunikation mit flüssiger Datenübertragung auch für den einfachen User zu Hause anwendbar sein.

Der Trend, Chat im E-Business anzuwenden, wird sich fortsetzen. Chats werden zunehmend für kommerzielle Zwecke genutzt und beispielsweise in E-Shop-Systeme und CRM-Software integriert werden. Branchen wie Call Center, Recruting und Apotheken werden das Web, insbesondere den Chat, als kostengünstige und proaktive Echtzeit-Beratung entdecken.

Chat als proaktive Echtzeit-Beratung

Mit wachsendem Grad der Interaktivität und Real-Time Kommunikation wird der Moderierte Chat sich einen zentralen Platz im Online-Marketing erstreiten. Mit dem Instrument zur Kundenbindung und als Mittel zur kostengünstigen internen und externen Kommunikation werden besonders beratungsintensive Branchen virtuelle Wege gehen und neue Formate (z.B. virtuelle Messen mit Standpersonal und Beratung) hervorbringen.

Kurzum: Der unbekannte Webseitenbesucher wird zum aktivierbaren Kunden.

8.3 Einsatzmöglichkeiten von Mailinglisten

Matthias Homann

Was ist eine Mailingliste?

Mailinglisten sind automatisierte E-Mail-Verteiler, mittels der die Nutzer des E-Mail-Verteilers freiwillig Informationen und Diskussionen austauschen können. Im Gegensatz zu klassischen E-Mail-Verteiler-Listen, bei denen alle Empfänger der Nachricht in der E-Mail angegeben werden müssen, werden bei Mailinglisten die Nachrichten an eine zentrale E-Mail-Adresse geschickt, die einem *Mailinglisten-Server* zugeordnet ist, der für die automatische Weiterleitung der Nachrichten an die Teilnehmer der Mailingliste sorgt. Die Teilnehmer können so mittels E-Mail komfortabel im Rahmen der many-to-many Kommunikation miteinander kommunizieren.

Begriffsdefinition

Tabelle 1: Übersicht über Mailinglisten-Verzeichnisse

Name /URL	Beschreibung
www.topica.com	US-basiertes Mailinglisten-Verzeichnis und Anbieter kostenloser Mailinglisten
www.meta-list.net	Verzeichnis mit fast 180000 Newslettern und Mailinglisten
www.infoletter.de	Verzeichnis mit ca. 1200 deutschsprachiger Mailinglisten und Newsletter
www.kbx.de	Deutschsprachiges Mailinglisten-Verzeichnis

Mailinglisten haben inzwischen eine weite Verbreitung, sowohl im privaten Bereich als auch im geschäftlichen Bereich gefunden. Allein Liszt.com, eines der größten Verzeichnisse von Mailinglisten, weist mehr als 90.000 Mailinglisten und eine Fülle an Themen auf. Meta-List.-

Verbreitung von Mailinglisten

net, eine deutsche Website für Mailinglisten und Newsletter, weist fast 180.000 Einträge (vgl. Abb. 1) auf.

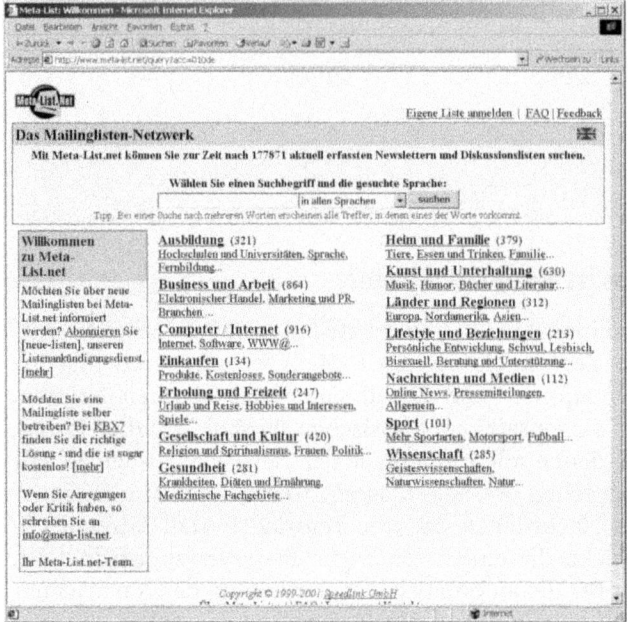

Abb. 1: Verfügbare Kategorien zu Mailinglisten und Newslettern am Beispiel der Suchmaschine Meta-List.net

Listserver

Kernstück der Mailingliste ist der *Mailinglisten-Server* bzw. *Listserver*, eine Software, welche die für den Betrieb der Mailingliste notwendigen Services, wie automatischer Versand der Nachrichten, Anmeldung und Abmeldung von Teilnehmern, Archivierung von Nachrichten inklusive Suchmöglichkeiten, Bearbeitung von unzustellbaren Nachrichten, etc. unterstützt. Verwaltet wird die Mailingliste vom *Listenverwalter* bzw. *Moderator*.

Betrieb von Mailinglisten

Für den Betrieb von Mailinglisten gibt es mehrere Optionen, angefangen von der Nutzung kostenloser Mailinglisten-Services bis hin zur Nutzung eines eigenen, dedizierten Mailinglisten-Servers. Anbieter wie z.B. Yahoo (www.yahoo.de) oder Domeus (www.domeus.de) bieten die Möglichkeit, schnell und kostenlos Mailinglisten einrichten zu können.

Für den professionellen Einsatz sind diese Services jedoch ungeeignet, da sich die Anbieter dieser Services über Werbung in den Kopf- oder Fußzeilen finanzieren. Eine andere Möglichkeit besteht in der Beauftragung von auf den Betrieb von Mailinglisten spezialisierten Firmen wie z.B. KBX8 (www.kbx.de), Inxmail (www.inxmail.de) oder Agnitas (www.agnitas.de). Die Kosten für die Nutzung solcher Services variieren dabei von ca. 18 Euro pro Monat für Mailinglisten mit kleinem E-Mail-Aufkommen (< 20.000 Mails pro Monat) bis zu 1000 Euro.

Die dritte Möglichkeit besteht in der Installation eines eigenen Mailinglisten-Servers. Die Preise für Mailinglisten-Software (weit verbreitet sind Mailinglisten-Server wie Lyris oder ListServ) variieren hier je nach Leistungsfähigkeit zwischen 500 Euro und 30.000 Euro.[1]

Ein Vergleich der Charakteristika von Kommunikationsformen im Internet zeigt, dass Mailinglisten aufgrund des Push-Charakters von E-Mail das ideale Tool für Personen mit ähnlichen Interessen sind, um spontane Anfragen zu stellen, Diskussionen durchzuführen und Erfahrungen auszutauschen. Die Nachrichten werden sofort den anderen Teilnehmern der Mailingliste zugestellt und sind direkt im E-Mail-Programm der Teilnehmer verfügbar. Dies ermöglicht die Entstehung von virtuellen Treffpunkten, an denen Personen miteinander reden, sich austauschen und Beziehungen aufbauen.

Kommunikationsformen im Internet

Tabelle 2: Vergleich von many-to-many Kommunikationsformen im Internet

Kommunikationsform	Mailingliste	Diskussionsforum	Chat
Medium	E-Mail	Website	Website
Kommunikationstyp	Push	Pull	Push
Typische Reichweite	100 – 10.000	100 – 100.000	10 – 100

---

[1] Nicht eingerechnet sind Kosten für Hardware, sowie die für den Versand der E-Mails benötigte Leitungs-Kapazität, die bei aktiven Mailinglisten schnell auf 1GB pro Monat anwachsen kann.

Registrierung

Zur Teilnahme an einer Mailinglisten müssen sich Interessenten registrieren lassen, oder vom Listenverwalter eingetragen worden sein. Dies kann durch Ausfüllen eines Formulars auf einer Webseite erfolgen, in das der Nutzer seine E-Mail-Adresse einträgt, oder durch Abschicken einer E-Mail an eine spezielle E-Mail-Adresse des Mailinglisten-Servers[2]. Die Registrierung zeigt deutlich den wichtigen Aspekt der freiwilligen Teilnahme bei Mailinglisten. Im Gegensatz zu Werbelisten, bei denen Personen ohne deren Einverständnis in einen E-Mail-Verteiler aufgenommen werden und Werbung per E-Mail zugesendet bekommen, haben Teilnehmer von Mailinglisten explizit ihr Einverständnis zur Eintragung in die Mailingliste gegeben.

Arten von Mailinglisten

Je nach Bedarf hat der Moderator einer Mailingliste die Möglichkeit, die Mailinglisten unterschiedlich zu realisieren, um den Teilnehmerkreis und die in der Mailingliste verschickten Nachrichten kontrollieren zu können. Mailinglisten lassen sich hierbei in offene und geschlossene Mailinglisten, sowie unmoderierte und moderierte Mailinglisten unterteilen.

Offene und geschlossene Mailinglisten

Offene Mailinglisten unterliegen keinerlei Zutrittsbeschränkung und können von jedem Interessenten abonniert werden. Im Gegensatz dazu sind *geschlossene Mailinglisten* nur für einen vom Moderator fest definierten Personenkreis zugelassen. Meldet sich ein Teilnehmer in einer geschlossenen Mailingliste an, so muss dieser zuerst vom Moderator freigegeben werden. Typische Anwendungsbeispiele für geschlossene Mailinglisten sind Mailinglisten, bei denen der Teilnehmerkreis vertrauliche Nachrichten austauschen will oder bei denen der Moderator den Teilnehmerkreis auf eine bestimmte Zielgruppe beschränken möchte, um die Qualität der Diskussionen sicherzustellen[3].

Moderierte und unmoderierte Mailinglisten

In *unmoderierten Mailinglisten* werden die E-Mails vom Teilnehmer sofort an alle anderen Teilnehmer

---

[2] Die Form der Registrierung ist dabei abhängig von der verwendeten Mailinglisten-Software.

[3] Geschlossene Mailinglisten bieten jedoch nur unzureichenden Schutz, da E-Mails relativ leicht von unbefugten Dritten eingesehen werden können. Für eine sichere Übertragung müssen E-Mails durch zusätzlich verschlüsselt übertragen werden!

weitergeleitet. Dies ermöglicht die schnelle Beantwortung von Anfragen der Teilnehmer bis hin zu fast dialog-ähnlichen Konversationen der Teilnehmer über E-Mail[4]. Mit steigender Anzahl der Teilnehmer steigt jedoch auch das Risiko, dass Teilnehmer inhaltlich unpassende E-Mails versenden und somit andere Teilnehmer zum Austreten aus der Liste veranlassen, oder dass sie durch übermäßiges E-Mail-Aufkommen abgeschreckt werden[5]. Zur Kontrolle der Nachrichten durch den Moderator gibt es daher *moderierte Mailinglisten,* bei denen alle Mails, ähnlich einer Zensur, erst vom Moderator freizugeben sind. Typische Einsatzbereiche für moderierte Mailinglisten sind daher Mailinglisten für anspruchsvolle Themen und mit hoher Teilnehmerzahl, bei denen der Moderator die Qualität der Diskussionen sicherstellen will[6].

Nutzungs- und Einsatzmöglichkeiten von Mailinglisten für Unternehmen

Aufgrund der Themen-Orientierung bieten Mailinglisten die Möglichkeit, sehr fokussiert Zielgruppen zu erreichen. Zusätzlich verspricht die aktive Beteiligung der Teilnehmer in Mailinglisten ein hohes Involvement. Mailinglisten scheinen somit ein ideales Werkzeug für Marketing zu sein. Zwei Faktoren schränken jedoch die Möglichkeiten für die kommerzielle Nutzung von Mailinglisten erheblich ein. Zum einen ist dies die relativ geringe Reichweite (Teilnehmerzahl) von Mailinglisten, da Mailinglisten meist nur einige Hundert Teilnehmer besitzen und nur in seltenen Fällen die Grenze von 2.000 Teilnehmern überschreiten[7].

Marketingwerkzeug

---

[4] In manchen unmoderierten Mailinglisten entsteht durch Dialog-ähnlichen Konversation zwischen wenigen Teilnehmerns ein Mailaufkommen 20 oder mehr Mails pro Tag!
[5] Eine typische Bedrohung sind sogenannte „E-Mail-Flames", per E-Mail ausgetragene Beleidigungen/Streitigkeiten, die bis hin zur Notwendigkeit der Einstellung der Mailingliste durch den Moderator führen können.
[6] Auf die Bedeutung des Moderators wird im nachfolgenden Kapitel noch eingegangen, da dieser auch ohne Zensur mittels moderierter Mailingliste die Qualität der Mailingliste beeinflussen kann.
[7] Einzige Ausnahme bilden Mailinglisten zu erotischen Themen, die teilweise bis zu 20.000 Mitglieder haben.

Zum anderen ist es der Community-Aspekt. Online-Communities, bei denen die Kommunikation der Mitglieder untereinander im Vordergrund steht, reagieren äußerst sensibel auf Werbung jeglicher Art. Hinweise auf Produkte oder Services eines Unternehmers werden von den anderen Teilnehmern schnell als Störung angesehen, die zu erheblicher negativer PR für das Unternehmen führen kann. Trotz der Einschränkungen bestehen dennoch Möglichkeiten, Mailinglisten im Rahmen des Marketings einzusetzen, auf die im Folgenden eingegangen werden soll.

Direkte Werbung in Mailinglisten

Banner in Mailinglisten

Wie erwähnt, sind die Möglichkeiten der direkten Werbung für den Teilnehmer einer Mailingliste eingeschränkt. Vor allem die Listenverwalter privat betriebener Mailinglisten untersagen meist jegliche Art von Werbung. Kommerziell geführte Mailinglisten bieten jedoch oft die Möglichkeit an, Werbung in Form eines Banners auf der der Mailingliste zugehörigen Website zu schalten (vgl. Abb. 2).

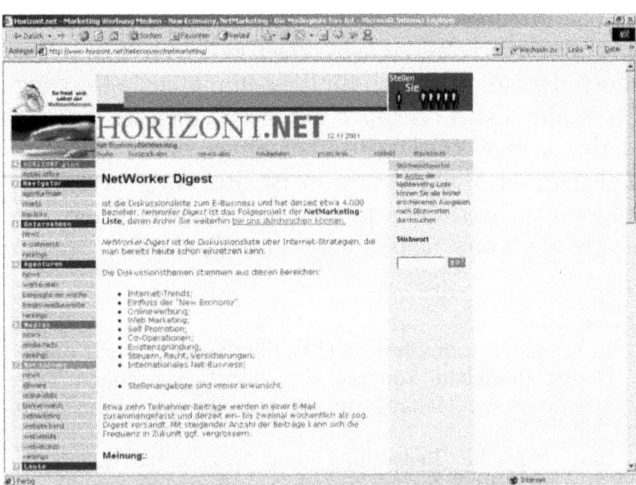

Abb. 2: Beispiel für Sponsoring einer Mailingliste

Eine andere Möglichkeit besteht im Platzieren von 2-3 Zeilen Werbetext in der Kopf- oder Fußzeile von E-Mails der Mailingliste (vgl. Abb. 3).

```
--------------------------------------
IMAFDI wird gehosted auf www.CameloT.de,
dem "sagenhaften" Full-Service Provider
--------------------------------------

Hallo zusammen,

ist es wissenschaftlich korrekt, dass man eine Definition im Rahmen seiner Arbeit verändert und erweitert? Wenn ja, wie muss dies kenntlich gemacht werden?

Vielen Dank.

NN
---
FAQ und Archiv der Liste: http://www.imafdi.de/imafdi.htm, powered by speedlink.de
```

Abb. 3: Beispiel für einen in einer E-Mail platzierten Werbetext

Indirekte Werbung in Mailinglisten durch Expertise

Neben der direkten Werbung bieten Mailinglisten auch die Möglichkeit, indirekt Werbung zu platzieren, indem in Beiträgen die eigene Expertise dargestellt bzw. aufgezeigt wird. Neben der Beantwortung von Anfragen anderer Teilnehmer, eignen sich auch kurze Fachartikel-ähnliche Beiträge in Form von Erfahrungsberichten, Kommentaren, etc. Allerdings ist das Risiko, eine zu werbelastige E-Mail zu verfassen, die in der Mailingliste zu Ablehnung führt, hoch. Es empfiehlt sich daher unbedingt, vor dem ersten Antworten bzw. Verfassen von E-Mails, die Diskussionen der Mailinglisten über einen Zeitraum von ein bis zwei Wochen zu beobachten, um ein Gespür dafür zu bekommen, welche Themen in der Mailingliste relevant sind und welche Art von Diskussionskultur in der Mailingliste herrscht. Meist enthält auch die automatisch nach der Anmeldung vom Listserver versandte Willkommens-Mail Hinweise hierzu.

Eine wichtige Rolle im Rahmen der indirekten Werbung in Mailinglisten übernimmt die Signatur in E-Mails. Die Signatur steht am Ende einer E-Mail und enthält, ähnlich einer Visitenkarte, mehrere Zeilen Text

Signatur

mit Informationen zu Beruf, Unternehmen, Anschrift, etc. des Verfassers[8].

Den Teilnehmern wird die Möglichkeit gegeben, neben dem eigentlichen Beitrag auch auf sein eigenes Unternehmen bzw. seine eigenen Leistungen hinzuweisen. Speziell bei Mailinglisten sind allerdings bei der Verwendung von Signaturen Einschränkungen zu beachten. Viele Mailinglisten schränken die maximale zulässige Anzahl an Text in der Signatur auf 4 Zeilen ein. Auch darf der eigentliche Zweck der Signatur als elektronische Visitenkarte nicht durch mehrzeilige Werbetexte missbraucht werden, da sonst, ähnlich wie bei der Spam-Problematik von direkter Werbung, die Gefahr negativer Mails anderer Teilnehmer droht.

Einsatzmöglichkeiten eigener Mailinglisten: Kompetenz-Forum oder Service-Tool

Communities

Vor allem im Rahmen des Aufbaus von Virtuellen Communities spielen Mailinglisten eine wichtige Rolle, jedoch bilden die Mailinglisten nur eine für den Aufbau von virtuellen Communities notwendige Komponente. Eine umfassende Erläuterung zum Thema Einsatzmöglichkeiten von Communities würde über das Ziel dieses Artikels hinausgehen.[9] Im Nachfolgenden soll daher nur auf zwei Einsatzmöglichkeiten von Mailinglisten eingegangen werden, bei denen die Mailingliste das zentrale Kommunikationsmittel darstellt, um Kunden zu gewinnen bzw. zu binden: als Kunden-Forum und als Kompetenz-Forum.

Einsatz von Mailinglisten als Kunden-Forum

Plattform zum Erfahrungsaustausch

Ziel des Kunden-Forums ist es, den Kunden eines Unternehmens eine Plattform zum gegenseitigen Erfahrungsaustausch der Nutzer untereinander zu geben. Die Nutzer eines Produktes können sich so Hinweise über Anwendungsmöglichkeiten und Tipps für die Lösung von Problemen bei der Nutzung der Produkte geben. Die Mailingliste wird so zu einer Service- und Marktforschungsplattform für das Unternehmen. Die gegenseitige Hilfe der Teilnehmer bei Problemen trägt daher zu einer Entlastung des Unternehmens bei der Bearbei-

---

[8] Viele E-Mail-Programme, wie z.B. Outlook, unterstützen standardmässig E-Mail-Signaturen.
[9] Weiterführende Informationen Literatur zum Thema Communities gibt es.u.a. unter www.cybercommunities.de

tung von Kundenanfragen bei. Zusätzlich erhält das Unternehmen durch den direkten Kontakt mit den Teilnehmer in der Mailinglisten direkte Hinweise auf Verbesserungsvorschläge für die genutzten Produkte.

In der Mailingliste selbst tritt das Unternehmen bzw. der Moderator der Mailingliste jedoch nur in Ausnahmefällen in Erscheinung. Die Mailinglisten der Firma ESRI (www.esri.com), ein Software-Unternehmen für Geographische-Informations-Systeme, sind ein anderes Beispiel für diese Art des Einsatzes einer Mailingliste. ESRI hat seinen Kunden die Mailinglisten ARCVIEW-L und ESRI-L eingerichtet, in denen die Nutzer der Software Anfragen zur Programmierung/Nutzung der Software stellen, die von den Teilnehmern selbst oder von Mitarbeitern von ESRI beantwortet werden. Einen anderen Ansatz liefert die Wirtschaftszeitschrift Brand Eins (www.brandeins.de). Die Mailingliste wurde im Jahr 2000 als Ergänzung zur Zeitschrift gestartet, um die Beziehung zu den Lesern zu pflegen und sich für Kritik und Austausch zu öffnen[10].

Einsatz von Mailinglisten als Kompetenz-Forum

Mailinglisten als Kompetenz-Forum einzusetzen ist eine weitere Möglichkeit. Hierbei ist die Mailingliste als moderierte Mailingliste gestaltet und mit einem Newsletter kombiniert, in dem der Moderator der Mailingliste die redaktionellen Beiträge und Diskussionen zusammenfasst. Dem Moderator kommt somit eine zentrale Bedeutung zu: Er regt Diskussionen an, verfasst redaktionelle Beiträge zu Themen und antwortet als Experte auf die Anfragen der Teilnehmer. Der Moderator hat so die Möglichkeit, Werbung für seine eigenen Service-Leistungen in Form von Expertise hervorzuheben und kann hierdurch gezielt Kontakte zu potenziellen Kunden für seine Dienstleistung herstellen. Ein Beispiel für den erfolgreichen Einsatz dieser Art von Mailinglisten ist der Online Marketer Digest (www.autoresponder.de) mit mehr als 11.000 Abonnenten, oder von Audettemedia (www.audettemedia.com) der i-sales-digest mit mehr als 16.000 Teilnehmern.

Moderierte Mailingliste

---

[10] vgl. Klaus Arnhold: Werbung auf Wunsch–E-Mail Marketing in <e>Market vom 26.9.2001, http://www.emar.de

Erfolgsfaktoren von Mailinglisten

Fünf Faktoren bestimmen den Erfolg einer Mailingliste:

- Zielgruppe und kritische Masse an engagierten Teilnehmern
- Moderator
- Diskussionskultur
- Nutzungskomfort
- Teinehmer

Teilnehmer als Erfolgsfaktor

Der wichtigste Faktor für den Erfolg sind die Teilnehmer der Mailingliste selbst. Basis für die Beantwortung von Anfragen sowie für Diskussionen in Mailinglisten muss das Interesse der Zielgruppe an gegenseitigem Informationsaustausch sein[11]. Eng damit verbunden ist das Problem der kritischen Masse an engagierten Teilnehmern, da viele Teilnehmer erst durch den Erhalt von Beiträgen aus der Mailingliste zum Verfassen eigener Beiträge motiviert werden. Mögliche Erklärungen hierfür sind, dass Mailinglisten, deren Teilnehmer noch keine ausgeprägte Gemeinschaft bilden – erkennbar an einem konstanten Austausch an Nachrichten – bei den Teilnehmern in Vergessenheit geraten, oder neue Teilnehmer sich nicht trauen, erste Beiträge in der Mailingliste zu verfassen. Neben den Teilnehmern selbst kommt daher dem Moderator eine wesentliche Bedeutung für den Erfolg der Mailingliste zu. Der Moderator hat dabei mehrere Rollen gleichzeitig wahrzunehmen: als Administrator für Probleme der Teilnehmer bei der Nutzung der Mailingliste, als Schlichter zwischen Teilnehmern bei drohenden Streits, und als eigentlicher Moderator, der Diskussionen zwischen den Teilnehmern anregt.

Diskussionskultur

Nicht zu unterschätzen ist der Einfluss der *Diskussionskultur* einer Mailingliste, der Art und Weise, wie Teilnehmer miteinander in der Mailingliste kommunizieren. Diese spielt vor allem in Konfliktsituationen eine wichtige Rolle, da eskalierende Streits zwischen Teilnehmern einer Mailingliste sehr schnell zum Auseinanderbrechen der Mailingliste in Form von Austritten führen kann. Auch hier spielt der Moderator eine entscheidende Rolle, da er durch seine Vorbildfunktion die

---

[11] Die Betonung liegt hier auf „gegenseitig", da viele Mailinglisten daran scheitern, dass Teilnehmer nicht bereit sind ihr Wissen mit anderen zu teilen.

Teilnehmer der Mailingliste indirekt steuern kann. In diesem Sinne kann auch von „sanfter Moderation" einer Mailingliste gesprochen werden. Falls jedoch sanfte Moderation nicht ausreicht, bei eskalierenden Streits z.B. in unmoderierten Mailinglisten, hat der Moderator meist nur die Möglichkeit, die Mailingliste für kurze Zeit auf moderiert umstellen, um die für die Mailingliste schädlichen Mails zu unterdrücken.

Ein weitere Rolle spielt der *Nutzungskomfort* einer Mailingliste. Er wird durch den Mailinglisten-Server und die Einbindung der Mailingliste in eine Website bestimmt. Wichtig ist, die Barrieren für das Teilnehmen und das Verlassen der Mailinglisten so niedrig wie möglich zu halten. Während früher die Anmeldung in Mailinglisten ausschließlich über E-Mail möglich war, so bieten neue Mailinglisten-Server wie Lyris eine An- und Abmeldung sowohl per E-Mail als auch per Formular an. Dies ermöglicht eine direkte Einbindung der Mailingliste in die Website. Nutzer können sich so bequem direkt auf der Website, auf der sie eine Mailingliste entdeckt haben, anmelden. Für das Abmelden ist E-Mail das von Teilnehmern bevorzugte Medium, da die Teilnehmer meist während des Lesens ihrer E-Mails den Entschluss zum Verlasen der Mailingliste fassen. Mailinglisten-Server verfügen hierzu über die Option, in der Fußzeile der E-Mails spezielle E-Mail-Adressen automatisch einzufügen, an die der Teilnehmer direkt aus seinem E-Mail-Programm die Abmeldung abschicken kann. Barrieren beim Abmelden sollten vermieden werden, da sonst Anfragen von Teilnehmern die aus der Mailingliste ausgetragen werden wollen, zu erhöhtem Bearbeitungsaufwand für den Moderator führen, oder Teilnehmer störende „Bitte-Austragen Mails" in die Mailingliste schicken.

Nutzungskomfort

Rechtliche Aspekte von Mailinglisten

Ähnlich wie beim Betrieb einer Website, bei der Themen wie Domainrecht, Datenschutz, Haftung für Links, etc. zu beachten sind, sind auch beim Betrieb von Mailinglisten rechtliche Aspekte zu beachten. Insbesondere sind dies das Urheberrecht für in die Mailingliste versandte E-Mails, das Bundesdatenschutzgesetz, sowie Haftungsfragen des Listenverwalters für über die Mailingliste verbreitete Inhalte. Aufgrund der generell

Komplexe Rechtssituation

komplexen Thematik würde eine fundierte Darstellung der rechtlichen Aspekte von Mailinglisten den Rahmen dieses Beitrages sprengen. Es empfiehlt sich daher unbedingt, vor Realisierung einer Mailingliste diese von einem auf Online-Recht spezialisierten Anwalt prüfen zu lassen. Welche Fallstricke Mailinglisten z.B. in Bezug auf das Datenschutzgesetz bergen, zeigt eine Abmahnwelle, die Mitte 2001 Betreiber von Newslettern erfasst hatte.

Hierbei wurden Betreibern von Newslettern, die neben der E-Mail-Adresse zusätzliche Informationen wie z.B. den Namen abgefragt hatten, abgemahnt mit dem Hinweis auf einen Verstoß gegen die „Datensparsamkeit" (§ 73a des Bundesdatenschutzgesetzes).

Schritte zur Realisierung einer Mailingliste

Im Nachfolgenden sollen die für die Realisierung einer Mailingliste notwendigen Schritte und damit verbundene Fragen dargestellt werden.

Entscheidungsphase

Zieldefinition

- *Mailingliste ja oder nein?* Vor der eigentlichen Realisierung einer Mailingliste ist kritisch zu prüfen, welche Ziele mit dem Einsatz der Mailingliste erreicht werden sollen und welche Zielgruppe adressiert wird. Liegt der Fokus auf der Gewinnung von Neukunden, so ist der Einsatz aufgrund der relativ geringen Reichweite von Mailinglisten und der für die Realisierung der Mailingliste verbundenen Kosten, nur für hochwertige Produkte/Services sinnvoll. Liegt der Fokus der Mailingliste auf Kundenbindung und existiert eine große Kundenbasis, so ist sollte die Mailingliste als Nutzer-Forum ausgestaltet sein. Zu beachten ist jedoch, inwieweit die Zielgruppe an einem Erfahrungsaustausch mit anderen Teilnehmern interessiert ist. Da sich der Einsatz der Mailingliste nur dann lohnt, wenn die Bereitschaft der Zielgruppe besteht mit anderen Teilnehmern Informationen auszutauschen.

Zielgruppe

- *Art der Mailingliste:* Soll die Mailingliste auf eine exklusive Zielgruppe beschränkt sein, so ist die Mailingliste als geschlossene Mailingliste zu betreiben und ist mit einer hohen Anzahl an Teilnehmern und dadurch hohem Nachrichtenaufkommen zu rech-

nen? Falls ja, ist die Mailingliste als moderierte Mailingliste zu betreiben.
- *Ressourcen:* Neben der für den Betrieb der für Mailingliste notwendigen Infrastruktur (insbesondere Mailinglisten-Server), muss vor allem die Verfügbarkeit eines Moderators gewährleistet sein, der ausreichend Zeit für die Verwaltung und Moderation der Mailingliste hat. Je nach Größe der Mailingliste fallen täglich 30 Min. bis zu mehreren Stunden an benötigter Zeit an.

Personalressourcen

Implementierung der Infrastruktur

Wichtigster Schritt bei der Implementierung der Infrastruktur ist die Auswahl und Installation des Mailinglisten-Servers, sowie die Einbindung der Mailingliste (Formulare zum An- und Abmelden, Archiv, etc.) in die bestehende Website. Im Rahmen der Konfiguration des Mailinglisten-Servers ist hierbei auch die Erstellung von Hilfetexten wie z.B. Texte für das An- und Abmelden, Text mit Informationen die der Teilnehmer nach Anmeldung der Liste enthält, etc. notwendig. Nicht vernachlässigt werden darf dabei neben der Schulung des Moderators für die Bedienung des Mailinglisten-Servers auch eine Schulung des Moderators hinsichtlich der für die Betreuung der Liste notwendigen redaktionellen Fähigkeiten, um die für die Mailingliste notwendige Diskussionskultur sicherstellen zu können.

Technik und Einbindung in die Website

Bekanntmachung der Mailingliste

Nach Realisierung der Infrastruktur kann nun mit der Bekanntmachung der Mailingliste begonnen werden. Dies kann mit den klassischen Promotion-Mittel wie Hinweise auf der eigenen Website, Eintragung in Suchmaschinen, Banner-Schaltung Mailinglisten-Verzeichnissen, etc. erfolgen, aber auch mittels Bekanntmachung der Mailingliste in den unternehmenseigenen Broschüren.

Aufgrund des notwendigen kritischen Masse für den erfolgreichen Betrieb einer Mailingliste sollte die Mailingliste jedoch noch sofort „scharf" geschaltet werden. Es empfiehlt sich mit dem Betrieb der Mailingliste zu

Promotion-Mittel

starten, wenn eine ausreichende Anzahl an Interessenten sich in der Mailingliste eingetragen haben[12].

Start der Mailingliste

Begrüßung mit Zielen und Diskussion

Haben sich genügend Teilnehmer in die Mailingliste eingetragen, so kann nun mit dem Start Mailingliste begonnen werden. Der Start der Mailingliste wird dabei durch Begrüßungsmail bekannt gemacht, in der neben der Begrüßung auch Informationen über das Ziel der Mailingliste, sowie Hinweise auf die Diskussionskultur der Mailingliste enthalten sein sollten. Die Start-Phase ist kritisch für die weitere Entwicklung der Mailingliste und erfordert daher eine erhöhten Aufmerksamkeit des Moderators. Häufig ebbt die Aktivität in einer Mailingliste kurz nach dem Start ab, so dass der Moderator gefordert ist, die Aktivität der Teilnehmer in der Mailingliste anzuregen.

---

[12] Je nach Engagement der Zielgruppe variiert die kritische Masse zwischen 50 und 200 Teilnehmern für den Start einer Mailingliste.

8.4 Netiquette und Internet-Sprache
Regina Bellem

Einleitung

Das Internet der 80er und anfänglichen 90er Jahre diente vor allem der Wissenschaft und Forschung weltweit zum Datenaustausch und zur Kommunikation. Es entwickelten sich für die Kommunikation Regeln und Vereinbarungen, die man heute als Netiquette (Netz-Etikette) und als AUP (Acceptable Use Policies) oder kurz Policies kennt. Diese selbst geschaffenen Regeln haben rechtlich kaum Bedeutung, sollten aber trotzdem beachtet werden, denn sie sind nach wie vor Grundlage für den Umgang der Internet-Teilnehmer miteinander. Beispielsweise sollten in Newsgroups oder Mailing-Listen Beiträge von weniger erfahrenen Teilnehmern nicht herablassend beurteilt werden und kritische Bemerkungen an anderen Beiträgen sollten vorsichtig und natürlich korrekt abgegeben werden. Die Realität sieht manchmal anders aus und kann bis in Flames gipfeln, d.h. wüsten Beleidigungen, Verleumdungen und massiven Beschimpfungen etc. Auch Spamming ist eine der möglichen „Sanktionen" im Internet: Einerseits versteht man darunter das Server-Überladen mit Massen-Messages mit dem Ziel, den Server lahm zu legen, andererseits z.B. Massenpostings in Newsgroups.

Entwicklung des Internet

Neben Netiquette und Policies findet man aufgrund der wissenschaftlichen Tradition im Internet auch heute noch das Konzept des „Giving back to the Internet". Das Internet vor der Kommerzialisierung lebte vom Geben und Nehmen der Teilnehmer an Informationen jeglicher Art. Es war leicht, eigene Informationen, die für andere Wissenschaftler wichtig sein könnten, in das Netz zu bringen – vor allem, da man vielleicht selbst relevante Daten im Internet fand. Die Kommerzialisie-

Das Internet als Informationsmedium

rung ist im Internet weit fortgeschritten, trotzdem ist die Idee des „Giving back" eine nützliche Geschäftspraktik, denn der Zusatznutzen ist ein wesentlicher Erfolgsfaktor für Firmenpräsenzen im Internet: Die Besucher auf der Web-Site kommen nur dann wieder, wenn die Chance auf weitere interessante Informationen oder andere „reizvolle" Daten sie anlocken.

Zulässigkeit der Daten

Obwohl das Internet eine schier unermessliche Fundgrube an Informationen ist, sollten Sie sich unbedingt von der Richtigkeit, Vollständigkeit und der rechtlichen Zulässigkeit der Daten überzeugen. Denn noch nie war es für Otto Normalverbraucher so einfach und so preiswert, mittels eines PCs und Internet-Zugangs Daten zu publizieren. Es ist ausgeschlossen, die sich ständig ändernde Datenflut zu kontrollieren. Jeder Netz-Teilnehmer ist hier gefordert. In jedem Internet-Dienst gibt es eigene Regeln. Wenn Sie sich an die folgenden Empfehlungen halten, werden Sie auch als Einsteiger keine Schwierigkeiten haben, im Internet zu kommunizieren. Im Übrigen finden Sie auf fast jedem News-Server unter news.announce.newusers weitere Informationen zur Netiquette.

Zum Umgang mit E-Mails

Regelmäßiger E-Mail-Check

Anfragen: Sehen Sie regelmäßig im Briefkasten nach! Mindestens einmal pro Tag, besser noch mehrmals am Tag, sollten Sie nach eingegangenen Nachrichten sehen. Die Richter in Deutschland gehen im Übrigen inzwischen davon aus, dass geschäftliche E-Mails mindestens einmal täglich abgeholt werden und dass im Business-to-Business-Bereich ein Geschäftspartner von dieser Regel ausgehen kann.

Geschwindigkeit wird erwartet

Antwort: Antworten Sie schnell. 1 Kalendertag ist 7 Internet-Tage, d.h. die Zeit vergeht im Internet wesentlich schneller! Ihre Mail-Partner, vor allem im geschäftlichen Bereich, wären mit Sicherheit verärgert, wenn Sie das „schnelle" E-Mail nutzen, aber selbst nicht schnell reagieren. Unter Umständen „verleiten" Sie Ihre Geschäftspartner dazu, per Fax oder telefonisch die Anfrage zu wiederholen, was zu Missverständnissen, Doppellieferungen etc. führen kann.

Betreff: Der Betreff wird in der Übersicht Posteingang gelistet und sollte präzise und prägnant formuliert sein, damit eine Bewertung der Nachricht anhand der

Liste durch den Empfänger schnell möglich ist. Aber bitte kein „Wichtig" in den Betreff, denn solch eine „Bewertung" kann schnell dazu führen, dass diese Mails überhaupt nicht wichtig genommen werden.

Formulierung: Die Anrede im Internet ist häufig leger und viele duzen sich sofort. Im Business-Bereich ist dieses Verhalten nicht zu empfehlen, es sei denn, man weiß, dass der lockere Sprachgebrauch nicht aneckt.

Fülle/Länge: E-Mails sollten kurz gehalten sein. Schließlich bezahlt der Empfänger für den Transfer und außerdem ist nicht jeder gewohnt, längere Texte über mehrere Bildschirmseiten zu lesen. Speziell bei Antworten auf Anfragen sollten Sie nicht die gesamte Ursprungs-Mail wieder mitsenden, sondern nur die antwortrelevanten Teile.

Kurze Antworten

Signatur (Unterschriftsblock, Signature-File, Sig-File, Auto-Signature): Gehen Sie sorgfältig mit der Werbung in der Mail um. Mehr als 5-6 Zeilen für den Unterschriftsblock werden in aller Regel nicht gerne gesehen. Was soll rein? Natürlich Ihre Geschäftsadresse inkl. www-Adresse. Außerdem noch Hinweise auf neue Produkte oder Dienstleistungen. Optimal ist ein hinterlegter Link auf die entsprechende Internet-Seite.

Bestandteile: Zu den Bestandteilen einer E-Mail gehören unter anderem der Body (Text) und der Header (Umschlag). Nach dem E-Mail-Standard (RFC822) sollte der Body nur den Standard ASCII-Code enthalten, d.h. die typisch deutschen Umlaute wie ä, ü, ö, ß können u.U. falsch umgesetzt werden, wenn Absender und Empfänger nicht über den gleichen E-Mail-Client verfügen, so dass „hässliche" Sonderzeichen das Lesen der Nachricht erschweren.

Standard ASCII-Code verwenden

Zum Umgang mit Newsgroups

Beitrag: Bevor Sie posten, d.h. eigene Beiträge in die Diskussion einbringen, sollten Sie dieses Forum erst einmal „beobachten", um ein Gespür für den adäquaten Ton in dieser Gruppe zu finden. Wie gehen die einzelnen Diskussionspartner miteinander um? Ist der Diskussionsgegenstand wirklich das Thema, das Sie interessiert? Haben Sie den Eindruck, dass Sie zur Diskussion beitragen können? Beim Crossposten (d.h. beim Versenden eines identischen Beitrages an verschiedene Newsgroups) müssen Sie unbedingt darauf

Newsgroups beobachten

achten, dass wirklich das Thema der verschiedenen Gruppen getroffen wird. Eigentlich sollten Sie das Crossposten unterlassen, denn viele Teilnehmer diskutieren in mehreren thematisch ähnlichen Gruppen und würden deshalb Ihr Crossposting „identifizieren" und ggf. „ungnädig" reagieren.

FAQs beachten

Fragen: Lesen Sie die FAQ (Frequently Asked Questions), d.h. die Liste der häufig gestellten Fragen. Sehr oft finden Sie hier bereits die Antworten auf eigene Fragen bzw. Sie erhalten hier zusätzliche Informationen über die Grundthemen, die in diesem Forum behandelt werden.

Regeln: Auch in den lockersten Newsgroups gelten bestimmte Etiketten! Die o.g. Regeln für den Betreff wie auch die „Zitierung" vorheriger Mails bzw. Die Ausgestaltung der Signatur gelten auch in diesen Diskussionsgruppen. Ansonsten sollten Sie sich dem Ton des Forums anpassen und darauf achten, dass Ihre persönliche Anrede dem Diskussionston entspricht. Im Übrigen gilt auch für Diskussionsforen: Kritik am Geschäftsgebaren von Marktteilnehmern ist grundsätzlich erlaubt, sofern die Aussagen korrekt, also sachlich richtig sind.

Moderation: Es gibt moderierte und unmoderierte Newsgroups. Letztere haben häufig den Nachteil, dass die Beiträge nicht alle zum Thema gehören, nicht wesentlich zum Thema beitragen, viel zu umfangreich sind etc. Hier hängt die Qualität des Forums von den einzelnen Teilnehmern ab. Bei einer moderierten Newsgroup entscheidet ein fachkundiger Moderator, welcher Beitrag in der Liste verteilt wird. Wundern Sie sich also nicht, wenn Ihr Beitrag evtl. gar nicht weitergereicht wird.

Kommunikation oft in Englisch

Sprache: Kommunikation im Web ist international und somit meist in Englisch. Sie erreichen eine größere Anzahl von Teilnehmern aus unterschiedlichen Ländern und Kulturkreisen. Außerdem ist dies eine willkommene Gelegenheit, seine Fremdsprachenkenntnisse aufzufrischen.

Zum Umgang mit Chatrooms

Abkürzungen und Symbole

Beitrag: Auch hier – wie bei den Newsgroups – gilt: Schauen Sie sich erst mal um, bevor Sie aktiv werden. Der erste Besuch bei einem Chat kann sehr verwirrend sein, da viele Abkürzungen und Symbole (s. Akronyme und Emoticons in den Tabellen 1 und 2) verwendet werden und bei einem lebhaft besuchten Chatroom die Meldungen schnell ausgetauscht werden. Das Besondere an den Chatrooms ist, dass die Kommunikation so schnell läuft, wie man tippen kann.

Tabelle 1: Internet-Kurzschrift (Akronyme)

Abkürzung	Bedeutung
<g> oder <G>	Grinsen
aka	also known as, auch bekannt als
asap	as soon as possible, so bald als möglich
btw	by the way, übrigens
cu	See You, Tschüß
fad	frequently asked questions, häufig gestellte Fragen
fyi	for your information, zur Information
imo	in my opinion, meiner Meinung nach
imho	in my humble opinion, meiner bescheidenen Meinung nach
ld&r	Lachen
lol	laughing out loud, lautes Gelächter
otoh	on the other hand, andererseits
rotfl	rolling on the floor laughing, auf dem Boden wälzend vor Lachen
rtfm	read the f**** manual, Aufforderung, endlich mal das Manual zu lesen
sysop	System-Operator
tic	tongue in cheek, ironisch, nicht ernst gemeint
SCHREIEN	Großbuchstaben symbolisieren Lautstärke
Betonung _Betonung_ -Betonung-	Sterne bzw. Linien am Anfang und Ende einer Formulierung betonen den Inhalt dieser Formulierung

Teilnehmer: Nicht immer steckt hinter einem Nick ein Nick. Sog. Nicknames, d.h. Pseudonamen, werden vor allem in Chatrooms gerne verwendet. Aber Sie können diesen Nickname durch den „Who-is-Befehl" auflösen in den Namen und die Informationen, mit denen sich der Teilnehmer angemeldet hat. Wobei auch diese Informationen natürlich nicht überprüfbar sind.

Tabelle 2: Liste von Communicons/Emoticons

Communicon	Bedeutung
:-)	Smiley-Urtyp - gute Absicht, lustige Bemerkung
:)	die Schnellfassung oder ein Winzlings-Smiley
:-:	Mutanten-Smiley
:-%	Banker-Smiley
3:[	Bestien-Smiley
:,(	weinen
;-)	spitzbübisch, schelmisch
:]	dämliches, bescheuertes Lächeln
(-:	Linkshänder/Australier
;)	blinzeln, zwinkern
8-)	Bebrillter Smiley, d.h., ich trage eine Brille
:-|	leerer, ausdrucksloser Blick
:-o	Überraschung
:-O	Schock
:-(oder :-<	Trauer
)-:	Trauriger Linkshänder
:-|	Stirnrunzeln, Missbilligung, Nase rümpfen
:D	Gelächter
:-p	Zunge rausstrecken
:-Q	Ich bin Raucher
#-)	Was für eine Nacht!
(:-)	glatzköpfig
:-{}	Benutzer trägt Schnurrbart
:-)))	sehr fett
]:->	Teufel
[ ]	umarmen
:*	küssen
>-	weiblich
:-	männlich
=:-)	Punker-Smiley
{:-)	Smiley mit Mittelscheitel
:-x	verschwiegener Smiley
O:-)	Benutzer ist ein Engel
:-e	Benutzer ist sauer
[:-)	Benutzer trägt Walkman

Emotionen im Internet

In den textbasierten Nachrichten- und Informationsdiensten des Internets ist es schwierig, Humor, Ärger, Freude oder Überraschung auszudrücken. Bei E-Mail, Newsgroups, Chatrooms werden Sie deshalb sog. Emoticons (Emotional Icons, auch Communicons, d.h. Communication Icons, genannt) vorfinden.

Auch Abkürzungen, von denen die EDV reichlich zu bieten hat, haben im Internet einen Stammplatz und formten eine neue „Kurzschrift". Das bedeutet, Sie sollten sich vorher damit vertraut machen, denn speziell bei den Chatrooms sind schnelle Reaktionen gefragt.

Abkürzungen der EDV

# Kapitel 9

Technologische Grundlagen

9.1 Technologische Grundlagen

Stephan Rupp

Siegfried Schmoll

Das Internet als Kommunikationsmedium

Unter dem Internet lassen sich inzwischen eine ganze Menge unterschiedlicher Dinge verstehen. Das „boomende" Element im Internet, das innerhalb weniger Jahre Millionen von Benutzern gefunden hat, ist das „Web". Technisch betrachtet ist das Web eine Anwendung, die es ermöglicht, mit einem einfachen, offenen Adressierungsschema (z.B. http://www.springer.de), und einem einfachen Anwendungsprogramm (HTML-Browser und Editor) Texte, Bilder und Töne untereinander auszutauschen. Die technische Basis ist ein universell auf jedem Rechner verfügbares Protokoll (das Internet Protokoll).

Das Internet selbst ist kein Netz, sondern eine Anwendung, die über die unterschiedlichsten Netze laufen kann (z. B. durch Einwahl über die Telefonleitung oder über das LAN am Arbeitsplatz).

Die enorme Popularität Internet basierender Anwendungen (vorwiegend Web und E-Mail) hat in den vergangenen Jahren einen massiven Ausbau der Netzinfrastruktur zur Folge gehabt, vor allem in den Back-Bone Netzen. Die vorhandene Kapazität muss nun in den kommenden Jahren mit Verkehr gefüllt werden. Die Masse des Verkehrs und die Grundlage des Geschäfts der Netzbetreiber wird auch in Zukunft von der breiten Masse mittelständischer Geschäftskunden und den Privatkunden kommen. Damit dieser Verkehr an die Back-Bones herangebracht werden kann, ist in den kommenden Jahren noch ein zielstrebiger Ausbau der Netzinfrastruktur im Bereich der Zugangsnetze und der Netze im städtischen Bereich zu erwarten.

Internet als Anwendung

Als Kommunikationsmedium hat das Internet gezeigt, wie groß das Interesse an einer einfachen Adressierung von Inhalten und nach einer einfachen Methode zum Austausch von Informationen ist. Im Bereich der Geschäftskunden ergeben sich neue Kommunikationsmöglichkeiten durch die Integration von Sprache in Datenanwendungen.

Überall vernetzt

Die künftige Entwicklung führt zu einer fortschreitenden Vernetzung aller unserer Lebensbereiche sowie zu einer fortschreitenden Kommunikationsfähigkeit unserer Geräte in Haushalt und Geschäft. Büro und Arbeitszimmer sind bereits digitalisiert und vernetzt. Hierher gehört der PC und der Internet-Boom der vergangenen Jahre.

Digitalisierung des Alltagslebens

Es folgt nun die Digitalisierung im Wohnzimmer, sowie die Digitalisierung des Lebens „unterwegs". Das Wohnzimmer wird weiter vorwiegend über Breitbandkabel oder Satellit mit digitalen Programmen versorgt werden. Für interaktive digitale Angebote ist speziell das Breitbandkabel interessant. In Deutschland z.B. beziehen über 50 Prozent aller Haushalte ihr Fernsehprogramm über das Kabelnetz.

Für unterwegs erfolgt die Versorgung mit dem Mobilfunk der zweiten und dritten Generation (GSM/GPRS und UMTS) sowie auch durch das digitale terrestrischen Fernsehen (DVB-T).

Damit die vielen neuen Accessoires auch miteinander kommunizieren können, entstehen außerdem beim Endkunden persönliche Netze (z.B. mit Bluetooth als schnurlosem Verbindungskabel zwischen Notebook, Drucker, Mobiltelefon und Online Anschluss) sowie lokale Netze im Haushalt und im Geschäft (das LAN über Leitungen bzw. als Wireless LAN auch über Funk).

Kommunikationsnetze: Von der Datenbahn bis ins Haus

Wenn von Kommunikationsnetzen die Rede ist, hört man meistens von der sogenannten „Datenautobahn". Im technischen Sinne ist dieser Vergleich durchaus korrekt. Netze transportieren zwar keine Gegenstände, allerdings werden für die transportierten Daten oder Bits ebenfalls Wege benötigt, die das Land überziehen

9.1 Technologische Grundlagen

wie ein Straßennetz. Für die Lieferung der Bits werden ebenso Transportsysteme benötigt, z.B. für die Glasfasernetze, sowie „Poststationen", auf denen die Bits eingesammelt und gemäß ihrer Zieladresse weitergeschickt werden.

Wie im Straßennetz ist die „Datenautobahn" nur ein Ausschnitt daraus. Abbildung 1 zeigt einen Überblick über die für Kommunikationsnetze benötigte Infrastruktur. Der Fernverkehr zwischen den größten Städten in Deutschland wird über die „Datenautobahn" abgewickelt, bzw. über sogenannte „Back-Bone" Netze. Weiterhin gibt es ein Transportnetz im Stadtbereich, die sogenannten „Metronetze", sowie die Verkehrswege, die bis zum Teilnehmer ins Haus führen, die sogenannten „Zugangsnetze" bzw. „Teilnehmeranschlussnetze". Im Unterschied zum Individualverkehr im Straßennetz ist der Transport in den Kommunikationsnetzen allerdings völlig automatisiert, d.h. die Bits reisen als „Frachtgut".

Die Datenautobahn und ihre Auffahrten

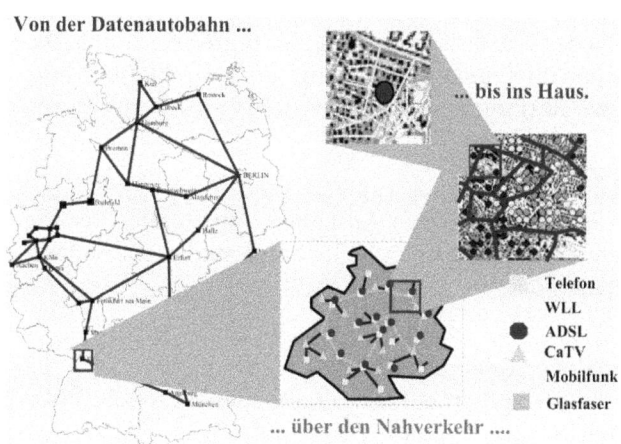

Abb. 1: Von der Datenautobahn bis ins Haus

Back-Bone Netze und Metronetze sind in der Regel auf Basis von Glasfasernetzen realisiert. Im Teilnehmeranschlussbereich sind unterschiedliche Technologien im Einsatz. Der Grund liegt darin, dass, wie auch im Straßennetz, das Verlegen von Leitungen (bzw. das Bauen von Straßen) recht teuer ist, man möglichst auf vorhandene Netzinfrastruktur zugreift oder dass man für mobile Anwendungen eben eine Funkbedeckung benötigt.

Netzzugang: Funk, Telefonleitung, Fernsehkabel

Abb. 1 gibt einen Eindruck der Proportionen im Zugangsbereich. Der oben rechts abgebildete Ausschnitt umfasst einige Straßenzüge mit ca. 500 Haushalten bzw. Teilnehmeranschlüssen. Diese Größe entspricht etwa dem Versorgungsgebiet einer UMTS-Funkzelle in der Innenstadt, bzw. dem Versorgungsgebiet eines rückkanalfähigen CaTV Netzes. Der rechts in der Mitte abgebildete Stadtbereich umfasst etwa 10.000 Haushalte bzw. Teilnehmeranschlüsse. Diese Größe entspricht dem Versorgungsbereich eines sogenannten „Hauptverteilers", d.h. dem Sammelpunkt der Telefonanschlussleitungen. Die Fläche dieses Versorgungsgebietes könnte man ebenso mit rundstrahlenden Richtfunksystemen abdecken, allerdings nur für eine sehr geringere Teilnehmerdichte, d.h. für ausgewählte Geschäftskunden. Solche Lösungen werden als Wireless Local Loop oder WLL bezeichnet.

Je nach Zugangstechnologie werden von den Sammelstellen (d.h. den Hauptverteilern, CaTV Einspeisestellen bzw. Basisstationen) die Verkehrsströme aufgesammelt, z.B. durch Glasfaserringe im Stadtgebiet. Längs der Glasfaserringe lassen sich größere Geschäftskunden über eine Stichleitung auch direkt über eine eigene Glasfaser anschließen.

Zugangsnetze

Die Schnittstellen zum Anschluss von Geräten für die lokale Vernetzung beim Teilnehmer sind recht einheitlich, nämlich

- ISDN
- analoger Telefonanschluss
- 10/100BT Ethernet für das LAN oder WLAN Access Points
- GSM bzw. UMTS Karte für Notebooks
- Bluetooth Karten für schnurlose Peripherie

Teilnehmeranschluss wird an Zugangsnetz adaptiert

GSM bzw. UMTS stellen dabei bereits Zugangstechnologien für öffentliche Netze dar. Ebenso der analoge Telefonanschluss, sofern er direkt an einer öffentlichen Telefonleitung (Amtsleitung) angeschlossen ist. Die anderen Schnittstellen müssen erst über spezielle Geräte an das jeweilige Zugangsnetz, also beispielsweise das Telefonnetz, CaTV Netz bzw. Wireless Local Loop adaptiert werden, da jedes Zugangsnetz ganz unterschiedliche Übertragungseigenschaften besitzt. Dazu dienen Modems bzw. Terminal Adapter. Am anderen Ende der Zugangsleitung (Telefonleitung, CaTV Kabel, Funkstrecke) befindet sich dann wiederum ein Adapter, der die Bits aus dem jeweiligen Übertragungsverfahren herauswandelt und in die Glasfaserringe einspeist. Abb. 2 zeigt eine Übersicht.

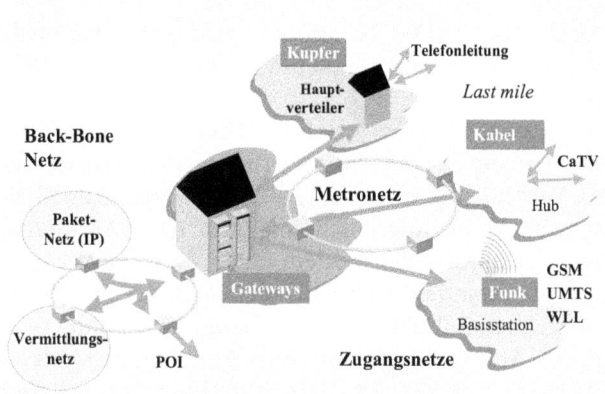

Abb. 2: Zugangsnetze

Der im Metronetz konzentrierte Verkehr gelangt über Zugangskonzentratoren bzw. Gateways in die nationalen und internationalen Kommunikationsnetze. An den Gateways erfolgt für den Datenverkehr auch die Zugangskontrolle per Benutzeridentifikation und Passwort. Für die klassische Telefonie befindet sich am Gateway eine Ortsvermittlungsstelle bzw. ein Mobile Switching Center.

Schnelle Übertragungsverfahren auf der Telefonleitung

Der populärste Anschluss für Telefonie und Daten ist die Telefonleitung. Der Grund dafür liegt in Deutschland an einer flächendeckenden Versorgung mit Telefonanschlüssen, der großen Popularität von ISDN, sowie der raschen Durchdringung mit breitbandigen Anschlüssen über ADSL.

Telefonleitung als Zugangsmedium

Modems für die Telefonleitung

Die Übertragung von Daten im vermittelten Fernsprechnetz kann mittels Modems erfolgen. Dabei werden die digitalen Daten mit Hilfe von Quadratur-Amplituden-Modulation, das ist ein Modulationsverfahren bei dem die Phase und die Amplitude eines Trägers in Abhängigkeit vom Datensignal verändert werden, als analoges Signal in den zur Verfügung stehenden Frequenzbereich von 300 Hz bis 3400 Hz eingepasst. Mit diesen Verfahren kann eine maximale Übertragungsgeschwindigkeit von 33,6 kbit/s erreicht werden.

Modems bis 64 kbit/s

Bei einem Internet-Anschluss über ein voll digitales Netz zu einem Server, was im Prinzip einer festgeschalteten Verbindung entspricht, muss das Signal in Richtung zum Teilnehmer nicht mehr in ein QAM-Signal umgesetzt werden, der Modem in der digitalen Vermittlungsstelle wandelt vielmehr die empfangenen PCM-Codeworte in Pulse mit einer mit einer Länge von 125 µs und 256 Amplitudenstufen (Puls-Amplituden-Modulation; PAM) und schickt diese zum Teilnehmer. Damit kann eine bessere Ausnützung der Leitungskapazität und eine maximale Übertragungsgeschwindigkeit von 56 kbit/s in dieser Richtung erreicht werden. In der Gegenrichtung wird die traditionelle QAM mit einer Maximalgeschwindigkeit von 33,6 kbit/s und die Umsetzung in ein PCM-Signal in der Vermittlungsstelle beibehalten. Die Richtungstrennung erfolgt wie bei der vollanalogen Lösung durch Echolöschung.

ISDN Basisanschluss

ISDN mit zwei Kanälen

Beim ISDN-BA stehen zwei digitale Kanäle mit jeweils 64 kbit/s und ein weiterer Kanal mit 16 kbit/s für die Signalisierung zur Verfügung. Die 64 kbit/s-Kanäle können für die Datenübertragung einzeln oder zusammen als Einheit mit 128 kbit/s genutzt werden. Zur Übertragung über die Teilnehmeranschlussleitung codiert man das digitale Signal in ein PAM-Signal mit entweder 3 Stufen und einer Schrittgeschwindigkeit von 120 kBaud (4B3T) oder in eines mit 4 Stufen und einer Schrittgeschwindigkeit von 80 kBaud (2B1Q) um und kann damit die volle Reichweite eines analogen Anschlusses erreichen.

Nachteile von Modem und ISDN

Diese beiden Verfahren haben neben der Begrenzung der Übertragungsgeschwindigkeit noch den Nachteil, dass sie über das vermittelte Fernsprechnetz gehen müssen und dabei für die Dauer einer Sitzung den Kanal in seiner gesamten Länge dauernd und alleine belegen, ohne die Möglichkeit zu eröffnen, den sehr ungleichmäßigen Datenflusses mit seinen langen Pausen für die Konzentration berücksichtigen zu können. Durch die Einführung der schnellen Internet-Anschlüsse mit ADSL können diese Nachteile ausgeräumt werden.

ADSL und ISDN

Die Konfiguration einer Telefonleitung mit ISDN und ADSL wird an folgendem Beispiel gezeigt.

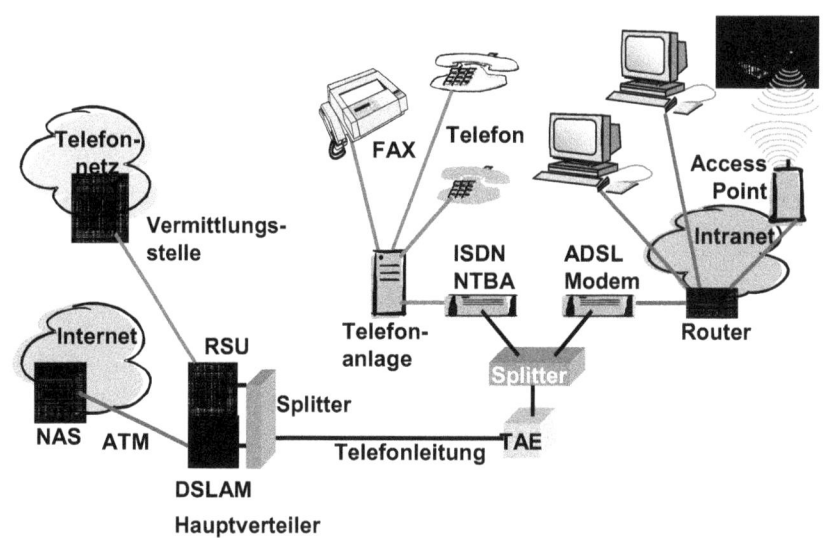

Abb. 3: Teilnehmeranschluss mit ADSL und ISDN

ADSL benutzt die Telefonleitung zusammen mit ISDN bzw. zusammen mit dem analogen Telefonanschluss. Wie bei einem Mehrkanallautsprecher werden Sprache und Daten in den unterschiedlichen Frequenzbändern übertragen. Die Übertragung der Sprache über ISDN oder den analogen Anschluss erfolgt im unteren Frequenzband (also sinngemäß dem Tieftöner), die Daten benutzen die höheren Frequenzen. Beide Kanäle werden hinter der Telefondose (Telefonanschlusseinheit oder TAE) durch eine Frequenzweiche (bzw. auch neudeutsch Splitter) getrennt.

Teilnehmeranschluss mit ADSL

Der Sprachkanal geht nun weiter seinen üblichen Weg, beispielsweise über den ISDN Terminal Adapter (ISDN NTBA) zu einer Telefonanlage, wie in Abbildung 3 gezeigt.

Für den Datenkanal übernimmt ein ADSL Modem die Wandlung der Signale im oberen Frequenzband in eine der gängigen Datenschnittstellen, also z.B. 10BT. Am ADSL Modem erfolgt also entweder direkt der Anschluss eines PCs, bzw. der Anschluss eines Local Area Netzwerkes (LAN) über einen Router. Im ADSL Modem werden die Datenpakete des LAN in kleinere Verpackungseinheiten aufgeteilt, nämlich in die sogenannten „Zellen" des speziellen Transportmechanismus ATM (Asynchronous Transfer Mode). Der zellenbasierende Transport erlaubt auch die Mischung unterschiedlicher Verkehrsarten, also z.B. Sprache und Daten.

Am anderen Ende der Telefonleitung

Eine vergleichbare Konfiguration findet sich am anderen Ende der Leitung, nämlich am Hauptverteiler. Auch dort werden zunächst beide Frequenzbänder durch einen Splitter voneinander getrennt. Der Sprachkanal terminiert dort in einem Konzentrator (der Remote Subscriber Unit oder kurz RSU) und wird im Metronetz weiter zu einer Vermittlungsstelle übertragen. Der Datenweg besitzt eine ähnliche Struktur, allerdings heißen die beteiligten Komponenten etwas anders. Den Abschluss der Telefonleitung im oberen Frequenzband übernimmt ein sogenannter DSLAM (Digital Subscriber Line Access Multiplexer). Er ist das Gegenstück zum ADSL Modem. Vom DSLAM wird der Verkehr wiederum im Metronetz aufgesammelt und zum Gateway geführt. Für den Datenverkehr ist hier auch der Begriff Network Access Server oder NAS gebräuchlich. Die Verwendung des zellenbasierenden Transportmechanismus ATM erlaubt eine bessere Ausnutzung der Leitungskapazitäten bei der Mischung unterschiedlicher Verkehrsströme im Datenweg.

Datenübertragung mit ADSL

ADSL arbeitet in einem anderen Frequenzband mit eigenen Übertragungsverfahren. Abbildung 4 zeigt eine Übersicht über die benutzten Frequenzen einschließlich analoger Telefonie oder ISDN.

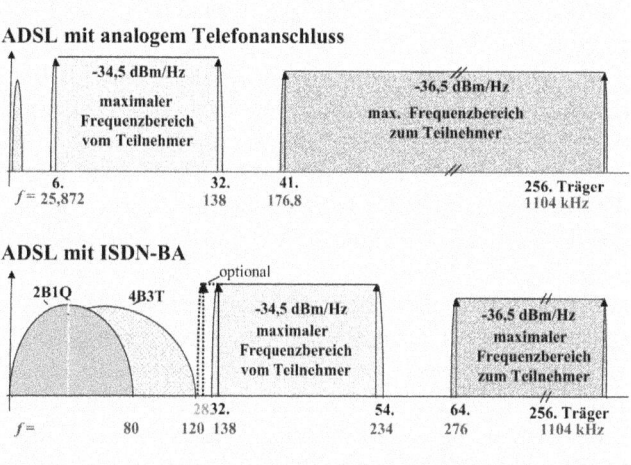

Abb. 4: Frequenzgetrenntlage mit ADSL und ADSL+ISDN

Für die Übertragung auf der Kupferdoppelader werden die ATM-strukturierten Datensignale mit dem Modulationsverfahren DMT (Discrete MultiTone) umgesetzt. Dieses Verfahren verwendet eine Gruppe von 256 um 4,3125 kHz gegeneinander versetzten, orthogonalen Trägerfrequenzen, auf welchen jeweils ein Block aus dem seriellen Datenstrom mit Hilfe von QAM (Quadratur-Amplituden-Modulation) mit einer Schrittgeschwindigkeit von 4 kBaud übertragen wird. Die Länge des Blocks wird nach der Qualität im entsprechenden Frequenzbereich bestimmt und kann maximal 15 bit sein. Die Qualität der Frequenzbereiche wird vor Beginn einer Übertragung ausgemessen und während der Übertragung laufend überwacht.

Durch die schmalen Frequenzbereiche, die sich wegen der Orthogonalität der Träger leicht durch digitale Verfahren trennen lassen, erreicht man eine sehr hohe Unempfindlichkeit gegen Störungen aller Art und zudem eine hervorragende Anpassung an die Leitungsverhältnisse. So können Träger in Bereichen mit schlechter

ADSL verwendet Trägerfrequenztechnik

Übertragungsqualität, beispielsweise wenn Funksignale eingestrahlt werden, nur mit sehr kurzen Blöcken belegt oder im Extremfall gar nicht genutzt werden. Unterstützt wird die Störunempfindlichkeit noch durch eine Vorwärts-Fehlerkorrektur und eine Veränderung der Bitfolge auf der Übertragungsstrecke zur Auflösung von Bündelstörungen.

Für die Übertragung der 256 Träger wird ein Frequenzbereich bis 256*4,3125 kHz=1104 kHz benötigt. Für die Übertragung der Telefonsignale muss ein Frequenzbereich - mindestens 25 kHz für analoge Telefone und 120 kHz für ISDN-BA - am unteren Bandende freigehalten werden. Dabei genügt für die beiden beim ISDN-BA genormten Code 2B1Q und 4B3T, trotz deren unterschiedlicher Bandbreite, der gleiche Frequenzbereich.

Maximalgeschwindigkeit

Für den schnellen Internet-Anschluss oder später auch einmal das Herunterladen von Spielfilmen genügt ein asymmetrisches Übertragungsverfahren mit einer wesentlich höheren Geschwindigkeit in Richtung zum Teilnehmer als in Gegenrichtung. Man geht von einem Verhältnis 1:10 aus, in der Norm wurden Maximalgeschwindigkeiten von 8192 kbit/s bzw. 640 kbit/s festgelegt. Für die Trennung der beiden Übertragungsrichtungen wird überwiegend die Frequenzgetrenntlage verwendet, obwohl auch Echounterdrückung als Option zugelassen ist. Die Frequenzgetrenntlage hat den Vorteil, dass die ADSL-Signale auf verschiedenen Doppeladern im Anschlusskabel keine hohe Störung durch gegenseitiges Nahnebensprechen erzeugen können und damit den Vorteil eines breiteren Bandes für die Signale zum Teilnehmer bei der Echounterdrückung weit überkompensieren. Beim ADSL mit ISDN-BA wird für den langsamen Kanal vom Teilnehmer der günstige Frequenzbereich von 138 kHz (optional sind auch 120 kHz erlaubt) bis 240 kHz mit 23 Trägerfrequenzen genutzt. Für den schnellen Kanal wird der Bereich oberhalb 276 kHz bereitgestellt, so dass zwischen den beiden Kanälen eine Lücke für die Trennung durch eine Frequenzweiche bleibt.

Sprache im Datenkanal: Voice over IP

Telefon als Software

Bei den bisher beschriebenen Lösungen bleiben ab der Telefonanschlussdose die Wege von Sprache und Daten getrennt. Der Teilnehmer benutzt auch verschiedene Endgeräte: zum Telefonieren das Telefon und für die Arbeit und den Datenzugriff den PC. Es gibt allerdings auch die Möglichkeit, Sprache über den Datenkanal zu transportieren. Verschiedene Möglichkeiten sind dazu denkbar.

- Telefon mit LAN-Anschluss: Dadurch entfällt das Verlegen separater Telefonleitungen
- Telefonanschluss am ADSL Modem: Dadurch werden weitere Telefonanschlüsse verfügbar
- Telefon als Anwendungssoftware komplett im PC-Netzwerk integriert und dadurch von jedem Arbeitsplatz aus nutzbar, auch unterwegs oder von zu Hause per Remote Access. Der Telefonhörer ist über einen USB-Adapter oder direkt an der Soundkarte angeschlossen. Das Display befindet sich in einem Fenster am Bildschirm, die Bedienung erfolgt per Maus und Tastatur.

Von den oben genannten Möglichkeiten ist die letzte die interessanteste, da eine in die Anwendungssoftware integrierte Telefonie für Arbeitsplätze am PC völlig neue Möglichkeiten eröffnet. Ein Beispiel für eine praktische Realisierung ist im folgenden Abschnitt beschrieben.

Anwendungsbeispiel: Mobile Office als integrierte Lösung für Sprache und Daten

Die heute verfügbare PC-Software ermöglicht grundsätzlich das Arbeiten jedes Benutzers mit seinem persönlichen Profil an unterschiedlichen PCs in einem Netzwerk. Der Zugriff auf Daten im Netzwerk, Office Software, E-Mail, Terminkalender usw. bleibt gleich. Falls ein Remote Access zur Verfügung steht, steht die gewohnte Arbeitsumgebung auch von unterwegs oder von zu Hause auch zur Verfügung.

 Das gilt in der Regel jedoch nicht für das Telefon. Telefon, Anrufliste und Mailbox bleiben an den Standort des Telefons gebunden, sogar innerhalb des Büros. Beim Mobile Office ist auch der Telefondienst eine Anwendungssoftware, die von jedem Zugang zum Netzwerk aus genutzt werden kann. Alle Möglichkeit zur Sprachkommunikation stehen mit dem im Büro gewohnten

Kompletter Arbeitsplatz Telefonie inklusive

Komfort zur Verfügung. Die Sprachverbindungen sind in den Rufnummernplan der TK-Anlage integriert.

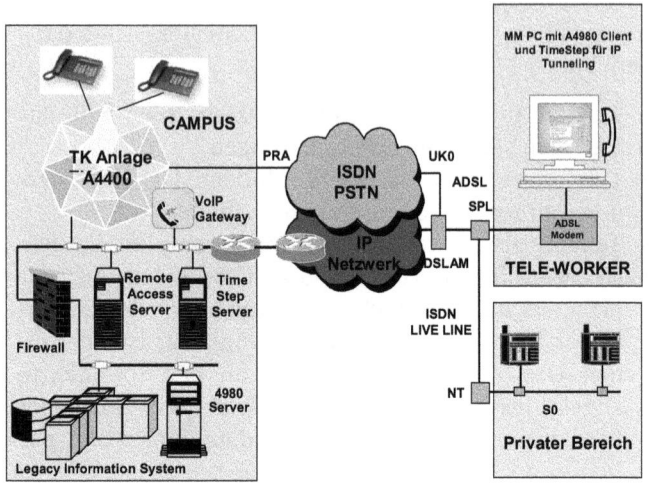

Abb. 5: Mobile Office und Teleworking

Realisierungsbeispiel

Für ein das über Internet und ADSL realisiertes Mobile Office kommen die in Abbildung .5 gezeigten Komponenten zum Einsatz. Am Standort bzw. im Büro befindet sich eine IP-fähige TK Anlage (z.B. OmniPCX A4400) mit der Serversoftware für die Telefonie (z.B. A4980 Server). Die TK-Anlage besitzt ein sogenanntes Voice over IP Gateway, das die Sprachkommunikation mit dem konventionellen TK-Netz und dem öffentlichen Netz (ISDN) ermöglicht.

Als Endgerät kommt jeder Multimedia PC in Frage, der entweder im Büro am LAN, bzw. an abgesetzten Arbeitsplätzen über einen ADSL-Anschluss verfügt. Der PC enthält eine Soundkarte, IP Handset inklusive Gabelkontakt mit Box zum Anschluss an die Soundkarte und die serielle Schnittstelle. Als Software ist zusätzlich der Telefonie-Client installiert (z.B. A4980 Client).

Der Zugang zum Intranet ist außerdem abgesichert. Dazu dienen am Standort bzw. im Büro ein Remote Access Server und eine Firewall. Außerdem sind die Zugänge mit IP-Tunneling und Verschlüsselung ausgestattet. Dazu dienen am Standort bzw. Büro ein Server (z.B. ein TimeStep-Server), sowie auf dem Multimedia PC ein passender Client (z.B. TimeStep Client).

Gegenüber einem normalen Remote Access per Modem oder ISDN sticht bei einer ADSL basierenden Lösung besonders die Geschwindigkeit des Zugriffs hervor. Die verfügbare Bandbreite beispielsweise bei T-DSL, (768kbit/s downstream, 128kbit/s upstream) ermöglicht einen schnellen Zugriff auf die Laufwerke am Standort, was speziell bei der Arbeit mit Grafiken und Dokumenten besonders wichtig ist.

Hervorzuheben ist weiterhin die Einbindung des integrierten Telefons in den Rufnummernplan der TK-Anlage und die automatische Umschaltung des Anschlusses vom Arbeitsplatz im Büro zum abgesetzten Arbeitsplatz bzw. zwischen verschiedenen Arbeitsplätzen im Büro. Das Mobile Office lässt sich außerdem im Zusammenspiel mit jedem anderen verfügbaren Telefon nutzen, also auch mit einem analogen oder ISDN Telefon oder mit einem GSM Mobilfunktelefon. Diese Anwendung ist beispielsweise unterwegs bzw. in Hotels nützlich. Voraussetzung ist jedoch in jedem Fall eine Datenverbindung zum Standort, damit mit Hilfe des Telefonie-Clients die eigene Handynummer oder sonst eine verfügbare Telefonnummer für die Sprachverbindung eingerichtet werden kann. Anwendungen des Mobile Office unterwegs werden mit den höheren Zugangsbandbreiten durch UMTS und Wireless LANs interessanter werden.

Sprach-Datenintegration

Literatur

Schmoll, S.: Access Technologien, Kap. 4: Schnelle Übertragungsverfahren für die Teilnehmeranschlussleitung (xDSL) - Hüthig Verlag Heidelberg, Hrsg. W. Frohberg

ITU-T Empfehlung G.992.1 - Asymmetric Digital Subscriber Line (ADSL) transceivers

9.2 Java

Matthias Koch

Einleitung

Der Begriff „Java" bezeichnet zwei verschiedene Dinge: Einerseits ist Java eine objektorientierte Programmiersprache. Sie wurde Anfang der 1990er Jahre bei Sun Microsystems entwickelt. Zum anderen ist Java eine Plattform mit zugehöriger Programmiersprache. Damit kann eine Anwendung auf den unterschiedlichsten Computern ablaufen, unabhängig von Hardware und Betriebssystem. Konzepte wie Sicherheit, Verteilung und Datenbankzugriff sind bereits in der Plattform enthalten.

Begriffsdefinition

Java – Die Programmiersprache

Die Programmiersprache Java hat im Vergleich zu anderen Sprachen mehrere Vorteile. Sie ist beispielsweise einfach, robust, sicher und systemunabhängig. Diese Vorteile sollen im Folgenden näher betrachtet werden.

Vorteile von Java

Java ist einfach

Java ist syntaktisch an die Programmiersprachen C bzw. C++ angelehnt und daher für Programmierer leicht und schnell erlernbar. Gleichzeitig wurden problematische Elemente weggelassen oder durch einfachere, verbesserte Konzepte ersetzt (z.B. Interfaces statt Mehrfachvererbung).

Java ist objektorientiert

Java ist konsequent und vollständig objektorientiert, d.h. der Code ist in kleine, überschaubare Einheiten untergliedert und damit leicht zu handhaben. Klassen und Objekte sind die Grundlagen aller Java Programme.

Java unterstützt die Erstellung verteilter Anwendungen

Java ist grundsätzlich auf Netzwerkfunktionalität konzipiert. Die Anwendungen können auf Daten im Netzwerk genauso einfach wie auf lokale Daten zugreifen.

Java-Programme werden kompiliert und interpretiert

Vermeidung wiederholter Quelltextanalysen

Java Programme werden von einem Compiler in sogenannten „Byte Code" übersetzt. Dadurch werden wiederholte Quelltextanalysen wie bei rein interpretierten Sprachen (TCL, vor allem auch Perl und PHP im Internetbereich) vermieden. Der „Byte Code" wird dann während der Laufzeit des Programms in der „Java Virtual Machine" (JVM) interpretiert, siehe Abbildung 1.

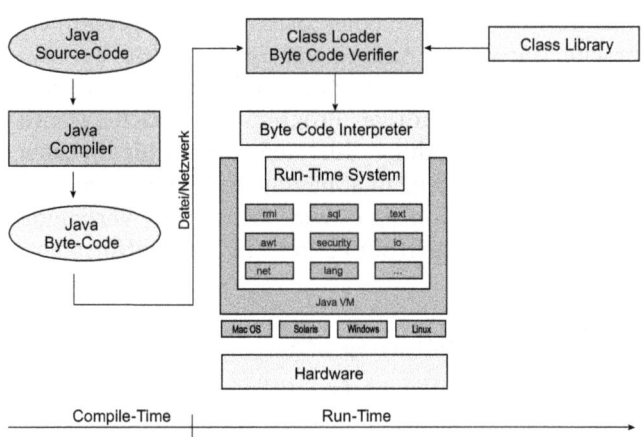

Abb. 1: Kompilierung und Laufzeitumgebung

Java ist robust

Vermeidung von Programmierfehlern

Java ist stark typengebunden, d.h. für jede verwendete Variable muss festgelegt werden, zu welchem Typ (z.B. Zahl, Datum, Text) sie gehört. Dadurch können schon während des Kompilierens Daten und Operationen auf Verträglichkeit überprüft werden. Die Speicherverwaltung, insbesondere die Freigabe von nicht mehr benutztem Speicher durch einen sogenannten „Garbage Collector", wird in der JVM automatisch erledigt. Zusätzlich verfügt Java über ein objektorientiertes Ausnahmebehandlungssystem. Der Programmierer wird über Laufzeitfehler informiert, er kann auf diese Weise mögliche Fehlabläufe (z.B. durch falsche Eingaben) erkennen und beheben. Das Programm wird vor dem Absturz geschützt. Diese Schutzmaßnahmen gehen zwar teilweise zu Lasten der Performance, lassen jedoch viele Programmfehler entweder gar nicht (bzw. nur mit viel Mühe) entstehen oder vermeiden zumindest den Absturz.

Java ist sicher

Wie schon angesprochen, verhindert das Konzept von Java viele typische Programmierfehler. Aber auch falls eine versehentlich oder böswillig eingegebene Funktion in einem Java-Programm steckt, ist davon nicht sofort das komplette Gerät (z.B. der PC) betroffen. Denn die Laufzeitumgebung fängt unerlaubte Zugriffe auf das System ab. So kann ein Java-Programm, das mit einer Web-Seite auf den eigenen Computer geladen wurde („Java Applet"), nicht auf die lokale Festplatte zugreifen. In Java 1.0 laufen solche Java Applets in einem speziellen gesicherten Bereich, der „Sandbox", ab und haben sehr eingeschränkten Zugriff auf das System. Diese Zugriffsrechte lassen sich ab Java 1.2 feiner einstellen (Zugriff auf Drucker, Festplatte usw.).

Sichere Zugriffe auf das System

Java ist systemunabhängig

Eines der Hauptziele von Java war, dass die Programme auf jeglichen Geräten laufen können, in die ein Computerchip integriert ist („write once, run anywhere"). Dazu gehören z.B. PCs, Macs, Unix-Workstations und Server, PDAs wie der Palm Pilot, Handys, Set-Top-Boxen usw. Dies wurde dadurch erreicht, dass der Programm-Code in den „Byte Code" übersetzt wird, der völlig betriebssystem- und hardwareneutral ist. Um ihn ablaufen zu lassen, ist nur die „Java Virtual Machine" auf dem jeweiligen Gerät notwendig. Die JVM ist für die unterschiedlichsten Geräte erhältlich – bis hin zur Kreditkarte.

Java Virtual Maschine

Java unterstützt die Programmierung nebenläufiger Anwendungen

Innerhalb eines Java Programms können verschiedene Abläufe parallel durchgeführt werden, z.B. kann ein Teil des Programms auf dem langsamen Drucker Dokumente ausgeben und gleichzeitig schon wieder Eingaben vom Benutzer annehmen. Diese Funktionalität wird als Nebenläufigkeit („Multithreading") bezeichnet.

Multithreading

Java – Die Plattform

Laufzeitumgebung und API

Neben der reinen Programmiersprache steht der Begriff Java auch für die komplette Java-Plattform. Darin enthalten sind unter anderem die schon erwähnte Laufzeitumgebung (JVM) sowie das Standard API („Application Programming Interface") von Sun, das eine große Menge an fertigen Softwarekomponenten beinhaltet. Das API ist in Pakete unterteilt, von denen die wichtigsten hier kurz genannt werden:

- Basis: Ein-/Ausgabe, Datum, Zeit, Systemeigenschaften
- Applets
- Netzwerk: URLs, Sockets
- Internationalisierung: lokale Besonderheiten wie Währung, Datumsformat usw.
- Sicherheit: digitale Signaturen, öffentliche und private Schlüssel, Zertifikate
- Datenbank: Anbindung an nahezu jede Datenbank
- GUI: Grafische Benutzeroberfläche

JavaBeans

Die Java-Plattform unterstützt die Entwicklung von Software, die in Komponenten unterteilt ist, sogenannten „JavaBeans". Diese stellen wiederverwendbare Einheiten dar, die mit entsprechenden Werkzeugen zu vollständigen Anwendungen zusammengesetzt werden können. Da die Palette von Geräten, auf denen Java Programme laufen sollen, so breit gefächert ist (vom Handy mit einigen Kilobytes RAM bis zum UNIX-Server mit Gigabytes RAM), gibt es verschiedene Arten der Java-Plattform.

Java 2 Platform, Standard Edition (J2SE)

Dies ist die Plattform für den Endbenutzer, die in den gängigen Webbrowsern integriert ist.

Java 2 Platform, Enterprise Edition (J2EE)

Java Enterprise Beans

Diese Plattform bietet dem Entwickler von Geschäftsanwendungen auf dem Server zusätzliche Möglichkeiten („Java Enterprise Beans"). Damit können viele Standardfunktionen übernommen und müssen nicht zeitaufwändig neu programmiert werden.

Java 2 Platform, Micro Edition (J2ME)

Damit Java-Programme auch auf sehr kleinen Geräten wie Handys oder Smartcards laufen können, wurde die Micro Edition entwickelt. Sie bietet eine passende Untermenge der J2SE. Der Entwickler für Kleinstgeräte muss sich nicht in ein neues System einarbeiten.

Mit diesen drei Editionen der Java-Plattform ist es dem Entwickler möglich, sich in ein einziges Programmiersystem einzuarbeiten und dennoch Anwendungen für sehr unterschiedliche Geräte zu schreiben.

Programmiersystem

Java in der Praxis

Nach dem kurzen Einblick in die Programmiersprache Java und die Java-Plattform werden im Folgenden einige praktische Anwendungen dargestellt. Dazu gehören die grafische Benutzeroberfläche, der Zugriff auf Datenbanken, die Möglichkeit zur spontanen Vernetzung sowie dynamische Webseiten.

Grafische Benutzeroberfläche: JFC

Die „Java Foundation Classes" (JFC) stellen eine Sammlung von Klassenbibliotheken für eine grafische Benutzeroberfläche (GUI) dar. Diese sind in die J2SE integriert (auf Servern und Kleingeräten wie Smartcards werden sie aus offensichtlichen Gründen nicht benötigt). Die JFC besteht aus mehreren Bestandteilen, die im folgenden kurz erläutert werden sollen.

Klassenbibliotheken

Die Swing-Komponenten

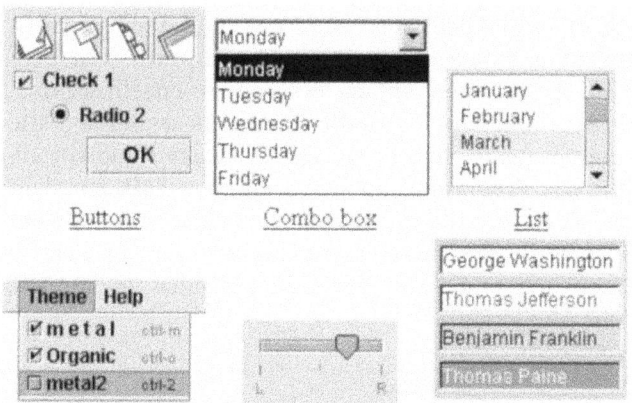

Abb. 2: Verschiedene GUI Elemente in JFC/Swing

GUI-Komponenten	Swing ist eine Sammlung verschiedener GUI-Komponenten wie Dialogboxen, Buttons, Tabellen, siehe Abbildung 2. Diese Komponenten sind selbst vollständig in Java geschrieben und somit unabhängig vom Fenstersystem des Betriebssystems (Windows, Mac, X11 u.a.).

Auswechselbares „Look & Feel"

Die Darstellung der GUI-Elemente kann auf verschiedene Arten geschehen, entweder im Java eigenen „Look & Feel" namens „Metal" oder angepasst an das Betriebssystem, z.B. Windows oder Motif.

Java 2D API

Bearbeitung zweidimensionaler Bilder	Das Java 2D API ist eine Sammlung von Klassen für die Bearbeitung zweidimensionaler Bilder. Dazu gehören beispielsweise

- Zeichnen von Linien, Rechtecken und weiterer geometrischer Objekte
- Schreiben von Text
- Affine Operationen wie Drehen und Verschieben
- Farbmanipulationen

Drag and Drop

Datenaustausch	Dies ermöglicht den Datenaustausch zwischen verschiedenen Anwendungen, sowohl zwischen Java-Anwendungen untereinander als auch mit nativen Anwendungen.

Datenbankzugriff: JDBC

Zugriff auf nahezu jedes Datenbanksystem	Das JDBC API, das seit Java 1.1 zum Standardumfang gehört, ermöglicht den einfachen und transparenten Zugriff auf nahezu jedes Datenbanksystem. Mit dem JDBC API können einfach Programme erstellt werden, die SQL-Kommandos an die Datenbank senden und die Ergebnismenge auswerten. Dabei ist der Hauptvorteil, dass das Programm auf jedem System läuft, auf dem eine JVM vorhanden ist. Der Entwickler muss nur ein einziges Programm erstellen, um z.B. auf eine Oracle Datenbank und eine IBM DB2 zugreifen zu können, siehe Abbildung 3.

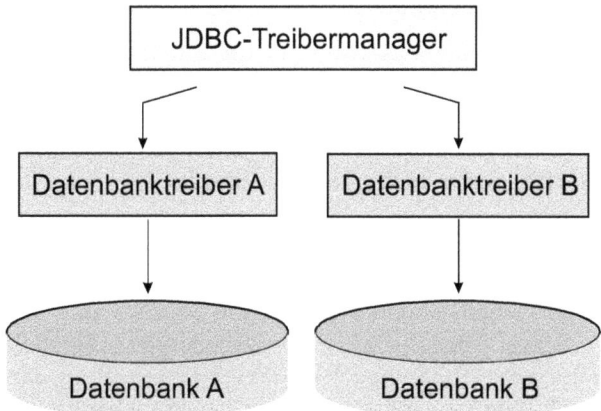

Abb. 3: Zugriff auf eine Datenbank über einen JDBC-Treiber.

Spontane Vernetzung: Jini

Die „Jini Connection Technology" dient zur dynamischen Verwaltung vernetzter Dienste (Datenbanken, allgemeine Informationssysteme, usw.) und Geräte (Notebooks, PDAs, Drucker, usw.). Dadurch kann sich spontan ein Netzwerk aus Dienstanbietern (Services) und Dienstnutzern (Clients) ohne manuelle Konfiguration bilden. Die Jini-Architektur definiert dabei, wie sich Dienstanbieter und Nutzer im Netzwerk finden und wie sie zusammenarbeiten können. Dabei ist die zugrundeliegende Netzwerktechnologie, d.h. wie Programmteile auf entfernten Geräten angesprochen werden können (wie RMI, CORBA, SOAP), unerheblich und wird durch die „Jini Connection Technology" transparent verarbeitet.

Spontanes Netzwerk

Eine typische Anwendung ist ein funkvernetzter Konferenzraum. Dort steht beispielsweise ein festinstallierter Drucker und ein Webserver. Wenn eine Person mit einem Notebook (oder PDA, oder Handy, oder ...) den Raum betritt, bekommt das Gerät nun automatisch einen Druckdienst und einen Informationsdienst angeboten. Die Person könnte dann zum Beispiel auf seinem Notebook einen Zugfahrplan abrufen, den er vom Webserver zugeschickt bekommt, und diesen auf dem Drucker ausdrucken.

Funkvernetzter Konferenzraum

Applets: „little applications"

Integration in HTML-Seiten

Applets sind Java-Programme, die in HTML-Seiten integriert werden. Sie werden über das Internet auf einen Rechner geladen. In der JVM des Browsers läuft dann das Applet ab. Typische Anwendungen sind Chats, News-Ticker oder auch Life-Börsenkurse.

Dynamische Webseiten: Servlets und JSP

Java verfügt über zwei Möglichkeiten, wie sich dynamische Webseiten erstellen lassen, die Servlets und die „Java Server Pages" (JSP). Das Java Servlet API stellt eine systemunabhängige Web-Server-Erweiterung dar. Dadurch können sogenannte Servlet-Programme erstellt werden, die http-Anfragen vom Browser entgegennehmen und entsprechende Antwortseiten erstellen, siehe Abbildung 4.

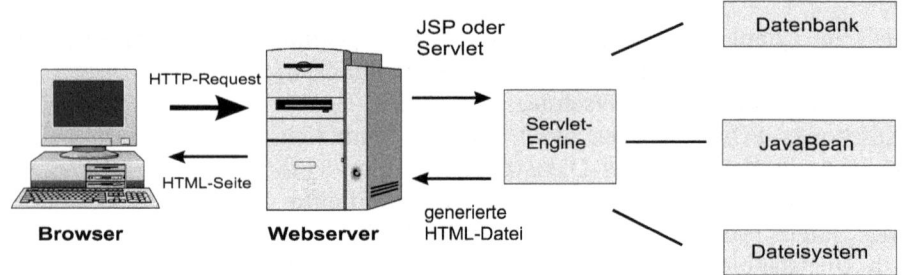

Abb. 4: Aufruf eines Java-Servlets

Servlets

Ein Servlet ist ein Java-Programm, das bestimmte, im Java Servlet API festgelegte Schnittstellen bereitstellen muss. Dadurch kann der Server bei Bedarf das Servlet initialisieren und starten. Das Servlet gibt dann die HTML-Tags und die Inhalte (z.B. aus der Datenbank) an den Server zurück. Die HTML-Seite ist also in dem Servlet integriert bzw. sind Anwendungslogik und Layout/Design vermischt. Dadurch lassen sich Änderungen am Web-Design nur mit einigem Aufwand durch den Java-Programmierer vornehmen.

Bei Java Server Pages ist der Java-Code in die HTML-Seite eingebaut. Dieser Code sollte bestenfalls nur in Aufrufen von JavaBeans oder Java Enterprise Beans bestehen und so knapp wie möglich gehalten sein. Dann lassen sich Änderungen am Web-Design durch den Web-Designer mit seinen gewohnten Werkzeugen (HTML-Editor) vornehmen.

Dadurch ergibt sich eine vorteilhafte Arbeitsteilung: Der Web-Designer erstellt eine JSP-Seite, die vom Java-Programmierer mit der Anwendungslogik bestückt wird.

Web-Designer und Java-Programmierer

Webanwendungen und Geschäftsanwendungen: EJB und J2EE

Die Java 2 Platform, Enterprise Edition stellt die Basis für die Entwicklung mehrschichtiger Anwendungen dar. Meist handelt es sich dabei um ein Drei-Schichten-System, bestehend aus Clientschicht, Mittelschicht und Datenschicht, siehe Abbildung 5.

Drei-Schichten-System

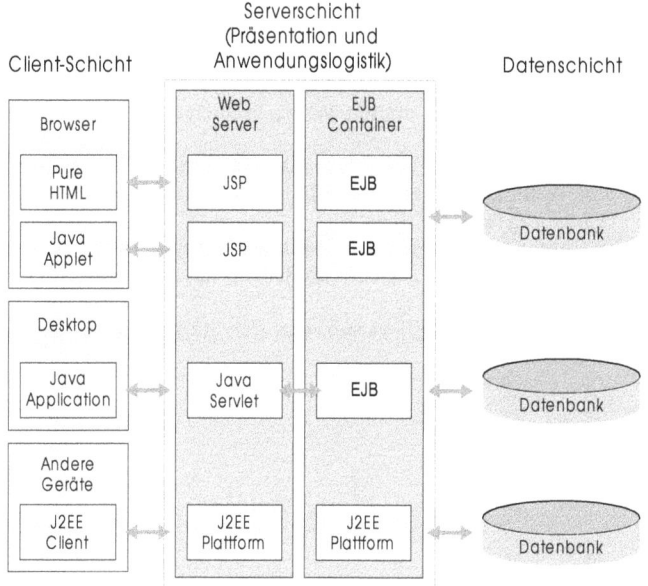

Abb. 5: Mehrschichtige Geschäftsanwendung

Dabei stellt die J2EE mit den Enterprise Java Beans standardisierte, serverseitige Komponenten für Transaktionen, Sicherheit, Datenbankzugriff usw. zur Verfügung. Das J2EE Modell kapselt die verschiedenen Funktionsarten in unterschiedliche Typen von Komponenten auf (Client- und Server-Präsentition, Anwendungslogik, Datenhaltung). Soll als Client ein HTML-Browser verwendet werden, wird die Präsentation über JSP erfolgen; Java Anwendungen auf dem Client können hingegen direkt auf den Server zu greifen und das GUI mit Swing darstellen.

Anwendungslogik

Die Anwendungslogik wird von Java Enterprise Beans übernommen. Diese Komponenten können dabei immer wieder benutzt werden, unabhängig von der Art des Clients. Der Anwendungsentwickler kann sich somit voll auf die anwendungsspezifischen Aufgaben konzentrieren und muss sich nicht um die (immer wiederkehrenden) Basiseigenschaften einer mehrschichtigen Anwendung kümmern. Dadurch reduziert sich der Entwicklungsaufwand und erreicht eine kürzere „time to market", was insbesondere im schnelllebigen Internetbereich entscheidend ist.

Literatur

Arnold, Ken, u..a.; Die Programmiersprache Java. ISBN: 3827 318211; Addison-Wesley (15. Juni 2001)

Boger, Marko; Java in verteilten Systemen. Nebenläufigkeit, Verteilung, Persistenz, dpunkt-Verlag, Heidelberg, 1999, ISBN: 3932588320

Turau, Volker ;Java Server Pages. Dynamische Generierung von Web- Dokumenten.; ISBN: 3898641317; dpunkt-Verlag, Heidelberg (2001)

Saake, Gunter, Sattler, Kai-Uwe; Datenbanken und Java. JDBC, SQLJ und ODMG.; ISBN: 3932588541; dpunkt-Verlag, Heidelberg (2000)

Java im Internet: http://java.sun.com, der Startpunkt für alles über Java.

9.3 Flash

Jan Wohlfeil

Einleitung

Flash ist ein vektororientiertes Autorenwerkzeug für Webinhalte aus dem Hause Macromedia, die unter anderem auch Programme wie Freehand, Dreamweaver oder Fireworks produzieren. Vektororientiert ist Flash deshalb, weil die Darstellung der Inhalte in Echtzeit aus Vektordaten vorgenommen wird. So wird zum Beispiel ein Rechteck nur durch die Position seiner linken oberen, rechten unteren Ecke und seiner absoluten X- und Y-Position beschrieben. Man umgeht hiermit die Pixeldarstellung (z.B. bei JPG oder GIF), bei der jedes einzelne Pixel eines Bildes genau beschrieben werden muss, und kann die Dateigröße in der Regel um ein Vielfaches reduzieren.

Vektororientiertes Autorenwerkzeug

Einsatzmöglichkeiten

Mit Flash kann man sehr einfach animierte Filme erzeugen, da es sogenannte Timelines besitzt, welche es erlauben, Aktionen und Bewegungen von Objekten in der Zeit anzuordnen. Solche Filme kann man zum Beispiel zu Produktpräsentation einsetzen, da sie viel mehr Aussagekraft besitzen können als ein einfaches Bild. Ebenso kann man mit dem Tool aber auch komplexe Anwendungen wie zum Beispiel komplette Webauftritte realisieren, die einen sehr hohen Interaktionsgrad besitzen können. Flash ermöglicht die Integration von Text, Bild (pixel- und vektorbasiert) und Ton.

Animierte Filme und Webauftritte

Durch seine mittlerweile objektorientierte Programmiersprache Actionscript ist das Tool hochflexibel und leistungsfähig und kann durch XML mit jeder beliebigen Anwendung kommunizieren.

Programmierfähigkeit

Voraussetzungen

Das Flash Plugin

Zur Darstellung von Flashfilmen im Internet benötigt man einen Browser ab der dritten Generation (z.B. Netscape 3.0) und das Flash Plugin, das man kostenlos von Macromedia downloaden kann und ca. 250 kByte groß ist. Das Plugin ist in der Regel schon in den gängigen Browsern enthalten, wodurch keine zusätzliche Installation notwendig wird. Sollte dies einmal nicht der Fall sein, kann der Programmierer dafür sorgen, dass das Plugin bei Bedarf nachinstalliert wird. Durch das Plugin ist die Darstellung anders als bei gängigen HTML Seiten komplett browser- und plattformunabhängig, und es können zum Beispiel beliebige Schriftarten verwendet werden. Somit könnte die Hausschrift eines Unternehmens über alle Seiten hinweg verwendet werden; die Corporate Identity könnte auch hier gewahrt werden.

Flash in der Praxis

Defdesign

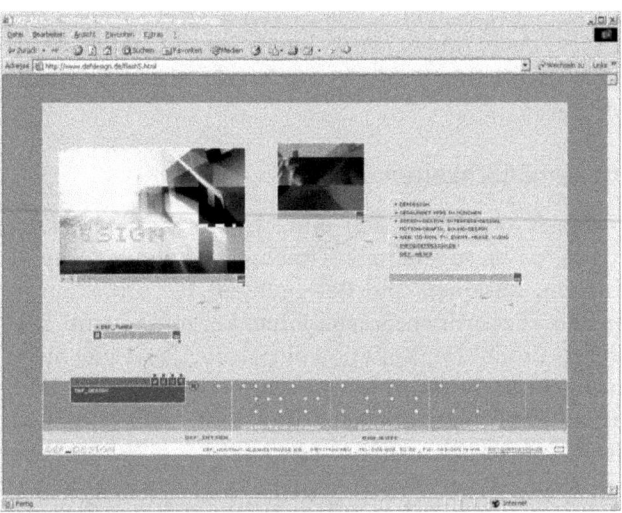

Abb. 1: Die Münchner Agentur Defdesign

Die Münchner Multimedia Agentur Defdesign verwendet Flash für ihren kompletten Internetauftritt, um ihr breit gefächertes Spektrum verschiedener Medien darstellen zu können. Die Seite ist in die Bereiche „Intern",

„Interaktive Anwendungen", „Motiongraphics" und „Sounddesign" unterteilt. Das Menü ist sehr intuitiv durch Drag & Drop zu bedienen und zeigt immer an, welche verschiedenen Medienformen beim ausgewählten Menüpunkt zur Verfügung stehen.

Die Agentur Alien Arts

Die Agentur Alien Arts aus Chicago verwendet ebenfalls Flash, um damit eine interaktive Anwendung für Interessenten und Kunden für das Internet zu erstellen. Zusätzlich erstellten sie aber auch ein Intro, eine Art Teaser, der vor der eigentlichen Website gezeigt wird. Das Intro hat den Charakter eines Werbefilms im Fernsehen oder Kino und vermittelt schon vor der eigentlichen Website die Philosophie der Agentur.

Werbefilm als Intro

Abb. 2: Die Chicagoer Agentur Alienarts

Volkswagen

Die internationale Seite der Volkswagen AG verwendetet Flash, um interaktive Produktpräsentationen ihrer Fahrzeuge zu erzeugen. In diesem Beispiel kann man sich verschiedene Farben des EuroVans anzeigen lassen: Wenn man mit der Maus über die verschiedenen Farben fährt, ändert sich der rechts unten gezeigte Van entsprechend.

Produktpräsentation

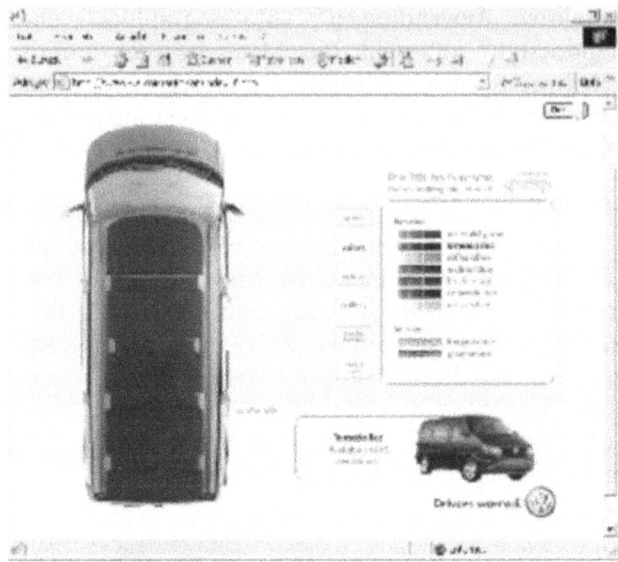

Abb. 3: Die Website unter vw.com

mercedes-benz.de

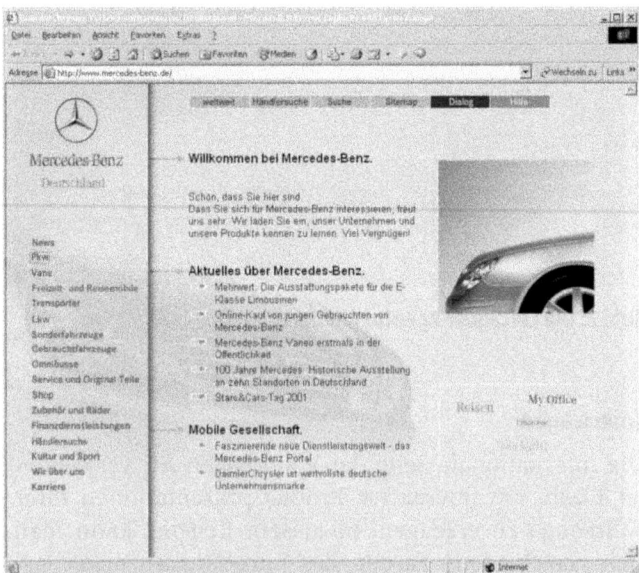

Abb. 4: Die Website von Mercedes-Benz

Auch Mercedes Benz verwendet auf seiner Online Präsentation Flash auf verschiedene Weise. Auf der Startseite befindet sich rechts oben ein selbstlaufender Trailer zu einem PKW, auf den Unterseiten der einzelnen Fahrzeugtypen gibt es verschiedene Highlights, die teilweise auch als Screensaver herunterladbar sind. Mercedes bietet ebenfalls den mittlerweile fast schon klassischen Car Configurator an, bei dem zum Beispiel die Fahrzeugfarbe interaktiv bestimmt werden kann.

Bacardi

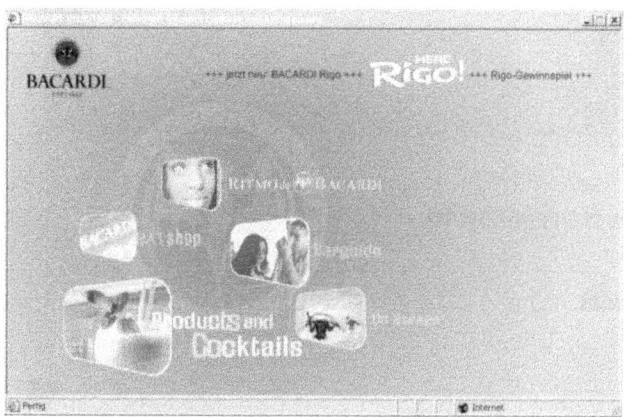

Abb. 5: Website unter www.bacardi.de

Urlaubsstimmung

Auch Bacardi setzt im Internet voll auf Flash. Die grafisch sehr schön gestaltete Seite hat durch ihre einfache Bedienung einen sehr hohen Adaptionsgrad und vermittelt durch die Farben, die Bildschirmaufteilung und die karibische Hintergrundmusik Urlaubstimmung.

Joop

Adida JOOP verwendet Flash, um anfangs einen Trailer ablaufen zu lassen, der auf saisonale Events hinweist. Die Navigation ist in die Seite integriert und benutzt ein Colorcoding für die verschiedenen Bereiche. Zusätzlich werden Sounds beim Berühren der Navigation abgespielt, was zum Entdecken der Seite einlädt. Die Übergänge in die Contentbereiche sind weich und sehr schön animiert. Die qualitativ hochwertigen Bilder beeinträchtigen die Ladezeiten nicht, da sie im Hintergrund unmerklich gestreamt werden.

Hinweis auf saisonale Events

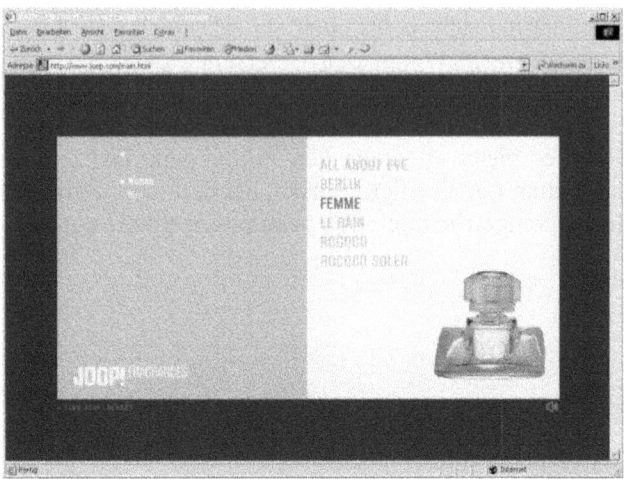

Abb. 6: Joop im Internet

Adidas

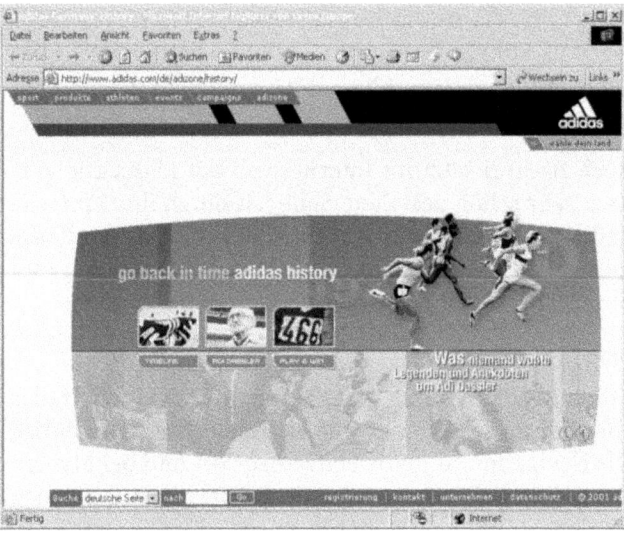

Abb. 7: www.adidas.com/de/adizone/history/

Geschichte des Unternehmens

Adidas History verwendet mehrere interaktive Timelines, um die Entwicklung der Firma und Ihrer Produkte auf anschauliche Weise darzustellen. Durch animierte und interaktive Websites können sehr viel besser Emotionen transportiert werden als über statische HTML-Seiten. Man hebt sich aus der Masse ab und bleibt durch besonderes Entertainment und Interaktion im Gedächtnis seiner potenziellen Kunden. Durch Flash können viele verschiedene Medien bzw. Multimediaelemente in einer Website vereint werden, ohne dass man weitere Zusatzprogramme wie Videoplayer oder ähnliches benötigt. Durch Animationen und Infografiken können auch komplexe Vorgänge, z.B. der Ablauf einer Produktionsmaschine, leicht erklärt werden. Mit Flash hat man hier ein ideales Tool, um genau solche Informationen professionell aufzubereiten.

Vor- und Nachteile von Flash

Vorteile

- Plattform- und browserunabhängig
- Durch Streaming werden Daten zur Laufzeit geladen, während schon Inhalte dargestellt werden → kürzere Wartezeiten auch bei sehr großen Dateien
- Durch mathematische Darstellung (vektororientiert) geringere Datenmengen
- Die Darstellung ist bei reinen Vektordaten ohne Qualitätsverlust beliebig skalierbar
- Eine sehr viel freiere Gestaltung der Site ist möglich
- Animationen zur Contentvermittlung oder zur Verbesserung der Usability
- Darstellung ohne Einbußen auch auf PDAs oder Web-TV möglich

Nachteile

- Plugin wird im Browser benötigt
- „Overflashed", überladene Websites mit zuviel Animation und verwirrender Benutzerführung haben eher künstlerischen Charakter, für Firmen ist weniger mehr.

Ausblick

Momentan wird Flash hauptsächlich benutzt, um sehr schön gestaltete Websites zu produzieren, die sich sehr nah an der Corporate Identity des Unternehmens orientieren können, da man mit Flash in dieser Hinsicht

Vermittlung von Emotionen und Bedürfnissen

sehr viel mehr Freiraum hat als mit reinem HTML. Die Verschmelzung verschiedener Medientypen wird mehr und mehr zum Thema im Online Bereich. In Zukunft wird die Information viel präziser zum Kunden getragen werden müssen, man wird sich ein Beispiel an klassischen Werbeträgern, speziell dem Fernsehen nehmen. Es geht nicht mehr nur darum, Spezifikationen eines Produktes darzustellen, sondern es sollen Emotionen und ein Bedürfnis nach dem Produkt geweckt werden. Durch seine multimedialen Möglichkeiten ist Flash sehr gut geeignet, diese Herausforderung anzunehmen.

9.4 Logfile-Analyse

Eduard Heindl

Einleitung

Webserver zeichnen während des Betriebs viele Informationen über die Besucher und ihre Wünsche auf. Diese detaillierte Aufzeichnung von Nutzerverhalten, das nicht nur eine statistische Stichprobe ist, wie in der Marktforschung üblich, liefert bei kluger Auswertung ungewöhnlich reiche Information zum Verbessern des Internetauftritts im Speziellen und zum Optimieren des E-Business im Allgemeinen. Allerdings sind die Informationen tief in den Logfiles, die auch mit heutigen Maßstäben gemessen eine enorme Größe erreichen können, vergraben. Sie werden erst durch den Einsatz geeigneter Software sichtbar und können dann weitergehend interpretiert werden. Im Folgenden werden die Punkte besprochen: Was kann aufgezeichnet werden? Wie wird ausgewertet? Welche Interpretation ist sinnvoll?

Informationen über das Nutzerverhalten

Aufzeichnen der Daten

Jedes Mal, wenn ein Internetsurfer mit seinem Browser ein Internetdokument aufruft, sendet der Browser einen Header. Dieser Header ist ein kurzer Text, in dem Informationen über die verwendete Softwareplattform, den Browser, seine spezielle Konfiguration, etwa die gewünschte Sprache, und natürlich das gewünschte Dokument beschrieben sind.

Der Header

Personalisierung mit Cookies

Unter bestimmten Umständen wird zusätzlich personalisierte Information versendet. Dies geschieht mit den so genannten Cookies, kleinen Textfiles, in denen Informationen stehen, die der Internetnutzer bei seinem letzten Besuch am Server zugesendet bekam und im Browser gespeichert sind. Zusätzlich kann der Webserver weitere Informationen anfordern oder der Browser sendet Zusatzinformationen auf Grund eines kleinen Scripts, das in die Webseite eingebaut ist.

Aufzeichnung aller Aktivitäten

Bemerkenswert ist die Tatsache, dass diese Detailinformation für jedes einzelne abgerufene File vom Webserver aufgezeichnet wird. Da eine Standard-Webseite aus vielen Einzelelementen wie Bildern, Sound, Formatierungsfiles, Scripten und anderem besteht, werden im Normalfall bereits heute etwa 40 Einzelelemente angefordert, um die Webseite im Browser multimedial erscheinen zu lassen.

Elemente eines Standardlogfiles

- IP Adresse des anfragenden Rechners (Browser)
- Benutzer, falls Identifikation stattfindet (selten)
- Zeit und Datum relativ zu GMT
- Angefragtes Dokument
- Statusmeldung, z.B. 200:ok, 404:Fehlermeldung
- Anzahl gesendeter Bytes
- Referer, letzte betrachtete Webseite (ggf. mit Suchworten)
- Verwendeter Browser und Betriebssystem

Speicherung in Textdateien

Aus Gründen der Systemperformance sind diese Logfiles im Webserver lange Textdateien, bei denen jede Zeile eine einzelne Dokumentanfrage eines Internetclients enthält.

Nachträgliche Auswertung

Nach Ablauf einer festen Zeit, täglich, wöchentlich oder monatlich, werden diese Logfiles vom Webserver geholt und die Auswertung mit Spezialsoftware kann beginnen. Alternativ ist auch eine Echtzeiterfassung in einer Datenbank und synchrone Ausgabe der Ergebnisse möglich. Dies dient aber meist nur dazu, Zugriffssummen zu ermitteln. Hier werden nur die a posteriori Auswertungen betrachtet, da diese wesentlich tiefer gehen können.

Analyse der gesammelten Daten

Für größere Websites stellt die Analyse der Logfiles einerseits eine außergewöhnlich ertragreiche Quelle über das Nutzerverhalten dar, aber auch eine enorme Herausforderung an die Auswertungssoftware und die Hardware, auf der die Auswertung läuft. Dies wird an einem kleinem Beispiel sofort klar: Auf einer gut besuchten Webseite kommen täglich 10.000 Besucher vorbei (es gibt Websites mit tausendmal mehr Besuchern!), wobei jeder drei Seiten betrachtet und jedes Dokument aus 50 Einzelelementen besteht. Wöchentlich wird das Logfile ausgewertet, der sinnvollste Zeitraum. Dieses Logfile hat etwa eine Größe von einem Gigabyte. Für die Auswertung muss daher ein Rechner mit ausreichend Festplattenkapazität und Hauptspeicher zur Verfügung stehen.

Herausforderung für die Auswertungssoftware

Die Kenngrößen einer Website

Für die weitere Betrachtung ist es notwendig, einige Begriffe der Websitestatistik kurz zu beschreiben, damit keine Verwechslungen auftreten.

Begriffe der Websitestatistik

Hits

Die Anzahl der Zeilen im Logfile entspricht der Anfragen aus dem Internet nach einzelnen Files auf dem Webserver. Diese Zahl wird als Hits bezeichnet und ist die höchste Zahl aller relevanten statistischen Kenngrößen. Ihre Aussagekraft ist aus mehreren Gründen für das Marketing gering. Einmal hängt diese Zahl empfindlich vom Design einer Webseite ab, bereits kleine Änderungen können Schwankungen um den Faktor zwei verursachen. Weiterhin werden von den meisten Programmen auch dann Hits gezählt, wenn keine erfolgreiche Aussendung eines Dokuments stattfand, Error 404! Die wichtigste Bedeutung dieser Größe liegt in der Beurteilung der technischen Serverauslastung.

Datenvolumen

Aus den abgerufenen Dokumenten und der jeweiligen Filegröße wird das abgerufene *Datenvolumen* bestimmt. Dies scheint auf den ersten Blick eine sehr technische Größe zu sein, es spricht aber einiges für die Bedeutung, da möglicherweise der Umsatz auf einem

Webserver proportional zum Datentransfer ist, Näheres gegen Ende des Artikels.

Page-Impression

Weit verbreitetste Kenngröße

Die weit verbreitetste Größe stellt die Anzahl der Page-Impressions (PI) dar. Hier werden die Dokumente gezählt, die dem Besucher als eigenständige Webseite im Browser erscheinen. Diese etwas komplizierte Umschreibung von gesehenen Dokumenten muss wegen der komplexen Arbeitsweise von Frameseiten erfolgen, die aus mehreren einzelnen HTML-Dokumenten zusammengesetzt sind. Für den Werbetreibenden ist diese Größe auch für die Anzahl der Bannereinblendungen relevant.

Page-View

Eine sehr ähnlich Größe sind die Page-Views (PV). Falls keine Frames verwendet werden, ist diese Zahl identisch mit dem Page-Impressions, andernfalls ist sie höher und beschreibt die Anzahl der versendeten HTML- Dokumente. Die Auswertung von Frameseiten wird daher sehr komplex, insbesondere wenn unterschiedlich umfangreiche Frameseiten verwendet werden.

Visit

Besucherzahl einer Website

Für die Beurteilung der Besucherzahl einer Website dient die Anzahl der Visits, in der die Anzahl unterschiedlicher Sitzungen gezählt wird. Diese Größe ist allerdings nicht direkt aus dem Logfile zu ermitteln, falls keine Cookies verwendet werden, da keine feste Verbindung zwischen Browser und Webserver aufgebaut wird. Man behilft sich daher mit der Auswertung der anfragenden Internetadresse (IP), die vom Browser (Betriebssystem) übermittelt wird. Hier ist es von Nachteil, dass bei vielen Providern die IP Adresse nicht fest vergeben wird und daher hinter einer Nummer mehrere Nutzer verborgen sein können. Um dies auszuschalten, werden Standardruhezeiten verwertet, das bedeutet, wenn ein Besucher innerhalb von 10 Minuten kein weiteres Dokument von der Website abruft geht man vom Ende der Sitzung aus. Ein problematisches Vorgehen, da sich gezeigt hat, dass besonders in der Phase des Onlinekaufens häufig zu Mitbewerbern gesprungen wird und erst nach mehr als 10 Minuten der User zurückkehrt, der dann scheinbar ein anderer Besucher ist.

Weitere Größen

Es lassen sich für Websites viele weitere Kenngrößen finden, wie neue Besucher, Verweilzeit und Anzahl unterschiedlicher Besucher. Allerdings sind diese Größen oft noch schlechter definiert und zudem mit erheblichen Messfehlern behaftet, da sie indirekt gewonnen werden und Zusatzannahmen zur Bestimmung nötig sind.

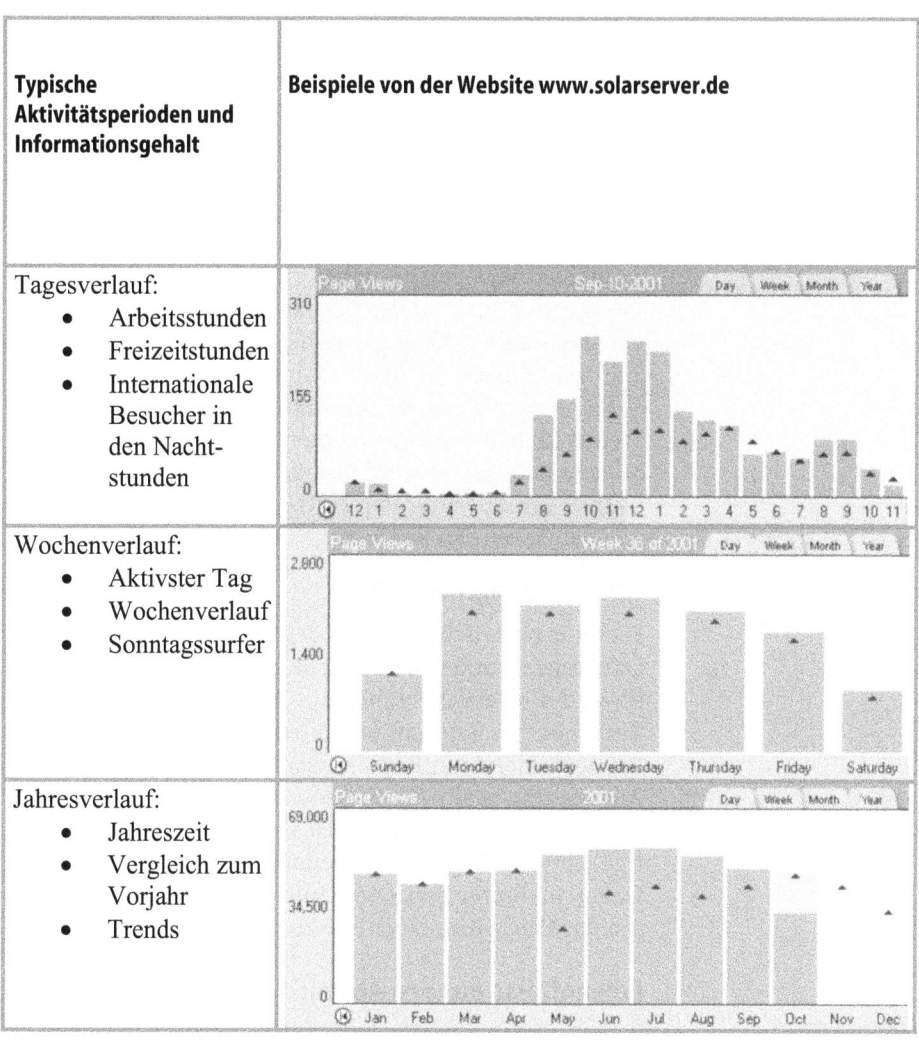

Abb. 1: Beispiel für eine Websiteanalyse

Die zeitlichen Trends

Tagesgang, Wochengang, Ferien

Die Basis einer Websiteanalyse ist die Verfolgung von Trends in den verschiedenen Kennzahlen. Hier zeigen sich drei stark ausgeprägte Perioden. Der Tagesgang, mit einem Minimum in den frühen Morgenstunden und einem Maximum während der Arbeitszeit oder nach Feierabend, der Wochengang, mit großen Unterschieden zwischen den Arbeitstagen, Samstag und Sonntag, und zuletzt unterschiedliche Besucherzahlen aufgrund von Schul- oder Semesterferien und jahreszeitlich unterschiedlichen Interessen.

Modifikationen der Zyklen

Wetter und Sportereignisse

Neben diesen Hauptzyklen unterliegen die einzelnen Zyklen auch noch einer Modifikation auf Grund der übergeordneten Phase. So ist der Tagesgang an einem Samstag völlig anders als an einem Montag. Ein weiterer nicht zu unterschätzender Einflussfaktor stellt das Wetter dar: An schönen Sommertagen beobachtet man wesentlich weniger Besucher als bei Regenwetter. Auch hier können viele andere Detailfaktoren dazukommen, wie regionale Feiertage, konkurrierende Medien bei Sportereignissen. Es bleibt damit die Feststellung, dass es keine zwei gleichen Tage im Internet gibt und daher Trends in den Besucherströmen mindestens über einige Monate beobachtet werden müssen, damit sie als signifikante Veränderung der Nutzerakzeptanz der Website angesehen werden können.

Statistische Ungenauigkeit

Dies gilt natürlich im Besonderen, wenn die erhobenen Datensätze starkem statistischem Rauschen unterliegen, so wird die Besucherzahl einer Website, die nur hundert Besucher pro Tag hat, im Mittel um 10 % schwankten, bei noch kleineren Besucherzahlen ist eine tagesgenaue Auswertung praktisch nutzlos. In der Praxis hat es sich bewährt, einzelne Wochen zu vergleichen, um kurzfristige Entwicklungen zu erkennen und längerfristig die Daten mehrerer Jahresverläufe übereinander zulegen, um das Wachstum einer Site zu beurteilen.

Erkenntnisse aus den Abweichungen

Abweichungen versus Standardwerte

Die kurzfristigen Abweichungen von den Erwartungswerten, ist oft aufschlussreicher als die reinen Zahlen.

Schnellen am Montag Morgen zu Arbeitsbeginn die Besucherzahlen hoch, dann sind es oft die neuen Meldungen, die zu dieser Zeit ins Netz gestellt werden. Umgekehrt steigen die Zugriffszahlen von Wetterseiten gegen Ende der Woche immer an. Beobachtet man während einer Sportveranstaltung im Fernsehen keinen Rückgang der Besucherzahl, kann man daraus schließen, dass die Besuchergruppe, die man anspricht, nicht daran interessiert ist. Wird die Seite am Samstag Vormittag besucht, sind die Besucher zu dieser Zeit nicht im Supermarkt.

Analyse von Marketingmaßnahmen

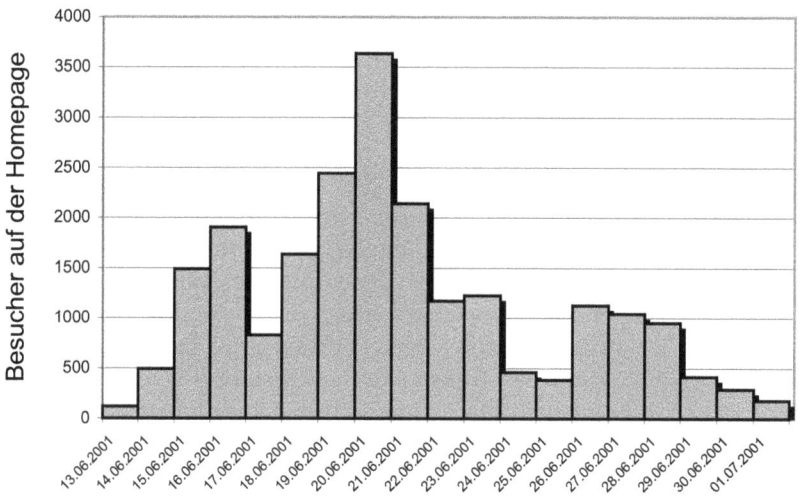

Abb. 2: Wachstum und Rückgang der Seitenaufrufe nach einer Briefaktion mit 60.000 Aussendungen in Deutschland (Tägliche Auswertung).

Ähnlich kann eine begleitende Marketingmaßnahme ausgewertet werden: Nach Start der Aktion wird die Zunahme der Seitenbesuche verfolgt. Bei Versenden von Briefen erzeugt dies eine etwa einwöchige Anomalie in der Besucherzahl, zuerst ein rasches Ansteigen und danach ein Abklingen der Besucherzahlen. Bei der Verwendung von Serien E-Mails, ist der Anstieg wesentlich schärfer, so dass oft die dabei auftretende Serverbelastung das Limit für die Spitze bildet, anschließend sinken die Besucherzahlen wieder rasch ab, und wenn die Kampagne ein Erfolg war, bleibt die Zahl oberhalb der Ausgangswerte.

Die Quelle der Besucherströme

Für den kommerziellen Erfolg einer Website ist eine hohe Besucherzahl unabdingbar, da immer nur ein kleiner Teil der Besucher aktiv Geschäfte tätigen wird und weil die Anzahl der Page-Impressions für den bannerfinanzierten Inhalt benötigt wird.

Suchmaschinen

Optimierung der Einträge und Anmeldung

In den Logfiles wird heute immer aufgezeichnet, welche Internetseite der Besucher als letztes Dokument betrachtet hat, bevor er die betrachtete Seite aufgerufen hat. Damit ist es den Auswerteprogrammen möglich, exakt zu erkennen, wie viele Besucher über Suchmaschinen, auf Grund von statischen Links und über die direkte Eingabe der Webadresse auf eine Website gelangen. Die Verteilung der verschiedenen Besucherquellen kann anhand dieser Information optimiert werden, so sollte die Verteilung der aktiven Suchmaschinen für die Website etwa der Bedeutung der verschiedenen Suchmaschinen entsprechen. Fehlt ein wichtiges Suchsystem oder ist stark unterrepräsentiert, kann durch Optimierung der Website und Anmeldung eine Verbesserung erreicht werden, die sich dann wiederum aus den Webstatistiken ablesen lässt.

Externe Links

Externe Links als Vorbote für große Besucherzahlen

Die Bedeutung externer Links auf die eigene Website darf nicht unterschätzt werden, anhand der Statistik kann exakt festgestellt werden, wie viele fremde Seiten auf das eigene Dokument verweisen. Dabei ist besonders auf die Veränderung zu achten. Wächst die Zahl rasch, ist das ein eindeutiger Hinweis auf eine gute Akzeptanz innerhalb der Interessengruppe und ein Vorbote für große Besucherzahlen und damit entsprechende Umsatzperspektiven.

Favoriten

Als dritte Gruppe erscheinen Besucher, die über die Eingabe der Internetadresse direkt auf die entsprechende Website kommen. Dabei ist allerdings zu berücksichtigen, dass nicht alle Programme zwischen der Verwendung der Favoriten und manueller Eingabe unterscheiden können. Trotzdem kann gerade damit der Erfolg einer Werbekampagne in einem anderen Medium (Radio, Fernsehen, Print) aufschlussreich verfolgt werden.

Bedeutung der einzelnen Dokumente

Aufgrund der Logdaten ist es einfach, die Häufigkeit, mit der einzelne Seiten abgerufen werden, auszuwerten. Hier beobachtet man zumeist die klassische 20/80 Regel, dass 20 Prozent der Dokumente 80 Prozent der Seitenbesuche verursachen. Eine genauere Analyse kann allerdings wesentlich mehr aufdecken, da es mindestens drei verschiedene Typen von Webseiten gibt.

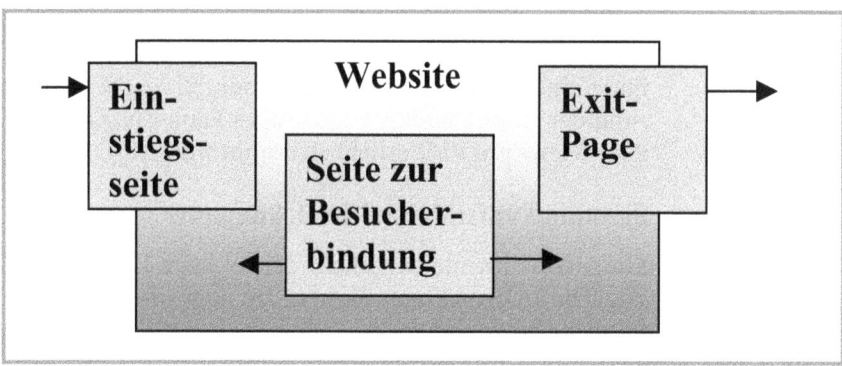

Abb. 3: Die wichtigsten Seitentypen einer Website

Einstiegsseiten

Einstiegsseiten sind jene Dokumente, die einen relativ hohen Anteil von Besuchern haben, die nicht über einen eigenen Link kamen. Dies sind oft Dokumente, die gut in Suchmaschinen auffindbar sind oder einen so guten Inhalt haben, dass sie direkt verlinkt oder gemerkt werden. Einige Websites sind speziell so aufgebaut, dass diese sogenannten Doorway-Pages gezielt neue Besucher anlocken. Auf keinen Fall sollte man diese Dokumente ohne triftigen Grund ändern oder löschen, sondern mit genügend Verknüpfungen zu anderen Dokumenten der Site versehen und selbstverständlich mit der Homepage verknüpfen.

Doorway-Pages

Besucherbindung

Analyse guter Seiten

Seiten, die zum Weiterlesen verführen, sind jene Dokumente innerhalb einer Site, bei denen der Besucher nach dem Betrachten ein weiteres Dokument innerhalb der Site aufruft. Diese Seiten zeichnen sich oft durch geschickten Inhalt und passend gesetzte Links auf eigene Seiten aus. Auf jeden Fall sollte man diese Seiten einer genauen Analyse unterziehen, und mit dem gewonnenen Wissen andere Dokumente so gestallten, damit die Besucher lange auf der Site verweilen.

Exit-Pages

Die Exit-Pages sind jene Dokumente, die viele Besucher zum Verlassen der Website veranlassen. Eine dieser Seiten ist klassischerweise die Linkliste, womit der Zweck der Liste erfüllt ist, aber oft sind es Seiten, die fehlerhaft sind, eine ungewöhnlich lange Ladezeit haben und im besten Fall ist es die Vielen-Dank-Seite am Ende eines Kaufprozesses. Durch sorgfältige Verbesserung der ungewünschten Exit-Pages kann die Zahl der Page-Views pro Visit erheblich erhöht werden.

Besonders aufschlussreiche Dokumente

Einige Dokumente innerhalb der Website können zusätzliche Informationen liefern, die über die Besucherfrequenz hinausgehen.

Robotfile

Die Suchmaschinen leiten

Das File robots.txt wird nicht von menschlichen Besuchern, sondern von Suchmaschinen aufgerufen wenn diese eine Website für ihre Datenbank einlesen. Damit gibt die Anzahl der Abrufe ein genaues Bild, wie häufig Suchmaschinen die Website besuchen und welche Suchmaschinen nie den Dokumentenbestand analysieren.

Aktivieren von der Favoritenfunktion

Das Favoriten-Icon

Will man wissen, welche Informationen von den Besuchern als nützlich eingeschätzt werden, muss man zählen, wie viele Besucher das entsprechende Dokument zu ihren Favoriten hinzufügen. Dies kann man an der Anzahl der Fileabrufe des Dokuments favicon.ico erkennen, das immer angefragt wird, wenn ein Besucher einen Favoriten setzt. Hat man die Website sorgfältig in verschiedene Verzeichnisse eingeteilt, und in jedem Verzeichnis das File bereitgestellt, kann man daraus differenziert auf die tatsächliche Beliebtheit der Rubriken schließen, dies ist wesentlich aussagekräftiger, als die reine Seitenabrufstatistik!

Ladezeitmessung

Bei großen Webseiten kommt es dazu, dass Besucher vorzeitig den Ladeprozess abbrechen, dies kann man einfach daran erkennen, wenn man auswertet, wie häufig das letzte Bild auf der Webseite relativ zum HTML-Dokument aufgerufen wurde. Sind mehrere Bilder auf der Seite, kann dies sogar bis in das Detail untersucht werden, dazu ist es allerdings notwendig, die Statistiksoftware so zu konfigurieren, dass auch die Bildaufrufe mitanalysiert werden, was häufig nicht in der Standardeinstellung der Fall ist.

Besuchspfade

Analysiert man das Kaufverhalten auf einer Website, stellt man fast immer fest, dass der Käufer zuerst eine Vielzahl von Dokumenten auf der Site besucht, einerseits um das Produkt auszusuchen, aber auch um Vertrauen in den Händler zu gewinnen. Es ist daher hilfreich den Weg des Besuchers zu analysieren und an Hand dieses Wissens gegebenenfalls die Navigation zu optimieren.

_{Aussagen über das Kaufverhalten}

Hyperlinks

Für jedes Dokument kann exakt bestimmt werden, welche Hyperlinks wie häufig angeklickt wurden. Dies kann man auch mit geeigneter Software visualisieren, damit der Webdesigner die Dokumente weiterentwickeln kann. Es zeigt sich regelmäßig, dass Hyperlinks am Anfang einer Liste wesentlich häufiger angeklickt werden als in der Mitte, aber auch das letzte Element hat eine überdurchschnittliche Trefferwahrscheinlichkeit. Damit kann man die Pfade der Besucher stark beeinflussen, indem geeignete Angebote richtig platziert werden, anschließend kann man die Verhaltensänderungen statistisch belegen.

Erfolgreiche Pfade

Die gesamten Pfade der Besucher sind allerdings statistisch schwer zu analysieren, da bereits wenige, gut ver-

Pogosticking

knüpfte Seiten eine unendliche Zahl von möglichen Wegen erlauben. Hier sollte der Schwerpunkt der Untersuchung in Teilpfaden liegen, etwa dem sogenannten Pogosticking, bei dem ein Besucher immer wieder zwischen zwei Seiten wechselt, weil er sich in der Information nicht zurecht findet. Ein anderer Schwerpunkt kann die Rückverfolgung der Pfade sein, die schnell zu einen erfolgreichen Kauf geführt haben und daraus die Ableitung der notwendigen Änderungen, die es jedem Besucher erlaubt, diesen Pfad leicht zu finden.

Konversionsrate

Das Verhältnis der Besucher, die einen Kauf tätigen, zu allen Besuchern auf der Website wird als die Konversionsrate bezeichnet, eine markante Kennziffer, mit der der Nutzen für das E-Business bestimmt werden kann.

Kritische Betrachtung zu Statistiken

Sinnvolles Filtern der Daten

Statistiken unterliegen immer einer wesentlich größeren Willkür, als man gemeinhin vermutet. Dies liegt zum einem am endlichen Zahlenmaterial, das zur Verfügung steht, an dem „sinnvollen" Filtern der Daten und in der unterschiedlichen Interpretation der Resultate. Diese Aspekte sollen hier speziell auf Webserverstatistiken bezogen werden.

Signifikanz

Das Zahlenmaterial erscheint auf den ersten Blick außerordentlich umfangreich, wie oben beschrieben, soweit es die Rohdaten betrifft. Völlig anders ist die Situation oft bei Detailfragen, etwa dem Verhalten der Käufer an Sonntagen. Selbst gut besuchte Server haben dann oft weniger als hundert Datensätze, die das spezielle Kriterium erfüllen und man kann allgemein feststellen, dass der damit verbundene Fehler von über 10 Prozent keine verwertbaren Resultate liefert. Das Problem wird sogar noch verschärft, da viele Untersuchungen nicht mit statistisch unabhängigen Größen arbeiten, das bedeutet etwa, wenn ein Besucher an unterschiedlichen Tagen das gleiche Verhalten zeigt, liegt eine abhängige Größe vor und die Signifikanz einer Beobachtung verschlechtert sich dadurch merklich.

Schiefe Statistiken

An vielen Stellen kann es unbemerkt zu schiefen Statistiken kommen. Ist etwa eine Homepage von einem bestimmten Browser oder ein Plugin abhängig, darf man sich nicht wundern, dass man viele Besucher mit der gewünschten Systemkonfiguration findet. Hier wurde dann eben nicht berücksichtigt, dass andere Besucher den Server natürlich meiden. Leider sind solche Zusammenhänge oft nicht einfach zu erkennen und es ist dann professionelle Unterstützung bei der Untersuchung der Webserver-Logfiles sinnvoll.

Proxyserver

Eine besondere Veränderung der Ergebnisse entsteht durch den Einsatz von Proxyservern. Das sind Rechner, die Internetseiten zwischenspeichern, weil viele Besucher die Dokumente nicht direkt vom Webserver holen, sondern zwischengespeicherte Dokumente erhalten. Damit ergeben sich zwei Verschiebungen, zum einem wird damit die Zahl der Seitenabrufe unterschätzt, da kein Logfile-Eintrag erfolgt, weiterhin werden häufig besuchte Seiten öfter in Proxyservern zwischengespeichert und damit die relative Häufigkeit der Seitenabrufe verfälscht. Dies kann besonders bei stark frequentierten Websites einen erheblichen Einfluss haben. Es gibt technische Verfahren, die Zwischenspeicherung zu unterbinden, dabei entstehen aber zusätzliche Probleme, die dieses Vorgehen nicht rechtfertigen.

Verfälschung der Ergebnisse

Pseudobesucher

Die Rohdaten müssen vor der Verarbeitung nach mehreren Kriterien gefiltert werden, damit eine aussagekräftige Beobachtung entsteht. Für eine Untersuchung der Besucherzahlen sollten alle Besuche auf dem Server gefiltert werden, die nicht der Zielgruppe entsprechen. Dies sind in erster Linie die Suchmaschinen, genaugenommen die Suchrobots und Archivsysteme, alle am Aufbau der Website Beteiligten und zumeist auch die Mitarbeiter des eigenen Unternehmens, die im Unternehmen dorthin surfen. Leider wird dies oft unterlassen, weil danach die Zahlen nicht mehr so „schön" aussehen. Selbstverständlich sind alle Abfragen, die eine Fehlermeldung verursachen, nicht als erfolgreiche Seitenabrufe zu zählen, was oft übersehen wird. Insbesondere kann die sinnvolle Reduktion dieser Fehler ein scheinbares Absinken der Seitenaufrufe verursachen, was natürlich eine Fehlinterpretation ist.

Interpretation

Die Webstatistik analysieren

Die Interpretation der ausgewerteten Daten gehört zum schwierigsten Teil der Analyse. Zunächst ist das Wachstum der Besucherzahl nur dann ein erfreuliches Resultat, wenn dieses Wachstum nicht nur durch die schlichte Zunahme der Internetnutzer zustande kommt, sondern durch die hohe Qualität der Website. Wesentlich schwieriger sind oft die Gründe zu finden, warum bestimmte Dokumente gut gefunden werden oder warum Besucher eine Bestellung in einer bestimmten Phase abbrechen. Hier hilft oft der Abgleich der Information aus der Webstatistik mit dem Wissen eines Kommunikationsdesigners. Dieser kennt Eigenarten beim Nutzerverhalten und kann die Ergebnisse auch in Bezug zu anderen Websites setzen. So darf man etwa nicht erschrecken, wenn man erfährt, dass über 80 % eine Kaufvorbereitung abbrechen, wenn man weiß, dass es sich hier um einen internetweiten Durchschnitt handelt.

Perspektiven der Logfile-Analyse

Die Fragestellung ist maßgebend

Welche Größen in der Logfile-Analyse die höchste Aussagekraft haben, hängt von der Fragestellung ab. Betrachtet man das Benutzerverhalten aus der Perspektive des Informationssuchenden, der seine Kaufentscheidung vom realen und emotionalen Gehalt der präsentierten Information abhängig macht, ist neben der Qualität der Information immer auch die Quantität von entscheidender Bedeutung. Dies ist der Grund, warum für größere Anzeigen, längere Werbespots und aufwendige Schaufenster viel Geld gezahlt wird. Im Internet ist die Menge der Information mit einer einfachen Größe zu ermitteln, es sind die übertragenen Bytes, die den Nutzer erreichen.

Quantität der Information

Ausführliche Texte und qualitativ hochwertige Bilder sind jene Daten, die längerfristig die Entscheidung für ein Produkt prägen. Dabei ist heute allerdings die Datenrate bei der Internetnutzung mit Modem oder ISDN so gering, dass ungewöhnlich scharfe Kompromisse zugunsten der Übertragungsgeschwindigkeit getroffen werden müssen. Erst die Einführung der DSL-Technik entschärft diese Fragestellung und fordert den Webserverbetreiber genau zu beobachten, wie er die Datenmenge, die den Nutzer erreicht, vergrößern kann.

Umsatzkennziffer für Webseiten

Setzt man den Umsatz einer Website zur Menge der versendeten Daten in Beziehung, findet man, dass jedes Megabyte etwa einen Euro Umsatz generiert. Diese Kennziffer sollte man längerfristig im Auge haben, denn sie ist auch dann aussagekräftig, wenn der abgebrochene Kaufvorgang später wieder aufgenommen wird, dann kommen die bereits versendeten Daten dem Umsatz zugute, der Kunde hat verstanden, was geboten wird. Längerfristig werden die Kosten für den Empfang der Daten sinken und damit werden die Kunden kostengünstiger im Internet einkaufen.

Jedes Megabyte generiert einen Euro Umsatz

Mangelndes Interesse

Natürlich können für den Internetauftritt auch sehr komplexe Logfile-Analysen erstellt werden und diese sinnvoll für die Verbesserung der Website verwendet werden, aber solange weniger als 40 % der Entscheider überhaupt wissen, wie viele Besucher ihre Website hat, solange sind feinsinnige Statistiken nur für Internetexperten nützlich.

Literatur

Heindl Eduard; Der Webmaster, 3. aktualisierte Auflage, , ISBN 3-8273-1853-X, 330 Seiten, Addison-Wesley, München 2001

Heindl, E., Bücking, J., Emmert, U.; Der IT-Sicherheitsexperte, ISBN 3-8273-1840-8;304 Seiten, Addison-Wesley, München 2001

Geeignete Internetadressen

http://www.ivw.de/
   Neutrale Ergebnisse von Besucherdaten
http://www.wemf.ch/
   Internet Medienstudien
http://www.datango.de/
   Marktstudie "Statusbericht Websites 2001"
http://www.exody.net/
   Hersteller der nützliche Analysesoftware websuxess
http://www.heindl.de/webkolumne/index.html
   Betrachtungen des Autors zum Web

9.5 IT-Sicherheitsmanagement

GUIDO GLUSCHKE

Motivation

Heutzutage wird IT-Sicherheit einseitig initiiert, entweder durch das Management, durch Projektmitarbeiter im E-Business oder durch IT-Mitarbeiter wie Netzadministratoren. Die Suche nach Lösungen wird meist zur technischen Aufgabe, aber die Aufgabenstellung ist häufig nicht richtig oder ganzheitlich verstanden worden. Man sucht oder empfiehlt eine Lösung, ohne dass man das Problem ausreichend definiert hat. Existiert das Problem überhaupt?

Organisatorische Ziele im Sicherheitsmanagement, z.B. die Umsetzung oder Durchsetzbarkeit, bleiben häufig unberücksichtigt und wirtschaftliche Ziele eines Projekts, die eine ROI-Rechnung der Ausgaben für Sicherheit rechtfertigen könnten, bleiben gemeinhin unbekannt.

Das nachfolgende Dokument gibt eine ganzheitliche Betrachtung des Themas Sicherheitsmanagement unter besonderer Berücksichtigung der Sicherheit im Zeitalter des E-Commerce. Es wird auf die Transformation von Old Economy zu New Economy Security eingegangen und der Zusammenhang mit dem Qualitätsmanagement erläutert. Ebenso wird die Erreichbarkeit von einem akzeptablen Sicherheitsniveau beleuchtet.

Problemdefinition

Sicherheitsmanagement

Einführung

Sicherheits- und Qualitätsmanagement stellen zwei wichtige Säulen im Unternehmen dar. Das Sicherheitsmanagement schützt vor Gefahren, die dem Unternehmen drohen und das Qualitätsmanagement sorgt für einen definierten, möglichst gleichbleibenden Output an Waren oder Dienstleistungen. Im Umbruch der In-

Information als wichtigste Komponente

dustrie- zur Wissensgesellschaft stellt die Information die wichtigste Komponente dar. Sie gilt es zu schützen und zu sichern. Dies bedeutet für die meisten Unternehmen jedoch auch einen geistigen Umbruch im Umgang mit diesen beiden Themen.

DV als Rückgrad des Unternehmenserfolgs

Die New Economy schlägt zurück! So könnte man den Fluch von Viren, Trojanern und Hackern beschreiben, der mit der Verbreitung der elektronischen Informationen einhergeht – ein ungeliebtes Thema, jedoch aktueller als je zuvor. Inzwischen ist den meisten Unternehmen klar geworden, wie stark sie von elektronischer Kommunikation abhängen, welch Segen und Fluch die neue Welle namens E-Business gebracht hat.

Letztendlich sind mit den Fortschritten der Informationsgesellschaft auch neue Herausforderungen entstanden. Diese werden jetzt langsam wahrgenommen, kommen jedoch mit deutlich schnelleren Schritten auf die Gesellschaft zu als dies in der Vergangenheit üblich war. Betrachtet man die ganze Situation nüchtern und reduziert sie auf den Kern, so muss man doch feststellen, dass ein Großteil der Unternehmensumsätze und -gewinne auf der Grundlage der vorhandenen IT-Strukturen erwirtschaftet werden. Wichtige Geschäftsprozesse sind in vielen mittleren und großen Unternehmen ohne DV-Unterstützung undenkbar. Damit ist die DV zum Rückgrad des Unternehmenserfolgs geworden.

Motivation für das Management

Im allgemeinen ist die Motivation beim Management für das Thema Sicherheit gering, denn Sicherheit kostet Geld und bringt auf den ersten Blick keinen direkten Geschäftsnutzen, aber:

- das Management ist in der Verantwortung und ist Vorbild
- Rechtliche Rahmenbedingungen sind zu beachten (z.B. KonTraG, BDSG)
- Sicherheit ist wie eine Versicherung und kann über Unternehmenserfolg entscheiden
- Sicherheit kann ein positiver Teil der Corporate Culture werden

E-Security

Wenn dies jedoch so ist, dann entstehen sicherheitsrelevante Fragestellungen in der New Economy, die in der Old Economy gelöst waren:

- Um Waren und Gebäude zu beschützen gibt es einen Wachdienst. Wie bewacht man Informationen?
- Um einen Diebstahl nachzuvollziehen, kontrolliert man die Taschen des Diebes. Wie stellt man fest, ob Daten unautorisiert kopiert und versendet wurden?
- Um die Identität und Unversehrtheit von Waren sicherzustellen, wurden Begleitdokumente angefertigt. Wer ist Eigentümer von Informationen und wie ist dessen Identität erkennbar?
- Um Dinge vor den Augen anderer zu schützen, wurden sie verpackt und eingeschlossen. Wie macht man Daten unlesbar, jedoch nicht unbrauchbar?
- Um Dinge nur bestimmten Personen zugänglich zu machen gibt es Zutrittskontrolle und das Vier-Augen-Prinzip. Wie ist eine Klassifizierung im Informationszeitalter und E-Commerce zu realisieren?

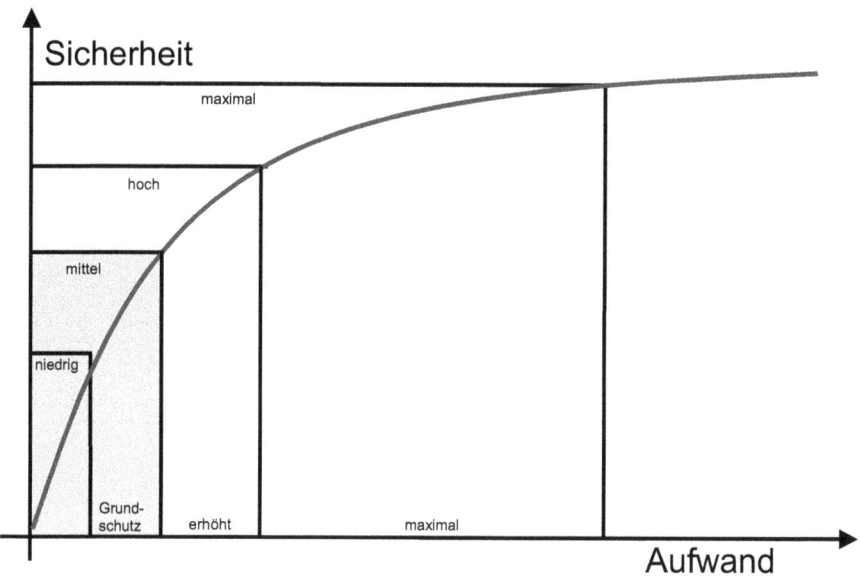

Abb. 1: Verhältnis Aufwand zu erreichbarer Sicherheit

Organisatorische Sicherheitsmaßnahmen	Diese und viele andere Fragen lassen sich stellen und sind nicht mehr allein mit technischen Hilfsmitteln zu lösen - es bedarf ebenso organisatorischer Sicherheitsmaßnahmen, um diese Fragen beantworten zu können. Eng verbunden damit sind betriebliche und juristische Rahmenbedingungen, wie Betriebsordnungen, Gesetzte oder Richtlinien, dessen Rechtsraum zunehmend unsicher ist, aber die es gilt einzubeziehen.
Investitionsaufwand	Alleine der Invest von technischen Systemen wie Firewalls und anderer Hilfsmittel zum Anschluss an das Internet ist bei vielen Unternehmen nur in der Zentrale bezahlbar. Niederlassungen, Außenstellen oder Home Offices können unter Umständen noch über ein Privates Sicheres Netz (VPN) angebunden werden, sind zumeist aber vor Ort mit technischen Mitteln nicht ausreichend vor Gefahren von innen und außen geschützt. Sowohl die Anschaffung und Installation wie auch der Betrieb ist zu kostspielig. Darüber hinaus ist oft auch das Wissen im Umgang mit technischem Equipment nicht ausreichend vorhanden. Und schließlich ist der Faktor Mensch am wenigsten kalkulierbar.

Sicherheitsniveau

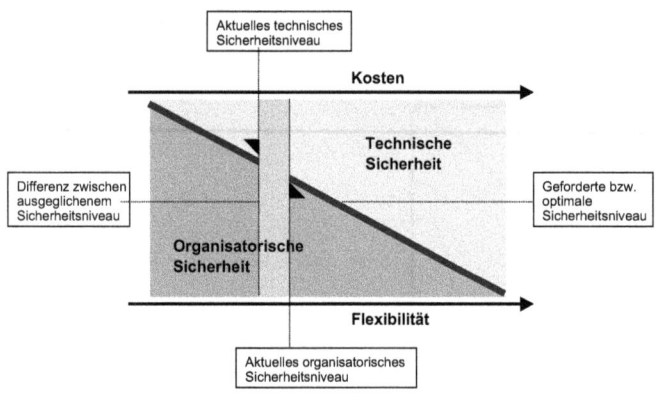

Abb. 2: Optimiertes Sicherheitsniveau

Ausgewogenheit des Sicherheitsniveaus	Da es keine hundertprozentige Sicherheit gibt, geht es zum einen um die Ausgewogenheit des Sicherheitsniveaus – es macht wenig Sinn, die Haustür vierfach zu

9.5 IT-Sicherheitsmanagement

sichern, wenn die Hoftür offen stehen bleibt. Zum anderen geht es um die Erhöhung des bestehenden Sicherheitsniveaus, zum Beispiel durch abgestimmte Richtlinien zu sicherheitsrelevantem Verhalten, Umgang mit Passwörtern oder Administrationsvorgängen.

Dieses Problem beherrschbar zu machen bedeutet, von einem unbekannten Sicherheitsniveau zu einem definierten Sicherheitsniveau zu kommen. Wie ist das erreichbar? Zum einen durch eine wohlproportionierte Wissensvermittlung im Unternehmen sowie durch eine konsequente Informationspolitik. Zum anderen aber auch durch notwendige und angemessene organisatorische Maßnahmen. Hierzu gehören der Aufbau und die Umsetzung von individuellen Security Policies auf den verschiedenen Ebenen des Unternehmens, die ein solides, unternehmensweites Regelwerk ergeben. Ein regelmäßiges und professionell durchgeführtes Audit bringt schließlich die beabsichtigte Sicherheit.

Ein Sicherheitsniveau besteht aus organisatorischen und technischen Komponenten und unterscheidet sich von Firma zu Firma. Es ist abhängig vom Geschäftsmodell, dem Grad der elektronischen Geschäftsmodellierung, den vorhandenen IT-, Kommunikations- und Sicherheitsstrukturen und der Homogenität und Disziplin des Unternehmens.

Um ein geeignetes Sicherheitsniveau zu bekommen, sind verschiedene Schritte durchzuführen:

Sicherheitsniveau schaffen

I. Bestandsaufnahme

Hierzu zählt eine Sichtung der Prozessunterlagen, eine Inventarliste, Konzept- und Infrastrukturdokumente um die IT-basierten Geschäftsprozesse herauszufinden. Müssen die Unterlagen für eine Bestandsaufnahme erst erzeugt werden, so werden in der Regel Assessments vor Ort durchgeführt, die eine Einschätzung der Situation ergeben.

II. Bedrohungsanalyse

Hier werden die Grundbedrohungen der IT bezogen auf das jeweilige Unternehmen erarbeitet.

III. Sicherheitsbedarf

Aus den Ergebnissen der Bestandsaufnahme und der Bedrohungsanalyse kann dann ein Sicherheitsbedarf ermittelt werden.

IV. Risikoanalyse

Will oder muss man das Risiko des Eintritts einer IT-Grundbedrohung quantifizieren, so wird eine Risikoanalyse durchgeführt.

V. Maßnahmenkatalog

Aus den vorherigen Aktivitäten ergeben sich schließlich Maßnahmen, die durchzuführen sind, um das gewünschte Sicherheitsniveau zu erreichen. Der Maßnahmenkatalog dient zur Entscheidungshilfe und als Grundlage der Budgetierung von anstehenden Sicherheitsprojekten.

VI. Konzeption

Daraufhin werden die gewünschten Maßnahmen umgesetzt und entsprechende Sicherheitskonzeptionen erarbeitet und in Betrieb genommen

VII. Audits

Um nun das Sicherheitsniveau aufrecht zu erhalten, sollten regelmäßige Audits stattfinden, die den Sicherheitsstatus überprüfen.

Die Vorteile eines solchen Vorgehens zur Absicherung des gesamten Unternehmens liegen auf der Hand:

Vorteile

- Kostengünstiger, da in Teilen technische durch organisatorische Sicherheit abgelöst bzw. ergänzt wird
- Einsatz nur der notwendigsten Technik, damit verringerter Betriebs- und Update-Aufwand im Feld
- Bekanntes Sicherheitsniveau, wichtig für die Betriebs- und Unternehmensleitung
- Kontinuierlicher Wissensaufbau ist Investition in Mitarbeiter und nicht in Material
- Integration in schon vorhandene Sicherheitsorganisationen

E-Quality

Qualitätsmanagement

Eng verflochten mit dem Sicherheitsmanagement ist auch das Qualitätsmanagement. Man kann Sicherheit als einen Teil von Qualität betrachten, jedoch wird dies in den meisten Unternehmen getrennt verwaltet, angewandt und beherrscht. Nimmt man die Frage der Verfügbarkeit eines DV-Systems, so ist dies eine Sicherheitsfrage hinsichtlich der Verletzlichkeit des Systems aber auch eine Frage der Qualität hinsichtlich der Verfügbarkeit der Anwendung.

Im Rahmen der E-Commerce-Entwicklung der letzten Jahre sind diese beiden Themen nur schwer auseinander zuhalten, ebenso zum Beispiel wie IT-Sicherheit und Zutrittssicherheit, die immer häufiger auf einer IT-gestützten Datenbank beruht. Bei IT-Qualität und sonstiger Qualität verschwimmen die Grenzen noch mehr. Obwohl die ISO 9000 nicht ohne Änderungen oder zumindest nicht ohne Interpretationen auf ein E-Commerce-System angewandt werden kann, so sind doch viele Grundzüge dieses Qualitätssystems verwendbar, wie zum Beispiel die Messmethoden - stellt sich nur die Frage, was die zu messenden Parameter sind?

Grenzen verschwimmen

Die New Economy gibt Qualitätskriterien vor, die einzuhalten sind, will man eine hohe Akzeptanz der eigenen E-Lösung erreichen.

Qualitätskriterien

Beispiele solcher Qualitätskriterien in der IT sind:

- Geschwindigkeit
- Verfügbarkeit
- Sicherheit
- Benutzbarkeit

Obwohl die Parameter sicherlich sehr individuell festzulegen sind, bieten jedoch Quality Policies Ansätze zu unternehmensweiten Vereinbarungen, in denen E-Commerce-Parameter festgeschrieben werden.

Ein zunehmend entscheidendes Kriterium für das Marketing ist die Qualität der Web-Seite. Die Web-Seiten können gebrochene Links haben, wild und bunt aussehen, fehlende Bilder vorweisen oder einfach nur umständlich zu bedienen sein. Das Framework für die Qualitätssicherung dieses Themenkomplexes ist der Internet Styleguide. Neben dem Internet Style Guide ist die Entwicklung eines Internet Usability Guide von essentieller Bedeutung. Usability meint die Benutzbarkeit der Internet- und E-Commerce Systeme bis hin zu Prozessabläufen, unter anderem zum Beispiel die regelmäßige Messung der Qualität des E-Mail-Antwortverhaltens.

Qualität der Website

Fragestellungen bei der Transformation von Qualität aus der Old Economy in die New Economy sind zum Beispiel:

- Eine Kundenzufriedenheit ist bei der Beantwortung einer Anfrage innerhalb von 3 Tagen gegeben. Wie lange wartet ein Kunde bei einer Anfrage, die durch den Web-Server per E-Mail ausgelöst wurde?
- Von hundert Paketen kamen fünf falsch an, waren falsch gepackt oder wurden nicht angenommen. Wie ist die Qualität beim Abruf digitaler Produkte zu messen?
- Ein Arbeitsschritt dauerte in der Old Economy laut REFA maximal zehn Minuten. Wie lang dauert eine E-Commerce Transaktion meiner Server maximal?

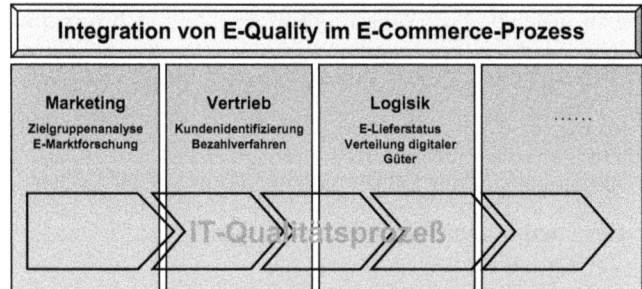

Abb. 3: Integration von E-Quality im E-Commerce-Prozess

Entscheidend ist auch, ob es sich bei der Betrachtung um eine Kundensicht auf die Geschäftsabläufe (B2C) oder eine Unternehmenssicht auf die Geschäftsabläufe (B2B) handelt. Während bei B2C von einer hohen Zahl Individualnutzer mit unterschiedlichen Kenntnissen und Bedürfnissen auszugehen ist, steht bei B2B dem gegenüber eine Gruppe von Unternehmen, mit geschulten Mitarbeitern und dem definierten Unternehmensbedürfnis.

Qualitätsniveau

Neue Qualitätskriterien

Es ist ersichtlich, dass gewisse Qualitätskriterien in der New Economy neu erdacht werden müssen. Da das Qualitätsniveau sowie die Prozessbeschaffenheiten bei jedem Unternehmen anders sind, ist ein Vorgehen notwendig, das zum Ziel hat, ein individuelles Qualitätsbedürfnis abzubilden. Hierzu dienen sogenannte Frameworks, die an die geforderten Qualitätsbedürfnisse anpassbar sind.

Die Veränderung in dem Selbstverständnis verschiedener unternehmenskritischer Faktoren von der bisherigen Old Economy (Brick & Mortar) zur informationsbasierten New Economy lässt sich als Transformation bezeichnen. Das bedeutet, dass Themen wie Sicherheit oder Qualität neu überdacht, in bestehende Systeme integriert und der Entwicklung der Kerngeschäfte angepasst werden müssen, eben eine E-Security und E-Quality Transformation.

Total Security Management

VICCON® TSM - Ein Enterprise Security Framework

In der Informationstechnologie, die an Komplexität ständig zunimmt, stellt sich die zentrale Frage, wie Sicherheitsmanagement thematisch strukturiert werden kann. Dazu dient ein ganzheitlicher Ansatz mit strategischer, fachlicher, organisatorischer, technischer, personeller, betriebswirtschaftlicher und juristischer Ausprägung. Dazu findet eine Strukturierung der Themen und Aufgaben in Module statt, die dann nach individuellem Bedarf gestaltet und aufgebaut werden können. Die Module sind:

Ganzheitlicher Ansatz

- Risk Analysis
- Business Continuity Planning
- Security Consulting and Integration
- Projectmanagement
- Security Controlling and Optimizing
- Product Evaluation
- Information Services
- Legal Services
- Awareness Building
- Training & Coaching
- Development & Tools
- Implementation Services

Kapitel 10

Rechtsrahmen

10.1 Rechtliche Dimension des E-Business

BURKARD J. LUHMER

Motivation

Die Umsetzung des Electronic Business betrifft nicht nur die Implementierung der Technologie oder Umstrukturierung von Unternehmensprozessen, sondern hat auch eine rechtliche Dimension. E-Business Transaktionen müssen auch rechtlich abgesichert werden können, mithin rechtsverbindlichen Charakter haben. Dazu bedarf es der notwendigen rechtlichen Rahmenbedingungen und der Umsetzung dessen durch den Rechtsanwender. Vor allem bestehen Defizite im Hinblick auf die Umsetzung der neu geschaffenen Rechtsvorschriften. Unkenntnis, Halbwissen oder Unklarheiten über die Rechtslage und Auslegung der neuen Gesetze bestehen sowohl auf Seiten der E-Business-Dienstleister wie auf der Anwenderseite. Die vorherrschende Unklarheit bezieht sich dabei aber nicht nur auf die rechtlichen Anforderungen und deren praktische Umsetzung, sondern auch auf die damit verbundenen Haftungsrisiken. Dieses Kapitel soll Sie für die rechtliche Seite des E-Business sensibilisieren und einen Überblick vermitteln.

Rechtliche Seite des E-Business

Ausgangssituation

Immer dann, wenn sich der Mensch neue Lebensformen oder Handlungsweisen erschließt, folgt zunächst das Recht dem Handeln. Sind die Spielregeln dann aber festgelegt, folgt das Handeln dem Recht. Da der Rechtsetzungsprozess vor allem auf internationaler Ebene noch längst nicht abgeschlossen ist, sollen, auch im Wege eines Rückblickes, zunächst einmal die Faktoren und Entwicklungen aufgezeigt werden, die im Wesentli-

Veränderungen in der Unternehmenswelt

chen die Fortentwicklung des Rechts beeinflusst haben bzw. beeinflussen.

Mit dem verstärkten Einsatz von Informations- und Kommunikationstechnologien verlagert sich unternehmerisches Handeln in den virtuellen, ortsunabhängigen Raum, was eine verstärkte Anonymität, Distanz und auch größere Risiken zwischen Geschäfts- bzw. Vertragspartnern im Rahmen der Abwicklungen von Prozessen und Geschäftsbeziehungen mit sich bringt.

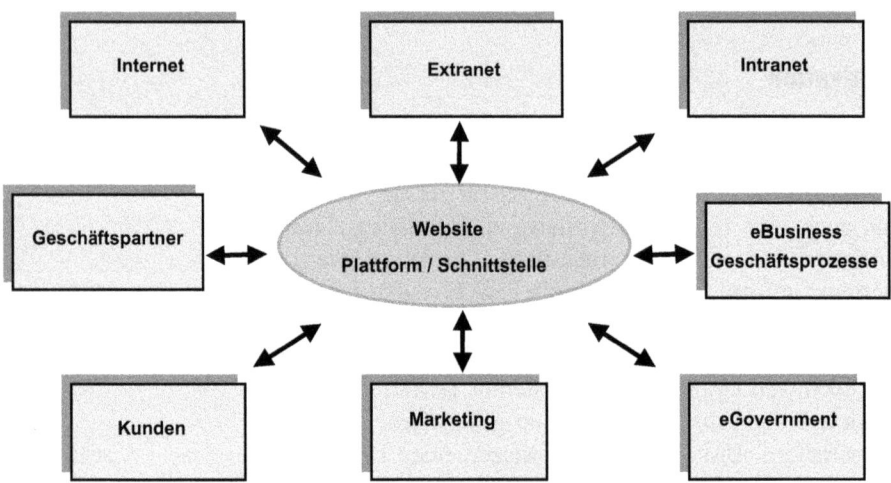

Abb. 1: Das virtuelle Unternehmen

Neue Geschäftsbeziehungen

Zu beobachten ist weiterhin, dass in der Informationsgesellschaft neue Geschäftsmodelle, Arten der Geschäftsabwicklung beziehungsweise Dienstleistungen zur Ermöglichung dessen entstehen. Bestehende Geschäftsbeziehungen sind neu auszugestalten Der Aufbau webbasierter kunden- und zuliefererzentrierter Systeme stellt zukünftig eine der zentralen Herausforderungen im elektronischen Geschäftsverkehr dar. Das heißt im Klartext, Integration der Unternehmen in die Wertschöpfungskette von Kunden und Zulieferern. Danach hat sich zwangsläufig auch die Umstrukturierung der internen Geschäftsprozesse zu richten. Der damit zunehmende Grad an Vernetzung, die enorm hohe Transparenz von Anbietern und Produkten durch das Internet sowie der damit verbundene erhöhte Wettbewerbsdruck zwingen zu mehr qualitäts-orientiertem, unternehmerischen Handeln. Dies zeigt beispielsweise die Vielzahl von angebotenen Qualitätssiegeln im Electronic Commerce.

Der Verbraucherschutz steht einmal mehr im Mittelpunkt des Geschehens und muss in Einklang mit den minder schutzbedürftigen Interessen der Geschäftsleute und den bestehenden Handelsbräuchen gebracht werden. Verbraucher- und Datenschutz stehen nicht umsonst besonders im Vordergrund der politischen Diskussion. Der Datenschutz, bisher mehr als stiefmütterlich in den Unternehmen behandelt, steigt in seiner Bedeutung auf, wie die Phönix aus der Asche. Daten und ihr wirtschaftlicher Wert stellen die eigentliche Währung im Informationszeitalter dar. Datensicherheit, -erhebung, -haltung und Datenverarbeitung sind mittlerweile zentraler Kernbereich im Unternehmen, der die Wertschöpfung des Unternehmens abbildet. Entsprechend dieser immer noch steigenden Bedeutung von Daten und Information werden sich auch die Kontrollen zur Einhaltung des Datenschutzrechtes in Unternehmen verschärfen.

Datenschutz hat zentrale Bedeutung

Die zunehmende und unaufhaltsame Hinwendung zum elektronischen Geschäftsverkehr führt gleichermaßen zu einer zukünftig verstärkten Abwicklung auch des elektronischen Rechtsverkehrs. Dies gilt für den privaten für den wie öffentlichen Bereich. Die Einführung der digitalen Signatur und Gleichsetzung der „Elektronischen Form" mit der gesetzlichen Schriftform ist ein Meilenstein im elektronischen Geschäfts- und Rechtsverkehr, auch wenn dies auf Anwenderseite bisher noch nicht in dem Maße ins Bewusstsein gerückt ist. Dies wird sich erst verstärkt bemerkbar machen, wenn die digitale Signatur mit geschäftsprozessorientierten Software-Anwendungen eingesetzt wird. Die digitale Signatur

Elektronischer Rechtsverkehr

- sichert die Rechtsverbindlichkeit der Transaktionen,
- gewährleistet die Identifizierbarkeit des Versenders elektronischer Dokumente,
- erleichtert die Beweisführung im Streitfall oder
- lässt erkennen, ob elektronische Dokumente auf dem Versandweg manipuliert wurden.

Daneben verändert sich die Arbeitswelt. Es werden alte Zuständigkeitsbereiche und Rechtspositionen der Unternehmensmitarbeiter in Frage gestellt, Mitarbeiter arbeiten von zu Hause oder unterwegs. Generell müs-

Veränderte Prozesse

sen unternehmensinterne und -externe Prozesse und Rechtsbeziehungen neu definiert oder zumindest angepasst werden; handelnden Personen werden Rechte und Pflichten neu bzw. über elektronische Medien zugewiesen.

Interessenskonflikte

Weiterhin ist festzustellen, dass sich beispielsweise im Zusammenhang mit der Gestaltung des Webauftrittes Interessenkonflikte zwischen Anbieter und verschiedenartigen Kundengruppen offenbaren, die man bisher durch eine gezielte Ansprache und Steuerung verschiedener Marketinginstrumente umgehen konnte. Hier gilt es, Lösungsansätze zu entwickeln, wie man auf einer Website die Interessen besonders schutzwürdiger Kundengruppen - wie Verbraucher, Minderjährige oder die, für die bestimmte werberechtliche Beschränkungen gelten - mit denen der weniger schutzwürdigen Kunden, wie den Geschäftsleuten, in Einklang bringen kann, ohne eine Rechtsverletzung zu begehen. All diese Veränderungen und Neuerungen bedürfen letztlich der rechtlichen Absicherung.

Herausforderung für den elektronischen Rechtsverkehr

Welchen Herausforderungen und notwendigen Schritten stehen wir nun auf der rechtlichen Ebene gegenüber, um die vorbezeichneten Veränderungen in der Geschäftswelt auf eine solide rechtliche und praxisorientierte Grundlage zu stellen?

Der Gesetzgeber

Rechtliche Leitlinien festgelegt

Aus Sicht des Gesetzgebers sind auf nationaler und europäischer Ebene die rechtlichen Leitlinien für das „Doing E-Business" im Wesentlichen festgelegt. Wenn an anderer Stelle berechtigterweise von dem „Globalen Dorf" die Rede ist, dann mag man erahnen, was dies für eine Vielzahl zu klärender Rechtsfragen auf internationaler Ebene, sei es beispielsweise in der Strafverfolgung, dem Vertrags-, Werbe- oder Wettbewerbsrecht oder im Daten- und Verbraucherschutz, aufwirft. Für den deutschen Gesetzgeber ist dabei die Arbeit noch nicht getan. Alte Gesetze müssen nach wie vor auf ihre Gültigkeit überprüft und gegebenenfalls angepasst werden.

Die Rechtsprechung

Aufgabe der Rechtsprechung ist es, die neuen Gesetze zu interpretieren, Anhaltspunkte für die praktische Umsetzung des Rechts zu liefern und die Grenzen aufzuzeigen. Als Beispiel mag hier an das Urteil des Bundesgerichtshofes zur Zulässigkeit von allgemeingültigen Begriffen bei Internet-Domains erinnert sein. Gefragt ist hier nicht nur praxisgerechtes Urteilen, sondern auch eine kompetente Richterschaft mit dem notwendigen technischen Verständnis.

Kompetente Richterschaft

Die Wissenschaft

Die Wissenschaft ist mehr denn je gefragt, praxisorientierte Lösungsansätze auszuarbeiten und als Impulsgeber für Politik und Unternehmen zu fungieren. Die Wissenschaft wird dabei mehr und mehr zum Dienstleister aufgrund der Komplexität der Materie. Internationale Verflechtungen, unterschiedliche Rechtsordnungen und Mentalitäten, neue Risiken in einer transparenten, globalen Informationsgesellschaft und die zunehmende Komplexität der einzusetzenden Technologien sind dabei in Einklang zu bringen.

Lösungsansätze

Der Rechtsanwender

Die Umstellung auf E-Business bringt also die Beachtung neuer Spielregeln mit sich, die umgesetzt werden müssen. Das Betreten juristischen Neulandes erfordert nicht nur Kreativität in der Gestaltung der Rechtsbeziehungen, sondern verlangt auch hier und da mutiges Vorgehen nach dem Prinzip: Try and Error. Hier muss man sich darüber im Klaren sein, dass die Rechtsprechung noch eine Reihe von Korrekturen vornehmen wird. Bestehende Rechtsbeziehungen müssen neu interpretiert werden, wie etwa die Erweiterung der Allgemeinen Geschäftsbedingungen oder urheberrechtlicher Verwertungen (Lizenzverträge) auf den Online-Bereich. Neue Vertragsarten im Online-Business (Link-Vereinbarungen, Affiliate Programme, Content-Verträge, weitere Beispiele siehe unten) oder im Bereich der Internet-Dienstleistungen wie Webhosting, E-Mail Services, Applikation Software Providing etc. wurden hervorgebracht.
Andererseits treten verschiedene Rechtsbereiche, wie beispielsweise der Datenschutz, im Unternehmen stärker in den Vordergrund als bisher. Gerade die Umset-

Juristisches Neuland

zung neuen Rechts birgt ein erhöhtes Haftungsrisiko. Daher ist grundsätzlich zu empfehlen, einen entsprechenden Rechtsspezialisten zu konsultieren.

Die wichtigsten Gesetze im E-Business

Rechtsbereiche im E-Business

Das „Recht im E-Business" umfasst im Wesentlichen die Spielregeln der elektronischen Kommunikation oder die multimediale Präsentation des Internet-Auftritts als Plattform und Schnittstelle für Information und Kommunikation. Darüber hinaus sind diesem Rechtsbereich aber auch die verschiedensten Rechtsbeziehungen zwischen dem E-Business- Anwender und den E-Business-Dienstleistern zuzuordnen. Hierzu zählen die Telekommunikationsanbieter bzw. Internet-Provider, Hard- und Softwarehersteller, die sogenannten „Enabler" wie Systemhäuser, Multimediaagenturen, IT-Dienstleister und nicht zu vergessen die Inhalte-Lieferanten.

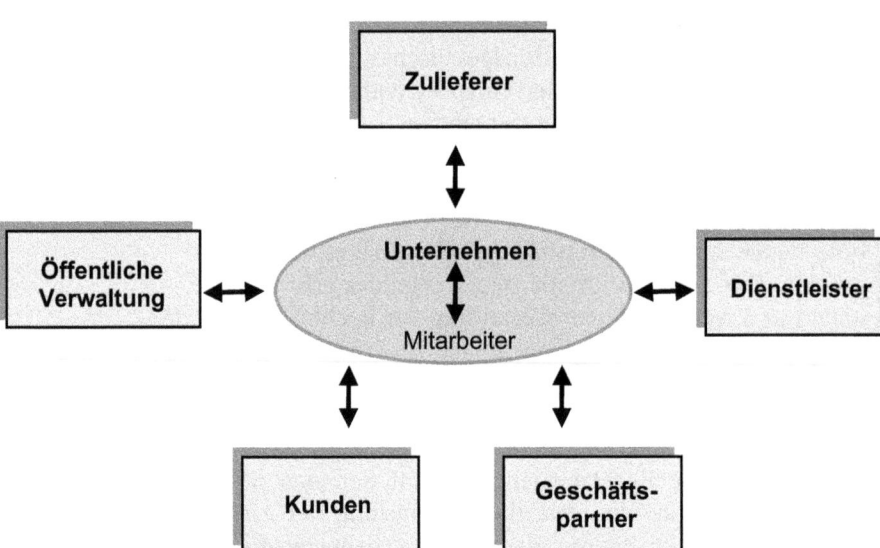

Abb. 2: Rechtsbeziehungen im E-Business

Hier gibt es eine Fülle verschiedenster neuer Vertragsarten und Regelungsgegenstände aufgrund neuartiger Dienstleistungen und der Anwendung jeweils unterschiedlicher Informations- und Kommunikationstechnologien.

Teledienstegesetz

Das zentrale Gesetz im E-Commerce ist das Teledienstegesetz (TDG), welches im Wesentlichen die Anforderungen der EU-E-Commerce Richtlinie umsetzt. Es regelt u.a. den Geltungsbereich der Teledienste - in Abgrenzung zu sogenannten Mediendiensten - im Sinne des Mediendienste-Staatsvertrages, die Zulassungs- und Anmeldefreiheit, Verantwortlichkeiten für Inhalte im Internet und zahlreiche Informationspflichten, wie die Anbieterkennzeichnung (Impressum). Ferner schreibt das TDG das Herkunftslandprinzip fest. Das bedeutet, dass grundsätzlich ein Diensteanbieter innerhalb der EU dem nationalen Recht unterworfen ist, in dem er niedergelassen ist. Davon gibt es einen Katalog von Ausnahmen, zu denen auch das Verbraucherschutzrecht zählt.

Zentrales Gesetz im E-Commerce

Mediendienste-Staatsvertrag (MDStV)

Der Geltungsbereich des Mediendienste-Staatvertrages der Länder erstreckt sich im Gegensatz zum Teledienstegesetz auf das Angebot und die Nutzung von an die Allgemeinheit gerichteten IuK-Diensten, wie sogenannte Verteildienste im Sinne von Fernseheinkauf, Fernsehtext, Radiotext oder vergleichbare Text- und Verteildienste, in denen Messergebnisse und Datenermittlungen verbreitet werden oder Abrufdienste (Video on Demand). Ausgenommen sind Telespiele, die die reine Übermittlung/Abfrage von Auskunftsdaten oder den individuellen Leistungsaustausch zum Gegenstand haben, wie z.B. Online-Shopping oder Homebanking (Teledienste). Sind die Mediendienste jedoch dem Rundfunk zuzuordnen, gilt der Rundfunkstaatsvertrag. Der MDStV regelt u.a. die Verantwortlichkeit für Inhalte und deren Ausgestaltung, Werbung, Sponsoring, Auskunftsrechte, Datenschutz sowie das Recht der Gegendarstellung. Es wird sich zeigen, wie lange sich mit zunehmender Konvergenz der Medien die schon jetzt umstrittene Unterscheidung von Tele- und Mediendiensten aufrechterhalten lässt.

Beschränkung auf IuK-Dienste

Signaturgesetz, Signaturverordnung, Formvorschriftenanpassungsgesetz

Das Signaturgesetz regelt nach Maßgabe der EU-Signaturrichtlinie die technischen und organisatorisch-administrativen Rahmenbedingungen für die elektroni-

Rahmenbedingungen für elektronische Signatur

sche Signatur, unter denen diese als sicher gelten, Fälschungen elektronischer Signaturen oder Verfälschungen der signierten Daten festgestellt werden können.

Es adressiert die Zertifizierungs-Dienstleister und damit den Anwender der qualifizierten elektronischen Signatur nur indirekt. Schon jetzt schreiben zahlreiche Gesetze zwingend den Einsatz der qualifizierten elektronischen Signatur im Rahmen der elektronischen Abwicklung bestimmter Anwendungen bzw. Prozesse sowohl im E-Business als auch im E-Government vor.

Gleichstellung der gesetzlichen Schriftform

Mit Einführung der (qualifizierten) elektronischen Signatur waren für den Gesetzgeber nunmehr die Möglichkeit und die sicherheitstechnischen Voraussetzungen geschaffen, um die Gleichstellung der gesetzlichen Schriftform, also dem Erfordernis einer eigenhändigen Unterschrift, mit der elektronischen Form gleichzustellen. Daneben hat der Gesetzgeber für bestimmte, gesetzliche festgelegte Anwendungsfälle durch das Formvorschriftenanpassungsgesetz die sogenannte Textform eingeführt. Diese erfordert weder eine eigenhändige Unterschrift noch eine elektronische Signatur. Ausreichend ist lediglich die Angabe des Namens etwa in einer E-Mail oder einem Faxschreiben.

Verbraucherschutz: Fernabsatzgesetz, AGB-Gesetz, Verbraucherkreditgesetz

Lieferung von Waren oder Dienstleistungen

Das Fernabsatzgesetz bezieht sich als Verbraucherschutzgesetz auf Verträge über die Lieferung von Waren oder die Erbringung von Dienstleistungen, die ausschließlich zwischen einem Unternehmer und einem Verbraucher unter ausschließlicher Verwendung von Fernkommunikationsmitteln (Briefe, Telefon, Telefax, E-Mails, Rundfunk, Tele-, Mediendienste) abgeschlossen werden. Es sei denn, der Vertragsschluss ist nicht im Rahmen eines für den Fernabsatz organisierten Vertriebs- oder Dienstleistungssystems erfolgt. Demzufolge fällt auch das Online-Shopping unter den Fernabsatz.

Das Gesetz bestimmt im Wesentlichen, welche Informationen der Verbraucher zu erhalten hat sowie das Recht, den über Fernabsatz geschlossenen Vertrag ohne Angabe von Gründen innerhalb einer Frist von 14 Tagen widerrufen zu können. Durch diesen Widerruf wird auch ein Verbraucherkredit gelöst, der zur vollständigen oder teilweisen Finanzierung der betreffenden Ware oder Dienstleistung zwischen Lieferant und Verbraucher oder Verbraucher und einem Dritten (aufgrund einer zusätzlichen Vereinbarung zwischen dem Lieferanten und Dritten) abgeschlossen wurde.

Durch die Schuldrechtsreform 2001/2002 wurde u.a. das Fernabsatzgesetz, das Gesetz der Allgemeinen Geschäftsbedingungen, das Verbraucherkreditgesetz und das Haustürwiderrufsgesetz in das Bürgerliche Gesetzbuch integriert.

Schuldrechtsreform

Datenschutz: Teledienstedatenschutzgesetz, Bundesdatenschutzgesetz

Das Teledienstedatenschutzgesetz ist ein Spezialgesetz zum allgemeinen Bundesdatenschutz und gilt für den Schutz personenbezogener Daten bei Telediensten im Sinne des Teledienstegesetzes. Damit soll in datenschutzrechtlicher Hinsicht den speziellen Gefährdungen der Internet-Nutzung vor allem durch Privatpersonen (B2C) Rechnung getragen werden. Im Hinblick auf den Datenschutz im elektronischen Geschäftsverkehr (B2B) ist weitestgehend das Bundesdatenschutzgesetz anzuwenden.

Das Gesetz enthält Grundsätze für die Verarbeitung personenbezogener Daten, Verpflichtungen technisch-organisatorischer Art auf Anbieterseite sowie detaillierte Regelungen hinsichtlich der Erhebung, der elektronischen Einwilligung und dem Umgang mit Nutzungs-, Bestands- und Abrechnungsdaten sowie das Auskunftsrecht des Nutzers. Datenschutzrechtliche Vorschriften für die Mediendienste finden sich im Mediendienste-Staatsvertrag. Relevant wird der Datenschutz vor allem bei der Kundenregistrierung, Vertragsabwicklung, beim Zahlungsverkehr, der Erstellung von Nutzerprofilen, Userverhalten/Statistik, Cookies, Newsletter-Abos, Gewinnspiele/Preisausschreiben, der Weiterleitung personenbezogener Daten an Dritte oder bei der Lokalisierung im Mobile Commerce.

Verarbeitung personenbezogener Daten

Online-Marketing: Werberecht, Berufsständerecht, Wettbewerbsrecht, Produkthaftpflicht

Das deutsche Werbe- und Wettbewerbsrecht gilt auch für Werbung, Kaufanreize oder das One-to-one-Marketing im Internet. Die rechtlichen Vorgaben ergeben sich insbesondere aus § 1 Gesetz gegen den unlauteren Wettbewerb (UWG) (Sittenwidrigkeit) und § 3

Werbe- und Wettbewerbsrecht

UWG, wonach der Anbieter verpflichtet ist, keinerlei falsche oder irreführende Informationen über seine geschäftlichen Verhältnisse, Waren und Leistungen oder sonstige Angebotsbestandteile zu veröffentlichen.

Produktanpreisung

Besondere Aufmerksamkeit gilt der Produktanpreisung. Die erweiterten Möglichkeiten der Produktdarstellung durch multimediale Anwendungen und das Erschwernis, die Ware nicht physisch begutachten zu können, erfordern auch eine entsprechend größere Sorgfalt in Bezug auf die Richtigkeit, Aktualität, den Umfang und die Darstellungsweise der Produktinformationen. Diese Aspekte stellen eine extreme Herausforderung im Mobile Commerce aufgrund des verkleinerten Displays dar.

Werbebeschränkungen

Die nach deutschem Recht bestehenden standesrechtlichen Werbebeschränkungen für Angehörige freier Berufe sowie produktbezogenen Werbebeschränkungen (Tabak, Arzneimittel, Medizinische Produkte u.a.) gelten auch im Internet genauso, wie prinzipiell der presse- und medienrechtliche Grundsatz der Trennung zwischen redaktionellem Inhalt und Werbung.

Adressiert der Internetanbieter auch ausländische Märkte, so hat er aufgrund des sog. Marktortsprinzips die entsprechenden ausländischen Wettbewerbsordnungen zu berücksichtigen. Will man als Anbieter bewusst bestimmte Märkte eingrenzen, ist die Website entsprechend auszugestalten. Indizien für eine Marktbegrenzung sind etwa die Wahl der Sprachen, entsprechende Hinweise in den Lieferbedingungen oder das Angebot länderspezifischer Zahlungsverfahren.

Weitere Problemfelder

Neben diesen kollisionsrechtlichen Problemen und dem vorgenannten Trennungsgebot sind die kommerzielle Versendung von E-Mails (Spamming) sowie die Verwendung von Verweisungstechnologien im Internet (Links und Frames) weitere Problemfelder im Wettbewerbsrecht unter dem Gesichtspunkt des „Sich-zu-Eigen-Machens" fremder Inhalte oder der Irreführung.

Preisangabengesetz und Preisangabenverordnung

Preisangaben

Auch im Internet - und hier besonders - gilt das Prinzip von Preisklarheit und Preiswahrheit. Im Zusammenhang mit den Preisangaben im Internet stellen sich allerdings dem Anbieter erfahrungsgemäß eine Fülle von Einzelfragen. Darf ich auch gegenüber dem Verbraucher Nettopreise angeben? Inwieweit muss ich Einzel- und Gesamtpreise angeben? Welche Preisbestandteile wie Steueranteil, Versandkosten, Zölle sind wie und wo anzugeben? Grundsätzlich muss jedes auf den Bildschirm übertragene Angebot mit einer Preisangabe versehen sein. Entgelte für die Nutzung von Telediensten müssen vor dem Zugriff angegeben sein.

Urheber- (Vertrags-) recht, Markenrecht

Dem Urheber- und Markenrecht kommt im Internet eine enorme Bedeutung zu, wenn man sich vor Augen führt, dass das „Internet", einmal untechnisch ausgedrückt, eigentlich nichts anderes ist als eine Ansammlung von Texten, Bildern und audiovisuellen Daten, die alle auf einen Urheber oder Nutzungsberechtigten zurückzuführen sind. Die angebliche „Freiheit" der Veröffentlichung im Internet, die Möglichkeit der Verlinkung, fehlende oder bisher unzureichende Mechanismen einen effektiven Urheber- bzw. Verwertungsberechtigtenschutz zu gewährleisten, verleiten allzu schnell dazu, derartige Verletzungen zu begehen. Wichtig zu wissen ist auch, dass das Internet eine besondere Nutzungsform im urheberrechtlichen Sinne darstellt und somit eigens in Lizenzverträgen vereinbart werden muss.

Mit Erlass der „Richtlinie zur Harmonisierung bestimmter Aspekte des Urheberrechts und der verwandten Schutzrechte in der Informationsgesellschaft" ist innerhalb der Europäischen Union ein einheitlicher Rechtsrahmen geschaffen worden. Sie regelt insbesondere das Vervielfältigungsrecht, das Recht der öffentlichen Wiedergabe und Zugänglichmachung, das Verbreitungsrecht sowie den rechtlichen Schutz von Systemen zur Verhinderung unerlaubten Kopierens und zur Verwaltung von Rechten.

Das Marken- oder Kennzeichenrecht spielt insbesondere eine Rolle im Zusammenhang mit der Verwendung von Internet-Domains, von sogenannten Meta-Tags, oder bei der Verlinkung auf fremde Marken. Hier stellt sich die Frage, inwieweit ich die Zustimmung für die Verwendung von oder Verlinkung auf fremde Marken oder eine fremde Website grundsätzlich benötige.

Enorme Bedeutung im Internet

Weitere internetrelevante Gesetze und internationale Regelwerke und Vereinbarungen

- Fernunterrichtsgesetz
- Gesetz über d. Verbreitung jugendgefährdender Schriften u. Medieninhalte
- Gesetz zum Schutz der Jugend in der Öffentlichkeit
- Codes of Conduct (Freie Selbstkontrolle Multimedia, D21 Initiative, Gütesiegel)
- Domain-Vergaberichtlinien (DE-NIC, ICANN)
- Deutscher EDI-Rahmenvertrag, EG-EDI-Modellvertrag
- Model Law on Electronic Commerce, UN-Commission on International Trade Law UNCITRAL
- UN-Kaufrecht: Übereinkommen über Verträge über internationalen Warenkauf CISG
- Übereinkommen über handelsbezogene Aspekte der Rechte des geistigen Eigentums TRIPS
- Welturheberrechtsabkommen WUA
- Int. Chamber of Commerce ICC Guidelines: General Usage in International Digitally Ensured Commerce GUIDEC
- OECD-Guidelines zum Datenschutz und E-Commerce
- ICC Uniform Rules of Conduct UNCID

Internetspezifische Vertragstypen und Vereinbarungen

Neue Arten rechtlicher Vereinbarungen

Geschäftliche Aktivitäten auf Basis der Internettechnologie, das Aufkommen neuer Geschäftsmodelle und Internet-Dienstleistungen (Internet-Providing) machen es erforderlich, neue Arten rechtlicher Vereinbarungen zu treffen oder bestehende Verträge zu modifizieren. Hier gilt es sich gegenüber neuen Risiken in ausreichendem Maße abzusichern. Im Folgenden sind die wichtigsten internetspezifischen Vertragsvereinbarungen aufgelistet.

Unternehmen und Kunden/User

- Online-AGB
- Online-Datenbank-Nutzungsvertrag
- Uploading-, Downloading-Verträge
- Content-Verträge
- Warnhinweise/ Haftungsfreizeichnungsklausel

Unternehmen und Dienstleister

- Internet-Zugangsverträge
- Web-Hosting-Verträge
- Bereitstellung von Domains
- Verträge über E-Mail-Services
- Content-Lieferungs-Verträge
- Lizenzverträge zwischen Diensteanbietern und Rechteinhabern
- Multimedia-Produktionsvertrag/Webdesign- (Pflege-) Vertrag

Unternehmen und Unternehmen

- Werbebanner-Verträge, Affiliate Programme
- Linking-Lizenz-Vereinbarungen
- Elektronisches Publizieren (Autor - Verlag)
- Schiedsgerichtsvereinbarungen

Fazit für die Praxis

Worauf sollte man all demzufolge als Verantwortungsträger im Unternehmen besonders achten? Zunächst einmal ist die Auseinandersetzung und Umsetzung der neuen rechtlichen Anforderungen grundlegend geboten, um

- den gesetzlichen Anforderungen nachzukommen,
- Rechtssicherheit und Vertrauen in das E-Business gegenüber dem Mitarbeiter, den Kunden und Geschäftspartnern zu schaffen,
- die Einhaltung eines funktionierenden, sich verstärkenden Wettbewerbs sicherzustellen,
- Qualität im Unternehmen zu sichern,
- der Gefahr der Schädigung des Unternehmensimages präventiv entgegenzutreten
- und um natürlich die nicht unerheblichen Haftungsrisiken zu minimieren.

Die Grafik verdeutlicht, welche wesentlichen Haftungstatbestände und finanziellen Risiken bereits bei der Nichteinhaltung des Rechts drohen können.

Verstöße	Haftungsrisiko/Sanktionen
• Pflichtangabenverletzung nach TDG • Datenschutzgesetz • Teledienstedatenschutzgesetz • Informationspflichten nach Fernabsatzgesetz auf	bis 125.000 Euro bis 250.000 Euro bis 50.000 Euro Verlängerung der Widerrufsfrist 4 Monate, Haftungserleichterung für Verbraucher
• Marken-/ Urheberrecht • Wettbewerbsrecht • Deliktsrecht • Produkthaftungsgesetz	Schadenersatz Unterlassungsansprüche
• Strafrecht	Geldstrafen, Freiheitsentzug

Abb. 3: Haftungsrisiken

Bei der Einführung von E-Business bzw. Durchführung von Projekten gilt aus rechtlicher Sicht:

- Unterschätzen Sie nicht die Bedeutung Ihrer Unternehmens-Website. Sie ist nicht nur Visitenkarte, sondern öffentlicher Verkaufsraum. Je komplexer und funktioneller etwa durch Content- oder Customer Relationship- Management Systeme die Unternehmensplattform wird, desto höhere Anforderungen sind an ein permanentes rechtliches Controlling zu stellen. Bedenken Sie, dass Behörden, die Konkurrenz, Verbraucherverbände, aber auch der Kunde die Möglichkeit haben, die Rechtmäßigkeit ihrer Website zu überprüfen und sie damit einer permanenten Überwachung ausgesetzt ist.
- Legen Sie klare und neue Zuständigkeiten im Unternehmen fest.
- Achtung: beim Kauf von Software-Lösungen: diese sind selten beispielsweise auf Datenschutz (CRM) oder E-Commerce-Recht (Shoplösungen) rechtlich geprüft.
- Kalkulieren Sie die Rechtsberatung als Kostenfaktor im Projekt ein.
- Häufigster Fehler: der Anwalt wird zu spät zur rechtlichen Überprüfung eingeschaltet. Binden Sie den Rechtsberater frühzeitig mit in das Projekt ein und nicht erst, wenn es schon weitgehend vollendet ist.

Dies erspart zusätzliche Kosten für Umprogrammierungen bzw. Korrekturen und vermeidet Streit darüber, wer für die Kosten aufzukommen hat.
- Seien Sie kritisch bei der Auswahl des Rechtsberaters. Überzeugen Sie sich von seiner Expertise auf dem Gebiet des Internetrechts.
- Beachten Sie, dass bestehende Verträge dem neuen Recht angepasst werden. Beispiel: Gilt eingeräumte Lizenz auch für die Verwendung von Fotos auch im Internet?
- Distanzgeschäfte im virtuellen Raum erfordern höhere Absicherung in technisch und rechtlicher Hinsicht.
- Die rechtliche Überprüfung der Website deckt häufig andere, rechtlich defizitäre Bereiche auf. Dies gilt insbesondere für Werbung, Urheber-, Lizenzrechte, Markenrechte, unwirksame AGB etc.

10.2 Domainrecht

HOLGER GEITZ

Einleitung

Domainrecht etabliert sich zunehmend als wichtige, wenn nicht sogar wichtigste, Untergruppe einer neuen und naturgemäß jungen Rechtsdisziplin, des Internetrechts. Dabei ist weniger ungewöhnlich oder neuartig, dass das Internet vor dem Internetrecht existiert hat. Dies ließe sich nämlich mit einiger Berechtigung vom Gegenstand einer jeden Rechtsdisziplin behaupten. Schon der biblische Brudermord von Kain und Abel stand vor dem Erlass der 10 Gebote.

Ungewöhnlich ist auch nicht die stürmische Entwicklung des Mediums Internet, die sich beispielsweise in der Zunahme der Vernetzung von 23 Militärcomputern im Jahre 1971 zu einem heute über 30 Millionen Rechner umspannenden Netzwerk manifestiert[1]. Außergewöhnlich ist vielmehr, dass eine gerade durch die Informationsmöglichkeiten des Internets beispiellos aufgeklärte und interessierte Öffentlichkeit an dieser Entwicklung teilnimmt und sie entsprechend kritisch begleitet, befördert und, je nach Standpunkt auch behindert.

Dabei wird weitgehend verkannt, dass während die Öffentlichkeit zum Teil noch die Daseinsberechtigung eines derartigen Internetrechts diskutiert, ein rechtsfreier Raum Internet gefordert oder befürchtet[2] wird, in Wahrheit sich schon ein umfangreiches Regelwerk bestehend aus völkerrechtlichen Verträgen, Abkommen,

Domainrecht und Internetrecht

---

[1] Bohr, Deutsche EDV-Unternehmen im Internet- eine empirische Sudie, CR 1996, 633 ff.
[2] „Das Internet ist ein rechtsfreier Raum", wird der Vorsitzende des Bundes Deutscher Kriminalbeamter (BDK) am 28. März 2001 in der Mitteldeutschen Zeitung zitiert.

nationalem Recht und nicht zuletzt eine zum Teil bereits fundierte Rechtsprechung entwickelt hat.

Arbitration and Mediation Center

Die angeblich unüberwindlichen Schwierigkeiten, die in Verbindung mit einem sich metastasenartig verbreitenden internationalen Medium zu erwarten sind, sind teilweise bereits Gegenstand immerhin befriedigender Lösungen, wie etwa das bei der WIPO (World Intellectual Property Organization) in Genf eingerichtete und allein im Jahr 2000 mit über 1200 Fällen befasste (davon wurden nach eigenen Angaben im selben Zeitraum knapp 70 % gelöst)[3] Arbitration and Mediation Center, das unter anderem zur Lösung von Domainkonflikten eingesetzt ist, deutlich macht.

Das Internetrecht und insbesondere das dabei wegen seiner besonderen wirtschaftlichen Bedeutung als Katalysator wirkende Domainrecht ist schon längst dem Babystadium entwachsen und präsentiert sich heute als schon recht ansehnliches Kind, wenn auch noch mit Kinderkrankheiten versehen.

Einzelfallbetrachtung beim Rechtsstreit

In dem nachstehenden Kapitel soll der Status quo des Domainrechts in der gebotenen Kürze und Übersichtlichkeit dargestellt werden. Dabei sollte es dem Verfasser wie dem Leser stets präsent sein, dass schon zum Zeitpunkt der Veröffentlichung dieses Kapitels einzelne Passagen überholt oder gar widerlegt sein könnten. Insbesondere kann die nachstehende Darstellung im Streitfalle nicht den erfahrenen Rechtsbeistand und die stets erforderliche Einzelfallbetrachtung ersetzen. In allgemeinen Fragen wird der geneigte Leser stets gut beraten sein, sich in dem Medium weiter zu informieren, das Gegenstand dieses Buches ist, nämlich im Internet.

Die Bedeutung der Domain

Anstieg der Internet-Adressen

Dem *globalen Dorf oder Cyberspace* gehört die Zukunft. Wer hier nicht vertreten ist, nimmt am Markt der Zukunft nicht teil. So oder ähnlich jedenfalls lautete bis vor kurzem unisono die Botschaft der Unternehmen, Verbände und Behörden. Wer an diesem Markt präsent sein will, benötigt eine Adresse. Gesagt, getan. Im Jahr 1996 waren weltweit 100 000 Unternehmen mit einer

---

[3] Jahresbericht des WIPO Arbitration and Mediation Center „Domain Name Dispute Resolution Service in 2000, abzurufen unter www.wipo.int

Adresse im Internet vertreten. Heute sind allein bei der deutschen Vergabestelle für Domains, der DENIC eG, weit über 4,5 Millionen Domain Namen[4] registriert.

Es versteht sich, dass nicht irgendeine Adresse, sondern eine besonders merkfähige oder zumindest eine mit dem Namen des Unternehmens möglichst übereinstimmende Domain - etwa krupp.de[5] - gefragt ist. Doch Internetadressen sind zumindest bislang ein knappes Gut, das dementsprechend teuer gehandelt wird. Wer mit sex.com auf sein Unternehmen hinweisen will, muss nach derzeitigem Kenntnisstand 85 Mio. US-Dollar[6] hinblättern. Aber auch wer elektronisch Blumen unter *eflowers.com* anbieten wollte, musste diese Adresse zunächst für 1 Million US-Dollar bei einem Dritten erwerben[7].

Internet-Adressen als teures Gut

Aber auch die Deutsche Bank[8], die Stadt Heidelberg[9], der Mineralölkonzern Shell[10] oder die Fastfood-Kette Mc Donalds[11] mussten feststellen, dass sie die goldene Regel des *Cyberlaw - first come, first served -* zumindest zunächst nicht verstanden hatten. Die genannten Organisationen bemühten im Weiteren mehr oder minder erfolgreich die Gerichte, um die begehrten Adressen zu erhalten. Ein neues Schlagwort, nämlich *Cybersquattings* machte die Runde und brandmarkte neben einer Reihe zwielichtiger Geschäftemacher auch unbescholtene Privatpersonen als *Domaingrabber*.

Domaingrabber

Bis heute ist der Anstieg der Flut der Domainstreitigkeiten noch nicht absehbar. So konnte der Verfasser noch 1997 über insgesamt 20 veröffentlichte Entscheidungen zum Domainrecht referieren. Ein Bericht allein über die im Jahr 2000 veröffentlichten deutlich über 100 Entscheidungen[12], die eher als Spitze des unveröffent-

Flut an Domainstreitigkeiten

---

[4] Stand: Juni 2001
[5] Krupp.de II, NJW-CUR 1998, S. 175 ff. - Urteil des OLG Hamm, Az. 4 U 135/)/ vom 13.01.1998
[6] s.a.. pcwelt.de/news/internet/11519
[7] s.a. Marwitz in WRP 2001, S.9 ff.
[8] Wirtschaftswoche 1996/22, S. 62
[9] ZUM 1996, S. 705 ff. - Urteil des LG Mannheim, Az.: 7 O 60/96 vom 8. März 1996
[10] BB 1999, S. 1287 - Urteil des OLG München, Az.: 6 U 4557/98 vom 25.März.1999
[11] s.a. Bäumer, CR 1998, 174 ff.
[12] s.a. Poeck und Jooss in Recht im Internet-19-2001, kapitel 4-2.1, S. 6

lichten Eisbergs gesehen werden müssen, würde jeden noch so geduldigen Zuhörer sicher überfordern.

Domains sind uns demnach nicht nur lieb und teuer, sondern sie sind längst auch zum Zankapfel von Politik und Wirtschaft geworden und dementsprechend auch in den Blickpunkt des Gesetzgebers geraten. Hier sei nur beispielhaft auf den *Anti-Cybersquatting Consumer Protection Act*[13] der USA verwiesen, der bereits zu einschneidenden Änderungen im US-Markengesetz („Lanham Act") geführt hat.

Die Struktur der Domains

IP-Adressen

In der Anfangszeit des Internets, nach dem „digitalen Urknall", konnten die jeweils im Netz befindlichen Rechner nur über ihre „Internet Protokoll Adresse", kurz über ihre *IP-Adresse,* erreicht werden. Es handelt sich dabei um eine eindeutige viergliedrige Zahl, wobei die Glieder – gemäß dem hexadezimalen Zahlensystem jeweils bestehend aus den Zahlen 0 bis 255 - jeweils durch Punkte voneinander getrennt sind, also etwa die Zahlenfolge 134.231.89.76.

Domain-Namen

Es gehört wenig Phantasie dazu, um zu erkennen, dass derartige Nummern sich weder für den Geschäftsverkehr noch für die Werbung eignen. Es wurde ein System benötigt, das eher dem menschlichen Gedächtnis als den logischen Erfordernissen einer digitalen Adressverwaltung entsprach. Es entstand das Domain-Name-System, innerhalb dessen den Rechnern eine alphanumerische Zeichenfolge – die *Domain* – in Form eines Pseudonyms zugewiesen wird, wobei dieses Pseudonym bei einem *Domain-Name Server (DNS)* eingetragen wird, der dieser Domain die jeweilige IP-Adresse eindeutig zuordnet.

Auch die Domain ist strukturiert. Ganz rechts befindet sich die Top-Level-Domain (TLD). Diese steht zumeist für eine Länderbezeichnung, wie etwa .de für Deutschland. Dabei hat die Vergabe der TLD für einige Länder, wie etwa für den Inselstaat Tuvalu mit der Kennung .tv, zu einem völlig unerwarteten Interesse an diesen Ländern geführt. Aus den USA ist auch die Vergabe von inhaltlich motivierten Domains wie .com für Unternehmen oder .org für nicht wirtschaftlich orientierte Organisationen bekannt.

---

[13] s.a. Samson, GRUR Int 02/2000, S. 137 ff.

Die ICANN (Internet Corporation for Assigned Names and Numbers)[14] hat am 16. November 2000 die Einführung von sieben weiteren TLD beschlossen. Die Europäische Kommission will darüber hinaus die TLD .eu einführen.

Neue Top-Level-Domains

Tabelle 1: Neue Top-Level-Domains

TLD	Berechtigte
.aero	Luftfahrtindustrie
.biz	Unternehmen
.coop	Genossenschaften
.info	Jeder
.museum	Museen
.name	Privatpersonen
.pro	Anwälte, Ärzte und Steuerberater

Links neben der TLD ist die *Second-Level-Domain (SLD)* angeordnet, die grundsätzliche frei wählbar ist. Häufig ist jedoch auch die SLD bereits durch den Service-Provider wie etwa *web.de* oder *t-online.de* vorgegeben. Bei entsprechender Einrichtung des Domain-Name-Servers (DNS) kann die TLD in der Verbindung mit der SLD bereits zur Anwahl nach dem *Hypertext Transfer Protokoll (http)* ausreichen. In den Fällen, wo der DNS nicht über einen entsprechenden Eintrag verfügt, muss zumeist noch die Third Level Domain vorangestellt werden. Es handelt sich dabei oft um die Abkürzung www, die für das *World Wide Web* und damit nur für einen - wenn auch wichtigen - Teil des Internets steht.

Second-Level-Domain

Zur Strukturierung eines Internet-Auftritts ist neben der vorstehend erläuterten Domain-Adresse zur eindeutigen Bezeichnung des Rechners die Verwendung von sogenannten *Subdomains* unerlässlich. Die Subdomains können unter der Second Level Domain vom jeweiligen Inhaber frei eingerichtet werden. Beispielsweise könnte der Inhaber der Second Level Domain jura.de die Subdomain *domainrecht.jura.de* einrichten.

Subdomains

Fälschlich werden oftmals auch *Unterverzeichnisse*, die durch Schrägstriche eingerahmt und von der jewei-

---

[14] s.a. www.icann.org

Suche mittels URL oder Suchmaschine

ligen Domain-Adresse abgetrennt werden, wie etwa jura.de/domains/struktur als Subdomains bezeichnet.

Das gezielte Aufsuchen von Informationen erfolgt, zumindest innerhalb des bereits erwähnten World Wide Web, allerdings letztlich nicht über die Domains, da die Benutzer in der Regel nicht den Rechner als solchen, sondern vielmehr gezielt einzelne Dateien aufsuchen wollen, über den Unified Resource Locator, kurz die URL, wie etwa http://www.jura.de/domain/recht/news. Wenn der potentielle Internetnutzer die genaue URL nicht kennt, wird er in aller Regel zunächst den Namen des gesuchten Unternehmens oder des Ansprechpartners, ergänzt um die Top Level und Third Level Domain, also etwa „www.aral.de", in der Adressleiste seines Browsers eintragen oder eine Suchmaschine bemühen, die unter anderem ebenfalls auf die Domainadresse zugreift. Schon aus dieser weit verbreiten Praxis ergibt sich die besondere Bedeutung der Domainadresse für die im Internet vertretenen Unternehmen. Grundsätzlich gilt für die Domain, wie für die IP-Adressen, dass jede Domain in ihrer jeweiligen Hierarchie-Ebene nur einmal vergeben werden kann.

Vergabe von E-Mail-Adressen

Nicht unerheblich für die richtige Bewertung von Domains ist auch deren Bedeutung als Postfachadresse des Internet-Teilnehmers beim Versand der elektronischen Post, also als *E-Mail-Adresse* des Teilnehmers. Sie besteht aus dem *Login-Namen* und der Domain-Adresse, also etwa Lieschen.Müller@t-onlinde.de. Die Wahl des Login-Namens steht dem Inhaber der Domain-Adresse wiederum frei, muss allerdings in aller Regel, wie bei dem vorstehenden Beispiel, mit dem Service-Provider abgestimmt werden, wobei der Service Provider aus technischen Gründen gezwungen ist, ebenfalls das Prinzip der Einmalvergabe anzuwenden.

Dies führt wiederum zur goldenen Regel *first come, first served* bei der Vergabepraxis der E-Mail-Adressen durch die jeweiligen Service-Provider, die dem zu spät Gekommenen lediglich die Möglichkeit des Providerwechsels auf dem Weg zum gewünschten Login-Namen belässt.

Die Vergabe der Domains

Wem gehört das Internet und wer ist demnach berechtigt Internetadressen zu vergeben? Diese Frage birgt einigen Sprengstoff, der auch in den nächsten Jahren noch Anlass zu mehr oder minder spannenden Diskussionen und Veröffentlichungen bieten dürfte. Nachstehend kann allenfalls der Status quo skizziert werden.

Zunächst lag die Vergabe der IP-Adressen und später auch der Domain-Adressen in der Hand von *IANA* (Internet Assigned Numbers Authority), die hierzu von der Internet Society und von dem US Federal Network Council beauftragt worden war. IANA delegierte die Adressvergabe wiederum an *InterNIC* (Internet Network Information Centers Registration Service). Nach einer beschaulichen Anfangszeit mit etwa 300 Anträgen monatlich im Jahre 1993 setzte InterNIC bald auf nationale Organisationen zur Domainvergabe und bediente sich in den USA des privaten Unternehmens *Network Solutions* (NSI), einer Tochter der VeriSign-Gruppe, die somit faktisch ein Vergabemonopol für Domain-Adressen innerhalb der derzeit bedeutendsten Top-Level-Domains .com, .org und .net besitzt. Diese Monopolstellung ist inzwischen gebrochen worden.

Lediglich aufgrund eines Kompromisses mit dem zuständigen US-Commerce Department bleibt bis zum Jahr 2007 die Vergabe der TLD .com bei VeriSign[15]. Nachfolger von NSI wird nach und nach die ICANN (Internet Corporation for Assigned Names and Numbers), eine im Jahr 1998 gegründete private Non-Profit-Organisation in den USA werden, die nunmehr die Vergabe durch die Bestellung von sogenannten *Registrars* organisiert. Eine dem InterNIC in den USA vergleichbare Stellung nehmen das RIPE-NCC für Europa und das APNIC für Asien ein.

Innerhalb von Deutschland ist seit 1994 der Interessenverband Deutsches Network Information Center IV-DENIC für die Einrichtung und Konnektierung von .de-Domains zuständig. In diesem Verband sind die meisten IP - Provider in Deutschland organisiert. Seit dem 17. Dezember 1996 obliegt der DENIC eG der Betrieb des Primary Nameservers für die Top-Level-Domain .de und damit die Vergabe der Second-Level-Domains unterhalb dieser Top-Level-Domain[16]. Dabei oblag die

Entwicklung und Organisation der Vergabestellen

Domainvergabe in Deutschland

---

[15] Hoeren, „Grundzüge des Internetrechts", C.H. Beck 2001, ständig aktualisiert unter http://www.uni-muenster.-de/Jura.itm/hoeren unter der Rubrik Materialien
[16] Bettinger, Kennzeichenrecht im Internet, nachzulesen unter http.//www.nic.de/rechte/bettinger.html

technische Realisierung zunächst dem Rechenzentrum der Universität Karlsruhe[17] und wird seit 1998 am Geschäftssitz der DENIC Frankfurt betrieben.

Vergaberichtlinien der DENIC

Die DENIC hat innerhalb der *Vergaberichtlinien* detaillierte Vorschriften über die Beschaffenheit eines Domain-Namens entwickelt[18] Dabei verfährt auch die DENIC getreu dem Grundsatz *first come, first served*. Die Verantwortung für etwa missbräuchlich erworbene oder zu diesem Zweck eingerichteter Domains, insbesondere die Verantwortung für mit der Einrichtung der Domain verbundenen kennzeichenrechtlichen Eingriffe, liegt gemäß den erwähnten Vergaberichtlinien ausschließlich beim Antragssteller selbst. Der Antragssteller wird bei der Vergabe durch entsprechende Formulargestaltung faktisch gezwungen zu versichern, dass er die kennzeichenrechtliche Situation geprüft hat und ihm keinerlei Erkenntnisse über eine mögliche Verletzung von Rechten Dritter vorliegen[19].

Nicht zuletzt die zunehmende Kritik an dieser Regelung hat die DENIC bewogen, im Januar 1997 die Möglichkeit der Direktreservierung von .de-Domains abzuschaffen und damit das Problem an die Internet Service Provider (ISP) abgedrängt. Der Grundgedanke dieser Lösung ist, die Problematik dadurch einzudämmen, dass nur zur unmittelbar bevorstehenden Benutzung Domains reserviert werden. Dieser Ansatz kann heute als gescheitert bezeichnet werden, da nunmehr die ISP's anstelle der DENIC den Service der Reservierung bieten und dieses Angebot von der Abgabe gleichlautender oder ähnlicher Erklärungen abhängig machen.

Entscheidung des BGH

Inzwischen hat der BGH in seiner mit großer Spannung erwarteten *„Ambiente-Entscheidung"*[20] hinsichtlich der Prüfungspflicht der DENIC bei der Vergabe von Domains erfreulicherweise einige Richtlinien formuliert. Gemäß dem Leitsatz dieser Entscheidung ist die DENIC weder unter dem Gesichtspunkt der Störerhaftung noch als Normadressatin des kartellrechtlichen Behinderungsverbots verpflichtet zu prüfen, ob ein angemeldeter Domain-Name Rechte Dritter verletzt. Der

---

[17] s.a. Dolderer, Schneider, „DENIC – die ersten 100 Tage", DFN-Mitteilungen 6/1994, S. 10 ff.
[18] s.a. http://www.denic.de
[19] nachzulesen unter http://www.intra.de/InkassoInfo.htm
[20] nachzulesen unter http://www.jura-sb.de/Entscheidungen/Bundesgerichte/BGH/zivil/bgh42-01.html

BGH begründete seine Entscheidung dabei erstaunlich praxisorientiert damit, dass allein die vorstehend erläuterte Vergabepraxis[21] nach dem Prioritätsprinzip unter Verzicht auf eine Prüfung von etwaigen Rechten Dritter in einem weitgehend automatisierten effektiven Verfahren eine schnelle und preiswerte Registrierung von .de-Domains erlaube.

Der BHG verweist weiter darauf, dass die DENIC nach Ansicht der Bundesregierung bislang zur Zufriedenheit der Internet-Community arbeite und ein faires funktionsfähiges Verfahren zur Registrierung von Domain-Namen biete[22]. Jede Prüfung – auch wenn sie sich auf völlig eindeutige, für jedermann erkennbare Verstöße beschränken würde – wäre das Ende des bewährten automatisierten Verfahrens. Die Prüfung der rechtlichen Zulässigkeit obliege vielmehr ausschließlich dem Anmelder.

Im konkreten Fall hatte die Messe Frankfurt AG als Veranstalterin der bedeutenden Messe „Ambiente" und Inhaberin der Marke „Messe Frankfurt Ambiente" sich nicht grundsätzlich gegen die Registrierung der Domain ambiente.de durch einen Privatmann gewandt, sondern vielmehr die DENIC deshalb verklagt, weil die DENIC sich auch nach Mitteilung der bestehenden älteren Rechte durch die Messe Frankfurt AG geweigert hatte, die bestehende Registrierung aufzuheben und statt dessen für die Klägerin zu registrieren.

Beispiel Messe Frankfurt

Hierzu stellt der BGH im zweiten Leitsatz der Entscheidung fest, dass die DENIC selbst dann, wenn ein Dritter auf ein ihm nach seiner Ansicht zustehendes Kennzeichenrecht verweist, eine Haftung der DENIC nur dann in Betracht kommt, wenn die Rechtsverletzung offenkundig und für die DENIC ohne weiteres feststellbar ist. Eine derart von der DENIC zu berücksichtigende offenkundige Rechtsverletzung liegt etwa dann vor, wenn der DENIC ein entsprechender rechtskräftiger gerichtlicher Titel vorgelegt wird.

Nach Ansicht des BGH würde auch in dieser zweiten Phase eine weiterreichende Prüfungspflicht die DENIC überfordern und deren Arbeit „ungebührlich" erschweren. Der Vorwurf, dass hier die „normative Kraft des Faktischen" entschieden hätte, geht wohl fehl, denn zu

Begründung des BGH

---

[21] s.a. Bettinger, Freytag, CR 1999, S. 28 ff.
[22] BT-Drucksache 14/3956 vom 28. Juli 2000, S.4

Recht verweist der BGH darauf, dass eine rein technische Registrierungsstelle mit der Prüfung einer Kennzeichenverletzung wohl regelmäßig überfordert sein dürfte und einer derartigen Stelle in dieser Frage auch kaum das juristisch letzte Wort zukommen kann, sondern dass es hierzu ggf. einer gerichtlichen Klärung zwischen den Kombattanten, also dem Domain-Inhaber und dem die Domain beanspruchenden Dritten bedarf. Es erscheint kaum angemessen, das entsprechende Haftungs- und Prozessrisiko der DENIC aufzuerlegen.

Der BGH hat demnach also keineswegs entschieden, dass die Domain *ambiente.de* zu Recht von der Privatperson gehalten wird. Er hat vielmehr klargestellt, dass der Weg zu der begehrten Domain-Adresse in aller Regel über den Domain-Inhaber führt. Der aus zeitlichen und finanziellen Gründen vermeintliche direkte Königsweg wird nach diesem Urteil in aller Regel zur Klageabweisung führen. Umgekehrt bedeutet dies auch, dass die in aller Regel bei der Reservierung der Domain abgegebene Erklärung, sich über die Kennzeichenlage informiert zu haben, keinesfalls leichtfertig abgegeben werden sollte, sondern unbedingt den Tatsachen entsprechen sollte. Damit gilt für die Domains, was für die Aufnahme der Benutzung von Produkt- oder Firmennamen inklusive der bloßen Anmeldung von Marken schon länger feststeht – die Pflicht zur Prüfung der Rechts- und Kennzeichenlage vor Aufnahme der Benutzung.

Die obigen Ausführungen, dass eine Haftung der DENIC nur bei groben oder unmittelbar offenkundigen Verstößen angenommen werden kann, kann ohne weiteres auf die Internet Service Provider (ISP) übertragen werden. Eine mögliche Anwendbarkeit des § 5 Abs. 2 und 3 TDG (Teledienstegesetz), nach dem ISP's unter Umständen für Inhalte, zu denen sie Zugang vermitteln, verantwortlich sein können, wird zu Recht abgelehnt[23]. Bei Domains handelt es sich nicht um Inhalte im Sinne des § 5 TDG, sondern vielmehr um bloße Adressen.

Ob die Freizeichnung der Internet-Provider von der kennzeichenrechtlichen Haftung durch AGB's möglich ist, darf allerdings mit Blick auf § 9 Abs. 2 Nr. 2 AGBG bezweifelt werden. Im Unterschied zur DENIC sind Internet Provider in aller Regel auf Gewinn ausgerichte-

---

[23] Nordemann, NJW 1997, S. 1891 ff.

te Unternehmen, zu deren Kerngeschäft unter anderem die Vergabe der Domain-Adressen zählt. Die Überprüfung der Domain-Namen könnte damit zu den wesentlichen Pflichten des Internet-Providers gehören. Zumindest ist eine qualitativ höhere Verantwortlichkeit hinsichtlich der Prüfungspflichten bei der Domainvergabe durch die Internet-Provider wahrscheinlich.

Die kennzeichenrechtliche Einordnung von Domains

Ausgehend von der vorstehend erläuterten technischen Funktion von Domains, nämlich die eindeutige Identifizierung eines Rechners innerhalb des globalen Rechnernetzwerks Internet, wird in der Literatur[24] und zumindest vereinzelt auch in der Rechtsprechung[25] die Meinung vertreten, die Domain weise lediglich auf einen Rechner, d.h. ein bestimmtes technisches Gerät hin – mithin seien Domain-Namen eher mit einer Telefon- oder Telefax-Nummer als mit einer Kennzeichnung im rechtlichen Sinne vergleichbar. Die Domain bezeichne also weder eine juristische noch eine natürliche Person und weise auch nicht auf eine Ware oder Dienstleistung hin. Die Domain habe daher keine kennzeichenrechtliche Funktion. Das LG Köln hatte daher im Jahre 1997 kennzeichenrechtliche Ansprüche der Städte Hürth, Kerpen und Pulheim gegen die Inhaber gleichnamiger Domains abgewiesen, weil mangels einer Namensfunktion der Domains folgerichtig auch kein Eingriff in Kennzeichenrechte vorliegen könnte.

Um sogleich einer deplazierten Gerichtsschelte vorzubeugen, sei darauf verwiesen, dass alle genannten Stellungnahmen und Entscheidungen aus dem Jahre 1997 – also der Internet-Steinzeit – stammen. Inzwischen hat zunächst das LG Frankfurt[26] klargestellt, dass der Vergleich mit Telefonnummern allenfalls für die IP-Adresse als solche, aber keinesfalls für Domain-Adressen zutreffe.

Heute wird nach herrschender Meinung eine Namens- und Kennzeichenfunktion von Domains grundsätzlich bejaht, da über die Domain auf das hinter der Domain stehende Unternehmen geschlossen wird und

Rechtsprechung zu Domain-Namen

Jüngere Rechtsprechung

---

[24] Kur, CR 1996, S. 325 ff. oder auch Wilmer, CR 1997, S. 562 ff. und Strömer CR 1997, S. 290 ff.
[25] insbesondere LG Köln, CR 1997, S. 291 ff. – pulheim.de
[26] LG Frankfurt , CR 1997, S. 287 – das.de

von den Unternehmen in der Werbung auch ganz gezielt genau in dieser Funktion eingesetzt wird. Schon diese Praxis macht deutlich, dass hinter einer Domain mehr steht als die eindeutige Bezeichnung eines Rechners. Dabei stützt sich die jüngere Rechtsprechung auf eine Grundsatzentscheidung des BGH[27], die bereits im Jahre 1985 zur Verwendung einer Firmenbezeichnung als Bestandteil eines Telex-Anschlusses erging. Bedeutsam war seinerzeit, dass der Fernschreibteilnehmer die Kennung selbst auswählen konnte und somit auch eine Kennung wählen konnte, die durchaus geeignet war, auf ihn hinzuweisen.

Namensfunktion von Domains

Es darf heute also konstatiert werden, dass der Domain grundsätzlich Namensfunktion zukommen kann, wobei nach den Umständen des Einzelfalls zu beurteilen ist und ggf. auch wird, ob tatsächlich eine kennzeichenmäßige Benutzung der Domain vorliegt. Der historische Exkurs war an dieser Stelle schon allein deshalb angezeigt, weil je nach Interessenlage unbeschadet der inzwischen weitgehend gefestigten Rechtsauffassung, die anfänglich vertretene Rechtsmeinung hervorgeholt wird- etwa um einen Eingriff in bestehende Kennzeichenrechte zu rechtfertigen.

Die Domain als Kennzeichenrecht

Nachdem in Übereinstimmung mit der herrschenden Rechtsmeinung oben die abstrakte Eignung der Domain zur Kennzeichnung von natürlichen und juristischen Personen ebenso wie von Waren und Dienstleistungen bejaht wurde, stellt sich die Frage, inwieweit die Konnektierung oder gar die schlichte Reservierung einer Domain geeignet sein könnte, aktiv eigene Kennzeichenrechte zu begründen.

Schutzrecht für Domains

Auch hier äußerte sich die Literatur zunächst zurückhaltend bis ablehnend[28]. Diese Zurückhaltung muss angesichts der aktuellen Rechtsprechung wohl aufgegeben werden. Eine ganze Reihe von Entscheidungen hat ein eigenständiges Schutzrecht für Domains

---

[27] BGH, GRUR 1986, S. 475 - Fernschreibkennung
[28] vgl. Omsels in GRUR 1997, S. 328 ff. oder Bettinger in GRUR Int: 1997, S. 402 ff , wobei Bettinger dies nur für den wohl eher seltenen Fall ablehnt, dass die Domain im Übrigen – also außerhalb des Internets – nicht als Unternehmesnkennzeichen benutzt wird.

anerkannt und aus der Domain heraus markenrechtliche Ansprüche bejaht[29]. Es handelt sich dabei m.E. lediglich um die konsequente Anwendung geltenden Kennzeichenrechts[30]. Dabei kommt sowohl die Anwendung von § 12 BGB, wie auch von § 5 Abs. 2 MarkenG, in Betracht. Dabei gilt:

- Schutz als geschäftliche Bezeichnung nach § 5 Abs. 2 MarkenG durch Aufnahme der Benutzung im geschäftlichen Verkehr – etwa durch ein Angebot von Waren und Dienstleistungen auf einer Homepage, wenn die Domain mit dem Namen des für die Homepage verantwortlichen Unternehmens identisch ist.
- Schutz als geschäftliche Bezeichnung nach § 5 Abs. 2 MarkenG durch Aufnahme der Benutzung im geschäftlichen Verkehr – etwa durch ein Angebot von Waren und Dienstleistungen auf einer Homepage, wenn die Domain originäre Unterscheidungskraft besitzt oder innerhalb der angesprochenen Verkehrskreise Verkehrsgeltung[31] erlangt wurde.
- Schutz als geschäftliche Bezeichnung nach § 5 Abs. 3 MarkenG als Werktitel, wenn die Domain tatsächlich ein dem Titelschutz zugängliches Werk (z.B. eine Zeitschrift, eine Software oder einen Film) bezeichnet, wie etwa die unter der Domain *tomorrow.de* abrufbare gleichnamige Internetzeitschrift. Fragwürdig erscheint in diesem Zusammenhang die Auffassung des OLG Dresden, das bereits für eine „individuell gestaltete Homepage" den Werktitelschutz bejaht[32].
- Namensschutz nach § 12 BGB ist insbesondere dann denkbar, wenn keine Benutzung im geschäftlichen Verkehr im Sinne des MarkenG vorliegt, wie etwa bei rein privaten und privat genutzten Homepages, wenn die Domain eine eindeutige Zuordnung zu der hinter dieser Homepage stehende Person ermöglicht.

---

[29] OLG Hamburg CR 1999, S. 184 – emergency, LG Frankfurt CR 1999, S. 190 – warez.de; LG München I CR 1999, S. 451 ff. - fnet.de

[30] vgl. König in ct 1999, S. 174 – Domain gegen Marke

[31] Fezer in WRP 2000, S. 669 fordert dies grundsätzlich bei Schutz der geschäftlichen Bezeichnung nach § 5 Abs. 2 MarkenG

[32] OLG Dreden, CR 1999, S. 102 ff. – dresden-online.de

Begründung des Kennzeichenrechts

Aus der vorstehenden, nach derzeitigem Kenntnisstand abschließenden Aufzählung, wird insbesondere deutlich, dass die benutzte Domain unter bestimmten Voraussetzungen geeignet ist, eigene Kennzeichenrechte zu begründen. Die bloße Reservierung einer Domain dürfte hierfür in keinem Fall ausreichen. Insbesondere dürfte es hier auch an einem schützenswerten Besitzstand fehlen.

Die Domain als Kennzeichenverletzung

Ausgehend von der kennzeichenrechtlichen Klassifizierung der Domain steht weiter fest: Die Benutzung und ggf. auch die bloße Reservierung einer Domain ist ihrem Wesen nach geeignet, in bestehende Kennzeichenrechte und sonstige Rechte einzugreifen. Dabei kommen als bestehende Kennzeichenrechte alle nach dem Markengesetz geschützten Kennzeichen also

– die Marke nach § 4 MarkenG
– die geschäftliche Bezeichnung (Unternehmenskennzeichen und Werktitel) nach § 5 MarkenG
– der Name nach § 12 BGB
– sonstige Rechte, wie etwa der eingerichtete und ausgeübte Geschäftsbetrieb nach § 823 BGB

Verletzung einer Marke oder einer geschäftlichen Bezeichnung

Tatbestandsmerkmale

Die im Zusammenhang mit einer Kennzeichenverletzung nach § 14 MarkenG (Verletzung der Marke) zu prüfenden Tatbestandsmerkmale entsprechen exakt den nach § 15 MarkenG (Verletzung der geschäftlichen Bezeichnung) zu prüfenden Voraussetzungen, mit Ausnahme der Frage, ob überhaupt ein derartiges Kennzeichenrecht vorliegt, so dass beide Kennzeichenverletzungen zur Vermeidung von Wiederholungen zusammengefasst behandelt werden können.

Blick ins Zentralregister

Im Unterschied zu dem Registerrecht einer Marke nach § 4 MarkenG, bei denen sich in den allermeisten Fällen durch einen einfachen Blick in das vom jeweils zuständigen Markenamt geführte Zentralregister, die Aktivlegitimation nachprüfen lässt, gilt dies im Zusammenhang mit dem Schutz der geschäftlichen Bezeichnung nach § 5 MarkenG nur in Verbindung mit den Unternehmensnamen, der in aller Regel wiederum

10.2 Domainrecht

in den vom jeweiligen Registergericht geführten Handelsregister vermerkt ist. Im Bereich der durch Verkehrsgeltung oder sonstig durch Benutzung erworbenen Rechte, etwa eines Geschäftsabzeichens, empfiehlt sich grundsätzlich eine sorgfältige Prüfung der Aktivlegitimation, und zwar sowohl vor der Geltendmachung von eigenen Ansprüchen wie auch vor der Anerkenntnis derartiger Ansprüche.

Unterstellt man im Weiteren die Existenz eines derartigen Kennzeichenrechts, so kommt eine Kennzeichenverletzung in Betracht, wenn

- eine Benutzung des fraglichen Kennzeichens im geschäftlichen Verkehr (im Unterschied zur rein privaten und insbesondere nicht gewerblichen Nutzung) vorliegt
- diese Benutzung kennzeichenmäßig im Sinne von § 16 MarkenG (im Unterschied zu einer nach § 23 MarkenG zulässigen, beispielsweise rein beschreibenden Benutzung) ist und
- diese Benutzung geeignet ist, eine Verwechslungsgefahr (Identität und/oder Ähnlichkeit der einander gegenüberstehenden Zeichen und Identität und/oder Ähnlichkeit der einander gegenüberstehenden Waren und/oder Dienstleistungen bzw. Branchen) im Sinne von §§ 14 oder 15 MarkenG zu begründen.

Anzeichen einer Kennzeichenverletzung

Aus der vorstehenden Übersicht der Tatbestandsmerkmale wird ohne Weiteres deutlich, dass zumindest unmittelbar keine Ansprüche aus Markenrecht gegen die bloße Reservierung einer Domain abgeleitet werden können. Dies gilt allerdings nicht für den Fall, dass sich aus den weiteren Umständen des Einzelfalls eine Erstbegehungsgefahr für die Kennzeichenverletzung ableiten lässt[33]. Es versteht sich, dass sich der Kennzeicheninhaber in diesen Fällen immer schwer tut, angesichts einer (noch) nicht vorhandenen Nutzung, die zu befürchtende Verwechselungsgefahr darzutun.

Ansprüche aus Markenrecht

Entsprechend bemüht wirken auch die Begründungen von Entscheidungen, die aufgrund einer Erstbegehungsgefahr eine Kennzeichenverletzung bejaht haben[34]. Etwas anderes gilt auch, wenn etwa wettbewerbsrechtlich relevante Missbrauchstatbestände nach § 1

---

[33] OLG Karlsruhe, MMR 1999, S. 171 – zwilling.de
[34] LG Lüneburg, CR 1997, S. 288 – celle.de

Private Homepages

oder § 3 UWG, etwa der Fallgruppe des Behinderungswettbewerbs hinzutreten. Das wäre der Fall, wenn eine Domain nachweislich nur unter der Prämisse reserviert wird, einen potentiellen Auftritt des Wettbewerbs im Internet zu verhindern.

Unzweifelhaft sollte auch sein, dass eine rein private, nicht gewerbliche Homepage mangels Benutzung im geschäftlichen Verkehr kaum aus Markenrecht untersagt werden kann. Beispielsweise wäre es unter dem Grundrecht der Meinungsfreiheit kaum zu beanstanden, dass eine Privatperson unter der Domain *Fomel1.de* sich kritisch oder begeistert mit dem Motorsport auseinandersetzt[35].

In diesem Zusammenhang ist nach der hier vertretenen Auffassung die Rechtsprechung in ihrem nachvollziehbaren Bemühen, die tatsächlichen oder vermeintlichen Domaingrabber in ihre Schranken zu weisen, einige Male übers Ziel hinaus geschossen. So entschied das LG München I in seiner Entscheidung *deutsches-theater.de*, dass die Verwendung einer nach dem MarkenG geschützten Bezeichnung als Domain in jedem Fall eine Benutzung im geschäftlichen Verkehr sei. Hier gilt die alte Regel, dass ‚gut gemeint' meist das Gegenteil von ‚gut gemacht' ist. Jedenfalls sollte mit der Ablösung von gesetzlichen Tatbestandsmerkmalen durch richterliche Vermutung sehr zurückhaltend umgegangen werden[36].

Allerdings muss zugestanden werden, dass die angebliche Privatnutzung leicht fingiert werden kann und wohl auch wird. Der Rechtsprechung kann daher dahingehend gefolgt werden, dass schon Hinweise als hinreichend angesehen werden, um eine geschäftliche Benutzung zu unterstellen. Hierzu zählen insbesondere die Reservierung von .com-Domains, die Schaltung von Bannerwerbung Dritter auf der fraglichen Homepage[37], regelmäßig das Anbieten der fraglichen Domain gegen eine (überhöhte) Gebühr an den Kennzeicheninhaber[38] und die erstaunliche Ansammlung prominenter Unternehmensnamen beim selben „privaten" Domaininhaber als Domainadressen.

---

[35] BGH GRUR 1984, 684 ff. - Modoro
[36] so auch Bettinger, GRUR Int. 1997, 402 ff.
[37] LG Hamburg, MMR 2000, S436. ff. – luckystrike.de
[38] LG Düsseldorf, CR 1998, S. 165 ff. – epson.de

In der vieldiskutierten Entscheidung *epson.de* des LG Düsseldorf sollte sogar das Tatbestandsmerkmal der Verwechselungsgefahr dahinstehen. Quasi ohne Not – das Gericht hatte bereits einen Wettbewerbsverstoß nach § 1 UWG bejaht – wurden auch markenrechtliche Ansprüche zuerkannt, da die Homepage als solche bereits eine verwechslungsfähige Ware bzw. Dienstleistung darstelle, wie etwa Zeitschriften, bei denen es auch nicht auf den konkreten Inhalt ankäme. Nach diesem Verständnis ist das Internet also gleichsam ein virtueller Kiosk, an dem alle Homepages bei identischer Domain unabhängig von Ihrem Inhalt verwechslungsfähig sind, da sie auf einem gemeinsamen Marktplatz, nämlich dem Internet, miteinander in Wettbewerb stehen.

Beispiel epson.de

Etwas eleganter wurden die vorstehenden Tatbestandsmerkmale mitunter dadurch umschifft, dass Ansprüche aus § 12 BGB – also Namensrecht – bejaht wurden, und im Weiteren auf die Frage der Verwechslungsgefahr gar nicht eingegangen wurde[39]. Dabei wird zumeist verkannt, dass auch die Bejahung von Ansprüchen nach § 12 BGB eine Identitäts- bzw. Zuordnungsverwirrung voraussetzt[40].

Abzulehnen ist auch, die bei der Prüfung von Kennzeichenverletzungen durch Domains festzustellende Tendenz der Rechtsprechung, einigermaßen bereitwillig auf Ergänzungstatbestände des Namensrechts nach § 12 BGB, des Wettbewerbsrechts nach § 1 oder § 3 UWG oder des Deliktrechts nach den §§ 823, 826 BGB auszuweichen. Hierbei wird regelmäßig der Wille des Gesetzgebers, das Kennzeichenrecht möglichst umfassend und abschließend in der am 1. Januar 1995 in Umsetzung der EU- Markenrichtlinie in Kraft getretenen Neufassung des MarkenG zu regeln, außer Acht gelassen und somit Vorrangs- und Begrenzungscharakter des lex specialis missachtet. Zumindest einige Zeit entstand so der Eindruck einer Rechtsprechung, die die Belegung von Domains durch Privatpersonen für etwas Anrüchiges hielt.

Heute kann an dieser Stelle festgehalten werden, dass sich der Pulverdampf in der Schlacht gegen die Domaingrabber verzogen hat und nach ganz herrschender Rechtsauffassung an einer sorgfältigen Prüfung der vom Markengesetzgeber geforderten Tatbe-

Prüfung der Tatbestandsmerkmale

---
[39] so etwa LG München NJW-RR 1998, S. 973 ff. – juris.de
[40] s.a. Palandt Rdn 18 zu § 12 BGB

standsmerkmale vor der Bejahung einer Kennzeichenverletzung durch eine Domain kein Weg vorbeiführt. Allerdings sei an dieser Stelle der Vollständigkeit halber angemerkt, dass im Falle der möglichen Verletzung einer bekannten Marke – wie etwa Rolls Royce - es auf die Identität oder Ähnlichkeit der Waren und/oder Dienstleistungen schon nach dem MarkenG nicht mehr ankommt.

Verletzung eines Namensrechts nach § 12 BGB

Definition des § 12 BGB

Nach § 12 BGB sind Namen natürlicher und juristischer Personen, Künstlernamen, die Namen öffentlich rechtlicher Körperschaften auch und gerade im privaten Verkehr geschützt[41]. Nach einigen einander diametral widersprechenden Entscheidungen darf inzwischen auch als gesichert gelten, dass auch die Bezeichnungen von Kommunen, insbesondere gegen die Verwendung als Domain nach § 12 BGB geschützt sind[42].

Eine derartige Namensverletzung setzt grundsätzlich, wie schon erwähnt wurde eine Identitäts- oder Zuordnungsverwirrung voraus. Dies gilt insbesondere dann, wenn der unzutreffende Eindruck entsteht, dass der Namensinhaber entweder hinter der Domain steht oder aber deren Verwendung zugestimmt habe.

Auswirkung auf die Namensführung

Insbesondere schützt § 12 BGB auch das Recht zur Namensführung. Unter den vorgenannten Voraussetzungen kann somit die Reservierung einer Domain das berechtige Interesse des Namensinhabers an der Führung der Domain im Internet berühren. Dieses möglicherweise berechtigte Interesse des Namensinhabers muss sich jedoch nach den Umständen des Einzelfalls an den Rechten desjenigen messen lassen, der die Domain legal erworben hat.

Verletzung eines Titelschutzes

Titelschutz für geistiges Eigentum

In den Fokus der Internet-Community gelangte der Titelschutz insbesondere dadurch, dass der BGH in den Entscheidungen FTOS[43] und Power Point[44] einen Titelschutz für diese Softwareprodukte bejaht hat. Der Titelschutz besteht somit auch für geistiges Eigentum, wie

---

[41] BGH GRUR 1964, 38 – Dortmund grüßt mit...
[42] OLG Karlsruhe, K & R 1999, S. 423 – Bad.Wildbad.com
[43] BGH, NJW 1997, S. 1997 - FTOS
[44] BGH, MMR 1998, S. 52 – Power Point

Software und Homepages[45]. Hieraus folgt wiederum, dass auch aus einem Titelschutz nach § 5 AbsM 3 MarkenG gegen die Verwendung einer Domain vorgegangen werden kann[46]. Das LG Hamburg fordert allerdings zusätzlich, dass der Titel so bekannt sein müsste, dass die Verwendung der Domain von den beteiligten Verkehrskreisen als Hinweis im vorliegenden Fall auf eine Zeitschrift verstanden würde[47].

Die Domain als Eingriff in ein nach § 823 BGB geschütztes sonstiges Recht

In aller Regel wird allenfalls zu prüfen sein, ob die Verwendung einer Domain in Ermangelung sonstiger Anspruchsgrundlagen einen Eingriff in den als sonstiges Recht nach § 823 BGB geschützten eingerichteten und ausgeübten Geschäftsbetrieb darstellen könnte. Grundsätzlich sind derartige Fallkonstellationen vorstellbar. Bei der Bejahung wie auch bei der Geltendmachung derartiger Ansprüche ist aus vorstehenden Gründen jedoch Zurückhaltung geboten.

Mögliche Ansprüche

Im Wesentlichen führt die Geltendmachung der vorstehend aufgezeigten Anspruchsgrundlagen auf folgende Ansprüche:

- Unterlassung nach § 14 Abs. 5 MarkenG,
  hier der Benutzung der Domain
- Schadensersatz nach § 14 Abs. 6 MarkenG,
  setzt den Nachweis eines Schadens voraus
- Auskunft nach § 19 MarkenG,
  dient der Vorbereitung des Schadensersatzanspruchs der Höhe nach
- Vernichtung nach § 18 MarkenG,
  von etwa mit der Domain gekennzeichneten Waren

Umstritten ist nach wie vor, wie ein rechtswidriger Eingriff zu beseitigen ist. In aller Regel tenorieren die Gerichte, dass der Beklagte zur Abgabe einer Willenserklärung gegenüber der DENIC mit dem Ziel der Löschung der Domainreservierung verpflichtet sei. Dabei besteht regelmäßig das Problem, dass sich Dritte oder gar

Willenserklärung gegenüber der DENIC

---

[45] Hoeren- Grundzüge des Internetrechts, S. 111 ff.
[46] LG Köln – 31 O 315/96 am 10.Mai 1996
[47] LG Hamburg, MMR 1998, S. 46´- bike.de

„Strohmänner" des Beklagten die freigewordene Domain sichern.

Der Kläger muss in diesem Fall einen weiteren Titel gegen den neuen Domaininhaber erstreiten usw. Die Lösung, einen Anspruch auf Übertragung der Domain zu gewähren[48], wird mit Recht mangels Anspruchsgrundlage abgelehnt. Insbesondere soll das Markenrecht an dieser Stelle eine etwa bestehende kennzeichenrechtliche Störung beseitigen. Ein Übertragung der Domain stellt den Kennzeicheninhaber jedoch besser, als wenn es die Störung durch die Reservierung der Domain nicht gegeben hätte[49]. Im Allgemeinen ist heute davon auszugehen, dass ein derartiger Klageantrag abzuweisen ist[50]. Inzwischen wurde diese Auffassung höchstrichterlich bestätigt, indem der BGH zwar die besseren Rechte des Ölkonzerns Shell an der Domain shell.de gegenüber dem Privatmann Dr. Andreas Shell bejaht, gleichzeitig aber einen Anspruch auf die direkte Übertragung der Domain verneint hat.[51]

Der Rat des Praktikers muss an dieser Stelle lauten, den geschilderten Umständlichkeiten dadurch aus dem Weg zu gehen, dass vor Einleitung einer - auch außergerichtlichen - kennzeichenrechtlichen Auseinandersetzung bei der DENIC ein Dispute-Antrag gestellt wird. Hierdurch ist die Übertragung der Domain an einen Dritten blockiert.

Konsequenzen für die Reservierung von Domains

Grundsätzlich können Domains in aller Regel in einfacher Weise über unterschiedliche Provider recherchiert und im Falle der Verfügbarkeit sofort reserviert werden. Die vorstehenden Ausführungen sollten deutlich gemacht haben, dass unter Umständen schon dieser Schritt einen Eingriff in bestehende Kennzeichenrechte unterschiedlichster Art und Ausgestaltung bedeuten kann.

Recherche der Markendatenbanken

Es wird daher dringend empfohlen, die Reservierung einer Domain mit einer Recherche der einschlägigen Markendatenbanken zu verbinden. Dabei ist zu beachten, dass in Deutschland neben den deutschen

---

[48] so das LG Hamburg - 315 O 792/97 - eltern.de
[49] OLG Hamm MMR 1998, S. 214 - krupp.de
[50] LG Hamburg MMR 2001, S. 620 ff. - joop.de
[51] BGH, 22.11.2001-shell.de

Marken auch aus EU-Marken identische Ansprüche ableitbar sind. Im übrigen können auch bestehende Namenrechte verletzt werden, so dass sich eine Recherche der Handelsregister empfiehlt.

Darüber hinaus sollte mit Blick auf den Schutz der geschäftlichen Bezeichnung nach § 5 Abs.2 MarkenG begleitend eine Recherche der z.B. im Internet verfügbaren deutschen Telefonbücher durchgeführt werden. Im Hinblick auf alle möglichen genannten Quellen ist zu bedenken, dass eine Kennzeichenverletzung durchaus auch aufgrund ähnlicher – also nicht nur identischer - Bezeichnungen bejaht werden kann. Nur beispielhaft sei auf klanglich verwechslungsfähige Konsonanten wie n und m oder p und b verwiesen.

Keinesfalls sind die tatsächlichen oder theoretischen Schwierigkeiten einer derartigen Recherche geeignet, ansonsten berechtige Schadensersatzansprüche abzuwehren. Es obliegt vielmehr der Sorgfaltspflicht, zumindest eines jeden Gewerbetreibenden, vor der Aufnahme der Benutzung einer Internetadresse zu prüfen, ob hierdurch in die Rechte Dritter eingegriffen wird. An dieser Stelle sei auf professionelle Recherchenanbieter ebenso wie auf den unerlässlichen Rat eines erfahrenen Patent- oder Rechtsanwalts verwiesen. Kostensenkend kann und sollte in Eigenregie recherchiert werden. Bei vermeintlich positivem Ausgang der eigenen Recherchen wird zumindest vor Aufnahme der Benutzung der Domain gleichwohl empfohlen, einen geeigneten Rechtsbeistand (s.o.) zu konsultieren.

Sorgfaltspflicht

In dem unerfreulichen Fall, dass die Wunschdomain bereits von einem Dritten belegt ist, sollte über das WHOIS-Register vom DENIC der Domaininhaber in Erfahrung gebracht werden. Im Weiteren könnte es sich lohnen, überprüfen zu lassen, ob die Domain berechtigtermaßen erworben wurde. Kommt man zu dem Ergebnis, gegen den Domaininhaber vorgehen zu wollen, sollte zunächst der Dispute-Antrag bei DENIC hinterlegt werden.

Wunschdomain belegt

Die kennzeichenrechtliche Auseinandersetzung

Dem berechtigten Kennzeicheninhaber steht es selbstverständlich frei, seine Interessen im Rechtsweg durchzusetzen. Üblicherweise wird zunächst versucht, im Wege der Abmahnung, die Domain vom Domaininhaber übertragen zu bekommen. Dabei liegt - wie auch

Abmahnung

sonst - der Vorteil einer jeden außergerichtlichen Lösung darin, dass sie schnell und kostengünstig mit sofortiger und abschließender Regelung erlangt werden kann.

Erstreitung eines Titels

Sollte dies nicht möglich sein, kann versucht werden, einen entsprechenden Titel zu erstreiten. Dabei ist zu beachten, dass aufgrund einer entsprechenden Konzentrationsermächtigung, die einzelnen Bundesländer spezielle Landgerichte mit der Regelung von Kennzeichenstreitigkeiten betraut haben, so dass neben der örtlichen Zuständigkeit insoweit die sachliche Zuständigkeit der angerufenen Gerichte unbedingt zu beachten ist.

Das WIPO-Verfahren - UDRP

Regelung von Domainstreitigkeiten

Der enorme Anstieg der weltweit zu verzeichnenden Domainstreitigkeiten hat den Ruf nach einem schnellen und unkomplizierten internationalen Verfahren zur Regelung von Domainstreitigkeiten laut werden lassen. Diesem Wunsch entsprach die von der Internet Assigned Number Authority (ICANN) am 24.10.1999 verabschiedete Uniform Domain Name Dispute Resolution Policy (UDRP).

Hiermit ist es gelungen, erstmals weltweit ein Verfahren aufzusetzen, das im Unterschied zu herkömmlichen Schiedsgerichtsverfahren auch ohne eine entsprechende Schiedsabrede zwischen den Beteiligten funktioniert, indem sich mehr oder minder zwangsläufig durch Anerkennung der Vergabeordnung der jeweils zuständigen Vergabestellen der Domains die Domaininhaber diesem Verfahren unterwerfen.

Im Augenblick sind dem UDRP-Verfahren[52] lediglich die TLD´s .net, .org und .com unterworfen. Im Country Code Domain - Bereich, also etwa für die TLD .de entfaltet das UDRP keine unmittelbare Wirkung. Es steht den nationalen Vergabestellen aber offen, sich dem UDRP freiwillig zu unterwerfen und dieses hierdurch in den entsprechenden Vergaberichtlinien für die betroffenen Domaininhaber verbindlich werden zu lassen.

Konfliktlösung binnen längstens zwei Monaten

Das Verfahren sieht vor, gegen eine Gebühr von 1500 US $ für eine Einzelschiedsrichterentscheidung oder

---

[52] s.a. Bettinger in CR 2000, S. 234 ff. zu den Einzelheiten des Verfahrens

10.2 Domainrecht

wahlweise 3000 US $ für ein dreiköpfiges Panel binnen längstens zwei Monaten über einen Domainkonflikt mit sofortiger Wirkung zu entscheiden. Das heißt, die Domainvergabestellen sind verpflichtet, die Panelentscheidung sofort zu vollziehen, ohne dass hierfür eine weitere Anerkennung oder Vollstreckung durch nationale Stellen vorgesehen oder erforderlich wäre. Allerdings kann das Panel nach eigenem Ermessen das Verfahren aussetzen, wenn es von einem korrespondierenden Rechtsstreit Kenntnis erhält. Auch nach ergangener Entscheidung des Panel kann die Vollziehung der Entscheidung verhindert werden, wenn der Domaininhaber binnen 10 Tagen der betroffenen Domainvergabestelle nachweist, dass er an seinem allgemeinen Gerichtsstand oder dem Gerichtsstand der Vergabestelle Klage erhoben hat. Der Vollzug bleibt dann außer Kraft, bis der Beschwerdeführer nachweist, dass die Klage des Domaininhaber abgewiesen oder zurückgenommen wurde.

Gemäß dem ersten Jahresbericht der WIPO zu diesem Verfahren *Domain Name Dispute Resolutions Service in 2000* wurden seit Beginn des Verfahrens bis Ende des Jahres 2000 immerhin 1850 Fälle mit einer Beteiligung von Parteien aus 75 Nationen herangetragen. In nahezu der Hälfte aller Fälle ist der Beschwerdeführer ein Amerikaner. Dabei wurden in dem selben Zeitraum 1007 Verfahren entschieden und 279 auf anderem Wege beendet. In immerhin 817 Fällen wurde die Domain übertragen und nur 183 aller eingereichten Beschwerden abgewiesen. Umfassend kann man sich unter der URL http://arbiter.wipo.int/domains über die aktuelle Rechtsprechung der Panels sowie über das Verfahren informieren. Die Bedeutung dieses Verfahrens kann angesichts der Schwierigkeiten und Kosten, auf die der Kennzeicheninhaber normalerweise bei dem Versuch der internationalen Durchsetzung seiner Kennzeichenrechte stößt, gar nicht hoch genug eingeschätzt werden. Hier wurde ein effektives internationales Konfliktlösungsinstrument ins Leben gerufen, das Signalwirkung auf den gesamten Bereich des gewerblichen Rechtsschutzes, wenn nicht sogar darüber hinaus hat.

Auf Initiative der Mitgliedsstaaten ist die WIPO inzwischen ersucht worden, den Prozess der Regelung von Domainstreitigkeiten, insbesondere auch mit Blick au den Bereich der Country Code TLD´s, voranzutrei-

Erfahrungen der WIPO

Regelung der Domain-Vergabe

ben. Hierauf hat die WIPO am 3. September 2001 den *Second WIPO Internet Domain Name Process Report*[53] vorgelegt. Im Wesentlichen enthält dieser Report eine Reihe von Empfehlungen an die Mitgliedsstaaten der WIPO zur Regelung der Vergabe von Domains und der Behandlung resultierender Streitigkeiten. In einem ersten Kapitel wird festgestellt, dass der Grundsatz *first come, first served*, der den Vorteil einer hoch effizienten und nahezu vollautomatisierten Vergabe bietet, inzwischen Anlass zu einer Vielzahl von möglicherweise berechtigten Bedenken ist. Die WIPO stellt daher fest, dass die *international community* sich nun entscheiden muss, ob sie einige dieser Missbrauchstatbestände einer Regelung schon bei der Vergabe der Domains unterwerfen will. Kapitel II beschäftigt sich mit dem hierbei möglicherweise einzusetzenden Instrumentarium. Dabei wird vor allem erneut auf eine Selbstregulierung innerhalb des bestehenden DNS (Domain Name System) gesetzt, das ICANN den Erlass einiger allgemeiner Regeln bei der Vergaben von Domains ermöglichen soll. Dabei wird erneut auf die erfolgreiche Implementierung des UDRP-Verfahrens verwiesen. Im Weiteren werden einige dieser möglichen Regelungen im Einzelnen spezifiziert.

Vorreiter für internationale Regelungen

Auch diese Entwicklung macht deutlich, dass das Domain- oder Internetrecht keinesfalls ein unbestelltes Feld ist. Richtig ist vielmehr, dass entgegen der allgemeinen Befürchtungen, die in der Ubiquität des Mediums Internet eine Bedrohung der bestehenden Strukturen sehen, gerade die Internationalität dieses Mediums zu internationalen Regelungen und Konfliktlösungsansätzen geführt hat, die Pilotcharakter für eine Vielzahl von Rechtsgebieten darstellt, wie etwa für das europaweit hinsichtlich des Patenterteilungsverfahrens schon seit 1978 harmonisierte europäische Patentrecht, zu dem zumindest bislang, trotz erheblicher Anstrengungen, vergeblich versucht wurde, ein gemeinsames, mit international verbindlicher Wirkung für Europa entscheidendes Verletzungsgericht zu installieren. Dabei lesen sich die Vorgaben an ein derartiges Gericht wie eine Beschreibung des UDRP-Verfahrens. Es soll nämlich ebenfalls schnell, kostengünstig und mit un-

---

[53] unter http://wipo2.wipo.int/process2/index.hlml abrufbar

mittelbarer Bindungswirkung in den Mitgliedsstaaten entscheiden.

Conclusio und Ausblick

Das Domainrecht hat sich aufgrund seiner enormen wirtschaftlichen Bedeutung als bedeutender Teil des Kennzeichenrechts etabliert. Die bislang dem Kennzeichenrecht versagt gebliebene Öffentlichkeitswirkung des Domainrechts hat überdies dazu beigetragen, dass auf dem Umweg über die Gefahren des Cybersquattings eine Reformfreudigkeit zugunsten moderner und effizienter Regelungen und Konfliktlösungen eingesetzt hat, die dazu angetan ist, auch andere Rechtsgebiete positiv zu beflügeln.

Das Domain- und Internetrecht stellt somit keine Bedrohung, sondern vielmehr eine Herausforderung und Chance auf dem Weg zu einer Legislative und Exekutive dar, die dem modernen Wirtschaften, das längst nicht an Staaten- und Sprachengrenzen gebunden ist, angemessen ist.

Domain- und Internetrecht als Herausforderung

Ein derart modernes und effizientes System der Rechtserlangung und –durchsetzung, wie es ansatzweise innerhalb kürzester Zeit mit dem UDRP-Verfahren installiert wurde, ist gleichzeitig die beste Voraussetzung für eine breite Akzeptanz dieser Systeme und für eine friedliche Koexistenz der durch das Internet verbundenen unterschiedlichsten Rechts- und Staatsformen.

10.3 Einführung in das Datenschutzrecht

HARALD BRENNECKE

PETER BRESCHENDORF

Rechtliche Einordnung persönlicher Daten

Das Datenschutzrecht hat durch den Fortschritt der Informationstechnologie zunehmende Bedeutung erlangt. Infolge dieser technologischen Entwicklung werden immer mehr personenbezogene Informationen in Staat und Wirtschaft verarbeitet.

Was, wie, von wem und wie lange über eine Person gespeichert wird, hängt in erster Linie von der Zustimmung der betroffenen Person ab. Das beginnt bereits damit, dass der Inhaber eines Telefonanschlusses selbst entscheiden kann, ob seine Daten ins Fernsprechbuch eingetragen werden sollen oder nicht. Jeder hat grundsätzlich das Recht zu wissen, wer welche Informationen bei welcher Gelegenheit über ihn erfasst, speichert, für oder gegen ihn verwendet.

Zustimmung der betroffenen Person

Dieses sogenannte Recht auf *informationelle Selbstbestimmung (Datenschutz) wurde* vom Bundesverfassungsgericht [BVerfG 65, 1] im Volkszählungsurteil als spezielles Persönlichkeitsrecht aus dem Grundrecht auf freie Entfaltung der Persönlichkeit, Art. 2 I GG in Verbindung mit dem Schutz der Menschenwürde aus Art. 1 I GG hergeleitet. Es genießt somit Verfassungsrang und entfaltet damit nicht nur Wirkung im Verhältnis Bürger-Staat, sondern auch auf Rechtsbeziehungen von Privaten (sog. mittelbare Drittwirkung), womit auch nicht staatliche Organisationen gebunden sind.

Die verfassungsrechtlichen Grundsätze des Datenschutzes im Sinne eines informationellen Selbstbestimmungsrechts, vor deren Hintergrund die Datenschutzgesetze entstanden, sind:

Verfassungsrechtliche Grundsätze

- Grundsatz der Normenklarheit: Eine gesetzliche Regelung muss eindeutig erkennen lassen, zu welchem Zweck Daten verwendet werden.
- Grundsatz der Erforderlichkeit: Das rechtsstaatliche Prinzip des geringst möglichen Eingriffs beschränkt die einzelnen Maßnahmen in ihrem Umfang (Übermaßverbot).
- Grundsatz der Zweckbindung: Die staatlichen Maßnahmen dürfen nicht weiter gehen, als es zur Verfolgung des jeweiligen Zwecks unbedingt erforderlich ist.
- Grundsatz der Verhältnismäßigkeit: Der Umfang der herangezogenen und ausgewerteten Daten ist je nach der Aufgabe der bearbeitenden Stelle einzuschränken und die Beeinträchtigung des Betroffenen so gering wie möglich zu halten.
- Grundsatz der informationellen Gewaltenteilung: Jede datenverarbeitende Stelle darf nur die Daten speichern, welche zur Erfüllung ihrer Aufgaben erforderlich sind. Eine Datenweitergabe an eine andere Stelle darf nur kontrolliert, d.h. unter Einhaltung von Übermittlungsvorschriften geschehen.
- Grundsatz der Transparenz der Datenverarbeitung: Der Bürger muss hinreichend Kenntnis davon haben, welche Stelle seine Daten verarbeitet und an Dritte übermittelt.

Entwicklung des Datenschutzrechts

Historische Hintergründe

Die Gefahr des (staatlichen) Missbrauchs von Bürgerdaten ist kein theoretisches Gebilde. Gerade Deutschland besitzt hier eine unheilvolle Tradition. Ohne (damals maschinelle, lochkartengesteuerte) Datenverarbeitung wäre die Rassenverfolgung des Dritten Reiches in seiner Unvorstellbarkeit nicht möglich gewesen. Bis vor wenigen Jahre noch betrieb ein ebenso realer deutscher Staat eine eigene Behörde zur Bespitzelung und Datensammlung über seine Bürger: das Ministerium für Staatssicherheit (Stasi). Diese bedrückende Realität der Möglichkeit staatlichen Missbrauchs ist unter den ebenso bedrückenden aktuellen Eindruck des Terrors im Jahre 2001 fast ganz vergessen worden.

Datenschutz dient dem wohlberechtigten - und historisch belegten - Schutz des Bürgers vor dem Staat. Maßnahmen zum Schutz vor Terror dürfen nicht dazu führen, dass die so schmerzvoll gewonnene Einsicht in die Notwendigkeit des Datenschutzes zurückgedrängt wird. Die derzeitige öffentliche Diskussion lässt diesbezüglich jedes historische Verständnis vermissen.

Die Geburtsstunde des Datenschutzrechts liegt im Jahre 1970, als Hessen als erstes Land der Welt ein Datenschutzgesetz verabschiedete. Dieses Gesetz war durch die amerikanische Debatte um das Recht auf *Privatheit* sowie durch den Mikrozensus-Beschluss des Bundesverfassungsgerichts geprägt, in dem es heißt, dass es mit der unantastbaren Würde des Menschen aus Art. 1 I GG nicht vereinbar ist, wenn der Staat das Recht für sich in Anspruch nimmt, den Menschen zwangsweise in seiner ganzen Persönlichkeit zu registrieren und zu katalogisieren.

Geburtsstunde des Datenschutzrechts

Mit dem *Gesetze zum Schutz vor Missbrauch personenbezogener Daten bei der Datenverarbeitung*, das am 1.1.1987 in Kraft trat, begann als Reaktion auf die zunehmende Automatisierung der Datenverarbeitung die bundeseinheitliche Datenschutzgesetzgebung. Darauf wurden bis 1981 in allen Bundesländern Datenschutzgesetze erlassen.

Das oben bereits genannte Volkszählungsurteil hat das bis dahin geltende Datenschutzrecht grundlegend geändert. Daraus resultierte die Neufassung des Bundesdatenschutzgesetzes vom 1.6.1990.

Am 23.5.2001 trat in Deutschland - in Umsetzung einer EU-Richtlinie - das hier erläuterte *novellierte Bundesdatenschutzgesetz* (BDSG) in Kraft. Darin werden wichtige Eckpunkte für ein modernes Datenschutzrecht aufgegriffen. Hierzu zählen Regelungen zur Videoüberwachung des öffentlich zugänglichen Raumes (z.B. Einkaufspassagen, Bahnsteige oder Museen), zum Einsatz von Chipkarten und zum sogenannten Datenschutzaudit, das mit einem Zertifikat für die Qualität der getroffenen Datenschutzmaßnahmen vergleichbar ist, sowie ein Gebot der datenminimierenden Datenverarbeitung und daran orientierter Technik. Das Gesetz schaffte für Bürger und Wirtschaft Europas erstmals ein einheitliches Datenschutzniveau.

Novelliertes Bundesdatenschutzgesetz

Das Bundesdatenschutzgesetz

Aufbau des BDSG

- 1. Abschnitt, §§ 1 bis 11 BDSG: Allgemeine und gemeinsame Bestimmungen
- 2. Abschnitt, §§ 27 bis 38a: Datenverarbeitung im öffentlichen Bereich
- 3. Abschnitt, §§ 12 bis 26: Datenverarbeitung im nicht öffentlichen Bereich
- 4. Abschnitt, §§ 39 bis 42: Sondervorschriften für den Bereich Forschung, Medien und Rundfunk
- 5. Abschnitt, §§ 43 bis 46: Straf- und Bußgeldvorschriften
- 6. Abschnitt, §§ 45 bis 46: Übergangsvorschriften

Zweck des BDSG

Grundrecht auf Datenschutz

Zweck des Bundesdatenschutzgesetzes ist der Schutz des Grundrechts auf Datenschutz als fachspezifische Ausprägung des allgemeinen Persönlichkeitsrechts (Art. 2 Abs. 1 i.V.m. Art. 1 Abs. 1 GG). Gemäß der Legaldefinition des § 1 Abs. 1 BDSG erschöpft sich Datenschutz nicht – wie der Wortlauf des Begriffs vermuten lässt – im Schutz von Daten, sondern dient vielmehr dem Schutz des einzelnen Betroffenen, der vor den Gefahren, die die Datenverarbeitung für ihn mit sich bringt, geschützt werden soll.

Anwendungsbereich des BDSG

Umgang mit persönlichen Daten

Im Anwendungsbereich unterscheidet das BDSG zwischen dem öffentlichen und dem nicht öffentlichen Bereich. Dabei wird gleichermaßen der Umgang mit personenbezogenen Daten erfasst. *Umgang* ist als Oberbegriff der 7 Phasen des Erhebens, Speicherns, Veränderns, Übermittelns, Sperrens, Löschens und Nutzens zu verstehen.

Nur im nicht öffentlichen Bereich macht § 1 Abs. 2 Nr. 3 BDSG eine Ausnahme von der sachlichen Anwendung des Bundesdatenschutzgesetzes für Datenverarbeitungen, die eine natürliche Person aus nicht automatisierter Verarbeitung personenbezogener Daten ausschließlich zur Ausübung persönlicher oder familiärer Tätigkeiten vornimmt. Alle übrigen Datenverarbeitungen durch nicht öffentliche Stellen werden daher in Abweichung zur alten Fassung des BDSG vom Anwendungsbereich des BDSG erfasst.

Im Hinblick auf den grenzüberschreitenden Datenverkehr kommt das BDSG und damit deutsches Recht im Grundsatz zur Anwendung, wenn die verarbeitende Stelle in Deutschland ihren Sitz hat (also eine deutsche Stelle ist), oder aber der Umgang mit den personenbezogenen Daten von der Stelle eines anderen Mitgliedstaates der Europäischen Union aus erfolgt, die im Inland eine Niederlassung unterhält (§ 1 Abs. 5 Sätze 1 u. 2 BDSG).

Grenzüberschreitender-Datenverkehr

Im Umkehrschluss kommt das Gesetz nicht zur Anwendung, soweit die Verarbeitung personenbezogener Daten durch eine verantwortliche Stelle eines anderen Mitgliedstaates der Europäischen Union im Inland ausgeführt wird. Mit dieser Vorschrift soll verhindert werden, dass ein möglicherweise geringerer Datenschutzstandard als der in den Mitgliedstaaten der Europäischen Union vorhandene in den Fällen zur Geltung kommt. In diesem Fall kommt gem. § 1 Abs. 5 Satz 2 BDSG das deutsche Datenschutzrecht zur Anwendung.

Für die Übermittlung personenbezogener Daten in Drittstaaten enthält das BDSG in den §§ 4b und 4c weitere Sonderregelungen. Diese Vorschriften sollen zum einen ein koordiniertes Verhalten der Mitgliedstaaten beim Transfer in Drittstaaten sicherstellen und zum anderen – durch einen breiten Katalog von Ausnahmebestimmungen in § 4c BDSG – dafür Sorge tragen, dass der Wirtschaftsverkehr mit Drittstaaten nicht unangemessen beeinträchtigt wird.

Übermittlung in Drittstaaten

Öffentliche Stellen/ nicht öffentliche Stellen

Die Vorschrift des § 2 BDSG ergänzt § 1 BDSG dadurch, dass sie für die Normadressaten des Bundesdatenschutzgesetzes, die öffentlichen und nicht öffentlichen datenverarbeitenden Stellen Definitionen enthält.

- Absatz 1 definiert die öffentlichen Stellen des Bundes.
- Absatz 2 definiert die öffentlichen Stellen der Länder.
- Absatz 3 enthält eine Abgrenzung zwischen Abs. 1 und Abs. 2 für die Sonderfälle, in denen privatrechtliche Vereinigungen, an denen sowohl öffentliche Stellen des Bundes als auch der Länder beteiligt sind.

- Absatz 4 definiert die nicht öffentlichen Stellen (privaten) Stellen und regelt, wann nicht öffentliche Stelle als öffentliche Stellen gelten, weil sie hoheitliche Aufgaben der öffentlichen Verwaltung wahrnehmen.

Subsidiarität des BDSG

In § 1 Abs. 3 BDSG ist der Subsidiaritätsgrundsatz des Bundesdatenschutzgesetzes niedergelegt. Danach ist das BDSG als ein *Auffanggesetz* zu verstehen. Das bedeutet, dass anderweitige bereichsspezifische Bundesnormen dem BDSG vorgehen. Von der Vorrangigkeit des Absatz 3 werden ausschließlich Vorschriften des Bundes erfasst. Damit fallen landesrechtliche Datenschutzbestimmungen sowie Tarifverträge und Betriebsvereinbarungen nicht unter die Vorrangregelung des § 1 Abs. 3 BDSG. Die Subsidiaritätswirkung tritt jedoch nur bei Tatbestandkonkurrenz ein. Dies verdeutlicht der Wortlaut des Abs. 3 - *soweit*.

Eine Vorschrift des BDSG ist folglich dann anwendbar, soweit keine fach- und bereichsspezifische Datenschutzregelung für den gleichen Sachverhalt in einem anderen Bundesgesetz gilt. Wird ein Sachverhalt von einer anderen bundesgesetzlichen Regelung ganz oder teilweise erfasst, so kommt dem BDSG eine lückenfüllende Funktion zu.

Terminologie des BDSG

Wichtige Begriffe des BDSG

Die wichtigsten Begriffe und Anwendungsvoraussetzungen sind in § 3 BDSG definiert. Dabei geht es im Einzelnen um

- personenbezogene Daten
- anonymisierte/pseudonymisierte Daten
- besondere Arten personenbezogener Daten
- automatisierte und nicht automatisierte Datei
- Datenerhebung/Datenverarbeitung/Datennutzung
- verantwortliche Stelle/Dritte.

Personenbezogene, anonymisierte, pseudonymisierte Daten, § 3 I, VI, VI a BDSG

Gemäß der Legaldefinition des § 3 I werden *Einzelangaben über persönliche oder sachliche Verhältnisse einer bestimmten oder bestimmbaren natürlichen Person* durch das BDSG geschützt.

10.3 Einführung in das Datenschutzrecht

Die Begriffsbestimmung des Absatzes 1 enthält die bedeutsame Regelung, dass lediglich natürliche Personen dem Schutz des Gesetzes unterliegen. Geschützt sind daher nur Informationen über den einzelnen Menschen. Obgleich die Grundrechte gem. Art. 19 III GG auch für inländische Juristische gelten, soweit sie ihrem Wesen nach auf sie anwendbar sind, unterliegen juristische Personen (z.B. Kapitalgesellschaften, eingetragene Vereine) und sonstige Personengemeinschaften (z.B. nicht rechtsfähige Vereine, Gesellschaften des BGB, offene Handelsgesellschaften, Kommanditgesellschaften, Wohngemeinschaften) nicht dem Datenschutz im Sinne des BDSG. Nach Auffassung des BGH kann die unberechtigte Weitergabe von Unternehmensdaten jedoch das *allgemeine Persönlichkeitsrecht eines Unternehmens* verletzen [BGH NJW 1994, 1281]. Datenschutzrechtliche Ansprüche können dann auf § 823 Abs. 1 BGB gestützt werden. Etwas anderes gilt allerdings, wenn sich die Angaben über die Personengemeinschaft auf eine oder mehrere hinter der juristischen Person stehende natürliche Personen beziehen, d.h. auf sie *durchschlagen*. In diesem Fall kann die natürliche Person die sich aus dem BDSG ergebenden Rechte geltend machen.

Anwendbarkeit auf juristische Personen

Der Begriff der Einzelangabe umfasst alle Informationen, die über den Betroffenen etwas aussagen, unabhängig von ihrer Repräsentation (z.B. auch Bild- und Tondaten) oder Schutzwürdigkeit. Auch Werturteile genießen den Schutz des BDSG. Gleiches gilt für Prognose- und Planungsdaten, soweit sie nicht nur die künftigen, sondern auch die gegenwärtigen Verhältnisse des Betroffenen zum Gegenstand haben, was meistens der Fall sein wird.

Begriff der Einzelangabe

§ 3 Abs. 9 definiert besondere Arten personenbezogener Daten. Dabei handelt es sich um Angaben über die rassische und ethnische Herkunft, politische Meinungen, religiöse oder philosophische Überzeugungen, Gewerkschaftszugehörigkeit, Gesundheit und Sexualleben. An die Verarbeitung derartiger Daten knüpft das BDSG besondere Anforderungen, da der Betroffene hierbei ein schutzwürdiges Interesse hat (§§ 4a Abs. 3, 28 Abs. 6).

Personenbezogen sind nur solche Daten, die sich auf eine bestimmte oder bestimmbare natürliche Person beziehen.

Personenbezogene Daten

Bestimmte Daten

Bestimmt sind die Daten, wenn sie mit dem Namen des Betroffenen verbunden sind oder sich aus dem Inhalt bzw. dem Zusammenhang der Bezug unmittelbar herstellen lässt. Für den EDV-Bereich bedeutet dies, dass sich der Schlüssel entweder unmittelbar im Datensatz befindet oder die Person mittels trivialer Verknüpfung identifizierbar ist. Bestimmbar sind die Daten, bei denen sich der Personenbezug mit den zur Verfügung stehenden Hilfsmitteln und ohne unverhältnismäßig großen Aufwand (dann wäre der Tatbestand des Absatzes 6 erfüllt) herstellen lässt (z.B. Aktenzeichen, Geschäftsnummer, Personenkennzeichen).

Der Personenbezug und damit der Schutz des BDSG entfällt, wenn es sich um aggregierte, anonymisierte (§ 3 Abs. 6 BDSG) oder pseudonymisierte (§ 3 Abs. 6a BDSG) Daten handelt.

Aggregierte Daten

Aggregierte Daten sind Sammelangaben über Personengruppen, die nicht einer Person zugeordnet werden könne.

Anonymisierte Daten

Der Begriff des Anonymisierens wird in § 3 Abs. 6 definiert. Danach unterfallen solche Daten mangels Personenbezug nicht den Regeln des BDSG, die sich nicht mehr oder nur noch mit einem unverhältnismäßig großen Aufwand an Zeit, Kosten und Arbeitskraft auf eine bestimmte Person beziehen bzw. eine solche erkennen lassen.

Pseudonymisierte Daten

Gleiches gilt für pseudonymisierte Daten. Hierbei handelt es sich gem. § 3 Abs. 6a BDSG um solche Daten, bei denen der Name oder andere Identifikationsmerkmale durch ein Kennzeichen ersetzt sind, um die Bestimmung des Betroffenen auszuschließen oder mindestens wesentlich zu erschweren.

Automatisierte und nicht automatisierte Datei, § 3 Abs. 2 BDSG

In Bezug auf den sachlichen Anwendungsbereich des BDSG ist gemäß § 3 II BDSG eine Abgrenzung zwischen automatisierter und nicht automatisierter Verarbeitung vorzunehmen. Dabei wird nicht zwischen öffentlichen und nicht öffentlichen Bereichen unterschieden, wie das in der vor dem 23. Mai 2001 geltenden Fassung des BDSG der Fall war.

Definition der automatisierten Datei

Findet die Erhebung, Verarbeitung oder Nutzung personenbezogener Daten in einer automatisierten Datei statt, ist für die Anwendbarkeit des Bundesdatenschutzgesetzes nur und ausschließlich das Merkmal der automatisierten Erhebung, Verarbeitung oder Nutzung relevant. Dies wird gemäß Absatz 2 Satz 1 als Verarbeitung unter Einsatz von Datenverarbeitungsanlagen definiert. Dabei liegt eine automatisiert geführte Datei bereits dann vor, wenn eine Sammlung personenbezogener Daten automatisch auswertbar ist.

Eine nicht automatisierte Datei ist im Gegensatz dazu jede nicht automatisierte Sammlung personenbezogener Daten, die gleichartig aufgebaut und nach bestimmten Merkmalen zugänglich ist und ausgewertet werden kann. Der Begriff *Datei* umfasst jede strukturierte Sammlung personenbezogener Daten. Das Erfordernis der *gleichartig aufgebauten Sammlung* charakterisiert die äußere Form der Datei.

Definition der nicht automatisierten Datei

Bestimmend ist also, dass die einzelnen Aufbauelemente einheitlich und gleichartig gestaltet sind. Damit ist eine Anwendung des BDSG auf nicht strukturierte Akten ausgeschlossen. Entscheidend ist weiter, dass die Datensammlung *nach bestimmten Merkmalen zugänglich* ist. Merkmale in diesem Sinne sind solche Kriterien, die für eine sinnvolle Ordnung der Datei notwendig sind, also z.B. die alphabetische oder chronologische Sortierung einer Kartei. Es ist nicht erforderlich, dass die Merkmale selbst personenbezogene Daten sind, sie müssen sich jedoch auf die in der Sammlung genannten natürlichen Personen beziehen. Somit unterfallen nicht automatisierte Sammlungen personenbezogener Daten nur dann den Regelungen des Bundesdatenschutzgesetzes, wenn sie die Kriterien des § 3 II .2 BDSG erfüllen.

Geschütze Verarbeitungsphasen, § 3 Abs. 3 bis 5 BDSG

Die vom Bundesdatenschutzgesetz erfasste Verarbeitung personenbezogener Daten umfasst drei Kernbereiche:

- das Erheben von Daten
- das Verarbeiten von Daten im eigentlichen Sinne
- das Nutzen von Daten

Erhebung von Daten, § 3 Abs. 3 BDSG

Das BDSG definiert das Erheben als gezieltes Beschaffen von Daten. Gleichgültig ist, ob die Daten mündlich oder schriftlich beschafft werden, ob der Betroffene

Gezieltes Beschaffen von Daten

befragt wird oder die Daten beibringen soll oder ob Dritte befragt oder Unterlagen von der speichernden Stelle eingesehen werden. Bei zufälligen Beobachtungen gewonnene Daten und Daten, die der speichernden Stelle unaufgefordert zugeleitet werden, erfüllen den Tatbestand des Erhebens gem. § 3 III BDSG nicht. Ein Erheben von Daten liegt auch nicht vor, wenn Daten aus bereits vorliegenden Unterlagen zusammengestellt werden.

Vom Vorliegen einer Erhebung ist z.B. auszugehen bei:

- schriftlicher oder mündlicher Befragung durch Behörden, Arbeitgeber, Meinungsforschungsinstitute,
- Befragung Dritter durch Auskunfteien oder Detekteien,
- Observation des Betroffenen durch Kameras oder Abhöranlagen und
- Blutentnahme, Fingerabdrücken und DNA-Analysen.

Für die Zulässigkeit einer Datenerhebung enthält das BDSG für den öffentlichen Bereich in § 13 und für den nicht öffentlichen (privaten) Bereich in den §§ 28 bis 30 besondere Bestimmungen.

Verarbeiten von Daten, § 3 Abs. 4 BDSG

Fünf Phasen der Datenverarbeitung

Verarbeiten wird in § 3 IV des Bundesdatenschutzgesetzes als Sammelbegriff für die fünf einzelnen Phasen definiert, ungeachtet ob dabei automatisierte, manuelle oder sonstige Verfahren angewandt werden. Die fünf Phasen sind in einzelnen:

- das Speichern (Nr. 1)
- das Verändern (Nr. 2)
- das Übermitteln (Nr. 3)
- das Sperren (Nr. 4) und
- das Löschen (Nr. 5)

Speichern, § 3 IV Nr. 1 BDSG

Erfassen, Aufnehmen, Aufbewahren

Nach der Definition des BDSG ist Speichern das Erfassen, Aufnehmen oder Aufbewahren von Daten auf einem Datenträger zum Zweck ihrer weiteren Verarbeitung oder Nutzung.

Datenträger ist jedes Medium, das zum Aufnehmen personenbezogener Daten geeignet ist, damit sind auch unformatierte Medien wie z.B. Notizzettel Datenträger im vorliegenden Sinne. Erfassen meint das schriftliche Fixieren von Daten. Das Aufnehmen kennzeichnet primär das Fixieren von Daten mit Aufnahmetechniken, z.B. mit Tonband, Film oder Video. Das Aufbewahren meint das Sammeln von Daten, um sie später zu archivieren oder weiterzuverarbeiten

Dieses Vorrätighalten muss zum Zweck der weiteren Verarbeitung oder Nutzung geschehen. Folglich ist der Tatbestand der Speicherung dann nicht erfüllt, wenn keine Verwendungsabsicht besteht. Das ist zum Beispiel der Fall, wenn Daten lediglich kurzfristig eingegeben werden und sofort wieder gelöscht werden, etwa bei Gelegenheitskunden, bei den keine Stammdatei angelegt wird.

Verändern, § 3 IV Nr. 2 BDSG

Als Verändern definiert das BDSG jedes inhaltliche Umgestalten gespeicherter Daten. Inhaltliches Umgestalten meint jede Maßnahme (in Sprache, Ton und Bild), durch die der Informationsgehalt einer Nachricht geändert wird, so dass ein neuer Aussagewert entsteht. Bloßes Ändern der äußeren Form (z.B. Chiffrieren, Änderung einzelner Feldbezeichnungen) fällt nicht unter das Verändern im Sinne des BDSG.

Inhaltliches Umgestalten

Insbesondere werden Daten verändert durch:

- Berichtigung oder Verfälschung von Daten,
- Hinzufügen von Daten,
- Herausnehmen aus dem Zusammenhang,
- Einfügen in andere Zusammenhänge oder
- Verknüpfen von Daten verschiedener Dateien.

Übermitteln, § 3 IV Nr. 3 BDSG

Das Übermitteln wird im BDSG definiert als Bekanntgabe von Daten durch die verantwortliche Stelle an Dritte durch Weitergabe, Einsichtnahme oder Abruf. Die Weitergabe von Daten an Dritte umfasst jegliche Art der Auskunftserteilung, etwa in schriftlicher, mündlicher, fernmündlicher Form oder per Telefax. Ebenfalls erfasst ist die Datenweitergabe z.B. durch Übergabe oder Zusendung einer Diskette o.ä.. Unter den Begriff des Übermittelns fällt auch die Einsichtnahme oder der Abruf bereitgehaltener Informationen durch Dritte, was auch Online erfolgen kann.

Bekanntgabe an Dritte

Die Definition der für die Verarbeitung der personenbezogenen Daten verantwortlichen Stelle findet sich in § 3 Abs. 7 BDSG. Verantwortliche Stelle in diesem Sinne ist jede natürliche oder juristische Person, Behörde, Einrichtung oder jede andere Stelle, die allein oder gemeinsam mit anderen über die Zwecke und Mittel der Verarbeitung von personenbezogenen Daten entscheidet.

Sperren, § 3 IV Nr. 4 BDSG

Einschränkung in der Nutzung

Das Sperren von Daten wird in § 3 IV Nr. 4 BDSG definiert als das Kennzeichnen dieser Daten zu dem Zweck, ihre weitere Verarbeitung oder Nutzung einzuschränken. Diese Kennzeichnung muss bewirken, dass diese Daten nur noch eingeschränkt bzw. für gesetzlich bestimmte Ausnahmefälle verwendet werden können. Sie kann bei automatisierter Datenverarbeitung durch Kennzeichnung des Datenfeldes oder durch eine Codierung erfolgen, bei nicht automatisierter Verarbeitung, etwa bei Akten, empfiehlt sich eine räumliche Auslagerung (z.B. in einem gesonderten Schrank für gesperrte Datenträger), da hier ein Sperrvermerk auf Karteikarten oder Akten dem Zweck des BDSG nicht genügt.

Löschen, § 3 IV Nr. 5 BDSG

Unkenntlichmachen der Daten

Löschen personenbezogener Daten bezeichnet das Unkenntlichmachen dieser Daten. Der Tatbestand der Löschung ist allerdings erst dann erfüllt, wenn die Daten vollständig unkenntlich gemach sind, d.h. diese Daten dürfen nicht mehr rekonstruierbar sein, müssen irreversibel zerstört werden.
Als Löschung personenbezogener Daten kommt in Betracht:

- jegliche physikalische Vernichtung des Datenträgers (z.B. verbrennen, Reißwolf, Schredder),
- Überschreiben, Ausradieren oder Schwärzen von Aktenblättern, Karteikarten, Formularen
- Zerkratzen der Magnetfelder von Ton- oder Videobändern
- Einsatz von Löschungsprogrammen bei der automatisierten Verarbeitung, wobei die Löschung auch physikalisch und nicht lediglich logisch vollzogen werden muss.

10.3 Einführung in das Datenschutzrecht

Als Löschung genügt der bloße Vermerk *gelöscht* oder das bloße Auslagern der Daten nicht. Auch der grundbuchrechtliche Löschungsbegriff genügt nicht, da hier Text unverändert erhalten bleibt und lediglich durch rotes Unterstreichen zum Ausdruck gebracht wird, dass er nicht mehr gelten soll.

Nutzen von Daten, § 3 Abs. 5 BDSG

Die Phase des Nutzens von personenbezogenen Daten zählt ebenfalls zu der vom BDSG geschützten Datenverarbeitung. In § 3 Abs. 5 BDSG wird das Nutzen als jede Verwendung personenbezogener Daten, soweit es sich nicht um Verarbeitung im eigentlichen Sinne handelt, definiert. Damit kommt dieser Phase eine Art Auffangfunktion zu.

Der Grundsatz der Datenvermeidung

Der Grundsatz der Datenvermeidung und -sparsamkeit wurde im Mai 2001 erstmals in das aktuelle Datenschutzrecht aufgenommen. Die Vorschrift konkretisiert den Grundsatz der Verhältnismäßigkeit für die technische Gestaltung der Datenverarbeitungssysteme. Mit seiner Einführung soll bereits durch die Gestaltung der Systemstrukturen die Erhebung, Verarbeitung oder Nutzung personenbezogener Daten soweit wie möglich vermieden werden, um Gefahren für das informationelle Selbstbestimmungsrecht des Betroffenen von vornherein zu minimieren. Personenbezogene Daten, soweit sie für die Aufgabenerfüllung erforderlich sind, dürfen weiter erhoben, verarbeitet oder genutzt werden, wie z.B. beim Kraftfahrtbundesamt das Zentrale Verkehrsinformationssystem (ZEVIS), beim Bundesverwaltungsamt das Ausländerzentralregister (AZR), beim Bundeskriminalamt das polizeiliche Informationssystem (INPOL) oder bei den Nachrichtendiensten des Bundes.

Novum im Datenschutzrecht

Satz 2 beinhaltet den Vorrang anonymer und pseudonymer Formen der Datenverarbeitung als eine von mehreren Möglichkeiten der Ausgestaltung des Systemdatenschutzes als Mittel, dem Grundsatz der Erforderlichkeit Rechnung zu tragen. Hierbei geht es in erster Linie darum – soweit technisch möglich und aufgrund der vorgegebenen funktionalen Zusammenhänge sachgerecht – das Mitführen der vollen Identität Be-

Vorrangig anonyme und pseudonyme Formen

troffener während der eigentlichen Datenverarbeitungsvorgänge zu reduzieren.

Zulässigkeit der Verarbeitung von personenbezogenen Daten

Verbot mit Erlaubnisvorbehalt

Die zentrale Grundregel des BDSG ist als Verbot mit Erlaubnisvorbehalt ausgestaltet. Gemäß § 4 Abs. 1 BDSG ist jede Verarbeitung (Erhebung, Verarbeitung im eigentlichen Sinne und die Nutzung) personenbezogener Daten grundsätzlich verboten. Ausnahmsweise ist die Verarbeitung dieser Daten zulässig, wenn sie ausdrücklich gesetzlich erlaubt oder angeordnet ist oder der Betroffene eingewilligt hat.

§ 4 Absatz 2 bestimmt den Grundsatz, dass die Erhebung personenbezogener Daten beim Betroffenen selbst erfolgen muss. Sie dürfen nur dann ohne die Mitwirkung des Betroffenen erhoben werden, wenn keine Anhaltspunkte ersichtlich sind, dass schutzwürdige Interessen des Betroffenen beeinträchtigt werden und entweder die Erhebung gesetzlich vorgeschrieben ist oder die zu erfüllende Verwaltungsaufgabe eine Erhebung bei anderen Personen oder Stellen erforderlich macht oder aber die Erhebung beim Betroffenen einen unverhältnismäßigen Aufwand erfordern würde.

Aufklärungs- und Informationspflicht

§ 4 Absatz 3 bestimmt Aufklärungs- und Informationspflichten der erhebenden Stelle, wenn die personenbezogenen Daten beim Betroffenen erhoben werden. Dazu zählt die Offenlegung der Identität der verantwortlichen Stelle, die Auskunft über den Verwendungszweck, die Aufklärung des Betroffenen über eventuell bestehende gesetzliche Auskunftspflichten oder andernfalls über die Freiwilligkeit der Angaben und die Aufklärung über die Folgen, die durch eine Informationsverweigerung für den Betroffen entstehen können.

Die Einwilligung des Betroffenen, § 4a BDSG

Einverständniserklärung

Die Erhebung, Verarbeitung und Nutzung personenbezogener Daten ist gem. § 4 I BDSG zulässig, wenn der Betroffene darin eingewilligt hat. Als Einwilligung wird die vorherige Einverständniserklärung des Betroffenen in die Verarbeitung seiner Daten angesehen, vergl. § 183 BGB.

Nach § 4a BDSG ist die Einwilligung nur wirksam, wenn sie auf der freien Entscheidung des Betroffenen beruht und der Betroffene über den Verwendungszweck informiert ist, ihm geplante Übermittlungen mitgeteilt sind und er auf Verlangen auf die Folgen einer Verweigerung hingewiesen wurde (§ 4 Abs. 1 S. 2 BDSG). Die Einwilligung darf mithin nur ohne Zwang und in Kenntnis der Sachlage erfolgen.

Des Weiteren bedarf die Einwilligung regelmäßig der Schriftform (§ 4 Abs. 3 BDSG). Soll die Einwilligung zusammen mit anderen Erklärungen schriftlich erteilt werden, ist die Einwilligungserklärung vom äußeren Erscheinungsbild der Erklärung besonders hervorzuheben (Abs. 1 Satz 4).

Schriftformerfordernis

Ausnahmen des Schriftformerfordernis bestehen für den Bereich der wissenschaftlichen Forschung, oder wenn wegen besonderer Umstände eine andere Form als die Schriftform angemessen und noch verhältnismäßig ist.

Werden Daten, z.B. im Rahmen einer Verbraucherbefragung, unter dem ausdrücklichen Hinweis auf die Freiwilligkeit der Teilnahme und mit detaillierter Darstellung der Zweckbestimmung erhoben, so kann dies im Einzelfall eine ausdrückliche Einwilligung in die spätere Datenverarbeitung entbehrlich machen, da bereits in der freiwilligen Teilnahme eine (konkludente) Einwilligung liegt. Auch die besondere Eilbedürftigkeit des Betroffenen kann ein Abweichen von der Schriftform rechtfertigen.

Bei der Erhebung, Verarbeitung oder Nutzung sensitiver Daten i.S.d. § 3 Abs. 9 BDSG muss - außer in dringenden Notfällen - immer eine ausdrückliche Erklärung vorliegen (§ 4a Abs. 3 BDSG).

Gesetzliche Ermächtigung

Das Erheben, Verarbeiten und Nutzen personenbezogenen Daten ist außer bei informierter Einwilligung des Betroffenen auch dann zulässig, wenn das BDSG selbst oder eine andere Rechtsvorschrift dies erlaubt oder anordnet (§ 4 Abs. 1 BDSG). Solche gesetzlichen Erlaubnistatbestände finden sich auf vier verschiedenen Ebenen:

- Fach- und bereichsspezifische Rechtsnormen des Bundes
- andere nachrangige Rechtsvorschriften

- Bundesdatenschutzgesetz, z.B. Zweckbestimmung eines Vertragsverhältnisses oder
- Zweckbestimmung eines Arbeitsverhältnisses

Fach- und bereichsspezifische Rechtsvorschriften des Bundes

Bundesnorm geht vor BDSG

Rechtsvorschriften des Bundes, die in fach- und bereichsspezifischer Weise auf „personenbezogene Daten einschließlich deren Veröffentlichung anzuwenden sind", rechtfertigen eine diesbezügliche Datenverarbeitung (§ 1 Abs. 3 Satz 1 BDSG). Liegt eine solche bereichsspezifische Bundesnorm vor, so geht diese dem BDSG im Anwendungsbereich vor (§ 1 III BDSG - Subsidiaritätsgrundsatz). Sie verdrängt das BDSG und gestattet die Verarbeitung aufgrund ihrer speziellen Tatbestanderfassung.

Andere Rechtsvorschriften i.S.d. § 4 I BDSG

Rechtfertigenden Erlaubnisnormen

Liegt keine das BDSG gem. § 1 III BDSG verdrängende Bundesnorm vor, so richtet sich die Zulässigkeit der Datenverarbeitung nach § 4 Abs. 1 BDSG. Diese Vorschrift verweist auf „andere Rechtsvorschriften, die die Verarbeitung personenbezogener Daten erlauben oder anordnen". Zu diesen Rechtsvorschriften gehören Bestimmungen des Landesrechts, kommunales Recht, normative Teile von Tarifverträgen, Betriebsvereinbarungen usw.

Auch autonome Satzungen, die Körperschaften und Verbände aufgrund gesetzlich eingeräumter Befugnisse, wie Gemeinde- und Handwerksordnungen oder die Hochschulgesetze, erlassen haben, gehören zu den Erlaubnisvorschriften, die eine Verarbeitung personenbezogener Daten rechtfertigen.

Zum Kreis der die Verarbeitung personenbezogener Daten rechtfertigenden Erlaubnisnormen i.S.d. § 4 Abs. I BDSG gehören auch Tarifverträge und Betriebs- und Dienstvereinbarungen. Mit solchen Vereinbarungen kann die Zulässigkeit der Verarbeitung abweichend vom BDSG geregelt werden. Nach Auffassung des BAG ist das erforderlich, da die Verarbeitung von Personaldaten in einem Unternehmen sinnvoll nur nach einheitlichen Gesichtspunkten erfolgen könne. Dabei ist es zulässig, dass die kollektivrechtlichen Regelungen hinter dem Datenschutzstandard, den das BDSG gewährt, zurückbleiben, also zu Lasten des Betroffenen gehen [BAG NJW 1987, 674].

Auch Normen, die das Verbot der Verarbeitung, insbesondere die Übermittlung von Daten beinhalten, gehen dem BDSG sowohl gem. § 1 III als auch gem. § 4 I BDSG vor. Solche Verbotsnormen sind z.B.:

- § 39b EStG für den Arbeitgeber bez. dem Geheimhaltungsgebot über Angaben auf der Lohnsteuerkarte
- § 79 BetrVG für den Betriebsrat, etc.

Zulässigkeit nach dem Bundesdatenschutzgesetz

Wann eine Erhebung, Verarbeitung und Nutzung personenbezogener Daten nach dem Bundesdatenschutzgesetz selbst erlaubt oder angeordnet ist, richtet sich nach den für die verantwortliche Stelle geltenden Normen des zweiten und dritten Abschnitts des BDSG. Dabei unterscheidet das BDSG in den öffentlichen Bereich (§§ 12 bis 18) und den nicht öffentlichen Bereich (§§ 27 bis 32).

Normen für die verantwortliche Stelle

Für den öffentlichen Bereich sind maßgebend:

- § 13 für die Datenerhebung,
- § 14 für die Speicherung, Veränderung und Nutzung,
- § 15, § 16 für die Übermittlung und
- § 20 Abs. 2 bis 4 für die Löschung und Sperrung.

Für den nicht öffentlichen (privaten) Bereich sind maßgebend:

- zunächst § 28 für die Datenerhebung, -verarbeitung und -nutzung für eigene Zwecke,
- § 29 für die geschäftsmäßige Datenerhebung und -speicherung zum Zwecke der Datenübermittlung,
- § 30 für die geschäftsmäßige Erhebung und Speicherung zum Zwecke der Übermittlung in anonymisierter Form und
- § 35 für die Löschung und Sperrung.

Wichtigster Bereich dürfte die Zweckbestimmung des Vertragsverhältnisses sein.

Die Erhebung, Verarbeitung und Nutzung personenbezogener Daten ist auch nach der Zweckbestimmung eines Vertragsverhältnisses zwischen dem Verarbeiter und dem Betroffenen zulässig (§ 28 Abs. 1 BDSG). Diese Regelung bestimmt die Verarbeitung von Kun-

Zweckbestimmung eines Vertragsverhältnisses

den- und Arbeitnehmerdaten. Soweit die Verarbeitung zur Durchführung oder Abwicklung des Vertrages erforderlich ist, bestehen keine datenschutzrechtlichen Bedenken. Ebenso ist der Grundsatz der Zweckbindung zu beachten (§ 28 BDSG): Daten dürfen nur im Rahmen des konkret festgelegten Zwecks verarbeitet werden. Entfällt der Zweck, wird die Verarbeitung unzulässig.

Daraus folgt beispielsweise, dass Kundendaten nicht auf Vorrat gesammelt werden dürfen. Gibt der Kunde seine Daten für ein Preisausschreiben ab, so dürfen die Daten nicht für eine Werbeaktion verwendet werden. Nach Beendigung des Kundenauftrages sind die Daten zu löschen.

Die Zweckbestimmung des Arbeitsverhältnisses wird durch vielfältige Regelung des Arbeitnehmerschutzes gestaltet. Aus den sich daraus ergebenden Rechten und Pflichten der Parteien rechtfertigen sich Informationsbefugnisse des Arbeitgebers. Will der Arbeitgeber seinen arbeitsrechtlichen Schutzpflichten nachkommen, so muss er wissen, welche seiner Mitarbeiter in welchem Umfang schutzbedürftig sind. Will er eine sachgerechte und fundierte Personalentscheidung treffen und hierbei von der Eignung, Befähigung und fachlichen Leistung ausgehen, so muss er auf entsprechende Informationen zurückgreifen können. Bei einer betriebsbedingten Kündigung muss der Arbeitgeber gem. § 1 IV KSchG soziale Gesichtspunkte zugrunde legen, was ihm nur bei entsprechender Kenntnis der Sozialdaten möglich ist.

Ausdrückliche Einwilligung bei sensitiven Daten

Für besondere Arten von personenbezogenen Daten (§ 3 Abs. 9 BDSG - rassische und ethnische Herkunft, politische Meinungen, religiöse und philosophische Überzeugungen, Gewerkschaftszugehörigkeit, Gesundheit und Sexualleben) gelten gesonderte Anforderungen für eine gerechtfertigte Verarbeitung (§ 28 Abs. 6 bis 9 BDSG). Für die Verarbeitung dieser sensitiven Daten ist die ausdrückliche Einwilligung des Betroffenen erforderlich, sofern er die Daten nicht bereits selbst öffentlich bekannt gemacht (z.B. ein Bürgermeister, der öffentlich sagt „Ich bin schwul - und das ist auch gut so") oder aus physischen oder rechtlichen Gründen außerstande ist, seine Einwilligung zu erteilen (§ 28 Abs. 6 BDSG).

Weitere Besonderheiten ergeben sich für die wissenschaftliche Forschung (Abs. 6 Nr. 4), für den Bereich der

Gesundheitsvorsorge oder Behandlung (Abs. 7) und für Organisationen, die politisch, philosophisch, religiös oder gewerkschaftlich ausgerichtet sind (Abs. 9).

Rechte des Betroffenen

Das Bundesdatenschutzgesetz sieht in § 6 unabdingbare Rechte des Betroffenen hinsichtlich der über ihn gespeicherten personenbezogenen Daten vor, die für den öffentlichen Bereich (§§ 19 bis 21) und für den nicht öffentlichen Bereich (§§ 33 bis 35) in den Abschnitten 2 und 3 des BDSG näher ausgestaltet sind. Vom Grundsatz her hat der Betroffenen gegenüber beiden Bereichen die gleichen Rechte, nämlich Ansprüche auf *Auskunft, Benachrichtigung, Berichtigung, Löschung und Sperrung.*

Auskunftsanspruch

Der Betroffene hat das Recht, von der verantwortlichen Stelle Auskunft über die zu seiner Person gespeicherten Daten und ihre Herkunft, den Zweck der Speicherung und die Stellen, an die seine Daten übermittelt werden, zu verlangen. Dieses Recht richtet sich gegenüber öffentlichen Stellen nach § 19 BDSG und gegenüber nicht öffentlichen Stellen nach § 34 BDSG. Der Umfang des Auskunftsanspruches gegenüber öffentlichen Stellen stimmt mit dem gegenüber nicht öffentlichen Stellen überein. Er umfasst die zur Person des Betroffenen gespeicherten Daten, ihre Herkunft, den Zweck der Speicherung und die Stellen, an die seine Daten übermittelt werden.

Herkunft der Daten und Zweck der Speicherung

Beim Auskunftsanspruch gegenüber öffentlichen Stellen ergeben sich für den Betroffenen Mitwirkungspflichten, die im privaten Bereich nicht vorgesehen sind (§ 19 I Satz 3 BDSG). Danach hat der Betroffene Angaben zu machen, die das Auffinden der Daten ermöglichen, soweit die Daten weder automatisiert noch in automatisierten Dateien gespeichert sind. In bestimmten Fällen ist eine Auskunftserteilung unzulässig (Auftragsgefährdung der verantwortlichen Stelle, Gefährdung der öffentlichen Sicherheit und Ordnung, Geheimhaltungspflichten). Eine Auskunftsverweigerung bedarf regelmäßig keiner Begründung (§ 19 V BDSG). Schließlich ist zu erwähnen, dass eine Auskunft von öffentlichen Stellen unentgeltlich ist (§ 19 VII BDSG).

Mitwirkungspflichten

Beim Auskunftsanspruch gegenüber nicht öffentlichen Stellen nach § 34 BDSG ist zu beachten, dass spezielle Einsichts- und Auskunftsrechte vorgehen bzw. daneben bestehen (§ 1 Abs. 4 BDSG). Arbeitnehmerrecht auf Einsicht in seine Personalakte (§ 83 BetrVG), Patientenrecht gegenüber Betriebsarzt auf Mitteilung der Ergebnisse arbeitsmedizinischer Untersuchungen (§ 3 Abs. 2 ASiG).

Der Umfang der Auskunftspflicht stimmt mit dem gegenüber öffentlichen Stellen überein. Bei der Auskunft über Herkunft und Empfänger der personenbezogenen Daten des Betroffenen ist eine Abwägung zwischen den Interessen des Betroffenen und den Interessen an der Wahrung des Geschäftsgeheimnisses vorzunehmen. Nur wenn die schutzwürdigen Interessen des Betroffenen insoweit überwiegen, kann er eine Auskunft verlangen (§ 34 I S. 3, II S. 2 BDSG). Mitwirkungspflichten des Betroffenen bez. des Auffindens der Daten sind nicht vorgesehen. Des Weiteren sind die Auskünfte nicht öffentlicher Stellen in Abweichung zu den öffentlichen Stellen regelmäßig schriftlich zu erteilen (§ 34 III BDSG).

Ausnahmen der Auskunftspflicht

Die Pflicht zur Auskunftserteilung besteht in bestimmten Fällen nicht (§ 34 IV BDSG). In Abweichung zum öffentlichen Bereich ist das der Fall, wenn die Speicherung oder Übermittlung für Zwecke der wissenschaftlichen Forschung erforderlich ist und eine Benachrichtigung einen unverhältnismäßigen Aufwand erfordern würde (§ 33 II S. 1 Nr. 5 BDSG).

Eine Auskunftspflicht privater Stellen besteht auch dann nicht, wenn die Daten für eigene Zwecke gespeichert sind und die Auskunft die Geschäftszwecke der verantwortlichen Stelle erheblich gefährden würde (§ 33 II S. 1 Nr. 7 BDSG). Im übrigen entfällt die Auskunftspflicht bei *Datensicherungs- und Datenkontrolldaten* bei geheimhaltungspflichtigen Daten und bei Daten, bei denen die zuständige öffentliche Stelle gegenüber der verantwortlichen (privaten) Stelle festgestellt hat, dass das Bekanntwerden der Daten die öffentliche Sicherheit oder Ordnung gefährden würde (§ 33 II S. 1 Nr. 6 BDSG). Die Auskunft ist regelmäßig unentgeltlich, außer die personenbezogenen Daten werden zum Zwecke der Übermittlung gespeichert, dann kann ein Entgelt verlangt werden (§ 34 Abs. 5 und 6 BDSG).

Benachrichtigungsanspruch

Die verantwortliche Stelle hat den Betroffenen über die Erhebung, Verarbeitung und Nutzung personenbezogener Daten zu benachrichtigen. Diese Pflicht richtet sich im öffentlichen Bereich nach § 19a BDSG und im nicht öffentlichen Bereich nach § 33 BDSG.

Diese Benachrichtigungspflicht gegenüber öffentlichen Stellen besteht gem. § 19a BDSG, wenn die Daten ohne Kenntnis des Betroffenen erhoben werden. Der Betroffene ist von der Speicherung, der Identität der verantwortlichen Stellen bei Übermittlung der Daten, mit der er nicht rechnen muss, über den Empfänger (spätestens bei der ersten Übermittlung) und über die Zweckbestimmung der Erhebung, Verarbeitung und Nutzung der Daten zu unterrichten (§ 19a Abs. 1 BDSG).

Unkenntnis des Betroffenen

Die Unterrichtung über die Zweckbestimmung, die auch im nicht öffentlichen Bereich vorgesehen ist, wurde aufgrund europäischer Vorgaben [RiLi 95/46/EG] in das neue Bundesdatenschutzgesetz in der Fassung vom 23. Mai 2001 integriert. Damit ändert sich der Umfang der Benachrichtigungspflicht auf beiden Sektoren. So reichte bisher die Mitteilung: „Wir haben über Sie Namen/Firma, Adresse, Familienstand, Tätigkeit, Bankverbindung und die sonst im Rahmen des Vertragsverhältnisses und zur Kundenbetreuung benötigten/die Abwicklung des Kreditvertrages betreffenden Daten gespeichert. In Zukunft muss der Zweck der Erhebung, Verarbeitung oder Nutzung ausdrücklich mitgeteilt werden. Vorliegend wäre das die „Feststellung der Kreditwürdigkeit".

Für die Benachrichtigung ist keine Schriftform vorgesehen, sie kann damit auch (fern-)mündlich erfolgen. Die Benachrichtigungspflicht entfällt, wenn der Betroffene selbst Kenntnis von der Speicherung/Übermittlung erlangt hat, die Unterrichtung einen unverhältnismäßigen Aufwand erfordert oder die Speicherung/Übermittlung durch Gesetz ausdrücklich vorgesehen ist (§ 19a Abs. 2 BDSG). Unter welcher Voraussetzung von einer Benachrichtigung abgesehen wird, ist von der verantwortlichen Stelle schriftlich festzulegen.

Des Weiteren gelten die Ausnahmen von der Auskunftspflicht gem. §19 Abs. 2 bis 4 für die Benachrichtigungspflicht entsprechend (§ 19a Abs. 3 BDSG).

Auch der nicht öffentliche (private) Bereich ist verpflichtet, den Betroffenen zu benachrichtigen. Datenverarbeiter, die Daten zu eigenen Zwecken nicht beim Betroffenen erhoben haben, müssen diesen von der ersten Speicherung seiner Daten in Kenntnis setzen (§ 33 Abs. 1 BDSG). Das gleiche gilt für Stellen, die Daten für fremde Zwecke verarbeiten, spätestens im Falle der ersten Übermittlung. Auch im nicht öffentlichen Bereich hat die verantwortliche Stelle die Pflicht, den Betroffenen über den Zweck der Erhebung, Verarbeitung und Nutzung zu unterrichten, insofern gilt das gleiche wie im öffentlichen Bereich (s.o.).

Auch hier ist keine Schriftform der Benachrichtigung vorgesehen. Ausnahmen von der Benachrichtigungspflicht ergeben sich aus § 33 Absatz 2. Danach besteht die Pflicht zur Benachrichtigung nicht, wenn der Betroffene selbst Kenntnis von der Speicherung/Übermittlung erlangt hat oder diese durch Gesetz ausdrücklich vorgesehen ist (§ 33 II Nr. 1 und 4). Weitere Ausnahmen ergeben sich aus § 33 Abs. 2 Nr. 2, 3, 5 bis 8, die insofern (außer Nr. 8) mit den Ausnahmen von der Auskunftspflicht übereinstimmen.

Datenkorrektur

Neben Informationsrechten (s.o. unter 1. und 2.) hat der Betroffene Ansprüche auf Berichtigung, Löschung und Sperrung der personenbezogenen Daten. Der Betroffene hat einen Berichtigungsanspruch, wenn die zu seiner Person gespeicherten Daten unrichtig sind (§§ 20 Abs. 1, 35 Abs. 1 BDSG).

Unzulässige Speicherung

Des Weiteren hat der Betroffene einen Anspruch auf Löschung der zu seiner Person gespeicherten Daten, wenn ihre Speicherung unzulässig war, ihre Kenntnis zur Erfüllung des Zweckes der Speicherung/zur Erfüllung der in der Zuständigkeit der verantwortlichen (öffentlichen) Stellen liegenden Aufgaben nicht mehr erforderlich ist und in einigen weiteren Fällen (§§ 20 Abs. 2, 35 Abs. 2 BDSG).

An die Stelle des Anspruchs auf Löschung tritt ein Anspruch auf Sperrung der zur Person des Betroffenen gespeicherten Daten, wenn der Löschung Aufbewahrungsfristen entgegenstehen, Grund zur Annahme besteht, dass durch eine Löschung schutzwürdige Interessen des Betroffenen beeinträchtigt würden, eine Löschung nicht oder nur mit unverhältnismäßigem Aufwand möglich ist oder wenn sich die Richtigkeit oder Unrichtigkeit der Daten nicht feststellen lässt (§§ 20 Abs. 3 und 4, 35 Abs. 3 und 4 BDSG).

Diese Datenkorrekturrechte richten sich für den öffentlichen Bereich nach § 20 BDSG und für den nicht öffentlichen Bereich nach § 35 BDSG.

Schadensersatzanspruch

Bei unzulässiger oder unrichtiger Erhebung, Verarbeitung oder Nutzung personenbezogener Daten steht dem Betroffenen ein Schadensersatzanspruch gem. §§ 7, 8 BDSG zu.

Anspruchsgrundlage ist § 7 BDSG, die eine Verschuldenshaftung sowohl für den öffentlichen Bereich als auch für den nicht öffentlichen Bereich begründet. Erfasst wird damit gleichermaßen die automatisierte wie auch die nicht automatisierte Datenverarbeitung. Damit stehen dem Betroffenen auch Ansprüche aus fehlerhafter Datenverarbeitung in Akten zu. Gem. § 7 Satz 2 BDSG wird der für die Verarbeitung Verantwortliche von der Haftung befreit, wenn er nachweist, dass der Umstand, durch den der Schaden eingetreten ist, ihm nicht zur Last gelegt werden kann. Die Formulierung „sie oder ihr Träger" verdeutlicht, dass bei juristischen Personen des Privatrechts eine Haftung des Trägers nicht in Betracht kommt.

§ 8 BDSG begründet eine umfassende Gefährdungshaftung der öffentlichen Stellen im Rahmen der automatisierten Datenverarbeitung. Die nicht automatisierte Datenverarbeitung öffentlicher Stellen wird von der Verschuldenshaftung gem. § 7 BDSG miterfasst.

Der Tatbestand der Gefährdungshaftung nach dem BDSG ist erfüllt, wenn eine öffentliche Stelle dem Betroffenen einen Schaden zufügt, indem sie seine personenbezogenen Daten in einer Art und Weise automatisiert verarbeitet, die nach dem BDSG oder einer anderen Datenschutzvorschrift unzulässig oder unrichtig ist (§ 8 Abs. 1 BDSG). Die Handlung muss nicht schuldhaft, also weder vorsätzlich noch fahrlässig sein. Die Vorschrift legt eine Höchstgrenze des zu ersetzenden Schadens von 250.000 DM fest (§ 8 Abs. 3).

Gefährdungshaftung

Kontrollinstanzen

Um dem Betroffenen einen effektiven Schutz seiner Rechte zu gewährleisten, sieht das Bundesdatenschutzgesetz die Einrichtung verschiedener Kontrollinstanzen vor. Erst mit Hilfe dieser ist es dem Betroffenen oft erst möglich, seine Rechte wahrzunehmen, sei es, weil er diese Rechte nicht kennt oder aus „besonderen Gründen" keine Auskunft von der speichernden Stelle erhält.

3 Datenschutzinstanzen

Zur Sicherstellung der Rechte des Betroffenen und zur Einhaltung des Datenschutzes sieht das BDSG drei Datenschutzinstanzen vor:

- den betrieblichen/behördlichen Datenschutzbeauftragten
- die von den Landesregierungen zu bestimmenden Aufsichtsbehörden
- den Bundesbeauftragten für den Datenschutz

Beauftragter für den Datenschutz, §§ 4f, 4g BDSG

Bestellung eines Datenschutzbeauftragten

§ 4f BDSG ist die Grundnorm für den internen Datenschutzbeauftragten. Danach sind sowohl öffentliche Stellen als auch nicht öffentliche Stellen, die personenbezogene Daten automatisiert erheben, verarbeiten oder nutzen, verpflichtet, einen betrieblichen bzw. einen behördlichen Beauftragten für den Datenschutz zu bestellen. Diese Bestellung erfolgt schriftlich (§ 4f Abs. 1 Satz 1 BDSG).

Im nicht öffentlichen (privaten) Bereich trifft diese Verpflichtung den Verantwortlichen für die Datenverarbeitung spätestens innerhalb eines Monats nach der Aufnahme der datenverarbeitenden Tätigkeit (§ 4f I .2 BDSG). Das Gesetz unterscheidet zwischen privatrechtlichen Unternehmen, die personenbezogene Daten automatisiert verarbeiten und solchen, die personenbezogene Daten auf andere Weise, also in manuellen Verfahren verarbeiten.

Demnach ist in einem Unternehmen, das personenbezogene Daten automatisiert verarbeitet, nur dann ein Beauftragter für den Datenschutz zu bestellen, wenn mindestens fünf Arbeitnehmer mit der Erhebung, Verarbeitung oder Nutzung ständig beschäftigt sind (§ 4f I .4 BDSG). In nichtautomatisiert datenverarbeitenden Unternehmen trifft diese Verpflichtung das Unternehmen nur dann, wenn mindestens zwanzig Arbeitnehmer mit der Datenverarbeitung ständig beschäftigt sind (§ 4f I .3 BDSG).

Die Regelung des Absatz 1 Satz 6 betrifft nicht öffentliche Stellen; unter anderem Auskunfteien und Adresshandelsunternehmen sowie Markt- und Meinungsforschungsinstitute, die gem. § 4d Abs. 4 BDSG verpflichtet sind, die Aufnahme ihrer Tätigkeit der zuständigen Aufsichtbehörde mitzuteilen. Damit sollen die Kontrollstellen in die Lage versetzt werden, frühzeitig den besonderen Risiken begegnen zu können, die mit der Erhebung, Nutzung und Verarbeitung personenbezogener Daten durch die vorgenannten Stellen verbunden sind. Nach § 4d Abs. 1 Satz 6 BDSG sollen solche Stellen, die regelmäßig eine Vielzahl personenbezogener Daten zum Zwecke der Übermittlung oder der anonymisierten Übermittlung erheben und speichern, überdies unabhängig von der Anzahl der Mitarbeiter, einen Beauftragten für den Datenschutz bestellen müssen.

Gemäß § 4d I S. 5 BDSG genügt die Bestellung eines Datenschutzbeauftragten für mehrere Bereiche, soweit die Struktur der verantwortlichen Stelle dies erforderlich macht. Diese Regelung gilt ausschließlich für den öffentlichen Bereich (z.B. die Behörden des Bundesgrenzschutzes und des Bundesministeriums der Verteidigung). Mit Aufnahme dieser Reglung wird versucht, den unvermeidlichen zusätzlichen Personalaufwand in Grenzen zu halten.

Zum Beauftragten für den Datenschutz darf nur bestellt werden, wer die zur Erfüllung seiner Aufgaben erforderliche Fachkunde und Zuverlässigkeit besitzt (§ 4d Abs. 2 Satz 1 BDSG). Danach muss der Datenschutzbeauftragte über ein Mindestmaß an Rechtskenntnissen über das Bundesdatenschutzgesetz sowie über die bereichsspezifischen Datenschutzvorschriften verfügen, ferner über ein Mindestmaß an technischem Wissen über die eingesetzten Organisationsmittel und die Organisation des Unternehmens oder der Behörde.

Persönliche Voraussetzungen

Absatz 2 Satz 2 und 3 sieht für den öffentlichen Bereich und für den nicht öffentlichen Bereich vor, sich anstelle eines internen Datenschutzbeauftragten der Dienste eines externen Beauftragten für den Datenschutz zu bedienen.

Der Beauftragte für den Datenschutz ist dem Leiter des Unternehmens/der Behörde unmittelbar zu unterstellen. Er ist bei der Ausübung seiner Fachkunde weisungsfrei und darf wegen der Erfüllung seines Amtes nicht benachteiligt werden (§ 4d Abs. 3 BDSG).

Absatz 4 enthält die besondere Verschwiegenheitspflicht des Beauftragten für den Datenschutz. Diese erstreckt sich auf die Identität des Betroffenen soweit auf Umstände, die Rückschlüsse auf den Betroffenen zulassen. Von dieser Verschwiegenheitspflicht kann der Datenschutzbeauftragte nur vom Betroffenen selbst befreit werden.

Aufgaben des Datenschutzbeauftragten

Der Verantwortliche für den Datenschutz hat die Pflicht, die innerbetriebliche/behördliche Organisation so zu gestalten, dass sie den besonderen Anforderungen des Datenschutzes gerecht wird. Insbesondere gehören zu seinen Aufgaben:

- die ordnungsgemäße Anwendung der Datenverarbeitungsprogramme zu überwachen, mit deren Hilfe personenbezogene Daten verarbeitet werden sollen
- die bei der Verarbeitung personenbezogener Daten tätigen Personen durch geeignete Maßnahmen mit den Vorschriften über den Datenschutz vertraut zu machen.

Der Datenschutzbeauftragte kann ohne die Unterstützung des Verantwortlichen seine Aufgaben nicht optimal wahrnehmen. Daher ist die verantwortliche Stelle verpflichtet, den Beauftragten für den Datenschutz zu unterstützen und ihm insbesondere Hilfspersonal sowie Räume, Einrichtungen, Geräte und Mittel zur Verfügung zu stellen (§ 4f V BDSG).

Erstellung einer Übersicht

Des Weiteren ist dem Datenschutzbeauftragten zur Erfüllung dieser Aufgaben eine Übersicht zur Verfügung zu stellen, welche folgende Angaben enthalten muss:

- Namen und Firma der verantwortlichen Stelle
- Inhaber, Vorstände, Geschäftsführer und Personen, die mit der Datenverarbeitung beauftragt sind
- Anschrift der verantwortlichen Stelle
- Zweckbestimmung der Datenverarbeitung
- zugriffsberechtigte Personen
- eine Beschreibung der betroffenen Personengruppen und der diesbezüglichen Daten und Datenkategorien
- Empfänger, denen die Daten mitgeteilt werden können
- Regelfristen für die Löschung der Daten,
- eine geplante Datenübermittlung an Drittstaaten,

10.3 Einführung in das Datenschutzrecht

- eine allgemeine Beschreibung, die es ermöglicht, vorläufig zu beurteilen, ob die Maßnahmen zur Gewährleistung der Sicherheit der Verarbeitung Angemessen.

§ 4f Abs. 5 Satz 2 BDSG beinhaltet ein Anrufungsrecht des Betroffenen gegenüber dem Beauftragte für den Datenschutz. Danach kann sich ein Betroffener jederzeit an den Datenschutzbeauftragten wenden.

Bundesbeauftragter für den Datenschutz, §§ 22 bis 26 BDSG

Im öffentlichen Bereich sieht das Bundesdatenschutzgesetz zusätzlich zu den behördeninternen Datenschutzbeauftragten externe, den sog. Bundesbeauftragten für den Datenschutz, vor. Dieser ist nicht in die öffentlichen Stellen integriert, sondern tritt vielmehr von außen an diese heran. Die Regelungen über die Wahl des Bundesbeauftragten für den Datenschutz, dessen Rechtsstellung, den Umfang seiner datenschutzrechtlichen Kontrolle und dessen weitere Aufgaben finden sich in den §§ 22 bis 26 BDSG.

Die Aufgabe des Bundesbeauftragten für den Datenschutz, der vom Deutschen Bundestag auf Vorschlag der Bundesregierung zu wählen ist (§ 22 BDSG) ist es, die Einhaltung aller datenschutzrechtlichen Vorschriften zu kontrollieren. Dabei erstrecken sich die Aufgaben des Bundesdatenschutzbeauftragten ausschließlich auf die öffentlichen Stellen des Bundes.

Aufgabe des Bundesbeauftragten

Gegenstand der Kontrolle des Bundesdatenschutzbeauftragten sind sowohl Daten aus automatisierter wie auch aus nicht automatisierter Datenverarbeitung. Diese uneingeschränkte Kontrolle erstreckt sich ausdrücklich auch auf von öffentlichen Stellen des Bundes erlangte personenbezogene Daten über den Inhalt und die näheren Umstände des Brief-, Post- und Fernmeldeverkehrs (was insofern das Grundrecht aus Artikel 10 des Grundgesetzes einschränkt).

Die öffentlichen Stellen des Bundes sind verpflichtet, den Bundesbeauftragten bei der Erfüllung seiner Aufgaben zu unterstützen (§ 24 Abs. 4 BDSG). Dabei ist ihm Auskunft zu erteilen und Einsicht in alle Unterlagen, insbesondere in die gespeicherten Daten und in die Datenverarbeitungsprogramme zu gewähren. Des Weiteren ist ihm Zutritt zu allen Diensträumen zu gewähren, es sei denn, dass die Auskunft oder Einsicht die Sicherheit des Bundes gefährden würde.

Der Bundesdatenschutzbeauftragte ist den von ihm kontrollierten öffentlichen Stellen nicht weisungsbefugt, kann also die Einhaltung der datenschutzrechtlichen Bestimmungen nicht rechtlich erzwingen. Stellt er Verstöße gegen das Bundesdatenschutzgesetz oder gegen andere bereichsspezifische Vorschriften fest, so beanstandet er dies bei den obersten Bundesbehörden oder den Vorständen und fordert zur Stellungnahme innerhalb einer bestimmten Frist auf (§ 25 BDSG). Darüber hinaus, was wesentlich wirksamer ist, erstattet er dem Deutschen Bundestag alle zwei Jahre einen Tätigkeitsbericht, der die festgestellten Mängel und Verstöße enthält und hat jederzeit das Recht, sich an Parlament und Öffentlichkeit zu wenden, um diese über wesentliche Entwicklungen des Datenschutzes zu unterrichten (§ 26 BDSG).

Nach § 21 BDSG hat jedermann das Recht, sich an den Bundesdatenschutzbeauftragten zu wenden, wenn er sich durch eine öffentliche Stelle des Bundes in seinen Datenschutzrechten verletzt sieht.

Die Aufsichtsbehörde, § 38 BDSG

Neben den internen Datenschutzbeauftragten und dem Bundesdatenschutzbeauftragten sieht das BDSG Aufsichtsbehörden vor. Diese sind von den Landesregierungen der einzelnen Bundesländer oder den von ihnen bestimmten Stellen (meist ein Ministerium) zu bestimmen (§ 38 Abs. 6 BDSG).

Die Aufsichtsbehörde ist verpflichtet, die Ausführung des BDSG und anderer bereichsspezifischer Datenschutzbestimmungen sowohl bei automatisierter als auch bei nicht automatisierter Erhebung, Verarbeitung und Nutzung personenbezogener Daten zu kontrollieren (§ 38 Abs. 1 BDSG). Die Kontrolle erstreckt sich sowohl auf den öffentlichen Bereich wie auch auf den nicht öffentlichen Bereich.

Zur Erfüllung ihrer Aufgaben haben die der Kontrolle unterliegenden Stellen der Aufsichtsbehörde unverzüglich die erforderlichen Auskünfte zu erteilen (§ 38 Abs. 3 BDSG). Die von der Aufsichtsbehörde mit der Kontrolle beauftragten Personen sind befugt, während der Betriebs- und Geschäftszeiten Grundstücke und Geschäftsräume der Stelle zu betreten und dort Prüfungen und Besichtigungen vorzunehmen (§ 38 Abs. 4 BDSG).

Stellt die Aufsichtsbehörde einen Verstoß gegen datenschutzrechtliche Bestimmungen fest, ist sie befugt:

- die Betroffenen zu unterrichten,
- den Verstoß bei den für die Verfolgung oder Ahndung zuständigen Stellen anzuzeigen,
- bei schwerwiegenden Verstößen: die Gewerbeaufsicht zur Durchführung gewerberechtlicher Maßnahmen zu unterrichten.

Maßnahmen bei Verstößen

Die Aufsichtsbehörde kann darüber hinaus anordnen, dass Maßnahmen zur Beseitigung festgestellter technischer oder organisatorischer Mängel getroffen werden. Bei schwerwiegenden Mängeln, die nicht in einer angemessenen Zeit beseitigt werden, kann die Aufsichtsbehörde nach Anordnung der Mängelbeseitigung und der Verhängung eines Zwangsgeldes den Einsatz einzelner Verfahren untersagen. Ferner kann sie die Abberufung des Datenschutzbeauftragten verlangen, wenn dieser die zur Erfüllung seiner Aufgaben erforderliche Fachkunde und Zuverlässigkeit nicht besitzt (§ 38 V BDSG).

Nach Absatz 2 ist die Aufsichtsbehörde verpflichtet, ein Melderegister mit den nach § 4e .1 BDSG vorgeschriebenen Angaben in den Fällen der nach § 4d meldepflichtigen automatisierten Datenverarbeitungen zu führen. Dieses Register kann von jedermann eingesehen werden (§ 38 Abs. 2 Satz 2 BDSG).

Melderegister

# Kapitel 11

Trends und Visionen

11.1 Office-Support per Mausklick

Marion Widua

Ausgangssituation

Enger werdende Märkte mit einer zunehmenden Marktdynamik erfordern neue Arbeitsformen. So entstehen zum Beispiel unternehmensübergreifende, virtuelle Projektteams, die auf keine feste Organisation zurückgreifen. Die Erfüllung von Managementaufgaben muss daher zeitlich flexibler und örtlich unabhängiger gestaltet werden. Der Anteil fest angestellter Manager wird in den nächsten Jahren sinken. Es entsteht ein neues Unternehmertum mit einem deutlich höheren Prozentsatz an Freelancern.

Weniger administrative Mitarbeiter

Der wachsende Kostendruck in kleinen und mittelständischen Unternehmen zieht eine sinkende Anzahl administrativ tätiger Mitarbeiter nach sich. Auch heute bereits wünscht sich manch mittelständischer Manager mehr Zeit für kernkompetente Aufgaben. Die Anforderung an Professionalität in der Administration und Büroorganisation ist dennoch hoch und für den wirtschaftlichen Erfolg eines Unternehmens lebensnotwendig.

Die nachfolgenden Erfordernisse sollen erläutern, wie die Auslagerung von Administration und Büroorganisation zu einem virtuellen Bürodienstleister erfolgen muss, um Kosten- und Zeiteffizienz zu erzielen.

Auslagerung von Tätigkeiten

Im Idealfall können neben der Bereitstellung von professionellen Abwicklungskapazitäten durch den Outsourcing-Partner zudem auch Prozessabläufe beim Dienstleistungsnehmer optimiert werden. Dieser gewinnt durch diese Auslagerung an Professionalität und an Zeit für die Wahrnehmung seiner kernkompetenten Aufgaben.

Anforderungen an die Leistungsfähigkeit eines virtuellen Office-Dienstleisters

Kommunikations-schnittstelle

Grundvoraussetzung für eine effiziente, reibungsverlustfreie Möglichkeit des Outsourcings von administrativen und organisatorischen Tätigkeiten ist eine leistungsstarke Kommunikationsschnittstelle. Mit dem Einzug der Breitbandkommunikation über das Internet kann dieser Anspruch erstmals konsequent realisiert werden. Der Austausch von Informationen muss zwischen Kunden und Abwicklungsteam beim Bürodienstleister genauso funktionieren wie zwischen Chefbüro und Sekretariat im klassischen Sinne ohne die räumliche Trennung.

Der Kunde sollte auf dieser Plattform seinen eigenen persönlichen Desktop kreieren können, um diesen mobil und flexibel jederzeit an jedem Ort der Welt nur durch Bereitstellung eines Internetzugangs verfügbar zu haben. So sind Internet-Organizerfunktionalitäten wie ein elektronischer Kalender, digitale Aufgabenlisten, ein elektronisches Adress- und Kontaktverzeichnis sowie der Zugriff auf eine zentrale elektronische Dokumentenablage und Bookmarks entsprechende Basisfunktionen.

ASP-Modell

Diese Infrastruktur wird in Form eines ASP-Modells (Application Service Providing) vom Office-Dienstleister in dessen Rechnungszentrum bereitgestellt. Der Augenmerk richtet sich auf die Ausfallsicherheit sprich Redundanz und auf die Sicherheit der Übertragung und Speicherung auf dem Server. Ein Dienstbetreiber wie ein web-basierter Office-Service hat hierzu viel effizientere Möglichkeiten als der Kunde selbst und stellt dieses Know-how seinen Kunden zur Verfügung.

Ein jeder B2B-Nutzer hat seinen eigenen passwortgeschützten Zugang auf dem Server des Dienstleisters und kann zwischen den unterschiedlich hohen Sicherheitsstufen der verschlüsselten Übertragung und Ablage wählen. Somit kann er die Organizer-Funktionalitäten zum Selbstmanagement zunächst sogar kostenlos nutzen, auch ohne zusätzliche Dienstleistungen durch Abwicklungskräfte beim Dienstleister.

Alle notwendigen Informationen sind raumunabhängig in digitaler Form zu jeder Zeit verfügbar. Auch wenn Abwicklungskapazitäten des Dienstleistungsunternehmens tätig werden, kann jede Information zwischen Kunden und Dienstleister (= Chef und Sekretariat) unmittelbar in direkter, digitaler Form medienbruchfrei ausgetauscht werden, indem der Kunde seinem Abwicklungsteam Zugriff auf seinen zugangsgeschützten Bereich gewährt.

Dies hat den Vorteil, dass auch Prozessketten teilweise ausgelagert werden können. Ab einem gewissen Punkt können sie aber auch wieder zum Auftraggeber hin zurück verlagert werden, ohne dass Reibungsverluste oder Informationsdefizite entstehen bzw. doppelte Aufwände einer Neuerfassung entstehen.

Hier wird eine weitere Anforderung an die gemeinsame Systemumgebung klar: Eine gemeinsam nutzbare Internetplattform braucht eine offene Schnittstellenarchitektur auch zu gängigen, beim Kunden im Einsatz befindlichen Programmen, aber auch zu ERP- oder Vertriebsinformationssystemen. Hiermit wird vermieden, dass innerhalb von Prozessketten, die zum Teil beim Dienstleister und zum Teil beim Kunden abgebildet werden, Medienbrüche entstehen, die eine Delegation in Form von Outsourcing dann wieder unwirtschaftlich machen.

Schnittstellenarchitektur

Weiterhin sollte der Auftraggeber mobil in Kontakt mit seinem Dienstleistungsteam treten und auf seine Daten zugreifen können. Daher müssen solche ASP-Anwendungen auch auf mobilen Endgeräten wie z.B. Handys über WAP oder auf PDAs bzw. Handhelds abgerufen werden können. Durch diese Funktionalität gewinnt der Kunde eines solchen Services weiter an Mobilität und minimiert bei Rückkunft in sein Büro den Bedarf an Datenabgleich. Er ist durch das Outsourcingkonzept flexibler als bei Einsatz eigener administrativer Kräfte, von denen er in der eigenen Organisation räumlich wesentlich abhängiger ist.

Flexibilität

Ein weiteres Plus: Er arbeitet eigentlich immer auf einer aktuellen Datenbasis. Eine Anforderung, die selbstverständlich ist, sind hierzu komfortable Im- und Exportfunktionen, z.B. für Daten aus MS Outlook vorzusehen.

Die Kommunikationsstelle über das Internet soll nicht nur der gemeinsamen Nutzung des einheitlichen Datenbestandes dienen. Um flexibel beauftragen zu können, muss ein derartiges Office-Portal auch Bestellfunktionen für gängige, wiederkehrende Dienstleistungen bieten. Der Kunde muss weiterhin den Bestellvorgang 24 Stunden rund um die Uhr durchführen können. Auch dies minimiert weiterhin mögliche Eintrittsbarrieren einer virtuellen Zusammenarbeit zur realen Abwicklung.

Dienstleistungsangebot

Um möglichst genau auf die Bedürfnisse einzelner Unternehmen aus dem KMU-Markt eingehen zu können, muss ein attraktives Dienstleistungsangebot zur Auslagerung organisatorischer und administrativer Tätigkeiten modular sein.

Modular in zwei Dimensionen: Die Tiefe der Dienstleistungsqualität und Breite des Portfolios müssen frei skalierbar sein. Leistungen werden in Paketen angeboten. Die Pakete decken die gesamte Palette von Prozessen in der Wertschöpfungskette des Kunden ab. Nach dem Motto „Alles aus einer Hand" spart der Kunde ein Vielfaches an Briefingaufwand. Er hat einen Dienstleister, der ihn von der Vertriebs- und Marketingunterstützung über Anwesenheitsservices, virtuelles Sekretariat bis hin zu Auftragsabwicklung/Rechnungsstellung/Mahnwesen oder bei der vorbereitenden Buchführung unterstützt. Es liegt alleine bei ihm, die „Dosis" der Zusammenarbeit frei zu wählen. Das Abwicklungsteam wird mit den Bedürfnissen eines Kunden, wie ein neu eingestellter Mitarbeiter auch, mit zunehmender Dauer der Zusammenarbeit wie auch der Übernahme zunehmend unterschiedlicher Tätigkeiten für ein und denselben Kunden, immer sicherer und effizienter.

Bundeling

Die Attraktivität von Leistungspaketen kann durch Bundeling gesteigert werden. Eine Dienstleistung ist glaubhaft preiswürdig darstellbar, wenn sie nicht nach Zeit und Aufwand, sondern zu einem kostentransparenten Festpreis angeboten wird. Auch dies erleichtert die Bereitschaft der Zusammenarbeit und macht eine Make-or-buy-Entscheidung auch zunehmend einfacher.

Der Kunde profitiert vom Ressourcen-Pooling beim Dienstleistungsunternehmen. Entsprechend der Leistungspakete kann er genau die Kraft beim Dienstleister buchen, die seinem Anforderungsprofil der zu leistenden Aufgabe entspricht. So flexibel wählbar wären die MitarbeiterInnen nicht, selbst wenn sie im Hause des Kunden als Kapazitäten bereit stünden.

Weiterhin schätzt ein Dienstleistungsnehmer feste Terminzusagen für die Dienstleistungspakete. Auch hierdurch wird die Zusammenarbeit mit einem Outsourcing-Partner transparenter und einfacher im Handling gestaltet.

Trotz der Delegation durch Auslagerung hat der Kunde Einfluss auf das Timing in der Ausführung, kann er leistungspaketbezogen zwischen verschiedenen Dringlichkeitsstufen wählen. Der Dienstleister hält sich an die Reaktionszeitgarantien.

Durch ein oben beschriebenes Outsourcing von Prozessabläufen begibt sich ein Kunde in eine gewisse Abhängigkeit zum Dienstleistungsunternehmen. Insofern sollte ein solches auch sorgfältig nach dem Aspekt der Beständigkeit gewählt werden.

Beständigkeit

Trotz aller Virtualität über das Internet ist die regionale Nähe zum mittelständischen Kunden dennoch mit entscheidend. Zum Aufbau von Vertrauen und einer Kundenbindung ist es unabdingbar, dass der Kunde seinen Dienstleister auch persönlich kennt und der persönliche Dialog zu jeder Zeit möglich ist. Personen als Ansprechpartner bürgen für Dienstleistungsqualität, wie es eine virtuelle Plattform nicht vermag.

Transparente, reibungslose Prozesse und hoch qualifiziertes und motiviertes Personal sind weitere Garanten für den gemeinsamen Outsourcing-Erfolg.

Service2business: Office-Dienstleistungen per Mausklick aus dem E-Shop

Um einen Eindruck über die Durchgängigkeit von Prozessen trotz Outsourcing zu vermitteln, sei die Abwicklung des virtuellen Sekretariats für einen Beispielkunden beschrieben. Dieser nutzte zunächst zur Selbstorganisation *www.service2business.de*, den kostenlosen Internet-Organizer. Inzwischen bestellt er über diese Plattform nicht nur seinen persönlichen telefonischen Anwesenheitsservice, sondern auch qualitativ hochwertige Dienstleistungen aus den Bereichen elektronisches Sekretariat sowie Marketing- und Vertriebssupport bis hin zur Rechnungsstellung.

service2business.de

Über diese Kommunikationsschnittstelle im Internet steht er jederzeit online in direktem Kontakt mit seinem Office-Dienstleister. Er hat dort auch Einsicht in die erzielten Arbeitsergebnisse und ist über alle seine eingehenden Informationskanäle (Telefon, Fax, E-Mail und Briefpost) auch von unterwegs über eine Plattform auf dem Laufenden.

Ortsunabhängiger Zugriff

Da er viel reist, hat er über das Internet jederzeit Zugriff auf seine gewohnte Arbeitsumgebung. Sein virtuelles Sekretariat hat er auch jederzeit ortsunabhängig im Zugriff. Nach der Registrierung stehen jedem Nutzer von service2business 25 MB Plattenspeicher zur kostenlosen Nutzung zur Verfügung.

Auch unterwegs im Zug oder Auto kann sich der Nutzer an die nächsten anstehenden Termine per SMS auf das Handy erinnern lassen.

Anwesenheitsservice

Als Basismodul bietet service2business einen persönlichen Anwesenheitsservice an, der die telefonische Erreichbarkeit professionell sicherstellt. Trotz aller technischen Errungenschaften wie dem mobilen Telefon, Anrufbeantwortern, Ansagediensten und Mailboxen ist die persönliche durchgängige Erreichbarkeit die beste Visitenkarte für ein Unternehmen. Ein kompetenter telefonischer Ansprechpartner, der immer freundlich und zuvorkommend ist, weder durch Krankheit noch Urlaub ausfällt, die Mittagspause durcharbeitet und noch dazu nicht einmal Lohnnebenkosten verursacht. Dieser Dienst kann dauerhaft oder auch nur tageweise gebucht werden.

Der Kunde stellt sein Telefon ohne Vorankündigung auf seine persönliche Rufnummer beim Dienstleister um, wenn er unterwegs ist oder ungestört arbeiten will. Durch moderne Computer-Telefonie-Integration erkennt man dort seine Anrufe und meldet sich entsprechend seiner individuellen Grußformel. In der Datenbank sind die wichtigsten Details zum professionellen Handling mit dessen Anrufern für das virtuelle Büroteam hinterlegt. Die Telefonate werden so abgewickelt, dass dem Anrufer nicht ersichtlich ist, dass er mit einem externen Dienstleistungsunternehmen kommuniziert.

Aufgabenliste

Die Ergebnisse werden als digitale Aufgabe in die tägliche Aufgabenliste im kundeneigenen zugangsgeschützten Datenbankbereich eingestellt. Diese kann der Kunde jederzeit über das Internet online abrufen, individuell priorisieren und entsprechend verwalten bzw. abarbeiten.

Besonders zeitkritische Informationen werden wunschgemäß per SMS oder persönlich auf die Mobilfunknummer weitergegeben. Ist ein Anrufer noch nicht in der Interessentendatenbank wird sein Profil im Kontaktmanagement sofort angelegt. Durch den gemeinsamen Zugriff auf den elektronischen Kalender können Terminanfragen bereits während des Telefonates verifiziert oder vorqualifiziert werden.

Resultieren aus telefonischen Anfragen Folgeaktionen, können diese ebenfalls an das virtuelle Büroteam delegiert werden. So zum Beispiel Terminvereinbarungen. In der gemeinsamen Kommunikationsplattform www.service2business.de sind alle Informationen vorhanden: die Kontaktdaten des telefonischen Ansprechpartners und der gemeinsame Kalenderzugriff, gleichzeitig eine Wegbeschreibung zum Standort des Kunden. Somit übernimmt das ausgelagerte virtuelle Büro auch ausgehende Telefonate zwecks Terminvereinbarung. Die gewünschte Kontaktperson wird angerufen und ein vorgeschlagener Termin wird abgestimmt. Der potenzielle Besucher erhält per E-Mail eine Terminbestätigung sowie eine angehängte Anfahrtsbeschreibung. Gleichzeitig wird der fixierte Termin in den Kundenkalender übertragen und ggf. mit einer Erinnerungsfunktion per SMS versehen.

Terminvereinbarungen

Auch den Versand von Infomaterial, welches telefonisch angefordert wird, übernimmt das virtuelle Büro. Die Formatvorlage ist unter Dokumentvorlagen in der Datenbank zu finden. Die Kataloge des Kunden sind beim Bürodienstleister deponiert. Das Anschreiben wird mittels gescannter Unterschrift sofort nach Anforderung ausgedruckt und postalisch versandt. Der Interessent freut sich über den umgehenden Service, wenn er seine angeforderten Informationen bereits am nächsten Tag in seinem Briefkasten vorfindet. Der Kunde ist dadurch nicht belastet, sein Büro funktioniert ad hoc und reibungslos, auch wenn er die ganze Woche unterwegs ist. Das erstellte Dokument ist im Ordner Anfragen elektronisch abgelegt. Der Interessent ist in die Kontaktdatenbank aufgenommen und der Kunde bekommt eine Aufgabe zum gezielten telefonischen Nachfassen in seinen Kalender eingestellt.

Infomaterial

Weil die telefonische Kommunikation und auch die Bearbeitung daraus resultierender Aktionen so reibungslos funktioniert, ist auch der Faxeingang umgeleitet. Die eingehenden Faxe werden als elektronisches Dokument ebenfalls in seinen geschützten Bereich unter www.service2business.de eingestellt. Damit hat der Kunde auch diesen Kommunikationsweg auf eine Plattform zusammengeführt.

Faxeingang

Ebenso kann er seine eingehenden E-Mails von unterwegs über www.service2business.de abrufen und beantworten.

Erstellt er von unterwegs selbst Dokumente, kann diese aber nicht ausdrucken, faxen oder postfertig machen, genügt es, das elektronische Dokument mit einer kurzen Anweisung an sein virtuelles Büroteam einzustellen. Diese übersetzen, formatieren, drucken, faxen die Dokumente oder bringen die generierten Briefe auf den Postweg. Dass diese Aufgaben umgehend erledigt wurden, sieht der Kunde ebenfalls online.

Posteingang

Zuletzt blieb nur noch die leidige „gelbe" Post liegen, wenn der Kunde längere Zeit unterwegs war. Aber auch dieser Bereich kann vom virtuellen Büro erledigt werden. Es wurde ein Postfach beantragt, welches der Kunde auf seinen Marketingunterlagen sowie der Geschäftsausstattung oder bei Anzeigenschaltungen als Postadresse führt. Dieses Postfach wird vom „virtuellen" Büro-Team täglich geleert, der Posteingang vorgenommen. Nach der gemeinsam verabschiedeten Policy wird die wichtige Eingangspost gescannt und als Dokument im Posteingang des Internet-Organizer eingestellt.

So hat der Kunde auch durchgehend den Überblick über die schriftlichen Informationskanäle und kann hieraus Aufgaben für sein „virtuelles Back Office Team" generieren. Die Original-Eingangspost erhält er wöchentlich einmal gesammelt an seine Hausanschrift. Wichtige Formularsätze, die er im Original benötigt, werden ihm ggf. sofort zugesandt.

Direktmarketing

Da das Büroteam bereits gut eingearbeitet ist, übernimmt es auch Direktmarketing-Aktionen. Im Auftrag des Kunden werden Interessentenadressen beschafft und telefonisch vorqualifiziert. Daraufhin werden gezielte Einladungsmailings aufgesetzt und durchgeführt und diese auch nochmals telefonisch nachgefasst.

Die Support-Line des Bürodienstleisters steht auch für Rückfragen von Seminarinteressenten bereit, führt eine Teilnehmerliste, generiert aus erfolgten Anmeldungen Auftragsbestätigungen sowie die entsprechenden Rechnungen. Durch die Sicht auf das Online-Konto des Kunden. ist auch die Zahlungseingangskontrolle sowie die Durchführung von Mahnstufen virtuell möglich.

Der konkrete Nutzen

Die Beauftragung und Dokumentation der Dienste findet über die Web-Schnittstelle lückenlos und unkompliziert statt. Dies minimiert Reibungsverluste. Damit wird die Auslagerung administrativer Prozesse wirtschaftlich.

Auf der anderen Seite macht dies den Kunden des virtuellen Büroservice zeitlich flexibel und örtlich unabhängig. Er steht immer in Kontakt mit seinem virtuellen Büroteam und hat seine gewohnte Arbeitsumgebung auch jederzeit von jedem Ort aus verfügbar. Möglich wurde diese Flexibilität durch die Einführung der breitbandigen Nutzung des Internets.

Der Kunde profitiert weiterhin von einem Pool an Mitarbeitern der unterschiedlichsten Qualifikationen, die ihm auftragsbezogen jederzeit temporär zur Verfügung stehen. So hat der Dienstleistungsnehmer keinen permanenten Personalkostenblock für seine Administration. Alle entsprechenden Routinetätigkeiten werden zeitnah zu garantierten Reaktionszeiten beim Outsourcing-Partner erledigt. Die Beauftragung erfolgt flexibel. So ist es auch zu jeder Zeit möglich, Prozesse wieder ins Unternehmen zurück zu nehmen, sollte sich die Beschäftigung einer eigenen administrativen Kraft rechnen. Selbst dann profitiert der Dienstleistungsnehmer von der vorherigen Prozessoptimierung.

Der Unternehmer gewinnt Zeit für die Wahrnehmung seiner kernkompetenten Aufgaben und stellt durch die Zusammenarbeit mit dem externen Dienstleister dennoch eine professionelle Administration bei transparenten Kosten sicher.

Kernkompetente Aufgaben

11.2 Location Based Services

Martin Hubschneider

Bernhard Kölmel

Einleitung

Richtig informiert. Jederzeit und überall. Dies ist das Motto der mobilen Informationsgesellschaft. Mit der rasanten Entwicklung im Telekommunikationssektor (GPRS, EDGE und UMTS) und der Verfügbarkeit mobiler Endgeräte (Smart Phones etc.) ergeben sich gewaltige Marktchancen für innovative Unternehmen. Die Wachstumstreiber sind neue Endgeräte, höhere Bandbreiten und das Packet Switching in Verbindung mit volumenabhängiger Bezahlung.

Ein grundsätzlich neues Geschäftsfeld sind die Location Based Services (positionsabhängige Dienste). Diese bieten die Möglichkeit, einem Nutzer ortspezifische Dienste anzubieten. Zum Beispiel kann ein Nutzer, der gerade in einer Stadt unterwegs ist, einem Systembetreiber die Erlaubnis geben, ihm die aktuellen Sonderangebote der umliegenden Geschäfte zuzustellen (Location Based Advertising/Permission Advertising). Oder er kann Informationen über die Restaurants der näheren Umgebung abrufen und sich per GPS-Navigationssystem zu dem Lokal seiner Wahl führen lassen.

Ortspezifische Dienste anbieten

Um diese Visionen Wirklichkeit werden zu lassen, ist es einerseits notwendig, die entsprechenden Technologien weiterzuentwickeln, andererseits sind neue Geschäftsmodelle, Kooperationsmodelle (entlang der Wertschöpfungskette) und Abrechnungsmodelle (Anforderungen an Billingsysteme) erforderlich. Im Folgenden werden neben den aktuellen Entwicklungen vor allem konkrete Beispiele aufgezeigt und Trends und Visionen skizziert.

Neue Geschäftsmodelle erforderlich

Mobile Business als Wachstumsmotor von Unternehmen

Doppelt so viele Handynutzer wie PC-Anwender

Seit der Versteigerung der UMTS-Lizenzen im Sommer 2000 hat das Thema Mobile Business ein breites Interesse in der Öffentlichkeit erregt. Fast alle Marktforschungsinstitute sagen dem Mobile Business ein enormes Wachstum voraus. Vor allem in Europa sieht man in der weiten Verbreitung des Mobiltelefons ein großes Potential für M-Business. Im Jahr 2000 gab es in Europa mehr als doppelt so viele Handynutzer (ca. 220 Mio.) wie PC-Anwender mit Online-Zugang (ca. 80 Mio.).

Gemäß Ericsson soll sich bis zum Jahr 2005 die Zahl der mobilen Internet-Nutzer auf 600 Millionen steigern und 95 % aller neuen Mobiltelefone werden internetfähig sein. Die ARC Group sagt voraus, dass es im Jahr 2003 über eine Milliarde Mobiltelefonnutzer geben wird - ein Vielfaches der PC- gestützten Internetuser.

24 Milliarden Euro Umsatz im europäischen Markt

Renommierte Marktforschungsinstitute wie Durlacher Research und Forrester Research prophezeien bereits für das Jahr 2003 einen Mobile-Business-Umsatz von rund 24 Mrd. Euro allein im europäischen Markt. Booz, Allen & Hamilton sprechen davon, dass bis zum Jahr 2002 in Europa zehn Millionen Menschen mobile Internet-Dienste in Anspruch nehmen werden.

Die Deutsche Telekom geht davon aus, dass der Markt für mobile Online-Anwendungen in Europa bis zum Jahr 2003 ein Umsatzvolumen zwischen 20 und 30 Mrd. Euro erreicht.

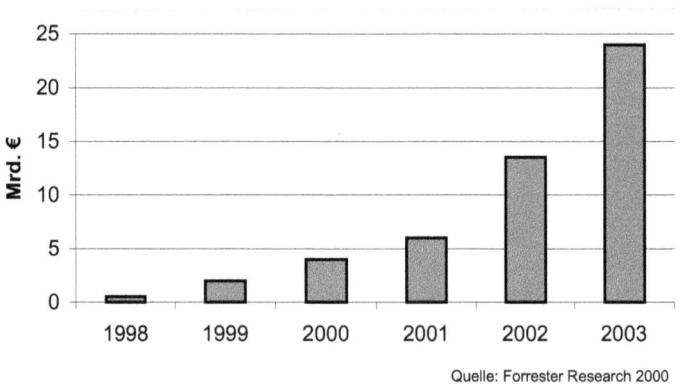

Quelle: Forrester Research 2000

Abb. 1: Entwicklung des M-Business Marktes in Europa (a)

(a)Quelle: Forrester Research 2000

11.2 Location Based Services

Diese verheißungsvollen Prognosen und der Druck der Telekommunikationsanbieter, ihre milliardenschweren Ausgaben aus den UMTS-Auktionen möglichst schnell zu amortisieren, geben Anlass zum Glauben, dass sich auch für mittelständische Unternehmen ein gewaltiger Markt entwickelt.

Folgende Antriebskräfte sind für die Wachstumserwartungen des M-Business Marktes entscheidend verantwortlich:

- *Massenmarktstatus*: Indem die mobile Kommunikation immer mehr Massenmarktstatus erlangt, fallen durch die Konkurrenz der Netzbetreiber die Gebühren für den Endverbraucher enorm. Durlacher Research prognostiziert sogar die komplette Annäherung der mobilen Tarife an die des Festnetzes. Um den fallenden ARPU (Average Revenue Per User) entgegenzuwirken, müssen ergänzend zur Sprachübertragung werthaltige Dienste entwickelt werden, für die der Nutzer bereit ist, zu zahlen.
- *Ortsunabhängigkeit*: Der offensichtlichste Vorteil mobiler Terminals ist die „Überall-Verfügbarkeit" mobiler Dienste. Dadurch ist der Benutzer unabhängig von seinem jeweiligen Aufenthaltsort in der Lage, jederzeit in Echtzeit Informationen abrufen und Transaktionen durchführen zu können.
- *Erreichbarkeit*: Für viele Benutzer hat die ständige Erreichbarkeit einen hohen Stellenwert. Moderne Geräte ermöglichen dem Benutzer weiterhin die Erreichbarkeit auf einen bestimmten Personenkreis oder Zeiten zu beschränken.
- *Sicherheit*: Die standardmäßige Integration von SIM oder Smartcards im Handy ermöglicht die Authentifizierung von Personen und bietet somit diverse Einsatzmöglichen auf der Grundlage höherer Sicherheitsstandards, als sie in der stationären Internetumgebung üblich sind. Damit ist auch die Basis für sichere Zahlungsverfahren gewährleistet.
- *Bequemlichkeit*: Einfache Bedienbarkeit von Handys ist ein Vorteil gegenüber dem anspruchsvollen PC-Arbeitsplatz. Anwender haben somit eine geringere Hemmschwelle, ein mobiles Gerät zu bedienen.
- *Lokalisierbarkeit*: Die exakte Standortbestimmung des Benutzer wird durch Technologien wie GPS, Zellenidentifikation oder Time of Arrival-Messung

Schnelle Amortisierung der UMTS-Ausgaben

Antriebskräfte

möglich. Vollkommen neuartige Servicedienste können neben den bestehenden Navigationsapplikationen entstehen.

- *Sofortige Verfügbarkeit:* Mobile Geräte müssen nicht wie stationäre PCs über längere Zeit gebootet werden, sondern können unverzüglich (no boot-time) benutzt werden.
- *Personalisierung:* Aufgrund der persönlichen Rufnummer sind Mobilfunkteilnehmer eindeutig identifizierbar. Die dringende Notwendigkeit für Zahlungsmechanismen in Verbindung mit dem Zugriff auf persönliche Daten wird neuartige Dienste entstehen lassen.
- *Kostengünstigkeit:* Mobile Endgeräte können kostengünstiger als stationäre PCs hergestellt werden, da die notwendige Mikroelektronik auf einen Chip komprimiert wird, was sich positiv auf die Kundenakzeptanz auswirkt.

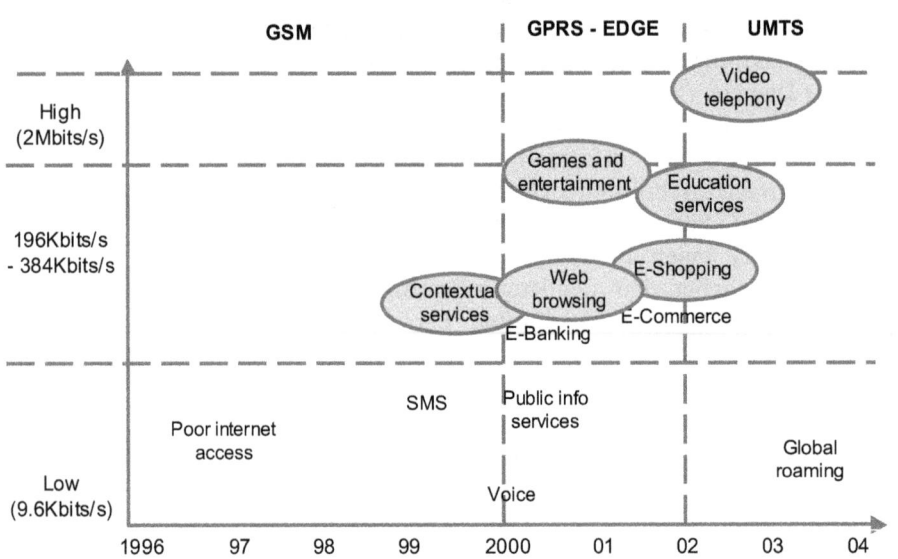

Abb. 2: **Verfügbarkeit von Mobile Business Anwendungen im Zeitverlauf (b)**

(b) Quelle: Analyst Reports

Verfügbarkeit von Anwendungen an Bandbreiten gekoppelt

Nicht alle Dienste werden zeitgleich möglich sein; viele Anwendungen wie z.B. Bildtelefonie stehen erst mit der kompletten Verfügbarkeit von UMTS bereit. Die Abbildung 2 gibt einen Überblick über die möglichen Anwendungen im Zeitverlauf und in Abhängigkeit der notwendigen Bandbreitenverfügbarkeit.

Das Mobile Business darf jedoch keinesfalls nur als Zugangskanal zu konventionellen, internetbasierten Diensten verstanden werden. Neue, mobilfunkgerechte Anwendungen und Dienste müssen deswegen entwickelt werden. Gerade darin besteht für innovative mittelständische Unternehmen eine große Chance.

„Content is King, but distribution of content is King Kong", ist das Zitat eines amerikanischen Inhalte-Anbieters. *„Ohne Inhalte wird M-Commerce zum Rohrkrepierer"*. Nach Einschätzung von Thomas Spiegelmeier, M-Commerce-Experte bei Mummert + Partner, steuern die UMTS-Betreiber damit auf ein finanzielles Fiasko zu. Denn ohne attraktive Inhalte, so der Experte, würden die Nutzer auch die teuren UMTS-Netze nicht in Anspruch nehmen. Den Anbietern von Inhalten und Diensten sagt der Unternehmensberater hingegen goldene Zeiten voraus: *„Mit ihnen müssen die Netzbetreiber kooperieren, da ihnen die Kompetenz zum Aufbau eigener Redaktionen fehlt."*

„Ohne Inhalte wird M-Commerce zum Rohrkrepierer"

In Deutschland gibt es bereits heute knapp 40 Millionen Mobilfunkkunden. Sie stellen eine riesige Zielgruppe für attraktive Inhalte dar. Die Anwender erwarten einfache Mobilfunkanwendungen, die aktionsorientiert, personalisiert und für den jeweiligen Standort relevant sind. Dazu zählen zum Beispiel Nachrichten, Routenplanung, Stadtinformationssysteme oder Banking-Angebote.

Mobilfunkkunden als Zielgruppe

Location Based Services als Killerapplikation des Mobile Business

Erfolgreiche mobile Dienste werden auf die individuellen Bedürfnisse des einzelnen Kunden zugeschnitten, also personalisiert sein. Seinen Bedürfnissen entsprechend erhält der Nutzer Informationen und Anwendungen geliefert, und zwar genau zu dem Zeitpunkt und an dem Ort, an dem er sie benötigt (zeitliche und örtliche Relevanz).

Viele erfolgreiche mobile Dienste sind personalisiert

Ein wichtiger Baustein für die Entwicklung innovativer mobiler Internet-Anwendungen sind daher Informationen über den momentanen Aufenthaltsort des Nutzers. Dabei ist zu berücksichtigen, dass trotz der

Globalisierung der Wirtschaft weiterhin starke regionale Unterschiede existieren werden. Insbesondere beim M-Business eröffnet sich dadurch ein breites Spektrum von Möglichkeiten für die ortsgebundene Kundenansprache.

„Auf den Standort eines mobilen Internetnutzers zugeschnittene Dienstleistungen, sogenannte Location Based Services, werden dem M-Commerce zum Durchbruch verhelfen". Zu diesem Ergebnis kommt eine von der Media-Transfer AG Netresearch & Consulting durchgeführte, europaweite Umfrage unter mehr als 8.000 Internetnutzern. Knapp 75 Prozent der Befragten geben an, Auskunftsdienste wie z.B. Fahrpläne oder touristische Informationen für den aktuellen Standort nutzen zu wollen. Navigationshilfen, die dem Nutzer vor Ort durch einen passenden Kartenausschnitt die Orientierung erleichtern, sind genauso attraktiv.

Killerapplikation des Mobile Commerce

Das Marktforschungsinstitut Mori bezeichnet die Location Based Services (LOCATION BASED SERVICES) als Killerapplikation des Mobile Commerce. Sie sagen den Netzbetreibern ein jährliches Marktpotenzial von bis zu 2,5 Mrd. Euro allein in Deutschland voraus. Gemäß ihrer Studie sind 74 Prozent der Verbraucher dazu bereit, für Location Based Services zusätzlich zu bezahlen.

Location Based Services sind also Dienste, die auf den jeweiligen Aufenthaltsort des Nutzers zugeschnitten sind. Die Informationen über den aktuellen Standort müssen nicht manuell in das mobile Endgerät eingegeben werden, da jeder Mobilfunkteilnehmer durch die Position der jeweiligen Funkzelle, in der er sich gerade befindet, bis auf wenige Kilometer genau geortet werden kann. Die Koordinaten der Funkzellen werden dann durch die Location Based Services-Anbieter genutzt, um die personenbezogenen Dienste dem Nutzer zu offerieren. Sie stellen aktuell und ortsbezogen Informationen und Dienstleistungen für mobile Nutzer bereit (Beispiele: Wo finde ich das nächste Restaurant oder das nächste Kino? Wie komme ich von meinen aktuellen Standort zum nächsten Fremdenverkehrsamt?).

Location Based Services

Unter LOCATION BASED SERVICES fallen gemeinhin alle Anwendungen und Dienste, die mit ortsbezogenen Daten zu tun haben. Das Spektrum bereits heute verfügbarer LOCATION BASED SERVICES-Dienste reicht von Stadtplan- und Routenplanungsdiensten über Filial- bzw. Adressfinder, von Flotten-Managementlösungen bis hin zur Handy-Ortung.

Im folgenden Text werden zwei konkrete Umsetzungsszenarien für Location Based Services im Bereich Business-to-Consumer und im Bereich Business-to-Business dargestellt.

Szenario 1 - Location Based Services für die Freizeit

„An der Kreuzung rechts, zweite Straße links – Kriegstr. 43!" Per Textinfo auf dem Display steuert das Handy seinen ortsunkundigen Besitzer zielsicher zum nächsten Restaurant. Mit Location Based Services ist es möglich, die Freizeit spontan zu planen und sich „jederzeit und überall" die notwendigen Informationen zu besorgen. So kann man sich in einer fremdem Stadt über die Restaurants in der Nähe informieren und anschließend an das gewünschte Ziel führen lassen.

Das folgende Szenario basiert auf Daten der YellowMap AG, die umfangreichen Content für Location Based Services zur Verfügung stellt. Mit ca. 4 Millionen kategorisierten und aktualisierten Firmenadressen aus ca. 7000 Branchen ist YellowMap eines der umfangreichsten deutschen Branchenverzeichnisse im Internet. Die Auswahl erfolgt regional und auf Wunsch wird auch gleich der beste Anfahrtsweg zur ausgewählten Adresse berechnet und auf einer Straßenkarte angezeigt. Auch alle freizeitrelevanten Daten wie Restaurants, Hotels, Kinos, Diskotheken etc. sind erfasst und bilden die Basis für das folgende Szenario.

Die Auswahl eines Restaurants und die Vorbestellung der besten Sitzplätze gestalten sich oftmals als sehr schwierig und nervenaufreibend - Location Based Freizeit Services schaffen hier Abhilfe. Mit dem mobilen Endgerät kann der Anwender ein Restaurant in seiner Umgebung auswählen und sich eine Übersicht über die vorhandenen Gerichte anzeigen lassen. Sagt einem das Restaurant und die Essensauswahl zu, dann reserviert man sich mit dem mobilen Endgerät einen Tisch. Schließlich kann man sich auch noch den Weg zum Restaurant anzeigen und per Sprachausgabe lotsen lassen. Die folgenden Abbildungen stellt die Vorgehensweise zur Restaurantauswahl dar.

Vorgehensweise zur Restaurantauswahl

Abb. 3: Startbildschirm

Abb. 4: Auswahl Restauranttyp

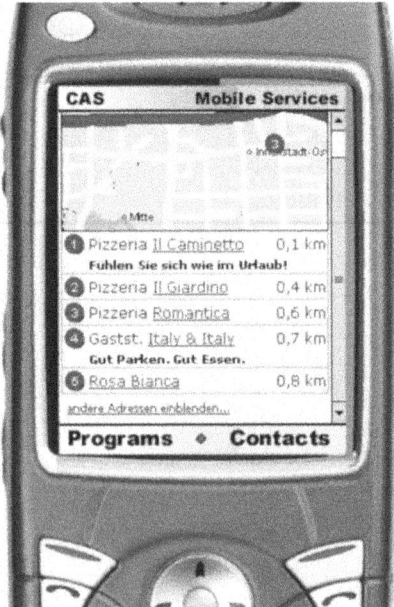

Abb. 5: Restaurantauswahl

Abb. 6: Restaurant

11.2 Location Based Services

Abb. 7: Routingauswahl

Abb. 8: Routinganzeige

Natürlich sind in diesem Zusammenhang noch eine Vielzahl weiterer Szenarien möglich, wie z.B. die mobile Bestellung von Kinokarten, die das lästige Anstellen an den Kinokassen der Vergangenheit angehören lässt oder das spontane Verabreden mit Freunden, die zum selben Zeitpunkt in einer Stadt unterwegs sind.

Mobile Bestellung von Kinokarten

Die YellowMap AG stellt mit YellowEvent weiterhin einen kostenlosen Service für Veranstalter, Gastgeber und „Spürnasen", die gerne Event-Scout spielen und andere auf ihren frisch entdeckten Geheimtipp aufmerksam machen wollen, zur Verfügung. Wer seinen Veranstaltungshinweis in Yellow Event platziert, wird ihn in guter Gesellschaft wiederfinden, da hier auch der Inhalt von 46 bundesdeutschen Stadtmagazinen verfügbar ist. Gut 50.000 Veranstaltungen pro Monat machen den Service schon jetzt zu einem der größten E-ventportale im deutschen Internet. Mit Location Based Services findet man von seinem aktuellen Standort aus immer die nächstgelegenen Veranstaltungen.

Nächstgelegene Veranstaltungen auffindbar

Den Ort des Geschehens können die Nutzer in Straßenkarten anzeigen lassen, auf Wunsch gibt es auch einen Routenplan bis zum Ziel. Innerhalb von 24 Stunden steht der Tipp in Yellow Event und bekommt dort eine eigene Internetseite mit allen wichtigen Infos und einem Verabredungsbutton. Wer auf „Verabreden" klickt, kann seine Freunde per E-Mail oder SMS einladen. Die Empfänger erhalten Zugang zu einer speziell für ihre Gruppe angelegten Internetseite, die alle Informationen über die Veranstaltung enthält sowie Platz für Zusagen und Kommentare bietet. Wer einen Tipp in Yellow Event eingetragen hat, kann ihn gleich zum Dating und Flirten nutzen oder alte Bekanntschaften neu beleben.

Ob Straßenfeste, Grill- oder Beachpartys, Flohmärkte, Sportanlässe, Open-Air-Veranstaltungen, Konzerte, Tage der offenen Tür, Ausstellungen oder private Geburtstagspartys – Yellow Event ist einer der essentiellen Contentprovider für Location Based Services.

Szenario 2 - Location Based Services für den Business-Einsatz

CRM

Customer Relationship Management (CRM) Lösungen sind Systeme, die übergreifend alle kundenrelevanten Informationen innerhalb eines Unternehmens integrieren. Unter CRM versteht man das ganzheitliche Management der Beziehung eines Unternehmens zu seinen Kunden. Kommunikations-, Distributions- und Angebotspolitik werden nicht losgelöst voneinander zu betrachtet, sondern integriert an den Kundenbedürfnissen ausgerichtet. Die Anbindung von Service- und Außendienstmitarbeitern über mobile Endgeräte an unternehmensinterne Datenbanken ermöglicht die Ausschöpfung hoher Effizienzsteigerungs- und Optimierungspotentiale. Überflüssige Prozesse sowie die Mehrfacherfassung von Daten und das damit verbundene Fehlerrisiko werden eingespart. Lager- und Auftragsbestände sind damit in Echtzeit verfügbar, Mitarbeiter vor Ort effizienter steuerbar und erbrachte Leistungen können dem Kunden schneller in Rechnung gestellt werden.

Das folgende Szenario basiert auf dem Produkt GenesisWorld der CAS Software AG, das für das unternehmensweite Kundenmanagement im Mittelstand konzipiert wurde.

Dazu stellen die Abbildungen 7 bis 12 exemplarische Bildschirme auf dem Stinger-basierten mobilen Endgerät von Sendo dar.

11.2 Location Based Services

Abb. 9: Mobiles CRM-System

Abb. 10: Aufgabenplan

Abb. 11: Kundenhistorie

Abb. 12: Termin vereinbaren

Abb. 13: Terminschläge

Abb. 14: Kunden im Umkreis

Moderne Technologien im Außendienst mangelhaft

Der mangelnde Einsatz moderner Technologien gehört zu den Mankos in weiten Teilen des Außendienstes. Dort bleibt häufig das Notebook im Wagen liegen. Dieser Missstand ist vor allem auf „bedienungsunfreundliche" Systeme zurückzuführen. Für einen Datenzugriff in Firmendatenbank muss man indiskutabel lange Verbindungsaufbau- und Übertragungszeiten via Mobiltelefon in Kauf nehmen. Ein durchgängiger Echtzeit-Zugriff auf sämtliche CRM-Informationen als faktenbasierte Entscheidungshilfe am Point of Sales war so bisher nicht möglich. Doch ein jederzeit verfügbares und genutztes CRM-Systems lässt sich realisieren.

Effizienzsteigerungen mit mobilen Endgeräten

Mit mobilen Endgeräten, die via UMTS mit der zentralen CRM-Datenbank kommunizieren, lassen sich erhebliche Effizienzsteigerungen realisieren und ad-hoc Planungen (z.B. beim Ausfall eines Termins) realisieren. Das mobile Informationsmanagementsystem liefert sämtliche Informationen zum Ablauf des Tages und ermöglicht den Zugriff auf E-Mails und Daten im Büro.

Ein mobiler Persönlicher Informations-Assistent (mit Namen „Mobile PIA") stellt sämtliche Termine und Aktivitäten dar. Bei Bedarf kann man auf die Kundenhistorie oder Dokumente des Kunden (z.B. Wartungsvertrag, Besprechungsnotizen etc.) zurückgreifen und somit den Kunden besser bedienen. Weiterhin kann man mobil Termine mit Kollegen und Kunden vereinbaren und gleichzeitig notwendige Ressourcen buchen. Falls kurzfristig ein Termin ausfällt, kann man anhand einer Umkreissuche Kunden in der Nähe kontaktieren und einen lang geplanten Besuch abstatten.

Die Zukunft – kontextsensitive Dienste

In nicht allzu ferner Zukunft werden mobile Endgeräte ein ständiger interaktiver und helfender Begleiter für fast alle Menschen sein. Mittels Spracheingabe oder einer anderen, intuitiven Eingabe werden wir intelligenten Agenten Organisations- und Rechercheaufträge erteilen, die diese für uns übernehmen.

Das Smart Phone wird die Kommunikationsmöglichkeiten mit Freunden – insbesondere in der unmittelbaren Umgebung – erhöhen und automatisch Transaktionen für definierte Bedürfnisse (Essensempfehlung, Straßenbahntickets, etc.) auslösen. Viele Anwender werden sich immer mehr an den interaktiven Helfer gewöhnen und Standardaufgaben von dem mobilen Endgerät erledigen lassen. Ein Teil unserer persönlichen Tätigkeiten und Vorgehensweren werden damit standardisiert und mit Hilfe des mobilen Endgerätes automatisch erledigt.

Erhöhung der Kommunikatiosmöglichkeiten

Die größten Chancen auf allgemeine Akzeptanz und wirtschaftlichen Erfolg haben auf die Situation abgestimmte Dienste (Context Aware Services), die auf den Location Based Services aufbauen und zusätzlich auch noch die momentanen Intentionen des Nutzers kennen. Ein kontextsensitiver Dienst bezieht sich auf eine bestimmte Zeit, einen gegebenen Kontext, den Aufenthaltsort und ein vorgegebenes Nutzerprofil (wahlweise eigene Angaben oder durch Nutzungsprotokoll). Aus der Verknüpfung dieser Dimensionen leitet sich ein kontextsensitiver Dienst ab.

Tabelle 1: Anwendungsbereiche für Location Based Services

Überblick Location Based Services	
Navigation	Reiserouten mit PKW, öffentlichen Verkehrsmittel etc.
	Umleitungen
Telematik	Stau
	Unwetter
	Tankstellen
Notrufdienste	Krankenwagen
	Notapotheke
	ADAC
Informationen	Exponantinformationen
	Wetter
	Veranstaltungen
Unterhaltung	Handy-Parties
	Community-Spiele
Wirtschaft	Werbung
	Sonderangebote
	Produktinformationen
	Preisvergleiche
Sicherheit	Fahrzeugüberwachung
	Statusüberwachung von Kindern, Kranken, ältere Menschen, Geräte etc.

Context Aware Services kennen Intention des Benutzers

Dienste und Informationen, die der mobile Konsument personalisiert auf seinen aktuellen Standort bezogen nutzen kann, haben für den Nutzer eine besondere Relevanz und Qualität. Der Nutzer möchte je nach augenblicklicher Situation unterschiedliche Dienstleistungen oder Information erhalten. Ein Beispiel ist dafür die Reise in ein fremdes Land oder eine fremde Stadt. Als Geschäftsreisender wünscht man sich Dienstleistungen, die die Effizienz der Reise erhöhen, als Tourist Informationen über Sehenswürdigkeiten.

Anwendungsbereiche für Location Based Services

Diese kontextbezogene Qualität von Informationen und Dienstleistungen wird schließlich den Ausschlag geben, ob man bereit ist, für diese Leistung auch zu bezahlen. Context Aware Services (örtliche, zeitliche und inhaltliche Relevanz) werden auch andere Szenarien, wie z.B. Communities, Verkaufsgespräche etc. um eine neue Dimension erweitern. Sie sind nicht notwendig als eigene Szenarien zu verstehen, sondern oftmals eine Erweiterung bestehender Anwendungen mit innovativen Geschäftsmodellen. In der folgenden Tabelle sind einige potenzielle Anwendungsbereiche für Location Based Services skizziert.

Fazit

Obwohl Location Based Services und Context Aware Services als „Killer-Anwendungen" des Mobile Business gesehen werden, sind noch einige Hürden zu überwinden.

Die mangelnde Nutzerfreundlichkeit und die dürftige Ergonomie existierender Mobile Business Lösungen sind Hindernisse für deren schnelle Verbreitung. Zukünftig müssen Angebote unter besonderer Berücksichtigung von Nutzbarkeit, Navigation, Zielführung und Layout erstellt werden.

Für die erfolgreiche Umsetzung von Location Based Services ist die Verfügbarkeit geeigneter mobiler Endgeräte von zentraler Bedeutung. Bisherige Mobiltelefone sind aufgrund des Formats nicht praktikabel, um komplexe, mit vielen Eingaben versehene Anwendungen zu tätigen. Interessanter sind mobile Dienste für die sogenannten Smart-Phones, die langsam aber sicher im Markt angeboten werden. Diese Geräte haben größere Bildschirme, arbeiten mit größeren Tastaturen bzw. Eingabestiften und eignen sich besser für komplexere Anwendungen.

Verfügbarkeit geeigneter mobiler Endgeräte

Die Genauigkeit der Standortangabe ist im Augenblick ein weiterer offener Punkt. In den USA sind die Mobilfunkanbieter bereits seit dem Jahr 2000 dazu verpflichtet, die Koordinaten von zwei Drittel der mobilen Endgeräte mit einer Präzision von 125 Meter bestimmen zu können. Dies ist für den exakten Standort eines Handys gedacht, das einen Notruf sendet. In Deutschland beträgt die Reichweite der Funkzellen von wenigen hundert Metern in den Innenstädten bis zu mehreren Kilometern in ländlichen Gegenden. Deswegen kommt es hier noch zu Ungenauigkeiten bei der Ortung. In Zukunft wird eine verbesserte Technik dazu führen, dass der Nutzer noch genauer geortet werden kann.

Verbesserte Ortung

Für die weite Verbreitung und Akzeptanz von Mobile Business Lösungen und Dienstleistungen sind die

Attraktivere Gebührensysteme

augenblicklich enormen Airtime- und Volumen-Gebühren noch immer ein gewichtiger Störfaktor. Bisher sind die mobilen Zugangskosten je nach Anbieter um bis zu 40 mal höher als bei einem stationären Internetzugang. Hier sind die Netzanbieter gefordert, ihre Gebührensysteme zu überarbeiten und den Inhaltsanbietern einen entsprechenden Anteil abzugeben.

Das Mobile Business bietet innovativen Unternehmen aufgrund seines enormen Wachstums und völlig neuer Geschäftsparadigmen bzgl. Wertschöpfungsketten etc. eine große Chance, sich als wesentlicher Anbieter zu positionieren. Erste erfolgversprechende Lösungen sind auf dem Markt zu finden, allerdings ist ein sehr großes Geschäftspotenzial immer noch nicht ausgeschöpft.

11.3 Online-Communities
AXEL POWARZYNSKI

Inhaltsüberblick

Die Internettechnologie schafft neue Möglichkeiten für Unternehmen, mit ihren Kunden in Kontakt zu treten und dauerhafte Kundenbeziehungen aufzubauen. Der Aufbau von Online-Communities kann entscheidend dabei helfen, bestehende Kundenbeziehungen zu vertiefen und neue Umsatz- und Kosteneinsparungspotenziale zu erschließen. Gerade mittelständische Unternehmen sollten daher den Einsatz von Community-Tools im Rahmen ihrer E-Commerce-Strategie prüfen.

Kundenbeziehungen

Von der Wissenschaft zum Massenmarkt

Online-, virtuelle- oder Computer-Communities sind Gemeinschaften von Personen, Unternehmen oder Organisationen mit einem hohen Niveau an sozialem Zugehörigkeitsempfinden, die die technischen Möglichkeiten des Mediums Internet zum Informations- und Erfahrungsaustausch (1:1, 1:n oder n:n Dialog) für gemeinsame soziale oder kommerzielle Interessen nutzen.

Communities sind nicht erst mit der Entwicklung des Internets entstanden. Schon früh haben Unternehmen versucht, z.B. durch Gründung von Clubs, Gemeinschaften um ihre Produkte zu bilden, die eine hohe Bindung an das Unternehmen haben und dadurch den Umsatz durch ihre Multiplikatorfunktion und regelmäßige Produktkäufe steigern können. Aktuell wird vor allem im Zusammenhang mit Aktivitäten im Event-Marketing versucht, durch den Aufbau von Produkt-Communities Trends in jungen Zielgruppen auszulösen (z.B. Swatch, Red Bull).

Im Internet haben Communities ihren Ursprung in der Vernetzung von wissenschaftlichen Einrichtungen

Gemeinschaften

Anfang der 80er Jahre über den Vorgänger des kommerziellen Internets, dem wissenschaftlich geprägten Forschungs-Netzwerk ARPA-Net. Ab 1995 haben dann neben standardisierten technischen Rahmenbedingungen drei Entwicklungen in den USA zu einer explosionsartigen Entwicklung von kommerziellen Communities außerhalb des universitären Umfelds beigetragen: Der Internetzugang wurde erschwinglich für Privatpersonen, Programme zum benutzerfreundlichen Surfen im Internet (Browser) waren erhältlich und die Regierung gab das Internet für die kommerzielle Nutzung frei. Innerhalb von 5 Jahren entstanden aus Community geprägten Webseiten mehrere heute weltweit agierende Unternehmen, wie z.B. AOL, oder eBay.

Eigenschaften

Communities sind durch drei Eigenschaften zu beschreiben:

- der Grad der Ausrichtung auf ein Interesse/Thema
- die Ausprägung von sozialen Strukturen/Bindungen innerhalb der Mitglieder
- der Grad der kommerziellen Ausrichtung der Community

Entstehungsfelder

Damit lassen sich im Wesentlichen fünf Entstehungsfelder für Communities identifizieren:

1. Berufsverbände oder Betriebszugehörigkeit
2. Gemeinsame soziale Interessen, Freizeitaktivitäten oder Sportarten
3. Gemeinsame Werte, Ideologien oder Glaubensbekenntnisse
4. Demographische Merkmale
5. Marketing-/konsuminduzierte Zusammengehörigkeit

Unterschiede

Bei der *Ausrichtung auf ein Interesse/Thema* wird zwischen offenen Communities und themenspezifischen Communities unterschieden. Offene Communities sind inhaltlich ungerichtet und bilden sich nach allgemeinen Merkmalen/Interessen der Community Mitglieder aus. Themenspezifische Communities konzentrieren sich auf ein einziges Thema und seine Ausprägung. Die Mitglieder treffen sich um sehr spezielle Erfahrungen und Ratschläge untereinander auszutauschen bzw. sich gegenseitig zu helfen. Themenspezifische Communities können sich auf alle Bedürfnisse des täglichen Lebens beziehen.

Tabelle 1: Arten von Online-Communities in den USA

	Gesamt	Net Joiners*	Long-timers*
Handelsorganisation oder professionelle Gruppe	21 %	17 %	30 %
Gleiche Hobbies / Interessen	17 %	23 %	18 %
Religiöse Gruppe	6 %	3 %	8 %
Gleiche Lifestyle Interessen	6 %	5 %	6 %
Fans eines Sportclubs	6 %	7 %	6 %
Aktive in einem Sport-Team oder einer Liga	5 %	5 %	6 %
Personen mit gleichen Glaubensansichten	4 %	3 %	5 %
Lokale Gemeinschaft	4 %	2 %	5 %
Politische Gruppe	3 %	2 %	4 %
Fans einer TV-Show oder eines Entertainers	3 %	10 %	3 %
Selbsthilfegruppe für medizinische / persönliche Probleme	2 %	6 %	2 %
Ethnische oder kulturelle Gemeinschaft	1 %	2 %	2 %
Gewerkschaft	1 %	1 %	1 %
Keiner spezifischen Gruppe zugehörig	16 %	16 %	9 %

*Anmerkung: „Net Joiners" sind Personen, die sich erst im Internet einer Community angeschlossen haben. „Long-timers" waren schon offline in ihrer Community aktiv.
Quelle: Pew Internet & American Life Project, Oktober 2001

Bei der *Ausprägung der sozialen Strukturen/Bindungen* wird in starke und schwache Affinitäten zwischen den Community-Mitgliedern unterschieden. Starke Affinitäten sind dann gegeben, wenn sich die Mitglieder bewusst für die Teilnahme an der Community entscheiden, das Engagement (auch finanziell) des Einzelnen hoch ist und sich soziale Strukturen und Hierarchien innerhalb der Community bilden, z.B. Berufsverbände und Alumni Clubs. Schwache Affinitäten sind dann der Fall, wenn die Mitgliedschaft ohne Eigenengagement oder ohne öffentliches Bekenntnis zur Gruppenmitgliedschaft entsteht und sich keine sozialen Strukturen innerhalb der Community bilden, z.B. Frequent Flyer Programme.

Soziale Bindungen

Der *Grad der kommerziellen Ausrichtung* misst sich daran, ob die Nutzung der Community kostenpflichtig oder frei ist und in welchem Umfang die Aktivität der Community zur Erzeugung von unmittelbaren oder mittelbaren Umsätzen durch Werbung, Verkauf von

Kommerzielle Ausrichtung

Produkten und Services sowie die Kommerzialisierung von Kundendaten und Kundenverhalten bestimmt wird. Ein gutes Beispiel für kommerzielle Communities sind z.B. Auktionsplattformen.

Netzwerkeffekte – der Schlüssel zum Erfolg

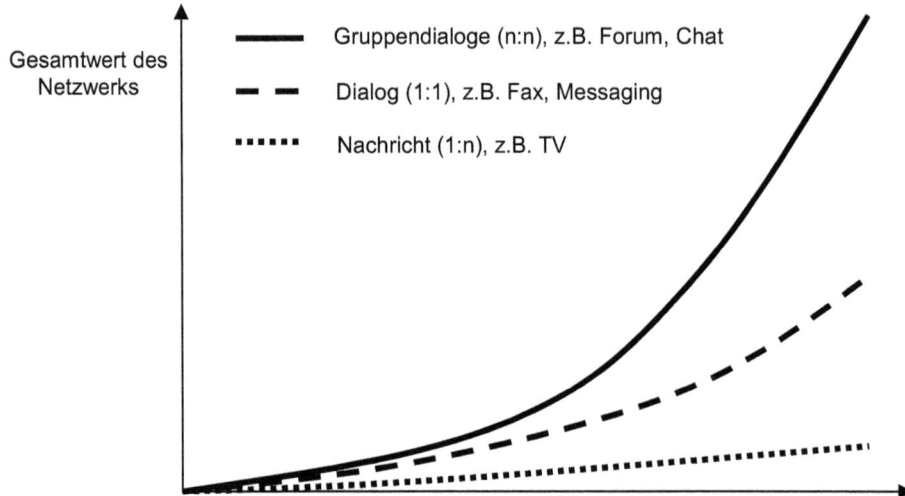

Abb. 1: Gesamtwert von Netzwerken (a)

(a) in Anlehnung an Reed D.P.

Der Grund für das explosionsartige Wachstum von Communities im Internet beruht auf einem bekanntem ökonomischen Phänomen, den sog. *Netzwerkeffekten*. Netzwerkeffekte treten immer dann ein, wenn der Nutzen eines Produkt für einen Nutzer von der Anzahl der anderen Nutzer des Produkts abhängt.

Netzwerkeffekte lassen sich für einen 1:1 Dialog sehr einfach anhand der *Regel von Metcalf* beschreiben: Schließen sich n Teilnehmer in einem Netzwerk zusammen und ist der Nutzen des Netzwerks für den einzelnen Teilnehmer proportional zu der Anzahl der anderen Teilnehmer, dann steigt der Nutzen des Netzwerks im Quadrat der Gesamtzahl der Nutzer an (n^2). Sehr gute Beispiele sind u.a. klassische Kommunikationsprodukte wie Telefon und Fax.

Durch die Einzigartigkeit der Möglichkeit des n:n Dialogs im Internet, wächst der Nutzen von Online-Communities nach der Regel von *Reed* mit 2^n, da neben dem 1:1 Dialog auch beliebige Untergruppen (2 Mitglieder, 3 Mitglieder, ...) innerhalb des Netzwerks kommunizieren können. In diesem Zusammenhang bedient sich fast jede Community zweier Kommunikationsmittel: *Chat Rooms* und *Message Boards*.

Chatrooms (Diskussionsräume) bezeichnen Umgebungen im Internet, wo in loser sozialer Interaktion in Echtzeit private (1:1) oder offene (n:n) Dialoge mit den Verfahren des IRC – Internet Realy Chat, Instant Messaging (z.B. ICQ) oder per Internet Telefonie (Voice over IP) geführt werden. Gute Chats werden moderiert, um den n:n Dialogen eine inhaltliche Struktur zu geben.

Message Boards (Foren, schwarze Bretter) sind Communities, die sich um Foren bzw. elektronische Schwarze Bretter zu einzelnen Themen organisieren. Die Mitglieder eines Forums können Beiträge (Threads) lesen oder beantworten und neue Beiträge einstellen. Die Beiträge sind nach Thema und Einstellungsdatum geordnet. Oftmals haben Boards einen verantwortlichen Moderator, der das Verhalten und die Inhalte der Boardteilnehmer überwacht und die Diskussionen leitet.

Weitere Instrumente zur Unterstützung des Zusammenhalts und zum Austausch von Informationen sind Newsletter/Mailing Listen, FAQ Foren sowie realtime Abstimmungen (Polls), Bewertung von Beiträgen (Ratings) und Produktmeinungen.

Nutzen des Netzwerks

Chat Rooms und Message Boards

Weitere Instrumente

Von der Interaktion zur Transaktion

Die beschriebenen Netzwerkeffekte können sowohl positive als auch die negative Auswirkungen haben. Vor allem in der Informationstechnologie wird in diesem Zusammenhang auch vom „the winner takes it all" Phänomen gesprochen – nur derjenige Wettbewerber, der schnell genug eine kritische Masse für sein Produkt aufbaut, kann dieses gestärkt durch positive Netzwerkeffekte zum Industriestandard führen. In diesem Zusammenhang wird es auch verständlich, warum IT-Unternehmen ihre Produkte kostenlos zum Download

Kritische Masse

anbieten um Standards zu setzen (z.B. Acrobat Reader, Real Player).

Das Erreichen einer kritischen Masse an Mitgliedern bewirkt positive Netzwerkeffekte, die dynamische, selbstverstärkende Mechanismen innerhalb von Communities erzeugen. Hierfür sind vier interdependente Quellen verantwortlich:

- Community-Inhalte
- Loyalität und Kundenbindung,
- Mitgliederprofile
- Transaktionen.

Die genannten Quellen sind gleichermaßen auf Business-to-Consumer (B2C) als auch auf Business-to-Business (B2B) Communities anwendbar.

- Mit wachsender Anzahl an eingestellten *Community-Inhalten* wird es für neue Mitglieder attraktiver beizutreten bzw. für bestehende Mitglieder weitere Inhalte einzustellen. Der sog. „user-generated content" ist der wichtigste Grund für Kunden, sich in einer Community zu engagieren.

Kundenbindung

- *Loyalität zur Community* und damit *Kundenbindung* wird durch die Anregung von Interaktion/ Kommunikation unter den Mitgliedern erreicht. Da Kommunikation zwangsweise mit dem Besuch der Community verbunden ist entsteht eine starke soziale Bindung unter den Mitgliedern.
- Mit steigender Mitgliederzahl und Vertrauen in die Community können detaillierte *Mitgliederprofile* aus Kundendemographie, -verhalten und Wünschen gewonnen werden. Dieses Kundenwissen kann zur kundengerechteren Gestaltung der Community genutzt werden.
- Je besser das Kundenwissen ist, desto detailliertere und individuellere Angebote können für die Mitglieder bereitgestellt werden. Dadurch erhöhen sich die Kaufbereitschaft der Mitglieder und die Anzahl der *Transaktionen*.

Die beschriebenen Mechanismen bauen aufeinander auf. Um die gewünschten selbstverstärkenden Effekte zu erzielen, müssen alle vier beschriebenen Aspekte zur gleichen Zeit gesteuert werden. Vor allem das schnelle Erreichen einer kritischen Masse entscheidet über Erfolg und Misserfolg, da nicht die technische Infrastruktur oder das Management, sondern die aktiven Mitglieder als Kommunikatoren und Multiplikatoren den Wert von Communities bestimmen. Anbieter, die es verstehen, die selbstverstärkenden Mechanismen zu nutzen, werden nicht nur durch einen loyalen Kundenstamm, sondern auch ein großes Umsatzpotenzial belohnt.

Abb. 2: Selbstverstärkende Mechanismen einer Community (b)

(b) in Anlehnung an Hagel III J., Armstrong A.

Kommerzielle Anwendungen für Communities

In der Öffentlichkeit sind Communities vor allem im Endkundengeschäft (*Business-to-Consumer*) bekannt geworden. Innovative Unternehmen haben jedoch seit einiger Zeit mit großem Erfolg begonnen, das Prinzip von Communities auch auf ihre Geschäftsbeziehungen (*Business-to-Business*) und interne Unternehmensnetzwerke (*Employee-to-Employee*) zu übertragen.

Die bekanntesten kommerziellen Ausprägungen von B2C Communities sind Auktionen/Powershopping, Service Communities, und Publishing/Entertainment Communities.

Bei den klassischen Internet *Auktionen* (z.B. eBay, QXL) können Produkte höchstbietend zwischen Privatpersonen versteigert werden. Der Betreiber der Plattform verdient an Gebühren für Nutzung der Plattform

Mitgliederprofile
Selbstverstärkende Aspekte

Kommerzielle Ausprägungen

und einer prozentualen Beteiligung an den Verkaufserlösen. eBay hat begonnen, sein Modell auch für Auktionen zwischen Geschäftskunden zu erweitern. Beim sog. *Powershopping* schließen sich mehrere Interessenten virtuell zu einer Einkaufsgemeinschaft zusammen und können damit Rabatte beim Einkauf erzielen (Letsbuyit, Primus Powershopping). Auch hier partizipiert der Betreiber der Plattform an den Transaktionen.

Tabelle 2: Anwendungsfelder von Communities

	B2C	B2B	E2E
Mitglieder	Private Endkunden	Geschäftskunden, Lieferanten, Vertriebspartner	Mitarbeiter
Nutzen	• Kundenbindung	• Stärkung der Geschäftsbeziehung	• Stärkere Arbeitsbeziehungen
	• Erlangung von Kundenwissen	• Erlangung von Kundenwissen	• Austausch von Wissen und Best Practices
	• Geringe Kundenakquisitions-/ Servicekosten	• Effizienter Informationsaustausch/ Prozessoptimierung	• Effizienter Informationsaustausch
	• Generierung von Umsätzen	• Generierung von Umsätzen	• Generierung von Umsätzen
Beispiele	• E-Commerce: eBay	• E-Commerce: eBay, Branchenmarktplätze	• 3M, Procter&Gamble
	• Service: Dell	• Partnernetz: Cisco	
	• Loyalität: Geocities	• Service: Dell	

Service Communities

Service Communities dienen zur Bindung der Kunden und Senkung der Kosten des Kundenservice. Hier können Kunden online an Diskussionen mit anderen Kunden und technischen Experten des Anbieters teilnehmen bzw. technische Fragen und Probleme an die Kunden Community stellen. Nach dem Prinzip Hilfe zur Selbsthilfe werden sehr viele Probleme durch Tipps unter den Kunden gelöst, ohne direkte Kosten beim Kundenservice zu verursachen. Zudem schafft die Diskussion unter Kunden beständig neue Nachfrage für eigene Produkt- und Serviceangebote. Eines der bekanntesten Beispiele ist der Service „DellTalk" von Dell, der sowohl für Privatkunden als auch für Geschäftskunden angeboten wird.

> Anfrage Kunde 1:
> I need a driver for my CDR-1800 NEC CD-Rom device. NEC states that the OEM dealer has it. This is not available on your downloads (at least that I can find).
>
> Antwort Kunde 2:
> Cdenab, which is a win95 boot disk, has drivers for NEC cdroms. When You download it, double click it it'll make a bootable floppy disk and the nec driver will be on the floppy.
>
> http://support.euro.dell.com/ie/en/filelib/download/index.asp?fileid=R19775

Abb. 3: Beispieldialog bei DellTalk

Publishing/Entertainment Communities dienen zum Aufbau von dauerhaften Kundenbeziehungen, die sukzessive in unmittelbaren (z.B. Verkauf eigener Produkte/Services) oder mittelbaren Umsätzen (z.B. Werbevermarktung) münden sollen. Die bekanntesten Beispiele sind Angebote wie Geocities von Yahoo oder Tripod von Lycos oder Online-Gaming Communities. Jedoch hat sich die Kommerzialisierung bei den genannten Beispielen als sehr schwierig erwiesen.

Entertainment Communities

Eine im Rahmen dieses Beitrags nicht näher betrachte Sonderform von B2C Communities sind sog. *Peer-to-Peer* (P2P) Netzwerke/Tauschbörsen. Hierbei schließen sich die Mitglieder temporär zu einem physikalischen oder logischen Netzwerk zusammen, um jegliche Art von Daten (z.B. Musik, Filme) auszutauschen (File-Sharing). Der in der Öffentlichkeit bekannteste Internetdienst in diesem Bereich ist die Musiktauschbörse Napster.

Peer-to-Peer

B2B Communities unterscheiden sich in ihren Funktionalitäten nicht von B2C Communities. Auch sie basieren auf einem Informationsaustausch unter den Mitgliedern vor allem über Message Boards und Chats und sind z.B. als Service Plattformen oder Auktionen (B2B Marktplätze) im Internet zu finden. Neben der Übertragung der bereits beschriebenen Auktionen und Service Communities auf die Interaktion von Unternehmen stellen jedoch *kollaborative Partnernetzwerke* eine neue Art von Communities dar.

B2B Communities

Kollaborative Partnernetzwerke sind Zusammenschlüsse von Lieferanten, Herstellern, Vertriebspartnern und Kunden entlang der horizontalen Stufen der Wertschöpfungskette. Die Mitglieder der Partnernetzwerke

Kollaborative Partnernetzwerke

nutzen die Business Community zum exklusiven Informations- und Wissensaustausch um die Qualität, Geschwindigkeit und Effizienz der gemeinsamen Geschäftsprozesse zu verbessern. Der Vorreiter beim Aufbau von kollaborativen Partnernetzwerken ist Cisco Systems.

- *Fallstudie Cisco Systems*
  Cisco Systems, gegründet 1984, ist der Weltmarktführer für internetbasierte Networking-Lösungen. Im Jahr 2000 wurden fast 90 % des Umsatzes in Höhe von ca. $19 Mrd. über das Partnernetzwerk erzeugt und 83 % des Kunden Supports online geleistet.
  Ein wesentlicher Erfolgsfaktor von Cisco ist *das kollaborative Partnernetzwerk*, das sog. „Global Networked Business (GNB)". Zu den vier Säulen von GNB gehören „Customer Care" zur Unterstützung von Kunden-Support und Service, „Internet Commerce" zur Unterstützung von Marketing und Vertrieb, „Supply Chain Management", das Entwicklungspartner, Produktionspartner und Lieferanten integriert und „Employee Services" für die effiziente Gestaltung aller internen Geschäftsprozesse. Zu den Mitgliedern des GNP gehören insbesondere Service Provider, Anwendungsanbieter, Systemintegratoren, Beratungsunternehmen und Hersteller von Endgeräten.
  Über die 1993 eingerichtet Unternehmens-Website Cisco Connection Online (CCO) haben Cisco-Kunden, Partner, Reseller und Mitarbeiter Zugriff auf Informationen und Dienste, darunter Software Upgrades, technische Unterstützung, Registrierungsmöglichkeiten für Seminare, Dokumentationen und Online-Schulungen. Kunden können sich gegenseitig bei Supportfragen helfen. Die Partner haben zudem ihre nach Kompetenzen ausgerichtete „privaten" Communities, in denen sie entweder mit Mitarbeitern von Cisco oder auch untereinander Lösungen diskutieren können.
  Ziel ist eine Cisco „Best of Breed" Community, in der alle Produkte und Lösungen so aufeinander abgestimmt sind, dass der Kunde maßgeschneiderte Komplettlösungen erhält.
  Laut Aussagen von Cisco ist die CCO mit rund 10

Millionen Seiten die größte E-Business-Website der Welt und die Fehlerquote in Aufträgen hat sich von 25 Prozent auf knapp ein Prozent reduziert, seit fehlerhafte Online-Orders dem Kunden sofort angezeigt werden. (Quelle: www.cisco.de)

Das dritte kommerzielle Anwendungsfeld sind interne Unternehmensnetzwerke, sog. Knowledge Communities bestehend aus Mitarbeitern eines Unternehmens. Über 80 % des Wissens eines Unternehmens ist nicht in kodifizierter Form über Dokumente in Datenbanken, sondern als personengebundenes Expertenwissen verfügbar. Somit ist Wissensaustausch in Unternehmen weniger ein technisches Problem, als ein Problem der effektiven Kommunikation zwischen Suchendem und dem Experten.

Knowledge Communities

Nach dem Vorbild von Internet Communities nutzen Knowledge Communities die bekannten Kommunikationsmittel Forum, Chat und E-Mail, um mit einfachen datenbankunterstützten Matching-Algorhythmen zielgerichtet individuelle Fragen an die richtigen Themenexperten im Unternehmen zu leiten.

Gerade in Dienstleistungsunternehmen können somit Suchkosten und Bearbeitungszeiten drastisch gesenkt und die Qualität der Lösungen gesteigert werden. Oftmals werden Aktivitäten in Knowledge Communities mit einem Incentivierungsprogramm belohnt.

Nutzen von Communities

Der Nutzen einer kommerziellen Community lässt sich allgemeingültig anhand folgender, vereinfachter Formel für den Kundenwert (bei Knowledge Communities Mitarbeiterwert) beschreiben.

Ohne Berücksichtigung der Zinseffekte ergibt sich der Wert eines Kunden (Mitarbeiters) für ein Unternehmen aus der Summe der über die Dauer der Kundenbeziehung (Mitarbeiterbeziehung) pro Jahr erwirtschafteten Differenz aus Umsatz und Kosten abzüglich der Akquisitionskosten für den Kunden (Mitarbeiter). Communities können die Höhe des Kundenwerts über folgende Dimensionen beeinflussen.

Beeinflussung des Kundenwerts

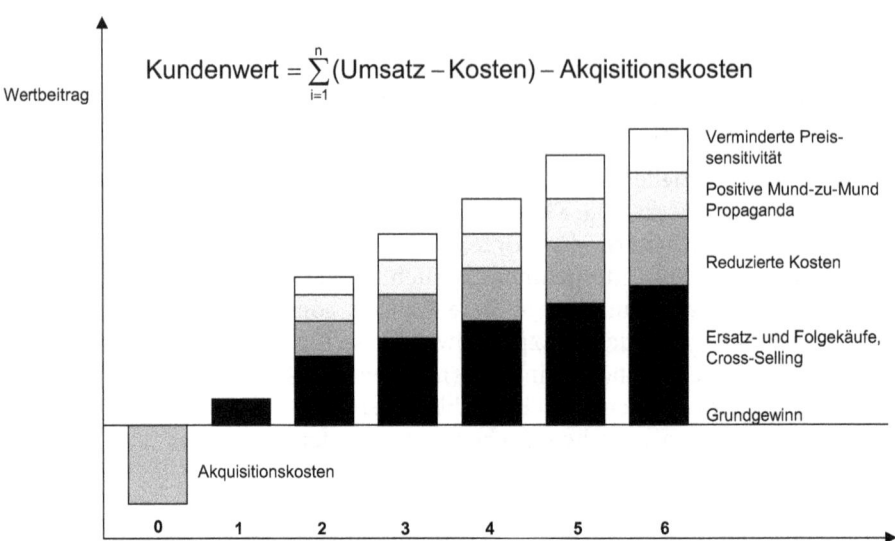

Abb. 4: Entwicklung des Kundenwerts

1. *Umsatz*: Durch bessere Kundenkenntnis und Zusammenarbeit zwischen Unternehmen wird eine Steigerung der Umsätze durch verbesserte Produktangebote erreicht. Ersatz- und Folgekäufe steigen und die Preissensitivität bzgl. der Angebote nimmt ab.
2. *Kosten*: Der direkte Informationsaustausch im Unternehmen und mit bzw. unter Geschäftspartnern schafft effizientere Prozesse und senkt Kosten bei der Betreuung. Durch die Automatisierung und Verlagerung von Transaktionen können bis zu 30 % Prozesskosten gespart werden. Der Kundendienst wird durch Service Communities entlastet.
3. *Loyalität*: Die Einbindung in eine Interessensgemeinschaft stärkt die Bindung von Geschäfts-/ Endkunden und Mitarbeitern an das Unternehmen. Durch die längere Dauer der Kundenbeziehung steigt der Kundenwert überproportional.
4. *Akquisitionskosten*: Die selbsttragende Dynamik von Communities sorgt im Vergleich für signifikant niedrigere Akquisitionskosten bei Erst- und Folgekäufen. Die Community Mitglieder werden zu Multiplikatoren und werben durch positive Mund-zu-Mund Propaganda.

Untersuchungen bei B2C Communities haben z.B. ergeben, dass aktive Community-Mitglieder eine Webseite bis zu neun Mal häufiger besuchen und doppelt so häufig kaufen als Nicht-Mitglieder.

Aufbau und Betrieb von Communities

Der erfolgreiche Aufbau einer Community ist kein mechanischer Prozess, sondern hängt von vielen Einflussgrößen in der Kundenbeziehung ab. Ein guter Ausgangspunkt ist die Analyse der Erfolgsfaktoren bei bestehenden Stammkundenbeziehungen. Welche Aktivitäten schaffen Vertrauen, welche Kleinigkeiten stören eine Kundenbeziehung? – dies gilt im Internet genauso wie im realen Alltag.

Analyse der Erfolgsfaktoren

Abb. 5: Kausalmodell für den Aufbau von Kunden-Communities (c)

(c) Quelle: Schütt P.

Vor dem Aufbau einer Community sollte jeder Betreiber folgende Fragen beantworten können:

Fragen

1. Wer sind die zukünftigen Nutzer der Community? Welche Rolle haben sie in der Wertschöpfungskette und welche Wünsche und Bedürfnisse haben sie bzgl. Information, Kommunikation und Kollaboration?
2. Welches sind die Ziele für die Community? Welche Community Elemente (Foren, Chats, ...) unterstützen die Ziele und wie werden die Zielgrößen gemessen?
3. Wie kann der gewählte Community-Ansatz mit dem bestehenden Geschäftsmodell in Einklang gebracht werden? Welche Regeln helfen dem Betreiber positiv auf die Entwicklung der Community Einfluss zu nehmen und Konflikte zu managen?

Weitere wichtige Entscheidungen sind vor allem zur *technischen Infrastruktur*, die Art und Weise der *Gestaltung und Unterstützung der Kommunikation* sowie zur *Betreuung* der Community zu treffen.

Technische Infrastruktur

Bei der *technischen Infrastruktur* spielt in erster Linie die einfache Skalierbarkeit der Lösung eine wichtige Rolle. Schneller als erwartet wächst die Aktivität und damit das Bedürfnis nach Weiterentwicklung und die Notwendigkeit des Ausbaus der Hard- und Softwarearchitektur. Eine Community erfordert ständige Erneuerung und Optimierung entsprechend des Kundenverhaltens.

Kommunikation

Die *Gestaltung und Unterstützung der Kommunikation* innerhalb von Communities wird durch zwei Faktoren geprägt: Zunächst ist es wichtig möglichst kundengerechte und vielfältige Plätze für den Kommunikationsaustausch, aber auch Mitglieder-Feedback zu schaffen. Zudem ist es erforderlich, dass sich die Mitglieder Profile anlegen können, über die sie sich identifizieren und Rollen in den Diskussionen annehmen können. Dabei sollte es für die Kommunikation Richtlinien, eine sog. Netiquette, geben.

Betreuung

Die *Betreuung* entscheidet wesentlich über Erfolg oder Misserfolg eines Community Produkts. Zunächst ist in jedem Falle ein Community Manager notwendig, der sich ausschließlich um die Entwicklung, die laufende Betreuung und das Controlling der Community kümmert. Je nach Wahl des Betreibermodells werden auch IT-Fachkräfte zur Weiterentwicklung und Betreuung benötigt.

Weiterhin ist es wichtig, die Rechte und Möglichkeiten der Mitglieder der Community Schritt für Schritt zu erweitern. Durch die Entwicklung sog. Heavy User zu Moderatoren von Foren oder Chats wird nicht nur eine stärkere Identifikation innerhalb der Community geschaffen, sondern auch das Management bei der Betreuung und Weiterentwicklung wesentlich unterstützt. Zuletzt sollten die Mitglieder durch Marketing-Aktivitäten regelmäßig zum Besuch der Community angeregt werden, z.B. Expertenchats, Online-Events/Seminare, Newsletter oder Bonus-Programme.

Communities - ein Allheilmittel?

Communities bieten die einmalige Chance, über das Internet Kunden dauerhaft in einen Dialog mit dem Unternehmen und Gleichgesinnten einzubinden. Dadurch können große Umsatz- und Kostenpotenziale erschlossen werden.

Kundendialog mit dem Internet

Jedoch lässt sich durch den Aufbau einer Community nicht die bekannte Basis jeder Kundenbeziehung außer Kraft setzen: Zufriedenheit mit den Produkten und Vertrauen in die Leistungsfähigkeit des Anbieters. Somit lassen sich durch Communities bekannte Geschäftspraktiken in das Medium Internet übertragen und optimieren, aber die Grundgesetze der Betriebswirtschaft nicht neu erschaffen.

Literaturverzeichnis

Cisco Systems (2001) Unternehmens Website www.cisco.de
Hagel III J., Armstrong A. (1997) Net Gain, Boston
Horrigans J. B. (2001) Online Communities, Research Report Pew Internet & American Life Project www.pewinternet.org
Kim A. J. (2000) Community Building on the Web, Berkeley
Reed D.P. (2001) The Law of the Pack, in Harvard Business Review (February 2001)
Reichelt F. (2000) eLoyalty: Your Secret Weapon on the Web, in Harvard Business Manager (July/August 2000)
Schmidt M. P. (2000) Knowledge Communities, München
Schütt P. (2001) Die Kunden als Partner – Warum Kunden-Communities immer wichtiger werden (3), in Wissensmanagement (September/Oktober 2001)
Warms A., Cothrel J., Underberg T. (2000) Return on Community, White Paper www.participate.com

11.4 Internetfernsehen

Kerstin Waldmüller

Einleitung

Szenario 1: Die Vision

Stellen Sie sich vor, Sie sitzen in Ihrem bequemen Fernsehsessel und schauen eine Fußballübertragung. Die Werbung bietet Ihnen ofenfrische Pizza in nur 30 Minuten auf Ihrem Tisch. Nur zwei Klicks sorgen dafür, dass eine halbe Stunde später der Pizzamann tatsächlich an der Tür klingelt.

Szenario 2: Die Realität - 11. September 2001

Zwei Flugzeuge krachen in die Tower des World Trade Center in New York, das Pentagon wird durch eine abgestürzte Passagiermaschine getroffen. Weltweit sitzen in den Büros Millionen von Menschen (die kein TV-Geräte im Office haben) vor ihren PCs und verschlingen die aktuellsten, bewegten Nachrichtenbilder, die aus New York gezeigt werden. Jeder ist auf der Suche nach „seinen persönlichen Informationsquellen", die individuell zusammengestellt und abrufbar über die Bilder, Fakten und Hintergründe der Katastrophe berichten. Weltweit brechen die Server unter der Last der aktuellen Nachfrage zusammen.

Konvergenz der Medien

Zwei ganz unterschiedliche Szenarien, ein gemeinsamer Gedanke: Ob das Fernsehen interaktiv wird oder die Bilder im PC laufen lernen: Internetfernsehen auf PC oder im TV lässt zukünftig dem Zuschauer das Wort bei der Wahl und Zusammenstellung der persönlichen Inhalte und Wünsche.

Zusammenstellung

Verschmelzung von Daten und Sprachübermittlung

Mehr noch: Durch den Prozess des Zusammenwachsens von Informationstechnologie, Telekommunikations- und Medienbranche, der auch als Konvergenz bezeichnet wird[1], wird es zukünftig eine Verschmelzung von Daten- und Sprachübermittlung geben.

Abb. 1: Zwei Stufen der Konvergenz (a)

(a) Zerdick et al, 2000, Die Internet-Ökonomie, S. 133.

Ja, es wird einen *Me-Channel*, einen sogenannten "Ich Kanal" geben, bei dem der Zuschauer sich selbst sein Programm zusammenstellen wird. Es wird ein kundenorientiertes, individualisiertes Zukunftsfernsehen geben, in dem der Zuschauer ganz explizit seine Wünsche äußert, mitgestaltet und sogar mitspielen kann – hinter und vor der Kamera.

Der TV- Zuschauer wird sein Programm in einer Art Vorauswahl nach seinem Geschmack zusammenstellen, denn ohne Selektion wird der Einzelne von der Programmflut wahrscheinlich überspült. Vom Anglerfernsehen bis hin zum Hobbybastler wird es in nicht mehr allzu ferner Zukunft Hunderte von Sparten geben und damit ebenso viele TV-Kanäle.

Homogene Zielgruppen

Für das Marketing bedeutet dies unter anderem die Trennung des Publikums in homogenere Zielgruppen, die gezielter und mit weniger Streuverlusten beworben werden können. Die neue Interaktivität im interaktiven

---

[1] Zerdick, Axel; Picot, Arnold et al.: European Communication Council Report: Die Internet-Ökonomie; Berlin, Heidelberg, Springer, 1999, ISBN 3-540-64925-8; Seite 174 f.

TV oder Internetfernsehen verbindet Unterhaltung und Information mit Verkauf bzw. Dienstleistung und bietet vor allem die direkte Response vom Kunden, Zuschauer oder User. Das ist der Stoff, aus dem zukünftige Medien- und Werbeträume gestrickt sein werden.

Die bereits greifbarere und sehr realitätsnahe Variante ist das Internetfernsehen – gemeint sind hier die bewegten Bilder auf dem PC. Diese Art des Internetfernsehens empfiehlt sich schon heute als neues, innovatives Marketing – und PR - Instrument.

Internetfernsehen

Die Darstellung des Unternehmens und seiner Produkte durch Videos im Internet, Produktfilme, Berichte über Imageveranstaltungen und PR-Events, im Bewegtbild über Internet „gesendet", erreicht Kunden schnell, effektiv und oft kostengünstiger und schafft zusätzliche Öffentlichkeit und Image auf einer ganz neuen Ebene. Die Technik schreitet so rapide voran, dass vom Briefmarkenfernsehen bereits heute schon keine Rede mehr ist.

Was ist eigentlich Internetfernsehen?

Internetfernsehen – alle reden darüber, doch wer weiß eigentlich schon genau, wie es funktioniert und wo technische und inhaltliche Vorteile liegen? Unterschieden wird grundsätzlich – technisch wie inhaltlich - zwischen zwei Medien.

Unterscheidung

Medium 1

Das Internet kommt auf dem Bildschirm ins Wohnzimmer, dort wo der Fernsehsessel steht und der Zuschauer relaxed seinen Feierabend genießt. Auf der multimedialen Homeplattform sollen zukünftig eine Vielzahl von Medien verschmelzen. Hier wird auch zukünftig das Massenpublikum erreicht.

Über kabellose Vernetzung, z.B. zu einem sogenannten Webpad als elektronischer Programmzeitschrift, werden Hintergrundinformationen zur Sendung, Responseelemente oder direktes Merchandising ermöglicht. Der mobile Palm-Handheld kann beispielsweise auch heute schon als Fernbedienung genutzt werden. Das ist noch keine echte Vernetzung, aber ein erster Schritt.

Webpad

Medium 2

Die bewegten Bilder sind einfach über einen Internetbrowser auf dem PC zu sehen, also in einer weniger entspannten sondern businessorientierten Büroatmosphäre. Da hier die effiziente Informationsbeschaffung im Vordergrund steht, müssen die Inhalte hier kurz, knapp und informativ gestaltet sein. Videobeiträge sollten eine Länge von 1.30 Min. nicht überschreiten.

Inhalte

Mögliche Inhalte, die hier nachgefragt werden, sind Firmen- und Börsennachrichten, audiovisuelle Produktpräsentationen, und Nachrichten (siehe 11. September 2001) Als ideal hat sich diese Art des Internetfernsehens ebenfalls für das weite Feld des E-Learning erwiesen. Unterstützt durch Video- und schriftliche Schulungsinhalte nutzen bereits heute zunehmend mehr Unternehmen diese kostensparende Abwicklung des Knowledge-Managements.

Ein kurzer Exkurs in die Technik

Weg 1

ADSL-Technologie

Das Internet bahnt sich über die ADSL-Technologie (Asymmetric Digital Subscriber Line) seinen Weg auf die Bildschirme. Digitalisierte Filme, Videoclips oder Spartenkanäle werden mit bis zu 768 kbit/s (ca. 14 mal schneller als ein 56k-Modem) über die Telefonleitung gesendet.

Vorteile

Der wichtigste Vorteil von ADSL besteht darin, dass die vorhandenen Telefonleitungen weiterhin verwendet werden können und der Nutzer „always on" im Netz ist, d.h., dass er sich nicht erst einwählen muss. Es spielt dabei auch keine Rolle, ob man einen analogen Telefonanschluss hat oder ISDN benutzt.

Alternativen

Neben ADSL gibt es allerdings noch eine ganze Reihe alternativer Übertragungsverfahren, die für den breitbandigen Datenfluss geeignet sind – sei es über Breitbandkabel, über Satellit, über drahtlose terrestrische Netze oder über Stromleitungen. Die Kabelnetzbetreiber rüsten auf, um die Kabelnetze rückkanalfähig zu machen. Für den Rückkanal kann aber auch das bestehende Telefonkabel verwendet werden.

Rückkanal

Der *Rückkanal*, das Schlüsselwort der aller TV-Visionäre, macht diese Interaktion erst möglich. Diese Leitung zurück zum Sender wird erst durch die zunehmende Breitbandigkeit der Leitungen und stetig steigenden Leistungsmerkmale der zukünftigen Übertragungswege möglich sein.

Für diese Art der Interaktion in Kombination mit den High-Speed-Datenströmen benötigt der TV-Zuschauer in Zukunft die sogenannte Set-Top-Box, die zwischen die Breitbandkabel bzw. Telefonleitung und den Fernseher geschaltet werden. Diese Box konvertieren das digitale TV-Programm auf das derzeit noch analoge System. In den nächsten Jahren wird bei den Sendern aber die Umstellung auf das volldigitale Fernsehen vollzogen sein, so dass auch für den Heimanwender der Umstieg auf digitale Endgeräte sinnvoll bzw. notwendig wird.

Set-Top-Box

Dadurch ist es dann möglich, dass der Zuschauer, noch während er eine Übertragung eines Fußball-Länderspieles sieht, Rudi Völler gleichzeitig eine E-Mail schicken kann und ganz nebenbei auch noch das Wetter von morgen abrufen kann.

Abb. 2: Beispiel ZDF

Der Wermutstropfen

Es wird noch einige Jahre dauern bis die Kabelnetzbetreiber in Deutschland alle Zuschauer flächendeckend versorgen können, damit die Zuschauer in die multimediale TV- und Internetwelt vom Fernsehsessel aus eintauchen können. Werden diese technischen Voraussetzungen erst flächendeckend vorhanden sein, bringt Internet TV auf dem Bildschirm zweifelsohne für den Zuschauer viele Annehmlichkeiten und für die werbetreibende Wirtschaft ganz neue Werbemöglichkeiten.

Weg 2

Streaming Media

Technisch gesehen ist es bereits heute ohne Probleme möglich, ein Videobild in ansprechender Qualität ins Internet zu bringen: Der Übergangsvorgang wird durch das sogenannte „Streaming Media" vollzogen.

Dies ist eine Technik, die für eine kontinuierliche Übertragung von Audio- und Videosequenzen sorgt. Das Grundprinzip des Streaming besteht darin, dass das digitale Videosignal - als Daten-„Strom", in kleine Dateipakete aufgeteilt, auf den PC und in einen kurzen Puffer heruntergeladen werden kann, und nicht erst Minuten später nach vollendetem Download zur Verfügung steht. Die Nutzer können Audio- und Video-Daten in Echtzeit hören oder sehen. Dadurch kann quasi live gesendet werden, die Zeitverzögerung beträgt meist nur wenige Sekunden.

Auch hier gilt: Je höher die Datengeschwindigkeit, desto besser wird die Bildqualität. Im mpeg 4 Format gesendet und mit T-DSL empfangen bewegt sich die Bildqualität rasant auf ansprechende Fernsehqualität zu.

Encodierungssoftware

Benötigt wird zur Abspielung der Bilder eine Encodierungssoftware, die den Datenstrom steuert und erkennt, wie gut die Anbindung des jeweiligen Nutzers ist. Damit der Konsument die Daten hören und sehen kann, braucht er eine Playersoftware, den Real- oder Media Player, der kostenlos aus dem Internet heruntergeladen werden kann (und seit Netscape 4.7/IE 5.0 als Standard - PlugIn mitgeliefert wird.) Diese Player decodieren den Datenstrom. Da diese Technologie sich rasant entwickelt, ist die Zahl der Besucher von Internet-TV-Seiten mit dieser Technologie innerhalb des Jahres 2000 um 400 Prozent gestiegen.

Ein großer Vorteil von Streaming Video: Die Kosten für die Hinterlegung der Videofiles sind moderat. Tendenz sinkend.

Wie kann der Mittelstand Internetfernsehen nutzen?

Es gibt viel über Ihr Unternehmen und Ihre Produkte im Bild darzustellen, warum übernehmen Sie die Berichterstattung nicht selbst?

Viele mittelständische Unternehmen nutzen bereits das Internet als Marketinginstrument und haben eine aktuelle, aber mehr oder weniger statische Web-Präsens. Es bedarf nur einiger weniger zusätzlicher Komponenten, um daraus eine „firmeneigene Internetfernseh- Plattform" zu machen, damit sich Produkt und Unternehmen innovativ präsentiert . Das bewegte Bild transportiert Emotionen, Zeitgeist, Image, Action, Lifestyle und Abläufe. Jetzt endlich auch im Internet.

Beispiel 1: Produktpräsentation durch Info--Mails

Sie möchten Ihre Produkte schnell auf den Markt bringen. Die Händler müssen informiert werden, die Kunden auch. Bislang geschieht das primär mit Unterstützung durch gedruckte Materialien.

Audiovisuelle Produktinformationen informieren oft nachhaltiger und können schon heute kostengünstig via E-Mail versendet werden. In Info-Mails wird ein Link mitgeschickt, der auf eine Seite mit einen Videostream verweist, das Produkt mit bewegten Bilder vorstellt, weltweit „ausgestrahlt", für jeden individuell abrufbar. Kurz, schnell und effizient wird der Weg zum Kunden, zum Händler, zum Vertriebspartner oder auch zum eigenen Vertrieb im Ausland hergestellt.

Audiovisuelle Produktinformationen

Für den Kunden ist zudem die Online-Bestellung zeitverzugslos möglich. Damit gelingt es, kostengünstiger als bisher, die Integration von Kommunikations- und Transaktionsprozessen auf einer Plattform über das Web herzustellen .

Denn die Bereitstellung digitaler Inhalte zum Abruf über das Internet ist günstiger als die Produktion physischer Marketingwerkzeuge wie CD-ROM, VHS-Kassetten, Flyer, Broschüren und Ähnlichem.

Ein großer deutscher Verpackungsmaschinenhersteller (IWK Verpackungstechnik GmbH) zeigt die Abläufe innerhalb einer Verpackungsmaschine im Video und stellte die Videofiles vor der Messepräsentation als Vorab-Information für Kunden und Vertriebspartner im Ausland ins Netz.

Abb. 3: Produktpräsentation der IWK Verpackungstechnik GmbH

Beispiel 2: Die interaktive Modenschau:

Online-Seite von Otto

Produktpräsentation und Unterhaltung bei einer interaktiven Modenschau auf der Online-Seite des Otto – Kataloges. Der Kunde wird hier mit audiovisueller Videoinformationen über Produkte, Farben, Trends über Größen und Modelle informiert. Preise und Bestellbutton stehen gleich daneben.

Abb. 4: Interaktive Modenschau bei Otto

11.4 Internetfernsehen

Die Einsatzmöglichkeiten von Internetfernsehen im Überblick:

Einsatzmöglichkeiten

- Produktpräsentationen
- Imageveranstaltungen
- Promotion Events
- Pressekonferenzen/Hauptversammlungen
- Messeneuigkeiten
- Vorberichte als „Appetizer", um mehr Kunden zur Veranstaltung anziehen
- Berichte und Interviews mit Kunden und Gästen des Unternehmens, Vortragenden, Führungspersonen
- Mitarbeiter- Schulungen
- Produkt-Dokumentationen
- Zusammenfassung von Seminaren, Vorträgen und Präsentationen
- Berichte über gesellschaftliche Geschehen im Rahmen einer Firmen-Veranstaltung, z.B. Empfänge, Abendveranstaltungen, Parties
- Berichterstattung über eigene Sponsoren-Veranstaltungen

Die Vorteile in der Zusammenfassung:

Vorteile

- Schnellere "Time-to-market" Umsetzung, wenn Produktentwickler neben Text und Sprache auch Videobilder für die Entwicklung von Produkten einsetzen können.
- Vertriebsoptimierung und -unterstützung (Information und Schulung), Kundenpräsentationen
- Schnelle Produktinformationen bei Händler und Kunde
- Zeitnahe und aktuelle Einbindung und Änderung der Präsentationsinhalte
- Erhöhung der Kaufanreize
- Community-Lösungen mit aktuellen Videoinhalten binden Kunden enger an das Unternehmen und schaffen Vorsprung vor Mitbewerbern
- One-to-one-Marketing erlaubt die individuelle Ansprache der gewonnenen Kundenprofile
- E-Learning und audiovisuelle Anwendungsbeschreibungen sparen Zeit und Kosten
- Synergieeffekte mit aktuellen Presse- und Marketingmaßnahmen

- Steuerung der Inhalte und der Berichterstattung durch konzeptionelle Absprachen mit Marketing und PR
- Mehrfachnutzung der produzierten Videoinhalte. (Beispiel: Videoproduktion während einer Imageveranstaltung zur Präsentation im Internet, zur Übernahme in die CD-ROM Präsentation für das Kundengespräch, als Beitrag auf dem Messestand).
- Mehr Transparenz für Kunden - durch den aktiven Austausch zwischen Unternehmen und Kunden erhält jeder überall und jederzeit Zugang zu Informationen und Geschäften.

Perspektiven

Unterschiedliche Inhalte

Die bisherige Einheitswerbung dürfte bald im Fernsehen wie im Internet der Vergangenheit angehören. Unterschiedliche Inhalte sprechen unterschiedliche Lebensbereiche an. Niemand will auf dem PC einen Spielfilm schauen, aber Geschäftsnachrichten, Online-Magazine von Messen und Kongressen, Bilder von der „Get together Party" nach der Messeveranstaltung, finden hier ihr Publikum. Werbeplattformen gestalten sich zielgruppenorientierter.

E-Commerce

Konventionelle Fernsehprogramme werden durch zusätzliche interaktive Angebote ergänzt – aber auch durch Product Placement und E-Commerce. Dadurch kann der Zuschauer durch maximal zwei Klicks auf seiner Fernbedienung die angebotene Ware sofort bestellen. (Sie erinnern sich an die ofenfrische Pizza während der Fußballübertragung?)

Diese Bestellungen werden gespeichert und das Anforderungsprofil wird ständig erweitert. Somit lässt sich der Zuschauer in eine Gruppe einordnen, die für die Werbewirtschaft nutzbar und gezielt ansprechbar wird.

Die Visionäre am Media Lab in Cambridge gehen noch einen Schritt weiter und haben sich bereits Gedanken gemacht, wie Zuschauerwünsche ermittelt werden können. Dadurch ist „Viper" entstanden: Sensoren messen laufend die Vorlieben und Abneigungen des Zuschauers anhand von Reaktion, Sprache und Gesichtsausdruck.

Schöne neue alte Fernsehwelt. Es erwarten Unternehmer und TV-Zuschauer gleichermaßen ganz neue Medienwelten, auf die es sich schon heute einzustellen gilt. Aber es ist auch hier so wie im „richtigen Leben" - nichts wird so heiß gegessen wie es gekocht wird.

Appetit machen die neuen Möglichkeiten des multimedialen Internetfernsehens schon. Große (Medien-) Unternehmen haben diese Vorzüge für sich bereits ausgemacht und setzen sie in der virtuellen Welt um.

Neue Möglichkeiten

Neben klassischem Journalismus bilden beispielsweise Medienunternehmen ihre Nachrichten in Bild und Text auch mehr und mehr im Internet ab. Der 11. September 2001 wird auch hierfür als weltweiter Meilenstein angesehen.

Aber auch immer mehr mittelständische Industrieunternehmen sowie Werbe- und PR-Agenturen erkennen die erweiterten Möglichkeiten des Internetfernsehens.

Probieren Sie doch mal ein Stück von dem Kuchen neuer audiovisueller Darstellungsformen. Kreieren Sie Ihre „Appetizer" und Sie werden sehen, auch Ihre Kunden kommen auf den Geschmack.

11.5 Collaborative Commerce

B.E. Jüngerkes

E.N. Bruusgaard

Einleitung

Stellen Sie sich vor, in Ihrem eigenen Haus befänden sich keine einheitlichen Steckdosen und Ihre Elektrogeräte hätten keine zugehörigen Stecker. Jedes Mal, wenn Sie ein neues Elektrogerät kaufen würden, müssten Sie dieses so umrüsten, dass der Stecker des Gerätes zu dem jeweiligen Elektroanschluss in Ihrer Wand passt. Als Resultat wären in jedem Haushalt die Elektroanschlüsse verschieden und jedes Elektrogerät hätte einen anderen Stecker.

In etwa der gleichen Situation befindet man sich, wenn man heutzutage versucht, verschiedene Teilnehmer der Wertschöpfungskette an einen Tisch zu bringen. Eine besondere Schwierigkeit besteht darin, die Softwaresysteme verschiedener Unternehmen aufeinander abzustimmen. Erhöhter Wettbewerbsdruck und das zugleich ausgeschöpfte Rationalisierungspotential zwingen Unternehmen weit über ihre Grenzen hinaus zu denken. Zwar ist Zusammenarbeit zwischen Firmen nichts Neues. Die Fortschritte im Bereich der Informations- und Kommunikationstechnologie (ICT) und dem Internet zeigen jedoch, dass eine umfassende Kommunikation und Kooperation von Unternehmen unabdingbar ist. Die neuartigen kommunikativen Konzepte unterscheiden sich dabei allerdings grundlegend von traditionellen Lösungen.

Kooperation

Hinter all dem steckt das Konzept des „Collaborative Commerce" (C-Commerce), ein auf dem Internet basierender Ansatz, Kunden, Zulieferer und Geschäftspartner in Echtzeit mit in die Planung, die Erstellung und die Lieferung von Produkten und Dienstleistungen einzubeziehen.

Konzept des C-Commerce

Information und Kommunikation – Aufbau und Sicherung von Wettbewerbsvorteilen

Allianzen und Kooperationen bilden

Die Entwicklungen in der Informations- und Kommunikationstechnologie und dem Internet haben allgegenwärtige und kostengünstige Kommunikationsnetzwerke hervorgebracht, die es ermöglichen, völlig neue Produkte und Dienstleistung zu schaffen, Allianzen und Kooperation leichter einzugehen sowie interne und externe Prozessoptimierung effektiver durchzuführen. Elektronische Märkte erleichtern das Zusammenspiel von Käufern und Verkäufern. Die Marktmacht hat sich mittlerweile in vielen Marktsegmenten zu Gunsten des Endverbrauchers verschoben. Neue Richtlinien und gesetzmäßige Grundlagen werden intensiv erörtert und in Kraft gesetzt, um diese Entwicklung auch rechtlich abzusichern. Die Fortschritte der letzten Jahre im Bereich der ICT haben eindrucksvoll gezeigt, dass das Internet und die damit verbundenen Technologien keinen Bereich der Wirtschaft unberührt lassen.

Veränderte Kommunikation

Die Art und Weise wie zwei Organisationen heutzutage kommunizieren, interagieren, Informationen austauschen, Produkte oder Dienstleistungen erwerben und Transaktion tätigen, hat sich fundamental geändert. Informationsgüter sind dabei zu elementaren Wettbewerbsfaktoren geworden. Derjenige, der am meisten von ihnen besitzt, hat dadurch einen entscheidenden Vorteil gegenüber seinen direkten Konkurrenten. Durch immer detailliertere, zur Verfügung stehende Information ist es heute nicht nur möglich, neue Produkte oder Dienstleistungen zu schaffen, sondern auch die eigene Wertschöpfungskette mit ihren internen und externen Prozessen neu zu ordnen.

Optimierung der Wertschöpfungskette

Eine Optimierung der Wertschöpfungskette bedeutet in jedem Fall eine Auslagerung von Prozessen an Dritte, während sich das eigene Unternehmen auf seine Kernkompetenzen konzentriert. Diese Re-Konfiguration resultiert in einer erhöhten Informationstransparenz, der Integration von internen Informationssystemen und Wertschöpfungsketten sowie der Neudefinitionen der Transaktionskosten zwischen Käufer und Verkäufer.

Marktmacht der Kunden

Zugleich besitzen die Kunden, hervorgerufen durch das Übermaß an abrufbarer Information, eine Marktmacht wie nie zuvor. Für viele Unternehmen ist eine klare Differenzierung von der direkten und indirekten

Konkurrenz gegenüber den Kunden sehr schwierig geworden.

Diese Situation wird zudem dadurch verstärkt, dass sowohl der nationale als auch der internationale Wettbewerbsdruck stetig zunehmen. Angesichts der gestiegenen Informationstransparenz und der daraus resultierenden Markmacht der Kunden ist der Stand vieler Unternehmen schwieriger geworden.

Wettbewerbsdruck verändert die Situation

Doch das Internet bietet Unternehmen derzeit auch neue Möglichkeiten sich zu differenzieren. Durch Personalisierungstechnologien sowie Softwarewerkzeuge zur Analyse von Verhaltensweisen von Internetnutzern lassen sich völlig neuartige Kundenbindungs- und Marketingprogramme entwickeln.

Von ERP, SCM und CRM zu C-Commerce

Viele Unternehmen denken mittlerweile weit über die Grenzen ihres eigenen Unternehmens hinaus und beziehen insbesondere unternehmensübergreifende Prozesse in ihre Überlegungen ein. Dies ist das Resultat jahrzehntelanger Rationalisierungsprozesse innerhalb der Unternehmen, bei denen viele Experten nunmehr kein weiteres effizienzsteigerndes Potential mehr sehen. Für die meisten Unternehmen stellt dies jedoch ein radikales Umdenken dar. Obwohl es unternehmensübergreifende Prozesse schon immer gegeben hat, fehlten weitverbreitete Standards, die zum Ziel hatten, dass Unternehmensbereiche verschiedener Unternehmen miteinander arbeiten konnten. Selbst EDI Systeme waren, aufgrund ihrer geringen Verbreitung, insbesondere in kleinen und mittelständischen Betrieben, dazu nur in einem geringen Maße in der Lage. Sie galten als sehr teuer und zu aufwändig, und vermochten darüber hinaus in der Regel schnellen Markt- und Produktveränderungen nicht zu folgen.

Jahrelang gab es große Probleme bei der Standardisierung von Softwareanwendungen, die Softwaresysteme einzelner Unternehmen zu vereinheitlichen und einen gemeinsamen Standard zu realisieren. Dies war deshalb oft schwierig, weil in den meisten Unternehmen zwar standardisierte Softwarelösungen verwendet wurden, diese aber auf jedes Unternehmen individuell zugeschnitten werden mussten. Während traditionell ERP Systeme ausschließlich unternehmensintern aus-

Standardisierungsprobleme im Softwarebereich

gerichtet waren, wurden Mitte der 90er Jahre von Anbietern, wie z.B. Siebel, i2 Technologies oder Manugistics, Softwareprodukte in den Bereichen des SCM^2 und CRM^3 auf den Markt gebracht. Dabei verlagerte sich der Focus über die Schnittstellen eines Unternehmens hinaus, entlang der Wertschöpfungskette, zu externen Interessenten, den Kunden und Zulieferern.

Die Fortschritte und Entwicklungen im Bereich der ICT, insbesondere rund um das Internet, haben speziell bei der unternehmensübergreifenden Prozessoptimierung zu tiefgreifenden Veränderungen geführt. Galt das Internet bei vielen Unternehmen Mitte der neunziger Jahre noch als reiner Marketing- und Verkaufskanal, wird es heute zunehmend als Kooperationsmedium für alle Beteiligten der Wertschöpfungskette genutzt.

Grundlage des C-Commerce

E-Commerce, der reine Handel über das Internet, wird somit vom C-Commerce abgelöst. C-Commerce bedeutet eine Kooperation eines Unternehmens mit seinen Kunden, Zulieferern und Geschäftspartnern in allen Unternehmensbereichen, wie z.B. Entwicklung, Produktion, Wiederbeschaffung und Lieferung. Dies basiert auf einer Echtzeiteingabe von Daten und Informationen der verschiedenen Kooperationsteilnehmer über eine gemeinsam genutzte Kommunikationsplattform.

Unternehmen geht es hier insbesondere um den Erhalt der Wettbewerbsfähigkeit oder die Sicherung ihres Vorsprungs gegenüber ihren Konkurrenten. Kooperiert das eigene Unternehmen nicht, macht es vermutlich der größte Konkurrent. Und dieser Mitbewerber muss nicht rein nationaler Herkunft sein. Durch das Internet sind Unternehmen soweit zusammengerückt, dass sie nur noch „einen Mausklick" voneinander entfernt sind. Hierbei spielt es in fast allen Märkten keine Rolle mehr, ob man im In- oder Ausland ansässig ist.

Kooperation auf allen Ebenen

Der Umfang und die Möglichkeiten, die sich den an C-Commerce teilnehmenden Unternehmen dabei eröffnen, geht weit über das hinaus, was statische Supply-Chain Modelle angeboten haben. Überdies ist man nicht auf einen einfachen Informationsaustausch beschränkt, wie es bei alten Konzepten der Fall war. C-Commerce bedeutet Kooperation auf allen Ebenen. Die

---

[2] Supply Chain Management (SCM)
[3] Customer Relationship Management (CRM)

gemeinsame Nutzung von Datenbanken, intellektuellem Kapital, der Austausch von Kernkompetenzen, sowie die Transparenz der wirtschaftlichen Aktivitäten dienen dazu, Geschäftsprozesse zu verbessern und Kosten einzusparen. Enge Beziehungen zwischen dem Unternehmen und Zulieferern, Kunden sowie Geschäftspartnern ermöglichen bedeutende Fortschritte im Bereich der Innovationen, der Produktivität und der Rentabilität. Außerdem besteht bei den beteiligten Unternehmen ein großes Potenzial, die bestehenden Kundenbasen auszubauen.

Zunächst muss allerdings innerhalb eines Unternehmens der Wille vorhanden sein, sowohl die Risiken als auch die Erfolge mit anderen Unternehmen zu teilen. Dies erfordert darüber hinaus intern sowie extern eine absolute Informationstransparenz und somit eine kulturelle Umstellung innerhalb der Firma.

Kulturelle Umstellung

Integration der Wertschöpfungskette durch die richtige Software

Durch Soft- und Hardwarelösungen, die eine Zusammenarbeit mehrerer Unternehmen ermöglichen, sind Unternehmen heute im steigendem Maße fähig, sich auf ihre Kernkompetenzen zu konzentrieren und diese zu fördern, während unkritische Prozesse ausgelagert werden. Jedoch stellen die hierdurch entstehenden funktionalen Spezialisierungen zunehmend ein Problem dar. Die durch unternehmensübergreifende Prozesse entstandenen modularen Unternehmensstrukturen bringen zwar eine unvergleichbare Flexibilität und Skalierbarkeit mit, schaffen zugleich aber erhebliche Probleme bei den Schnittstellen zwischen Unternehmen. Folglich stellen Schnittstellenanpassungen zwischen Teilnehmern der Wertschöpfungskette das größte Problem bei Kooperationsanstrengungen dar. Die überwiegende Anzahl der unternehmensübergreifenden Prozesse ist sehr komplex und es bedarf ausgereifter Lösungen, um diese zu steuern. Dies ist u.a. darauf zurückzuführen, dass die Masse der auszutauschenden Informationen stetig gestiegen ist und diese Masse zwischen Unternehmen überwiegend in digitaler Form vorliegt. Wichtig hierbei ist nicht nur, dass der Datenfluss sichergestellt ist, sondern dass auch die Administ-

Konzentration auf Kernkompetenzen

ration, die Analyse und die Verarbeitung der Informationen gesteuert wird.

XML als Nachfolge von EDI

Zwar findet unternehmensübergreifende Kommunikation heutzutage zu einem großen Teil immer noch durch EDI-Systeme statt. Durch die geringe Leistungsfähigkeit und die mäßige Ausbreitung aufgrund von hohen Kosten ist dies aber aller Wahrscheinlichkeit nach nicht zukunftsfähig. Vor einigen Jahren wurde ein weit einfacheres Kommunikationsmedium, die Extensible Markup Language (XML) vorgestellt, das mittlerweile als Nachfolger der EDI-Systeme gilt. XML ist unabhängig von Datenbanken, Anwendungssystemen und Komponenten und somit ein effektives Instrument zur Förderung der heterogenen Zusammenarbeit.

„Intelligente" Software

Eine kooperative Prozesssteuerung kann also nur durch „intelligente" Software erreicht werden. Diese Software muss in der Lage sein, sowohl die Komplexität als auch die Masse an unternehmenskritischen Informationen verarbeiten zu können, um somit die Potentiale, die der C-Commerce bietet, optimal auszuschöpfen. Intelligente Applikationen können das Fundament, z.B. der ERP-Systeme zur Steuerung der internen Unternehmensprozesse, verstärken, indem sie die gesamte Wertschöpfungskette integrieren und die Verarbeitung der externen Informationszuflüsse überwachen. Zu den zahlreichen Firmen, die Anwendungen und Infrastrukturen entwickeln, um kooperative Aktivitäten zu ermöglichen, zählen u.a. i2 Technologies, IBM, Microsoft, Oracle und SAP.

„E-Hubs" – Digitale Universalschnittstellen

Die operative Umgebung, die durch die neuen Technologien beschrieben wird, stellt eine universelle Plattform zur Planung und Umsetzung strategischer, taktischer und operationaler Entscheidungen dar. Diese Umgebung wird gegenwärtig von sogenannten „E-Hubs" geschaffen. „E-Hubs" stellen digitale Universalschnittstellen dar, an die Softwarelösungen gebunden werden können und über die der Datenaustausch stattfindet. Somit ist eine Kompatibilität der in den verschiedenen Unternehmen eingesetzten Software gewährleistet. Die Zusammenarbeit zwischen Kunden, Lieferanten, und Partnern nimmt hierdurch eine effizientere, effektivere und transparentere Form an. Relevante Daten werden ausgetauscht, Prozesse automatisiert und unternehmensübergreifend integriert. Die somit erreichte Vernetzung der unternehmenseigenen internen und externen Prozessstrukturen erlaubt den Unternehmen letztendlich, die Anzahl der nicht zu kontrollierenden Risikofaktoren der Produktionsprozesse auf ein Minimum zu reduzieren.

Collaborative Planning, Forecasting and Replenishment (CPFR)

CPFR, eine neuartige Technologie zur kooperativen Planung, Vorhersage und Aufstockung der Lagerbestande, stellt eine neue Stufe der Vernetzung der einzelnen Teilnehmer der Wertschöpfungsketten dar. Die Anwendung von IT-Infrastrukturen und Softwarelösungen ermöglicht Unternehmen nun, prozesskritische Daten mit den anderen Teilnehmer der Wertschöpfungskette zu teilen. Vorausgesetzt, dass hierzu die Bereitschaft besteht, wird damit eine Informationstransparenz geschaffen, die jedes Unternehmen befähigt, dies zu seinem eigenen Vorteil zu nutzen. Der CPFR Prozess basiert dabei auf der kooperativen Generierung von z.B. Aufwandsprognosen, die durch ihre Vernetzung mit den einzelnen Teilhabern der Informationen dynamisch justiert werden.

Teilung prozesskritischer Daten

Durch die immer kleiner werdenden Planungshorizonte und dem Ziel, Bestände auf einem Minimum zu halten, ist insbesondere der Logistikbereich zu einem kritischen Erfolgsfaktor geworden. Der Transport ist heute ein reaktiver Prozess, in welchem eine Vielzahl von Interessengruppen involviert sind. Diesen Prozess effizient und effektiv zu steuern ist aber nur dann möglich, wenn alle Beteiligten der Logistikkette eng zusammenarbeiten. Dieses kann z.B. durch kooperatives Transportmanagement (CTM[4]) sowie eine Erweiterung des CPFR erreicht werden.

Logistikbereich als kritischer Erfolgsfaktor

Wichtiger denn je ist es heute auch, Produkte und Dienstleistungen sowohl möglichst schnell als auch qualitativ hochwertig an den Markt zu bringen. Der Produkt-Entwicklungszyklus oder „Time-to-market" ist durch das Internet und darauf aufbauende Technologien signifikant verkürzt worden. Doch gerade diese Technologien gestatten es Unternehmen heutzutage, die Zeit für Forschung und Entwicklung von Produkten und Dienstleistungen dramatisch zu reduzieren.

Verkürzte Produktentwicklung

---

[4] Collaborative Transport Management

Wettbwerbsvorteile

Dieses impliziert, dass durch den Einsatz von „intelligenten" Applikation ein Wettbewerbsvorteil geschaffen werden kann, der den Erhalt der Geschäftstätigkeit in einem immer stärker werdenden Konkurrenzumfeld sichert. Die durch Soft- und Hardwarelösungen geschaffenen Möglichkeiten versetzen Unternehmen nun in die Lage, auf globaler Ebene in Echtzeit kooperativ Produkte und Dienstleistungen zu entwickeln und zu vermarkten. Die hierdurch entstehenden Synergieeffekte lassen daher deutliche Effizienz- und Effektivitätssteigerungen erkennen. Freiwerdende Ressourcen können nun somit dort eingesetzt werden, wo sie die größten Werte schaffen.

Warum kooperieren Unternehmen?

Der Austausch von unternehmensinternen Informationen mit Externen erfolgt jedoch nicht ohne Anreize für teilnehmende Unternehmen. Die folgenden Gründe verdeutlichen, warum sich immer mehr Firmen an C-Commerce Projekten beteiligen:

- Möglichkeit die Kundennachfrage genau zu treffen und einschätzen zu können.
- Identifikation des Kunden mit den Dienstleistungen/Produkten
- Komplexe Wertschöpfungsketten managen – schnellere Reaktion auf Marktveränderungen.
- Kürzere Zeit bis zum Break-even durch eine Verringerung der Planungs- und Produktionszeiten.
- Trotz Verlagerung von Prozessen, Unabhängigkeit von Zulieferern aufgrund von standardisierten Schnittstellen.

Hürden, die viele Unternehmen vorher nehmen müssen

Infrastruktur kleiner und mittlerer Unternehmen

Die Infrastruktur der meisten Großunternehmen unterstützt schon heutzutage eine Teilnahme am C-Commerce. Kleine und mittelständische Unternehmen dagegen sind größtenteils nicht darauf vorbereitet. Um die bestehenden Probleme aus dem Weg zu räumen, müssen sich diese Unternehmen grundlegend umstrukturieren und sich gegenüber allen Beteiligen der Wertschöpfungskette öffnen.

Ein Erfolgsfaktor in Verbindung mit der Umstrukturierung ist die Verbindung des Back-Office mit dem Front-Office. Nur wenige Unternehmen haben dies bis jetzt in Betracht gezogen. Immer noch werden Daten zwar auf dem elektronischen Wege durch Web-Applikationen zur Verfügung gestellt. Bei Auftragseingängen werden Daten allerdings oftmals noch manuell bearbeitet und oft später wieder auf dem elektronischen Wege zur Verfügung gestellt. In diesem Zusammenhang besteht eine Schwierigkeit darin, die technischen Voraussetzungen für eine Kooperation zu schaffen. Hier müssen u.a. einheitliche Kommunikationsplattformen erstellt und Entscheidungen für geeignete Integrationsanwendungen getroffen werden. Allerdings müssen vorher alle Vor- und Nachteile der Implementierung bestimmter C-Commerce Anwendung und der Rahmen ihres Einsatzes im Unternehmen abgewogen werden.

Front-Office/ Back-Office Integration

Ein weiteres entscheidendes Hindernis stellt auch der zu vollziehende Kulturwandel innerhalb eines Unternehmens dar. Wurde jahrzehntelang der Austausch von Informationen zwischen Unternehmen möglichst vermieden, müssen diese im Rahmen des C-Commerce Kooperationspartnern preisgegeben werden. Dies hat eine gewisse gegenseitige Abhängigkeit zur Folge. Neben dem Risiko der Datensicherheit bestehen allerdings auch hier die charakteristischen Risken von Allianzen, u.a. die Weitergabe von nur begrenzten Informationen und die Einseitigkeit des Informationsflusses.

Kulturwandel vollziehen!

Besteht eine geeignete Kommunikationsplattform, muss im Rahmen eines Informationsmanagement sichergestellt werden, dass durch regelmäßige Kontrollen die Aktualität der Daten gewährleistet ist.

Datenaktualität gewährleisten!

Potenzial

Hersteller von Anwendungen für intelligente C-Commerce Lösungen sind zur Zeit die Visionäre der Kooperationsbewegungen in der Wirtschaft. Jegliche erdenkliche Lösung wird angeboten und es scheint, als ob das Erreichen einer integrierten Prozesskette keine Schwierigkeit darstellt. Dabei darf man allerdings trotz dieser vielversprechenden Entwicklungen nicht vergessen, dass ICT nur ein Mittel zum Zweck ist. Die Gestaltung von Wertschöpfungsketten zu einem integrierten, flexiblen, skalierbaren, modularen und dynamischen Prozess der Kooperation ist äußerst komplex. Mindestens genauso wichtig ist neben der Wahl der richtigen Software deren Implementierung sowie der Wille und die Fähigkeit, den Grundgedanken der Kooperation zu verinnerlichen. Dies bedeutet nicht zuletzt, die eigenen Strukturen und Prozesse des Unternehmens zu überdenken und anzupassen bzw. neu zu definieren.

Das Potential der kooperativen Vernetzung von Geschäftsprozessen scheint enorm zu sein. Wie schon zu Beginn des Internet-Booms und den Anfängen der „New Economy" sollte man allerdings auch diesem Thema mit der gebotenen Vorsicht begegnen.

Flexibilität

Das Konzept des C-Commerce birgt Möglichkeiten, die in der Zukunft einem Unternehmen jeglicher Größe die Fähigkeit verleihen wird, an jedem beliebigen Wertschöpfungsprozess teilzunehmen, und das von heute auf morgen. Die Flexibilität, die dabei einem Unternehmen durch die universelle Kompatibilität der unternehmensweiten Schnittstellen verliehen wird, eröffnet der Gestaltung der eigenen Wertschöpfungskette neue Horizonte.

Kooperationen

Es wird also ein operativer Rahmen geschaffen, indem sich ein Unternehmen frei bewegen kann und je nach Bedarf mit jeder zur Verfügung stehenden Unternehmung eine Kooperation eingehen kann, um Werte in Form von neuen Dienstleistungen oder Produkten zu schaffen, was nicht zuletzt durch Minimierung des eigenen Aufwands die Ertragskraft und damit die Wettbewerbsfähigkeit des eigenen Unternehmen stützt.

11.6 Quo Vadis Internet?

Eduard Heindl

Einleitung

Das Internet wächst seit 1980 nach einer strikten Exponentialfunktion und hat bis heute diesen Pfad der Verdopplung nach jeweils 18 Monaten nicht verlassen.

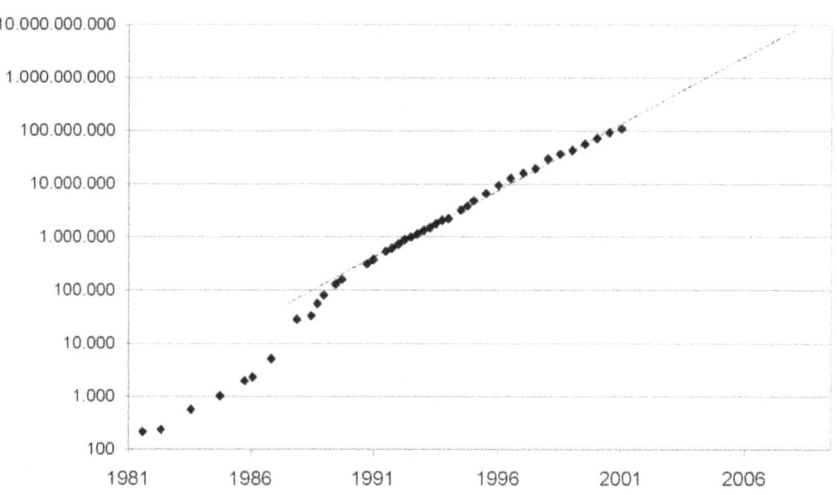

Abb. 1: Das kontinuierliche Wachstum der Serverzahl im Internet ist beeindruckend. (a)

(a) Quelle: isc.org

Dies ist um so erstaunlicher, als die dahinterliegende Technik seit dieser Zeit grundlegendem Wandel unterliegt. Vom Großrechner über textorientierte PC-Systeme hin zu grafischen Oberflächen und inzwischen multimediafähigen Systemen mit 32 Bit-Prozessoren

Wachstum

und enormer Speicherkapazität. Parallel dazu wurden Informatiklehrstühle aufgebaut, Computer in Haushalten und Schulen angeschafft, Telekommunikationsunternehmen privatisiert und Laptops populär. Diese Veränderungen sind jeweils ein elementarer Antrieb für die Weiterentwicklung des Internets gewesen und werden es auch bleiben. Wie das im Einzelnen in den nächsten fünf bis zehn Jahren ablaufen kann, soll im Folgenden geschildert werden.

Allgegenwart

Betrat man vor 20 Jahren ein Büro, war man erstaunt, einen Rechner zu sehen. Betritt man heute ein Büro, ist man erstaunt, keinen Internetzugang anzutreffen. Damit verändert sich die Möglichkeit, Information per E-Mail auszutauschen, grundlegend. Heute ist es praktisch in jedem Büro möglich, E-Mails zu schreiben und zu empfangen. Noch ist das nicht in jedem Privathaushalt so, aber innerhalb von fünf Jahren kann man eine Verbreitung ähnlich dem Handy oder Telefon voraussetzen. Selbstverständlich gilt dies auch für den allgemeinen Zugang zum World Wide Web.

Internetzugang an jedem Ort

Überall, wo heute ein Fernseher anzutreffen ist, wird es einen vollwertigen Internetzugang geben. Damit verändert sich der Zugang zur Information grundlegend. Während man heute noch an vielen Stellen mit alternden Papierdokumenten wie dem Telefonbuch, Versandkatalog, Fahrplänen, Lexika, etc. arbeitet, werden diese Formen der Speicherung und Präsentation verschwinden, wie das gedruckte „Wer liefert was" in der Einkaufsabteilung oder das Sparbuch in den Haushalten.

Diese Allgegenwart findet an sämtlichen Plätzen statt, an denen sich Menschen aufhalten: zu Hause, in Schulen, Büros, Hotels, im Zug, dem Auto, der Gaststätte, aber auch im Wartezimmer, Supermarkt, in Gerichten, Lagerhallen und LKWs. Da sich jeder mit geeigneten Mitteln sicher und kostengünstig einloggen kann, wird das Mitnehmen von vielen persönlichen Unterlagen überflüssig. Die dicken Aktentaschen werden dann auch der Vergangenheit angehören, das Handgepäck im Flugzeug etwas leichter.

Materieller Informationsversand

Das Versenden von Daten per Post wird damit zunehmend an Bedeutung verlieren, weder Disketten, CDs noch Ausdrucke von Bildern und Briefen wird man noch eintüten. Das Telefax wird damit ebenfalls weitgehend verschwinden, da es nicht in den Datenstrom passt und als teuer und umständlich empfunden wird. Ausnahmen werden sicher bleiben und bewusst oder unbewusst antiquiert erscheinen.

Mobilität

Über das mobile Internet wird viel spekuliert. Sicher kann man in Zukunft, dank UMTS und ähnlicher Techniken an jedem Ort eine E-Mail empfangen oder versenden, dies wird aber nur dann auf diese Weise erfolgen, wenn es die einzige Möglichkeit ist, wie etwa im Auto oder auf Wanderungen. An allen anderen Orten ist, wie bereits geschildert, die Verfügbarkeit des Internets so gut, dass es eher umständlich ist, das mobile Gerät zu benutzen.

Das mobile Gerät

- Identifikation
- Authentifikation
- Einwilligung
- Nahfunk
- Bezahlen (Bluetooth)
- Fernfunk (UMTS)

Abb. 2: Das mobile Gerät besitzt universelle Funktionen für die Kommunikation.

Zukünftig wird das mobile Gerät für einige andere Aktivitäten unverzichtbar: Da es eindeutig einer Person per Vertrag zugeordnet ist, dient es als universeller, fälschungssicherer Ausweis, der den Zugang zu allen Systemen des öffentlichen Lebens erlaubt. Sei es der Eintritt in ein Kino, einen Zug, ein Taxi, Mietauto, Flugzeug, Konzert, Fußballstadion oder einen Supermarkt. Dabei übergibt das mobile System dem Internetterminal am Eingang die Informationen zur Reservierung und vermittelt die Bezahlung. Abschließend genügt ein

Persönliche Zuordnung

Fingerdruck auf das mobile Gerät und dank des Fingerabdrucksensors ist Authentifikation, Identifikation und Einwilligung erfolgt.

Mikro-Funkzellen

An allen Orten mit hohem Publikumsverkehr gibt es Mikro-Funkzellen, die es erlauben, auch größere Datenmengen, wie sie beim Überspielen von Audio- und Videosequenzen nötig sind, schnell und kostengünstig aus dem mobilen Gerät zu überspielen. So können tatsächlich die Diktate sofort in das Büro gesendet werden, Fotos von der Messe zur Katalogabteilung gelangen und Videos von der Skiabfahrt bereits von der Liftstation den Freunden zu Hause übermittelt werden. Dies gilt auch für Autos, die an der Tankstelle zukünftig nicht nur Benzin oder Wasserstoff aufnehmen, sondern Daten über das aktuelle Streckennetz, Baustellen, Straßenzustand, Hotel- und Gaststätteninformationen, aber auch viele Werbebotschaften enthalten, die unter bestimmten Umständen dem Fahrer mitgeteilt werden. In die andere Richtung fließt ebenfalls ein Datenstrom. Dabei werden Fahrleistung, Motorzustand und Fahrtenbuchdaten an den jeweils zuständigen Server übermittelt. So werden vor allem die großräumigen Funknetze entlastet, die für den intensiv genutzten Mobilfunk notwendig sind.

Geschwindigkeit

Die Übertragungsleistung der weltweiten Datenleitungen, die vom Internet genutzt werden, verdoppelt sich alle sechs Monate. Dies ist die höchste Wachstumsrate einer technischen Leistung, die jemals beobachtet wurde. Damit ist abzusehen, insbesondere weil es keine gravierenden technischen Hindernisse gibt, dass die Übertragungsleistung solange ausgebaut wird, wie Bedarf besteht.

Geschwindigkeit ohne technisches Limit

Eine obere Schranke für den Bedarf stellt die Fähigkeit des Menschen dar, Informationen aufzunehmen. Bei guter Bild- und Tonqualität im Kino werden bis zu 100 MBit pro Sekunde aufgenommen, eine Datenrate, die bei gleichbleibendem Wachstum der Kanäle in zehn Jahren für jeden Einwohner weltweit zur Verfügung steht. Dieses Limit hat eine ähnliche Bedeutung wie die vertretbare Höchstgeschwindigkeit im Straßenverkehr. Kein Mensch ist in der Lage, mit 500 km/h kontrolliert durch einen Ort zu fahren oder 20 Kinofilme gleichzeitig zu betrachten.

Rechenleistung

Völlig unterschätzt wird oft die Bedeutung der Rechenleistung für die effiziente Nutzung von Datennetzen. Im Hintergrund müssen viele komplexe Protokolle bedient werden, die besonders bei hoher Datenübertragungsrate schnelle Prozessoren benötigen. Es gibt dabei neue Bereiche, die durch eine Erhöhung der Prozessor- und Speicherleistung erst möglich werden.

Dass man heute digitale Musik in CD-Qualität abspeichern kann, liegt an ausgezeichneten Kompressionsalgorithmen, die sehr rechenintensiv sind. Zukünftige Systeme werden durch Verwendung von Zusatzinformationen und eine Erhöhung der Verarbeitungsgeschwindigkeit weitere Verbesserungen ermöglichen. Damit ist es sinnvoll, Videodaten als Standardbestandteil von Internetseiten einzusetzen.

Rechenleistung ermöglicht neue Dienste

Bei der gesicherten Übertragung von Information im Internet ist die Schlüssellänge ausschlaggebend für den Schutz der Daten vor unbefugtem Zugriff. Heute werden hierbei Kompromisse zu Gunsten der Übertragungsgeschwindigkeit geschlossen. Stehen ausreichend schnelle Prozessoren zur Verfügung, kann mit asymmetrischen Schlüsseln auch ein Videosignal perfekt geschützt werden, eine wichtige Voraussetzung für den breiteren Einsatz von Videokonferenzen.

Die Benutzeroberfläche des Webbrowsers ist heute nur als grafische Oberfläche denkbar. Zukünftig wird die Auflösung der Bilder höher und möglicherweise gibt es 3D-Präsentationen. Die Darstellung ist mit heutiger Technik bereits möglich, allerdings fehlt noch die Möglichkeit, 3D-Bilder in Echtzeit aufzuzeichnen und auszusenden. Vorhandene Laborsysteme belegen, dass mit einer Vervielfachung der Rechnerleistung auch einer virtuellen 3D-Präsenz nichts im Wege steht.

3D-Konferenz

Gute Benutzeroberflächen sollen aber nicht nur multimedial sein, sondern auch den Anwender entlasten. Hier hat man bereits gesehen, wie viel sinnvolle Hilfsmittel in das scheinbar einfache Präsentationssystem Web-Browser integriert wurden. Dieser Trend wird mit Sicherheit anhalten, Webseiten können dann problemlos ausgedruckt, einfach geblättert und doppelseitig

Anwenderfreundlich

betrachtet werden. Formulare werden automatisch vorab mit Standarddaten ausgefüllt, auf Knopfdruck kann kostenpflichtig ein Kundenberater dazugeschaltet werden. Alle Seiten können mit eigenen Notizen versehen werden, wenn man sich mit Hilfe des mobilen Geräts einloggt, steht das eigene Profil auf jedem Rechner weltweit zur Verfügung.

Suchmaschinen

Jeder benutzt Suchmaschinen, um im Internet Informationen zu finden und fast jeder ist manchmal mit den Informationen, die Suchmaschinen finden, unzufrieden. Immer wenn ein Produkt eine so offensichtliche Schwäche hat, findet die Industrie langfristig eine Lösung des Problems.

Erkennung von Zusammenhängen

Der Kern des Problems liegt noch immer im geringen Verständnis der Suchmaschinen für den Inhalt der Dokumente. Dabei haben Suchmaschinen Schwierigkeiten, Zusammenhänge zu erkennen. Zusammenhänge oder Assoziationen sind aber erst möglich, wenn genügend Rechenleistung zur Verfügung steht. Sollen die Million verschiedenen Worte im Internet untereinander wenigstens einmal abgeglichen werden, sind dafür eine Billion Vergleiche nötig. Erwartet man einen etwas genaueren Abgleich, erscheint sofort eine Zahl an Rechenoperationen, die mit heutigen Systemen nicht zu bewältigen ist. Nach dem Mooreschen Gesetz verdoppelt sich die Rechenleistung eines Prozessors aber alle 18 Monate, damit sind auch heute schwer vorstellbare Rechenleistungen in Zukunft leicht zu bewältigen.

Die Konsequenz sind Systeme, die man nach heutigen Maßstäben als intelligent bezeichnen würde. Ob diese Bezeichnung in Zukunft verwendet wird, ist eher eine Definitionsfrage, seit ein Schachcomputer den Schachweltmeister besiegt hat, ist man vorsichtig geworden, solche Begriffe für Maschinen einzusetzen.

Produktivitätsschub durch kluge Suchmaschinen

Gelingt es aber, intelligente Suchmaschinen zu bauen, bringt dies einen enormen Produktivitätsschub, ähnlich der Einführung der Enzyklopädie zu Beginn der Industrialisierung oder dem World Wide Web am Ende des zwanzigsten Jahrhunderts. Leider ist gerade Deutschland im Bereich der Internet-Suchmaschinen nicht besonders bedeutend, eine Technologie, die auf keinem Fall verschlafen werden darf, da sie eine Schlüsseltechnologie ähnlich der Telekommunikationstechnik ist.

Sicherheit

Wenn Neuland betreten wird, wird immer unsicherer schwankender Boden mit unbekannten Gesetzen betreten. Nicht viel anders verhält es sich mit dem Internet: In der ersten Phase ist es wichtig, dass es überhaupt funktioniert, dann, dass es zuverlässig und zuletzt auch sicher wird.

Technische Sicherheit

Der erste Aspekt für Sicherheit liegt für viele in der technischen Sicherheit. Darunter versteht man zumeist die geschützte Übertragung, eindeutige Bestimmung von Absender und Empfänger und einige andere Aspekte wie unveränderte, nichtwiederholbare und zeitlich fixierte Datenübertragung.

Technisch sind diese Fragen auch im Internet bereits gelöst, so enthält die Datenübertragung nach dem SSL-Standard einen hochgradigen Schutz vor fremden Zugriffen durch den Einsatz von 128-Bit Verschlüsselung und digitalen Zertifikaten. Es wird in Zukunft mehr um die Anwendung und praktische Umsetzung der Verfahren gehen. Der entscheidende Punkt ist dabei die eindeutige Authentifizierung des Handelnden bei Geschäftsprozessen. Bei einem globalen Netzwerk wie dem Internet besteht dabei das Problem in der eindeutigen und einheitlichen Registrierung der Zertifikatnutzer. Hier werden sich im Lauf der Jahre einige wenige Zertifikate etablieren, ähnlich den Kreditkarten, die weltweit Akzeptanz finden und dabei in ihrer Reputation unterschiedlich eingeordnet werden.

Perfekte Sicherheit ist möglich

Ist man nicht in der Lage, sein digitales Zertifikat vorzulegen, bleibt man bei vielen Transaktionen außen vor und kann oft nicht einmal auf kostenlose Information zugreifen, da die exakten Besucherdaten für die Betreiber einen großen Wert für die Vermarktung der Site darstellen. Allerdings wird es dann Mechanismen geben, die, ähnlich wie heute bereits beim SET-Verfahren üblich, nicht alle Daten für den Händler zugänglich machen. Damit kann man anonym oder teilanonym Surfen, je nach Interesse und Geldbeutel. Die Regeln für den Datenschutz werden dabei weltweit von

Anonymität wird teuer

einer dem Webkonsortium ähnlichen Institution geregelt, in der fast alle Websitebetreiber Mitglied sind.

Rechtliche Sicherheit

Der Rechtsraum Internet wird gerade erst von den Juristen wahrgenommen, aber nur wenige Entscheidungen und Gesetze sind bereits echtes Internetrecht. In Zukunft werden viele Entscheidungen nicht nur das schlichte Namensrecht, Copyright oder den Jugendschutz betreffen.

Neue rechtliche Fragen

Völlig neuartige Fragen, wie die Verantwortung der Suchmaschinenbetreiber für ein richtiges Resultat oder Informationskartelle könnten Gegenstand der Rechtssprechung werden. Die Zusammenarbeit im Internet und die extreme Zersplitterung von Aufgaben in der Programmierung, die über das Internet läuft, erfordert ein neues Haftungsrecht. Information wird bisher fast immer eindeutig auf bestimmten Festplatten gespeichert, das könnte ebenfalls der Vergangenheit angehören, wenn in einem „Raid 21" System alle Rechner im Internet einen Teil des Weltwissens vorrätig halten. Ähnlich wie das heute in einfacher Weise bei redundanten Festplattensystemen möglich ist oder bei Napster, der umstrittenen Musikdatenbank, bereits der Fall war.

Verschlüsseln

Die perfekte Verschlüsselung kann für die Sicherheitsdienste ein unlösbares Problem werden, es ist völlig unklar, inwieweit zukünftig jeder verschlüsselte Daten versenden darf oder ob das Verschlüsseln mit unbekannten Verfahren ein Straftatbestand wird, ähnlich dem Fahren mit einem unangemeldeten Auto. Hier wird erst durch eine breite Beteiligung der Bevölkerung am politischen Meinungsbildungsprozess ein stabiler rechtlicher Rahmen entstehen.

Im Kopf

Neue Techniken müssen nicht nur erlernt, sondern in das Leben integriert werden. Dazu ist es notwendig, dass man sich an die Anwendung des Internets und seine vielen neuen Dienste gewöhnt und aktiv die Möglichkeiten erobert.

Veränderte Wahrnehmung

Dieser Prozess findet vor allem im Kopf statt. Das Weltbild verändert sich mit jeder neuen Technologie, so wie die Welt durch die Eisenbahn und das Flugzeug geschrumpft ist, so wie sich die Städte durch die individuelle Mobilität verändert haben, so wird die Allgegenwart persönlicher Informationssysteme das Gefühl für Information verändern. War es bisher so, dass man nicht nachschlagen wollte, weil es zu langwierig ist, ein Fax zu umständlich war und selbst das Versenden einer E-Mail mit mühsamen Einlogvorgängen verbunden war, so werden viele der Hindernisse dazu aus dem Weg geräumt und man vergisst, dass es früher mühsam war. Mit der gleichen Selbstverständlichkeit, mit der wir den Wasserhahn öffnen, werden wir individuelle Datenbanken nutzen.

Die Verfügbarkeit von Wissen und persönlichen Datenbeständen im Internet verwischt auch den Ort Zuhause und die anderen Orte. Ein wesentlicher Teil des Ortes Zuhause liegt in der Verfügbarkeit von Dokumenten, dem Photoalbum, dem Musikarchiv, dem Bücherschrank und den Schulzeugnissen, die bisher nur dort verfügbar sind, wo wir unser Zuhause vermuten. Liegen all diese Informationen ortsunabhängig im Internet, wird die gesamte Welt zum Ort dieser Heimat. Damit findet eine Trennung der Gebrauchsgegenstände und der Informationsträger statt, letztere werden ein Anachronismus wie Gold- und Silbermünzen im Zeitalter der bargeldlosen Zahlungsmittel.

Zuhause wird neu definiert

Abb. 3: Gegenstände, die nur zur Informationsspeicherung dienen, haben keine Zukunft.

Der zweite Aufschwung

Der Übergang von einer materiellen zu einer immateriellen Informationsgesellschaft erfordert sehr umfangreiche Investitionen in die Datentransport-, Datenlagerungs- und Datenvisualisierungstechnologie. Daneben müssen die digitalen Datenbestände aufgebaut und zugänglich gemacht werden.

5 Wachstumsindustrien

Alle fünf Bereiche werden in den nächsten zehn Jahren eine enorme Bedeutung erlangen: die Industrien, die diese Märkte bedienen, außergewöhnliche Umsätze erzielen. Allerdings ist völlig unklar, wer den jeweiligen Markt erfolgreich bedienen kann, da bereits kleine unscheinbare Vorteile einer Dienstleistung innerhalb von zwei Jahren eine globale Marktführerschaft erzeugen können, damit ist auch unklar wer Gewinne oder Verluste macht.

Marktführerschaft durch Qualität

Als Beispiel sei an dieser Stelle auf die Suchmaschine Google.com verwiesen, ein System, das in einem scheinbar gesättigten Markt auftauchte. Große Unternehmen hatten eine stabile Position eingenommen (Altavista, Lycos, u.a.), als die neue Suchmaschine ohne den Aufwand einer Werbekampagne, nur durch ihre qualitativ etwas nützlicheren Suchresultate, in den Markt kam. Bemerkenswert ist hier besonders der Einfluss der weichen Größe „bessere" Suchresultate!

Weiche Kriterien entscheiden

Heute hat Google mehr Nutzer als alle anderen Systeme zusammen. Deshalb darf man aber nicht glauben, dass die Geschichte nicht voranschreitet. Die Kreativität der Menschen findet immer neue Lösungen und in einem vernetzten System wie dem Internet kann ein geringer Vorteil wesentlich schneller eine Produktrevolution auslösen als es im Markt der Erfrischungsgetränke oder im Automobilmarkt denkbar ist.

Damit bleibt der „Neue" Markt dauerhaft sehr labil, da kein technologisch orientiertes Unternehmen in diesem Bereich längerfristig vor Innovationen der kleinen Mitbewerber sicher ist. Der Anleger kann daher am ehesten gewinnen, wenn er wirklich versteht, was das neue Produkt kann und wenn er selbst die Vorteile des Produkts fühlen kann. Haben dann alle bemerkt, dass ein Produkt gut ist, ist der Unternehmenswert bereits weit über die realen Gewinnmöglichkeiten gestiegen und der Verlust des Anlegers vorprogrammiert.

Die Zukunft wird spannend und ist weiterhin schwer zu prognostizieren!

Quellen

http://www.isc.org/ds/host-count-history.html
http://www.google.com
Heindl, Eduard, Bücking, Jens, Emmert, Ulrich Der IT-Sicherheitsexperte, Rechtliche und technische Aspekte der Internetnutzung; , Taschenbuch - München, Addison-Wesley, 2001; 304 Seiten. ISBN: 382737840

Kapitel 12

Service

12.1 Ausgewählte Internet-Adressen

Kai Rickhoff

Teresa Schlax

Suche im Internet

http://meta.rrzn.uni-hannover.de
  MetaGer: Meta-Suchmaschine des Regionalen Rechenzentrums für Niedersachsen

www.acoon.de
  Mit ca. 87 Millionen erfassten www-Seiten eine der umfangreichsten internationalen Suchmaschinen.

www.altavista.com
  Eine der weltweit größten Suchmaschinen mit eigenem Übersetzungsdienst. Sucht auch nach deutschen Suchworten und bietet Suche nach Firmen, Personen oder E-Mail-Adressen.

www.altavista.de
  Deutscher Ableger der bekannten amerikanischen Suchmaschine

www.crawler.de
  Sucht im Katalog deutscher Seiten als auch in einem automatisch erfassten Datenbestand.

www.entry.de
  Sucht nach www-Servern in Deutschland.

www.euroseek.net
  Europäische Suchmaschine: kann sich auf deutsche Seiten beschränken, multilingual.

www.fireball.de
  Deutsche Suchmaschine mit Altavista Suchtechnik

www.google.de
: sehr gute Suchmaschinen, basiert auf dem Katalog von Altavista, hat jedoch bessere Suchergebnisse

www.google.com
: internatioanle Version von google.de

www.infoseek.com
: Mit Hilfe dieses Dienstes kann man z.B. Paketverkehr von UPS verfolgen.

www.lycos.com
: Lycos-Homepage: mit der deutschen Suchmaschine identisch.

www.lycos.de
: Eine ideale Kombination von Suchmaschine und Internetkatalog.

www.meta-list.net
: Newsletter- und Mailinglistenverzeichnis

www.search.de
: Suchmaschine der FU Berlin; bietet interessante Links zu Datenbanken.

www.suchfibel.de
: Sehr gute Übersicht über deutsch- und englischsprachige Suchmaschinen mit Vergleich der Features und der Bediensyntax.

www.yahoo.com
: Eines der wohl bekanntesten Portale mit sehr vielen Features

www.yahoo.de
: Deutscher Ableger von yahoo.com. In Themenbereiche gegliedert mit einer Vielzahl von Links.

Medien im Internet

http://de.yahoo.com/schlagzeilen/wirtschaft
   Ständig aktualisierte Wirtschaftsschlagzeilen

http://finanzen.focus.de/
   Finanznachrichten von Focus-online

http://finanzen.yahoo.de/
   Währungskurse, Wirtschafts- und Finanznachrichten

http://newsticker.nzz.ch/
   Newsticker der „Neuen Zürcher Zeitung""

http://quote.yahoo.com
   Kurs- und Marktinformationen, englisch

www.wiwo.de/news
   „Wirtschaftswoche": u.a. Nachrichten, Politik

www.boerse-online.de
   Wöchentliches Börsenmagazin.

www.br-online.de/news/aktuell/
   Aktuelle Schlagzeilen

www.br-online.de/news/wirtschaft/index.html
   Aktuelle Wirtschaftsnachrichten

www.cnn.com
   Nachrichten-Agentur CNN, engl.

www.datastream.com/product/Investor/index.htm
   Aktienkurse und Marktindizes; englisch

www.deutsche-boerse.com/
   Home-Page der „Gruppe Deutsche Börse" mit Links

www.dm-online.de
   Wirtschaftsmagazin „DM", darin u.a. Aktuelles

www.dpa.de
   Deutsche Presse-Agentur

www.dwelle.de/dw/Welcome.html
Aktuelle Pressemeldungen der Deutschen Welle zu unternehmens- und programmbezogenen Themen.

www.faz.de
Frankfurter Allgemeine Zeitung für Deutschland

www.finanzplatz.de
„Finanzplatz Deutschland" mit Informationen, Links, Terminen etc.

www.fnet.de
Kurse, Analysen und aktuelle Kommentare rund ums Geld.

www.focus.de
Ständig aktualisierte Nachrichten der Focus-Redaktion.

www.focus-money.de
Wirtschaftsableger des Nachrichtenmagazins. Seit Anfang April auf dem Markt.

www.gok.de
Zeitungen und Magazine

www.handelsblatt.de
Aktuelle Nachrichten, Schwerpunkt Wirtschaft.

www.hornblower.de
Realtime Aktienindex, Börsennachrichten, Kurslisten, Börsen- und Wirtschaftsberichte zum laufenden Jahr

www.Inet.de
Börsenberichte, Unternehmensmeldungen, deutsche Wertpapierkurse, Kurs-Charts, DAX-Aktien

www.n24.de
Nachrichtensender mit aktuellen Meldungen online und Livestream des Programms.

www.newsaktuell.de
News aktuell von dpa

www.n-tv.de
Die aktuellen Meldungen des Nachrichtenkanals und CNN-Partnersenders

www.nzz.ch/
Tagesausgabe mit allen aktuellen Artikeln der „Neuen Zürcher Zeitung" Newsticker, Monatsarchiv.

www.reuters.com/
Aktuelle Nachrichten von Reuters, engl.

www.spiegel.de
Aktuelle Pressemeldungen der „Spiegel"-Redaktion aus verschiedenen Themenbereichen, u.a. aktuelle Politik.

www.stern.de
Aktuelle Nachrichten der „Stern"-Redaktion

www.sueddeutsche.de
Aktuelle Ausgabe der überregionalen Zeitung aus München plus Archiv, Hintergrundberichte.

www.vwd.de
Finanzindikatoren, aktuelle Finanznachrichten

http://wiwo.de/news
„Wirtschaftswoche": Vorbörsenbericht, Anlagetips, Wirtschaftsnachrichten, Steuerinformationen

www.zeit.de
Wochenzeitung für Politik und Wirtschaft. Printartikel im Volltext, Link-Sammlung, Newsletter

Bürokommunikation und Reiseplanung

www.adac.de
Für ADAC-Mitglieder: Verkehrsmeldungen, Reisewetter, Autovermietung

www.bahn.de
Fahrpläne der Deutschen Bahn AG

www.businessdeutschland.de
Business Deutschland, die Datenbank für Wirtschaftsinformationen (Bereiche: Einkauf, Verkauf)

www.europa.org/hotel/germany/
Hotelführer Deutschland

www.falk-online.de
Routenplaner für Autofahrer hilft schnell und effizient, Entfernungen und Strecken zu berechnen

www.fleurop.de
Fleurop Online-Store zum Schenken und Versenden von Blumen und Grüßen

www.frankfurt-airport.de
Flugzeiten des Frankfurter Flughafens

www.gelbeseiten.de/
Die gelben Seiten im Internet

www.hacon.de
Fahrplanauskunft der Deutschen Bahn AG, der Schweizer Bundesbahnen, den Nederlandse Spoorwegen, der Berliner Verkehrsgemeinschaft.

www.lufthansa.de
Flugpläne der Lufthansa sowie Ankunfts- und Abflugzeiten

www.munich-airport.de
Flugplan, Verkehrsanbindung, Daten & Fakten des Münchner Flughafens

http://route.web.de
Routenplaner, ähnlich wie bei falk-online

http://rp-online.de/stau/
Bundesweite Stauinfos der Rheinischen Post. Werden alle 10 Minuten aktualisiert. Abfrage nach Autobahnen und/oder Bundesland möglich.

www.service2business.de
virtueller Bürodienst der INDIWIDUAL AG

www.telefonbuch.de
Telefonauskunft und Branchenbuch

www.tiss.com
Flugverbindungen

www.travelnow.com
Flüge, Hotels, Autovermietung, engl.

www.varta-guide.de
Restaurant- und Hotelführer für Deutschland, Österreich, Italien, Schweiz; auch Tagungsangebote

www.wetteronline.de
Weltweit aktuelle Wetterinformationen und Vorhersagen, Satellitenbilder, Schneeberichte (im Winter)

www.yellomap.de
Branchenguide, Cityguide, Veranstaltungen und Shopping; alles mit regionaler Suchmöglichkeit

Personalsuche (Mathias Bächle)

www.arbeitsamt.de
gesamter Arbeitsmarkt

www.jobline.de
Fach- und Führungskräfte mit Berufserfahrung

www.jobpilot.de
Fach- und Führungskräfte aller Branchen

www.jobscout24.de
Hochschulabsolventen, Azubis, Führungskräfte, Spezialisten, Praktikanten

www.jobsintown.de
hauptsächlich unteres und mittleres Berufssegment

www.jobware.de
Fach- und Führungskräfte, Absolventen, Studierende, Schulabgänger

www.mamas.de
Fach- und Führungskräfte aller Branchen und Berufsbereiche

www.monster.de
branchenübergreifend, egal ob Student, Arbeiter oder Geschäftsführer

www.stellenanzeigen.de
qualifizierte Bewerber und Berufseinsteiger

www.stepstone.de
Fach- und Führungskräfte aller Branchen

Weiterbildung

www.akademie.de
Die „Internet-Akademie", Anbieter für Fort- und Weiterbildungen, größte deutschsprachige Learning-Community im Internet

www.englishtown.com/
Community für Englischlernende: Englischkurse und Austausch mit Muttersprachlern

www.fernuni.hagen.de
Homepage der Fernuniversität Hagen

http://pub.bfz.de/
Berufliche Fortbildungszentren der Bayerischen Wirtschaft (bfz) gemeinnützige GmbH

www.seminarshop.com
Kostenlose Serviceleistung. Marktüberblick über offene Seminare im deutschsprachigem Raum

www.tele-ak.fh-furtwangen.de/
Teleakademie Furtwangen: Fachliche Weiterbildungen durch Internet-Seminare

www.unilog.de
Herstellerunabhängiger Anbieter von Seminaren und Qualifizierungsprojekten, für die Bereiche Information und Kommunikation.

Verbände und Institutionen

www.awv-net.de
Arbeitsgemeinschaft für Wirtschaftliche Verwaltung e.V. (AWV)

www.bdi-online.de
Bundesverband der Deutschen Industrie

www.bfa.de
Bundesversicherungsanstalt für Angestellte

www.bibb.de
Bundesinstitut für Berufsbildung

www.bundesanzeiger.de
Bundesanzeiger Verlagsgesellschaft mbH

www.deutschland-tourismus.de/d
Deutsche Zentrale für Tourismus

www.ddv.de
Deutscher Direktmarketing Verband e.V.

www.dihk.de
Deutscher Industrie- und Handelskammertag

www.diht.de/ahk
Auslandshandelskammern

www.dmmv.de
DMMV Deutscher Multimedia Verband e.V.

www.eco.de/index_de.htm
Electronic Commerce Forum; Verband der Deutschen Internetwirtschaft

www.freie-berufe.de
Bundesverband der Freien Berufe (BfB)

www.ifsforum.de
Institut für Sachverständigenwesen (IfS)

www.ihk.de
Industrie- und Handelskammer

www.iic.de
Industrial Investment Council

www.rkw.de
Rationalisierungs- und Innovationszentrum der Deutschen Wirtschaft

www.statistik-bund.de
Statistisches Bundesamt

www.wpk.de
Wirtschaftsprüferkammer

www.zdh.de
Zentralverband des deutschen Handwerks

www.zim.de/
ZIM Zentrum für Interaktive Medien e.V

Bundesregierung

www.auswaertiges-amt.de
Auswärtiges Amt

www.bma.de
Bundesministerium für Arbeit und Sozialordnung

www.bmbf.de
Bundesministerium für Bildung und Forschung

www.bmfsfj.de
Bundesministerium für Familie, Senioren, Frauen und Jugend

www.bmgesundheit.de
Bundesministerium für Gesundheit

www.bmi.bund.de
Bundesministerium des Innern

www.bml.de
Bundesministerium für Verbraucherschutz, Ernährung und Landwirtschaft

www.bmu.de
Bundesministerium für Umwelt, Naturschutz und Reaktorsicherheit

www.bmvbw.de
Bundesministerium für Verkehr, Bau- und Wohnungswesen

www.bmz.de
Bundesministerium für wirtschaftliche Zusammenarbeit und Entwicklung

www.bundesfinanzministerium.de
Bundesministerium der Finanzen

www.bundeswehr.de
Bundesministerium der Verteidigung

www.government.de
Presse- und Informationsamt der Bundesregierung

Europäische Union

www.cor.eu.int
Ausschuss der Regionen

http://eurodic.ip.lu/cgi-bin/edicbin/EuroDicWWW.pl
EU-Wörterbuch

http://europ.eu.int/comm/eurostat/Public/datashop/print-catalogue/DE?catalogue=Eurostat
Statistisches Amt (EUROSTAT)

http://europa.eu.int
Zentraler Überblick in den Server der Europäischen Kommission mit Erläuterungen zu den Sachpolitiken und Institutionen

http://europa.eu.int./cj/de/index.htm
Europäischer Gerichtshof

http://europa.eu.int/comm/index_de.htm
Europäische Kommission

http://europa.eu.int/eur-lex/de/index.htm
   Online-Service mit Volltext-Dokumenten zum EU-Recht

http://europa.eu.int/idea/ideafr.htm
   Suche nach Personen in europäischen Institutionen (französische Fassung ist jeweils aktuell). „IDEA" Textsammlung zu Verträgen

http://europa.eu.int/inst/de/eca.htm#intro
   Europäischer Rechnungshof

http://europa.eu.int/jurisp/cgibin//form.pl?lang=de
   Urteile des Europäischen Gerichtshofs

http://europa.eu.int/scadplus/leg/de/g4000.htm
   Glossar von Politikbegriffen

http://europa.eu.int/scadplus/leg/de/s50000.htm
   Vertrag von Amsterdam

http://ue.eu.int/de/summ.htm
   Rat der Europäischen Union

www.ecb.int
   Europäische Zentralbank

www.eib.org
   Europäische Investitionsbank

www.esc.eu.int
   Wirtschafts- und Sozialausschuss

www.europarl.de
oder
www.europarl.eu.int
   Europäisches Parlament

Weiterführende Adressen

www.cert.dfn.de
 Infos zur Sicherheit im Deutschen Forschungsnetz (DFN). Netzwerk-Sicherheit Kompetenz Center

www.denic.de
 Domainvergabe

www.dud.de
 Die Zeitschrift „Datenschutz und Datensicherheit" als interdisziplinäres Forum für alle rechtlichen und technischen Fragen des Datenschutzes und der Datensicherheit

www.ecin.de
 Electronic Commerce Infonet mit vielen weitergehenden Informationen

www.forrester.com
 Marktforschungsberichte (engl.)

www.gok.de
 virtueller Kiosk zur Bestellung deutscher und europäischer Fachzeitschriften

www.heymanns.com
 Juristische Fachinformationen, auch Anbieter von Seminaren in diesem Themenbereich

www.jura.uni-osnabrueck.de/studorg/ak-inet
 Arbeitskreis für Rechtsfragen der Neuen Medien, mit Mailingliste und Sammlung von Rechtsvorschriften

www.sicherheit-im-internet.de
 Das Bundesministerium für Wirtschaft und Technologie informiert über Sicherheit im Internet und in der Informationsgesellschaft

www.uni-siegen.de/security
 Der Security-Server bietet allgemeine Infos zu Datenschutz, Datensicherheit, Kryptographie, etc.

www.w3b.de
 bedeutendste deutsche Meinungsforschung über das Internet

12.2 Autorenverzeichnis

Kai Rickhoff

Allweyer, Thomas

Titel: Prof. Dr.
Funktion: Professor für Unternehmensmodellierung

Erfahrungen:
Mehrere europäische Forschungsprojekte am Institut für Wirtschaftsinformatik an der Universität des Saarlandes. Beratung und Produktmanagement bei der IDS Scheer AG, Saarbrücken. Geschäftsprozessmanagement und Beratung bei dem E-Procurement-Dienstleister emaro AG, Walldorf.

Tätigkeitsschwerpunkte/Kernkompetenzen:
Unternehmensmodellierung, E-Procurement, Geschäftsprozessmanagement, Wissensmanagement

Beschreibung des Unternehmens:
Der Beitrag entstand in Zusammenarbeit mit der emaro AG, Walldorf. Der von der Deutschen Bank und der SAP gegründete E-Procurement-Dienstleister ist spezialisiert auf das Management elektronischer Kataloge, den Austausch elektronischer Business Documents, die Prozess- und System-Integration bei Käufern und Verkäufern, um durchgängige Beschaffungsprozesse zu realisieren, sowie auf einkaufsspezifische Beratung und Dienstleistungen.

Kontakt:
Fachhochschule Kaiserslautern,
Standort Zweibrücken
Amerikastr. 1, 66482 Zweibrücken
Tel.: 06332 / 914 – 324, Fax: 06332 / 914 - 313
E-Mail: allweyer@informatik.fh-kl.de

Bächle, Mathias

Titel: Diplom-Wirtschaftsingenieur (FH)
Funktion: Geschäftsführer

Erfahrungen:
2 Jahre Geschäftsführer Einzelhandelsunternehmen, seit 5/1995 selbstständig mit mamas.de

Tätigkeitsschwerpunkte/Kernkompetenzen:
Marketing- und Vertriebskonzepte im b2c und b2b Bereich, Business Development, Mitarbeiterführung, und -motivation, Online-Personalmarketing

Beschreibung des Unternehmens:
Die mamas GmbH ist seit Mai 1996, gegründet von Mathias Bächle, als einer der ersten deutschen Online-Stellenmärkte im Internet vertreten. Bereits ein Jahr zuvor war das Unternehmen mit heutigem Sitz in Baden-Baden als Personalvermittlung mit Lizenz zur privaten Arbeitsvermittlung aktiv. In der Erfahrung aus der Arbeit als Personalberater liegt auch die besondere Kompetenz des Unternehmens. Heute ist mamas.de einer der führenden Online-Stellenbörsen und setzt mit seinem Service neue Maßstäbe in der Personalsuche.

Kontakt:
mamas GmbH
Hans-Bredow-Straße 24, 76530 Baden-Baden
Tel.: 07221 / 30197 - 0, Fax: 07221 / 30197 - 50
E-Mail: mb@mamas.de
WWW: www.mamas.de

Bäcker, Rüdiger

Titel: Dipl.-Ing., MBA
Funktion: CFO

Erfahrungen:
5 Ingenieurstätigkeiten als angestellter Dipl.-Ing. in USA, Europa, Asien, 2 Jahre Geschäftsführer von @TOLL

Tätigkeitsschwerpunkte/Kernkompetenzen:
Projektmanagement, Marketing und Vertrieb

Beschreibung des Unternehmens:
@TOLL ist ein Software-Dienstleistungsunternehmen. Wir gestalten intuitive Oberflächen für technische Geräte. Eine darunter liegende Gerätemanagement-Konsole ermöglicht die einfache Verwaltung der angeschlossenen Geräte.

Kontakt:
@TOLL
Werner-von-Siemens-Straße 47, 76646 Bruchsal
Tel.: 07251 / 3079000, Fax: 07251 / 3079001
E-Mail: rb@atoll-online.de
WWW: www.atoll-online.de

Bellem, Regina

Funktion: Niederlassungsleiterin

Erfahrungen:
3 Jahre Leitung des Seminarbereichs eines Software-Entwicklungsunternehmens, 6 Jahre Geschäftsführerin eines Software-Handelshauses, 5 Jahre Abteilungsleiterin eines EDV-Systemhauses

Tätigkeitsschwerpunkte/Kernkompetenzen:
Organisation, Vertrieb und Marketing

Beschreibung des Unternehmens:
Die INDIWIDUAL AG ist eine multimediale Service-Agentur für breitgefächerte Outsourcing-Dienstleistungen aus den Bereichen Administration, Organisation und Kommunikation. Durch die Nutzung von modernen E-Business-Technologien wird eine vollständig mobile und virtuelle Büroumgebung geschaffen. Das Outsourcing von administrativen Tätigkeiten ermöglicht die Fokussierung der Kunden auf ihre Kernkompetenzen.

Kontakt:
INDIWIDUAL AG
Rüppurrer Str. 52-54, 76137 Karlsruhe
Tel.: 0721/3 54 65 10, Fax: 0721/3 54 65 11
E-Mail: regina.bellem@indiwidual.de
WWW: www.indiwidual.de

Berres, Anita

Titel: Dipl.-Hdl.
Funktion: Geschäftsleitung

Erfahrungen:
Studium der Wirtschaftspädagogik und Politologie an der Universität Mannheim. Über 10 Jahre in verschiedenen Vertriebs- und Marketing-Positionen erfolgreich tätig. Seit 1996 selbstständige Unternehmensberaterin sowie Business-Coach.

Tätigkeitsschwerpunkte/Kernkompetenzen:
Beratung, Training und Coaching mit den Schwerpunkten Vertrieb und Marketing, Strategische Unternehmensführung sowie Internet; Wirtschaftsmediation

Beschreibung des Unternehmens:
Die Berres_Strategieberatung ist eine Unternehmensberatung mit den Kernthemen Strategische Führung, Vertrieb und Marketing sowie Internet und E-Business. Unsere strategischen Dienstleistungen bieten wir Ihnen an in Form von Beratungen, Trainings und Coachings. Unser Credo „Erfahrung und Offenheit" rückt den Menschen als Erfolgsfaktor in den Mittelpunkt. Ihnen bieten wir innovative und praktikable Problemlösungen.

Kontakt:
Berres_Strategieberatung
Nobelstrasse 16a, 76275 Ettlingen
Tel.: 07243 / 2166 – 6, Fax: 07243 / 2166 – 89
E-Mail: berres@berres-strategieberatung.de
WWW: www.berres-strategieberatung.de

Börgel, Sanna

Titel: Marketing-Kommunikations-Ökonomin
Funktion: Marketing & Public Relations

Erfahrungen:
3 Jahre freiberufliche journalistische Tätigkeit, 2 Jahre Agentur für Grafikdesign & Text, 3 Jahre Marketing & Kommunikation

Tätigkeitsschwerpunkte/Kernkompetenzen:
Wettbewerbs-/Marktanalysen E-Business, Erstellung strategischer Kommunikationskonzepte, Entwurf von Text & Layout, Ideenfindung, interdisziplinäre Strategien

Beschreibung des Unternehmens:
Die Algo Vision Mediatec GmbH Berlin wurde 1997 als E-Business Competence Center der internationalen Firmengruppe Algo Vision plc gegründet. Sie bietet Infrastruktur, Software und Dienstleistungen für Internet und eBusiness an. Auf Kriterien wie Stabilität, Sicherheit, Skalierbarkeit und Innovationskraft gründet sich das Vertrauen ihrer namhaften Kunden (u.a. BDI, DaimlerChrysler AG, Filofax Deutschland GmbH, TELESHOP Versand und Video GmbH).

Kontakt:
Algo Vision Mediatec GmbH
Helmholtzstr. 2-9, 10587 Berlin
Tel.: 030/ 39 40 50 – 0, Fax: 030/ 39 40 50 - 99
E-Mail: s.boergel@algovision.com
WWW: www.algovision.com

Brennecke, Harald

Titel: Rechtsanwalt
Funktion: Rechtsanwalt

Erfahrungen:
Lehrbeauftragter an der Berufsakademie Karlsruhe für EDV-Recht, Autor von Fachbeiträgen im Bereich EDV-Recht und Datenschutzrecht, Autor einer Synopse zum Neuen Schuldrecht (Schuldrechtsmodernisierung zum 01.01.2001), Parteiloses Mitglied des Wirtschaftsrats der CDU

Tätigkeitsschwerpunkte/Kernkompetenzen:
EDV-Recht, Vertragsrecht, Unternehmenssanierung, Interessenschwerpunkte: Grundstückrecht, Erbrecht

Beschreibung des Unternehmens:
Brennecke & Partner Rechtsanwälte befasst sich vornehmlich mit der Beratung mittelständischer Unternehmen im gesamten Bereich des Wirtschaftsrechts.

Die Kanzlei verfügt über Niederlassungen in Karlsruhe und Heidelberg sowie Kooperationspartner in München, Leipzig, Konstanz und Dänemark. Durch Zusammenarbeit mit Steuerberatern, Patentanwälten und Unternehmensberatern wird eine interdisziplinäre Beratung aus einer Hand geboten.

Kontakt:
Brennecke & Partner Rechtsanwälte
76185 Karlsruhe,
Tel.: 0721/20396–0, Fax: 0721/2039 6–11
E-Mail: brennecke@brennecke-partner.de
WWW: www.brennecke-partner.de

Breschendorf, Peter

Funktion: Wissenschaftlicher Mitarbeiter

Beschreibung des Unternehmens:
Brennecke & Partner Rechtsanwälte befasst sich vornehmlich mit der Beratung mittelständischer Unternehmen im gesamten Bereich des Wirtschaftsrechts. Die Kanzlei verfügt über Niederlassungen in Karlsruhe und Heidelberg sowie Kooperationspartner in München, Leipzig, Konstanz und Dänemark. Durch Zusammenarbeit mit Steuerberatern, Patentanwälten und Unternehmensberatern wird eine interdisziplinäre Beratung aus einer Hand geboten.

Kontakt:
Brennecke & Partner Rechtsanwälte
76185 Karlsruhe
Tel.: 0721 / 20 39 6 – 0, Fax: 0721 / 20 39 6 – 11
E-Mail: info@brennecke-partner.de
WWW: www.brennecke-partner.de

Bruck, Joachim

Titel: Dipl.-Betriebswirt (BA)
Funktion: Geschäftsführer

Erfahrungen:
Aufbau eines mikrogeographischen Marktsegmentierungssystems, Consultant im Bereich Database-Marketing, Verantwortlicher für die Einführung ei-

ner neuen IT-Landschaft sowie eines ERP-Systems bei einem Direktmarketing-Unternehmen, Aufbau eines Unternehmensbereichs Internet-Lösungen in einem Softwarehaus.

Tätigkeitsschwerpunkte/Kernkompetenzen:
Entwicklung von Geschäftsmodellen zur Optimierung von Prozessen, Beständen und Wissen mit Hilfe von Internettechnologien sowie die Umsetzung von mehrwertorientierten Unternehmens- und Branchenportalen und integrierten Supply-Chain-Konzepten.

Beschreibung des Unternehmens:
HuCon Multimedia mit Sitz in Ettlingen ist als Tochterunternehmen der KUMAgroup Spezialanbieter für den Aufbau und Betrieb von Internet-basierten Unternehmensportalen, Online-Vertriebsplattformen, E-Procurementlösungen, Überbestandsbörsen und Marktplätzen. Die dafür entwickelten Produkte up2date (Content Management) und Teile-Manager (virtuelles Lagermanagement) werden international über ein Netzwerk von Solution Partnern vertrieben.

Kontakt:
HuCon Multimedia GmbH
Einsteinstraße 16, 76275 Ettlingen
Tel.: 07243/7162-3, Fax: 07243/7162-59
info@hucon.de
www.hucon.de

Bruusgaard, Emil N.

Titel: M. Ec.

Kontakt:
E-Mail: emil@bruusgaard.de

Budde, Volker

Funktion: Vice President Product Development

Erfahrungen:
Aufbau eines Direkt-Vertriebskanals für IT-Produkte (1&1 ProfiSeller); 4,5 Jahre Online-Marketing in

Deutschland und Europa, Vermarktung von Online-Werbeträgern, Entwicklung und Umsetzung von Werbeformaten, technische und kaufmännische Zusammenhänge.

Tätigkeitsschwerpunkte/Kernkompetenzen:
strategische Entwicklung von digitalen Werbeformaten (Internet, mobiles Internet, Breitband, E-Mail), Permission Marketing, Neukundenakquise und Kundenbindung über digitale Kommunikationskanäle (E-Mail/SMS)

Beschreibung des Unternehmens:
AdLINK ist einer der führenden Anbieter digitaler Kommunikationslösungen in Europa und bietet Werbeträgern und Werbetreibenden umfassende Dienstleistungen im Bereich Internet, Wireless Applikationen und E-Mail. Das Unternehmen vermarktet unabhängig von Medien, Verlagen und Agenturen Online-Werbeflächen und digitale Marketing-Konzepte. AdLINK ist bereits seit 1996 ein Pionier im Bereich digitaler Werbevermarktung und seit Mai 2000 am Neuen Markt Frankfurt notiert. Mit mittlerweile elf selbständigen Tochtergesellschaften ist AdLINK in fast allen Ländern Europas vertreten und verfügt über ein Platzierungsnetzwerk von mehr als 550 Sites, die über 1 Milliarde Page-Impressions pro Monat erzielen.

Kontakt:
AdLINK Internet Media AG,
Elgendorfer Str. 57, 56410 Montabaur;
E-Mail: VBudde@adlink.net
www.adlink.de

Dold, Claudia M.

Titel: Dipl. oec.
Funktion: Wissenschaftlicher Mitarbeiter

Erfahrungen:
Prozessanalysen, Kosten-Nutzen-Analysen und Entwicklung neuer IT-Szenarien

Tätigkeitsschwerpunkte/Kernkompetenzen:
Angewandte Forschung im Bereich der Unterstützung innerbetrieblicher Geschäftsprozesse durch den Einsatz von Internet/Intranet-Technologie. Die Tätigkeitsschwerpunkte liegen im Bereich E-Business bei Unternehmensportalen, E-Communities, Wissensmanagement u.a. mit dem Branchenschwerpunkt Finanzdienstleister.

Beschreibung des Unternehmens:
Das Fraunhofer-Institut für Arbeitswirtschaft und Organisation IAO beschäftigt sich mit aktuellen Fragestellungen im Bereich des Technologiemanagements. Insbesondere unterstützt das Institut Unternehmen dabei, die Potentiale innovativer Organisationsformen sowie innovativer Informations- und Kommunikationstechnologien zu erkennen, individuell auf ihre Belange anzupassen und konsequent einzusetzen.

Kontakt:
Fraunhofer Institut für Arbeitswirtschaft und Organisation
Nobelstr.12, 70569 Stuttgart

Ernst, Jürgen

Titel: Dipl.-Ing. (FH)
Funktion: Geschäftsführer

Erfahrungen:
Entwicklung von Elektronik in einem Unternehmen für Glasfaser-Netzwerke, Anwendungsprogrammierung für den Versandhandel, Hardware-Entwicklung für Kleinserien und Prototypen, Unternehmensgründung 1999.

Tätigkeitsschwerpunkte/Kernkompetenzen:
Forschung und Entwicklung in den Bereichen Web-Applikationen, Web-Hosting und Web-Design, Beratung E-Business und E-Commerce, Hardware-Entwicklung.

Beschreibung des Unternehmens:
ERNST Hard- & Software-Entwicklung unterstützt Unternehmen bei der Planung, Realisierung und Betrieb von Webapplikationen wie Shopsystemen und Internetpräsenzen. Forschungsschwerpunkt liegt auf der Entwicklung von Software-Topologien, die dem schnellen Wandel im Internet gerecht werden. Entwicklung von Anwendungen, die langfristige Investitionssicherheit bieten.

Kontakt:
ERNST Hard- & Software-Entwicklung
Kümmelgasse 10-12, 66953 Pirmasens
Tel.: 06331 / 2860 – 13, Fax: 06331 / 2860 – 14
E-Mail: info@juergen-ernst.de
WWW: www.juergen-ernst.de

Fleig, Jürgen

Titel: Dr.
Funktion: Geschäftsführer

Erfahrungen:
Planung und Konzeption von Informationssystemen in unterschiedlichen Bereichen, insbesondere zur Nutzung von Erfahrungswissen, Projektmanagement, Wissensmanagement und Knowledge Communities; Entwicklung von Content für Internet-Wissens-Plattformen; Organisation von unternehmensübergreifenden Kooperationsprojekten; Moderation von Entwicklungsteams, Schulungen.

Tätigkeitsschwerpunkte/Kernkompetenzen:
Konzeption von Internet-Wissens-Plattformen; Aufbereitung von Content für das Wissensmanagement; Internet-Business-Development

Beschreibung des Unternehmens:
Die b-wise GmbH entwickelt und betreibt Wissensplattformen und Knowledge Communities als Internet-, Extranet-, oder Intranet-Anwendung. Dafür hat sie das Content Management System avisma entwickelt. Sie betreut Internet-Seiten auch redaktionell. Dies beinhaltet die Recherche, Strukturierung und Aufbereitung von Content von der Nachricht bis zum

Lernbaustein. Außerdem berät und schult sie für den Aufbau und Betrieb von spezifischen Wissensplattformen. Die besonderen Kompetenzen liegen in der nutzergerechten Aufbereitung von Wissen und der technischen und redaktionellen Vermittlung von Content und Wissen.

Kontakt:
b-wise GmbH
Business Wissen Information Service
Stephanienstraße 20, 76133 Karlsruhe
Tel.: 0721-18397-0, Fax: 0721-18397-27
E-Mail: fleig@b-wise.de
WWW: http://b-wise.de

Frisius, Oliver

Titel: Diplom-Physiker
Funktion: Herr Frisius ist seit 2001 als selbständiger Consultant für Firmen im IT-Umfeld tätig mit Schwerpunkten Produktstrategie, Business Analyse, E-Business-Strategie, und Turnaround Management.

Erfahrungen:
Seit 1987 Erfahrung in der kommerziellen Softwareentwicklung, ab 1995 Projektleitung und Entwicklungsleitung im Windows-Handwerkersoftware Umfeld. 1997-1999 als Inhaber der TechnoLogics EDV-Beratung selbständig mit Software-Produkten, Dienstleistungen und Individualentwicklungen für den Sanitär-Großhandel.

Tätigkeitsschwerpunkte/Kernkompetenzen:
Gründer und bis 2001 Technik-Vorstand der TechnoLogics AG, Ausübung der operativen Allround-Geschäftsleitung. Leiter der Software-Entwicklung im B2B E-Commerce Umfeld. Konzeption, Umsetzung und Markteinführung zweier Standard-Softwareprodukte (E-Katalog-Content-Management DataShape und EAI ERP-Connect). Verantwortlich für E-Commerce-Einführungsprojekte bei Großhändlern und Internet Händlern. Berater einer börsennotierten Softwarefirma in Sachen E-Business-Produktstrategie.

Kontakt
Tel: 0721/9 66 23 77, Mobil 0171/1 42 46 01
Fax: 0721 / 9 66 23 88
E-Mail: oliver@frisius.de

Geitz, Holger

Titel: Dipl.-Ing. Patentanwalt
Funktion: Patentanwalt

Erfahrungen:
Seit 1994 im gewerblichen Rechtsschutz; Mitarbeiter der Patentabteilung der Siemens AG. Seit 1997 als freier Patentanwalt in Karlsruhe tätig. Diverse Vorträge in Industrie und Verbänden.

Tätigkeitsschwerpunkte/Kernkompetenzen:
Gewerblicher Rechtsschutz, insbesondere Marken- und Internetrecht, Softwareschutz ,Elektrotechnik

Beschreibung des Unternehmens:
GEITZ & TRUCKENMÜLLER Patentanwälte ist seit über 30 Jahren mittlerweile in der zweiten Generation in Süddeutschland überwiegend für mittelständische Unternehmen ständig tätig und präsentiert sich heute als modernes Dienstleistungsunternehmen auf dem Gebiet des Intellectual-Property-Management bei der Recherche, Lizensierung, Verwertung und Durchsetzung von Schutzrechten.

Kontakt:
Geitz & Truckmüller Patentanwälte
Kriegsstraße 234, 76135 Karlsruhe
Tel.: 07 21/83 04 06-0, Fax: 07 21/83 04 06-6
E-Mail: hg@patent-server.de
WWW: www.patent-server.de

Gluschke, Guido

Titel: Dipl.-Informatiker (FH)
Funktion: Geschäftsführender Gesellschafter

Erfahrungen:
Projekterfahrung aus zahlreichen überregionalen Projekten. Lehraufträge an zwei Fachhochschulen

Tätigkeitsschwerpunkte/Kernkompetenzen:
Beratung, Training und Projektmanagement bei personellen, organisatorischen und konzeptionellen Herausforderungen in der Informationssicherheit.

Beschreibung des Unternehmens:
Die VICCON GmbH ist ein Beratungsunternehmen mit dem Schwerpunkt IT-Sicherheit. Die Arbeitsfelder sind Beratung auf personeller und organisatorischer Ebene zur Durchsetzung von IT-Sicherheit im Unternehmen sowie konzeptionell technische Studien und Produktevaluierungen zum Aufbau von optimalem Schutz von Unternehmen. Als Dienstleistungen werden neben Beratung auch Schulung, Coaching und Gutachten erbracht sowie Unterstützung bei der Projektierung von Sicherheitslösungen.

Kontakt:
Viccon GmbH
Nobelstrasse 16a, 76275 Ettlingen
Tel.: 0 72 43 / 71 97 34, Fax: 0 72 43 / 71 97 04
E-Mail: info@viccon.de
WWW: www.viccon.de

Heindl, Eduard

Titel: Dr.
Funktion: Vorstand, Lehrbeauftragter FH Geislingen

Erfahrungen:
3 Jahre Ingenieur Halbleiterentwicklung, 7 Jahre Internetreferent Integrata AG, 8 Jahre Internetanwendungen, 2 Jahre Vorstand Heindl Internet AG.

Tätigkeitsschwerpunkte/Kernkompetenzen:
Trainer für Internetthemen, Suchmaschinenoptimierung; Projektleitung Internetportal Solarserver.de, Kuratorium „Humane Nutzung der IT", Entwicklung neuronaler Netze

Beschreibung des Unternehmens:
Die Heindl Internet AG entwickelt erfolgreiche Internetauftritte. Dabei wird von der Beratung über Design und Programmierung die gesamte Umsetzung von der Idee zur fertigen Website realisiert.

Daneben betreibt die AG das erfolgreichste Solarportal in Deutschland, www.solarserver.de. Für den lebendigen Betrieb einer Website wurde das Online Redaktionssystem Layer8Manager entwickelt. Im Trainingsbereich stehen erfahrene Referenten zu Internetthemen bereit.

Kontakt:
Heindl Internet AG
Hintere Grabenstr. 26, 72070 Tübingen
Tel.: 07071 / 444 08, Fax: 07071 / 44409
E-Mail: eduard@heindl.de
WWW: www.heindl.de/eduard-heindl

Hitzges, Arno

Titel: Dr.-Ing. Dipl.-Inform.
Funktion: Geschäftsführung

Erfahrungen:
1992- 2000 wissenschaftliche Mitarbeit am Fraunhofer IAO; Aufbau und Leitung der Business Unit „Information Engineering"; Mitglied des Führungskreises Fraunhofer IAO, Mitgründer der e-pro solutions GmbH. Seit November 2000 Geschäftsführung e-pro solutions GmbH.

Tätigkeitsschwerpunkte/Kernkompetenzen:
Elektronische Produktkataloge

Beschreibung des Unternehmens:
Als Mitentwickler des BMEcat und Anbieter von Software, die den Standard unterstützt, zählt e-pro - solutions GmbH heute zu den Marktführern in diesem Bereich. Ihre Software zur Erzeugung elektronischer Kataloge und zur Klassifizierung elektronischer Produktdaten basiert auf internationalen Standards wie eCl@ss, ETIM und UNSPSC. Neben der Erstellung neuer Kataloge übernimmt e-pro die Aufbereitung, Validierung und Pflege bestehender Kataloge mit der webbasierten e-pro Clearing Center Software. Weitere Dienstleistungen umfassen Übernahme und Durchführung von IT-Projekten sowie Technologieberatung und Consulting im E-Commerce.

Kontakt:
e-pro solutions GmbH
Waldburgstraße 21, 70563 Stuttgart
Tel.: 0711 / 687042 – 0, Fax: 0711 / 687042 – 20
E-Mail: presse@e-pro.de
WWW: www.e-pro.de

Hoffmann, Christina

Titel: Dipl.-Kauffrau
Funktion: Freiberufliche Beraterin

Erfahrungen:
1994-1999 Trainerin und Beraterin bei der IDS Scheer AG, Saarbrücken.
Seit 2000 selbständige Beratung: Geschäftsprozessberatung, Unternehmensmodellierung, Qualitätsmanagement in Großunternehmen, E-Commerce für den Mittelstand, Begleitung von Veränderungsprozessen.

Tätigkeitsschwerpunkte/Kernkompetenzen:
Geschäftsprozessmodellierung, Visualisierung, Analyse und Veränderung von Geschäftsprozessen. Intuition und Gefühl im Business, E-Business und E-Commerce, Wissensmanagement.

Beschreibung des Unternehmens:
Schwerpunkte sind die Geschäftsprozessberatung, der Einsatz von Modellierungswerkzeugen zur Visualisierung, kombinierter Einsatz analytischer und intuitiver Methoden in der Beratung. Koordination eines interdisziplinären Netzwerks von Selbständigen: Betriebswirte, Ingenieure, Informatiker, Soziologen, Pädagogen.

Kontakt:
Christina Hoffmann
Betriebswirtschaftliche Beratung,
Unternehmensmodellierung
Lohndorfstraße 28, 64342 Seeheim-Jugenheim
Tel.: 06257 / 96 96 95, Mobil: 0170 964 5518
Fax: 06257 / 96 94 40
E-Mail: beratung@christina-hoffmann.de
WWW: www.christina-hoffmann.de

Homann, Matthias

Funktion: Consultant E-Business, CRM

Erfahrungen:
Seit 2001 Senior Berater einer Strategie und Prozess-Beratung, 2 Jahre Strategie Berater E-Business Beratung, 3 Jahre Systems Manager Direktmarketing/Interactive Marketing internationaler Konsumgüter-Konzern

Tätigkeitsschwerpunkte/Kernkompetenzen:
CRM Systeme, B2B Marktplätze, Portale

Beschreibung des Unternehmens:
IMAFDI ist eine E-Business Community und Wissensportal für Studenten, die sich mit Themen im Bereich E-Business und Online Marketing beschäftigen. Neben einem umfangreichen Diplomarbeiten-Verzeichnis besitzt IMAFDI eine Mailingliste mit 800 Teilnehmern.

Kontakt:
IMAFDI/co. Matthias Homann
Schmellerstr. 22, 80337 München
Tel.: 089 / 767 04 505
E-Mail: homann@imafdi.de
WWW: www.imafdi.de

Hubschneider, Martin

Funktion: Vorstandsvorsitzender

Erfahrungen:
1986 Gründung der CAS Software AG und deren heutiger Vorstandsvorsitzender. Seit 1999 Abgesandter der IHK Karlsruhe im Ausschuss Technologie und Forschung des DIHT 1999 Gründung der YellowMap AG und deren heutiger Vorstandsvorsitzender. 2000 Fusion Map&Guide GmbH mit PTV AG (350 Mitarbeiter – Marktführer Routenplanung). CAS ist größter Einzelaktionär der PTV AG. Aufsichtsrat bei der PTV AG. 2001 Gründung der LeserAuskunft GmbH. Heutiger Geschäftsführer.

Tätigkeitsschwerpunkte/Kernkompetenzen:
Unternehmensführung

Beschreibung des Unternehmens:
„Richtig informiert. Jederzeit und überall." lautet das Motto der CAS Software AG aus Karlsruhe. Das Unternehmen wurde 1986 von Martin Hubschneider und Ludwig Neer gegründet und entwickelt Software-Lösungen, Internet-Anwendungen sowie mobile Informationssysteme für das Customer Relationship Management (CRM). Darüber hinaus entstehen bei CAS Software Mobile Commerce-Plattformen und Informationsdienste für den mobilen Anwender. Die Karlsruher Software-Spezialisten engagieren sich in verschiedenen Forschungsprojekten auf nationaler und internationaler Ebene für die mobile Informationsgesellschaft. Die CAS Software AG hält Beteiligungen an den Unternehmen PTV Planung Transport Verkehr AG, YellowMap AG, RegioService GmbH, LeserAuskunft GmbH, Varta-Führer GmbH, Indiwidual AG und INEO AG.

Kontakt:
CAS Software AG
Wilhelm-Schickard-Str. 12, 76131 Karlsruhe
Tel: +49 721 9638-0, Fax: +49 721 9638-299
E-Mail: martin.hubschneider@cas.de
WWW: www.cas.de

Hummel, Matthias

Titel: Dipl.-Betriebswirt (BA)
Funktion: Geschäftsführer

Erfahrungen:
Marktforschung und strategische Vertriebsnetzentwicklung beim Nutzfahrzeughersteller Iveco, Geschäftsführer im Autohandel, Freier Unternehmensberater mit Schwerpunkt Ablaufoptimierung in Service und Ersatzteilversorgung im Kfz-Gewerbe.

Tätigkeitsschwerpunkte/Kernkompetenzen:
Entwicklung von Geschäftsmodellen zur Optimierung von Prozessen, Beständen und Wissen mit Hilfe von Internettechnologien sowie die Umsetzung von

mehrwertorientierten Unternehmens- und Branchenportalen und integrierten Supply-Chain-Konzepten.

Beschreibung des Unternehmens:
HuCon Multimedia mit Sitz in Ettlingen ist als Tochterunternehmen der KUMAgroup Spezialanbieter für den Aufbau und Betrieb von Internet-basierten Unternehmensportalen, Online-Vertriebsplattformen, E-Procurementlösungen, Überbestandsbörsen und Marktplätzen. Die dafür entwickelten Produkte up2date (Content Management) und Teilemanager (virtuelles Lagermanagement) werden international über ein Netzwerk von Solution Partnern vertrieben.

Kontakt:
HuCon Multimedia GmbH
Einsteinstraße 16, 76275 Ettlingen
Tel.: 07243/71 62 3, Fax: 07243/71 62 58
E-Mail: info@hucon.de
www.hucon.de

Huth, Stefanie

Titel: M. A.
Funktion: Offer Manager Customized Solutions Germany

Erfahrungen:
Sprach- und kommunikationswissenschaftl. Studium mit Schwerpunkt Mensch-Maschine-Kommunikation und Software-Dokumentation. Projektmitarbeit Konzeption und Implementierung Multimediagestützter Medizinerausbildung am Institut für Medizinische Informationsverarbeitung der Universität Tübingen. Seit 1997 Bildungsmarketing Unilog Integrata Training AG. Ausbildung zum Experten für neue Lerntechnologie an der Teleakademie der Fachhochschule Furtwangen. Leitung des Teilprojekts Wissen, Lernen & Information Brokerage im internationalen Benchmarking Fit for Service in Zusammenarbeit mit BmBF und Fraunhofer IAO.

Tätigkeitsschwerpunkte/Kernkompetenzen:
Tätigkeitsschwerpunkt Segment-Marketing Qualifizierungsprojekte/E-Training. Kernkompetenzen im Bereich Redaktion, Print-/Online-Dokumentation, kundenindividuelle Lösungen/Change Management, E-Learning/Wissensmanagement.

Beschreibung des Unternehmens:
Unilog Integrata Training AG ist der größte deutsche herstellerunabhängige Qualifizierungsanbieter für IT-Training, Personal- und Organisationsentwicklung. Über 550 Themen werden als öffentliche Seminare angeboten, aber auch Inhouse-Seminare und kundenspezifische Qualifizierungsprojekte. Das Geschäftsfeld E-Training dient der Integration neuer Lerntechnologien. Die Unilog Integrata Training AG ist ein Unternehmen der französischen Unilog Gruppe für Consulting, Engineering und Training.

Kontakt:
Unilog Integrata Training AG
Schleifmühleweg 68, 72070 Tübingen
Tel.: 07071 / 409127, Fax: 07071 / 409216
E-Mail: shuth@unilog.de
WWW: www.unilog-integrata.de

Julich, Tanja

Titel: Manager Business Development

Tätigkeitsschwerpunkte/Kernkompetenzen:
Erschließung und Betreuung strategischer neuer Geschäftsfelder und Partnerschaften.

Beschreibung des Unternehmens:
Die conceptware ag ist einer der führenden deutschen Anbieter von E-Business-Standardsoftware für dynamisches Content Management. Mit GateBuilder, einer Produktlinie auf Basis Coldfusion, und neuem vollständig javabasierten Produkt jCAPE werden die drei großen „C" des E-Business - Content, Community und Commerce - optimal abgedeckt. Die 1992 von Stefan Utzinger gegründete conceptware ag ist mit der Zentrale in Schwalbach/Taunus und der Niederlassung in Schaffhausen/Schweiz vertreten.

Kontakt:
Conceptware ag
Am Kronberger Hang 2a, 65824 Schwalbach a.Ts.
Tel.: 06196/4732 – 0, Fax: 06196/4732 – 115
E-Mail: tanja.julich@conceptware.de
WWW: www.conceptware.de

Jüngerkes, Björn

Titel: M.Ec.

Kontakt:
E-Mail: bjoern@juengerkes.de

Kalmbach, Gerd

Titel: Dipl.-Pädagoge
Funktion: Geschäftsführung, Trainer und Berater

Erfahrungen:
2 Jahre als freiberuflicher Trainer und Berater tätig.

Tätigkeitsschwerpunkte/Kernkompetenzen:
Seminare zu den Themen Kommunikation, Präsentation, Moderation und kreatives Lernen. Erstellung von Konzepten zur Lernenden Organisation. Beratung, Wissensmanagement und E-Learning

Beschreibung des Unternehmens:
Die Gerd Kalmbach Unternehmensberatung befasst sich hauptsächlich mit dem Themenfeld „Lernen in Organisationen". Die immer wichtiger werdenden Anforderungen der Informationsver- bzw. -bearbeitung erfordern neue didaktische Konzepte zur erfolgreichen Umsetzung in Unternehmen. Hier bietet Ihnen Gerd Kalmbach die notwendige Beratung und Implementierung in Ihrer Organisation.

Kontakt:
Gerd Kalmbach.
Personalentwicklung – Training – Beratung
Im Jeuch 6, 77770 Durbach
Tel.: 0781/9485391, Fax: 0781/9485392,
E-Mail: info@gerd-kalmbach.de
WWW: www.gerd-kalmbach.de

Karrlein, Wolfgang

Titel: Dr.
Funktion: Strategie, Market Research und Marketingstrategie

Erfahrungen:
Systementwicklung, Systemstrategie, Strategische Planung, Marketing, Change Management, Organisationsentwicklung

Tätigkeitsschwerpunkte/Kernkompetenzen:
Strategie- und Organisationsentwicklung, Marketingkonzeption und -planung. Auswirkungen und Möglichkeiten des E-Business für neue Geschäftsmodelle. Mitglied einer Task Force in der SBS für den Roll-out des neuen E-Business Portfolios.

Beschreibung des Unternehmens:
Siemens Business Services ist einer der führenden Anbieter im Electronic und Mobile Business. Mit umfassendem Know-how und spezifischem Branchenwissen bietet SBS Lösungen und Dienstleistungen aus einer Hand an - von der Beratung über die Systemintegration bis hin zur Übernahme von kompletten Geschäftsprozessen der Kunden sowie dem Management von IT-Infrastrukturen.

Kontakt:
Siemens Business Services GmbH & Co OHG Deutschland
Berliner Str. 95, 80805 München
Tel.: 089 3601 1995, Fax: 089 3601 3255
E-Mail: wolfgang.karrlein@siemens.com
www: www.sbs.de

Koch, Torsten

Funktion: Geschäftsführer

Erfahrungen:
2 Jahre Systemhauserfahrung

Tätigkeitsschwerpunkte/Kernkompetenzen:
Interface Design, Art Direktion, E-Business-Strategien, Content Management, Usability, Programmierung

Beschreibung des Unternehmens:
Die Agentur wurde 1998 gegründet und beschäftigt derzeit 7 Mitarbeiter und zahlreiche Freelancer aus den Bereichen Konzeption, Design und Programmierung. Kernkompetenzen sind die Bereiche Internet, Screendesign und multimediale CD-ROMs, wobei ein großes Augenmerk auf dem Design der grafischen Oberfläche liegt. Usability und eine klare Konzeption stehen an erster Stelle. Zu den Kunden zählen Unternehmen wie Audi, Bosch oder die Volksbank Karlsruhe.

Kontakt:
eyeworkers interactive GmbH
Kaiserstr. 160-162, 76133 Karlsruhe
Tel.: 0721-18396-0, Fax: 0721-1839629
E-Mail: torsten.koch@eyeworkers.de
WWW: www.eyeworkers.de

Kölmel, Bernhard

Titel: Dr.
Funktion: Strategic Business Development

Erfahrungen:
1990 Gründung IT Systemhaus, 1992 Mitarbeit Existenzgründungsinitiative im Silicon Valley, 1996 Leiter der EU-Stabstelle des Landes Baden-Württemberg im FZI, 1997 Leiter des Verbindungsbüros für Förderung und Wirtschaft im FZI, 1999 Kommissarischer Leiter des Forschungsbereiches BPEM (Business Process Engineering und Management) im FZI, seit 2001 Strategische Geschäftsentwicklung bei der CAS Gruppe. Gutachter und Rapporteur Europäischen Kommission im Bereich E-Business, Knowledge Management, Mobile Business und Software Engineering.

Tätigkeitsschwerpunkte/Kernkompetenzen:
Strategische Planung, Mobile Business, Internationale Projektplanung.

Beschreibung des Unternehmens:
„Richtig informiert. Jederzeit und überall." lautet das Motto der CAS Software AG aus Karlsruhe. Das Unternehmen wurde 1986 von Martin Hubschneider und Ludwig Neer gegründet und entwickelt Software-Lösungen, Internet-Anwendungen sowie mobile Informationssysteme für das Customer Relationship Management (CRM). Darüber hinaus entstehen bei CAS Software Mobile Commerce-Plattformen und Informationsdienste für den mobilen Anwender. Die Karlsruher Software-Spezialisten engagieren sich in verschiedenen Forschungsprojekten auf nationaler und internationaler Ebene für die mobile Informationsgesellschaft. Die CAS Software AG hält Beteiligungen an den Unternehmen PTV Planung Transport Verkehr AG, YellowMap AG, RegioService GmbH, LeserAuskunft GmbH, Varta-Führer GmbH, Indiviual AG und INEO AG.

Kontakt:
CAS Software AG
Wilhelm-Schickard-Str. 12, 76131 Karlsruhe
Tel: +49 721 9638-647, Fax: +49 721 9638-3647
E-Mail: bernhard.koelmel@cas.de
WWW: www.cas.de

Lenz, Peter

Funktion: Alliance Manager

Erfahrungen:
5 Jahre Vertrieb und Key Account Standardsoftware, 1 Jahr Vertriebsleitung IT-Service in Logistik, 1 Jahr Vertriebsleitung E-Commerce-Software und Business Intelligence/Data Mining.

Tätigkeitsschwerpunkte/Kernkompetenzen:
Business Development Einsatz moderner IT-Systeme, E-Commerce-Beratung, Einbeziehung bestehender Geschäftsprozesse in IT-Entscheidungen.

Beschreibung des Unternehmens:
Getronics ist weltweit einer der fünf größten Anbieter von Komplettlösungen und Dienstleistungen im Bereich der Informations- und Kommunikationstechnologie (ICT).

Kontakt:
Getronics IP Business Solutions
Am Prime Parc 10-12, 65479 Raunheim
Tel.:06142-925-428, Mobil: 0175-266 07 27
Fax: 06142-925-410
E-Mail: Peter.Lenz@getronics.com
http://www.getronics.de

Luhmer, Burkard J.

Titel: Rechtsanwalt
Funktion: Rechtsanwalt, Leiter Rechtsbereich Informationstechnologie

Erfahrungen:
Anwaltstätigkeit , Inlands- u. Auslandskammertätigkeit; Leiter E-Commerce, Deutscher Multimedia Verband; Beteiligung an Internetgesetzgebungsverfahren; Mitinitiator des New Business Network Germany; Beratungsfunktionen: Bundesregierung, Stiftung Warentest u.a.; Auslandsaufenthalte: Cambridge, Brüssel, Melbourne; diverse Publikationen im E-Commerce, Internetrecht.

Tätigkeitsschwerpunkte/Kernkompetenzen:
IT-Recht, Internetrecht, Multimediarecht, Datenschutzrecht

Beschreibung des Unternehmens:
Rödl & Partner bietet als größte Prüfungsgesellschaft europäischen Ursprungs und eine der großen international tätigen Beratungsgesellschaften mit über 2200 Mitarbeitern in über 25 deutschen und über 40 Standorten weltweit Beratungsleistungen aus einer Hand: Rechtsberatung, Wirtschaftsprüfung, Steuerberatung, Unternehmensberatung, IT-Consulting

Kontakt
Rödl & Partner, Wirtschaftsprüfer, Steuerberater, Rechtsanwälte
Spichernstrasse 73, 50672 Köln
Tel.: 0221/949909-0, Fax: 0221/949909-99
E-Mail: burkard.luhmer@roedl.com
WWW: www.roedl.de

Mack, Dagmar

Titel: Dipl.-Wirtschaftsingenieurin
Funktion: Analystin Database Marketing im Kundenmanagement

Erfahrungen:
½ Jahr Consultant Arthur Andersen, 4 Jahre nebenberufliche Beraterin, 7 Jahre Assistentin LS Wirtschaftsinformatik, Dortmund und Promotion im November 2001.

Tätigkeitsschwerpunkte/Kernkompetenzen:
Business Process Re-Engineering, Informationssystementwicklung, Konzeption analytischer Informationssysteme: Data Warehouse und Data Mining. Internet-Basierte Informationssysteme, Customer Relationship Management.

Beschreibung des Unternehmens:
Die LBS Norddeutsche Landesbausparkasse ist eine der führenden Bausparkassen in Deutschland. Sie bietet zusammen mit ihren Verbundpartnern eine umfassende Produktpalette aus den Bereichen Bausparen, Finanzieren, Vorsorgen, Versichern, Immobilien, die in dieser Breite herausragend unter den deutschen Bausparern ist.

Kontakt:
LBS Norddeutsche Landesbausparkasse
Kattenbrookstrift 33, 30539 Hannover
Tel.: 0511 / 926- 6878, Fax: 0511 / 926- 6598
E-Mail: Dagmar.Mack@t-online.de
WWW: www.lbs-nord.de

Maier, Brigitte

Titel: Dipl. Pädagogin
Funktion: Ausbildern Neue Lerntechnologien in der allgemeinen Aus- und Weiterbildung

Erfahrungen:
Konzeptentwicklung und Umsetzung für offenes Lernen/E-Learning in der betrieblichen Weiterbildung. Integration von Kommunikations- und Kooperationsplattform in Seminaren. Teletutoring, virtuelle Moderation, Lernberatung

Tätigkeitsschwerpunkte/Kernkompetenzen:
Flexibilisierung und Individualisierung der Kursangebote unter zu Hilfenahme von E-Learning

Beschreibung des Unternehmens:
F. Hoffmann-La Roche AG ist eine global tätige Firma im Healthcare-Bereich. Weltweit sind etwa 60.000 Mitarbeiter angestellt.

Kontakt:
F. Hoffmann-La Roche AG
Division Pharma, Allgemeine Weiterbildung
CH-4070 Basel
Tel: 0041 61 688 2669
E-Mail: brigitte.maier@roche.com

Mathie, Harald

Titel: Graduat der Wirtschaftswissenschaften
Funktion: Internet Marketing Manager

Erfahrungen:
15 Jahre Vertrieb, 5 Jahre Projektmanagement Kommunikation & Information, seit April 2000 Internet Marketing Manager, seit 1996 im Internet aktiv.

Tätigkeitsschwerpunkte/Kernkompetenzen:
Internet Marketing, interne und externe Kommunikation und Information zum Thema Internet, neue Konzepte des E-Business, Referate zum Thema

Beschreibung des Unternehmens:
Die Kabelwerk Eupen AG, seit 1747 in Familienbesitz, versteht sich als Hersteller und Lieferant von Kabeln, Kunststoffrohren und Schaumstoffen mit weltweiter Präsenz. Mit 1.100 Mitarbeitern der größte Arbeitgeber Ostbelgiens, befindet sich das Unternehmen mitten im Herzen Europas und verfügt neben seinem Stammsitz in Belgien über Werke und Verteilerzentren in Asien, Nord- und Südamerika und in zehn europäischen Ländern.

Kontakt:
Kabelwerk Eupen AG
Malmedyer Str. 9, B-4700 Eupen (Belgien)
Tel.: +32 87 597000, Fax: +32 87 597100
E-Mail: harald_mathie@eupen.com
www.eupen.com

Nehr, Jochen

Titel: Dipl. Betriebswirt, MBA
Funktion: Geschäftsführer, Communities

Erfahrungen:
4 Jahre Marketing- und Vertriebs-Assistenz in einem Internationalen Marktforschungs- und Beratungsunternehmen, 1 Jahr Geschäftsführer einer Online-Marketing-Agentur.

Tätigkeitsschwerpunkte/Kernkompetenzen:
Communities, B-to-B und B-to-C-Beratung, Marketing und Vertrieb, Strategische Marketingplanung, Online-Marketing.

Beschreibung des Unternehmens:
new-in-town ist für alle Mitglieder eine kostenlose Möglichkeit, Menschen mit homogenen Interessen zu finden. Als Online-Marketing Dienstleister unterstützt und berät new-in-town Unternehmen beim direkten Einstieg in das Online-Marketing, mit personalisierten Inhalten und einer vielfältigen Auswahl an Kommunikationskanälen hin zu ihren Kunden.

Kontakt:
new-in-town
Am Graeselberg 17, 65187 Wiesbaden
Tel.: 0611 / 46 00 47, Fax: 0611 / 46 00 48
E-Mail: j.nehr@new-in-town.de
WWW: www.new-in-town.de

Polysius, Kai

Funktion: Chief Information Officer

Erfahrungen:
Nach Verschiedenen Führungsaufgaben sowohl in vertrieblichen als auch strategischen Aufgabenfeldern seit 1997 Leiter der Bereiche Technologie- und Innovationsmanagement sowie des E-Commerce Centers im Unternehmensbereich Firmenkunden. In 2001 zusätzlich Verantwortung für die Informationstechnologie im Firmenkundengeschäft.

Tätigkeitsschwerpunkte/Kernkompetenzen:
Strategische Entwicklung der technologiegetriebenen Prozesse, Produkte und Services im Firmengeschäft sowie Steuerung des elektronischen Zahlungsverkehrs. Daneben Verantwortung für Planung, Priorisierung und Vertriebssteuerung der unternehmensbereichsspezifischen IT-Aktivitäten einschließlich E-Commerce Produkte/Plattformen.

Beschreibung des Unternehmens:
Der Dresdner Bank Konzern ist mit gut 1.200 Geschäftsstellen und ca. 51.000 Mitarbeitern in über 70 Ländern der Welt - darunter in allen großen Finanzzentren - tätig und gehört zu den führenden Banken Europas. Die Dresdner Bank fokussiert sich auf Kundengruppen, ausgewählte Produkte, bestimmte Regionen und Geschäftsfelder, in der sie traditionell eine starke Position einnimmt, wie im Wertpapier-, Kapitalmarktgeschäft und Asset Management. Im Geschäft mit Firmenkunden setzt die Bank mit einem umfassenden und innovativen Produktangebot auf das wichtige Marktsegment, den Mittelstand.

Kontakt:
Dresdner Bank AG
Jürgen-Ponto-Platz 1, 60301 Frankfurt
Tel.: 0 69/2 63-5 00 01, Fax: 0 69/2 63-5 00 08
E-Mail: Kai.Polysius@Dresdner-Bank.com
WWW: www.dresdner-bank.de

Powarzynski, Axel

Titel: Dipl. Ing oec.
Funktion: Vice President Marketing

Erfahrungen:
Konsumgütermarketing, Strategieberatung, Neue Medien/E-Business

Tätigkeitsschwerpunkte/Kernkompetenzen:
Unternehmensstrategie und Marketing, Marketing und Vertrieb, Unternehmensstrategie, E-Business

Beschreibung des Unternehmens:
Die clickfish.com GmbH mit Sitz in Hamburg ist ein Unternehmen im Bereich Neue Medien, das sich auf die Entwicklung, den Betrieb und die Kommerzialisierung der People-to-People Internetportale www.clickfish.com und www.askforce.de konzentriert. Die clickfish.com GmbH ist eine Minderheitsbeteiligung der holtzbrinck networxs AG, der Corporate Venture Gesellschaft des Verlags Georg von Holtzbrinck.

Kontakt:
clickfish.com GmbH
Barmbekerstr. 3a, 22303 Hamburg
Tel.: 040 / 270750 – 0, Fax: 040 / 270750 - 75
E-Mail: axel.powarzynski@gmx.de
WWW: www.clickfish.com, www.askforce.de

Reichardt, Christian

Funktion: Vorstand des Geschäftsbereichs Consulting und New Business

Erfahrungen:
3 Jahre Wissenschaftlicher Mitarbeiter an der FU Berlin und an der Universität des Saarlandes, 2 Jahre

Produktmanager, 2 Jahre Salesmanager, 4 Jahre Geschäftsführer in einem Beratungsunternehmen, seit 2 Jahren Vorstand der Concept! AG.

Tätigkeitsschwerpunkte/Kernkompetenzen:
Consulting, Projektmanagement, New Business

Beschreibung des Unternehmens:
Die Concept! AG ist eines der führenden Unternehmen für interaktive Lösungen - von der Konzeption, über Beratung und Realisierung von Online- und Offline-Projekten betreut Concept! seine Kunden in allen Phasen der Umsetzung. Zum Kundenkreis der Concept! AG zählen unter anderem D2 Vodafone, RWE, Siemens, Deutsche Telekom, Kaufhof, Deutsche Bank, Microsoft Network, Daimler Chrysler und die Dresdner Bank.

Kontakt:
Concept! AG
Bodenstedtstraße 4, 65189 Wiesbaden
Tel.: 0611 / 976 28 0, Fax: 0611 / 976 28 199
E-Mail: christian.reichardt@concept.com
WWW: www.concept.com

Richter, Andreas

Titel: Diplom-Kaufmann
Funktion: Bereichsleiter E-Procurement

Erfahrungen:
3 Jahre Bereichsleiter Aufbau E-Procurement bei einem Software Anbieter, 4 Jahre Management-/SAP Beratung (Big Five)

Tätigkeitsschwerpunkte/Kernkompetenzen:
Strategiedefinition (Produkt/Organisation/Abläufe), Führung Bereich „Managed Services" – Einführung von ERP und E-Procurement Systemen, Strategieberatung

Beschreibung des Unternehmens:
Mercateo bietet elektronische Lösungen für den Einkauf auf ASP Basis an. Drei Bereiche ermöglichen ein kundenspezifisches Angebot: Marktplatzlösung für

Kleinunternehmen, E-Procurement für Mittelstands- und Industriekunden, E-Solutions für Individualsoftware Lösungen. Mercateo ist zu über 75% ein Beteiligungsunternehmen der e.on AG. Auf Grund dieser Beteiligung ist die Solidität und kontinuierliche Betreuung der Kunden sicher gestellt. Mercateo ist an verschiedenen E-Business Projekten der e.on AG in beteiligt.

Kontakt:
Mercateo AG
Pocci Str. 5, 80336 München
Tel.: 089/20602 – 121, Fax: 089/20602 - 310
E-Mail: andreas.richter@mercateo.com
WWW: www.mercateo.com

Riedel, Tim

Titel: Dipl-Ing.(FH)
Funktion: Geschäftsführer

Erfahrungen:
4 Jahre Geschäftsführer eines Systemhauses, Studium der Nachrichtentechnik, 3 Jahre Geschäftsführer einer Multimediaagentur.

Tätigkeitsschwerpunkte/Kernkompetenzen:
Konzeption und Onlinestrategien, Interfacedesign, Marketing und Vertrieb, Macromedia Flash.

Beschreibung des Unternehmens:
Die Agentur wurde 1998 gegründet und beschäftigt derzeit 7 Mitarbeiter und zahlreiche Freelancer aus den Bereichen Konzeption, Design und Programmierung. Kernkompetenzen sind die Bereiche Internet, Screendesign und multimediale CD-ROMs, wobei ein großes Augenmerk auf dem Design der grafischen Oberfläche liegt. Usability und eine klare Konzeption stehen an erster Stelle. Zu den Kunden zählen Unternehmen wie Audi, Bosch oder die Volksbank Karlsruhe

Kontakt:
eyeworkers interactive GmbH
Kaiserstr. 160-162, 76133 Karlsruhe
Tel.: 0721-18396-0, Fax: 0721-1839629
E-Mail: tim.riedel@eyeworkers.de
WWW: www.eyeworkers.de

Rupp, Stephan

Titel: Dr.-Ing.
Funktion: Berater Netzdesign und Netzplanung

Erfahrungen:
5 Jahre Forschung und Entwicklung Philips GmbH, 7 Jahre Marketing und Produktmanagement, Leitung des Bereiches Intelligente Netze, Alcatel, 3 Jahre Leiter der Beratung Netze und Kommunikationslösungen, Alcatel.

Tätigkeitsschwerpunkte/Kernkompetenzen:
Kostenanalysen, Geschäftsmodelle, Netzdesign und Netzplanung, technische Studien, Telekommunikationslösungen für Betreiber und größere Unternehmen, Planung internationaler Projekte, Financial Engineering, Systemintegration.

Beschreibung des Unternehmens:
Als einer der führenden Lieferanten von Telekommunikationssystemen ist Alcatel in über 130 Ländern aktiv. 110.000 Mitarbeiter erwirtschaften einen Umsatz von 31,4 Mrd. Euro (2000). Alcatel ist in Deutschland ein bedeutender Investor und Arbeitgeber: Rund 10 Prozent von weltweit 110.000 Beschäftigten (2000) arbeiten in den strategischen Geschäftsfeldern des Konzerns.

Kontakt:
Alcatel SEL AG
Lorenzstrasse 10, 70435 Stuttgart
Tel.: 0711/ 821 46448, Fax: 0711 / 821 43273
E-Mail: S.Rupp@alcatel.de
WWW: http://www.alcatel.de/service

Schäfer, Burkhard

Titel: Dr.
Funktion: CFO

Erfahrungen:
Seminarleiter 10 Jahre, Geschäftsleitung 9 Jahre.

Tätigkeitsschwerpunkte/Kernkompetenzen:
Strategieentwicklung, insb. Geschäftsexpansion und Marketing, Beschaffung, Finanzmanagement und Controlling

Beschreibung des Unternehmens:
PROBUY wurde 1992 gegründet und ist einer der am längsten am Markt tätigen Einkaufsdienstleister Europas. Durch die strategische Kooperation mit einem der weltweit führenden Konzerne für ERP-Software GEAC Corporation bündelt PROBUY Erfahrung und Know-how in Einkauf und Informationstechnologie. Seinen Kunden bietet PROBUY professionelle Einkaufslösungen – standardisiert und individuell anpassbar. Die E-Procurement-Software kann als Intranet- oder ASP-Version in unterschiedlichsten Systemwelten eingesetzt werden. Sie schöpft sämtliche Potenziale hinsichtlich Workflow, Zykluszeiten und Kosten aus. PROBUY steht für ganzheitliches Full-Service-E-Procurement mit Einführungsstrategie, Software und Procurement Services inklusive Lieferantenpool und Content Management: Kompetent, effizient, sympathisch.

Kontakt:
PROBUY E-Procurement, Systemzentrale Europa
Waldparkstr. 30, D - 68163 Mannheim
Tel.: 0621/83 32 - 35 71, Fax: 0621/83 32 - 35 75
E-Mail: dr.b.schaefer@probuy.de
WWW: www.probuy.de

Schäfer, Harald

Titel: Dr.
Funktion: CEO

Erfahrungen:
9 Jahre Geschäftsleitung, 7 Jahre Seminarleiter.

Tätigkeitsschwerpunkte/Kernkompetenzen:
Strategieentwicklung, insb. Beschaffung und Logistik, Personalmanagement, Recht.

Beschreibung des Unternehmens:
Die bereits im Jahre 1992 gegründete Firma PROBUY verfügt mit über 100 Vertretungen über das dichteste Netz von Einkaufsdienstleistern in Europa. Seit 2000 ist PROBUY Exclusiv-Einkaufsdienstleister für Europa des weltweit viertgrößten Konzerns für ERP-Software GEAC Corporation (in Deutschland ehemals Firma Ratioplan). GEAC mit Hauptsitz in Nordamerika und E-Procurement-Entwicklungszentrum in Deutschland ist in über 50 Ländern vertreten und mit 30.000 Kunden, 6.000 Mitarbeitern und 1 Mrd. Euro Umsatz ein Global Player im ERP-Markt. Das E-Procurement-Produkt wird bei Großkunden weltweit eingesetzt.

Kontakt:
PROBUY E-Procurement, Systemzentrale Europa
Waldparkstr. 30, D - 68163 Mannheim
Tel.: 0621/83 32 - 31 20, Fax: 0621/83 32 - 31 25
E-Mail: dr.h.schaefer@probuy.de
WWW: www.probuy.de

Schmidt, Volker Diethelm

Funktion: Geschäftsführender Gesellschafter

Erfahrungen:
10 Jahre Berufserfahrung im Bereich IT Consulting, 5 Jahre E-Commerce Beratung und Entwicklung, seit 2000 Mitglied der Vollversammlung der IHK Köln. Stellvertretender Vorsitzender des Ausschusses für Information und Kommunikationstechnik der IHK Köln. Mitglied des IT- und Medien Rates der Stadt Köln. Stellvertretender Vorsitzender des Portal-Beirates von www.koeln.de. Ca. 25 Vorträge im In- und Ausland, sowie Interviews in Radio und TV.

Tätigkeitsschwerpunkte/Kernkompetenzen:
E-Commerce und Mobile Business Beratung. Strategieberatung für den Online und IT Bereich bei Unternehmen.

Beschreibung des Unternehmens:
Die AlphaNet Online GmbH ist ein Beratungs- und Entwicklungsunternehmen für den Bereich E-Commerce. Schwerpunkte liegen in der Beratung und Realisation von Lösungen, die den Beschaffungs- oder Absatzprozess in einem Unternehmen durch den Einsatz von E-Business Lösungen optimieren. Paymentlösungen und der Einsatz von mobilen Services wie z.B. SMS runden das Angebot ab.

Kontakt:
AlphaNet Online GmbH
Bonner Wall 31, 50677 Köln
Tel.: 0221/3700 – 0, Fax: 0221/3700 – 370
E-Mail: volker.schmidt@alphanet.de
WWW: www.alphanet.de

Schmoll, Siegfried

Titel: Dipl. Ing.
Funktion: Consultant Netzstrategien

Erfahrungen:
20 Jahre Leiter der Entwicklung Datenübertragung, Systemplanung Übertragungstechnik, Produktmanagement Kabelfernseh-Netze, Consulting für Netzausbau bei mehreren Betreibern, Rapporteur für HDSL/SDSL bei ETSI.

Tätigkeitsschwerpunkte/Kernkompetenzen:
Datennetze, Backbone-Netze mit SDH, Anschluss-Netze mit Kupferdoppeladern, Lichtwellenleitern und CATV; schnelle Internetanschlüsse mit xDSL.

Beschreibung des Unternehmens:
Alcatel ist einer der führenden Hersteller im Telekommunikationsbereich

Kontakt:
Alcatel SEL AG
Lorenzstr. 10, 70435 Stuttgart
Tel.: 0711 821 43118, Fax: 0711 821 43273

Schnabel, Ulrich

Titel: Technisch-orientierter Dipl.-Kfm.
Funktion: Projektleiter von Beratungs- und Forschungsprojekten

Erfahrungen:
Erfahrungen bei der Einführung von Führungskonzepten und aus Qualitätsmanagement-, Controlling-, Reorganisations-, Team- und Business (Re-) Engineering Projekten in mittelständischen Unternehmen. Darüber hinaus bestehen Erfahrungen aus Einführungsprojekten von Informations- und Kommunikationstechnologien (Standardsoftware).

Tätigkeitsschwerpunkte/Kernkompetenzen:
Unternehmensführung und Leadership, Strategieentwicklung und Bewertung, Controlling, Organisations- und Teamentwicklung, Qualitätsmanagement.

Beschreibung des Unternehmens:
Das Fraunhofer-Institut für Arbeitswirtschaft und Organisation IAO beschäftigt sich mit aktuellen Fragestellungen im Bereich des Technologiemanagements. Insbesondere unterstützt das Institut Unternehmen dabei, die Potentiale innovativer Organisationsformen sowie innovativer Informations- und Kommunikationstechnologien zu erkennen, individuell auf ihre Belange anzupassen und konsequent einzusetzen.

Kontakt:
Fraunhofer Institut für Arbeitswirtschaft und Organisation
Nobelstr. 12, 70569 Stuttgart

Schwarz, Torsten

Titel: Dr. habil.
Funktion: Trainer, Buchautor und freier Berater

Erfahrungen:
Durchführung von Seminaren zu Datenverarbeitungs-Themen seit 1985, 1992 Promotion mit „Summa cum laude" an der TU Berlin, 5.2000 Habilitation, Privatdozent an der Technischen Universität Berlin, Lehrbeauftragter an der Fachhochschule Worms (E-

Commerce); Lehrbeauftragter an der Fachhochschule Darmstadt (Internationale BWL), Dozent an der Deutschen Direktmarketing Akademie (DDA), Dozent an der Verwaltungs- und Wirtschafts-Akademie Berlin (VWA), Dozent für Direktmarketing bei der Deutschen Verkaufsleiter-Schule (Marketingleiter-Ausbildungs-Lehrgang)

Tätigkeitsschwerpunkte/Kernkompetenzen:
Inhaber der ABSOLIT Internet - Marketing & Consulting, Leiter des Arbeitskreises Online-Marketing des Verbands der Deutschen Internet Wirtschaft eco e.V., Sprecher im Forum E-Mail-Marketing des Deutschen Direktmarketing-Verbandes DDV, Mitglied des AK E-Commerce des Deutschen Multimedia Verbands dmmv; Fachberater E-Commerce für RKW/IHK Baden Württemberg, Berater u.a. bei Audi, Dell, DePfa-Bank, DeTeWe, Dell, Deutsche Bahn, Deutsche Post, Deutsche Telekom, Hypovereinsbank, RTL, Schober, Siemens, 1999-2001 Marketingleiter bei LLynch – The E-Marketing Pioneers, Hamburg. Online-Pionier: als Generalsekretär des internationalen Forschungsnetzwerks „Eurolat" und Webmaster an der Technischen Universität Berlin. 1994 Aufbau von einem der ersten Webserver weltweit.

Beschreibung des Unternehmens:
ABSOLIT Dr. Schwarz Consulting unterstützt Unternehmen beim Gestalten von Kundenbeziehungen mit neuen Medien. In Strategieworkshops werden Maßnahmen erarbeitet, die nachhaltige Wettbewerbsvorteile durch verbesserten Kundendialog ergeben. Die Dienstleistungen reichen von der Umsetzung responsestarker E-Mail-Kampagnen bis zur unabhängigen Beratung bei der Auswahl geeigneter Softwarelösungen.

Kontakt:
Absolit Dr. Schwarz
Internet - Marketing & Consulting
Gleiwitzer Str. 9a, 68753 Waghäusel
Tel: 07254/951700
E-Mail: info@absolit.com

Schweinbenz, Andreas

Titel: Dr.
Funktion: Leiter Marketing

Erfahrungen:
3 Jahre Senior Consultant bei einer Unternehmensberatung, seit 1997 Leiter Marketing bei Netpioneer. Seit 2001 außerdem Geschäftsführer der Netviewer GmbH (Tochtergesellschaft von Netpioneer).

Tätigkeitsschwerpunkte/Kernkompetenzen:
Marketing und Vertrieb, Business-Development. Branchen: Finanzdienstleistungen, Tourismus, Industrie.

Beschreibung des Unternehmens:
Netpioneer ist spezialisiert auf technisch anspruchsvolle Software-Lösungen im Internet-Umfeld. Fokus ist die Optimierung von Geschäftsprozessen durch E-Business-Anwendungen. Zur Realisierung konsequenter Konzepte wird ein Best-of-Class-Ansatz verfolgt. D.h. die besten Technologien und Produkte werden zu Gesamtsystemen verbunden, die Netpioneer als Komplettlösungen aus einer Hand anbietet.

Kontakt:
Netpioneer GmbH
Beiertheimer Allee 18, D-76137 Karlsruhe
Tel.: +49 (0)721-920 60 0, Fax: +49 (0)721-920 60 30
E-Mail: a.schweinbenz@netpioneer.de
WWW: www.netpioneer.de

Speiser, Felix

Titel: Dr.
Funktion: Projektleiter im Bereich neue Dienstleistungen im Wissensaustausch

Erfahrungen:
Erfahrung in der Ausbildung auf allen Stufen (Schule, Universität, Industrie) mit Schwerpunkt medizinisch- wissenschaftliche Inhalte, in den letzten Jahren aber auch allgemeine Themen im industriellen Umfeld.

Tätigkeitsschwerpunkte/Kernkompetenzen:
Virtuelle Kooperationsmöglichkeiten, Contentherstellung

Beschreibung des Unternehmens:
F. Hoffmann-La Roche AG ist eine global tätige Firma im Healthcarebereich. Weltweit sind etwa 60'000 Mitarbeiter angestellt.

Kontakt:
F. Hoffmann-La Roche AG
PSSD 71/619
Grenzacherstraße, 4070 Basel
E-Mail: felix.speiser@roche.com

Stumpf, Christine

Funktion: Geschäftsführung

Erfahrungen:
2 Jahre Referentin Veranstaltungsmanagement, 1 Jahr Beratung Existenzgründung, 1,5 Jahre Vorstand eines Dotcom Unternehmens, 1 Jahr Geschäftsführung in Softwareunternehmen, Internetkommunikation

Tätigkeitsschwerpunkte/Kernkompetenzen:
Online Marketing, Online Beratung, CRM, interaktiver Webcontent.

Beschreibung des Unternehmens:
Die bluehands GmbH & Co.mmunication KG ist Softwareentwickler und –dienstleister auf dem E-Services-Markt. Die Kundenprojekte decken ein breites Spektrum auf allen Plattformen ab. Die Produkte von bluehands finden vor allem Anwendung im Online-Handel und bei Internet-Dienstleistern im Bereich CRM. Einen Schwerpunkt bildet dabei die Entwicklung und der Vertrieb von Webapplikationen (Kommunikation, WebVideo, WebConferencing, Customer Tracking, CoBrowsing u.a.) für verteilte Systeme.

Kontakt:
Bluehands GmbH & Co.mmunication KG
Hebelstraße 15, 76133 Karlsruhe
Tel.: 0721/16108-70, Fax: 0721/16108-71

E-Mail: cs@bluehands.de
WWW: www.bluehands.de

Kerstin Waldmüller

Funktion: Geschäftsführerin

Erfahrungen:
17 Jahre TV Produktionserfahrung, seit 2 Jahren Entwicklung interaktiver TV Formate, seit 2 Jahren Produktionen von Online-Video-Magazinen, seit 3 Jahren Koordination und Durchführung von Medienschulungen.

Tätigkeitsschwerpunkte/Kernkompetenzen:
TV-Video Produktionen (Imagefilme), Redaktion, Konzeption, Realisierung von Video Produktionen für das Internet, Koordination und Entwicklung TV-spezifischer Seminare und Workshops im Auftrag der Landesanstalt für Kommunikation (LfK) Baden-Württemberg

Beschreibung des Unternehmens:
primetime productions bedient mit Internet & Video-Produktionen, klassischer TV Produktion und Concept- & Knowledge-Management drei Geschäftsbereiche. Wir produzieren bewegte Bilder, bringen sie ins Netz und adaptieren vorhandene Inhalte, wie z.B. bestehende Image- und Unternehmensfilme und bereiten sie inhaltlich uns technisch für das Internet auf. Wir übernehmen inkl. Konzept, Dreharbeiten und Nachbearbeitung die Produktion von Image- und Industriefilmen. Unsere Dienstleistungen umfassen ebenfalls die Aktualisierung der Video- und Text Inhalte durch ein selbst entwickeltes „easy-handling" Web-Content-Management System. Außerdem bieten wir Medientraining vor und hinter der Kamera.

Kontakt:
primetime productions
The TV & Internet Company
Soudronstr. 13, 76275 Ettlingen
E-Mail: k.waldmueller@primetime-productions.de
WWW: www.primetime-productions.de

Weste-Bayhan, Jörg

Funktion: Geschäftsleitung

Erfahrungen:
3 Jahre IT-Leiter, 2 Jahre Marketing & Vertriebsleiter in einer Unternehmensberatung, 6 Jahre Geschäftsleitung in Dienstleistungsunternehmen.

Tätigkeitsschwerpunkte/Kernkompetenzen:
Beratung und Coaching

Beschreibung des Unternehmens:
Die Weste-Bayhan E-Marketing ist ein Beratungs- und Dienstleistungsunternehmen mit den Kernthemen Marketing und Kommunikation im Internet. Zu unseren Kernkompetenzen gehört das Beraten, Coachen und Outsourcen in den Bereichen E-Mail-Beantwortung/Communication-Center, Newsletter-Service, Online-Marketing & Kommunikation. E-Mail-Marketing

Kontakt:
Weste-Bayhan E-Marketing
Am Hasenbiel 6, 76297 Stutensee
Tel.: 07244 / 94 66 94, Fax: 07244 / 94 66 99
E-Mail: Welcome@Weste-Bayhan.de
WWW: www.Weste-Bayhan.de

Widua, Marion

Funktion: Gründerin und Vorstandsvorsitzende

Erfahrungen:
10 Jahre Managementassistenz in IT-Unternehmen, 2 Jahre GF/Vorstand.

Tätigkeitsschwerpunkte/Kernkompetenzen:
Web-basierte Office-Dienstleistungen sowie Organisationsberatung für KMU, Betrieb des Büroservice-Portals www.service2business.de, Servicepartner der Messe München mit dem Betrieb des International Business Centers sowie www.ibc-mmg.de.

Beschreibung des Unternehmens:
INDIWIDU@L ist ein bundesweit agierendes Start-up-Unternehmen und versteht sich als professioneller Outsourcing-Partner für administrative und organisatorische Dienstleistungen. Ziel unserer Dienstleistungen ist es, die Prozesse in Organisation und Administration unserer Kunden (KMU) zu optimieren sowie diese transparent zu dokumentieren. Neben den Beratungsleistungen ist die Abwicklung administrativer Tätigkeiten integraler Bestandteil unseres ganzheitlichen Outsourcingkonzeptes.

Kontakt:
INDIWIDUAL AG
Rüppurrer Str. 52 – 54, 76137 Karlsruhe
Tel.: 0721-3546510, Fax: 0721-3546511
E-Mail: marion.widua@indiwidual.com
www.indiwidual.com und www.service2business.de

Wilhelm, Stephan

Titel: Dipl.-Ing.
Funktion: Projektleiter, wissenschaftlicher Mitarbeiter

Erfahrungen:
Qualitätsmanagement, Organisationsgestaltung, Projektmanagement, Technologieverprobung

Tätigkeitsschwerpunkte/Kernkompetenzen:
Dipl.-Ing. Stephan Wilhelm studierte Maschinenwesen an der Universität Stuttgart und ist heute wissenschaftlicher Mitarbeiter am Fraunhofer Institut für Arbeitswirtschaft und Organisation IAO. Die Entwicklungsgeschichte der CM-Systeme begleitete Herr Wilhelm durch Forschungs- und Industrieprojekte zu Fragestellungen der Systemintegration und zum Einsatz der Internettechnologie in produzierenden Unternehmen, der Medienindustrie und der Dienstleistungsbranche. Neben zahlreichen Veröffentlichungen sowie Vorträgen zum Thema Content Management ist Stephan Wilhelm Initiator der Content Management Studie des Fraunhofer IAO. Herrn Wilhelms Arbeitsschwerpunkt bildet heute die Beratung

von Unternehmen zur durchgängigen Umsetzung des Content Management Gedankens.

Beschreibung des Unternehmens:
Das Fraunhofer-Institut für Arbeitswirtschaft und Organisation IAO beschäftigt sich mit aktuellen Fragestellungen im Bereich des Technologiemanagements. Insbesondere unterstützt das Institut Unternehmen dabei, die Potentiale innovativer Organisationsformen sowie innovativer Informations- und Kommunikationstechnologien zu erkennen, individuell auf ihre Belange anzupassen und konsequent einzusetzen. Forschungs- und Entwicklungsprojekte werden in enger Zusammenarbeit mit Industrie- und Dienstleistungsunternehmen - zum überwiegenden Teil im direkten Auftrag - durchgeführt. Außerdem ist das Institut in Forschungsprogramme der Europäischen Union, des BMBF und der DFG sowie in regionale Förderprogramme der Landesregierung von Baden-Württemberg eingebunden.

Kontakt:
Fraunhofer IAO
Nobelstrasse 12, 70569 Stuttgart
Tel.: 0711/970 – 2240, Fax: 0711/970 – 2287
E-Mail: stephan.wilhelm@iao.fhg.de
WWW: www.iao.fhg.de

Wohlfeil, Jan

Erfahrungen:
Student an der Fachhochschule Offenburg, Bereich Medien und Informationswesen. Freier Mitarbeiter in mehreren Multimedia-Agenturen.

Tätigkeitsschwerpunkte/Kernkompetenzen:
Mediengestaltung, Macromedia Flash, PHP/MySQL, XML, HTML/DHTML

Kontakt
E-Mail: j@whyman.de
WWW: www.whyman.de

Wöhr, Andrea

Titel: M.A.
Funktion: Marketing und Consulting

Erfahrungen:
1 Jahr Projekt-Assistenz in einer Agentur, 4 Jahre freie bzw. wissenschaftliche Mitarbeit an einer Universität, 1 Jahr Marketing und Consulting in einem Software-Unternehmen.

Tätigkeitsschwerpunkt/Kernkompetenzen:
Presse und Internet

Beschreibung des Unternehmens:
Als Mitentwickler des BMEcat und Anbieter von Software, die den Standard unterstützt, zählt e-pro solutions GmbH heute zu den Marktführern in diesem Bereich. Ihre Software zur Erzeugung elektronischer Kataloge und zur Klassifizierung elektronischer Produktdaten basiert auf internationalen Standards wie eCl@ss, ETIM und UNSPSC. Neben der Erstellung neuer Kataloge übernimmt e-pro die Aufbereitung, Validierung und Pflege bestehender Kataloge mit der webbasierten e-pro Clearing Center Software. Weitere Dienstleistungen umfassen die Übernahme und Durchführung von IT-Projekten sowie Technologieberatung und Consulting im E-Commerce.

Kontakt:
e-pro solutions GmbH
Waldburgstraße 21, 70563 Stuttgart
Tel.: 0711 / 687042 – 24, Fax: 0711 / 687042 – 20
E-Mail: presse@e-pro.de
WWW: www.e-pro.de

12.3 Glossar

Kai Rickhoff

A

Access Point

Zugangspunkt.

Account

Zugangsberechtigung zu einem Computer, einer Mailbox oder einem Online-Dienst. Besteht aus einem Benutzernamen und einem persönlichen Kennwort (Passwort).

ActiveX

Von Microsoft entwickelte Technologie für dynamische Internet-Anwendungen.

AdClick

Klicks auf Hyperlinks, die zur Webseite eines Werbungstreibenden führen.

Administrator

Bezeichnung für den Systemverwalter in einem Netzwerk. Dieser hat uneingeschränkte Zugriffsrechte und ist für die Verwaltung und Betreuung des Netzwerks zuständig.

ADSL

Abkürzung für: Asymmetric Digital Subscriber Line (Variante des DSL). Technologie, die Hochgeschwindigkeitsübertragungen von digitalen Signalen über ein gewöhnliches Kupfertelefonkabel erlaubt.

Agent

Programm, das im Bereich der Datenrecherche Aufträge des Nutzers in vorher festgelegten Quellen (Informationsspeichern) durchführt und die Antworten bereitstellt.

Alias-Name

Bedeutet soviel wie „auch ... genannt" – alternativer Name (Pseudonym) für ein Objekt, eine Datei oder eine andere Gruppe zusammengehöriger Daten.

Amortisation

Wiedergewinnung der Aufwendungen einer Investition durch erwirtschaftete Erträge.

Animated GIF

GIF-Animationen, bewegte Bilder.

Animation

Darstellung von Bewegungsabläufen. Ähnlich wie bei einem Zeichentrickfilm wird Bild für Bild aufgebaut und dann präsentiert.

Animiertes GIF

GIF-Bild, das aus mehreren Einzelbildern besteht, die hintereinander ablaufen und so einen Animations-Effekt erzielt.

Anklopfen

ISDN-Dienstmerkmal. Auch bei bestehender Verbindung wird dem Endgerät ein ankommender Ruf über den D-Kanal signalisiert.

Anwählverbindung

Eine Verbindung zum Internet, bei der man eine Telefonnummer wählen muss. Wird auch Dial-up Connection genannt.

Applet

In der Regel kleine Programme, die in der Programmiersprache Java entwickelt werden und, in eine HTML-Datei integriert, in einem Internet-Browser auf dem Rechner des Users ausgeführt werden.

ARPANet

Abkürzung für: Advanced Research Project Agency Network. Vom amerikanischen Verteidigungsministerium 1969 aufgebaut. Gilt als Vorläufer des Internet.

ASCII

Abkürzung für: American Standard Code for Information Interchange. Eine klassische Codierung von Zeichen (Buchstaben, Zahlen, Satzzeichen).

ASP

Abkürzung für: Active Server Pages. Standard der Firma Microsoft, mit dem die Ausführung der Scriptsprachen JScript und VBScript direkt auf dem Web-Server realisiert wird.

ATM

Abkürzung für: Asynchronous Transfer Mode; eine Technologie zur Datenübertragung mit hohen Bandbreiten (155 Mbit und mehr). Die Daten werden in Pakete aufgeteilt und können in Echtzeit übertragen werden.

Attachment

Ausdruck für die Anlage an ein E-Mail.

Auflösung

Anzahl der Bildschirmpunkte (Pixel) in horizontaler und vertikaler Richtung.

AVI

Abkürzung für: Audio Video Interleave. Ein Multimedia-Dateiformat für Video inklusive Audio.

B

B2B

Abkürzung für: Business-to-Business. Elektronischer Handel über das Internet zwischen Unternehmen und Unternehmen.

B2C

Abkürzung für: Business-to-Customer. Der elektronische Handel über das Internet zwischen Unternehmen und Kunden.

Backbone

Leitungen, die den hauptsächlichen Datenverkehr innerhalb eines Netzwerkes tragen.

Back-Office

Unternehmensinterne Verarbeitung aller Prozesse, wie z.B. die Weiterbearbeitung von Bestellungen.

Bandbreite

Kapazität eines Netzwerks. Gibt an, wie viele Daten gleichzeitig verarbeitet werden können.

Banner

Online-Anzeigen im www. Per Hyperlink ist das Banner mit einer Web-Seite verbunden.

BAPI

Abkürzung für: Business Application Programming Interfaces. Objektorientierte Schnittstellen zu SAP R/3, mit deren Hilfe Kopplung von Systemen ermöglicht wird.

Basisanschluss

ISDN-Anschluss mit zwei Basiskanälen und einem D-Kanal.

Basiskanal

Auch B-Kanal genannt. Dient zur Übertragung von Nutzdaten. Seine Übertragungskapazität liegt bei 64 KB/s.

BDE

Abkürzung für: Betriebsdatenerfassung. System, das Personaldaten, Zeiterfassungsdaten und Maschinendaten verwaltet.

Benutzerkennung

Name, mit dem sich der Benutzer dem Computersystem gegenüber identifiziert.

Benutzeroberfläche

Bildschirmdarstellung eines Programmes. Heutiger Standard ist die graphische Benutzeroberfläche mit Menüs, Icons und Dialogfeldern.

Betriebssystem

Ein Betriebssystem ist die Software eines Computers, die angeschlossene Geräte, Dateien und Programme kontrolliert, steuert und überwacht, so dass ein Arbeiten mit dem PC erst ermöglicht wird.

Bildfrequenz

Die Bildwiederholrate oder Bildwiederholfrequenz gibt an, wie oft ein Bild auf dem Monitor in der Sekunde neu aufgebaut wird.

Bit

Abkürzung für: Binary digit. Kleinste Informationseinheit in der Computertechnik. Die Information eines Bits ist 0 oder 1, was dem logischen „wahr oder falsch" entspricht.

Bitrate

Maßeinheit für die Übertragungsgeschwindigkeit, etwa eines Modems. Acht Bits/s entsprechen einem Zeichen (Byte) pro Sekunde.

B-Kanal

Enthält die Nutzdaten einer ISDN-Verbindung. Jeder ISDN-Basisanschluss hat zwei B-Kanäle.

Bookmark

Lesezeichen. Dient der Kennzeichnung interessanter Seiten des www. Die festgehaltenen Seiten können zu einem späteren Zeitpunkt wieder abgerufen werden.

bps

Abkürzung für: bits per second.

Bridge

Gerät zum Verbinden zweier gleichartiger Netze oder Netzsegmente.

Browser

Ein Navigationsprogramm für Internet-Dienste, um Dokumente mit Daten aller Art (Text, Audio, Video) auf den eigenen Rechner übertragen und darstellen zu können.

Bus

Ein Bus ist ein Verbindungssystem, über das alle Teilnehmer (Systeme, Geräte) binäre Signale austauschen und gleichrangigen Zugriff haben.

Byte

1 Byte entspricht einem Datensatz aus 8 Bit. 1024 Bytes sind 1 Kilobyte (Kbyte).

C

Cache

Zwischenspeicher auf der Festplatte eines Computers oder eines externen Rechners.

CAD

Abkürzung für: Computer Aided Design. Software, die u.a. von Ingenieuren, Konstrukteuren und Technischen Zeichnern eingesetzt wird, um Zeichnungen und Konstruktionen zu erzeugen.

CAE

Abkürzung für: Computer Aided Engeneering. Basiert auf CAD und schließt die konzeptionellen und analytischen Konstruktionsschritte mit ein.

Call Center

Organisationseinheit, die eingehende und ausgehende Telefonanrufe mit modernster Informations- und Telekommunikationstechnologie effizient bearbeitet.

CAM

Abkürzung für: Computer Aided Manufactoring. Arbeitet mit den Daten eines CAD-Systems und unterstützt die Erstellung von CNC-Programmen.

CAP
Abkürzung für: Computer Aided Planning. Unterstützt durch Produktionsablaufsimulationen die Arbeitsvorbereitung und Fabrikplanung.

CAS
Abkürzung für: Computer Aided Selling. Gängiger Begriff für das computerunterstützte Verkaufen.

CBT
Abkürzung für: Computerbasiertes Training.

CC
Abkürzung für: Carbon Copy, Durchschlag. Kopie einer E-Mail, die nur einmal verfasst werden muss und an weitere Empfänger verteilt werden kann.

CD-ROM
Abkürzung für: Compact Disc Read Only Memory.

CERN
Abkürzung für: Centre Européen de Recherche Nucléaire. Das Europäisches Kernforschungszentrum in Genf.

CGI
Abkürzung für: Common Gateway Interface. Der CGI-Standard definiert die Regeln für den Ablauf eines externen Programmes auf einem HTML-Server.

Chat
Unterhaltung zwischen mehreren Nutzern, die gleichzeitig online sind.

Client
Arbeitsplatzrechner oder Programme, die Dienstleistungen von Servern in Anspruch nehmen.

Client-Server-System
Die Verarbeitung einer Anwendung wird in zwei separate Teile aufgeteilt und ist über ein Netzwerk verbunden. (Ein Teil läuft auf einem Server, auch als „backend" bezeichnet, der andere Teil läuft auf einer Workstation, auch „frontend" genannt.)

Clustering

Verbindung von mehreren Servern in einer IT-Umgebung, um Ressourcen effizienter nutzen zu können und Systemausfallzeiten zu reduzieren,

Community

Im Internet versteht man unter einer Virtual Community eine Gruppe von Kunden, Interessenten, Gleichgesinnten, die einen oder mehrere Internet-Dienste zum Informationsaustausch benutzen.

Computervirus

Programm, das unbemerkt von Computer zu Computer wandert (z.B. durch E-Mail, Download, Austausch von Disketten), sich dort festsetzt und meist Schaden anrichtet. Oft werden dabei Datenbestände verändert oder gelöscht.

Cookie

Datei, die bei dem Besuch einer Web-Site auf dem Computer des Nutzers abgelegt wird. Mit ihrer Hilfe können Informationen über dessen Präferenzen gesammelt werden.

CPU

Abkürzung für: Central Processing Unit; Kernbestandteil eines Computers, der die Anweisungen eines Programms ausführt.

Crawler

Programm zur automatischen Erstellung des Index von Webseiten.

CRM

Abkürzung für: Customer Relationship Management. CRM basiert auf einem ganzheitlichen Ansatz, der die Kernbereiche Vertrieb, Marketing, Kundendienst, Management und Technologie umfasst. Ziel ist eine bessere interne sowie auch externe Kommunikation.

CTR

Abkürzung für: Click-Through-Ratio, Klickrate. Die durchschnittliche CTR im www liegt zwischen 1,5 und 2,5 Prozent.

Customer Care Center

Organisationskonzept, um eingehende und ausgehende Kundenkontakte mit moderner Technologie zu bearbeiten.

Customer Relationship Management

Unternehmensweites Konzept der Pflege und des Managements von Kundenbeziehungen, abteilungs- und funktionsübergreifend.

Cybercash

Zahlungssystem im Internet.

Cybermoney

Zahlungsmittel, die über das Internet geladen werden können. Nicht auf Kartensysteme, elektronische Geldbörsen oder Geldkarte angewiesen.

Cyberspace

Populäre Bezeichnung für das globale Netzwerk.

D

Data Warehouse

Softwarelösung, die große Datenmengen verwaltet, speichert und für alle berechtigten Bereiche Zugriffe organisiert. Data Warehouse Software beinhaltet Suchtechniken für schnelle Begriff- und Dateisuche sowie Datenfilter.

Dateitransferprotokoll (FTP, File Transfer Protocol)

Standard zur Übertragung von Dateien, insbesondere Programmdateien, über das Internet.

Datenbank

Sammlung von Daten und Wissen, die elektronisch, zugänglich ist. Datenbanken können sich auf Speichermedien im eigenen Personalcomputer oder einem Zentralrechner (Server) befinden.

Datenkomprimierung

Ein Verfahren zur Verringerung des Datenvolumens, das bei der Datenkommunikation eingesetzt wird.

Datenpaket

Informationseinheit, die als Ganzes in einem Netzwerk übertragen wird.

DBM

Abkürzung für: Database Marketing. Datenbankgesteuerte Kommunikation mit Zielgruppen.

DBMS

Abkürzung für: Datenbank-Managementsystem. Softwareebene zwischen der Datenbank und dem Benutzer zur Organisation, Speicherung und Abfrage von Informationen.

DE-NIC

Abkürzung für: Deutsches Network Information Center. Ist für die Vergabe von Domains und IP-Adressen in der Toplevel-Domain .DE zuständig und verwaltet den primären Nameserver der Domain .DE.

Desktop

Arbeitsbereich auf dem (PC-) Bildschirm, der die Oberfläche eines Schreibtisches simulieren soll.

DFÜ

Datenfernübertragung, z.B. über eine Telefonleitung, Funkstrecken oder Satelliten.

Digitale Signatur

Elektronische Unterschrift, die Personen im Internet eindeutig identifiziert. Persönliche Daten sind hierbei auf einer Smart Card, einer Chip-Karte mit mehreren Funktionen, gespeichert.

Distribution

Bezeichnet eine Zusammenstellung eines lauffähigen und installierbaren Systems, bestehend aus Kernel, Grundsystem, Serverdiensten und Applikationen.

D-Kanal

Signalisierungskanal im ISDN-Netz.

DMS

Abkürzung für: Dokumenten-Management-System.

DNS

Abkürzung für: Domain-Name-Service (oder -server oder -system). Dienst, der IP-Adressen in Namen umsetzt.

Docking-Station

Erweitert ein mobiles System um stationäre Funktionalitäten. Laptops oder Notebooks können hiermit einfach an die üblichen Peripheriegeräte (Bildschirm, Tastatur, Drucker) angeschlossen werden.

Domain

Anzahl von Rechnern, deren Hostnamen durch ein gleiches Suffix, den Domain-Namen, verbunden sind, als auch die Bezeichnung für die Zusammenfassung von Ressourcen unter einer gemeinsamen Steuerung.

Domain-Name

Die komplette eigene Firmenadresse im Internet.

Download

Abspeichern von Informationen aus dem Internet im eigenen Computer bzw. Herunterladen einer Datei von anderen Rechnern auf das eigene Gerät.

DSL

Abkürzung für: Digital Subscripet Line. Verbindungstechnik, mit der Daten mit hohen Geschwindigkeiten übertragen werden können. Bei allen Varianten dieser Technik (ADSL, HDSL, SDSL) werden spezielle Modems an Kupferdraht-Standleitungen betrieben.

DTP

Abkürzung für: Desktop Publishing. Das Layout und die Druckvorbereitung von Dokumenten am Computer.

DV

Abkürzung für: Datenverarbeitung

E

E-Commerce

Elektronischer Handel über das Internet zwischen Unternehmen und Kunden.

EDI

Abkürzung für: Electronic Data Interchange. Austausch von genormten Daten zwischen zwei Computersystemen verschiedener Geschäftspartner.

EDIFACT

Abkürzung für: Electronic Data Interchange for Administration, Commerce and Transport. Weltweit gültiger Standard im elektronischen Geschäftsdatenaustausch.

Editor

Teil des Betriebssystems, mit dem Programme eingegeben, ergänzt redigiert werden können.

EDM

Abkürzung für: Enterprise Data Management. EDM-Systeme unterstützen die Datenintegration von im Unternehmen vorhandenen Bereichslösungen wie CAD, CAM, PPS/ERP.

EDV

Abkürzung für: Elektronische Datenverarbeitung.

Einloggen

Das Anmelden eines Anwenders in einem Netzwerk oder einem anderen Kommunikationssystem.

Electronic Commerce

Elektronischer Handel. Umfassende, digitale Abwicklungen von Geschäftsprozessen zwischen Unternehmen und deren Kunden.

Electronic Marketplaces

Eine virtuelle Plattform im Internet zum Handeln von Gütern und Dienstleistungen.

Electronic Procurement

Elektronische Beschaffungsprozesse in einem Unternehmen

E-Mail

Abkürzung für: electronic mail. Austausch von Textnachrichten und Computerdateien über ein Kommunikations-Netzwerk.

Emoticon

Kunstwort aus Emotion und Icon. Kleine Bildchen bestehend aus Textzeichen, die beim Chatten Gefühle ausdrücken sollen.

Encryption

Auch Kryptographie genannt. Generelle Bezeichnung für Verschlüsselungs- oder Chiffrier-Verfahren auf Software-Basis.

ERP

Abkürzung für: Enterprise Resource Planning. Vollständig integrierte Software-Lösung für Fertigung, Finanzen, Logistik, Personal, Projekt und Vertrieb.

Ethernet

Bezeichnung für eine ganze Reihe von Basisbandnetzen. Es existiert eine Vielzahl von Topologien, Verkabelungsarten und Übertragungsgeschwindigkeiten (bis 100 MBit/s).

Euro-ISDN

Ende 1993 in 20 europäischen Ländern nach einem einheitlichen Standard eingeführtes ISDN.

Extension

Ende eines Dateinamens, welches den Dateityp identifiziert.

Extranet

Auf Internet-Technologie basierendes geschlossenes Netzwerk eines Unternehmens.

E-Zine

Abkürzung für: Electronic Magazine. Elektronisch produzierte und veröffentlichte Zeitschrift.

F

FAQ

Abkürzung für: „Frequently asked questions". Sammlung von häufig gestellten Fragen und deren Antworten zu einem bestimmten Thema.

Fax-Modem

Ein Fax-Modem arbeitet grundsätzlich wie ein normales Modem, jedoch wird ein spezielles Übertragungsprotokoll angewendet, welches der internationalen Norm für die Fax-Übertragung entspricht. Zum Betrieb eines Fax-Modems ist eine spezielle Software nötig. Gebräuchlich sind kombinierte Modems, die sowohl zur Daten- als auch zur Faxübertragung geeignet sind.

Festnetze

Das Telefonnetz der Telekommunikationsgesellschaften.

Festplatte

Massenspeicher, der zur magnetischen Speicherung von Daten dient.

File

Datei

File Transfer

Datentransport.

Firewall

Schutzsystem für das Netzwerk eines Unternehmens gegenüber unberechtigten Dritten.

Frame

Aufteilung der Darstellungsfläche eines Browsers in mehrere Teilflächen.

Front-Office

Einrichtungen und Applikationen, welche im Bereich E-Business dem direkten Kundenkontakt dienen. Dazu zählen beispielsweise Call Center oder Customer-Relationship-Management-Systeme (CRM).

FTP

Abkürzung für: File Transfer Protocol. Dateiübertragungsprotokoll zwischen zwei Rechnern, das den Transport von Dateien in einem Netzwerk erlaubt.

G

Gateway

Übergang, der die Verbindung zwischen Netzwerken mit verschiedenen Protokollen herstellt und die Konvertierung der Informationen von einem Netzwerk zum anderen übernimmt.

GByte

Abkürzung für: Gigabyte (1024 Megabyte). Größe für die Speicherkapazität von elektronischen Speichern.

GIF

Abkürzung für: Graphics Interchange Format. Weitverbreitetes Grafikformat, das Bild-Daten in einer komprimierten Datei speichert.

Global Village

Unter der Wirkung des Internet entstandener Begriff, der die durch die Kommunikation „geringer werdende" Distanz zwischen allen Orten der Erde zum Ausdruck bringt.

GPL

Abkürzung für: General Public License. Das bedeutet, dass der Quellcode frei verfügbar ist, also kopiert und verändert werden darf und das Resultat wieder frei zur Verfügung gestellt werden muss.

Groupware

Programme zur Organisation und Verwaltung von Geschäftsabläufen. Dabei können Mitglieder einer Gruppe, auch über größere Entfernungen hinweg, gemeinsam Informationen sammeln, speichern und auswerten.

GSM

Abkürzung für: Global System of Mobile Communication. Technischer Standard für digitalen Mobilfunk. Es können Daten bis zu 9600 bps übertragen werden.

GUI

Abkürzung für: Graphical User Interface. Grafische Benutzeroberfläche.

H

Halbduplexverfahren

Übertragung von Daten in nur eine Richtung.

Hardware

Alle Bauteile und mechanischen Komponenten eines Computers sowie die daran angeschlossenen Geräte.

HBCI

Abkürzung für: Home Banking Computer Interface. Seit 1995 unter Federführung des Bundesverbandes deutscher Banken BDB und des Zentralen Kreditausschusses entwickelter Standard.

HDSL

Abkürzung für: High bit rate Digital Subscriber Line. Unter HDSL wird die Übertragung von 2,048 Mbit/s in beiden Übertragungsrichtungen verstanden. Die Übertragung erfolgt bidirektional über ein, zwei bzw. drei Doppeladern.

Header

Der administrativ-informative Teil, der einer E-Mail vorangestellt wird.

HelpDesk

Ein System, welches zur Erfassung und Verfolgung von Kundenproblemen und -anfragen dient.

HMD

Abkürzung für: Head Mounted Display. Datenhelm mit optischem und akustischem Output.

Homepage

Startseite oder Einstiegsseite eines Internet-Angebotes. Von der Homepage aus erhält man Zugang zu allen anderen Seiten des Systems.

Host

Zentralcomputer, auf den mehrere andere Computer zugreifen.

Hosting

Die Möglichkeit, den eigenen Rechner bei einem Provider aufzustellen.

HTML

Abkürzung für: Hypertext Markup Language. Seitenbeschreibungssprache zum Erstellen von Internet-Dokumenten, die mit Hilfe eines Browsers dargestellt werden können.

HTTP

Abkürzung für: Hypertext-Transfer-Protokoll. Zur Übertragung von Daten zwischen Web-Server und Web-Client. HTTP zeichnet sich vor allem durch Einfachheit und Geschwindigkeit aus.

HUB

Technischer Knotenpunkt, an dem mehrere Geräte eines Netzwerkes angeschlossen werden.

Hybride Fernseher

Fernsehgeräte, die auch als Personalcomputer genutzt werden können.

Hyperlink

Verbindung zwischen einer Stelle in einem Dokument mit einer anderen innerhalb des Dokuments oder in einem anderen Dokument.

I

Icon

Bildsymbol. Es kann mit der Maus angeklickt werden, um einen Funktion oder ein Programm zu aktivieren.

IDE

Abkürzung für: Interactive Development Environment. Programm, das einem Software-Entwickler durch Zusammenfassung von Funktionen die Programmierung von Schnittstellen erleichtert.

IMAM

Abkürzung für: Internet Message Access Protocol. Methode zum Erstellen, Abfragen, Löschen und Umbenennen einer Mailbox.

Inbound

Eingehende Anrufe in das Unternehmen.

Informationsbroker

Spezialist für alle Fragen der Informationsbeschaffung, -verarbeitung und -vermittlung.

Infotainment

Kunstwort, zusammengesetzt aus Information und Entertainment. Multimediale Kommunikationsform, bei der der Informationszuwachs mit Unterhaltung verbunden ist.

Interface

Schnittstelle.

Intermediär

Zwischenhändler. Wiederverkäufer, der eine dem Großhandel vergleichbare Vertriebsorganisation aufweist.

Internet Based Training

Bezeichnet eine Lehr-/Lernform, bei der die Lernangebote (Hypertextsysteme, CBT, Kommunikationsinstrumente, interaktive Übungen, Tests) dem Lehrenden oder Lernenden via Internet-Technologien zur Verfügung stehen.

Internet Provider

Bezeichnung für den Anbieter eines Internet-Zugangs.

InterNIC

Abkürzung für: International Network Information Center. Organisation, die die weltweite Registrierung von IP-Adressen und Domänennamen übernimmt.

Intranet

In sich abgeschlossene Netzwerke, zumeist in Firmen oder anderen Systemen, die aus einem Verbund von Rechnern innerhalb eines Hauses bestehen.

IP

Abkürzung für: Internet Protocol. Das Protokoll innerhalb des TCP/IP-Protokolls, das die übermittelten Daten in Pakete einteilt und diese Pakete an das Zielnetzwerk und die Station weiterleitet.

IP-Adresse

Logische 32-Bit-Adresse, die einen TCP/IP-Host eindeutig zuordnet. Die IP-Adresse besteht aus vier durch Punkte getrennte Ziffernserien, wobei jede Serie eine Zahl von 0 bis 255 sein kann, z.B. 204.123.27.69.

IRC

Abkürzung für: Internet Relay Chat. Internet-Dienst, der die gleichzeitige Online-Kommunikation mit beliebig vielen Teilnehmern ermöglicht.

ISDN

Kurzform für „Integrated Services Digital Network", bedeutet wörtlich „dienstintegriertes Digitalnetz".

ISDN-Karte

In den Rechner integrierte Steckkarte, die den Anschluss des Rechners an ISDN ermöglicht.

ISP

Abkürzung für: Internet Service Provider. Unternehmen, die den Zugang zu Netzwerken anbieten.

J

Java

Objektorientierte und plattformunabhängige Programmiersprache.

Java Applets

Kleine, in Java geschriebene Programme, die häufig im www verwendet werden.

JavaBeans

Wiederverwendbare Softwarekomponenten, die in Java realisiert wurden. Ermöglichen den Einbau in eine Applikation oder in ein Applet.

JDBC

Abkürzung für: Java Database Connectivity. Treiber, mit dem eine Datenbanksoftware eine Schnittstelle für Java Programme oder Applets zur Verfügung stellt.

JPEG

Abkürzung für: Joint Photographics Experts Group. Grafikformat, das im Internet weit verbreitet ist.

K

Kabelmodem

Ein Modem, das Daten über ein TV-Netz sendet und empfängt. Kabelmodems erreichen mit 500 Kilobit pro Sekunde (kbps) eine höhere Geschwindigkeit als die üblichen, konventionellen Modems.

KByte

Abkürzung für: Kilobyte. 1 Kilobyte entspricht 1024 Byte.

Knowledgebase

Online-Archiv, das Details über gelöste Probleme speichert und sie als strukturierte Daten zur Verfügung stellt.

Kryptographie

Methoden zur Verschlüsselung von Informationen und zur Authentisierung von Personen und Informationen.

L

LAN

Abkürzung für: Local Area Network. Netzwerk, das eine räumlich begrenzte Ausdehnung aufweist, z.B. innerhalb eines Gebäudes.

Laptop

Tragbarer Computer.

LCD

Liquid Crystal Display. LCD-Bildschirme zeichnen sich durch ihre Abmessungen, ihr geringes Gewicht und ihren niedrigen Stromverbrauch aus.

Link

Verbindung zwischen Dokumenten im Internet. Hypertext-Links bestehen aus zwei Teilen: einem Referenzteil mit Angaben über das verbundene Dokument sowie einem Anchor (Anker).

Linux

Von Linus Torvalds initiiertes, netzwerkfähiges Unix-like Betriebssystem, basierend auf unterschiedlichsten Plattformen wie z.B. Intel x86, Sparc, Alpha usw.

Linux-Distribution

Zusammenstellung eines lauffähigen und installierbaren Linuxsystems, bestehend aus Kernel, Grundsystem, Serverdiensten und Applikationen.

Lizenz

Erlaubnis, das Produkt eines anderen zu benutzen. Der Lizenznehmer muss vertraglich festgelegte Lizenzgebühren an den Inhaber des Patents oder Urheberrechts (Lizenzgeber) entrichten.

Lizenzgebühr

Aus dem Lizenzvertrag zu entrichtende Entgelte für die Verwertung von Produkten.

Local Call

Ortsgespräch.

Local Loop

Ortsnetz.

M

Mailbox

Automatisches Nachrichtensystem, das einen oder mehrere Anschlüsse an das Telefonnetz hat. Die Benutzer einer Mailbox können sich gegenseitig Nachrichten zukommen lassen und nutzen die Mailbox als Kommunikationsforum.

Mailing-Liste

Dient zum gleichzeitigen Versenden von E-Mails an mehrere Empfänger, die vorher die Liste abonniert haben bzw. eingeschrieben sind.

Mainframe

Begriff für Großrechnersysteme.

Makro

Immer wiederkehrende, gleichartige Befehlsfolgen lassen sich in Makros zusammenfassen.

Mbps

Abkürzung für: „Megabit per second". Maß für die Übertragungsleistung einer Leitung.

Metadaten

Informationen über Daten. So bilden z.B. der Titel, der Betreff, der Autor und die Dateigröße die Metadaten zu einem Dokument.

Middleware

Software, die Anwendungsprogramme und ein Netzwerk verbindet.

MIME

Abkürzung für: Multipurpose Internet Mail Extensions. Standard für mehrteilige Multi-Media-E-Mail-Messages und WWW-Hypertext-Dokumente im Internet. Multimedia-Erweiterung des E-Mail-Übertragungsprotokolles SMTP.

Mirror

Originalgetreues Abbild eines elektronischen Dokuments an einer anderen Stelle.

MIS

Abkürzung für: Management-Informationssystem. Computergestütztes System zur Verarbeitung und Aufbereitung von Informationen, mit dem Ziel, den verschiedenen Verwaltungsebenen innerhalb eines Unternehmens die erforderlichen Informationen zur Entscheidungsfindung rechtzeitig zur Verfügung zu stellen.

MMX

Abkürzung für: Multimedia Extensions. Eine Optimierung der Architektur von Intel Pentium-Prozessoren, die eine verbesserte Leistungsfähigkeit von Multimedia- und Kommunikationsanwendungen ermöglicht.

Mobile Operator

Betreiber eines Mobilfunknetzes.

Modem

Der Modem (Modulator-Demodulator) wandelt in digitaler Form vorliegende Signale in analoge Signale und umgekehrt.

MPEG

Abkürzung für: Motion Picture Experts Group. Kompressionsstandard für Audio- und Videodaten.

Multitasking

Fähigkeit von Rechnern und Betriebssystemen, mehrere Programme parallel auszuführen. Die Ablaufeinheiten der Programme werden dabei Task genannt.

N

Nameserver

Rechner, der Domain-Namen und IP-Adressen zuordnen kann.

Netiquette

Kunstwort, zusammengesetzt aus „Network Etiquette". Beschreibt die Regeln für die Verhaltensweisen im Internet.

Netzklassen

Eine Netzklasse ist abhängig von der Anzahl der an das Internet angeschlossenen Computer. Man unterscheidet zwischen den Klassen A, B und C.

Newsgroup

Bezeichnung für eine Diskussionsgruppe oder ein Forum zu einem bestimmten Thema im Internet.

Notebook

Ein abgespeckter Laptop mit meistens kleinerem Bildschirm und weniger Erweiterungsmöglichkeiten.

O

OCR

Abkürzung für: Optical Character Recognition. Erkennung von gedruckten oder geschriebenen Zeichen durch den Computer.

ODBC

Abkürzung für: Open Database Connectivity. Schnittstelle für den Zugriff auf SQL-fähige Datenbanken.

Offline

Beendete oder abgebrochenen Verbindung mit einem Online-Dienst.

Online

Gegenteil von Offline. Verbindung zu einem Online-Dienst oder dem Internet.

Online-Kommunikation

Kommunikation im virtuellen Raum, in der Regel auf der Basis von Internet-Technologie.

Online-Shop

Web Site, auf der ein Unternehmen Produkte oder Dienstleistungen zum Kauf anbietet.

Open Distance Learning

Lernen auf Distanz. Fernstudienbriefe werden von Server abgerufen.

Open Source

Von Eric Raymond geprägter Begriff für frei verfügbare Betriebssyteme wie Linux.

Outbound

Ausgehende Anrufe aus dem Unternehmen.

P

Page View

Angabe darüber, wie oft eine Seite im Internet aufgerufen wurde.

Pager

Persönliches mobiles Rufgerät, mit dem alphanumerische Daten (kurze Meldungen, Nachrichten usw.) empfangen werden können.

Parsen

Automatisierter Prozess zum Erkennen von Strukturen oder Dateninhalten. Parser werden verwendet, um die Inhalte aus XML - Dateien herauszufiltern oder um innerhalb Texten Schlagworte zu erkennen und zu verwerten.

Passwort

Ein vereinbartes Codewort, das den Benutzern nach der Eingabe den Zugang zu einem Computersystem oder Netzwerk ermöglicht.

Patch

Mit Hilfe von Software-Patches kann man Fehler einer Software nachträglich beheben.

PC

Personal Computer

PCI-Bus

Abkürzung für Peripheral Component Interconnect Bus. System von parallelen Leitungen zur Übertragung von Daten zwischen einzelnen Systemkomponenten, insbesondere zu Erweiterungs-Steckkarten.

PDF

Abkürzung für: Portable Document Format. Plattformübergreifendes Dateiformat, welches zur elektronischen Veröffentlichung von Dokumenten benutzt wird.

PDM

Abkürzung für: Product Data Management. System zur Produktdatenverwaltung.

PIN

Abkürzung für: Personal Identification Number.

PlugIn

Zusatzprogramm für Internet-Browser, das bestimmte Anwendungen – meistens multimediale Applikationen – ausführen kann.

POI

Abkürzung für: Point of Information, auch Point of Interest genannt. Ort für Informationen mit einem multimedialen Auskunftssystem.

PoP

Abkürzung für: Point of Presence. Bezeichnet eine Zweigstelle eines ISP, die ihn lokal vertritt.

POP

Abkürzung für: Post Office Protokoll. Regelt die Verwaltung eingegangener Mails auf dem Mail-Programm beim User.

POS

Abkürzung für: Point of Sale.

PPP

Abkürzung für: Point to Point Protocol. Wurde 1991 von der IETF (Internet Engineering Task Force) definiert. Erlaubt die gleichzeitige Übermittlung von Daten mehrerer Netzwerkprotokolle.

PPS

Produktionsplanung und -steuerung. Das Fertigungs-Modul eines ERP-Systems oder eigenständige Softwarelösung für die Unterstützung der Fertigungsorganisation.

Profiling

Erfassung von Nutzerdaten und Zusammenstellung zu einem Profil.

Provider

Unternehmen, das gegen Gebühr den Zugang zum Internet ermöglicht.

Proxy-Server

Ein Proxy-Server kann einzelne Datenpakete, die zwischen Internet und LAN transportiert werden, filtern und Zugriffe auf bestimmte Server begrenzen. Außerdem speichert ein Proxy-Server HTML-Seiten im Cache, so dass ein schnellerer Zugriff möglich ist.

Prozessor

Funktionseinheit, die nach vorgegebenen Programmen andere Einheiten steuert. In Computern wird sie CPU (Central Process Unit) genannt, da ihr die zentrale Bedeutung zukommt. Beim Zusammenfassen aller unmittelbar zu dieser Funktionseinheit gehörenden Bauteile auf einem einzigen Chip spricht man auch von einem Mikroprozessor.

Public Key Verfahren

Kryptographie-Verfahren. Die Public Key Verfahren beruhen auf der Idee, dass jeder Teilnehmer sich ein Schlüsselpaar bestehend aus einem geheimen und einem dazu passenden öffentlichen Schlüssel erzeugt. Den geheimen Schlüssel behält der Teilnehmer für sich und muss dafür sorgen, dass nur er den geheimen Schlüssel lesen und benutzen darf. Der öffentliche Schlüssel wird allen anderen Teilnehmern bekannt gemacht.

Q

Quelltext

Inhalt einer www-Seite in der HTML-Sprache. Wird von den Browsern in die lesbare grafische Darstellung transformiert.

R

RAID

Abkürzung für: Redundant Arrays of Independent Disks. Beschreibt den Einsatz von zwei oder mehr Laufwerken, um die Leistung zu erhöhen und die Fehlertoleranz zu reduzieren.

RegTP

Abkürzung für: Deutsche Regulierungsbehörde für Telekommunikation und Post.

Repeater

Signalverstärker in Netzwerken, der Signale regeneriert, um Ausdehnungsbeschränkungen aufgrund von Signalabschwächung und -verzerrung aufzuheben.

Repository

Sammelstelle für Daten.

Retrieval

Rückgewinnen, Wiederherstellen, Auffinden: Recherche in Informations- und Wissensspeichern.

RISC

Abkürzung für: Reduced Instruction Set Computer, eine Rechnerarchitektur, bei der die CPU nur wenige einfache Befehle sehr schnell ausführen kann.

ROI

Abkürzung für: Return on Investment. Kennzahl zur Analyse der Unternehmensrentabilität. Produkt aus Unternehmenserfolg und Umschlaghäufigkeit des investierten Kapitals.

Router

Verbindet zwei räumlich getrennte Netzwerke über eine Telekommunikationsleitung miteinander.

RS 232

Weit verbreiteter amerikanischer Schnittstellen-Standard der Electronic Industrie Association. Entspricht der V.24-Schnittstelle.

RSA

Abkürzung für: Rivest, Shamir, Adleman (Erfinder des RSA-Kryptoverfahrens).

RSA 1024-Bit

Asymetrisches Verschlüsselungsverfahren mit einer Schlüssellänge von 1024 Bit.

Rufumleitung

ISDN-Dienstmerkmal. Jeder eingehende Anruf kann zu einem anderen Anschluss weitergeschaltet werden.

S

Scanner

Mit einem Scanner können Texte, Bilder und Grafiken eingelesen und digital weiterverarbeitet werden.

Schnittstelle

Gerät, Anschluss oder Programm, das zwischen verschiedenen Funktionsgruppen vermittelt oder verbindet.

SCM

Abkürzung für: Supply Chain Management. Abstimmung aller logistischen Vorgänge und Funktionen innerhalb der Versorgungskette vom Lieferanten bis zum Verbraucher.

SCO

Abkürzung für: Supply Chain Optimization. Optimierung einzelner oder mehrerer Glieder der logistischen Kette innerhalb der Unternehmen mit dem Ziel, kurzfristig Verbesserungen des Kundenservices und möglichst hohe Einsparungen zu erzielen.

SCP

Abkürzung für: Supply Chain Planning. Beschreibt den entscheidungsunterstützenden, strategischen Aspekt des SCM, ohne jedoch die operativen Aufgaben wahrzunehmen.

Screen-Design

Layout von Bildschirminhalten, z.B. das Layout einer Web-Seite.

Security

Engl. für Sicherheit. Bei der Sicherheit im Internet gibt es inzwischen umfangreiche soft- und hardwaremäßige Sicherheitsmechanismen wie Firewalls und andere Sicherheitssysteme, die einen unbefugten Zugriff verhindern.

Sensoren

Geräte, die Daten erfassen. Geschwindigkeitssensoren messen das Tempo von Autos; Wärmesensoren ermitteln die Kühlwassertemperatur oder den Gesundheitszustand.

Server

Server realisieren funktionale und infrastrukturelle Netzwerkdienste. Sie bieten Funktionen an und ermöglichen auch die Netzadministration.

SET

Abkürzung für: Secure Electronic Transaction. Von MasterCard und VISA geförderter Standard für eine sichere Abwicklung von Online-Kreditkartentransaktionen in offenen Netzen.

SFA

Abkürzung für: Sales Force Automation. Fachbegriff für Automatisierung von Marketing, Außendienst und Vertrieb.

SGML

Abkürzung für: Standard Generalized Markup Language. ISO-Standard für eine Hypertextsprache zur Beschreibung von Dokumentenstrukturen.

Shareware

Programme, die man kostenlos oder zum Preis einer Kopiergebühr erhalten kann. Shareware soll dem Anwender die Möglichkeit geben, die Software zu testen, ohne sie gleich kaufen zu müssen.

S-HTTP

Abkürzung für: Secure Hypertext Transfer Protocol.

Site

Im Zusammenhang mit dem Internet wird mit „Site" ein komplettes Web-Angebot bezeichnet, das aus mehreren Seiten besteht.

Skalierbarkeit

Die Möglichkeit, eine Softwarelösung auf Rechnern unterschiedlicher Größen und unterschiedlicher Hersteller einzusetzen.

SLIP

Abkürzung für: Serial Line Internet Protocol.

SMS

Abkürzung für: Short Message Service.

SMTP

Abkürzung für: Simple Mail Transfer Protocol. Standardprotokoll im Internet zur Übertragung von elektronischer Post zwischen Rechnern.

SOHO

Abkürzung für: Small Office/Home Office.

Sponsoring

Online-Werbeform. Der Name eines Sponsors wird auf einer Web-Site sichtbar gemacht, z.B. durch den Zusatz „Powered by" oder durch ein permanentes Werbefeld.

SSL

Abkürzung für: Secure Socket Layer

Staging

Gezielte elektronische Freischaltung von inhaltlichen Teilbereichen. In Redaktionssystemen werden Inhalte teilweise Wochen zuvor bearbeitet und zum Erscheinungstermin der Gesamtausgabe veröffentlicht.

Stand-by

Bereitschaftsschaltung elektronischer Geräte (z.B. bei Fernsehgeräten, Videorekordern, PCs, Druckern).

Standleitung

Ständige Verbindung zwischen zwei Orten, die z.B. für einen Internet-Anschluss verwendet wird.

Suchmaschine

Nach Schlagworten durchsuchbare Datenbank, in der Informationen über den Inhalt von Websites angelegt sind.

Support-Dienst

Support-(Unterstützungs-)Dienste werden in der Regel von Anbietern von Hard- und Softwareprodukten bereitgestellt, um so den Kunden bei der Lösung technischer Probleme zu unterstützen.

Systemintegration

Technische Verbindung verschiedener Systemwelten eines Unternehmens. Ziel ist eine stabile, sichere und hochverfügbare Systemlandschaft.

T

Taktrate

Gibt an, wie schnell ein Prozessor arbeitet. Eine Taktrate von 266 MHz bedeutet z.B., dass ein Prozessor 266 Millionen mal pro Sekunde einen Arbeitstakt ausführt.

TAN

Abkürzung für: Transaktionsnummer.

TCP

Abkürzung für: Transmission Control Protocol

TCP/IP

Abkürzung für: Transmission Control Protokoll/Internet Protokoll. Ermöglicht die Kommunikation zwischen unterschiedlichsten Rechnern.

Telearbeit

Auslagerung eines Büroarbeitsplatzes in die Wohnung des Mitarbeiters oder in einen nahegelegenen Raum. Der Arbeitnehmer ist über moderne Kommunikationsmittel mit dem Computernetz seines Unternehmens verbunden.

Telelearning

Lernen auf Distanz unter der Verwendung von Telekommunikationstechnik. Die Kommunikation geht synchron oder asynchron vonstatten, wie z.B. bei Internet Based Training oder Business TV.

Telematik

Sammelbegriff für alle Nutzungen und Anwendungen, die auf der Verbindung von Telekommunikation und Informatik beruhen. Häufig wird der Begriff stark eingeschränkt auf die Steuerung von Verkehr oder Verfahren reduziert.

Terminaladapter

Auch ISDN-Adapter. Um analoge Geräte wie Faxgeräte oder Modems an ISDN zu betreiben, bedarf es eines ISDN-Terminaladapters (auch a/b-Wandler genannt).

TFT

Technik für Flachbildschirme, die hohe Helligkeits- - und Kontrastwerte sowie große Betrachtungswinkel ermöglicht.

Three-Tier-Architektur

Ermöglicht einen Datenaustausch in einer heterogenen Netzwerkumgebung. Der mittlere Tier (Tier = Rang) verbindet verschiedene Back-End-Server (Third-Tier) mit verschiedenen Front-End-Clients (First-Tier).

Thumbnail

Mini-Grafik oder -Abbildung auf einer Web-Seite

TIME

Abkürzung für: Telekommunikation-Information-Multimedia-Unterhaltungselektronik

Top-Level-Domain

Bezeichnung für eine – geographisch oder organisatorisch – zusammengefasste Gruppe von Rechnern im Internet, z.B. .de oder .com.

Traffic

Nachfrage eines Online-Angebotes.

Trust Center

Zertifizierungsstellen im Internet, sozusagen digitale Notariate, bei denen man die persönliche digitale Signatur erhalten kann.

U

Übertragungsprotokoll

Regelsystem für die korrekte Übertragung von Daten in Netzwerken. Die einfachste Übertragungsart sendet/empfängt ASCII-Zeichen mit einem „Return" (Absatzmarke) am Zeilenende.

UNIX

Mehrbenutzer- und Multitasking-Betriebssystem.

Upload

Das „Hinaufladen" einer Datei vom eigenen Rechner auf den entfernt stationierten Rechner mit einem Übertragungsprotokoll. Die Umkehrung dieses Vorganges heißt Download.

URL

Abkürzung für: Uniform Ressource Locator. Eine URL entspricht der Adresse eines Internet-Angebotes; sie enthält die Bezeichnung des angesprochenen Internet-Dienstes bzw. des entsprechenden Übertragungsprotokolls - z.B. „http" steht für www-Seiten, „ftp" steht für „file transfer".

User

Bezeichnung für Nutzer/Anwender. Anwender eines PC und seiner Programme bzw. Benutzer einer Datenbank oder eines Online-Dienstes.

V

Verbindungsaufbau

Töne bzw. Tonfolgen, mit denen sich zwei Modems nach einem Zustandekommen der Verbindung über die Übertragungsmethode einigen.

Vermittlungsstelle

Knotenpunkt im öffentlichen Telefonnetz. Die Telekom unterscheidet zwischen Ortsvermittlungsstellen, an denen ihre Kunden direkt angeschlossen sind, und Fernvermittlungsstellen.

Video on Demand

Service, dessen Ziel es ist, individuellen Abruf von Videoaufzeichnungen aller Art anzubieten (Unterhaltung, Bildung). Die Aufzeichnungen sollen dabei auf einem zentralen Server liegen und bei Bedarf abrufbar sein.

Viewer

Programm zum Lesen von Dateien. Änderungen an der Datei können nicht durch den Viewer durchgeführt werden.

Virtual Community

Virtuelle Gemeinschaft. Eine Gruppe, die geprägt ist von einem gemeinsamen Interesse (Kunden, Interessenten, Gleichgesinnte), die einen oder mehrere Internet-Dienste zum Informationsaustausch und zur elektronischen Kommunikation benutzen.

Virtual Reality

Virtuelle Realität. Ausgangspunkt ist Cyberspace, ein von W. Gibson in Anlehnung an die Kybernetik geprägtes Wort, das einen computergestützten Raum meint. Eine interaktive Simulation, die dem Besucher das Gefühl vermittelt, dass er sich in der vorgefundenen Umgebung direkt einbringen kann.

Virus

Viren sind kleine Programme, die ohne eigenes Hinzutun auf dem Computer Schaden anrichten können. Man kann sich mit Viren durch Downloads im Internet oder von fremden Disketten infizieren. Deshalb existieren verschiedene Virenschutzprogramme, die regelmäßig aktualisiert werden und die Festplatte vor Viren schützen können.

VIS

Vertriebsinformationssystem. Bezeichnung der Systeme zur Computerunterstützung im Vertrieb.

Visits

Angabe darüber, wie viele Besucher den www-Server in einem definierten Zeitraum besucht haben.

Voice Systeme

Voice Systeme erlauben es, Texte in den PC zu diktieren.

Volltextrecherche

Der komplette Text eines Dokumentes oder einer Datenbank wird für die Recherche aktiviert.

VR

Virtuelle Realität

VRML

Abkürzung für: Virtual Reality Modeling Language. Seitenbeschreibungssprache mit der dreidimensionale Szenen beschrieben werden können.

W

WAN

Wide Area Network. Im Gegensatz zu den lokal begrenzten Netzen (LAN) erstrecken sich WANs über größere Distanzen.

WAP

Abkürzung für: Wireless Application Protocol. Standard, mit dem Internetinhalte und andere Services auf digitale Mobiltelefone und andere schnurlose Geräte übertragen werden. WAP greift teilweise auf die Extensible Markup Language (XML) für die Strukturierung der Inhalte sowie das Internet Protocol (IP) für die Übertragung zu.

WBT

Abkürzung für: Web-Based Training. Lernprogramme, die über das www angeboten werden.

Web-Based-Support

Rat und Unterstützung bei Problemen über das Web (meistens bezogen auf Hard- oder Softwareprobleme).

Web-Browser

Programme, mit denen man durch das www navigieren kann.

Web-Hosting

Informationen, die über das Internet zur Verfügung gestellt werden, werden bei einem externen Provider abgestellt.

Webmaster

Verantwortliche Person für die technische Funktionalität eines Online-Auftritts.

Web-Server

Computer, der www-Dokumente vorhält. Die Aufgabe des Web-Servers besteht darin, auf Aufforderung Web-Dokumente, Dateien und Grafiken zu übertragen.

Website

Platz mit einer eigenen Adresse im Internet, der von Personen oder Unternehmen betrieben wird.

Whiteboard

Software, die mehreren über ein Netzwerk verbundenen Benutzern die gemeinsame Arbeit an einem Dokument ermöglicht.

Wissensmanagement

Schaffen eines Lern- und Arbeitsumfeldes, das das ständige Aufbauen, Sammeln, Nutzen und Wiederverwenden von Wissen unterstützt.

Wizard

Eingabe- und Konfigurationsassistent. Über komfortable Menüs wird z.B. das Setup von Netzwerkanwendungen wesentlich vereinfacht.

Workflow

Der Datenfluss von Dokumenten eines Unternehmens.

Workstation

Ein an das Netz angeschlossener Rechner, der hauptsächlich für die Erledigung der eigentlichen Arbeit gedacht ist. Wird auch als Arbeitsstation bezeichnet.

World Wide Web

Nutzwert- und kommerzorientierter, grafisch aufbereiteter Teil des weltumspannenden Computernetzwerks Internet. World Wide Web-Adressen beginnen mit http://www. Das www (Abkürzung für „World Wide Web") ist eine Art „Unternetz" des Internet, das von Servern gebildet wird, die Daten im HTML-Format zum Abruf bereitstellen.

www-Server

Server, der HTML-Dokumente und andere Internet-/Intranet-Ressourcen speichert.

X

X.25

Schnittstellennorm des CCITT zur paketorientierten Datenübermittlung.

xDSL

Oberbegriff der verschiedenen DSL-Techniken für die breitbandige Übertragung mit Kupferdoppeladern. Die bekanntesten xDSL-Techniken sind ADSL, UDSL, HDSL und VDSL.

XML

Extensible Markup Language. Erweiterbare, selbstdefinierende und oft selbstkommentierende Sprache zum Datenaustausch, die ähnlich wie HTML aufgebaut ist. Für den elektronischen Produktdatenaustausch existieren innerhalb des allgemeinen XML-Standards verschiedene Unternormen, die teilweise vollautomatisch ineinander überführt werden können.

Y

Z

12.4 Sachverzeichnis

Kai Rickhoff

Stichwort	Kapitel
A	
A-Artikel	5.2
Abkürzungen	8.4
Abonnenten	8.1
Abonnentengewinnung	8.1
Absatzschwierigkeiten	1.1
ACRM	3.2
Actionscript	9.3
Administrations-Tool	4.2
Adressen	8.1
Adressenmissbrauch	8.1
ADSL	9.1
AGB-Gesetz	10.1
Akronyme	8.4
Anbindung an ERP	4.4
Anfragen	8.1
Animierte Filme	9.3
Anonymisierte Daten	10.3
Anonymität	11.6
Anwendungen	9.2
Anwesenheitsservice	11.1
Applets	9.2
Application Service Providing	2.1
Arbeitgeber	7.2
Arbeitnehmer	7.2
Arbeitsabläufe	6.2
Arbeitsmarkt	7.2
Arbeitsorganisation	7.4

Stichwort	Kapitel
Arbeitsverhältnis	7.2
Archivierung	6.4
Artikel	4.3
Artikelklassifikation	5.2
Artikelliste	4.2
ASP-Anwendungen	11.1
ASP-Lösung	5.4
Asynchronus Transfer Mode	9.1
Audience Mode	8.2
Audiovisuelle Produktinformationen	11.4
Audits	9.5
Auftrags-Abwicklung	11.1
Auskunftsanspruch	10.3
Authoring-Tools	6.4
Autoresponder	8.1
Autorisierungsstufen	5.4
B	
B2B	2.4, 4.2
B2C	2.4, 4.2
Back-Bone Netze	9.1
Balanced Scorecard	2.7, 6.2
Bandbreite	9.1
Banner	3.1
Bannerwerbung	4.1
B-Artikel	5.2
BDSG	9.5, 10.3
Bedarfsbündelung	5.2
Bedarfsträger	5.4
Bedrohungsanalyse	9.5
Benachrichtigungsanspruch	10.3
Benutzerprofil	4.1, 6.4
Berechtigungen	6.4
Beschaffung	5.3, 5.4
Beschaffungsmanagement	5.2
Beschaffungsprozesse	5.1, 5.2, 5.4
Beschaffungsrisiko	5.1
Beschaffungsströme	5.4
Bestandsoptimierung	2.5

Stichwort	Kapitel
Bestellprozess	5.3
Bestellsystem	4.4
Bestellung	5.3
Besucherbindung	9.4
Besucherfrequenz	8.1
Besucherzahlen	9.4
Betriebliche Weiterbildung	7.4
Betriebswirtschaftlicher Ansatz	4.1
Bewegungsdaten	5.4
Bewerber	7.2
Bewerberdatenbank	7.2
Bewerberpool	7.2
Bewerbung	7.2
Bezahlverfahren	4.5
Beziehungsmanagement	1.5, 3.2
Bluetooth	9.1, 11.6
BMEcat	2.5, 4.3
Bounce-Management	8.1
Branding	3.1
Breitbandkabel	9.1
BSC	2.7
Buchhaltung	11.1
Buchhaltungssystem	5.3
Bundesdatenschutzgesetz	10.1, 10.3
Bürodienstleister	11.1
Büroorganisation	11.1
Business-Modell	2.3
C	
Café	1.1
C-Artikel	5.2
C-Artikel-Beschaffung	5.4
CBT	7.1, 7.4
C-Commerce	11.5
CD ROM	1.1
Change Management	2.1
Channels	8.2
Chat	7.1, 8.2
Chatroom	8.4, 11.3

Stichwort	Kapitel
Chatmoderation	8.2
Chatprotokoll	7.1
Chatsysteme	8.2
Chatverlauf	7.1
Clickstream-Analyse	2.2, 3.3
CMS	6.1, 6.3, 6.4
Collaboration Server	4.4
Collaborative Commerce	11.5
Collaborative Filtering	3.3
Collaborative Planning	11.5
Community	1.1, 1.5, 8.3, 11.3
Community-Chat	8.2
Community-Leasing	1.5
Community-Management	1.5
Compiler	9.2
Computer Aided Selling	3.2
Computer Based Training	7.1, 7.4
Content	2.6, 6.2, 6.3, 7.4, 11.2
Content groups	3.4
Content Lifecycle	6.1, 6.2, 6.4
Content Management	1.3, 6.1, 6.2, 6.3
Content Management Prozess	2.2
Content Management System	1.4, 6.3, 6.4
Content Strategie	4.4
Content Syndication	2.6, 6.3
Contentanalyse	6.3
Contentbeschaffung	2.6
Contentorientierung	6.3
Contentprovider	7.1
Context Aware Services	11.2
Contributoren	6.4
Cookies	9.4
Corporate Community	1.5
Corporate Identity	1.3, 9.3
Cost per owner	3.5
Counter	3.4

Stichwort	Kapitel
CPO	3.5
CRM	1.3, 3.2, 11.2
CRM-Lösungen	3.2
CRM-Projekte	3.2
CRM-System	2.4, 3.3
Crossposting	8.4
Cross-Selling	4.2
Customer Lifetime Value	3.2
Customer Relationship Management	2.1, 3.2, 6.1, 11.2
cXML	4.3
CyberCash	4.5
Cyber-Kriminalität	4.5
Cyberlaw	10.2
Cyber-Space	8.4
D	
Darstellungsform	6.3
Data-Mining	3.3
Datanorm	4.3
Daten	6.1
Datenautobahn	9.1
Datenbank	6.1, 9.2
Datenbankzugriff	9.2
Datenformat	4.3
Datennetze	11.6
Datenquellen	6.4
Datenschutz	10.1, 10.3
Datenschutzbeauftragter	10.3
Datenschutzrecht	10.3
Datenübertragung	9.1, 10.3
Datenverarbeitung	10.3
Datenvermeidung	10.3
Datenvolumen	9.4
DENIC	10.2
Design	1.1
Designer	1.1
Dienstleister	4.1
Dienstleistungskultur	2.1

Stichwort	Kapitel
Dienstleistungsunternehmen	2.7
Differenzierungsstrategie	2.1
Digitalisierung	9.1
Direktmarketing	1.5, 3.5
Diskussionsforen	8.2
Diskussionskultur	8.3
Distant Learning	7.1
Dokumente	6.3
Dokumentenverwaltung	1.3
Domain	1.1, 10.2
Domain Name Server	10.2
Domaingrabber	10.2
Domainkonflikte	10.2
Domainrecht	10.2
Domainstreitigkeiten	10.2
Domainvergabe	10.2
Doorway-Pages	9.4
Dotcom's	2.4
Download	3.4
Download-Center	1.1
Drei-Schichten-System	9.2
E	
EAI-Lösung	4.4
E-Auctions	5.2
E-Biddings	5.2
EBP	5.3
E-Business	1.1, 2.2, 2.4, 2.6, 2.7
E-Business-Plattform	1.4
E-Business-Transformation	2.1
E-Business-Strategie	2.3
E-Cash	4.5
E-Catalog	5.2
Echtzeiteingabe	11.5
eCl@ss	4.3
E-Commerce	2.2, 4.1, 4.2, 4.3, 4.5, 5.2
E-Commerce-Lösung	4.1

Stichwort	Kapitel
ECRM	3.2
EDGE	11.2
EDI	5.1
EDI-Systeme	11.5
EDM	4.3
Edutainment	7.1
E-Hubs	11.5
Einkauf	5.1, 5.2
Einkaufsabteilung	5.4
Einkaufskonzept	5.1
Einkaufsprozesse	5.1, 5.4
Einspar-Potenziale	5.2
E-Interviews	8.2
Einverständniserklärung	10.3
Einzelhandel	4.5
E-Kontakt	7.1
E-Kultur	1.1
Eldanorm	4.3
E-Learning	7.1, 7.4
E-Learning-Dienstleister	7.4
E-Learning-Lösung	7.4
E-Learning-Produkte	7.4
Electronic Customer Care	3.2
Elektronische Ausschreibungen	5.4
Elektronische Beschaffung	5.1
Elektronische Bezahlverfahren	4.5
Elektronische Marktplätze	5.1
Elektronischer Geschäftsverkehr	10.1
Elektronischer Handel	2.2, 5.1
Elektronischer Katalog	4.4, 5.1
E-Mail	3.1, 8.1, 8.4, 11.6
E-Mail-Adressen	8.1
E-Mail-Marketing	3.5
E-Mail-Verteiler	8.1, 8.3
E-Marketing	3.5
E-Marketplaces	5.3
E-Moderating	7.1
E-Moderation	7.1

Stichwort	Kapitel
Emoticons	8.4
Enterprise-CMS	6.4
Entertainment Communities	11.3
Enthusiastic charmer	1.1
Entwicklungsteam	7.3
E-Procurement	4.3, 5.1, 5.2, 5.3
E-Procurement-Systemkomponenten	5.4
E-Quality-Transformation	9.5
E-Request	5.2
Erlaubnis-Marketing	3.5
ERP-System	4.2, 4.3, 4.4, 5.4, 11.5
E-Sales	5.2
E-Supply Chain	5.2
ETIM	4.3
ETL-Tool	4.4
E-Tutor	7.1
E-Tutoring	7.1
F	
Favoriten	9.4
Fernabsatzgesetz	10.1
Fernkurs	7.1
Fernsehen	11.4
Fernsehprogramme	11.4
Firmenportal	1.3
Flash	9.3
Formulare	8.1
Forschungsphase	7.3
Forum	7.1
Freiberufler	7.3
Frequently asked questions	8.4
Frühindikatoren	2.7
Führungsinformationssystem	2.7
Führungskonzept	2.7
Führungsprozess	2.7
Führungssystem	2.7
Full-Service-Agentur	4.1

Stichwort	Kapitel
Funknetz	11.2
G	
Gallery	1.1
Gateways	9.1
Genesis World	11.2
Geschäftsbeziehungen	10.1
Geschäftsmodelle	2.1, 2.2, 2.3
Geschäftsprozesse	4.4, 2.2, 2.3, 2.4, 2.7
Geschäftsprozessmanagement	2.7
Geschlossene Mailinglisten	8.3
Gesetze	10.1
Gesetzliche Schriftform	10.1
GPRS	9.1, 11.2
GPS	11.2
Grafiken	9.3
Grenzüberschreitender Datenverkehr	10.3
Groupware	1.3
Groupware-Funktionalitäten	1.3
GSM	9.1, 11.2
GUI-Komponenten	9.2
H	
Haftungsrisiko	10.1
Handelsstrukturen	2.4
Handelsstufen	2.2
Header	8.1, 9.4
Hierarchie	6.4
Hits	9.4
HTML	9.3
I	
Image	1.1
Immaterielle Güter	7.3
Implementierung	6.4
Indikatoren	2.7
Indirekte Güter	5.1
Indirekte Materialien	5.3
Infomediäre	2.1

Stichwort	Kapitel
Informationen	2.6, 6.1
Informationsbausteine	6.3
Informationsbeschaffung	2.6
Informations-Netzwerk	2.6
Informationspolitik	9.5
Informationsprozess	2.6
Informationsspeicherung	11.6
Informationsverteilung	6.1
Informelle Selbstbestimmung	10.3
Inhalte	2.6, 6.3, 6.4
Inhaltsaktualisierung	6.4
Innovationsphase	7.3
Input	1.1
Integrationsprozess	4.4
Intelligente Software	11.5
Interactive TV Ad	3.1
Interaktives Fernsehen	11.4
Interessenkonflikte	10.1
Internationale Entwicklungsteams	7.3
Internet Marketing Manager	1.1
Internet Relay Chat	8.2
Internet-Adressen	1.1, 10.2
Internetanschluss	1.1, 9.1
Internetauftritt	1.1, 6.3, 6.4
Internet-Fernsehen	11.4
Internet-Gewinner	2.3
Internetinhalte	6.3
Internet-Kommunikation	8.4
Internet-Präsenz	1.1, 8.1
Internetrecht	10.2
Internet-Strategien	2.2, 2.3
Internet-Telefonie	9.1
Internet-Verlierer	2.3
Internetwachstum	11.6
Internetzugang	11.6
InterNIC	10.2
Intro	9.3
Investitionssicherheit	4.1
Involvement	2.2

Stichwort	Kapitel
IP-Adresse	3.4, 10.2
IRC	8.2
ISDN	9.1
ISO 9000	9.5
IT-Bereich	1.1
IT-gestützte Lernprozesse	7.4
IT-Landschaft	4.2
IT-Mitarbeiter	9.5
IT-Projekte	7.3
IT-Sicherheit	9.5
IT-Spezialisten	7.3
IT-Training	7.4
J	
Java	9.2
Java 2D API	9.2
Java Beans	9.2
Java Enterprise Beans	9.2
Java Server Pages	9.2
Java Virtual Machine	9.2
Java Code	9.2
Java Plattform	9.2
JDBC	9.2
Jini	9.2
Job	7.2
Jobbörse	7.2
Jobsuche	7.2
K	
Kabelnetz	9.1
Karriere	7.2
Katalog	1.1, 4.3
Katalogdaten	4.4
Katalogmanagement	5.3
Katalogsysteme	5.1
Katalogverwaltungssystem	5.4
Kategorisierung	4.2
Kaufkraft	4.5
Kennzahlen	2.7

Stichwort	Kapitel
Kennzeichenrecht	10.2
Kennzeichenverletzung	10.2
Kerngeschäftsprozesse	2.7
Kernkompetenzen	4.1
Keywords	1.1, 3.4
Killer Applikation	4.1
Klassenbibliothek	9.2
Klassifikation	4.3
Klickverhalten	8.1
KM	6.1
KM Prozesse	6.1
KM System	6.1
Know-how	7.3
Knowledge Communities	11.3
Knowledge Management	6.1, 6.2
Kollaboratives CRM	3.2
Kommunikation	11.5
Kommunikationsdienste	2.3
Kommunikationsformen	8.3
Kommunikationskanäle	8.2
Kommunikationsmöglichkeiten	3.3
Kommunikationsnetze	9.1
Kommunikationsnetzwerke	11.5
Kommunikationsstil	8.2
Kommunikationswege	3.2
Konnektor	4.4
Kontextsensitive Dienste	11.2
KonTraG	9.5
Kooperation	11.5
Kooperationsbewegung	11.5
Kooperative Geschäftsmodelle	11.5
Kooperative Prozesssteuerung	11.5
Kopfmonopol	4.1
Kosten	2.3
Kosteneinsparungen	5.3
Kostenspar-Potenzial	2.3
Kreditkarten	4.5
Kritische Masse	11.3
Kulturwandel	2.1, 11.5

Stichwort	Kapitel
Kundenbeziehungen	3.5, 11.3
Kundenbindung	1.5, 3.3, 3.5 8.2, 11.3
Kundenkontakte	3.2
Kundenmanagement	3.2
Kundenprofil	3.3
Kundensicht	2.4
Kundenwerbung	4.1
Kundenwert	11.3
Kundenwissen	11.3
Kurzzeitsurfer	3.4
L	
Ladezeitmessung	9.4
Lagerverbund	2.5
LAN	9.1
Lastenheft	7.3
Laufzeitumgebung	9.2
Layout	1.3, 6.3
Layoutinformationen	6.3
LBS	11.2
Lead	1.3
Learning Management System	7.4
Lernarchitektur	7.4
Lernklima	7.4
Lernkultur	7.4
Lernkurve	2.4
Lernportale	7.4
Lernstrategie	7.4
Lieferantenintegration	4.3
Lieferantenkatalog	5.3
Lieferantenkonsolidierung	5.3
Lieferantenmanagement	5.3
Lieferkette	2.2
Lifecycle-Prozesse	6.3
Linguistische Suchstrategien	2.6
Link-Tracking	8.1
Link-Tracking-Server	8.1
Listserver	8.3

Stichwort	Kapitel
LMS	7.4
Location Based Services	11.2
Logdaten	9.4
Logfiles	1.1, 3.4, 9.4
Logistik	11.5
Löschen von Daten	10.3
Loyalty	3.4
M	
Macromedia	9.3
Mailing-Aktion	1.1, 3.5
Mailing-Listen	8.3, 8.4
Mailinglisten-Server	8.3
Mailinglisten-Verzeichnisse	8.3
Mailings	11.1
Marke	10.2
Markenamt	10.2
Markendatenbanken	10.2
Markengesetz	10.2
Markenrecht	10.1
Marketing	1.1, 3.4
Marketing-Maßnahme	1.1
Marketingstrategie	1.1
Marktforschung	2.2, 9.4
Marktplatz	2.1, 4.4, 5.3
Massenkommunikation	1.5
Matching-Community	1.5
Materialwirtschaft	5.1
M-Commerce	4.5, 11.2
Mediendienste-Staatsvertrag	10.1
Medienkonvergenz	11.4
Medienneutrales Format	6.4
Mehrwert	1.1, 2.6
Merkmale	4.3
Merkmalserfassung	4.3
Message Boards	11.3
Messinstrumente	2.7
Meta tags	3.4
Metadaten	6.4

Stichwort	Kapitel
Metainformationen	6.3
Metronetze	9.1
Micropayment	4.5
Mikro-Funkzellen	11.6
Mitarbeiter	7.3
Mitarbeiter-Entwicklung	2.3
Mitgliederprofile	11.3
Mobil-Commerce	4.1
Mobile Business	11.2
Mobile Commerce	11.2
Mobile Geräte	11.6
Mobile Office	9.1
Mobile Payment	4.5
Mobilität	11.6
Modem	9.1
Moderation	8.4
Moderator	8.3
Moderierte Mailinglisten	8.3
Moderierter Chat	8.2
MRO-Güter	5.1
MRO-Materials	5.2
Multi-Channel-Management	2.1
Multithreading	9.2
N	
Nachnahme	4.5
Namensrecht	10.2
Navigation	1.1
Netiquette	8.2
Network Access Server	9.1
Netzadministratoren	9.5
Netze	9.1
Netz-Etikette	8.4
Netzinfrastruktur	9.1
Netzwerk	1.1
Netzwerkeffekte	11.3
Neue Arbeitsformen	11.1
Neue Dienste	11.6
New Economy	2.4

Stichwort	Kapitel
Newsgroup	8.2, 8.4
Newsletter	1.1, 3.5, 8.1
Newsletter-Inhalte	8.1
Newsletter-Software	8.1
News-Server	8.4
Nicknames	8.4
Nutzen von Daten	10.3
Nutzergruppen	6.4
Nutzerverhalten	9.4
Nutzungskomfort	8.3
O	
Objektorientierung	9.2
OCI	2.5
Offene Mailinglisten	8.3
Office-Dienstleister	11.1
Office-Portal	11.1
Offshore development	7.3
Offshore programming	7.3
Old Economy	1.1, 2.3, 2.4
One time visitor	3.4
One-to-one-Kommunikation	1.5, 3.1
One-to-one-Marketing	3.3
Online	1.1
Online Training	7.4
Online-Beratung	8.2
Online-Communities	11.3
Online-Marketing	1.5, 8.1
Online-Services	2.2
Online-Shop	4.4
Online-Stellenbörse	7.2
Online-Stellensuche	7.2
Online-Tutoring	7.4
Online-Zahlungen	4.5
Operational Excellence	2.1
Operatives CRM	3.2
Opt-in-Verfahren	8.1
Opt-out-Verfahren	8.1
Organisation	6.2

Stichwort	Kapitel
Organisationsveränderungen	2.3
Outsourcing	11.1
Outsourcingpartner	11.1
P	
Page-Impressions	3.4, 9.4
Payment	4.5
PDM	4.3
Permission Marketing	3.1, 3.3
Personalisierung	3.3, 6.4, 11.2
Personalsuche	7.2
Personenbezogene Daten	10.3
Personenbezogene Informationen	10.3
Persönliche Daten	4.1, 10.3
Pflichtenheft	4.1
PIA	11.2
Pixel	9.3
Plattform	9.2
Plattformunabhängigkeit	9.2
Plugin	9.3
Pogosticking	9.4
Policies	8.4
Pop-up	3.1
Posteingang	11.1
PPS-System	4.4
PPS-Systeme	2.5
Präsenztraining	7.4
Präsenzveranstaltung	7.1
Preisfindung	4.4
Preiskampf	2.1
Prepaid-Guthaben	4.5
Produktkommunikation	3.1
Produktphase	7.3
Produktpräsentationen	9.3
PROFIBUS	1.4
Profiling	3.3
Profitabilität	2.1
Programmiersprachen	9.2
Projektierung von CRM-Lösungen	3.2

Stichwort	Kapitel
Projektmanagement	6.2
Projektverantwortung	7.3
Promoter	1.1
Proxyserver	9.4
Prozessabläufe	11.1
Prozessanalyse	6.3
Prozessketten	11.1
Prozesskosten	5.2, 5.3
Prozesskostenrechnung	5.2
Prozessmanagement	2.7
Prozessmodell	2.7
Prozessoptimierung	4.1, 11.5
Prozessorientierte Lösungen	4.1
Prozessorientierung	2.7
Prozesstypen	2.2
Pseudonomisierte Daten	10.3
Publikation	6.4
Pull-Prinzip	2.2
Push-Marketing	3.1
Q	
Qualifikationen	7.2
Qualitätsmanagement	9.5
Qualitätsniveau	9.5
Qualitätssicherung	6.4
Quality Policies	9.5
Quelltext	9.2
R	
Ranking	3.4
Realisierungsschritte	8.3
Rechenleistung	11.6
Rechnung	4.5
Rechnungsstellung	11.1
Recht	10.1, 10.3
Rechtsbeziehungen	10.1
Rechtsfragen	10.1
Rechtsprechung	10.2
Rechtsverkehr	10.1

12.4 Sachverzeichnis

Stichwort	Kapitel
Redakteure	2.6, 6.3
Redaktionelle Newsletter	8.1
Redaktionssystem	6.4
Redaktions-Werkzeug	4.2
Regeln	8.4
Registerrecht	10.2
Registrierung	8.3
Relaunch	1.1, 1.3, 3.4
Rentabilitätsrechnung	1.1
Repeat visitor	1.1, 3.4
Replikation	4.4
Requests	3.4
Responseraten	3.5
Risikoanalyse	9.5
Risk Analysis	9.5
Robotfile	9.4
Rohinhalt	6.3
Rücklauf-Typen	8.1
S	
Sales Force Automatisation	3.2
SAP	5.3
SAP R/3	4.4
Satellit	9.1
Schriftformerfordernis	10.3
Schuldrechtsreform	10.1
Schulung	7.1
Schulungen	4.1
Security	9.5
Security Controlling	9.5
Security Policies	9.5
Segment-of-one-Marketing	3.3
Sekretariat	11.1
Server	1.1
Service Communities	11.3
Service Provider	10.2
Servlets	9.2
SET	4.5
Shop	4.2

Stichwort	Kapitel
Sicherheit	4.1, 9.5 11.6
Sicherheitsempfinden	4.5
Sicherheitsmanagement	9.5
Sicherheitsmassnahmen	9.5
Sicherheitsniveau	9.5
Sicherheitsstrukturen	9.5
Sig-File	8.4
Signatur	8.3, 8.4
Signaturgesetz	10.1
Single Source Multiple Media	6.3
Sitemap	1.1
Skyscraper	3.1
Smart Phone	11.2
SMS	3.1
Software	7.3, 9.2
Software on Demand	7.3
Softwareentwicklung	7.3
Softwareentwicklungsprozess	7.3
Sorgfaltspflicht	10.2
Speichern von Daten	10.3
Speicherverwaltung	9.2
Split Screen	3.1
Spontanes Netzwerk	9.2
SSL	4.5
Staging	6.4
Stammdaten	4.2
Start-Up-Hysterie	4.1
Statistiken	9.4
Stellenbörse	7.2
Stellenmärkte	7.2
Stellensuche	7.2
Strategie	2.2
Strategie-Aspekte	2.3
Streaming Media	11.4
Streaming Technologie	3.1
Struktur	1.1, 4.3, 6.4
Strukturinformation	6.3
Style Guide	1.3

12.4 Sachverzeichnis

Stichwort	Kapitel
Subdomains	10.2
Success-Monitoring	3.4
Suchbegriffe	3.4
Suchfunktion	4.2
Suchmaschine	1.1
Suchmaschinen	3.4, 9.4, 11.6
Suchrobots	9.4
Supply Chain Management	2.1, 5.1
Supply-Chain	11.5
Support Line	11.1
Surfer	1.1
Surfverhalten	3.4
Syndizierung	2.1
Systemhaus	7.3
Systemintegration	6.2
Szenario Management	2.1
T	
Teamgestaltung	7.3
Telearbeit	4.1
Tele-Coaching	7.4
Teledienstegesetz	10.1
Telefonanschluss	9.1
Telefonleitung	9.1
Telekommunikationsunternehmen	4.5
Templates	6.4
Terminvereinbarungen	11.1
Themen-Chat	8.2
Themen-Moderation	8.2
Time online	3.4
Timeline	9.3
Titelschutz	10.2
Top Level Domain	1.1, 10.2
Total Cost of Ownership	2.1
Trailer	9.3
Transaktionsvolumen	4.5
Trends	4.1
Tutoring	7.1
TV	11.4

Stichwort	Kapitel
U	
Umsätze	4.5
UMTS	9.1, 11.2, 11.6
Under construction	1.1
Unique visitor	3.4
Unmoderierte Mailinglisten	8.3
UNSPSC	4.3
Unternehmensanalyse	2.4
Unternehmensführung	2.7
Unternehmenskultur	2.3, 6.2
Unternehmenssteuerung	2.7
Unternehmensstrategie	2.7
Unternehmensziele	2.3
Unternehmensziele	2.7
Urheberrecht	10.1
URL	3.4, 10.2
Usenet	8.2
Übermitteln von Daten	10.3
Übertragungsfrequenz	9.1
V	
Variable	9.2
Vektor	9.3
Verändern von Daten	10.3
Verbraucherkreditgesetz	10.1
Verbraucherschutz	10.1
Vereinbarung	8.4
Verkaufshilfe	4.2
Verkaufsprozess	2.4
Vernetzung	9.1
Veröffentlichung	6.4
Verteilte Anwendungen	9.2
Vertrieb	1.1
Vertriebsorganisation	2.4
Vertriebsprozesse	6.2
Virtuelles Sekretariat	11.1
Visitor	1.1, 3.4

Stichwort	Kapitel
Visits	9.4
Voice over IP	9.1
W	
Wallets	4.5
Warenbestände	2.5
Warenkorb	4.2
Warenwirtschaft	4.2
Warenwirtschaftssystem	2.5
WBT	7.4
Web	9.1
Web Based Training	7.4
Web Content Management	1.3
Webauftritte	9.3
Webbrowser	9.2
WebEDI	2.5, 5.1
Webinhalte	9.3
Webserver	9.4
Webshop	2.4
Website	1.1, 3.4, 9.4
Website-Besucher	9.4
Websitestatistik	9.4
Weiterbildung	7.4
Werbe-E-Mails	8.1
Werbefilme	9.3
Werbemails	4.1
Werbemaßnahmen	3.5
Werberecht	10.1
Werbung	3.1, 3.5, 8.3
Wertemanagement	2.1
Wertschöpfung	2.1
Wertschöpfungskette	2.2, 11.5
Wettbewerbsanalyse	2.2
Wettbewerbsvorteil	2.1
WIPO-Verfahren	10.2
Wireless LAN	9.1
Wireless Local Loop	9.1
Wissen	2.6, 6.1
Wissensmanagement	1.3, 6.1, 6.2

Stichwort	Kapitel
Wissensmanager	2.6, 6.2
Wissensprozesse	2.2
Wissensressourcen	6.1
Wissensvorsprung	2.6
Wissensziele	6.1
Workflow	4.2
Workflowmechanismen	6.4
World regions	3.4
Wunschdomain	10.2
WWS-Systeme	5.4
X	
xCBL	4.3
XML	2.5, 4.3, 4.4, 11.5
Y	
YellowMap	11.2
Z	
Zahlungsverkehr	4.5
Zielgruppenspezifische Informationen	3.3
Zielsystem	2.7, 6.2
Zugriffsrechte	6.4
Zugriffssicherheit	9.5

Rund ums E-Business

A. Förster, P. Kreuz

Offensives Marketing im E-Business
Durch Kundenbindung zum Erfolg

Erfolgreiche Unternehmen erkennen und nutzen das gesamte Potenzial des Marketings im E-Business, denn es reicht nicht, einfach nur im Web präsent zu sein und Marketing im E-Business als eine Art Werbebroschüre im Internet oder als alternativen Vertriebsweg zu sehen.
Das Buch stellt die vier Schlüsselprinzipien zum dauerhaften Markterfolg vor: *Attract, Convert, Serve* und *Retain*. Erprobte Vorgehensweisen erfolgreicher Unternehmen, Checklisten, Praxistipps sowie Fallbeispiele aus den verschiedensten Branchen erleichtern Einstieg und praktische Umsetzung.

2002. Etwa 300 S. Geb. € **44,95**; sFr 69,50   ISBN 3-540-43164-0

W. Gora, H. Bauer (Hrsg.)

Virtuelle Organisationen im Zeitalter von E-Business und E-Government
Einblicke und Ausblicke

Der Einsatz von Informationstechnik in Unternehmen und in öffentlichen Verwaltungen hat in diesen Organisationen zu teilweise gravierenden Änderungen geführt. Dieses Buch gibt einen Überblick über diese Entwicklungen und einen Ausblick auf zukünftige Trends auf dem Weg zur virtuellen Organisation. Technologien, Organisationsformen, Wertschöpfungsketten und rechtliche und steuerliche Aspekte für virtuelle Organisationen sind dargestellt und diskutiert.

2001. XII, 489 S. 92 Abb., 19 Tab. Geb. € **49,95**; sFr 77,50   ISBN 3-540-41171-2

R. Berndt (Hrsg.)

E-Business-Management

In kürzester Zeit hat sich das E-Business zu einem festen Marktbestandteil entwickelt. Es verändert die Unternehmenslandschaft im ganzen und hat zugleich Auswirkungen auf die verschiedenen Bereiche in Unternehmen. Analysiert werden u. a. die strategische Ausrichtung der New Economy, die Markenführung im Internet, die Veränderung klassischer Vertriebsstrukturen durch das Internet, Nutzen und Schwächen der E-Education, Auswirkungen des Online-Banking und Möglichkeiten des E-Consulting.

2001. XV, 361 S. 89 Abb., 3 Tab. (Herausforderungen an das Management. Schriftenreihe der Graduate School of Business Administration, Zürich. Bd. 8) Geb.
€ **49,95**; sFr 77,50   ISBN 3-540-41672-2

Springer · Kundenservice
Haberstr. 7 · 69126 Heidelberg
Tel.: (0 62 21) 345 - 217/-218
Fax: (0 62 21) 345 - 229
e-mail: orders@springer.de

Besuchen Sie uns im Internet unter:

www.springer.de/ecommerce

Die €-Preise für Bücher sind gültig in Deutschland und enthalten 7% MwSt.
Preisänderungen und Irrtümer vorbehalten. d&p · BA 43263-9/1

Erfolgreich im Internet

A. Muther
Electronic Customer Care
Die Anbieter-Kunden-Beziehung im Informationszeitalter

Unter dem Begriff Customer Relationship Management (CRM) bieten boomende Firmen Lösungen zur Optimierung der Kundenprozesse an. Das Buch abstrahiert die Kundenbeziehung anhand des Customer Buying Cycles und schafft so einen neutralen Orientierungsrahmen für CRM-Projekte. Die dritte Auflage nimmt neue Themen wie e-Marktplätze in die Betrachtungen auf und bietet einen aktuellen Überblick über führende CRM-Anbieter.

3., überarb. Aufl. 2001. XIII, 155 S. 51 Abb., 13 Tab. Geb. € **39,95**; sFr 62,- ISBN 3-540-41332-4

S. Puchert
Rechtssicherheit im Internet
Grundlagen für Einkäufer und Entscheider

Das Buch befasst sich schwerpunktmäßig mit den Sicherheitsaspekten der elektronischen Beschaffung. Es geht insbesondere auf juristische, IV-technische und organisatorische Sicherheitsanforderungen ein. Praxisbeispiele zeigen auf, wie E-Commerce - speziell für den Einkauf - sicher abgewickelt werden kann.

2001. VII, 214 S. 12 Abb. Geb. € **44,95**; sFr 69,50 ISBN 3-540-67609-0

P. Vervest, A. Dunn
Erfolgreich beim Kunden in der digitalen Welt

Das vorliegende Buch bietet eine Anleitung für eine erfolgreiche Nutzung der Chancen dieser neuen digitalen Technologien. Es beschreibt die Vorteile der Technologie, die Sie als Anwender, Führungskraft, Stratege, Marketing-Spezialist oder Vertriebschef für sich und Ihr Unternehmen nutzen können. Solche erfolgreichen Unternehmen praktizieren die Philosophie der *Total Action*. Alle Aktivitäten innerhalb dieser Unternehmen begründen für ihre Kunden einen direkten Mehrwert.

2002. XX, 218 S. 36 Abb. Geb. € **34,95**; sFr 54,50 ISBN 3-540-42073-8

Besuchen Sie uns im Internet unter:

www.springer.de/ecommerce

Springer · Kundenservice
Haberstr. 7 · 69126 Heidelberg
Tel.: (0 62 21) 345 - 217/-218
Fax: (0 62 21) 345 - 229
e-mail: orders@springer.de

Die €-Preise für Bücher sind gültig in Deutschland und enthalten 7% MwSt.
Preisänderungen und Irrtümer vorbehalten. d&p · BA 43263-9/2

Lightning Source UK Ltd.
Milton Keynes UK
UKHW021341221218
334430UK00004B/74/P